Yearbook
for Huaxia
Communication Studies

2020

华夏传播学

年鉴

2020

主编◎谢清果

九州出版社 全国百佳图书出版单位 JIUZHOUPRESS

图书在版编目（CIP）数据

华夏传播学年鉴. 2020 / 谢清果主编. -- 北京 ：
九州出版社，2020.7

ISBN 978-7-5108-9270-7

Ⅰ．①华… Ⅱ．①谢… Ⅲ．①传播学－中国－2020－
年鉴 Ⅳ．①G219.2-54

中国版本图书馆CIP数据核字（2020）第124393号

华夏传播学年鉴·2020

作　　者	谢清果　主编
出版发行	九州出版社
地　　址	北京市西城区阜外大街甲 35 号（100037）
发行电话	(010)68992190/3/5/6
网　　址	www.jiuzhoupress.com
电子信箱	jiuzhou@jiuzhoupress.com
印　　刷	北京捷迅佳彩印刷有限公司
开　　本	720 毫米 ×1020 毫米　16 开
印　　张	36.25
字　　数	660 千字
版　　次	2020 年 8 月第 1 版
印　　次	2020 年 8 月第 1 次印刷
书　　号	ISBN 978-7-5108-9270-7
定　　价	168.00 元

国家社科基金资助项目："华夏文明传播的观念基础、理论体系与当代实践研究"
（项目编号：19BXW056）

福建省高校人文社会科学研究基地

"中华文化传播研究中心"建设成果

2019、2020 年厦门大学研究生"课程思政"建设计划
"中国传播理论研究"课程建设成果

福建省专业学位导师团队"华夏文明传播研究团队"建设成果

福建省本科高校教育教学改革研究项目"华夏文明传播学的理论体系、
教学模式与实践探索的综合改革研究"成果

厦门大学一流本科课程"华夏传播概论"建设成果

主办单位：厦门大学传播研究所

协办单位：华夏传播研究会

福建省高校人文社会科学研究基地"中华文化传播研究中心"

国际中华传播学会（CCA）

中华传播学会（ACCS）

中国新闻史学会新闻传播思想史研究委员会

中国新闻史学会台湾与东南亚华文新闻传播史研究委员会

全球修辞学会·视听传播学会

中国传媒大学媒体创意研究中心

中盐金坛盐化有限责任公司

两岸关系和平发展协同创新中心

厦门大学国学研究院

四川大学老子研究院

厦门大学道学与传统文化研究中心

从三十年前一年几篇论文，到现在出版年鉴，总结年度研究成果，足见华夏传播研究在不断兴旺、繁荣。《华夏传播学年鉴》必将促进这个领域的研究全面、深入发展，也将促进厦大新闻传播学院作为华夏传播学研究基地，不断做出更多、更新的贡献。

孙旭培
2020年4月

會當凌絕頂

一覽眾山小

祝賀華夏傳播學年鑒出版

李敬一 於武昌珞珈山

热烈祝贺《华夏传播学年鉴》创刊

愿与《华夏传播学年鉴》携手，共同记录当代传播学术历史，见证新闻教育繁荣，服务学林，贡献国家。

中国新闻传播教育年鉴主编 张昆

2020年5月27日

"人心惟危，道心惟微；惟精惟一，允执厥中"，
华夏文明源远流长，同仁智慧采英撷华！
祝贺《华夏传播学年鉴》2020卷出版。

王润泽

2020.5

祝贺华夏传播学年鉴出版

扎根历史 立足现实、

面向未来 放眼世界

浙江大学 邵培仁

二〇二〇年七月二十八日

序

　　一代人有一代人的长征。华夏传播研究作为一个研究领域，其自觉意识发端于1978年余也鲁在香港中文大学召开的座谈会；历经台湾地区20世纪八九十年代台湾政治大学传播学院徐佳士等人的大力推动；大陆从1993年由厦门大学传播研究所发起推动"中国传"研究，可见，这一研究领域与传播学中国化进程相伴随，至今走过了40载的辉煌历程。

　　当然，构建传播学的"中华学派"，打造"华夏传播学"的学科体系、学术体系与话语体系的道路任重而道远。然而，"世上本没有路，走的人走多了，也就成了路"。40多年来，许多学者本着增强中华文化自信，提升中华文化软实力的初心，一方面积极译介引进西方的传播理论，另一方面也尽可能推动传播学中国化研究，积极对中华优秀传统文化的传播活动与传播现象进行挖掘、整理、研究与扬弃，努力提炼传播观念，演绎传播理论，形成思想体系，形成了"风草论""礼乐传播论""圈层传播模式""接受主体性""共生交往观"等一批理论胚胎。

　　20世纪90年代，厦门大学专门成立校级机构——"厦门大学传播研究所"来推动华夏传播研究，不仅举办了多次推动传播学中国化为主旨的学术研讨会，而且以课题招标的形式，促成了概论性著作——《华夏传播论》（1997）和系列丛书——《华夏传播研究丛书》（三卷）正式出版。进入21世纪后，厦门大学的黄星民教授发表了《华夏传播研究刍议》《礼乐传播初探》等一批有开创性的论文，从此华夏传播研究逐渐成为中国传播学中富有特色的研究领域。此后，2013年厦门大学传播研究所创办了《中华文化与传播研究》，是海内外第一本以致力于研究中华文化传播为特色的期刊；2018年在研究所成立25周年之际，又创办了《华夏传播研究》集刊，从而进一步彰显了华夏传播研究这一特色领域。尤其是2018年，以厦门大学传播研究所为推动机构，发起成立了华夏传播研究会，从此研究会以不断举办研讨会和工作坊，主编《华夏文明传播研究文库》《华夏传播学文丛》《华夏传播研究论丛》《经典与传播研究丛书》等多套丛书，联合编写《华夏传播范畴论》等形式，团结和带动了一批同行，相互切磋，共同进步。为了进一步扩大"华夏传播学"的学术影响，集中展示同仁们的研究成果，反映本领域的研究动态，研究会决定创办《华夏传播学年鉴》，力争使之成为海内外同行认识和了解华夏传播学的一扇窗户，发挥年鉴的媒介功能，对内团结本领域的同仁，对外加强与其他领域学者的联系，发挥年鉴"鉴往知来"的功能，立此存照，不断记录本领域的成就，展望本领域的未来。这就是我们创办年鉴的初心与使命。

下面，简要阐述我们对"华夏传播学"的理解与期许。习近平同志在2016年5月17日的《在哲学社会科学工作座谈会上的讲话》中强调："要按照立足中国、借鉴国外，挖掘历史、把握当代，关怀人类、面向未来的思路，着力构建中国特色哲学社会科学，在指导思想、学科体系、学术体系、话语体系等方面充分体现中国特色、中国风格、中国气派。"这一思路其实也从根本上为我们建构"华夏传播学"指明了方向。

一、"立足中国"，正是华夏传播学的应有之义，即"中华文化立场"

建构华夏传播学的理想目标正是黄星民等前辈学者所提出的"形成与传播学欧洲学派、北美学派相媲美的传播学'中华学派'"。"立足中国"体现了华夏传播学研究的价值指向，那就是要根植中华五千年的历史与文化，审视中国社会的当下问题，展望中国未来的发展方向。"立足中国"意味着华夏传播学的学科主体性，体现了学者的研究立场。传播学无国界，传播学者有祖国。作为当代的传播学者，必须与祖国同呼呼，共命运，必须做精深的学问，回答新时代的问题。必须能够向世界说明中国价值、中国主张、中国方案，也能向中国展示天下胸怀与世界担当。

二、"借鉴国外"，是建构华夏传播学的基本方法。传播学是舶来品，因此国外学者的精深思考，必当是我们借鉴的"他者"

如果没有西方，也就没有东方，更没有中国。"华夏传播学"观念的确立正是因为有了西方传播学。我们赞同孙旭培教授的观点，传播学作为人文社会科学中的一门，不能像物理、化学等自然科学那样没有东西之别。换言之，传播学不能不问西东。当然，确实不能把差异夸大到不合适的程度。但无论如何，传播学应当发出中国声音，表达出中国精神，分享中国思考，这是具有五千年文明的中国已经和必将对世界的贡献。而我们作为学者正是顺应这种时势，为所当为。从这个意义上讲，传播学学科发展初期提出的"系统了解、分析研究、批判吸收、自主创造"的十六字方针什么时候都不会过时。只不过，新时代中国传播学的重点在于"自主创造"。而前面十二个字正是"自主创造"的前提与基础，且永远也不会过时，因为西方的学术也处于不断的演进中，学术史上不同时期的转向说明了这一点。前文已言，华夏传播学的兴起意识在传播学中国化开端之时便已提出，只不过，当时只是提出了问题，而当下则是侧重解决问题，即总结四十年的成就，夯实建构华夏传播学大厦的地基。以"四十不惑"的姿态向世界展示中国传播学的魅力。

三、"挖掘历史"是建构华夏传播学的着力点。因为五千年文明是我们取之不尽，用之不竭的资源

历史上的孔孟老庄等先贤的典籍中蕴藏着丰富的传播思想；泱泱大国的治理，也探索出有中国特色的"中国之治"的政治传播制度、政策与观念；无论是古代的"四大发明"，还是当代的"新四大发明"，在媒介环境学派看来，都是影响社会的媒介，或者说，在当代媒介学的观照下，对汉字、印刷术、造纸术、互联网等的媒介社会研究，都应当纳入华夏传播媒介研究的范畴，等等。我们可以审思原生口语时代的中国礼乐文明与西方的宗教文明的差异；我们也可以分析表意的汉字和表音的西方文字对于各自文明形塑的影响，探讨东西方文明的不同传播偏向，以促进文明交流互鉴；我们还可以探讨源于中国的印刷术、造纸术对东西文明产生或延续或突变的影响；此外，在新媒体时代，我们也可以深思东西方文明的生存样态是趋同还是趋异的问题，或者说，当地球村来临的时候，人们是更加相爱了，还是愈加冲突了？而思考这一系列的问题，都需要回到历史。历史不能选择，未来却可以把握。媒介不是社会发展的决定因素，只有人以及人的联合体的集体选择才是历史的方向。

四、"把握当代"是建构华夏传播学的出发点

华夏传播学的建构不是发思古之幽情，而是中华民族伟大复兴的进程对传播学这一学科发展的内在要求。那就是，传播学要如同社会学、政治学、经济学等学科一样首先要为中国找到阐释中国五千年文明何来的学理表述，才能理直气壮地向世界说明中国。历史是最好的老师，也是最公正的审判官，五千年中国文明对人类所做的贡献，尤其是人类应当如何更好地交往这一根本问题，我们的思考不可或缺。而当代却是个充满挑战与变数的时代，信息文明时代的到来，让我们需要省思每一种文明的价值，因为我们处在百年未有之大变局，中国要有定力，中国要有"四个自信"，而这最根本的自信还是"文化自信"。"文化自信"是当代中国屹立于东方的基石。而我们的"华夏传播学"无疑是体现这种自信的重要方向。或者说，华夏传播学的底色正是要体现中国人五千年来在人类交流这一根本议题的行动与思考。中国人的思考正是中国何以能够绵延五千明的奥秘所在，是我们行稳致远的压舱石。

五、"关怀人类"是华夏传播学的学术特质。华夏文明从来不是小家子气的文明，她关心的是国治与天下平

"平天下"始终是华夏文明不懈追求的崇高目标。用通俗的话来说，就是你好，我好，大家好。中国好，世界也好；世界好，中国更好。华夏文明的自我担当始终把"人类"放在心上，既用"和而不同"，又用"己所不欲勿施于人""己欲立而立人"的文化精神来构建中国和谐交往理论，一方面安定本国人民，另一方面也和谐世界人民。正因如此，陈国明先生称中华文化是讲究"和谐传播"的文化。

六、"面向未来"是华夏传播学的活力所在

一种学问如果不能面向未来，那也就失去了存在的价值，失去了生命力。"返本开新"是我们的追求。不忘本来，立足当下，面向未来，是学术研究的基本旨趣。我们将力求以"中华文化立场、全球传播视野"这一原则，以我为主，综合创新，为中华民族的伟大复兴而开展学术研究。以求为中华民族面对新时代的新挑战而努力学术报国，让学术研究书写在中国的大地上，为提升中华文化软实力贡献力量。总之，华夏传播学追求观照的是未来的复兴中国和未来的和谐世界。

综上所言，华夏传播学的建构是既回应中华民族崛起的时代关切，又为华夏文明与西方文明进行顺畅对话与交融提供理论支撑。我们的指导思想是将中华优秀文化、马克思主义思想和西方文明成果熔铸于一炉，打造出作为能够因应时代发展需要的社会主义先进文化有机组成部分的华夏传播学。

这样的"华夏传播学"，从广义而言，其范围类似于"中国传播学"，只不过，她关注的视角不只是作为地域的"中国"，而是作为文明的"中国"。因此，这种传播学是能体现中华优秀文化精神的传播学。换言之，也就是能够体现"中国特色、中国风格、中国气派"的传播学。从狭义来说，她只是"中国传播学"中的一个研究方向和领域，即"华夏传播研究"。对此，黄星民老师对此有过定义："华夏传播研究是对中国传统社会中的传播活动和传播观念的发掘、整理、研究和扬弃。"而我们为了古今贯通和融通中外，将这个定义发展为："华夏传播学是在对中华五千年文化传统中的传播活动与传播观念进行发掘、整理、研究的扬弃的基础上建构起来的能够阐释和推进中华文明可持续发展的传播机制、机理和思想方法的学说。她不仅站在中华文化立场上，着力归纳提炼中国人的传播智慧，而且力争统摄全球传播视野，综合创新，打造出体现民族性、时代性、先进性、全球性的传播理论。"[1]

我们相信随着一本本年鉴的出版，将记录同仁们为建构"华夏传播学"所付

---

① 谢清果等著：《共生交往观：文明传播的"中国方案"》，北京：九州出版社，2019 年，封底。

出的艰辛努力。我们也坚信以年鉴为媒，一定会有越来越多有助于中华文化传播与研究的同仁走到一起，共同传播中华文化，研究中华文化，尤其是提炼中华民族的传播智慧，打造我们的传播理论，形塑一个可沟通、善沟通的国人形象，为人类命运共同体的建构奉献我们传播学人的智慧与力量！

谢清果

2020 年 5 月 19 日

于厦门淡然斋

"以传播为方法"和"以中国为方法"

——《华夏传播学年鉴》代序

吴予敏

　　琳琅满目、条理整饬的《华夏传播学年鉴》即将付梓刊行，年鉴的出版发行，反映了华夏传播研究领域的显著进步和发展气象，通过一年一度的年鉴形式检阅学术，董理知识，聚合道友，播散影响。

　　20世纪90年代初期在厦门大学开启的以研究"中国文化中的传播"为聚焦的跨学科研究之旅，曾经以《华夏传播论》（孙旭培主编）的合作成果面世，第一次打响了"华夏传播"的学术名声。进入21世纪以来，华夏传播研究再次焕发出勃勃生机，吸引了更多的中青年学者，逐渐开辟出更加广阔的天地。

　　我曾经询问年鉴的主编，为何不取"华夏传播研究"而取"华夏传播学"之名？答曰：当成愿景来追求。这是一个抱负远大的回答。由此也引发了我的一些感想。

　　首先我想到的是"传播"称"学"有何理由。在世界人文社会科学的百舸争流的天地里，传播学是后来而渐居中者。传播学所关注和研究的核心问题，正在成为人文社会科学共同关注的问题。当然，问题的聚焦并不等于是学科的显赫，反而是学科（知识）竞争的集中的开始。广义的传播（交流、交往）问题原本就不是能局限在某一学科的框架内来完全澄清的。在大众传播出现之前，传播的问题大多散见于语言文字、图像符号、修辞论辩、文书传递、结社会盟、交通邮驿、金石刻契、印刷出版、仪式表演、异域传译等专题的研讨之中，只是在传播学这门学问诞生之前，人文社会科学还没有把信息传播与媒介社会这样的问题，提到社会文明运转的轴心位置来看待。形象一点说，这是各个学科的"巷道作业"还不是"广场作业"。传播学的最大贡献可能不在于她贡献了多少新的基础理论和方法，而是她贡献了一个新的观察和分析世界的核心观念，有了这个核心观念，人们看待世界和历史的角度与框架都会发生根本的改变。传播学从信息传播的视角分析社会和人类文明的结构和演化，是因为人类社会进程已经进入到信息化媒介化时代所致。由于传播学的这种"命名化"贡献，各门人文社会科学关于信息传播的研讨正在进入新的"广场作业"的阶段。

"广场作业"是当代学术研究的总体面貌和时代风尚，这就是所谓"开放的社会科学"。"广场作业"的特点首先是以问题为聚焦而不局限于特定的学科边界或规定的研究工具。"凡操千曲而后晓声，观千剑而后识器。故圆照之象，务先博观。"（刘勰《文心雕龙·知音》）所谓"博观"就是从不同的视角来聚焦问题，聚焦研究对象。学术研究中的问题是随着人们的知识探究而涌现的，归根结底是和人的生存发展困惑相联系。发现问题和提问的方式固然受制于既有的知识系统，对问题的深入探究又会拓展原有的知识系统。只要是深入任何一个问题，就会发现新的问题总是和老的问题相纠缠，而重新审视老的问题又总会联系到新的问题；思考大的宏观的问题总是要落脚到小的微观的问题来坐实，而深入小的微观的问题又往往要推演到大的宏观的问题来解释。对问题的敏感、洞察、深究和解答，构成充满挑战的学术之旅。诚实的学术研究是答疑解惑的心灵探索，既为研究者智慧生命的价值实现，也为启迪普世苍生。"巷道作业"和"广场作业"同样都是对问题的掘进，但是作业方式有很大的不同。用中国传统的话来说，"巷道作业"是最讲究"师法"或"家法"的，即讲究学术传统和规范。而任何一种传统原本都是从没有传统创造出来的，一经创造出来，就可能成为供后来者效法继承的模式，由此才能形成学科或学派。"巷道作业"是专业化的操作，也是进入"广场作业"的前提。不过"巷道作业"久而久之难免自我束缚，渐渐成为眼界狭窄的雕虫小技，一旦丧失开阔的视野和自我反思的能力，其内在的创造性就会被腐蚀。"广场作业"的应运而生是当代社会问题的逼促的结果，也是人文社会科学通过跨学科交流与合作得以相互借鉴即自我更新的结果。从这个意义上说，我们主张的"传播研究"是基于一种"广场作业"的想象，今天即便是有了立"学"的远大愿景，也并不等于要回到"巷道作业"的老路。

传播学从她诞生之初就有某种生存的焦虑感。一方面传播学赖以立基的核心观念已经被其他人文社会科学的研究所染指，另一方面传播学至今还并不足以为支撑其核心观念提出系统的独创的理论和方法，这是出于"巷道作业"的专业主义思想习惯而发生的焦虑。传播学到底是不是一门"学"——这样的问题一直都是存在的。作为一门学问，到底有没有明确的研究对象和问题域，有没有专业化的概念系统和研究方法，有没有其他学科不能替代的新发现新创造，有没有自己独特的知识谱系和学科传统？如果不能坚实地回答这些问题，就难以消除对学科合法性的疑问和焦虑。传播学总体上是如此，华夏传播学也未始不会如此，需要有勇气和定力面对外来的质疑和内在的焦虑，只有坚实的学术努力和开阔而审慎的学术视野，才能直面这些问题的挑战。我一直认为传播学是不同于一些"垂直化"的学科谱系的，她本质上倾向于一种"平面化"的学术构成，注定了是一种属于"广场"而不属于"巷道"的学问。但是偏偏在现代学术建制化生产的结构中，要去证明自己的学术身份的正当性，就难免发生如罗杰斯的学科史那样的"攀亲戚"式的叙家谱之作。其实，亲戚攀得越多越阔气，越是反过来证明了自己本来就没有什么严格的师法家法，不存在纯种基因，完全是知识理论杂交的产物。这没有什么不好，反而是最好的杂交优势。以博观而求圆照，应该是传播学的学科特性和学术策略。在这个意义上，我以为称呼"学"或称呼"研究"都是没有什么大的区别的，学即是学问，也就是研究，是我们探究世界和历史的路径与方式。带着疑问和焦虑出发，是一件好事，这本身意味着一种鞭策和反省，使我们在前行时锚定目标和方向。

我们真正需要用力的不在于一个符号，而是要扎牢自己学术的立足基点。从17世纪以来，西方逐渐形成了近现代意义上的社会科学体系。19世纪以后中国进入现代化进程，学术文化也随之发生整体转型。西学东渐，传统的"经史子集"、"经世致用"的学术文化不得不退出了主导地位。20世纪又开始了马克思主义的中国化进程，但是在具体的人文社会科学领域中，始终有一个如何将马克思主义的基本原理和中国的社会历史实际结合，以实现当代中国学术文化体系创新的问题。今天的中国学者在学术训练、学术话语、知识谱系方面都基本上和世界上的学术文化主流发生了全面的深刻的联系。传播学是在最近四十多年的改革开放过程中，从西方引进的新学科。从她引进的主要方向、主要内容以及建制化的过程来说，主要是美国传播学，其次是欧洲传播学发挥了主导性的影响。因此中国的传播学总体面貌和学术话语体系基本上因此而定形。这是我们不能回避也难以脱离的现实。从另一个层面上说，中国的社会发展已经融入世界现代化主潮，无论是传播科技还是媒介环境都是和西方世界处于同一水平。这是中国的传播学不可能脱离开世界而自说自话的基本原因。但是，尽管中国现在已经建立了世界上最大的传媒市场和网络社会，有效管控的国家传媒体制，空前丰富的传媒文化，但是在国际传播学的总体结构中，中国的传播学仍然处于非常边缘的位置。造成这种社会实践和学术文化之间极不对称的情况的因素是复杂的，并不全是中国新闻传播学界的主观原因。传播学本土化的提倡已有经年，而对于什么是"本土化"，以及如何"本土化"仍是争论不休。就目前的学术主要倾向来说，基本上还是以西方的传播学理论为基本框架，以具体的中国经验案例为填充物。在这样的学术倾向和氛围中，提出"中国传播学"或"华夏传播学"就会引来各种质疑的声音。有来自科学主义观点的，认为在传播技术作为一种改变人类文明进程的基本物质力量面前，各种社会制度和文化传统都不能不顺应于这一决定性力量，传播学致力于发现人类社会的基本传播规律，没有可能也没有必要去探求所谓"中国传播学"，正如没有什么"中国物理学"，也没有"中国心理学"的提法；也有来自普世主义观点的，认为当代传播理论已经不再以文明区域为依归，而是以对人类普世的传播伦理原则为基本价值尺度，因此探求并建立"中国传播学"只能陷入"自说自话"的孤立和尴尬的境地；还有来自实用主义观点的，认为传播学的学术进程是从属于全球现代化的进程，这一总体进程决定了传播学的主流学术话语的权力结构和核心区域，中国的传播学研究只好首先争取得到国际主流传播学的接纳承认而不是另行标榜什么"中国传播学"。总之，"中国传播学"除了她向国际主流传播学（无疑是西方传播学）提供经验案例的填充物的命运之外，便应该没有什么前途和出路。难道只得如此吗？

正是在这样或那样的质疑之中，立足于中国文明基础的传播研究的起步相当艰难。传统和现代的社会文化断裂，意识形态价值观的区隔，当代学术知识形态的趋同化，当下研究问题的紧迫性等等，都影响到中国传播学的定位。如果我们展开广阔的历史视野，就可以清楚地确定一个常识，这就是人类社会的交往实践只是在近代科学技术实现了文明突破之后，具体来说只是在印刷、铁路、航海、电报、电话、电子通讯等连续涌现之后，某种"普世性"的传播图景才形成了。而这不过只有几百年的光景，人类社会的传播实践的历史却已经有千万年。如果我们认同文明和传播同构的概念，那也毫无疑问地要承认，中国文明自诞生时起就有自己的传播路线、传播法则和传播智慧。身为中国人，在这样的传播实践中绵延发展起来，需要对自己的传播规律和传播文化有所体认有所总结。西方发明了号称"传播学"的学问，可以拿来作为一个认识的工具，但也仅仅只是一个工具而已，真正实现深刻的亲切的系统的认识，还需要有更多的认识工具。更何况我们也不可能完全用西方依据其有限经验研究传播的理论工具来衡量中国漫长的文化传播的历史和复杂的社会现实。如历史和现实所昭示的，一方面传播技术的涌现不断解构着多元的文明聚落，将星罗棋布的孤岛逐渐连接成整体的"地球村"，另一方面人们在共享的传媒技术环境中所展开的传播实践依旧穿行在"文化树丛"里，用着同样的传播设备却运行着完全不同的传播制度，传达着完全不同的信息和思想。所谓技术决定的、普世化的、既定权力格局的传播共景，并不是当然地构筑了人类社会共同体的传播实践。世界历史上形成的多元的文化形态是一幅多棱镜，科技革命和传媒技术的光源通过文化的多棱镜的折射，发散出不同的光彩和温度。文化决定了人们对于技术的观感和利用方式。对于由不同族群（而非原子化的个体）所组合起来的人类社会来说，文化是近似于生物生命 DNA 的另一种基因，无视这一根本的文化基因怎么能够真正理解人们的传播实践呢？在人类的发展史上，中国文明是存续得最为悠久，最富于调适、包容和进取的文明形态。置身于这样的文明之中，我们不可能不将这一文明的命运和她的人民千百年来从事传播实践的智慧联系起来思考，也不可能不致力于探究中国文明的传播实践的整体面貌、发展规律和特殊的观念体系，而仅仅满足于将中国人的传播实践做碎片化的摘取去当作西方普世传播理论的附件材料。在有志于探索中国传播学的过程中，我们需要怀抱着对中国文明的认同、热爱以及守护与发展的责任来坚持认定的学术方向。

画圈不等于占有，声明不等于承认，换装不等于真有武功，插上地标不等于地里长出庄稼。仅仅有正当的学术研究的动机和目标，还不足以确立一个学科。为了确定中国的传播研究的学术立足点，我想提出"以传播为方法"和"以中国为方法"两个互为交织的学术逻辑问题。

"以传播为方法"是我们在 20 世纪 80 年代就开始做的事情。这件事情本身是和中国的伟大历史转折联系在一起的，从封闭走向开放，从对抗走向包容，从愚昧走向启蒙，从隔绝走向交流。"以传播为方法"，意味着在重大的历史性转折的时刻，西方传播学的引入打开了以"传播"为分析视角的方法论的窗口。而将传播学译介到中国的各位热情的学者们也试图在中国文化的伟大传统中寻求可以充实传播学理论武库的宝贵资源。然而，我们必须指出的是，在作为方法的"传播"理论概念家族中，其实中国是缺席的，人们是用没有中国的传播来观察和分析中国的传播，缺少以中国文明本身的逻辑来观察分析中国人的传播实践的自信和自觉。即使在 20 世纪 80 年代，"以传播为方法"也是有微妙的本质区别的：一种"以传播为方法"，乃是以中国为目的，为了融入世界而首先要以反思和改良中国文明为目的，因此传播的方法就成为解析中国文明存续扩展的奥秘、社会文化制度运行机制、中国人交往实践惯习的钥匙。这种"以传播为方法"，是从中国变革的文化焦虑和内在张力中寻求的反思之道，可以说是以传播为名做的是启蒙的文章。问题不在于作为方法的"传播"是否先进完备，而在于它的核心观念和独特视角，从信息传达的角度对于社会权力运行机制和文化传承播散的机理的探究是具有解剖力度的。另一种"以传播为方法"，则是以世界为目的，即为了建构一个包容中国文明智慧资源在内、但却是以西方文明为主导原则的普世文明构想，以世界为榜样为标准来斟酌中国的传播经验，其中对于"中国的长春的文化"想象多少带有东方主义的色彩，可以说是以传播为名做的是促使中国转型而顺从世界主潮的文章。前者是"我"的反思，希望弄明白"我"是谁，"我"从何处来又往何处去；后者是"他"的垂顾，希望发现令人惊艳的东方，犹如可以为欧美客厅增添精美的东方瓷瓶。无论前者还是后者，都持有一元论的世界景观。以没有中国的传播来观察中国的传播，这本身已是一个悖论；"以传播为方法"在逻辑上本应建立对话交流，却又信奉一元论的世界图景，这又是一个悖论。如果不是中国要急切地融入世界，作为世界文明的核心力量的传播又如何成为中国的方法呢？尽管有这两个悖论深埋其内，但是"以传播为方法"仍然大力推进了对中国传播经验的研究，形成了今天方兴未艾的新闻传播学科格局。

需要指出，"以传播为方法"又不能只限于"以传播学为方法"。目前所流行的西方传播学，仅仅是当代人文社会科学研究传播现象和传播规律的某一个学科视角，还不足以达成"圆照"之效。20世纪四五十年代逐渐兴起的传播学主要是应对大众传播和信息化社会的涌现而从社会科学和信息科学之中分化出来，并且在美国式的实用主义和科学主义文化濡染中形成了某种思维理论模式和学术建制范式，这一学科在思想和智慧水平上的局限性并不能由其兴旺的学术建制网络所掩饰。随着全球信息资本主义的危机深化以及多元化民主化浪潮的冲击，传播学必然变得成分多元复杂，也必然要走向和人文学及其他社会科学的整合。

"以中国为方法"，曾由日本学者沟口雄三首先针对着日本汉学提出，这和西方学术界左翼发起对东方主义的挑战遥相呼应。"以中国为方法"是顺应20世纪90年代以后日益加强的世界多元化趋势而提出的。特别是当文化帝国主义批判思潮与诸多后现代文化批判运动混合着激烈冲击世界传播秩序之后，由当代传播构筑的一元化世界图景就已经基本动摇了。然而我们遗憾地看到，二十多年前人文社会科学热烈讨论"以中国为方法"的问题的时候，新闻传播学科是基本缺席的，整体上的反应慢了不止一拍。"以传播为方法"重构中国的新闻传播学，四十年来是一个基调，一个不容置疑的主流话语，一个在学科建制中的公认法则。"以中国为方法"只能表达为"传播学本土化"这样暧昧的话语。"传播学本土化"的暧昧性，既可以解释为"以传播为方法"，也可以解释为"以中国为方法"。如果不包括主流意识形态话语的概念化口号在内，中国的传播学界相对缺少勇气和底气提出"以中国为方法"。除了少数学者艰辛地从田野和历史中以经验案例总结的途径来实质性地探索"中国的方法"以外，在总体理论取向和学术价值判断上，"以中国为方法"仍是引来不少疑虑。因此很有必要讨论一番如何理解传播学的"以中国为方法"。

首先，"以中国为方法"是同"以世界为方法"相对比的。传播学界一直是强调"以世界为方法"。这包含了学术理论和知识的权威谱系、学术话语家族、学术问题议程、学术规范标准、学术建制秩序、学术传播网络等等。然而，作为方法的"世界"本身却是以美国、欧洲为基本模板，就连其中的不同的意识形态价值体系、不同的学派斗争、不同的学术取向也都在中国得到沿袭和模仿。即使中国的传播学者着力研究中国的传播经验和文化传统也只能采纳"世界"的方法。这几乎是中国的传播学者绕不开的思维困扰。中国学者在识别中国案例、分析中国经验、总结中国传统的过程中不能不运用西方化的学术概念工具，即便是超脱了传播学概念，也难以逃出西方的哲学、心理学、符号学、社会学、人类学、政治学等等概念森林，至于研究和阐释的方法逻辑更是如此。这难道不是"以世界为方法"？因此"以中国为方法"并不可能是脱离"以世界为方法"，更不是刻意和"以世界为方法"相对立的。但是采纳"以世界为方法"并不是取代了"以中国为方法"的探索和努力。特别是当传播学领域的"以世界为方法"之方法尚未包含对中国经验的规律总结内容，尚未包括有中国智慧的理论化成果，我们自然也可以推断此时的"以世界为方法"是不足以表明其世界性，更不足以作为对中国经验的裁断权威尺度的。因而"以中国为方法"其首要的作用就是对"以世界为方法"的批判和修正。提出"以中国为方法"是由于作为方法的"世界"的一元性和绝对性本身就不存在。原本的世界就是多元和相对的，这才是文明进化的常态和规律。如果世界是相对性的，那么任何来自世界的方法都只是中国的参照和借鉴。中国越是走向世界，就越是能够体会分享更加多元的世界的方法并且将中国自己的方法传播贡献于世界。强调"以中国为方法"仅仅是拒绝对世界方法的一元化和绝对性认识，而以更加开放包容的态度去拥抱世界。我们不能因为接受"以世界为方法"就覆盖了"以中国为方法"，中国的方法应当是根植在中国丰厚的历史文化土壤，根植在丰富的社会生活经验中的，她是构成多元化世界的智慧形式之一。更为重要的是从中国经验中发掘出自己的传播智慧和学术话语。

　　中国从近代以来就开始打破闭关自守努力融入世界，对于落后的中国而言世界意味着进步和现代化。固然中国在社会物质生产方式、制度建设、社会生活面貌和语言文化等方方面面全方位地和世界同方向进步是一个基本的现实，但是世界还远非大同，唯需保持特异，才不至于消融于求同，这对于一个有几千年历史的文明实体来说是其文化的立足求存之道，犹如一只圆规，必须扎稳了基脚才好将另一只脚伸得更远；或犹如一种生物，必须平衡遗传和进化两个机制才好适应新的生存环境。

　　"以中国为方法"里面的"中国"本身也不是一元化和绝对性的，就"中国"而论本身也是在历史的长河中不断丰富演化的结果。从满天星斗到巫教传统，从礼乐文化到百家争鸣，从佛法东传到盛唐气象，从儒道释融合到西学东渐，思想文化的版图和民族国家的版图不断变化同构。在历史上凡是秉持开放包容兼收并蓄的时期便是学术文化繁荣昌盛、中华创造力得以蓬勃生长的时期，凡是罢黜百家独尊一术的时期便是学术堕落思想停滞、中华文明受到挫折国家陷于封闭衰落时期。研究历史既包括坚持弘扬优秀文化，也包括总结教训深切反思以图自新。

"以中国为方法"，究竟中国有没有自己研究传播的方法？偌大的历史国家，如此长久丰富的传播实践怎么会没有自己的认识传播现象和传播规律的方法？过去西方国家的科学家曾经断定中国地层之下没有石油，中国是一个"贫油"的国家，其理由是没有见到中国人从地底下打出石油。可是当大庆油田开发出来，相继更多油田开发出来，这种贫油论就自然消解了。所以今天有志于从事中国的传播研究的学者，应该学习当年为祖国勘探石油的精神，在中国丰厚的历史和现实资源中去勘探华夏的传播智慧。"以中国为方法"，需要以开阔的学术视野，通过再阐释、再综合、再发掘的过程，从中国自身的历史和实践中总结出有独特文化意涵的传播史实、传播制度、传播观念；需要打通文史哲和社会科学，充分继承借鉴传统的治学方法、近现代的东西融合的治学方法，在学术探索中补课，在补课中探索创造，计日为功，久久为功。"以中国为方法"，最终也是以世界传播格局和文化面貌的改造为目的。这是重构的文化世界，多元化，相对性，和而不同，相互激荡。在中国的传播学研究的主潮中，标明为"华夏传播"的学术追求可以有其名实两面的考究。窃以为关键的含义是在华夏文明所涵盖的广阔的历史时空和多元而统一的文化观念中的传播研究，不以一朝一代的管治版图为界限，唯以华夏文明伟大传统和根本文化价值为认同的传播研究，这是跨越当代海峡两岸、"一国两制"区域乃至世界各地华人文化圈层的包容性的学术文化。这既是我们从20世纪80年代开始走向世界的起点、90年代发起跨学科研究之旅的初衷，也是未来可期的最大公约数。

为此，《华夏传播学年鉴》以"年轮"的形式开始记载我们大家的学术交流和共同成长，是非常可喜可期的事情，衷心祝愿她在各位学者的护持之下逐渐走向胜景！

目　录

第一部分　年度综述

2019 年华夏传播学研究年度综述
不忘初心:"中华文化立场,全球传播视野"

谢请果　董熠*

(厦门大学新闻传播学院　福建厦门　361000)

摘要: 2019 年是华夏传播研究成果丰硕的一年,在华夏传播范式研究中取得突破性理论进展,呈现出注重理论体系建构和中华元典传播思想挖掘的研究样态;传播考古学成为华夏传播研究的重要方法之一,为中国古代媒介研究与中国古代政治传播研究提供了有力支撑;华夏文明传播是本年度的重要学术增长点,在中国交往理论的研究中产出了"中华新文明主义"与"共生交往观"的学术理论创新,在礼乐文明传播、"中国模式"与"文化自信"研究、华夏文明跨文化传播中也取得诸多成果。

关键词: 华夏传播范式;传播考古学;华夏文明传播;礼乐传播

2019 年是中华人民共和国成立 70 周年,在中国共产党的领导下,我国社会面貌发生了翻天覆地的变化,在社会主义道路上行稳致远。关于新中国何以取得今天成就的原因,习近平总书记对此的回答无比坚定——"就因为我们党始终坚守为中国人民谋福利、为中华民族谋复兴的初心和使命"。① 党的十八大以来,"文化自信"成为举世瞩目的时代课题,不忘本来、吸收外来、开创未来已成为包括传播学在内的哲学社会科学创新发展的基本精神,建设具有中国特色、中国风格、中国气派的哲学社会科学成为学界共识,推进中国特色学科体系、学术体系、话

---

* 作者简介:谢请果,厦门大学新闻传播学院教授,博士生导师;董熠,厦门大学新闻传播学院博士生。

① 杨凯:《70 年:初心的力量》,《人民日报海外版》2019 年 9 月 14 日,第 01 版。

语体系的建设是中国学者们的使命担当。

自传播学从西方传入中国后，经过了余也鲁等老一辈学者的不懈努力，不断推进着传播学本土化的进程，取得了一次又一次阶段性的理论进展。2002 年黄星民教授发表《华夏传播研究刍议》一文，标志着华夏传播研究领域的正式确立，华夏传播研究被定义为："华夏传播研究是对中国传统社会中的传播活动和传播观念的发掘、整理、研究和扬弃"，[①] 建构传播学的"中华学派"这一目标凝结着余也鲁、徐佳士、郑学檬、孙旭培等第一代华夏传播学者的期望和信念，也是后继的华夏传播学者为之不懈努力的目标。正如邵培仁教授在 2014 年出版的《传播的魅力》一书的前言中指出，中国传播学的主要问题在于西方化，而中国传播学的着力点在于本土化，但最佳的学术生态是多元与平衡的，对于西方传播学要虚心学习，但不能忘记自己从哪里来，模式中国学术的文化基因和现实根据；重视本土传播学研究既不是要一味排斥西方传播学，也不是完全回归本土传播学，而是"在时间经线上立足本土、古今连通，在空间纬度上扎根本土、中外沟联，让历史、现实与未来贯穿"。[②]

华夏传播学是传播学本土化的有力实践，是中国本土传播学的"立足之地"，如邵培仁教授所指出的那样，"如果一位中国学者不了解自己学术的立足之地，不知道中国传播学的祖源、历史和身份，不知道它的出发点和目的地，却在学术资源、学术思维、学术行为上'他者化'，是缺乏文化自觉和文化自信的表现，极易造成学术主体性和学术方向性的偏离和丧失"。[③] 华夏传播学的研究对象是整个中华文明，"它应该具备这样的一些特征：贯通古今，以传统为主；通过对中国传播史论与西方传播史论的双重关照，寻找传统与现实的逻辑起点，营造中西交融对话的氛围；围绕中国社会运作与信息传播的内在互动为主线剖析华夏文明演进的传播逻辑，增强华夏文明传播的理论自觉与道路自觉，从而为中华民族圆'中国梦'贡献华夏传播学的理论解释力"。[④]

不忘初心，方得始终。华夏传播学是在对中华文化传播中的传播活动和传播观念进行发掘、整理、研究和扬弃的基础上建构起来的；华夏传播研究的目的是建构"能够阐释和推进中华文明可持续发展的传播机制、肌理和思想方法"；华夏传播学的愿景是"用中国传播话语体系，表达华人交往、交流及其关系建构与意

---

① 黄星民：《华夏传播研究刍议》，《新闻与传播研究》2002 年第 4 期。

② 邵培仁：《传媒的魅力：邵培仁谈传播的未来》前言，北京：首都经济贸易大学出版社，2014 年。

③ 邵培仁：《传媒的魅力：邵培仁谈传播的未来》前言，北京：首都经济贸易大学出版社，2014 年。

④ 谢清果：《华夏传播学引论》，厦门：厦门大学出版社，2017 年，绪论，第 11 页。

义共享的传播理论"，与世界传播理论进行对话，丰富人类的传播理论与经验，为人类交往和人类文明互鉴提供"中国方案"。① "中华文化立场，全球传播视野"是华夏传播研究始终坚持不变的初心，建构基于本土的华夏传播学是华夏传播研究的起点，建构基于中西对话的华夏传播学是华夏传播研究的目标，而最终努力的方向，是"积极构建信息传播的命运共同体，推动全球传播治理朝着更加公正合理的方向迈进，实现平等尊重、创新发展、开放共享、安全有序"。②

传播学自诞生起就是一个交叉性的学科，传播学蓬勃发展的今天受益于发展的每一阶段中对人文科学、社会科学以及理工学科理论与方法的引进，"没有交叉化就没有今天的传播学"。③ 传播学研究者多学科的知识背景和交叉研究是传播学保持生机与活力的重要因素之一，也是传播学研究纵深度与丰富度的体现。华夏传播学研究者们多来自不同学科，多学科交叉的知识背景为华夏传播学研究不断注入着的生命力。

一、华夏传播范式研究

2019 年的华夏传播范式研究在华夏内向传播、华夏传播中的主体性研究、华夏说服传播、华夏修辞传播等范式研究方面取得了显著的理论成果，在对中华元典中的传播理论深掘中也取得了众多研究进展。

（一）华夏传播理论范式研究

华夏内向传播是华夏传播学的特质所在，是华夏传播学的理论体系基石之一，也是华夏传播范式建构的探索中一次成功理论突破。谢清果教授从道家哲学研究而进入华夏传播学，以此学科背景为优势，在传播学研究的过程中，发现了内向传播视角中的《道德经》呈现出别样的传播观念。在深研前人研究成果的基础上，他以米德的符号互动论以及其他芝加哥学派传播思想为理论工具，对比《道德经》文本及其各种注疏本后开始了理论建构探索，后又引入庄子"吾丧我"命题、儒家"慎独"命题、道家"见独"等命题，最终成功建构起"华夏内向传播学"的理论体系。《华夏内向传播的理论建构》一书也即将由厦门大学出版社出版。道家传播思想中有特色鲜明的内向传播思想，谢清果教授也在《道家内向传播的观念、

---

① 谢清果：《华夏传播学研究的初心、求索及其方向》，《广西职业技术学院学报》2019 年第 6 期。

② 邵培仁：《媒介是全球的，文化不是！》，《现代视听》2019 年第 7 期。

③ 邵培仁：《传媒的魅力：邵培仁谈传播的未来》前言，北京：首都经济贸易大学出版社，2014 年。

路径及其目标》一文中对道家独特的"收视反听"的独特内向传播取向、"吾丧我"的主我与客我观念、"坐忘""心斋"的内向传播运作路径及以"游"为内向传播的终极目标展开了深入探讨。①

邵培仁教授与姚锦云先生于 2014 年在《传播受体论：庄子、慧能与王阳明的"接受主体性"》②一文中提出"接受主体性"的概念。随后，尹连根教授发文③对其中的"对《庄子》进行传播学层面的'本土化'"问题展开学术对话。姚锦云先生对尹连根教授《审慎对〈庄子〉进行传播学层面的"本土化"——与邵培仁、姚锦云两位老师商榷》一文中所指出的"庄子没有传播思想"及"接受主体性"是"生造概念"等的问题作出了回应。针对第一个问题，姚锦云先生认为对"概念"的界定不应过度强调学科边界，因为传播问题不完全等同于"传播学科的问题"，考察庄子的传播思想要"深入庄子的社会历史语境"。对庄子而言，"传播意味着不同主体之间的关系"，"主要体现在'意义理解和分享'以及'人类日常交往'两个层面"。天人沟通的问题是中国古代重要的传播问题，正如吴予敏教授指出："通过祭祀过程，利用祭品达到世人与天地鬼神沟通的目的。没有进入中国历史语境的虚心和求实，我们不可能真正了解中国历史上的传播观念。"④余英时先生认为，中国的"轴心突破"正是针对"绝地天通"而发，"'心'取代'巫'的中介功能，如'心''道'合一的构想取代人、神沟通的信仰"，⑤姚锦云先生在此基础上指出，"最终的结果是，先秦诸子突破了'天人沟通'渠道被地上人王及其巫师垄断的现状（即'绝地天通'），构建了另一条通天的'密道'——人心"。⑥庄子的"心道合一"正是对巫师"人神合一"的扬弃与超越。而对于"接受主体性"的概念构建，"从传播视角看，'接受主体性'概念相当于连接'客体'与'符号'的释义符"。⑦而"接受"与"主体性"共存是一种"中国特色"，"最典型的观念史证据即'施受同辞'"。⑧庄子传播思想的"接受主体性"就体现在"主动'受'道，即'虚

①　谢清果：《道家内向传播的观念、路径及其目标》，《未来传播》2019 年第 2 期。

②　邵培仁、姚锦云：《传播受体论：庄子、慧能与王阳明的"接受主体性"》，《新闻与传播研究》2014 年第 10 期。

③　尹连根：《审慎对〈庄子〉进行传播学层面的"本土化"——与邵培仁、姚锦云两位老师商榷》，《国际新闻界》2017 年第 5 期。

④　吴予敏：《中国传播观念史研究的进路与方法》，《新闻与传播研究》2008 年第 3 期。

⑤　余英时：《论天人之际：中国古代思想起源试探》，北京：中华书局，2014 年，178 页。

⑥　姚锦云：《再论庄子传播思想与"接受主体性"——回应尹连根教授》，《国际新闻界》2019 年第 2 期。

⑦　姚锦云：《再论庄子传播思想与"接受主体性"——回应尹连根教授》，《国际新闻界》2019 年第 2 期。

⑧　姚锦云：《再论庄子传播思想与"接受主体性"——回应尹连根教授》，《国际新闻界》2019 年第 2 期。

己待道'"，"心斋"即是方法之一，"天人沟通的对象由鬼神变成了'道'，'精明之至'的状态变成了'空灵明觉'的'听之以气'的境界"。①

中国古代有丰富而独具特色的说服传播资源，说服传播研究历来是华夏传播研究者们的关注重点之一。谢清果教授与米湘月指出，华夏传播中的说服传播研究主要围绕说服制度和说服策略两个方面展开，以往的研究成果呈现出碎片化和停留于说服技巧等的问题，"而没有努力勾勒出完整的理论框架"，有关华夏说服技巧的研究详尽，而缺乏"一个脱离具体情境的共通的基本准则"。②基于此研究背景，他们提出"察言观色"论，即"一种从中国传统文化中孕育出的有关说服传播的理论概括与实践技巧的系统总结"。"察言观色"以"传播的接受观"为立足点，基于"观色"和"察言"的艺术"在人际互动中实现的对事情本质的一种深刻洞察"，③可以表述为"在心灵与社会化的相互作用下中国人对各种符号产生将文化共性与个性融于一体的情境化理解，进而将其转化为有效地指导着自身的交往实践，从而达到展现自己观点与形象，说服他人接受的系统进程"。④"察言观色"论的产生受到中国古代"家长制"传统、集体主义意识以及纵向传播强于横向传播的社会传播结构的影响。这种富有中国特色的说服理论不仅体现着中国人特有的沟通智慧，也蕴含着中国传统的传播艺术伦理。此外，研究者余梦琦则针对孔子的道德思想与说服传播实践展开研究，以儒家说服注重"道德感化"的特色为出发点，探讨了孔子以外在修辞与内在道德相统一的说服传播模式。⑤

中国没有西方式的民主和辩论传统，因此"中国语境中，并不存在西方意义上的修辞"，⑥中国的修辞学是"研究语言运用效果的科学"，⑦"并不指向存在、社会与政治"，在这些层次并不考语言修辞，而是靠"道、德、理、气、势等"非语言范畴，是要靠"在对于世界的整体感知中体察到的"，李红先生以东西方比较视野对视觉修辞展开研究，探讨了中国文化中"势"的独特范畴，论证了"势"如何可作为一种视觉修辞的新范畴，对视觉之势的效能、内涵与合法性进行了阐释与

---

① 姚锦云：《再论庄子传播思想与"接受主体性"——回应尹连根教授》，《国际新闻界》2019年第2期。

② 谢清果、米湘月：《说服的艺术：华夏"察言观色"论的意蕴、技巧与伦理》，《现代传播》2019年第10期。

③ 谢清果、米湘月：《说服的艺术：华夏"察言观色"论的意蕴、技巧与伦理》，《现代传播》2019年第10期。

④ 谢清果、米湘月：《说服的艺术：华夏"察言观色"论的意蕴、技巧与伦理》，《现代传播》2019年第10期。

⑤ 余梦琦：《华夏说服传播：孔子说服传播模式探寻》，《东南传播》2019年第2期。

⑥ 李红：《再论视觉之势：传统、内涵及其合法性——基于中西比较的视野》，《南京社会科学》2019年第2期。

⑦ 周振甫：《中国修辞学史》，北京：商务印书馆，1999年，第1页。

探讨。他指出，中国文化是"主体性减损的文化"，"目的就是通过主体性的克减进入到广大无边的势域当中，以做到对于'道势'的顺应而成就其伟大"，[①]而视觉修辞就是"人被置于一种整体性的势域当中"。他提出"引发力"的概念，用意描述"视觉之势"，它"可以用意分析视觉修辞的载体（'形'）如何携带出充满力量的势，从而将复杂的世界境域召唤出来"。李红先生的《再论视觉之势：传统、内涵及其合法性——基于中西比较的视野》一文是基于他2018年在《新闻大学》第4期上发表的《视觉之势：论视觉修辞的活力之源》一文中"视觉之势"问题的深化，探索了中国独有的视觉修辞智慧，是一次在中西方对话中寻到华夏传播研究可能位置的成功尝试。

王权合法性的建构是中国古代政治实践的重要内容，在历史学与政治学等领域对此有深入研究，张丹博士则从舆论学的视角对古代统治者与士大夫阶层的王权合法性建构实践展开研究与探讨。他认为，舆论不仅是感知社会的"皮肤"，也是制约社会的"力"。中国古代王权合法性的建构大致通过四个舆论指向：神、圣、王、民，从而逐渐完成合法性的书写，每一舆论指向又相互勾连，最终汇成光明而通达的王权舆论思想。[②]该研究是为拓展华夏传播学自身范畴的一次积极尝试，也为锻造本土化传播观念提供了不同视角。

门不仅是日常生活随处可见、分割与沟通内外部空间的实体，在华夏文明中它更有着特殊而丰富的精神内涵。研究者吴伟对"门"作为社会交往沟通媒介的表征及作用进行考察，他指出，"作为制度化的门，构建着儒家礼教中等级秩序的观念，是寒门子弟光耀门楣的精神依托，同时也组建了具有相同属性的群体身份集合"；"作为精神交往的门"体现着分离与交往的统一，反映了"公共空间与私人领域的界限"。[③]发掘"门"作为传播媒介在传统社会内部空间与外部空间的话语体系以及上层社会与底层社会的对话交流机制构建中所起到的作用，有助于进一步揭示中国传统社会礼交往与沟通路径的本土化特质。

对于中国古代传播理论中的公共传播观念的研究，有谢清果教授与赵士洁对于"类似公共领域"的稷下学宫的研究。他们以哈贝马斯的交往理论为视角，对在缺乏公共传播生存土壤的古代中国中呈现出一定"公共性"的稷下学宫展开探索，并对多元主义的批判做了辩证思考，揭示了稷下学宫对于百家争鸣时期文化

---

①　李红：《再论视觉之势：传统、内涵及其合法性——基于中西比较的视野》，《南京社会科学》2019年第2期。

②　张丹：《中国古代王权合法性建构——一种舆论学视角的考察》，《新闻界》2019年第3期。

③　吴伟：《光耀门楣：华夏传播对沟通路径的社会学理解》，《东南传播》2019年第9期。

的多元、繁荣、进步所具有的重要历史意义。①

姓名文化是中国文化的重要组成部分，学者李海文与谢清果教授对中国姓名文化中的大众传播之道展开研究并揭示其中的诗性特征，包括编码与诗歌胡化、传播渠道借助诗歌、传播者与受传者以诗歌为叙事方式、以诗歌传播效果反馈等。②

中国古代存在着自身独特的媒介观念，《华夏传播研究——媒介学的视角》一书借鉴德布雷的媒介学方法，对中国古代媒介进行了"生活—社会—技术"层面的综合考察，呈现了媒介域中中国人的媒介生活，是华夏传播研究的又一重要理论进展。该书由谢清果等学者共同撰写，由社会科学文献出版社于 2019 年 10 月出版。

此外，2019 年《中华文化与传播研究》第五、六辑由九州出版社正式出版，该书是华夏传播研究的主要阵地之一，自 2017 年出版以来成为重要的华夏传播研究学术交流平台，产出了众多有意义的研究成果。

华夏传播范式研究相关的学术会议有 2019 年 7 月 6 日在厦门大学举办的"贤文化与华夏传播研究"工作坊，③ 会议以"精研中华圣贤文化、构建华夏传播理论体系"为主旨，对"华夏传播研究视角下的贤文化""贤文化与媒介研究""贤文化与社会治理"等主题展开了学术研讨与对话。

（二）中华元典中的传播观念研究

中国传统经典作为构筑华夏文明根基的存在，在民族历史发展进程中源源不断地提供着丰富的思想资源。立足传统经典，探索中华元典中的传播观念是华夏传播学的一个重要研究方向。重新审视中华元典，发掘与整理其传播关键，是创立与牢固华夏传播学的学术体系、学科体系与话语体系的重要条件，也更有助于推动传播学中华学派理论基础的铸造与稳固。

谢清果教授与潘鹤对《老子》中的受众观进行系统考察，认为老子身处"礼崩乐坏"的秩序混乱与纷争不断的时代，"此时社会的突出特征是规范功能的失衡和传播失灵"，④ 因此他走上一条不同于儒家的"反"向的批判式道路：这种"反"

---

① 谢清果、赵士洁：《哈贝马斯交往行为理论视角下的稷下学宫》，《广西职业技术学报》2019年第 4 期。

② 李海文、谢清果：《诗性传播：中国姓名的大众传播之道》，《教育传媒研究》2019 年第 6 期。

③ 该工作坊由厦门大学传播研究所与中盐金坛盐化有限责任公司共建的华夏文明传播研究中心发起举办。

④ 谢清果、潘鹤：《"反者，道之动"：老子的受众观念系统考察》，《周口师范学院学报》2019年第 4 期。

的主张既是对现存制度的反动、反叛，也是对古代自由制度的回归。《老子》中的受众观体现出反向制约的功能和权力扩大的可能，传播者与受众相互施加影响，形成传播的闭合回路，并看重"弱"的力量与价值。同时，他们指出，《老子》重视受众的差异性，视其为分化的、有层次的、有不同愿望与需求的"小众群体"，因此传播过程具有多样性，而反对差序等级对受众的规约，解决的路径是放弃传播效果不稳定的外部压力而转向"反"的道路——复归受众自身本然的清净状态，这也是《老子》中对差序等级和愚昧享乐批判与否定的原因。①

对"传播困境"的思考与探索解决是 2019 年华夏传播研究的关注热点之一。在西方传播学传统中，无论是经验学派"体现的主体掌控世界的欲望"，还是批判学派"追求主体解放的取向"，都是基于主体而出发，并且"主体性都是一种不加追问的设定"。② 而学者李红先生指出，华夏传播思想则存在"运思上的巨大差异"，常常采用的是"'内敛'的主体性消解逻辑"。他以庄子思想中的核心逻辑"吾丧我"为研究对象，论证了庄子思想中如何解决达到主体与世界的趋近的问题。庄子一方面"看到了客体的价值型及其虚妄性"，同时有"看到了主体性层面的阻碍，即主体总是被客体吸引而出现了认知的偏执"，这些阻碍着传播过程中主客体彼此的接纳，因此庄子主张"不累于俗，不饰于物，不苟于人，不忮于众"（《庄子·天下》）的顺应姿态，最终"通过主体性消解的逻辑"而达到我与万物的"和合状态"。此即"吾丧我"中对"我"的消解，方式是通过"坐忘"而实现"物化"。与此同时，李红先生认为，庄子的"吾"（道我）与"我"（俗我）并不同于米德的"客我"与"主我"，"吾丧我"不是"主体陷落（reification）"，而是"物物而不物于物"、"不与物迁"的独立、自由和无待。在彼此融合"道通为一"的过程中，传播的冲突与理解的障碍也就不复存在了。而以"吾丧我"为代表的中国文化中"忘我"这种主体性消解以融入世界当中的沟通策略，正如李红先生所言："正是华夏传播研究可以为世界传播研究提供的新视野。"③

谢清果教授与王婕则立足中西传播观念比较的视角，对彼得斯《对空言说》中"交流失败"观念与《庄子》中对待交流的态度进行比较，发现二者在交流失败的成因、障碍的认知上殊途同归。两者在交流认知差异上的根本区别之处在于：彼得斯着眼于"人为"而庄子依托于"自然"，这也导向了他们对于"交流失败"

① 谢清果、潘鹤：《"反者，道之动"：老子的受众观念系统考察》，《周口师范学院学报》2019年第 4 期。

② 李红：《庄子的"吾丧我"：主体趋近世界的路径》，《西北师大学报（社会科学版）》2019年第 2 期。

③ 李红：《庄子的"吾丧我"：主体趋近世界的路径》，《西北师大学报（社会科学版）》2019年第 2 期。

解决方式的方向性差异，"内向而求同"也成为中华文化传播观念的独到之处。[1]此外，张兢先生在对《庄子》中的传播困境观念进行研究时，揭示了其中导致传播困境的两个原因：因认识有限而生发的"成心""成见"，以及语言的有限性，而《庄子》中对超越传播困境的尝试就是以"精诚之心"交流，理性看待认识的优先性，确立高远的传播主体境界观。[2]

　　学者刘振东与耿兆辉聚焦于中国古代思想的文化载体，探究中国古代知识传播的发展演化。古代思想文化的文本载体经历了从刻木结绳到甲骨简帛再到纸版印刷的发展历程。知识传播的主体"从巫而史"，早期儒者成为"引导公卿贵族进行君子礼教诸多认识活动"的担纲者；进入春秋战国之际诸子纷纷著书立说，"以文载道"，掌握知识与文化思想的精英阶层成为传播主体；毛笔与纸的发明、印刷术的发明与技术改进促进知识的传播与读书人群体的扩大，科举制的创立与发展成熟使平民阶层可以通过读书而入仕，知识传播的主体规模进一步扩大。概言之，中国古代文本载体与文本作者的发展经历了一个从神主人属到主体自觉的过程；文化创作与传播主体则经历了从上层君主公卿贵族阶层到知识分子精英阶层再到平民阶层的过程。[3] 谢清果教授与徐莹则针对中国古代典籍对传统社会舆论的形塑进行了探究。研究认为，中国古代典籍对传统社会舆论形成的重大影响集中表现在舆论主体、舆论环境、舆论工具和舆论传播效果层面，他们通过对古代典籍引导、引发、控制舆论的主要路径的研究，剖析了统治者如何利用典籍来引导和控制舆论以达到更好实现社会治理的目的。[4]

　　《尚书》是我国最早的一部历史文献，也是中华元典中最重要的经典之一。学者王仙子与周之涵从传播学角度考察对《尚书》中"诚"的观念展开研究，探讨了作为传播观念的诚，它注重的不是传播过程中"传者 受众之间信息的发送或获取"，而是注重"传播在建构并维系一个有秩序的文化世界和有意义的社会共同体时所具备的特殊价值"。他们还指出，《尚书》中"诚"的传播观念孕育了中国人性传播，这个过程发生在"诚"传播观念从"宗神之诚向德政之诚转变"的流变过程中，但尚有局限性，只能算中国人性传播的萌芽，为后世儒家人性传播的发

　　① 谢清果、王婕：《同归殊途：彼得斯与庄子对"交流失败"原因的比较研究》，《东南传播》2019 年第 12 期。
　　② 张兢：《传播困境：庄子传播思想的一种诠释》，《西安财经学院学报》2019 年第 1 期。
　　③ 刘振东、耿兆辉：《中国古代文化载体的历史滥觞与知识传播的发展衍化》，《河北大学学报（哲学社会科学版）》2019 年第 1 期。
　　④ 谢清果、徐莹：《中国古代典籍对传统社会舆论的型塑研究》，《南京晓庄学院学报》2019 年第 3 期。

展奠定了基础。①

　　作为中华传统文化的重要载体，成语典故中有大量记录大量人际交往和人际关系的论述。芮必峰以古代成语典故中涉及人际交往相关的典故为文本展开研究，对其中反映出的人际交往和人际关系进行分析，概括与总结出不同层级的人际关系中的交往方式与观念，并从中归纳华夏古人交往的特征，探寻其对于当今人际交往、社会交往与社会结构的借鉴意义。②

二、华夏传播考古学研究

　　"传播考古学"是华夏传播研究学者、南京大学潘祥辉教授基于自身交叉学科的背景和深厚的古代汉语与历史功底所提出的研究路径，他指出："不理解历史传统，其实也无法理解中国的政治传播与媒介制度变迁的内在逻辑。"③"传播考古学"成为 2019 年华夏传播研究的重要方法之一，取得了众多成果，主要集中在媒介研究和政治传播研究两个领域。立足历史事实、挖掘史实资料以研究中国古代社会的传播现实，能够有力夯实华夏传播研究的根基、稳固华夏传播研究的理论架构。

（一）华夏传播媒介考古研究

　　甲骨文是华夏文明史上最早的文字媒介，巫史则是它的传播者。传播学者哈罗德·伊尼斯说："一种新媒介的长处，将导致一种新文明的产生。"④赵云泽教授与董翊宸博士对此展开研究，认为甲骨文向金文的转变是文字作为"人与神的媒介"而转向"人与人的媒介"，"巫史理性化"促成了文字媒介的转型，而媒介转型又进一步使理性的文化得到广泛传播，"巫史阶层"也在社会变革中迎来智能重组，这个"由巫而史"的进程即是"巫史传统"理性化的进程，"也奠定了中国文化大传统的根本"。⑤

　　学者赵云泽教授与杨启鹏对秦代"书同文"制度进行了传播学视角的考察，论证了在秦统治者发起的这一针对文字的规范与简化过程中实现文化统治和制度重塑的过程，阐述了"书同文"这一媒介变革制度如何使延续两千多年的皇权专

---

①　王仙子、周之涵：《作为仪式的传播——〈尚书〉诚传播观念的性质、流变及其意义》，《中华文化与传播研究》2019 年第 5 辑。

②　芮必峰：《从成语典故看华夏人际交往特征》，安徽大学硕士学位论文，2019 年。

③　王闯：《扎根华夏传播土壤 构建礼文化现代认同——访南京大学新闻传播学院潘祥辉教授》，《中华文化与传播研究》，2019 年第 6 辑。

④　哈罗德·伊尼斯：《传播的偏向》，何道宽译，北京：中国人民大学出版社，2003 年，第 28 页。

⑤　赵云泽、董翊宸：《中国上古时期的媒介革命："巫史理性化"与文字功能的转变及其影响》，《新闻与传播研究》2019 年第 7 期。

制思想得以确立、高效率的文官统治得以形成、"理性政治"的雏形开始出现，以及民族想象共同体得以形成。与此同时，他们认为这种整齐划一、一步到位的文字改革"对国人的思维方式造成了一定影响，崇尚规范、秩序成为中国古代超稳定社会构成的一大原因"。①

职业信息传播者在中国古代政治社会中起着重要作用，潘祥辉教授对源自远古口语时代的一种文化传播传统——"瞽矇传诵"进行了传播考古学视角的研究。"瞽矇"是在东周以前的政治传统中充当重要教化传播媒介人物的盲人群体，是中国历史上最早的一批职业传播者，因其杰出的沟通天地的能力和超常的听力与记忆力而被委以重任。"矇瞍修声"正指明了"盲媒"在上古传播体系中的职责与功能。潘祥辉教授认为，"瞽矇传诵"的传统直接影响了先秦文献的形成和传播，东周社会礼崩乐坏以及文字书写的普及使这一传统衰落，但却并未断绝。他对中国与西方的"瞽矇传诵"传统的差异进行了比较，认为"瞽矇传诵"这种极富中国特色的传统构成了华夏文明宝贵的文化遗产，也彰显了华夏文明的源远流长。②

中华元典中最重要的经典"四书"（即《大学》《中庸》《论语》《孟子》）在宋代经历了"由子入经"的过程，杜凯健博士与谢清果教授以《中庸》为例，从媒介化的视角对"四书"在宋代的升格运动展开研究，他们指出：媒介有自身的思考环境和社会空间，能够重构社会的环境和知识的塑造。通过对《中庸》媒介化的考量，他们的研究打破了四书研究囿于哲学领域的界限，转而考察它如何发酵成为一种社会制度，如何在社会结构变化中完成转化。研究认为，宋代雕版印刷术的产生带来一场媒介变革，打破了寺院对于知识的垄断，影响到了科举取士与社会各阶层的日常生活，赋予了印本书籍以权威地位和文化主体地位，印本书最终作为皇权政治话语的特殊象征而成为"神圣的经典"。③

邸报是中国古代新闻史上作为官方信息发布的主要媒介载体，士大夫阶层借此了解朝廷动态，并以邸报内容为题而作诗，这种邸报与诗歌相结合的体裁即"读邸报诗"。学者刘大明对宋代的邸报诗进行开掘，深入探索邸报诗与宋代新闻传播活动的密切关系。他认为邸报诗充当了宋代政治空间的传播载体，"邸报诗作为一个传播中介，联结了政治与读者之间的关系，使政治不再囿于读者内部或与政府的行政关系中"，而士大夫并不是邸报新闻被动的反映者，而往往是有选择性、有

---

① 赵云泽、杨启鹏：《"书同文"：中国古代政治制度变化与媒介变革影响研究》，《现代传播》2019 年第 5 期。

② 潘祥辉：《瞽矇传诵：先秦"盲媒"的传播考古学研究》，《西北师大学报（社会科学版）》2019 年第 2 期。

③ 杜恺健、谢清果：《赋权的转移：媒介化视角下的四书升格运动——以〈中庸〉为例》，《现代出版》2019 年第 4 期。

目的性的行动者。邸报诗也弥补了宋代新闻史研究长期资料不足的缺陷。^①

（二）华夏政治传播考古研究

学者钱佳湧与刘辰辰对商周时期巫文化演进过程中"交通天人"这一传播活动进行了考察，系统梳理和论证了在"交通天人"的传播活动中现世权力秩序的合法性途径从寻求外在于人的神祇之赐福与授权转变为寻求统治者本人在文化道德品质的超然地位这一转变的全过程，并从中窥见这一传播活动所体现出的本土性特征。他们以传播的"传递观"与"仪式观"为参照，认为："在中国本土语境下，传播的意义似乎并不能理解为通过传递信息或者共享意义服务于某种超验的神圣整体的实现，而是'确证'个体是否具有神圣和超验性的关键：个人之与超验力量（或抽象化的道德秩序）的相互融合乃是在同超验世界的沟通中得到显证与公开展示，个人乃是在'传播'中确立自身毋庸置疑的超然地位和神圣性，而非以'传播'为工具、手段，实现某种超验的整体秩序或意义。'传播'由此在本体论的层面构成中国人考察和度量自身的'尺度'，回答了'人之为人'以及'社会可以可能'的问题。"^② 同时，他们还对本土语境之下官员作为"耳目喉舌"的功能做了辨析，认为"身体机能政治化"这种充满结构功能主义色彩的理解思路并不适合拿来界说本土语境下"耳目喉舌"所具有的内涵，"与其说'耳目喉舌'是以身体意象比附一超验和作为有机整体的'国家'，毋宁说作为统治者的帝王，本身就被认为是既具有超凡传播能力的"，"耳目""喉舌"并非催生于行政需要，而是"本身就长在了帝王身上，作为其超凡之体一部分而存在"，换句话说，"耳目"与"喉舌"官既是专制君主的化身和象征，是皇帝个人的"耳目""喉舌"在全国各地的"延伸"，在国家的管理中，"君主的意象几乎无处不在"。^③

对于中国古代的舆论监督的研究，受西方民主政治与新闻思想的影响，"学者们主要关注的是'民意'及民意的代议机制——现代'大众传媒'和'记者'的监督功能"。研究较多的是媒体的"舆论监督"功能而非传统史学的"史论监督"功能。"史论监督"是一种通过历史书写与传播来实现对现实政治的监督功能的政治监督模式，这个概念由学者李东晓与潘祥辉总结并提出。他们认为，"史论监督"是一种根植于中国特定历史传统与文化心理基础上的传播监督方式，而且无

---

① 刘大明：《媒介与诗歌：宋代邸报诗的新闻传播活动价值》，《国际新闻界》2019年第6期。

② 钱佳湧、刘辰辰：《"交通"天人，上周时期巫文化演进的传播学考古研究》，《国际新闻界》2019年第11期。

③ 钱佳湧、刘辰辰：《"交通"天人，上周时期巫文化演进的传播学考古研究》，《国际新闻界》2019年第11期。

需诉诸"舆论"或大众传播，从监督方式、时效、范围及内在肌理而言都不同于"舆论监督"，极具本土特色。他们对此展开研究，详细论证并阐述了"史论监督"机制"直书""褒贬"的表现特征、"'史权'天授"的传统合法性来源，以及"史论监督"模式的传承和演变，并对"史论监督"与"舆论监督"的异同进行比较，同时阐释了"史论监督"对近代以来中国新闻业及新闻理念有何种影响。①

潘祥辉教授还对先秦谥法展开研究。先秦谥法是中国古代一种独具特色的人物品评机制，为君臣上下所重视。先秦谥法包含着对一个人品德、功业与行状的描述和"终极评价"，潘教授认为它既是一种公开的传播机制，也是一种"无声的舆论"，包含并内化了一套社会评价机制。潘教授对先秦与后世的谥法进行比较，认为先秦谥法的"名实"较为相符，"子议父，臣议君"的现象较为普遍，表现出较为鲜明的"民主评议"色彩即"客观公正"精神。而先秦谥法也开创了中国"以德取人"的品评传统，实开中国特色的"传播公共性"之先河，值得纳入新闻传播史的研究视域。②

宋代是中国社会基层力量发生大变革的时期，同时也是中国新闻传播史上引人瞩目的阶段，"中国历史上第一种完全意义上的官报、第一种民营报刊、第一套新闻审查制度、第一类职业新闻人均在宋代诞生"。③针对这一时期的传播考古学研究是学者们关注的热点之一。赵云泽教授与董翊宸博士认为，宋代是古代社会中言论最为清明的一个时期，士人阶层的重构对当时舆论生态产生积极影响，推动大量士人下沉民间，因此，宋代整个社会的信息流通和言论格局都值得关注。他们对此展开研究，指出中国古代政府首次尝试以"公议"治国建立在"士人相制"的认知之上，宋时台鉴制度的完善使谈何和净谏不再仅是简单的单向政治行为，在士人乃至整个社会舆论中发挥的作用愈发凸显，宋代君臣对舆论的理解远超前人，"'多数人的意见'成为治国的合法性依据"。同时，他们对宋代太学生积极的舆论活动（如太学生伏阙）对两宋政局的影响进行了评述与历史性的反思，认为当时"面对新型的社会舆论形式，政府在引导和管理方面的误判和缺位可能更值得反思"，"学生的爱国理想始终无法成功引导为动员民间资源和力量的有效手段"使宋在对外战争中不断败北，终不免于亡国。④此外，宋代作为古代中国时政舆论发展的高峰时期而受到舆论学研究的关注，魏海岩等学者对北宋政府舆论

① 李东晓、潘祥辉：《"史论监督"：一种中国特色的政治监督机制溯源》，《新闻与传播研究》2019 年第 10 期。

② 潘祥辉：《先秦谥法与一种中国特色的人物品评机制》，《华夏文化论坛》2019 年第二十一辑。

③ 赵云泽、董翊宸：《宋代士人阶层重组与言论清明格局的形成》，《新闻大学》2019 年第 5 期，第 35 页。

④ 赵云泽、董翊宸：《宋代士人阶层重组与言论清明格局的形成》，《新闻大学》2019 年第 5 期。

管理机制进行了研究，从时政新闻发布机制、法规管理机制、监察机制三方面对其管理模式与效果进行了探讨与评议。[①]

学者刘晓伟从政治信息流动的角度入手，对中国古代官报研究中的一个重要概念"除目"进行了政治传播视角的考察。"除目"是官吏的人事任免信息经常成为邸报的内容，其拟制有严格的拟制主体和拟制程序规定，并具有一定纠错程序。"除目"的公布信息媒介途径有三种构成：统治者允许的官文书和邸报两种公开的媒介途径及民间"小报"的途径，它是邸报中最受士大夫阶层关注的信息，构成封建官僚体制下权力信息流动的一个核心点，在这种政治信息流动中，权力中枢与士大夫阶层之间并非单向的信息传递，而是通过上下往复以及横向的信息流动钩织成权力信息网络，这一定程度上正呈现了古代官报传播和接受过程中的权力信息网络图景。[②]

宋代是自然灾害频发的朝代，方燕教授指出这不同程度地冲击着当时的社会秩序，因此在危机状态下，政府会将灾害信息纳入管控范围。方教授针对宋代灾害信息的传播和管控进行了研究。[③] 此外，还有学者胡梦飞针对明清时期运河水利功臣宋礼、白英的"人格神"化的建构及传播的研究，[④] 学者陈毓文针对唐宋诗歌传播中的"好事者"的研究，[⑤] 学者顾晔峰对在两汉时达到传播巅峰的《山海经》的传播历程与方式的研究，[⑥] 学者金雷磊对宋代御集在皇帝与大臣之间的以"赐与求"为方式传播的研究[⑦] 等。

三、华夏文明传播研究

华夏文明传播研究是华夏传播研究领域的重要学术增长点。华夏传播以整个中华文明作为自己的研究对象，以提炼中华文明在社会治理乃至全球治理与信息传播互动中所积淀的经验和反省其中的教训为着力点，致力于为建构"人类命运共同体"提供"中国思路"与"中国方案"。"中华文化立场"是华夏传播学研究的应有之义，是华夏传播学的学科主体性体现，"立足中国"就是要"根植于中华

① 魏海岩、刘非凡、杨丽丽：《北宋政府时政舆论管理研究》，《中原文化研究》2019 年第 3 期。
② 刘晓伟：《论"除目"及"除目流布"背后的政治传播》，《新闻与传播研究》2019 年第 5 期。
③ 方燕：《宋代灾害信息的传播与管控》，《西南民族大学学报（人文社会科学版）》2019 年第 2 期。
④ 胡梦飞：《明清时期运河水利人格神的建构及传播——以宋礼、白英为中心》，《江南大学学报（人文社会科学版）》2019 年第 6 期。
⑤ 陈毓文：《论唐宋诗歌传播中的"好事者"》，《宜春学院学报》2019 年第 11 期。
⑥ 顾晔峰：《论〈山海经〉在两汉传播的历程和方式》，《江苏社会科学》2019 年第 1 期。
⑦ 金雷磊：《赐与求：宋代御集在皇帝与大臣之间的传播》，《天中学刊》2019 年第 6 期。

五千年的历史与文化，审视中国社会的当下问题，展望中国未来的发展方向"。①
开展华夏文明传播研究，既要坚持"中华文化立场"，要"扎根在中华大地上"，
同时，华夏传播学的建构也不是"局限在中华文化全内的自娱自乐"，而是置身全
球传播视野、在中外对话和砥砺中前行。②2019 年的华夏文明传播取得重大理论
突破，新的交往理论"共生交往观"的提出是中国向世界人类文明互鉴所贡献的
"中国方案"；本土的礼乐文明传播是最具特色的中华文明传播范式，在本年度取
得了众多有价值的理论成果，此外，华夏文明跨文化传播研究在传播效果研究等
方面也取得了一定进展。

（一）中华新文明主义与中国交往理论研究

"新文明主义"是指当代中国所提出的世界文明和谐的主张，其主题是"中国
基于中华文明智慧为世界如何共同美好生活的'中国方案''中国主张'"，以十九
大报告中"文明交流超越文明隔阂，文明互鉴超越文明冲突，文明共存超越文明
优越"为核心意涵，与"新世界主义"遥相呼应。③

1. 以"文明共生论"为核心的中华新文明主义

中华文明传播的精神内核中应具有"新世界主义情怀"，因为文明的传播需要
"世界视野"，邵培仁教授与王昀先生曾概括新世界主义的核心内涵为"反对霸权
主义和西方中心主义，反对地域保护主义；反对利己主义；反对干涉他国内政"。④
谢清果教授认为"新文明主义"是"新世界主义"的理论内核，"中华新文明主
义"的理论来源是中国的天下体系观念，价值指向是"为人类可以预见的未来锚
定一个目标，形成一种共识，养成一种沟通范式，避免文明冲突带来的如同'一
战''二战'的灾难。"⑤中华新文明主义以"对话、中和、共生"的交往观念为理
论特质，因为中华古典文明的精神核心源自中国古典哲学，它"本身首先就是一
种克服危机的哲学……它论证的题目就是社会道德、礼节和人性的伤逝；它批判
的是统治权力方面的奢侈和腐败、道德沦丧和榜样作用的伤逝。……中国古典哲
学力图从旧秩序的破裂、衰退和崩溃中寻找出路"，⑥"治理是中国社会永恒的主题，

① 谢清果：《我与华夏传播学体系的建构（下）——"三大体系"之学科（教材）体系建设的探索之路》，《广西职业技术学院学报》2020 年第 1 期。
② 谢清果：《我与华夏传播学体系的建构（上）》，《广西职业技术学院学报》2019 年第 5 期。
③ 谢清果：《中华新文明主义的共生交往特质》，《今传媒》2019 年第 1 期。
④ 邵培仁、王昀：《新世界主义视野下的中国传媒发展》，《编辑之友》2017 年第 1 期。
⑤ 谢清果：《中华新文明主义的共生交往特质》，《今传媒》2019 年第 1 期。
⑥ ［德］迪特·森格哈斯：《文明内部的冲突与世界秩序》，张文武等译，北京：新华出版社，2004 年，第 31 页。

从治身到治世，永远在路上；追求稳定与平衡时中国阴阳哲学的内在气质；和而不同讲究的就是多元共存"。

新时代世界文明交流更加频繁，"文明交流""文明对话"成为学者们关注的问题。杜维明先生曾说："我们应该承认他者，承认他者在我们与世界交流中是不可或缺的；我们要发展尊重他者的意识，这种意识将为相互参照和相互学习提供基础"。① 中华文明中有丰富的关于人类交往问题的思考和人类文明交往的智慧，习近平主席在 2019 年亚洲文明对话大会的主旨演讲中提出了加强文明交流互鉴的四点主张：第一，坚持相互尊重、平等相待；第二，坚持美人之美、美美与共；第三，坚持开放包容、互学互鉴；第四，坚持与时俱进、创新发展，② 这些主张根源于中华文明的精神内核。谢清果教授对习近平主席关于人类文明交流互鉴的重要论述进行了学术层面的阐释，即"文明共生论"，这是世界交往范式的"中国方案"，以"交流互鉴"为文明传播的发展规律、以缔造"人类命运共同体"为人类命运互鉴的终极目标，以"文明交流超越文明隔阂"的理念来回应世界文明要不要交往的问题、以"文明互鉴超越文明冲突"的主张回应世界文明当如何交往的问题、以"文明共存超越文明优越"的倡议回应人类文明交流的目标问题，"文明共生论"的深刻意蕴即是"交流—互鉴—共存"的有机系统，高扬"以世界文明合作共赢为核心意涵的'中华新文明主义'"。③

2. 以"共生交往观"为内容的中国交往理论

中华传统文化中蕴含的和谐交往、理性交往的品质是优化人类文明交往规划的重要思想资源，谢清果教授认为儒家学说中的"四勿"说"勿意、勿必、勿固、勿我"（《论语·子罕》）正可回应西方传播学思想之"交流的无奈"，以"天下情怀"实现人类文明的包容性发展；中华古典文明观中的和谐交往传统正可回应西方"文明冲突论"，治疗人类文明传播的偏差。习近平总书记提出的"一个尊重，三个超越"正是新时代中国政府关于人类文明交往观的集中表达。④

"中国"是近年来学界关注的热词，谢清果教授认为"中国"是一种传播观念，内含"着沟通、合适、中和"的理念，是中华文明元传播的符号表征，"中"是中华文化的精神内核，"中国"的观念是中国人的精神信仰，因此，他将作为传播观

---

① 杜维明：《文明间对话的最新路径与具体行动》，《开放时代》，2007 年第 1 期。
② 习近平：《深化文明交流互鉴共建亚洲命运共同体——在亚洲文明对话大会开幕式上的主旨演讲》，新华网，http://www.xinhuanet.com/world/2019-05/15/c_1124497022.htm.
③ 谢清果：《文明共生论：世界文明交往范式的"中国方案"——习近平关于人类文明交流互鉴重要论述的思想体系》，《新疆师范大学学报（哲学社会科学版）》2019 年第 6 期。
④ 谢清果：《天下一家：新时代人类文明交往观的中国气派》，《广州大学学报（社会科学版）》2019 年第 3 期。

念的"中国"阐释为具有中国特色的"共生交往观"，作为世界理解中国、中国沟通世界、中华文明传播的可行性方案之一。①

"共生交往观"在谢清果教授团队撰写的《共生交往观：文明传播的"中国方案"》一书中首次提出，以此作为中华文明向世界文明交流提供的中国传播方案。书中提出并阐释了"中华新文明主义"的概念，以"共生"为宗旨而有别于西方文明优势论，以"文明共生论"替代西方"文明冲突论"，详细介绍了关于人类文明传播的中国思考。该书是国家社科基金一般项目"华夏文明传播的观念体系、理论体系与当代实践研究"的阶段性成果，于 2019 年由九州出版社出版。此外，谢清果教授自 2019 年起在《广西职业技术学院学报》开设"华夏文明传播研究"专栏，有力推进华夏文明传播研究。

3. 华夏文明传播的多元叙事方式研究

邵培仁教授指出，媒介是全球性的、世界性的，而文化是民族的、国家的、地域的，要"充分认识和了解媒介的特性"，还要"充分认识和把握文化的秉性"，才能使二者互动互助、共进共演。② 探索适应时代传播环境的传播媒介与传播方式是华夏文明传播研究的关注特点之一。

《国家宝藏》是自 2017 年开始在中央电视台制作播出的文博探索类综艺节目，饱受大众好评，这种成功的传统文化大众传播形式也受到了学者们的关注。张兵娟教授与刘停停博士对《国家宝藏》在华夏文明的历史记忆传播与构建文化认同方面的有益探索进行了研究与论述。他们认为，"国宝"是作为"记忆之场"的媒介，同时也是华夏文明的表征，代表着"礼乐之治"的理想与"天下大同"的追求；《国家宝藏》节目的故事讲述、舞台演绎与观众互动共同作用激活了中华民族共同的文化记忆；通过对作为文化符号的文物和文物故事的操演，以情感凝聚共识、以表演激发共鸣，这种仪式传播建构了"认同空间"、增进了认同建构，《国家宝藏》节目是对形塑"中国记忆"、传承文化血脉的一次积极有益探索，也是一种与时俱进的文明传播方式。③ 学者郭学文与刘白羽则对《国家宝藏》节目在国族认同与文化价值观传播方面的功能进行了研究与阐释，他们认为，《国家宝藏》这一节目形式的主题意蕴突出文化民族主义立场，通过展示国宝文物在道德理想、典章制度和器物行为三个层面的价值而促进受众的国族认同，传播多元一体的文

① 谢清果：《共生交往观的阐扬——作为传播观念的"中国"》，《西北师大学报（社会科学版）》2019 年第 2 期。

② 邵培仁：《媒介是全球的，文化不是！》，《现代视听》2019 年第 7 期。

③ 张兵娟、刘停停：《中华文明的历史记忆传播与文化认同建构——以大型电视文博节目〈国家宝藏〉为例》，《新闻爱好者》2019 年第 1 期。

化价值观。①

　　孟建煌教授与郑长征先生针对新媒体对华夏文明传播的优势与隐患进行了分析，结合当前新媒体时代传播媒介的特征与发展现状，分析了以移动社交平台、App、网络直播平台等为传播路径的多种可能性。②学者李艳在评《互联网场域的语言安全与中华文化传播研究》一书中指出，在当代互联网背景下，正面积极的中华文化传播需要以网络语言安全作为保障，该书系刘大明先生于2017年出版的专著。③

（二）礼乐文明传播研究

　　礼乐传播是华夏文明传播的基本范式之一，礼乐文明是中华文明的底色。狭义的"礼"仅指祭祀活动的行为规范，而广义的"礼"则"泛指所有一切社会规范及其制度，包括道德规范、政治规范、法律规范、经济规范、家庭规范、职业规范等等及其制度安排"，可以说，礼"涵盖了所有一切方方面面的社会规范及其制度安排"。④陈来先生就曾指出："中华文明的'礼'是以'敬让他人'为其精神，以'温良恭俭让'为其态度，以对行为举止的全面礼仪化修饰与约束为其节目的文明体系。"⑤就传播学研究而言，礼乐文明中有丰富的关于信息传播或人际沟通的思想以及相应的礼乐传播媒介与载体，这些研究对象是凸显学科视角的华夏传播研究关注要点。

　　张兵娟教授与刘佳静博士率先探讨了礼的教化传播思想。她们指出，针对个人的礼，如冠笄礼、婚礼、丧礼等能够"强化责任感，促进身份角色的转化，引导心理层面的改变"；⑥而群体之礼如祭礼，从选址、建筑道内里的布置"都具有象征意义，是一种'无声的媒介'"，构成特定的场域，针对特定的对象如天地、祖先、古圣先贤等进行祭祀，这种群体成员在同一时空中参与的共同仪式可以增强参与者的认同感，"是集体效忠这种文化情感的再现与再确定……是为了要显示

　　① 郭学文、刘白羽：《国族认同与文化价值观传播——〈国家宝藏〉的内涵分析》，《传媒》2019年第1期。

　　② 孟建煌、郑长征：《华夏文明传播的新媒介与新领域》，《中华文化与传播研究》2019年第5辑。

　　③ 李艳：《信息时代下语言安全与中华文化传播的重要意义——评〈互联网场域的语言安全与中华文化传播研究〉》，《安全与环境学报》2019年第6期。

　　④ 黄玉顺：《中国正义论纲要》，《四川大学学报（哲学社会科学版）》2009年第5期。

　　⑤ 陈来：《中华文明的核心价值》，北京：生活·读书·新知三联书店，2015年，第45页。

　　⑥ 张兵娟、刘佳静：《中国礼的教化传播思想及其当代价值》，《郑州大学学报（哲学社会科学版）》2019年第3期。

进一步加强它们彼此认同与凝聚的意识"，① 最终是为了达到"教化百姓'孝亲''尊君''崇圣'的目的"。② 礼作为媒介，传播的是"仁""义"等核心精神内涵与价值理念，表达了"成仁成圣"的个人伦理追求，并期待建立"仁德仁政"的社会治理模式。以礼为媒介的教化传播具有"润物细无声"的渗透性、"身体力行"的实践性、"风行草偃"的示范性等特点。③

有学者认为神圣玉礼器是"先于汉字而存在的华夏文明文化符号的原编码"④，对华夏文明有着特殊贡献。玉器既是符号也是载体，张兵娟教授与刘佳静从传播学角度对玉器中华文化中特有的媒介功能进行了阐述，揭示了中国所特有的"器以藏礼"和"器以载道"的传播特点，认为玉具有政治传播、文化传播、审美传播与认知传播的功能，起着传承中华礼乐文明、建构核心价值理念、彰显中华民族品格的作用。⑤ 叶舒宪教授则对《周礼》六器说的大传统进行新证，认为《周礼》记录周代玉礼器"六器"说为虚假陈述，他根据七千年来的玉礼器发生发展的实物情况，依据考古新发现的玉器实物重建了新的"六器"演变谱系。⑥

谢清果教授与张丹博士追溯到礼文化的滥觞时期，"以乐观礼"，认为中国古乐作为一种礼制秩序（关系）形塑的"媒介"，承载着信息传递等媒介性功能，"乐"又与"礼"协同，进而成为中国传统社会治理的政治符号媒介。他们将"乐"放置在礼之滥觞与演变的夏商周三代及其早期氏族社会的仪式活动和一般性生活予以考察，阐释了在文字出现前以声音为主要交流媒介的口传时代，乐是作为人神（祖）之间信息传递的通天媒介，并且是一种集乐舞为一体的沉浸式的视听复合媒介；乐作为仪式，还是一种信息阐释媒介。而"乐"并未停留在带有巫术色彩的媒介功能层面，而是在商周社会大变革时期"从宗教信仰领域进入社会实践领域，发挥政治沟通、社会整合之功能"，嵌入礼制文化的改造与定型中，周公"制礼作乐"就是最鲜明的依据。⑦

---

① 张兵娟、王闿：《传播史上的孔庙祭祀礼制及其当代价值》，《现代传播》2018 年。

② 张兵娟、刘佳静：《中国礼的教化传播思想及其当代价值》，《郑州大学学报（哲学社会科学版）》2019 年第 3 期。

③ 张兵娟、刘佳静：《中国礼的教化传播思想及其当代价值》，《郑州大学学报（哲学社会科学版）》2019 年第 3 期。

④ 叶舒宪：《"玉"礼器：原编码中国——〈周礼〉六器说的大传统新求证》，《文化遗产》2019 年第 5 期。

⑤ 张兵娟、刘佳静：《器以藏礼：中国玉器的传播功能及其当代价值》，《现代传播》2019 年第 2 期。

⑥ 叶舒宪：《"玉"礼器：原编码中国——〈周礼〉六器说的大传统新求证》，《文化遗产》2019 年第 5 期。

⑦ 谢清果、张丹：《礼之起源——中国古乐的媒介功能观新探》，《郑州大学学报（哲学社会科学版）》2019 年第 3 期。

　　袁济喜教授与黑磊磊博士认为中国封建社会中的乐是被置于整个社会政治文化的系统中去加以考虑的，他们对《乐记》文本进行分析，对乐与人性养成的关系、乐与礼的关系以及乐在社会层面教化传播功能进行了系统而详尽阐释。①

　　兰甲云教授与艾冬丽研究员认为中国传统社会中文化与政治是合一的，道德政治是中华文化的重要特征。他们将孔子传播礼乐文化的道德理想概括为道德理想个体与道德理想社会，礼乐传播的效果涉及个人道德培育与社会长治久安，这也是礼乐教化传播十分重视培养"君子"的原因所在。张欢同样认为礼乐传播的教化功能主要集中在社会性的道德伦理和个体人格修养两方面，并通过"诗教""书教""礼教""乐教"等构成传播的主要内容，培养文质彬彬的君子人格，同时也塑造了"文质彬彬"的文明大国形象，这种由内而外的"中和之美"正是中华民族品格与气质的体现，而"文质彬彬"则可成为强有力的身份标识。②

　　此外，还有针对礼乐文明对外传播的研究。韩国学者徐海淮教授与中国研究者周晓对《礼记·乐记》在古代朝鲜半岛的接收史进行研究，对《礼记·乐记》的传播情况和接受情况做了系统梳理，对包括读者、传播者、出版者、注释者在内的不同类型的接受者、其对《礼记·乐记》的接收状况与传播行为进行了历史性的考察，并充分论证了古代朝鲜半岛对于中国儒家思想接受过程中对"礼"的重视程度和所受到的重大影响。③

　　在学术会议方面，首届"礼文化华夏传播研究"工作坊于 2019 年 4 月 13 日由郑州大学新闻与传播学院和华夏传播研究会发起召开，会上从传播学本土化出发，探讨了礼文化传播、中华元典传播、文明冲突与文明对话等主题，在学术争鸣中探索礼文化传播的内在脉络与时代关联。会议期间，潘祥辉教授在接受采访时指出，聚焦于古代礼文化的当代传承，应对有益于个人修养、公共道德及公共交往的"礼文化"进行弘扬，这正是值得研究的课题。针对当代公共生活中的种种"失礼"问题，潘祥辉教授认为，它根本不只是一个个体道德的问题，很难通过所谓的"道德教育"来解决，而是要从"社会文明"与"政治文明"的高度来解决问题，对于礼文化传播的研究目的来讲，"其实就是要解决'礼'的原则如何在政治领域和社会公共领域中得道实践"。④

---

　　① 袁济喜、黑磊磊：《〈乐记〉与古代礼乐文明》，《郑州大学学报（哲学社会科学版）》2019 年第 1 期。

　　② 张欢：《文质彬彬：中国礼乐文明的传播思想》，《美与时代》2019 年第 11 期。

　　③ 徐海淮、周晓：《〈礼记·乐记〉在古代朝鲜半岛的接受与运用》，《交响（西安音乐学院学报）》2019 年第 3 期。

　　④ 王闯：《扎根华夏传播土壤构建礼文化现代认同——访南京大学新闻传播学院潘祥辉教授》，《中华文化与传播研究》，2019 年第 6 辑。

（三）文明传播中的"中国模式"与"文化自信"

"中国模式"是西方讨论中国发展、建构中国国家形象的一个热门概念，最早来源于美国学者雷默的"北京共识"。学者白文刚先生对"中国模式"进行研究探讨时，回顾发现中国在对内、对外传播中尽量避用了这个概念，将解释权让给西方，而西方对"中国模式"的评价也有承认积极、承认否定和根本否定三种类型。他指出，准确理解和正确回应西方对"中国模式"的评价需要从文明传播的视野切入，这些评价从根本上说是基于西方特定的意识形态和文明立场。基于这种传播语境，中国在对外传播中应积极准确使用"中国模式"这个概念以回应国际话语，争夺"中国模式"话语解释权，讲清楚中国故事、展示文明自信。运用"中国模式"讲述中国故事时应准确辨明"现代中国"这一概念中包含的"中国的现代"和"现代的中国"之间的相互关系，讲清楚"现代中国"的历史方位和价值准求，体现中国的文明自慎，同时防止落入大国竞争和文明冲突的陷阱。他对"中国模式"与"中国道路"的概念进行了比较，认为"中国模式"除了可以囊括"中国道路"外，还有更明确一层意涵，即基于文明的特性，中国的现代化模式，包括其发展道路和最终形态，注定有不同于西方的特征。因此白文刚先生认为"中国模式"比"中国道路"更能讲清楚"中国故事"。同时，他基于文明自负、文明自卑、文明自信、文明自慎四种文明传播的心态展开分析，认为文明自慎是文明传播中的关键心态，也是运用"中国模式"讲好"中国故事"、促进文明交流互鉴的良好心态。①

学者田浩对《西游记》故事在海外的接受实践进行了研究考察，从中探索讲好中国故事的跨文化传播路径，他提出"有效的跨文化传播同时也是有限的跨文化传播"的观点，并在经验研究基础上总结提出跨文化视域内讲好中国故事的观念体系：诉诸具有普遍性意义的文化符号，在商业逻辑中嵌入中国文化逻辑，及系统性整理并研发中国自有的故事体系。②

"文化自信"是党的十九大报告中的要点之一，"没有高度的文化自信，没有文化的繁荣兴盛，就没有中华民族伟大复兴"。③ 习近平主席指出："要坚持古为今用、以古鉴今，坚持有鉴别的对待、有扬弃的继承，而不能搞厚古薄今、以古非今，努力实现传统文化的创造性转化、创新性发展，使之与现实文化相融相通，

---

① 白文刚：《文明传播事业中的"中国模式"与"中国故事"》，《新闻与传播评论》2019 年第 6 期。

② 田浩：《讲好中国故事的跨文化传播路径——基于西游记故事海外接受实践的考察》，《新闻春秋》2019 年第 6 期。

③ 习近平：《决胜全面建成小康社会 夺取新时代中国特色社会主义伟大胜利——中国共产党第十九次全国代表大会上的报告》，http://news.xinhuanet.com/2017-10/27/c_1121867529.htm。

共同服务以文化人的时代任务。"①"文化自信"是一个文明对外传播的底气与势能，它来源于对自身文化的价值性与合理性的充分认知，也来源于基于"文化自省"的文化传承与创新。华夏文明传播研究关注从中国优秀传统文化中深挖对中华文明的发展有着重大作用、对中华民族精神特质的形成有着深远影响的精华文化。

学者张宏斌从解读儒家思想的角度来探索传统文化价值根源与文化自信来源，他指出，儒家思想是中华文明的主干，是天下国家观念和社会有序秩序建构的源泉。"礼乐制度"是儒家社会治理思想的核心，古典生活无不在"礼乐文明"涵盖之下，"礼乐文明"是中华民族主体意识的代表和普通民众日常生活的价值原则，从而形成自然的生活常态与精神积淀。张宏斌先生认为，面对现代性的危机，儒家不是应复兴而是应重建，在维护文化个性的基础上进行创造性转化与创新性发展。②

研究者袁千雅、杨玉国从文化传播与文化自信的视角对汉语国际传播进行探讨，认为汉语的国际传播不能仅靠语言推广，应打造符合国际惯例具有国别特征恒的中国文化特色话语体系，汉语言国际传播当以"文化自信"为引领。③

（四）华夏文明跨文化传播研究

在华夏文明跨文化传播研究中受到关注的有"国家形象"这一概念是本年度的研究热点；此外，中华文化对外传播的效果研究以及作为文化传播媒介的中华典籍海外传播亦受到关注。

1. 国家形象传播研究

在全球化的时代背景下，国家形象是国家"软实力"的重要表征与核心要素，它指的是"其他国家公众对该国总体特征和属性的知觉与评价"，④张昆教授与张铁云博士在针对国家形象认知的研究中指出：国家形象的战略价值在古代社会就已引起争执决策者和谋略家的关注，只不过在当时的国家战略架构中被视作边缘性因素，全球化时代的到来和国际政治经济竞争的加剧而日益凸显其重要性，成为

---

① 在纪念孔子诞辰 2565 周年国际学术研讨会暨国际儒学联合会第五届会员大会开幕会上的讲话（2014 年 9 月 24 日），http://www.xinhuanet.com/politics/2014-09/24/c_1112612018.htm。
② 张宏斌：《从文化自信的角度理解儒家思想——学习习近平关于中华优秀传统的系列论述》，《世界宗教研究》2019 年第 5 期。
③ 袁千雅、杨玉国：《汉语国际传播中的中国优秀文化传播和文化自信》，《智库时代》2019 年第 51 期。
④ 张昆、张铁云：《"共识"与"共识的程度"：国家形象认知的别种维度》，《现代传播》2019 年第 6 期。

主权国家的无形资产之一。①

研究者王雨与杨晓明教授从媒介生产的角度探讨了跨文化传播中国家形象的建构，他们认为，跨文化传播必须注重媒介话语建构以改善西方"中国威胁论"所导致的恶化的传播环境。中国媒介的跨文化传播须满足域外受众对于本土文化的需求，通过展示中国文化进行多维度的国家形象建构，因为国家形象的塑造和改变来自媒介生产时潜在的文化建构，大众传播是塑造国家形象的主要渠道，在跨文化语境中大众媒介市场被置于消费语境中，域外受众对中国的想象和判断更多依托于自身的文化背景和对于媒介内容的感官与感受，因此尊重和顺应域外各国的本土文化是跨文化传播的根本。②

关世杰教授通过问卷调查法对中国核心价值观在世界的共享性进行了研究，受访对象分别来自中国本土及海外 9 国（美国、德国、俄罗斯、印度、日本、沙特、印尼、韩国、越南），针对 11 项中华核心价值观（仁、恕、孝、礼、义、和而不同、天人合一、共同富裕、和谐世界、以民为本、集体主义）、社会主义核心价值观以及中国梦核心价值理念的赞同率进行了调查，研究成果列举了中国核心价值观在海外各国共享性的特点并探讨了世界共享性的原因，分析了赞同中国核心价值观与赞同人类构件人类命运共同体的因果关系。研究结果发现，中国核心价值观的世界共享性为构建人类命运共同体提供了思想基础，中国价值观在海外民众中具有共享性，应该成为构建人类命运共同体思想基础中的组成部分之一。③该文系国家社科基金重大项目"增强中国对外传播文化软实力深度研究"的阶段性成果。

2. 中华文化对外传播研究研究

朱佳妮博士与姚君喜教授关注当代西方世界对中国文化的接受与认同问题，他们通过问卷调查法对上海交通大学 286 名外籍留学生进行了访问，针对外籍留学生对"中国文化"的认知、态度和评价展开了研究。研究结果显示，外籍留学生对中国文化的认知主要包括孔子、历史、美食、功夫、儒家、汉字等文化符号，受访者对中国文化的"工艺文化"态度评价最为明显，同时认为汉字文化、儒家文化、饮食文化、思想文化最能代表中国文化的形态。他们认为，外籍留学生对中国文化的印象呈现出对西方启蒙运动传统下建构起来的中国文化的延续。而作

① 张昆、张铁云：《"共识"与"共识的程度"：国家形象认知的别种维度》，《现代传播》2019年第 6 期。
② 王雨、杨小明：《一带一路：媒介生产角度下国家形象建构与跨文化传播》，《科技传播》2019 年第 22 期。
③ 关世杰：《中国核心价值观的世界共享性初探》，《国际传播》2019 年第 6 期。

为受众的外籍留学生自身的价值观和文化背景是文化传播中主要的影响因素。与此同时，他们指出，文化间传播中形成的文化认同更多的是基于情感而建立起来的，因此，受众的文化建构不在于传播者自己的标榜或塑造，而是接受者情感接近的结果。①

李庆本教授以古代跨文化传播成功案例"鉴真东渡"为案例，对中华文化的海外传播进行了研究探讨，他指出，跨文化传播既不同于客观信息的传播，也不同于同一民族国家内部的文化传播，它涉及不同民族文化的精神价值因素的差异性问题，因此势必面临各种阻力和障碍。因此，中华文化的对外传播要克服文化中心主义倾向，采取文化输入国能够接受和容易接受的方式，如《礼记·曲礼上》所言："礼闻来学，不闻往教"，文化传播要建立在对方主动自愿接受的前提下，以减少传播障碍，实现成功的跨文化传播与交流。②

作为中华文化的重要载体之一——文化典籍"是中国传统文化的历史沉淀，负载了中国文化与思想的传统因子与基本元素，是中国文化走出去与前进的历史资源传承着中华文化的价值观，中国文化典籍应该成为世界文化与人类文明重要的一部分，获得国际的认可"。③陈忠伟与王富银针对中华文化典籍的外译传播障碍展开研究，发现目前中国文化典籍的障碍主要存在于三个方面：以西方为主导的世界文化格局中国文化目前仍处于弱势地位；中国文化典籍外译的翻译理念有待更新，"对原文亦步亦趋，而没有因地制宜为适应译入语的文化以及意识形态进行调整，不注重外国读者的阅读体验"是外译困难的内部原因；以及在外译选材上没有找准方向，没有顺应国外对中国的"文化期待"。他们认为，应充分意识到文化典籍外译翻译是一个文化交流的问题，要避免强行灌输理念和价值观这种做法，也要充分尊重海外读者的文化需求、尊重市场规律。④

石源华教授从中国周边学的视角对中华文化传播进行了探讨，肯定了中华文化传播"是构造中国周边学战略体系和政策体系的重要内容"。他认为，中华文化的核心价值所表现的政治伦理"民为邦本，本固邦宁"、经济伦理"以义制利，以道制欲"、社会伦理"中为大本、和为达道"以及天下伦理"德施普也，天下文明"在历史上对周边国家和地区有深远影响，成为判断是非、评价优劣的基本准绳，而如今中国文化应继续为中国与周边的友好相处与共同发展、世界的共同繁荣与

①　朱佳妮、姚君喜：《外籍留学生对"中国文化"认知、态度和评价的实证研究》，《当代传播》2019 年第 1 期。

②　李庆本：《鉴真东渡与中华文化的海外传播》，《山东社会科学》2019 年第 1 期。

③　许钧：《中国文化价值观与中华文化典籍外译》，《外语与外语教学》2015 年第 5 期。

④　陈忠伟、王富银：《中华文化典籍外译传播障碍研究》，《海外英语》2019 年第 1 期。

进步贡献力量。①

此外，还有学者熊坚针对中华龙狮文化海外传播的实证研究，② 学者张建、李源、梁勤超对"一带一路"背景下的中国武术跨文化传播研究，③ 白璐博士对儒学典籍《论语》在韩传播及接受的研究综述④，学者鄢宏福则以《儒林外史》的海外传播为案例对中国传统文人形象在英语世界的建构与价值观念传播的研究⑤ 等研究论文。

有关中华文化对外传播研究的专著与研究报告，2019 年出版的有《中国文化的印度影响力调查》，⑥《中国文化"走出去"研究报告总论（2018）》，⑦《中华文化海外传播》，⑧《华文教育与中华语言文化传播》，⑨《汉语国际教育与中国文化国际传播》，⑩《中华文化海外传播的理论研究与实践探索》⑪ 等。

有关华夏文明传播研究的学术会议有"第十一届世界华文传媒与华夏文明国际学术研讨会"与"'一带一路'倡议与华夏文明传播学术研讨会"。"第十一届世界华文传媒与华夏文明国际学术研讨会"于 2019 年 10 月 26 日在重庆大学举行，会议研讨主题为"人类命运共同体与华文传播"，该会议由中国新闻史学会、华中科技大学新闻与信息传播学院、新加坡南洋理工大学黄金辉传播与信息学院、重庆大学新闻学院联合举办。"'一带一路'倡议与华夏文明传播学术研讨会"于 2019 年 11 月 23 日在广西南宁师范大学举行的"'一带一路'倡议与华夏文明传播"学术研讨会，会上对"'一带一路'背景下的华夏文明传播""华夏文明与地方性知识生产""新媒体环境下的华夏文明传播""华夏文明传播的基本理论""跨

①　石源华：《中国周边学与中华文化传播》，《世界知识》2019 年第 23 期。

②　熊坚：《中华龙狮文化海外传播实证研究——以新加坡为例》，《体育文化导刊》2019 年第 1 期。

③　张建、李源、梁勤超：《"一带一路"背景下中国武术跨文化传播论析》，《体育文化导刊》2019 年第 12 期。

④　白璐：《儒学典籍在韩传播及接受研究文献综述——以〈论语〉为例》，《文化创新比较研究》2019 年第 32 期。

⑤　鄢宏福：《中国传统文人形象在英语世界的建构与价值观念传播——以〈儒林外史〉的传播为例》，《湖南科技大学学报（社会科学版）》2019 年第 6 期。

⑥　游国龙、尚会鹏、关世杰：《中国文化的印度影响力调查》，北京：社会科学文献出版社，2019 年 12 月。

⑦　张西平、薛维华：《中国文化"走出去"研究报告总论（2018）》，北京：社会科学文献出版社，2019 年 4 月。

⑧　张恒军、吴秀峰：《中华文化海外传播》，北京：中国社会科学出版社，2019 年 10 月。

⑨　张建成：《华文教育与中华语言文化传播》，北京：中国社会科学出版社，2019 年 9 月。

⑩　逄增玉主编：《汉语国际教育与中国文化国际传播》，北京：中国传媒大学出版社，2019 年 5 月。

⑪　衣永刚、张学梅：《中华文化海外传播的理论研究与实践探索》，北京：光明日报出版社，2019 年 4 月。

文化交流背景下的华夏文明传播"等主题展开了学术研讨与交流对话。该会议由华夏传播研究会、厦门大学传播研究所、南宁师范大学新闻与传播学院共同主办。

结语

2019 年的华夏传播研究呈现出跨文化、跨学科的开阔研究视野，与西方经典传播学对话的同时凸显出本土学术研究主体性，研究向纵深发展的同时始终注重基础理论体系的夯实。这一年的华夏传播理论建构取得阶段性突破，研究成果丰硕，呈现出多方位、多角度、多渠道齐头并进的发展势头，这源于 2002 华夏传播研究领域正式确立起至今每一位学者不懈努力的积累，源于中国传播学者构建传播学"中化学派"愿景的不断激励，更源于华夏传播研究学者们所坚守的不变初心。

2019 年度理想的国家社科基金课题中，有诸多与华夏传播研究领域相关或能成为华夏传播研究重要学术资源的项目，预示着华夏传播研究蒸蒸日上的良好发展状态。与传播考古学有关的有：孔正毅"我国古代媒介制度研究"（项目号：19BXW007），王安泰"魏晋南北朝的政治地理空间与天下秩序研究"（项目号：19BZS041）等；与礼乐文明相关的有：任晓锋"春秋社会古礼转型研究"（项目号：19XZS004），李媛"明代地方社会的公共典礼与礼仪秩序研究"（项目号：19BZS050），张涛"元明清通礼著述源流与诠释研究"（项目号：19BZX048），邵凤丽"中华传统礼仪的文化内涵及其传承研究"（项目号：19CKS042），沈薇"《周礼》所见用玉制度研究"（项目号：19BZS029），张淑芳"新时代传承发展中华优秀传统文化的仪式传播机制与路径研究"（项目号：19BKS208）等；与中华文明对外传播相关的课题有：高博"16 世纪欧洲视域下的《中华大帝国史》与中国形象研究"（课题编号：19BWW012），潘琳"16—19 世纪西方对'四书'儒家伦理诠释研究"（项目号：19BZW052），蒋建勇"中医药国际传播文化软实力体系建构研究"（项目号：19XSH012），李钢"《论语》英译误读及其对中华传统文化海外话语体系建构的启示研究"（项目号：19BYY129），姜清波"中华文化价值观视域下的唐代中韩关系研究"（项目号：19BZS042），戚剑玲"中国非物质文化遗产在东南亚的跨文化传播效果与提升路径研究"（项目号：19BXW054）等。相信在不久的将来，会有更多优秀华夏传播研究相关成果问世。

2019 年华夏传播符号学的回溯、反思与建构

祝东[*]

（兰州大学国际文化交流学院　甘肃兰州　730000）

摘要： 本文在界定华夏传播符号学研究视角的基础之上，通过梳理 2019 年华夏传播符号学研究的现状，对华夏传播符号学提出了一些可供参考的意见和建议。指出华夏传播符号学就是要以符号学的理论方法梳理检视华夏民族的传播活动、观念与思想，探求其背后的传播思想与方法；结合传统文化当代传播、民俗、村落文化传播、礼乐文化传播、说服传播、媒介与政治传播等华夏传播符号学研究议题的梳理，肯定了既有的研究成果，同时指出了一些亟待改善学术境况，以期更好地促进华夏传播符号学的发展与繁荣。

关键词： 华夏传播；符号学；传播学；中华文化

如果将孙旭培先生主编的《华夏传播论——中国传统文化中的传播》（1997）视作华夏传播学的开局之年的话，那么作为一门新兴学科的华夏传播学迄今已经过了而立之年；而实际上海峡两岸的学者们在提出这样一个学术范畴之前，业已做出了大量的前期研究铺垫工作，然后才有这么一门新兴学术的提出和相关论著作的结集，这样算来，华夏传播学已经经过了近四十年的发展。华夏传播学范式的提出，旨在结合国际传播学理论与中华民族固有的传播思想与实践，来建构中国特色的传播学理论体系，如孙旭培先生所言："传播学研究在经过必要的引进介绍以后，不能只依赖于西方人总结出的原理和方法。中国学者要做出自己的特殊贡献，就必须研究中国的传播实践，于是'传播学研究中国化'、'传播学研究本土化'的提法就产生了。"[①] 这里提出来的"中国化"和"本土化"，其实就是为了

---

* 作者简介：祝东，兰州大学国际文化交流学院副教授，研究方向：中国古代文化与传统符号思想研究。

① 孙旭培：《华夏传播论——中国传统文化中的传播》，北京：人民出版社，1997 年，第 1 页。

结合中国本土的传统文化传播实践建构中国特色的传播学理论体系，而"华夏传播学"的提出，则是中国学者对面对国际传播学和中国文化传播理论与实践而综括出来的一个学术命题，其主旨在于探析"中国传统文化中的传播"，从传播学的视角探析、梳理、总结中国传统文化中的优秀传播思想，为当代中国的文化传播服务。

八千年华夏文明，有文字记载的也有三千多年，无论是属于文化人类学大传统的口传时期，还是文化人类学意义下文字书写的小传统时期，[①]华夏民族的祖先都在不断进行着意义的交流传播这一实践，如大传统时期的玉文化将玉作为沟通天人的符号媒介，小传统中的礼乐文化，以礼来建构身份符号，通过礼乐文化符号系统融入社会生活、政治生活与家庭生活之中，来传播周公等西周早期统治者建立的封建宗法制。华夏传播学命题的提出是基于悠久的华夏传播实践而来的中国学术话语，在新的历史时期，华夏传播该如何继续推进这一领域，吸收华夏先民的优秀传播理论与实践知识，为当今我们弘扬中华文化、讲好中国故事做出自己的独特贡献，华夏符号传播又该如何理解，其理论范式与思考的对象又是那些，这些问题都值得我们继续探析。以下我们将结合 2019 年的华夏符号传播研究现状来对这些问题展开一些思考。

一、华夏传播符号学研究的视角

在展开论述之前，我们有必要对符号学和华夏传播符号学研究做一个简单的界定，以便使行文的逻辑意脉显得完整清晰。首先，符号学是研究意义问题的学说，任何意义的交流传达都需要经过符号，没有不经过符号而传达的意义，也没有意义不经过符号来传达；[②]而传播学是研究传播行为与传播规律的学科，其核心是社会信息系统的运行规律。而信息的传播又必须经由符号才能完成，"信息首先就表现为符号，或者说一种信息的外在形式就是某种符号。世界上没有离开符号而单独存在着的信息，正如没有不包含信息的符号"。[③]因此传播活动本身就是一个符号活动，传播者需要将信息编码，通过一定的符号形式来传播其思想和意义，

---

①　大传统和小传统是美国人类学家罗伯特·雷德菲尔德于 1956 年提出的一对概念，以权力和精英阶层书写的文化传统为大传统，而民间口传的文化传统则被视为小传统；中国文学人类学专家叶舒宪按照符号学分类标准重新审视文化传统，将汉字编码的文化传统视作小传统，而把前文字时代的文化传统视为大传统。本文大小传统概念是按照中国学界的定义来论述的。参见叶舒宪《中国文化的大传统与小传统》，载《党建》2010 年第 7 期，叶舒宪等编著的《文化符号学——大小传统新视野》（陕西师范大学出版社 2013 年版）中有进一步的阐述。

②　赵毅衡：《符号学：原理与推演》，南京：南京大学出版社，2016 年，第 2 页。

③　戴元光、金冠军：《传播学通论》，上海：上海交通大学出版社，2000 年，第 271 页。

而接收者则是需要通过对文本的解码来获取相关信息及意义。所以有学者指出，传播的实质就是通过符号和媒介交流信息的一种社会互动过程，在这个过程中，人们使用大量的符号交换信息，不断产生着共享意义，同时运用意义来阐释世界和周围的事物。[①] 这样传播学与符号学实际上在学理上有很多共通的层面，符号学与传播学之间的关系甚至被喻为是一对曾经走失的孪生兄妹，随着现代传播学和符号学的发展，他们又在日益走近。[②] 综而言之，传播离不开符号，所有的符号活动都涉及意义的传播。

美国传播学者约翰·费斯克（1990）曾将大众传播研究划分为过程学派（process school）和符号学派（semiotic school），过程学派将传播看作是讯息的传递，注重的是讯息发出者的编码行为与讯息接收者的解码行为；而符号学派则将传播视作意义的生产与交流，关注的是讯息与文本如何跟人互动并产生新的意义。前者注重的是符号过程，后者注重的是符号意义或效果。但是无论是过程学派还是符号学派，都足以见证符号学与传播学之间的紧密联系，有学者甚至认为传播学研究与符号学从某些方面上说与符号学研究是同义语，传播学与符号学这两个学科名称术语有时甚至可以互换，将两者作为同一对象处理。[③] 实际上传播学与符号学的深度融合也是近年来学界有目共睹的事实。

中国是一个符号学思想资源的大国。中国的先哲尽管没有提出一门类似现代符号学的理论框架及学科，但是符号表意是人类的基本行为，无论是口传时代、文字时代还是电子时代，用符号来表达意义是贯穿始终的，无论是玉石还是青铜器皿，都曾是华夏先民用以表达意义的符号形式。到春秋战国之际，礼崩乐坏，既有的文化和象征出了问题，传统符号系统不能再好好地为人服务的时候，人们也就开始有意识地注意起符号来，这就像我们生活在有氧气的空气中，会不觉得空气的存在及价值，一旦我们进入真空，空气的意义就自然会引起我们的关注一样。儒家推尊的先圣周公制礼作乐，创制了中华礼乐文明，礼乐文明同时是一套符号系统，维系了西周政治社会的稳定，[④] 随着周天子统治权威的下降，诸侯滥用礼乐，僭礼求名，礼乐文化符号系统就不能再维系既定社会秩序，这时候，无论是儒家的孔子还是道家的老子，都开始思索其礼乐文化符号的意义来。如道家老子看到当时社会对名礼符号政治伦理维度的片面强调，进而使之成为区分等级系统的治术与隐含的暴力性特征，及其诱发的僭礼求名乱象给人类造成的伤害，故

① 孙英春：《跨文化传播学导论》，北京：北京大学出版社，2008 年，第 20 页。
② 祝东：《先秦符号与传播思想研究》，《中华文化与传播研究》2018 年第 2 期。
③ 胡易容、赵毅衡：《符号学—传媒学辞典》，南京：南京大学出版社，2012 年，第 28 页。
④ 祝东：《礼与乐：儒家符号思想的伦理进路》，《贵州社会科学》2017 年第 8 期。

而主张去礼明道，见素抱朴。① 而儒家的孔子则持一种建构的立场，希望通过复礼与正名来重建西周宗法等级秩序，因为礼乐的分节对应着身份秩序的分层，礼乐文化系统其实是建构的一套等级符号体系，个体的价值意义只有在系统之中才能得到显现。② 除去儒家道家以外，先秦诸子，诸如法家、名家、墨家、阴阳家等都曾对符号与意义的关系从自己的学术立场发表过相关看法，尽管他们没有用符号学之类的概念术语，但是这并不妨碍先哲对符号与意义关系之间的思考，礼法之辩、刑名之辩、名实之争、言意之争等，都是中国特色的符号学思想理论资源。

因此，笔者以为，华夏传播符号学研究的主要内容，就是以符号学的理论与方法，检视中国传统文化活动中的传播活动、传播观念、传播思想等，以及与传播有关的社会文化现象和文物制度，甚至包括风俗习惯、礼法规范等，对华夏民族传统的文化传播现象、深层机制等进行系统的探索整理，探求其中的优秀文化传播思想与方法，为今天的中国社会主义现代化建设、为讲好中国故事、传播中国好声音贡献优秀传统中的传播智慧与方法。

二、华夏传播符号学研究的反思

结合我们对华夏传播符号学研究视角的梳理分析，我们再来看 2019 年华夏符号传播的研究现状。通过中国知网学术检索，以"华夏传播"为主题进行搜索，2019 共有相关论文 31 篇，论题主要涉及礼文化传播、贤文化传播、诗性传播、说服传播等传统文化诸领域；而以"传统符号学"为主题检索则有 24 条检索结果，主要涉及传统文化符号学思想、少数民族服饰的符号学思想、品牌消费、村落传统、音乐文化等方面的内容。以下，笔者将就其中涉及我们界定的华夏符号传播思想方面的议题作一梳理。

首先是关于传统文化传播的议题。这里主要有晏青、罗小红（2019）的《流动的意义：传统文化移动传播的符号学阐释》，邱莉莉（2019）的《符号学视阈下无锡传统文化在文创产品中的设计途径研究》，陈立彬、张紫轩、江林（2019）的《符号学视阈下传统文化融入对消费者品牌认知的影响》，毛榕宁（2019）的《故宫文创品牌传播的符号学解读》，梁根琴、范玲俐（2019）《传统文化融入消费者品牌认知的影响分析——基于符号学视角》等方面的文章。如晏青、罗小红将传统文化作为一种符号体系，置于新媒体传播的语境之中，探讨传统文化在新的传播媒介中的传播特征及符号范式，指出传统文化内容以一种碎片化的形式在新媒介中以多模态文本进行传播，而新媒介的互动特征，在伴随文本空间中进行传播

---

① 祝东：《去符号化：老子的伦理符号思想初探》，《社会科学战线》2016 年第 8 期。
② 祝东：《复礼与正名：孔子思想的一个符号学视角》，《孔子研究》2018 年第 6 期。

和意义分享增殖，容易让传播对象产生文化认同感。文章选取了《王者荣耀》中的荆轲刺秦王的游戏，《国家宝藏》《我在故宫修文物》等电视节目在新媒体中的传播作为例证来分析如何在伴随文本中的文化意义生产，进而探讨如何在多模态语境中让用户沉浸式体验传统文化形成文化认同等，^① 从符号学角度对传统文化的当代传播进行了卓有成效的分析研究。陈立彬、张紫轩、江林则从符号学调度，结合定量分析与定性分析的方法，探讨如何将传统文化融入品牌符号之中，提升消费者对品牌的认知。品牌作为意义载体，具有文化意义和文化标志的作用，而华夏民族的传统文化能够赋予品牌以灵魂，增加品牌的文化意义，为品牌提升增值，如传统文化意境能够增强消费者的品牌联想，增加用户对品牌的忠诚度，因此挖掘品牌的文化内涵对提高品牌价值具有重要意义，论文"以符号学理论为基础，研究传统文化要素的呈现以及其'所指'背后所蕴含的文化内涵和意义，由此分析如何构建消费者心智模式中的'文化意义'。"^② 由以上研究可以窥见，华夏民族的优秀传统文化对现代文化生活依然有很强的意义和价值，无论是新媒体还是商业文化领域，都可以通过华夏民族的新型传播模式来赋意，而符号学则可以为华夏文化的当代传播提供理论分析和实践指导。

其次是从乡土民俗、村落建筑等方面切入华夏符号传播学领域，这也是一个相对集中的议题。这个方面的主要论文有康美龄（2019）的《文山苗族传统服饰刺绣的符号学解析》，杜艳芳（2019）的《基于符号学理论的黑龙江传统村落研究》，万悦茹的《基于符号学的侗族传统服饰纹样在民宿空间中的设计研究》，刘璐（2019）的《筑舍解乡愁—文化符号学视域下的新乡土建筑特征研究》，毛靓、杜艳芳、邵卓峰（2019）的《黑龙江省传统村落的符号学特征分析》等文章。村落文化是华夏民族农耕文明的重要组成部分，积淀着丰厚的区域文化因子，而村落建构则是这种文化的符号表征。杜艳芳通过对黑龙江传统村落文化的符号特征进行研究，分别从符号学的符形学、符义学与符用学三个角度切入传统村落结构之中，发掘村落空间构造中蕴藏的传统文化内涵，并从符号学的角度提出美丽乡村建设的建议意见，^③ 这对拓展华夏传播符号学研究的锋面极具其实意义。服饰表征的是身份等级、审美爱好等社会文化观念，现代传播学的创始人威尔伯·施拉姆

① 晏青、罗小红：《流动的意义：传统文化移动传播的符号学阐释》，《中州学刊》2019 年第 10 期。

② 陈立彬、张紫轩、江林：《符号学视阈下传统文化融入对消费者品牌认知的影响》，《企业经济》2019 年第 7 期。

③ 杜艳芳：《基于符号学理论的黑龙江传统村落研究》，东北林业大学，2019 年硕士学位论文。

曾指出服饰也有语言，都会透露我们的信息和意向，[①] 人们可以通过服饰语言传达出丰富的文化信息。华夏民族有着深厚的服饰文化传统，但是随着社会经济的变化，汉民族的传统服饰逐渐淡出了人们日常的生活视线，然而少数民族的服饰依然作为传统被保留下来，成为一种活态的物质文化，其叙事与传播功能也亟待探讨。而少数民族服饰文化也是华夏文化的重要组成部分，具有很高的民俗文化价值。康美龄从符号学的角度对文山苗族的传统服饰中的刺绣进行了语义分析，指出文山苗族刺绣在图像内容、颜色组合及构图形式上都蕴藏中丰富的文化意涵。[②] 总体而言，乡土民俗都是中华文化的活态形式，传承中华夏民族的精神价值与审美旨趣，这些也都是华夏文化的符号表征，通过这种特殊文本的研究，能够让我们从更广阔的视域来审视华夏符号传播的形态，而不仅仅是拘泥于以文字印刷为中心的小传统之中，对扩展华夏符号传播研究的视域都具有很好的启示意义。

第三，从礼乐文化制度角度切入华夏符号传播研究领域的，也是近年来研究的一个热点，如谢清果、张丹（2019）的《礼之起源——中国古乐的媒介功能新探》，李阳（2019）的《在古今中外的视域中审思中国礼文化传播问题——访厦门大学新闻传播学院谢清果教授》，刘佳静（2019）的《坚守中国文化自信心与学术主体意识，建构中国礼文化传播的理论体系——访浙江大学传媒与国际文化学院邵培仁教授》，王闯（2019）的《扎根华夏传播土壤 构建礼文化现代认同——访南京大学新闻传播学院潘祥辉教授》等论文。礼乐文化作为政治制度，通过日常生活传播到人伦日用之中，来规范人的表意行为，反过来说，人们的表意行为和道德规范，是礼乐文化传播的效果表征。孔子云："不学礼，无以立"（《论语·季氏》），礼仪规范在人际传播中起到调节人伦、和谐人际关系的重要作用。所以，谢清果和张丹在考察了华夏礼乐文明传统之后指出中国的古乐作为一种礼制秩序形塑的媒介和礼文化生成的实在力量，承载着丰厚的文化信息，如沟通人神（祖先）及天人关系，因此礼乐实际上是中国传统社会治理系统之中的符号媒介。[③] 而潘祥辉教授更是从"传播考古学"的路径来发掘中国古代礼乐文化等传播媒介及其日常生活中的传播现象，通过窥探历史局部来逐步建构华夏符号传播体系，如青铜器在礼乐文化传播中的功能、特色等皆是。[④] 诸多学者都已经认识到先民的礼器、礼仪等在传播中的功能作用，但是其传播的深层机制与符号表征等还有待我

---

① ［美］威尔伯·施拉姆：《传播学概论》，何道宽译，北京：中国人民大学出版社，2010 年，第 75 页。

② 康美龄：《文山苗族传统服饰刺绣的符号学解析》，《文山学院学报》2019 年第 4 期。

③ 谢清果、张丹：《礼之起源——中国古乐的媒介功能新探》，《郑州大学学报》2019 年第 3 期。

④ 王闯：《扎根华夏传播土壤 构建礼文化现代认同——访南京大学新闻传播学院潘祥辉教授》，《中华文化传播与研究》2019 年第 2 期。

们继续深入。

其四，涉及传统说服传播方面的研究。如谢清果、米湘月（2019）的《说服的艺术：华夏"察言观色"论的意蕴、技巧与伦理》，余梦琦（2019）的《华夏说服传播：孔子说服传播模式探寻》等文章。说服传播颇类似于前文所云的传播学中的符号学派，注重的传播的效果，重在通过符号修辞使传播的受众接受认同传播者所传递的信息。如论者所言，"说服传播明显地要求对方接受自己的意见，并改变对方的态度与行为，包括劝说、游说、谏诤、辩论、谈判等"，[①] 皆属于说服传播论题。谢清果、米湘月研究指出，既有的华夏传播中的说服传播研究存在碎片化和深度不足等问题，针对上述问题，提出以"察言观色"为基础的华夏说服传播的基本准则，论文以戈夫曼的社会情境理论与米德的符号互动论来比照参发华夏传播中的察言观色论。"察言观色"论强调的是要针对具体的对话情境及对象来把握对方心理，注意体察对象的言语、表情、性格、社会地位及谈话场景等多重因素，这与戈夫曼的情境社会学不谋而合；此外，"察言观色"论的核心乃是对言语符号与非言语符号的解读，是要建立在一定的社会文化经验基础之上的，这个与米德的符号互动论又颇为接近，因为符号互动论认为人类的语言文字及表情姿势本身就包含这交流双方共同理解意义的符号，因此"察言观色"论是中国先民对语言与非语言符号情景化的理解运用，是符号互动论的中国式表达，是一种集华夏说服传播观念与艺术一体的理论表征。[②] 余梦琦指出，说服传播注重传播过程中主体中主体之感受，而这实际上也同于传播学中的符号学学派，注重传播的意义效果，余氏以儒家孔子的说服传播为切入点，研究其道德说服之特征及内在道德要求和外在修辞表征。如儒家说服传播的道德要求能带来情感的弥散性，具有润物细无声的持久效果，而外在修辞又是内在道德的自然流露，道德与修辞是水乳交融的。最后，余氏还反思了道德符号在当代社会传播中的意义问题，道德符号在说服传播中所起到的效果非常之大，但是我们要警惕的是道德符号被别有用心的人利用。[③] 文章论古鉴今，既有对华夏传播传统实践的分析，又有当今学术理论的观照，更有以古鉴今的当代转换和学术反思，这样的研究对华夏传播颇有启示意义，一方面我们要回溯传统，另一方面又要紧密结合当今中国文化传播中的实际问题，既有历史的深广度，又有接地气的理论关怀和现实针对性。

其五是传统媒介与政治传播研究论域。从符号学的角度而言，任何符号都需

---

① 孙旭培：《华夏传播论——中国传统文化中的传播》，北京：人民出版社，1997 年，第 346 页。

② 谢清果、米湘月：《说服艺术：华夏"察言观色"论的意蕴、技巧与伦理》，《现代传播》2019 年第 10 期。

③ 余梦琦：《华夏说服传播：孔子说服传播模式探寻》，《东南传播》2019 年第 2 期。

要依托于一定的物质载体，而载体的物质类别则称之为媒介，"媒介是储存与传送符号的工具"，①媒介不仅影响了人们感知信息的方式，对媒介的控制即是对权力的控制，媒介变革也会引起社会权力之变革。这方面主要有赵云泽、杨启鹏（2019）的《"书同文"：中国古代政治制度变化与媒介变革影响研究》，赵云泽、董翙宸的《中国上古时期的媒介革命："巫史理性化"与文字功能的转变及其影响》，祝东（2019）的《天道秩序与自然神话》等方面的论文。如赵文泽、杨启鹏通过考察文字符号"书同文"的演变与文化通知、制度重塑的过程，指出其对中国古代社会的深刻影响，如封建皇权思想的确立，为文官政治提供了条件，为民族想象共同体的形成也起到了关键作用。②赵氏还就媒介革命的问题继续上溯到甲骨文与金文之间的转变，指出这是伴随巫史理性化过程的一次媒介革命，上古巫史阶层通过利用文字来垄断祭祀权，绝地天通，文字符号成为沟通天人的媒介，成为为王权服务的特殊"工具"，到了商代，文字逐渐演变成一种依托仪式传播进行整治控制的机制，而殷商易代之后鼎彝代替了甲骨，文字媒介的转型，同时促成了理性文化的传播，"中国文字由'巫史'发明，伴随着'由巫而史'的过程，完成了从'甲骨'到'鼎彝'的载体转变，第一次真正成为社会生活的传播符号。"③祝东则通过人类符号建模能力来考察先民如何通过符号模塑自然时空，使时空成为一种被赋予文化意义的符号，进而从空间、时间两个维度考察了，人类多世界的建模反过来又规范人类自身的表意行为，指导人类的生活实践，人类社会整治秩序亦由此而建构，因此历代统治者无不希望将秩序神话化，以期实现其政治传播的合法化与权力通知的长期化。④如果我们将梳理视域扩大一些的话，会发现近年将传统媒介与政治传播纳入华夏传播符号学视域的文章还颇有一些，这些研究无论是在文献基础上还是理论视野上都是值得称道的，对传统传播学史的建构也是为了更好地发掘遗产，古为今用，这个领域亦值得继续推进。

三、华夏传播符号学研究的展望

通过上文对华夏传播符号学理论视角的分析及相关研究的梳理，可以发现华夏传播符号学研究的研究视域、研究对象、研究理论、研究方法、研究群体等都在逐步成型之中。过去意味着历史，回顾历史，是为了更好地拓展未来，如果说

---

① 胡易容、赵毅衡：《符号学—传媒学词典》，南京：南京大学出版社，2012 年，第 142 页。

② 赵云泽、杨启鹏：《"书同文"：中国古代政治制度变化与媒介变革影响研究》，《现代传播》2019 年第 5 期。

③ 赵云泽、董翙宸：《中国上古时期的媒介革命："巫史理性化"与文字功能的转变及其影响》，《新闻与传播研究》2019 年第 7 期。

④ 祝东：《天道秩序与自然神话的符号学分析》，《文化研究》第 35 辑，2019 年 4 月。

2019 年的华夏传播符号学研究的资料是我们考察的符号载体，其对象就是华夏传播学诸领域，解释项则是今后如何更好地推进这一领域的发展。通过对符号载体之考察，我们发现其中还是有一些问题需要引起学界同仁的注意。

首先，华夏传播符号学目前还是属于小众，参与的学者还是不够多，相关论文也不是很多。一门新兴学科的发展成熟，除了有固定的研究领域之外，还需要有一批能够从事该研究的学者耕耘其中，声气互通，共同促进。但是就目前的研究现状来看，无论是华夏传播学论文，还是相关的符号学论文，都不多见，而且结合两者，以华夏传播符号学为议题的文章就更加不多见了。我们以"华夏传播"与"符号学"为主题在中国知网上搜索可知，没有检索到相关文章，说明有意识地将华夏传播与符号学的融合来探讨华夏符号传播学的拓展空间还非常大，尽管诸多学者的研究分别涉及这一领域，但是缺乏明确的华夏符号传播的学术理念，因此为了能够促进华夏传播符号学的研究，必须要有打通华夏传播与符号学研究的勇气与学术功底，能够培养一批相关专业的研究生群体，以共同的学术旨趣促进该领域之发展。

其二，论域还有待扩大。华夏传播本是一个很广的论域，举凡跟华夏民族祖先的文化建构、传播的理论与实践，从学理上来说，其实都可以纳入华夏传播研究领域，而任何意义的传播都必须经由符号，这其中凡是涉及意义交流、传播的，涉及表层结构与深层机制等方面的议题，同时都是符号学研究的视域。以符号学的理论方法来检视华夏传播实践，涉及的论域还可以继续拓展，如文化大传统中的歌谣、谶语、图像、礼器、戏剧表演、乡土风俗礼仪等，小传统中的文学、政治、历史、经济、宗教、文化的传播形式特征、表意规律等都可纳入华夏传播符号学研究论域，研究论域的扩大，能够对华夏传播符号学形成合围，多维度透视，必将促进这一学科的发展。

其三，原创性理论还有待提高。尽管华夏传播符号学研究中有些论文的理论学术水平已经很高，但是无论是传播学还是符号学研究，其理论话语主要还是国外舶来品，尽管我们的研究对象是紧盯华夏民族传统传播实践，但是整体上的西化理论，多少会与华夏传播实践存在一些隔膜之处。我们知道，西方的学术理论的产生有其特定的历史文化背景，如现代符号学的诞生与语言学转向关系密切，而现代传播学的诞生则与二战期间的宣传相关。华夏传播注重传播中的伦理本位，以道为主，传播的理论方法修辞等属于技，技是服务于道的，而传统符号思想的诞生也是跟礼崩乐坏的社会现实有关。我们在从事华夏传播符号学的研究之时，除了继续吸收国外先进理论资源之外，同时要注意吸收华夏传播的优秀实践，大胆提出切合我们民族文化传统实践的传播符号学理论，只有理论上的不断发展与突破，才能促进这一本就根植于民族文化传统之上的传播学的发展。

其四，现有专业刊物不足，从业人员可以继续拓展。华夏传播符号学研究与悠久的华夏文明并不匹配，而高质量的专业刊物和一流的研究团队，在现代学术考评背景下来说，是推进这一领域的重要抓手。就笔者目前见到的专业刊物而言，只有厦门大学主办的《华夏传播研究》《中华文化与传播研究》等辑刊，符号学的刊物虽然有几家，但是多偏重于语言符号学、文学符号学和传播符号学，从事华夏传播符号学的人员也很少。因为我们建议，以个案为中心，以一个个深厚的个案研究来拓宽研究锋面，加深研究的理论深度，产生学术示范效应，吸收更多的青年学子从事华夏符号传播学。同时注意吸收跨专业背景的从业人员，如中国古代哲学、文学、古代汉语、历史、传统文化符号学从业者，不同学科背景的学者加入，更能产生学术理论的交融，碰撞出学术的火花。而一门新鲜学科的发展，需要有明确的研究对象，专业的研究团队与期刊阵地，深厚的理论指导与典范性的研究样本，只有这样，华夏传播符号学研究才能不断燎原中华大地。

2019 年华夏情感传播研究综述

林凯 *

（厦门大学新闻传播学院　福建厦门　361005）

摘要： 情感是中华文化的一种内在特质，情感传播是华夏传播研究的有机组成部分。2019 年华夏情感传播研究取得了一定的成果，这些成果的内容大致包括：从元典入手挖掘古代情感传播规律彰显了华夏传播研究本色；情绪与舆情的结合则是探讨本土传播心理的一条路径；取材于本土的节目创作能够引起受众的情感共鸣，而新媒体的使用更能调动受众情感，实现情感互动；除此之外，情感在跨文化传播和交流中具有重要意义，起到了中介桥梁的作用。虽然 2019 年华夏情感传播研究成果不多，但是，可以看出华夏情感传播研究正在受到学界关注。

关键词： 情感传播；2019；华夏传播研究；研究综述

情感作为人类共存的心理特征之一，是影响社会交往和传播的重要因素之一。近年来，随着媒介技术的变革和发展，自媒体等个人化的媒介形式不断涌现，社会个体的主体性和主动性在社会信息传播中逐渐凸显，社会个体的情感对信息传播和社会关系的重塑越来越具有显性的影响。同时，以儒家文化为主导的中华传统文化强调情感对于社会秩序和社会关系的建构的积极意义，人们因为情感的刺激而感动，也基于强烈的情感动力而形成富有特色的社会交往和传播观念。此外，在跨文化交流中，基于人类共有的情感，情感成为社会交往和信息传播中的一条纽带，人们也基于"同理心"实现情感共振、共鸣，从而实现心与心的真正沟通，跨越异质文化的鸿沟。情感成为跨文化交流中的重要策略之一。实际上，社会传播所要解决的就在于解决人与人，人与社会关系的问题，而人是作为情感的存在，[①]如此看来，情感应该是社会传播中重点关注的问题。因此，在本文中，根据笔者

---

* 作者简介：林凯，厦门大学新闻传播学院博士研究生，研究方向：华夏情感传播研究。

① 蒙培元：《人是情感的存在——儒家哲学再阐释》，《社会科学战线》2003 年第 2 期。

自己的理解，将情感传播定义为在一定情境中，人们生发出某种情感，从而导致身体行为的改变。具体来说，为了达到良好的沟通目的，传播主体通过身体、媒介以及仪式活动等刺激人的自然情感（情绪）、强化宗教/道德情感，引发传受双方的省悟、认同和共鸣，进而产生相应的交往和传播行为。这个界定中实际上包含了情感传播的两个方面内涵，其一是情感作为一种动力促进人际和大众传播，其中的核心原理在于认知科学在心理学上对情感的功能和意义进行了重新阐释："情感能够协调主体与环境之间的互动，具备告知、评价和意动的功能。也就是说，情感不仅告知主体发生了什么，还通过在刺激事件的主观意义上的反映（如，对主体来说是好的还是坏的？是应该接近它还是回避它？）来驱动主体作出反应。"①也就是说情感能够引导、触发和评价人们的交往和传播行为，这种行为内在的本质是人与人之间情感的交往。其二是情感（情感的外化形式情绪）可以作为传播中的符号介质，能够作为一种刺激物激发另一个人的情感反应，进而实现情感的互动。2019 年的情感传播研究中"情感传播"内涵大多属于后者。

　　一般说来，情感是具有社会属性的心理状态，而情绪更多的是人的生理反应，在笔者看来，情感需要通过情绪反映出来，情绪是人的内在心理的外在表达。而传播也可以有交往、沟通、传通、互动等内涵，因此，本文为了最全面的搜索2019 年的情感传播研究状况，笔者通过知网以及各大图书网站以"情感传播""情感互动""情感交往""情绪传播"等关键词进行搜索。从搜索结果来看，2019 年的中国本土的情感传播研究成果大多以期刊论文的形式呈现，著作类的成果较少。不过，2019 年 7 月出版的吕坤维的《中国人的情感：文化心理学阐释》一书值得关注。这本书立足于丰富的本土心理学理论，从多角度对中西文化进行深层剖析，以期清晰地勾勒出中国与西方在认知、情绪/情感风格上的心理差异。②虽然这本书不是从传播学的角度对中国人的情感进行研究，但是从文化心理学出发，对照中西文化来阐释中国人的情感特点，却能够在中西文化对话中更准确地把握中国人的心理特征和情感表达方式。这对于从文明视角研究中国文化语境中的情感传播问题是具有参考意义的。

　　结合 2019 年时代背景来看，2019 年是中华人民共和国成立 70 周年，国家在社会各个领域都取得了快速进展，信息技术及其媒介变革不断推向深入，同时国家不断深化改革开放，与国际间进行更加广泛和深入的交流。在上述社会环境的

---

① 纪莉、董薇：《从情感研究的起点出发：去情绪化的情感与媒介效果研究》，《南京社会科学》2018 年第 5 期。

② [美]吕坤维：《中国人的情感：文化心理学的阐释》，谢中垚译，北京：北京师范大学出版社，2019 年。

变化中，新闻传播业界和学界关注的领域呈现多元化，其中情感/情绪传播成为其中凸显的研究领域，情感因素逐渐成为新闻传播业界创新的一个抓手，也是学界对情感进行多学科创新研究的一个中接点。2019 年的华夏情感传播研究既有情感传播理论层面的探索与建构，也有情感在具体传播实践中的应用研究。

一、中华情感：华夏传播研究本色

情感是中国文化的一个显在特征。中国古代圣人先贤早就对情感的社会意义有过深刻的理解和阐述，其中蕴藏着系统的情感传播观念。中国文化中儒家更是以"情"为底色形成文化特质，道家和禅宗也以不一样的方式表达和传播情感。尤其值得关注的是，近几年，在厦门大学传播研究所所长谢清果教授发起和带动下的华夏传播研究正在蓬勃兴起，引起学界强烈反响。这里的华夏传播研究旨在对中国传统社会中的传播活动和传播观念进行发掘、整理、研究和扬弃。其最终目标在于建构能够阐释和推进中华文明可持续发展的传播机制、机理和思想方法的华夏传播学。[①] 这几年，谢清果教授开辟的华夏传播研究领域取得了丰硕的成果，谢清果教授创办了《中华文化与传播研究》《华夏传播研究》两本集刊，出版了多本华夏传播研究奠基性著作，诸如《华夏文明与传播学本土化》、[②]《华夏传播学引论》、[③]《中庸的传播思想》、[④]《华夏传播研究：媒介学的视角》、[⑤]《庄子的传播思想》[⑥]等。华夏传播研究是传播学本土化的有益的、积极的、成功的尝试，为中国传统文化的挖掘和传播开创了新的空间和路径。

情感传播作为华夏传播研究的有机组成部分，是值得深入研究和探讨的。谢清果、林凯以《庄子的情感交流观念新探》为题就庄子的情感传播观念做了研究。作者认为庄子主张的"无情"是人的一种至真至纯的"真情"。在庄子看来，在情感交流中，需要通过"心斋"的方式剔除心中成见，形成"集虚"的状态，为"真情"的表达提供通道，而在人与外在世界的互动中，"坐忘"则为主客体的情感交流清除了障碍和隔阂，实现了"真情"的互动融通。"心斋"和"坐忘"两种体道形式的根本目的是超越人的世俗情感而回归到挥洒自如的真情释放，这都是来源于庄子对"道"的感悟和对自然本真的追求。于此，人的情感交流能够跨越媒介，

① 谢清果：《2011—2016：华夏传播研究的使命、进展及其展望》，《国际新闻界》2017 年第 1 期。
② 谢清果编著：《华夏文明与传播学本土化研究》，北京：九州出版社，2016 年。
③ 谢清果：《华夏传播学引论》，厦门：厦门大学出版社，2017 年。
④ 谢清果：《中庸的传播思想》，北京：九州出版社，2017 年。
⑤ 谢清果等：《华夏传播研究：媒介学的视角》，北京：社会科学文献出版社，2019 年。
⑥ 谢清果等：《庄子的传播思想》，北京：九州出版社，2020 年。

实现心灵之间的互动和沟通，达到"道通为一"情感的至乐体验。[①] 无独有偶，庄晓东、丁建雄也以《先秦道家情感传播研究——以"庄子之情"为例》为题，对庄子的情感传播思想进行研究，作者认为，庄子看似无情，实则情浓。在人际情感传播方面，人情有"真情"和"伪情"之分。在情感交流活动中，庄子强调要"去伪存真"。进一步，庄子提出了"真人之情"，这是基于真情的一种升华和转换，是察乎盈虚、明乎坦途、悟透死生后的一种达观通透之情。此情臻于道境，是天人合一之情，是"不情之情"，是"道是无情更有情"。[②] 蒙培元认为，道家在"体道"过程中很少涉及情感因素，而不像儒家那样讲求情感色彩。[③] 但是，道家对情感交流却有着与儒家不同的、独到的见解，对道家情感传播思想的研究，对当下现实社会具有重要的启发意义。更进一步看，华夏传播研究能够连接古代和当下，为当下中国乃至世界社会问题的解决提供智慧和方案，是极具理论和实践价值的社会科学研究。

中国人重情感、讲情义，情感是中国人际交往中的重要纽带，也是改善传播效果的有效策略之一，这让情感也成为当下本土新闻传播研究的一个着力点。

二、情绪与舆情：本土传播心理研究

以"情绪传播"为题的研究有较系统的探讨，包括对概念、原理、成因等进行深入的研究。这类的研究往往与网络舆论结合在一起，探讨网络舆论在情绪传播的影响下的变化情况，这是对中国网民情绪表达的社会效应的探讨和研究，是中国人心理特征的一种呈现。赵云泽、刘珍在《情绪传播：概念、原理及在新闻传播学研究中的地位思考》一文中认为，情绪传播理论应当成为新闻传播学研究中新的发力点。情绪传播的研究对于新闻学基本原则问题的研究、舆论学的研究、传播效果的研究等诸多领域都可以起到重要的支撑作用。在新闻传播的研究中，只有正视情绪传播的科学规律，将其纳入学科研究体系，才能更进一步拓宽视野，推动新闻传播学研究向纵深发展。同时，文章将情绪传播定义个体或群体的情绪及与其伴随信息的表达、感染和分享的行为。具体来说，情绪传播的起点是传者在刺激之下所产生的心理活动，以对客观事物的评价和行为反应为内容，对传受双方均产生相应生理唤起、主观体验和传播行为的传播活动。值得注意的是，该类传播的内容不仅仅是情绪信息，还包含情绪因素或由情绪因素引发的事实性信

---

① 谢清果等：《庄子的传播思想》，九州出版社，2020 年，第 77 页。

② 庄晓东，丁建雄：《先秦道家情感传播研究——以"庄子之情"为例》，《学术探索》2019 年第 6 期。

③ 蒙培元：《中国哲学主体思维》，北京：人民出版社，1997 年，第 103 页。

息。① 显然，作者从新闻传播的角度对情绪传播进行深入研究，较为系统的呈现情绪传播对于新闻传播研究的多方面的地位、意义和价值，引发学界关注。与此相近的是，王斌在《数字平台背景下情感传播的成因、风险及反思》中对情感传播从乡土社会到网络社会的形态变化进行回顾，认为基于数字平台而生的民间社会、情感经济和算法技术，是推动情感传播的新型成因。同时，作者也指出情感传播造成的社会风险也日益突出，并集中体现在情感公众的"泛情绪化"、数字平台的异化以及"以法治网"的弱化等三个方面，比如作者指出，怨恨、愤怒、戏谑、同情和郁闷等多样化情感可以在网络中滋生，这类情感的网络化传播也成为诸多新媒体事件频发的重要原因。为此，作者提出了网络治理中的情感策略，引导发挥情感在网络治理中的积极作用。② 相较而言，作者微观而深入地探讨了数字平台的情感传播问题，并且也揭示了情感可以作为网络治理的一项积极因素。关于网络空间治理，毕秋灵在《网络空间的社会情绪传播及其应对》一文中也作了探讨，认为网络空间的社会情绪应对应考虑网络情绪和信息认知之间的关系、网络情绪和风险感知的关系以及网络情绪与群体互动之间的关系，需要政府部门和媒体机构等各方面积极参与治理。③

上文提到，情绪传播往往能够在网络引发舆情事件，因此，在当前网络时代，许多学者关注到了现实网络中发生的舆情事件，并从情感／情绪的角度进行解读。杨秀侃，赵国新的《情绪传播中的媒体表达——以长生疫苗造假事件等舆情事件为例》文章中以长生疫苗造假事件等为例，分析情绪在媒体中的传播和表达，提出媒体对舆论情绪的引导和治理等策略。④ 同时，杨秀侃、曹嵘在《试论自媒体在热点舆情事件中的情绪传播——基于 2016—2018 年"咪蒙"公众号文章的分析》一文中选择"咪蒙"公众号文章对自媒体中的情绪传播进行了研究，认为其中的情绪影响着公共舆情事件的走向。⑤ 刘奥衍也在《重大灾害事件中网络情绪传播的特点研究》一文中以"寿光洪灾事件"为例探讨互联网中的情绪传播特点：互联网的公开性增强情绪传播的"能见度"；信息海量性增加公众情绪的"浮躁程度"；交互性加快情绪传播的速度；匿名性加重情绪传播的"变异性"，同时作者也提出

① 赵云泽、刘珍：《情绪传播：概念、原理及在新闻传播学研究中的地位思考》，《编辑之友》2020 年第 1 期。

② 王斌：《数字平台背景下情感传播的成因、风险及反思》，《电子科技大学学报（社会科学版）》2019 年第 3 期。

③ 毕秋灵：《网络空间的社会情绪传播及其应对》，《新媒体研究》2019 年第 11 期。

④ 杨秀侃、赵国新：《情绪传播中的媒体表达——以长生疫苗造假事件等舆情事件为例》，《海南师范大学学报（社会科学版）》2019 年第 6 期。

⑤ 杨秀侃、曹嵘：《试论自媒体在热点舆情事件中的情绪传播——基于 2016—2018 年"咪蒙"公众号文章的分析》，《海南热带海洋学院学报》2019 年第 6 期。

应对网络情绪异化的可行措施。①

　　对于这类网络事件的情绪传播研究也有采用实证的研究方法，比如赖胜强、张旭辉：《网络舆情危机事件对网民情绪传播的影响机理——基于 D & G 辱华事件的扎根理论研究》一文使用扎根理论研究方法，以 D & G 辱华事件为对象，以网民对事件的评论内容为样本进行研究，并通过三级编码归纳出情绪化传播的形成要素，构建了网络舆情情绪化传播的机理模型。②而毛太田、蒋冠文、李勇等的《新媒体时代下网络热点事件情感传播特征研究》一文则选取"上海警察绊摔小孩事件"作为典型案例，采集新浪微博中的相关数据作为研究的数据支撑。通过情感分析、微博话题挖掘、关键词提取、网络信息生命周期等研究技术与理论对网络热点事件的传播特征进行综合分析。③而郭森在《陌生共鸣、虚拟认同与社交疲惫："夸夸群"蹿红背后的情绪传播》一文中，则选取"夸夸群"为研究对象，研究通过深度访谈、搜集数据以及对典型"夸夸群"持续监测，分析"夸夸群"成员心理动因，认为其蹿红源于社交疲惫下受众的陌生共鸣及对虚拟认同的期待。受众在虚拟环境中，被陌生的"夸"文化所吸引，对群内分享内容及戏剧化表达产生共鸣，获得认同感，形成心理依赖，而其消亡则源于新的社交疲惫。④作者认为情绪传播的核心为共鸣和认同，也就是说激起他者情绪上的相互呼应，这是情绪传播的主要特征和关键所在。笔者以为，这是将情绪作为一种符号介质来看待以发掘其传播过程。整体上看，这类的实证研究深入考察舆论变化与情绪传播的关系，能够揭示情感传播的内在机制。这也是思辨类研究所不能实现的效果。

　　除此之外，王一岚以《社交媒体语境下情绪传播的机制》为题，就情绪传播的肇始、情绪传播的路径以及情绪传播的价值内蕴和风险规避三个方面探讨情绪传播的机制等问题，⑤其中作者提出情绪传播的路径有三类：话语共意、身份共意和情绪共意的说法有一定的新意，可以从中揭示社交媒体中群体的交流和传播发生的层次顺序，从而有利于研判网络传播的规律。更具体来看，高艳阳在《由情感到情绪：探析社交媒体"愤怒"传播》一文中则探讨了社交媒体"愤怒"传播，认为新闻事件在网络发酵过程中，真相往往滞后于情感，事件所引发的网民情绪

　　① 刘奥衍：《重大灾害事件中网络情绪传播的特点研究》，《西部广播电视》2019 年第 7 期。

　　② 赖胜强、张旭辉：《网络舆情危机事件对网民情绪传播的影响机理——基于 D & G 辱华事件的扎根理论研究》，《现代情报》2019 年第 9 期。

　　③ 毛太田、蒋冠文、李勇、赵蓉、高凯：《新媒体时代下网络热点事件情感传播特征研究》，《情报科学》2019 年第 4 期。

　　④ 郭森：《陌生共鸣、虚拟认同与社交疲惫："夸夸群"蹿红背后的情绪传播》，《现代传播》2019 年第 10 期。

　　⑤ 王一岚：《社交媒体语境下情绪传播的机制》，《青年记者》2019 年第 16 期。

成为事件发酵的"罪魁祸首"。这些情感往往带有鲜明的极性，其中，愤怒情绪比愉悦情绪具有更强的穿透力，形成一种"愤怒传播"的特征，主导甚至间接设置新闻事件传播的议程。[①] 不过作者将情感归为两种极性：愉悦和愤怒显然过于简化。从上述研究来看，以"情绪传播"命名的研究更多地集中在新媒体领域，而且研究内容也指向情绪主导下的网络舆情、网络风险及治理等方面。这都能够为当下网络空间的治理和社会秩序稳定提供有益参考，也反映出情绪强烈的传染、感染的传播效应。不过，现实社会交往毕竟与网络空间不同，情绪／情感的发生、表达和传播应有不同的规律，这也是值得进一步探讨和研究的。

三、情感共鸣：增进本土节目创新

情感作为一种诉求手段，能够打动人心，提升收视效果，因此，往往运用于电视节目、电影创作以及广告传播中。因此，在这类研究中学者更多的是把情感叙事策略的运用当作"情感传播"来解读。不过，我们看到这些节目内容取材于中国传统文化或中国社会现实，这是能够引起观众情感共鸣的一个基础。从发表的论文来看，电视节目的情感叙事研究相对较多，孙振虎、何慧敏在《代际观察类综艺节目社会化情感叙事的创新路径》中提出了符号化情感叙事策略不当的问题，认为应该重构合理的情感叙事策略，提升受众与节目真实的情感互动，将符号化情感上升为社会化情感，以此促进代际观察类综艺节目的良性传播。[②] 作者提出的将"符号化情感上升为社会化情感"策略值得思考，也就是说情感传播应该通过符号化情感这种中介性情感落实到现实与自身贴近的生活中，从内心上进一步强化情感共鸣和认同。与此类似，周敏在《用符号学解读电视节目情感传播的表达》文章中研究《人民名义》这部电视剧用文化符号、人物符号、影像符号来传达文化内涵的创作特色，其以真情实感打动观众，具有深刻的社会价值。[③]

除此之外还有音乐文化节目，相亲类节目的情感传播研究，比如刘雅的《〈经典咏流传〉：音乐文化节目的情感传播与价值建构》，研究《经典咏流传》的诗歌、传唱人、观者等情感互动形式，研究节目的共享情感体验及其传播价值。[④] 黄文博、周敏则以《相亲类电视节目的情感传播研究——以浙江卫视〈遇见你真好〉为例》为题对浙江卫视《遇见你真好》这档栏目的故事化叙事策略来研究情感传播的特

①　高艳阳：《由情感到情绪：探析社交媒体"愤怒"传播》，《传媒论坛》2019 年第 20 期。
②　孙振虎、何慧敏：《代际观察类综艺节目社会化情感叙事的创新路径》，《中国电视》2019 年第 9 期。
③　周敏：《用符号学解读电视节目情感传播的表达》，《北方传媒研究》2019 年第 3 期。
④　刘雅：《〈经典咏流传〉：音乐文化节目的情感传播与价值建构》，《视听》2019 年第 4 期。

点和价值。① 武会园、郭颖欣、陈涛则以二更视频为例研究微纪录片的情感传播特性。② 同样是纪录片研究，杨娟以"共情传播"为切入点研究《早餐中国》这个纪录片。文章认为情感传播是共情产生的前提，若要赢得市场和观众，就得在创作和传播之间形成高频词的情感振动。③ 共情传播可以说是情感传播研究的一个面向，值得进一步探讨。在硕士论文方面则有对电视剧的情感传播进行研究，比如安徽大学硕士论文《清宫剧的情感传播及受众影响研究》，对清宫剧中的情感类型进行划分以及情感的传播过程的阐述，如施者和受者的情感编码以及媒介的情感提升等。同时也研究这些情感对受众的影响。④ 这是运用传播学理论对情感进行解读的做法。

电影方面则有黄艳的《〈何以为家〉的叙事手法及情感传播研究》论文，文章分析《何以为家》这部电影的制作手法包括故事内容等传播情感的形式，以此引起观众情感共鸣。⑤ 而广告传播方面，蔡雅雯分别以《绿色广告的情感传播类型和策略研究》、⑥《绿色广告的情感传播术》、⑦《绿色广告的情感生产及演变趋向研究》⑧三篇论文对绿色广告中的情感生产、情感传播类型、传策略以及情感演变趋势等做了系统的研究。在当前环境问题越来越严峻的背景下，绿色广告的宣教功能尤为重要，而其中情感策略应该成为提升广告效果的首要选择，让消费者形成情感共同体，凝聚成具有社会责任感的消费共同体，从而形成保护环境的绿色消费行为，由此形成社会长效机制。情感传播能够在这其中发挥重要作用。

整体看来，电视节目、电影以及广告传播中运用情感策略一个内在机理在于将情感与艺术创作联系起来，采用情感叙事的方式，将情感符号化贯穿在电视节目、电影以及广告传播中，从而打动受众，形成情感共鸣和体验。这类研究集中于对情感创作手法的分析，具有较强的实践运用色彩。

四、情感互动：新媒体传播新机制

在新媒体领域，尤其在微信、抖音等新兴平台以及网络游戏等情感传播效应

① 黄文博、周敏：《相亲类电视节目的情感传播研究——以浙江卫视〈遇见你真好〉为例》，《声屏世界》2019年第6期。
② 武会园、郭颖欣、陈涛：《微纪录片的情感传播分析——以二更视频人物纪录片为例》，《新媒体研究》2019年第1期。
③ 杨娟：《〈早餐中国〉的共情传播探究》，《新媒体研究》2019年第21期。
④ 高洁：《清宫剧的情感传播及受众影响研究》，安徽大学硕士学位论文，2019年。
⑤ 黄艳：《〈何以为家〉的叙事手法及情感传播研究》，《电影评介》2019年第11期。
⑥ 蔡雅雯：《绿色广告的情感传播类型和策略研究》，《传媒》2019年第17期。
⑦ 蔡雅雯：《绿色广告的情感传播术》，《大众文艺》2019年第15期。
⑧ 蔡雅雯：《绿色广告的情感生产及演变趋向研究》，《新闻知识》2019年第7期。

在逐渐凸显，情感成为新媒体提升传播效果的有效因子。这类研究也是着眼于这些新兴媒体平台的情感策略的运用研究。不过，也正因为新媒体本身的媒介属性，使得能够让传者与受者进行更紧密的情感互动。姜奥在《非虚构写作平台的情感传播机制研究——以微信公众号"真实故事计划"为例》一文中，以微信公众号"真实故事计划"为例，探究非虚构写作平台的情感传播机制，阐述情感在非虚构写作的创作以及传播过程中的作用。① 情感成为打动读者的重要刺激因素和符号介质，成为连接故事与读者的纽带。2019 年正值建国 70 周年，人民日报用创新的传播方式进行相关周年纪念报道。杨丽娟、曹磊在《海报"突击"：一次成功的情感传播实践——以人民日报客户端国庆 70 周年阅兵海报为例》一文中，以人民日报客户端在此次国庆阅兵报道中的海报为例，研究其中的创作方法，人民日报以情感模式为内核，一手抓时政海报，一手抓创意海报，注入足够的情感因素，有效完成传播报道。② 以人民日报为案例的还有张志安、彭璐的《混合情感传播模式：主流媒体短视频内容生产研究——以人民日报抖音号为例》，文章聚焦人民日报抖音号的视觉化内容生产，运用内容分析法，探讨其题材选择、表现形态、传播模式等特征，并在此基础上总结其内容模式的核心特点。文章认为当下主流媒体正在通过碎片化的视觉表达和情感化的传播模式，在内容生产模式上逐渐形成"混合情感传播模式"。③ 张志安作者的另一篇文章《融合环境下的党媒情感传播模式：策略、动因和影响》，以人民日报新媒体中心为研究对象，通过分析"我的军装照""幸福长街 40 号"等内容产品，发现其进行情感传播的主要策略。认为情感模式的运用提高了党媒的网络传播力和舆论引导力，增进了网民群体的参与、强化了公众的国家认同，推动了党媒内容生产机制和传播模式的变革，但同时也面临着观念认知影响不足、内容创意难度大等挑战。④ 与此类似的，章震、尹子伊在《政务抖音号的情感传播研究—— 以 13 家中央级单位政务抖音号为例》的论文通过对 13 个中央级单位政务抖音号发布的视频进行内容分析，考察中央级单位政务抖音号在视觉呈现和内容策划上所采取的情感传播策略。研究发现，个人的情感与爱

　　①　姜奥：《非虚构写作平台的情感传播机制研究——以微信公众号"真实故事计划"为例》，《新闻世界》2019 年第 11 期。
　　②　杨丽娟、曹磊：《海报"突击"：一次成功的情感传播实践——以人民日报客户端国庆 70 周年阅兵海报为例》，《传媒评论》2019 年第 10 期。
　　③　张志安、彭璐：《混合情感传播模式：主流媒体短视频内容生产研究——以人民日报抖音号为例》，《新闻与写作》2019 年第 7 期。
　　④　张志安、黄剑超：《融合环境下的党媒情感传播模式：策略、动因和影响》，《新闻与写作》2019 年第 3 期。

国主义的情感能够形成有效共振，由此可以形成国家和民众的"情感共同体"。①
如此看来，人民日报或者其他中央级别的政务抖音号的创作准确地找到国家时政
大事与人民群众情感的契合点，进行有效的情感连接，促进传播形式的创新和变
革。正如张志安作者所言，这些新兴媒体平台正在采用情感传播的方式来实现生
产机制和传播模式的创新和变革。②当然，非政务抖音平台其实也展现了情感传播
的优势特征，比如黄晓音、邱子昊在《技术赋能与情感互动：抖音平台的视觉化
音乐传播研究》文中以米姆音乐短视频为例，研究其中音乐传播的情感互动机制，
如情感渲染可以营造情感传播空间；互动传播可以激发用户情感共鸣等。③

　　有意思的是，网络游戏的情感互动现象也成为人们关注和研究的领域，黄敏
的硕士学位论文就以《互动仪式视阈下电竞赛事的情感互动机制——以〈英雄联
盟〉职业联赛为例》为题，从用户、直播平台、俱乐部及职业选手、媒体四个
方面对电竞赛事的互动行为展开具体分析，并通过对"电竞赛事互动仪式的建
构""电竞赛事互动仪式的驱动""电竞赛事互动仪式的循环"三个部分的剖析，
挖掘在不同阶段电竞赛事的情感能量对其参与者互动行为和互动机制运作的因素。
研究认为，情感能量是电竞赛事中的情感互动机制存在和运作的关键要素。④无独
有偶，曹歆曼的硕士论文也以《情感社会学视域下网络游戏的情感传播逻辑——
以〈王者荣耀〉为例》为题，对网络游戏《王者荣耀》进行研究，以情感社会学
为视角，结合互动仪式、符号互动的理论，综合运用访谈法、参与式观察法，分
析互联网时代线上游戏玩家在进行网络游戏互动背后的情感传播机制，分析网络
游戏是通过怎样的符号体系唤起玩家的情感注入，情感因素和情感互动创造了什
么样的自我认同机制或者限制，网络游戏的情感传播又是怎样转换为资本与权力
从而影响游戏背后的深层社会心理与交往规律。⑤作者抓住网络游戏符号与情感连
接的传播规则，探讨背后的情感传播机制及其深层的社会心理与交往规律，具有
一定的创新性。

　　由此看来，情感在新媒体新兴平台上具有极大的信息调动和传播能力，情感

　　①　章震、尹子伊：《政务抖音号的情感传播研究——以 13 家中央级单位政务抖音号为例》，《新闻界》2019 年第 9 期。
　　②　张志安、黄剑超：《融合环境下的党媒情感传播模式：策略、动因和影响》，《新闻与写作》2019 年第 3 期。
　　③　黄晓音、邱子昊：《技术赋能与情感互动：抖音平台的视觉化音乐传播研究》，《西南民族大学学报（人文社会科学版）》2019 年第 8 期。
　　④　黄敏：《互动仪式视阈下电竞赛事的情感互动机制——以〈英雄联盟〉职业联赛为例》，武汉体育学院硕士学位论文，2019 年。
　　⑤　曹歆曼：《情感社会学视域下网络游戏的情感传播逻辑——以〈王者荣耀〉为例》，四川外国语大学硕士学位论文，2019 年。

传播策略的运用诸如情感渲染、情感互动、情感体验等能够将受众凝聚在一起，形成网络"情感共同体"，增强网民的凝聚力和认同感。

五、共情交往：跨文化的传播与交流

国家与国家，组织与组织，人与人之间的交流如何更加通畅和信任，这是当前跨文化交流中需要解决的问题，而这一问题的解决对于构建人类命运共同体具有重要的意义。在笔者看来，这一问题的解决关键在于诉诸人类共同的道德情感，以共同的道德情感来激发各主体的情感共鸣，从而获得相互认同。这种心理反应也可以说是"共情"。吴飞在《共情传播的理论基础与实践路径探索》一文中对"共情传播"理论及其实践路径做了详细的探讨，作者在文中认为共情（empathy，也有人译作"同理心""移情"或"神入"）"是一个人能够理解另一个人的独特经历，并对此做出反应的能力"。共情能够让一个人对另一个人产生同情心理，并做出利他主义的行动。"爱"是共情的基础，而且沟通能够促进共情，共情能够让使用不同语言符号的人进行有效沟通，共情将有利于解决全球传播中"对空言说"的传播困境。[①] 笔者以为，"共情"是情感传播的一个良好的状态，也就是双方达到情感的共鸣和认同而呈现的一种心理状态。这充分体现在了不同文化背景之间的交流，譬如在中国倡导的"一带一路"实践中，需要的就是这种"共情传播"和"共情交流"。唐润华在《新闻与写作》2019 年第 7 期的刊首语中以《用共情传播促进民心相通》为题，阐述共情传播对于共建"一带一路"倡议的意义和作用。作者从共情理论的主体平等性以及共生性回答为什么传播、以何种身份和姿态传播的问题，从积极回应国际社会的关切回答了传播什么的问题，从共情基础上的传播话语和话语方式回答了怎么传播的问题。[②] 作者在此从共情传播的理论出发系统架构了在"一带一路"倡议中传播实践的框架。

如果说以上两位学者从理论层面阐述了共情传播、情感策略在跨文化交流中的方案。那么，徐明华、李丹妮则从较为具体的实践层面探讨情感策略的应用。例如作者在《情感通路：媒介变革语境下讲好中国故事的策略转向》一文中，着眼于媒介变革的背景，认为情感在新媒介语境中已逐渐占据显要地位，而转向关注传播对象深层心理系统及运用情感机制可为"讲好中国故事"提供创新性策略建构。具体的策略包括：把握情感唤醒机制，充分展现情感意涵；实现双向情感

---

① 吴飞：《共情传播的理论基础与实践路径探索》，《新闻与传播研究》2019 年第 5 期。

② 唐润华：《用共情传播促进民心相通》，《新闻与写作》刊首语，2019 年第 7 期。

沟通，取代单维自说自话；设置正向情感框架，赋予积极情感体验。[①] 两位作者在另一篇《情感畛域的消解与融通："中国故事"跨文化传播的沟通介质和认同路径》的论文中，认为基于相似情感体验唤起的"共同情感"成为人类保持可沟通性的有效介质，同时也为共同体形态的凝结提供潜在动力。研究将"情感机制"引入跨文化传播研究，探讨超越人为建构的符号和逻辑体系、消解意识形态与语言文化畛域的路径，架构"中国故事"的沟通、理解及认同基础。[②] 这两篇论文都从情感策略出发，为在跨文化交流中讲好和传播好"中国故事"提供解决方案。由此看来，共情传播或者情感传播在具体的跨文化交流实践中具有重要策略意义。

除此之外，有关情感传播的会议也值得关注。2019年12月14—16日由中山大学传播与设计学院，中国外文局-中山大学"粤港澳大湾区国际传播研究中心"主办的"中华文化情感传播与认同"学术研讨会在中山大学举办。与会学者张志安、詹小美、芮必峰、景怀斌等分别做了《新媒体与情感传播：理论回顾与实践启示》《记忆仪式的沉浸化：共同体意识传播的情感动员》《浅谈君子之交》《中华文化情感认同的二重心理机制》等的专题报告。这些研究将进一步丰富情感传播研究的内容，为我们提供有益参考。如此看来，学界开始关注情感传播问题，相信情感传播研究，尤其是从中华传统文化中探究情感传播观念的研究将会逐渐凸显。

总结

从2019年情感传播研究的情况来看，情感越来越受到中国新闻传播学界和业界的关注，在这些研究中有实证类的研究，但更多的是思辨类的思考，这与西方从实验心理学或精神分析学的角度出发研究情感不同，体现了中国文化既认识到情感的生理和认知意义，又能从社会学意义层面去理解情感的功能。此外，从上述的研究来看，我们还发现，虽然情感传播研究集中在新媒体及节目的创作中，但中国语境中的情感传播研究最终还要追溯到中国古代对于情感的认识，譬如，上文中王斌在《数字平台背景下情感传播的成因、风险及反思》一文中提到，从历史维度来看，情感传播绝不只是数字时代的产物，而是在我国不同发展阶段有不同的表现。[③] 再如，章震、尹子伊在《政务抖音号的情感传播研究——以13家

---

① 徐明华、李丹妮：《情感通路：媒介变革语境下讲好中国故事的策略转向》，《媒体融合新观察》2019年第4期。

② 徐明华、李丹妮《情感畛域的消解与融通："中国故事"跨文化传播的沟通介质和认同路径》，《现代传播》2019年第3期。

③ 王斌：《数字平台背景下情感传播的成因、风险及反思》，《电子科技大学学报（社会科学版）》2019年第3期。

中央级单位政务抖音号为例》一文中，对政务抖音的情感传播研究中提到，其中政治化的情感也可以追溯到古代，尤其体现在富有浓厚情感色彩的儒家礼教体系中，这套礼教体系也是一套移情和同情的治理逻辑。[①] 如此看来，中国文化语境中的情感传播研究应该充分注重中国人对于情感的理解，这有助于理解新媒体以及节目创作中的情感共鸣和互动现象。基于这一点，笔者以为，着眼于中国传统文化的华夏传播研究值得学界和业界重点关注，情感传播如果从中国传统文化中去挖掘和研究则更能从根本上发现中国语境中情感传播的特征和规律，为业界的新闻传播提供有益的参考，提升传播效果。

---

① 章震、尹子伊：《政务抖音号的情感传播研究—— 以 13 家中央级单位政务抖音号为例》，《新闻界》2019 年第 9 期。

2019 年少数民族文化传播研究综述

陈瑞[*]

（贵州师范大学　贵州贵阳　550000）

摘要： 少数民族文化传播作为中国传播学本土化的重要组成，近年来取得了丰硕的研究成果。主要包括少数民族文化传播理论研究，如跨学科的研究方法与理论建构，少数民族文化传播实践研究如媒介传播研究、译介传播实践、文化事象传播、历史传播实践等方面，同时不乏对时下研究进行反思研究。此外，少数民族文化研究无论在理论上还是实践上仍然存在很大的提升空间。

关键词： 少数民族；文化传播；文献综述；回顾与展望

少数民族文化是特定地域少数民族群体特有的文化形态，具有地域性、排他性、传承性、稳定性等特点，特定少数民族的文化与身份具有相互标识性，少数民族文化传播事关少数民族文化生态。近年来，民族地区的经济、文化发展受到政府更多地重视与支持，少数民族文化传播吸引了越来越多研究者的目光，大量的研究文献涌现。借助知网提供的研究成果，在对往年少数民族文化传播议题进行梳理的基础上，不难发现很多研究者立足于民族学、民俗学、文化人类学、社会学等视角，着力于对特定地域少数民族特色文化的阐释、传承研究，以及在新的传播媒介作用下少数民族文化传播所面临的实际机遇或挑战等问题的研究。立足于传播学视角的研究也取得了相当大的进展。云南大学孙信茹、郭建斌等，在云南少数民族地域，开展田野调查，掌握大量一手资料，从传播学的角度，对少数民族地区的文化事象及其传播进行专业解读，深情耕耘，取得丰硕成果。大量的硕士、博士聚焦于少数民族文化传播问题撰写学位论文，成为少数民族文化传播研究成果的重要组成部分。

---

　　* 作者简介：陈瑞，女，贵州师范大学求是学院讲师，厦门大学新闻传播学院博士研究生，研究方向：华夏民族传播学。

一、少数民族文化传播研究回顾

中国是一个多民族国家，55 个少数民族或分散或聚居于中国的每一个角落，为研究者开展文化传播研究提供了田野调查的现实基础及可行性，少数民族文化传播研究也是认识、发展、延续少数民族文化的必然选择。国内较早从传播学的角度开展少数民族文化传播研究并取得突出研究成果的当属云南大学郭建斌、孙信茹教授。郭建斌于 1999 年撰文《云南民族地区传播调查引出的思考》，[①] 文章提到 1999 年初"云南大学人文学院新闻系和复旦大学新闻学院共同申报题为'云南少数民族地区信息传播与社会发展关系研究'的省院省校合作项目已正式获准并启动，这意味着云南省开展民族传播的研究已经迈出了重要一步，这项研究在国内传播学研究中是一项全新的课题"。由此，或可视 1999 年为传播学视域下少数民族文化研究的开端之年。知往者之可鉴，知来者之可追，在此对少数民族文化传播研究成果回顾，以求温故而知新，对未来少数民族文化传播研究与创新或有所助益。

（一）少数民族文化事项及其文化现象传播研究

文化事项一般通过文化现象的形式表现出来，作为显在的文化形式，以其可观、可感、可参与、重复性、普遍性等特点，更容易引起研究者的注意。对于少数民族文化的外在表现，研究者需要通过捕捉其呈现图像，把握其内涵，通过理论分析、解读，把握其文化本质及社会意义。

孙信茹早在 2000 年《少数民族丧葬礼仪———一种独特的文化传播方式》[②] 视丧葬礼仪为"少数民族一种独特的传播文化及思想观念的方式"，通过对葬礼礼仪本身的把握，进一步把握其传播的思想文化。《甘庄的民俗生活及民俗艺术——传媒视野下的个案分析》，[③] 立足于传媒视野，对传媒表述、干预、构筑民俗文化及生活进行个案分析，旨在探究其间循序渐进、有机统一的内在过程。文章把"传媒"界定为"社会传播或交流的工具及通过这种工具所表现出来的符号交往的形式和常规"，认为传媒"既是文化发生的场所，也是文化的物化"，把传媒置于"表达社会或文化的现象或过程"进行考察，发现传媒通过对信息的编码、解码，表达当地文化习俗，反映并形塑当地人的认识及行为，即"民俗主体认同了传媒的意

---

①　郭建斌：《云南民族地区传播调查引出的思考》，《云南社会科学》1999 年增刊。

②　孙信茹：《少数民族丧葬礼仪———一种独特的文化传播方式》，《广西右江民族师专学报》2000 年第 3 期。

③　孙信茹：《甘庄的民俗生活及民俗艺术——传媒视野下的个案分析》《云南艺术学院学》2002 年第 4 期。

识形态后进一步转换为主体的生活实践的内容，对人们的生活进行直接干预，构造大众焦点，全面主动地对人们的生活进行操纵和创造，催生或创造出新的民俗生活"。

《北方少数民族说唱艺术对萨满文化传播的影响——以蒙古族、鄂温克族为例》[①]对作为口语传播形式的说唱艺术进行研究，探讨其对少数民族文化传播的影响。《侗族大歌的当代传播方式研究》[②]从人际传播、组织传播、大众传播的角度，探究侗族大歌的传播。《传播学视域中的毛南族礼俗歌研究》、[③]《湖南土家族民歌传承的传播学研究——以石门县土家族地区为例》[④]从传播的基本要素探究少数民族歌曲这一文化事项的传播历史和现状，并对传播媒介的变迁对礼俗歌传播所带来的影响进行剖析，并对于传播过程中现实挑战提出积极应对之策，具有积极的现实意义。

（二）基于媒介的少数民族文化传播研究

媒介形态处于在一定的生产力与社会关系之上，处于不断地变化、更迭之中，同时影响着生产力与社会关系的变化，作为少数民族文化传播的重要载体，见证着少数民族文化的传承与变迁，参与构筑少数民族社会文化之网。

郭建斌《电视下乡：社会转型期大众传媒与少数民族社区——独龙江个案的民族志阐释》[⑤]在独龙江独龙族田野调查的基础上，回答了"中国社会转型期大众传播媒介在少数民族地区所扮演的角色"的问题，文章围绕"权力的媒介网络"的概念，探讨媒介网络的形成以及对当地社会关系的影响，聚焦于电视媒介，对于"现代传播媒介所带来的传媒文化与当地原有的地域文化之间的张力（象征性冲突）"进行深入研究。作者认为电视"在改变着当地人的日常生活的同时，也在重新建构着一种新型的'中心与边缘''自我、民族与国家'的关系"。

孙信茹围绕"媒介"概念，在少数民族文化传播研究中取得显著成果。《媒介在场·媒介逻辑·媒介意义——民族传播研究的取向和进路》[⑥]"将民族传播的研

① 杨洋、王丹：《北方少数民族说唱艺术对萨满文化传播的影响——以蒙古族、鄂温克族为例》《新闻研究导刊》2018年第24期。

② 谢琛：《侗族大歌的当代传播方式研究》，武汉音乐学院硕士论文，2007年。

③ 张国芳：《传播学视域下的毛南族礼俗歌研究》，广西民族大学硕士学位论文，2016年。

④ 徐锦子：《湖南土家族民歌传承的传播学研究——以石门县土家族地区为例》，华中师范大学硕士学位论文，2013年。

⑤ 郭建斌：《电视下乡：社会转型期大众传媒与少数民族社区——独龙江个案的民族志阐释》，复旦大学博士学位论文，2003年。

⑥ 孙信茹：《媒介在场·媒介逻辑·媒介意义——民族传播研究的取向和进路》，《新闻与传播研究》2012年第5期。

究置于'媒介化社会'的语境下，提出民族传播研究的'媒介化''日常语态'和'超越乡土'的概念及其关联，提出民族传播研究的进路应该把握'媒介在场''媒介逻辑''媒介意义'三层关系"。《媒介与乡村社会空间的互动及意义生产——云南兰坪大羊普米族村寨的个案考察》[①]将社会空间作为一种叙事视角，考察传媒的介入的实践与意义，通过现实生活中媒介与社会空间的互动实践及过程，达成媒介与社会空间的意义生产。在《"媒介化社会"中的传播与乡村社会变迁》[②]中以调查研究的个案为基础，将"乡村社会逻辑和生存脉络自觉引入研究视野，关注村落和社会其他层面的多重互动"。作者认为，大众传媒尤其是电视，所营造的"媒介化社会"对乡村带来重要影响，"传媒改变传统乡村的社会结构和生活方式"，并且"媒介参与文化形态的建构"，传播网络和现代传媒的"强势传播力量在一定程度上消解着传统乡村社会的文化，影响着村寨文化的走向，甚至创造和建构着新的社区文化"。《媒介化社会中的少数民族村民传播实践与赋权——云南大羊普米族村的研究个案》《媒介化语境中的民族文化"断裂代"——剑川县石龙白族村的个案研究》《媒介在场和少数民族村寨文化转型》等均从媒介的视角探讨新的媒介环境对少数民族文化传播与传承的影响。

刘祥平《论大众传播媒介与贵州民族地区民族文化传播》[③]分析大众传播媒介在贵州民族文化传播中的功能，即传播、传承、发现、挽救文化，提出正确、有效使用不同媒介以促进民族地区经济、社会发展和文化传播。杜忠锋《媒介技术的阈限：云南少数民族的触网习惯与文化认同实证分析》[④]运用实证分析的研究方法，发现"是否接触媒介造成的'区隔'影响着文化认同，媒介环境造成文化认同的多重偏向，手机的影响强于电脑网络，手机短信对文化认同产生解构作用"。因为"'媒介接触'与'文化认同'变量间关系微弱"而表明"以电脑与手机为代表的新媒介与云南少数民族文化认同之间存在着一种技术'阈限'"。龙运荣的《大众传媒与民族社会文化变迁——芷江碧河村的个案研究》[⑤]从传播媒介变迁及对民族社会文化变迁的影响，从符号魅惑、权力挟裹、资本合谋、意识形态、大众文化的角度进行现代性反思，作者认为"大众传媒对民族社会文化发展变迁的影

①　孙信茹、苏和平：《媒介与乡村社会空间的互动及意义生产——云南兰坪大羊普米族村寨的个案考察》，《云南社会科学》2012 年第 6 期。

②　孙信茹、杨星星：《"媒介化社会"中的传播与乡村社会变迁》，《国际新闻界》2013 年第 7 期。

③　刘祥平：《论大众传播媒介与贵州民族地区民族文化传播》，《贵州民族研究》2009 年第 3 期。

④　杜忠锋：《媒介技术的阈限：云南少数民族的触网习惯与文化认同实证分析》，《学术探索》2015 年第 4 期。

⑤　龙运荣：《大众传媒与民族社会文化变迁——芷江碧河村的个案研究》，中南民族大学博士学位论文，2011 年。

响是渐进式的、广泛而深刻的""大众传媒在调控社会关系的同时也受到各种社会关系的调控",需要"客观评价大众传媒在各民族社会发展和文化变迁中的作用",以便能够"更好发挥其在民族社会文化传承发展中的作用"。

在专著方面,郭建斌著《独乡电视:现代传媒与少数民族乡村日常生活》①从电视媒介着手研究作为现代传播媒介的电视对云南独乡少数民族日常生活带来的影响。在对独乡现代传播方式及其演变进行归纳的基础上,聚焦于其中的电视,对独龙乡少数民族的电视媒介的获取途径、接触等问题与障碍,在大量一手资料的基础上进行客观描述并深入分析。期间资料获取之艰辛,作者用情之至深,不能不令读者感佩。孙信茹、杨星星《流动的乡土:媒介化社会与少数民族村寨生活》②展现了少数民族村寨的生活、文化等与媒介化事实之间的内在关系,认为现代媒介是少数民族村寨文化变迁和生活变迁的黏合剂和间离者。

(三)跨学科跨文化融合研究

传播学是一门跨学科的学科,在此基础上,少数民族文化传播研究广泛吸取不同学科如人类学、社会学等的研究视角、研究方法、研究理论等,具有跨学科的研究倾向,学界"媒体人类学""传播社会学""民族志传播"等学术称谓恰是学科融合的明证。郭建斌《媒体人类学:概念、历史及理论视角》、孙信茹《传媒人类学视角下的媒介和时间建构》即是跨学科的审思。

民族志本是人类学研究方法,被越来越多的研究者用以传播学研究,已然成为传播学的一个研究方向,尤其是少数民族文化传播研究。郭建斌《民族志传播:一个不十分完备的研究地图——基于中文文献的考察》③把民族志传播研究视为一种研究取向,"以现象的深入细致的观察为基础,在描述中实现对现象可能包含的意义的阐释"。《"电影大篷车":关于"多点民族志"的实践与反思》④认为"'多点民族志',是对处于某个'体系'中的不同点上的社会实践的民族志研究,其目的不在于找寻某个(或某些)点上与众不同的方面,而在于探究共处一个'体系'中的不同点之间的关系或是勾连"。"'多点民族志'不仅是方法问题,而是一个研究视角的问题,因为研究视角的变化,在操作策略上也要有相应的变化"。

---

① 郭建斌:《独乡电视:现代传媒与少数民族乡村日常生活》,济南:山东人民出版社,2005 年。

② 孙信茹、杨星星:《流动的乡土:媒介化社会与少数民族村寨生活》,北京:民族出版社,2018 年。

③ 郭建斌:《民族志传播:一个不十分完备的研究地图——基于中文文献的考察》,《新闻大学》2018 第 2 期。

④ 郭建斌:《"电影大篷车":关于"多点民族志"的实践与反思》,《新闻大学》2014 年第 3 期。

《"民族志"与"网络民族志"：变与不变》①探讨一种新的民族志形态，即"网络民族志"，在民族志知识谱系中，探讨其特点及研究方法。孙信茹《线上和线下：网络民族志的方法、实践及叙述》②对网络民族志及其方法、网络空间的"发现"与"理解"、网络民族志的"编织"与"讲述"进行探讨。研究者对民族志及其新的呈现形态的研究，为少数民族文化传播提供方法借鉴。张祺的《草根媒介：社会转型中的抗拒性身份建构——对贵州西部方言苗语影像的案例研究》③立足于作为草根媒介的苗语影像的传播实践，探索"边缘群体自发的媒介生产与集体身份建构和社会转型的关系"，是对"多点民族志方法"的重要尝试。李春霞的《电视与中国彝民生活——对一个彝族社区电视与生活关系的跨学科研究》④是一个跨传播学、人类学及民族学的民族志研究。

少数民族具有独特的民族文化，部分少数民族有民族语言、文字，少数民族文化的小众性、地方性、独特性，导致其跨文化、跨语言传播、理解的困难。语言、文字作为基本的传播媒介，语言文字的翻译尤为重要，甚至成为少数民族文化跨文化、跨地域传播成功与否的决定性因素。俞晓红《少数民族文化翻译的受众迎合策略》⑤认为"文本翻译成功是民族文化走出去的其中一步"，进而研讨少数民族文化翻译文本的受众关注点、受众迎合策略。田慧文《新丝路背景下少数民族文化翻译与传播的实现》、何恬《文化翻译理论指导下德宏傣族景颇族自治州民族文化特色词汇翻译探究》等探讨少数民族文化的翻译研究，旨在通过翻译打破传播障碍。

（四）实践与反思研究

研究者在投身田野调查深入实践的基础上，发现研究过程中客观存在的问题，积极进行反思，以便更好地推动后续研究，这是一个研究者在研究过程中对研究路径的探索与自我调适，为学界的研究提供参考与借鉴，引起更多更有意义的思考与调整。

郭建斌《云南民族地区传播调查引出的思考》针对麦克卢汉"媒介是人体的

①　郭建斌：《"民族志"与"网络民族志"：变与不变》，《南京社会科学》2017 年第 5 期。
②　孙信茹：《线上和线下：网络民族志的方法、实践及叙述》，《新闻与传播研究》2017 年第 11 期。
③　张祺：《草根媒介：社会转型中的抗拒性身份建构——对贵州西部方言苗语影像的案例研究》中国社会科学院博士学位论文，2012 年。
④　李春霞：《电视与中国彝民生活——对一个彝族社区电视与生活关系的跨学科研究》，四川大学博士学位论文，2005 年。
⑤　俞晓红：《少数民族文化翻译的受众迎合策略》，《贵州民族研究》2018 年第 10 期。

延伸"理论,结合在云南少数民族地区的田野调查,发现麦氏理论的水土不服,从而打破对西方传播学理论削足适履的应用,深入思考中国的传播现实问题。他认为在麦氏此理论的基础上,重视传播媒介的同时不能忽视传播内容,传播的关键因素"人"既收到传播媒介的影响也会受到传播信息的左右,因此要从"传播内容、受众接受心理和接受行为、传播状况和社会发展互动关系"等多方面综合研究。同时认为在农民现有认识水平下,乡村广播的作用不可忽视,"广播网的丧失对目前社会发展来说绝对是一种损失",在乡村社会信息传播、共享、接受的过程中,未来仍会大有作为。

孙信茹在《田野作业的拓展与反思:媒介人类学的视角》[1]基于媒介人类学的视角认为传播学研究者按照传统在关注工具、技术的同时应当把关注范围扩展到广泛的社会和文化领域。在工具、技术进步的前提下,尤其是网络及新媒体的兴起,研究者的田野空间在范围上得以扩展,在类型上得以丰富,得到极大的延伸,从而使研究者与被研究者之间存在更多地参与及互动,为研究提供了更多的可能性,也提供了更大的挑战性。传播与媒介不仅是技术与中介,也应当被视为"情景与网络",影响研究对象的文化认知与文化变迁,研究者要"深入具体的生活情境和社会结构",通过个案研究,实现由点到面的跨越,并对问题意识、调查周期等田野作业具体方法与细节提出反思。孙信茹主编《熟悉的陌生人——村落视野中的传播、交往与互动》[2]是一部论文汇编,运用民族志、参与观察等方法,在特定社会结构及文化情景中研究媒介与传播问题,旨在为研究者提供一种新的研究方法、研究视角、研究思路的借鉴。孙信茹、杨星星主编《"我们"的田野作业与反思》[3]也是一部集体成果的汇编。不同的研究共同致力于少数民族乡村及传统民族文化,运用不同学科的研究方法,针对不同的研究对象,利用不同的分析视角及研究思路,对少数民族地区的社会及文化变迁进行研究。每篇文章之后附有一篇独特的具有针对性的《思考》,旨在通过作者对其田野工作经验的"公开解构、分析、审视",加强读者的理解与接受,同时,在对个人研究进行反思的基础上,为其他研究者提供参考与借鉴。

二、2019 年少数民族文化传播研究概况

在前些年学术研究的基础上,2019 年少数民族文化传播研究也呈现出丰硕的

①　孙信茹:《田野作业的拓展与反思:媒介人类学的视角》,《新闻记者》2017 年第 12 期。

②　孙信茹主编:《熟悉的陌生人——村落视野中的传播、交往与互动》,北京:民族出版社,2017 年。

③　孙信茹、杨星星主编:《"我们"的田野作业与反思》,昆明:云南大学出版社,2018 年。

成果。研究路径在延续往年研究经验的基础上取得了部分新的成果，研究对象更为丰富，研究领域更为广泛。

（一）少数民族文化传播理论研究

在少数民族文化传播领域的理论研究为数不多。2019 年主要有郭建斌《民族志传播研究的概念、理论及研究取向——基于中文相关文献的纲要式讨论》、①《"在场"：一个基于中国经验的媒体人类学概念》②，为少数民族文化传播研究提供理论借鉴。前者结合国内研究实践，"从概念、与既往传播研究学术话语之间的联系及区别、主要理论资源及方法论等方面做纲要式的学术梳理"。作者对"民族志传播研究"做出明确的概念界定，即"以田野调查（包括民族志）作为主要方法，以传播实践作为研究对象，以传播问题作为问题导向的一种理论建构型研究"，涉及理论除传播理论之外，"还较多地涉及人类学、社会学等学科理论"。介绍"民族志传播研究"的学术话语的特点，并对研究涉及的相关学科的主要理论资源进行梳理，此研究取向虽然尚处于边缘地带，没有形成"具有相对稳定意义的话语系统"，又因实践的多元而"难以形成某种一致性的知识话语"，但"通过田野调查（或民族志）的方法对中国社会的洞察，提出新的研究问题并作出理论化的回答"，仍具有现实的可行性。后者基于在边远少数民族地区的田野调查，围绕"在场"理论，在前期相关研究的基础上，突破工具性、操作性，对其"概念的内涵、所针对的问题、所概括的经验现象以及所提供的理论分析路径作出更为系统的演绎""结合田野资料对'在场'概念的动态性做出说明"，从"特定媒介时空中的存在""结构化意涵""象征性存在"三个理论指向及其相互交织、互构中进行概念阐释。作者另有专著《在场：流动电影与当代中国社会建构》，③对"在场"理论做更深入的阐释。该著作被认为是"作者多年从事民族志传播研究从方法到理论的一次系统呈现"，以流动电影作为媒介，考察其在实践过程中的意义和价值，围绕"在场"的概念，在媒介在场的基础上，从国家在场、观影者在场、转场等方面展开探讨，进而对流动电影与中国当代社会建构之间的勾连等问题进行研究。

---

① 郭建斌：《民族志传播研究的概念、理论及研究取向——基于中文相关文献的纲要式讨论》，《新闻大学》2019 年第 9 期。

② 郭建斌：《"在场"：一个基于中国经验的媒体人类学概念》，《新闻与传播研究》2019 年第 11 期。

③ 郭建斌：《在场：流动电影与当代中国社会建构》，上海：上海交通大学出版社，2019 年。

（二）少数民族文化传播实践研究

2019 年少数民族文化传播研究的成果主要集中在少数民族文化传播实践方面，体现了研究者在 2019 年对往年研究路径的延续，具体包括传播媒介、译介、文化现象、历史上的少数民族文化传播等方面的传播实践。成果颇丰，但具有一定程度的同质化。

1. 媒介传播研究

对于媒介传播实践的研究主要立足于新时代技术背景，集中在对新媒体作为媒介的传播实践研究。孙信茹、王东林的《微信对歌中的互动、交往与意义生成——对石龙村微信山歌群的田野考察》，[①]通过对石龙村白族群众的"微信对歌行为和实践的田野考察，展现白族对歌所经历的媒介化过程"。通过对白族调的融入生活及媒介化过程的描述，聚焦于作为新媒介技术的微信，探讨"微信这一新技术介入和影响之下所形成的新的制约逻辑"，并通过对新的日常及文化规则的重构，"拓展、生成新的社会交往方式"。作者认为微信对歌是一种"彰显和创造交往互动方式的新形式"，以此探究"传统社区人们交往与互动的生活空间如何变化以及人们在其间必须遵循的社会逻辑"及"民间的传统文化经由媒介技术得到再生产和再创造的过程"。杨春的《多元媒介与少数民族文化认同的建构研究——以云南省临沧市坝尾村为例》[②]从乡村熟人社会中的口语传播及身体在场的参与式传播、过时媒介（光盘、磁带等）的文化记忆及新媒介（微信）建构新的文化意义和认同空间等多媒介的角度进行探讨。何清青《贵州少数民族山歌虚拟歌场的文化传承研究》[③]利用田野调查和虚拟民族志的方法，在新媒体提供的虚拟歌场中探讨山歌在新的媒介场域中的特征及文化传承问题。黄栗、董小玉《社交媒体语境下的少数民族文化传播研究——以湘西土家族文化传播为例》[④]探讨少数民族地区大众传播媒介发展轨迹、社交媒体传播类型、社交媒体传播互动模式、社交媒体传播逻辑关联等问题，认为新技术背景下的社交媒体改变了少数民族地区"以往的人际话语方式和意识观念""传统的民族文化可以借助媒体的力量融入社会其他组织"，扩大传播范围，促进建立"新的公共文化空间"。张晓菲《新媒体环境下

① 孙信茹、王东林：《微信对歌中的互动、交往与意义生成——对石龙村微信山歌群的田野考察》，《现代传播》2019 年第 10 期。

② 杨春：《多元媒介与少数民族文化认同的建构研究——以云南省临沧市坝尾村为例》，《新闻研究导刊》2019 年第 22 期。

③ 何清青：《贵州少数民族山歌虚拟歌场的文化传承研究》，西南大学硕士学位论文，2019 年。

④ 黄栗、董小玉：《社交媒体语境下的少数民族文化传播研究——以湘西土家族文化传播为例》，《贵州民族研究》2019 年第 2 期。

满族文化传播现状及发展策略研究——基于对"吉祥满族"公众号的分析》①立足于微信公众号，探讨其对民族文化传播的意义与价值。马蓉《媒介变迁视域下甘肃省肃南县裕固族民族文化传播研究》②基于口语传播、印刷媒介、电视媒介、网络等传播媒介的变迁，探讨当地裕固族民族文化传播的不同特点及传播效果。邹雯《媒介化语境中的多民族文化共生——基于云南维西塔城田野调查的研究》③从媒介的视角，通过现实描述，探讨大众传播媒介尤其是手机微信对多民族文化共生的关系及媒介化所带来的影响。

2. 译介传播实践

民族语言、文字是少数民族文化传播的重要门槛，因此翻译成为少数民族文化跨民族、跨地域传播的基础。少数民族文化的翻译事业越来越受到研究者与实践者的重视。李正栓、王心《民族典籍翻译 70 年》④"回顾新中国成立以来民族典籍在国内外的翻译历程"，横向按照地域分为东北地区、华北地区、西北地区、西南地区、华中和华南地区、华东和港澳台地区，分别梳理不同地域的民族典籍翻译实践成果；纵向按照新中国成立后 17 年、"文革"期间、改革开放以来的不同阶段，从翻译实践、翻译研究等方面梳理民族典籍翻译的成就。戚剑玲《重建文化自信，振奋民族精神——京族 70 年跨文化传播之进程及效应》⑤探讨新中国成立以来 70 年间京族文化跨文化传播，从"世居民族的多元互融与文化互惠""国家在场与中越京族跨境传播""全球化时代的适应与融合"等角度，结合传播事实进行梳理研究。郝会肖、任佳佳《多模态视域下傣族叙事诗〈召树屯〉英译与民族文化认同研究》⑥在新媒介语境下，从视觉模态、听觉模态、传播模态等方面探讨《召树屯》的译介，作者认为翻译"具有让少数民族典籍走出文本语境和促进民族文化认同的重要功能"。武宁、何克勇《"一带一路"背景下少数民族文化国际传播翻译的若干问题——以贵州为例》⑦结合时代，探讨"一带一路"背景下，丝绸

① 张晓菲：《新媒体环境下满族文化传播现状及发展策略研究——基于对"吉祥满族"公众号的分析》，华中科技大学硕士学位论文，2019 年。

② 马蓉：《媒介变迁视域下甘肃省肃南县裕固族民族文化传播研究》，陕西师范大学硕士学位论文，2019 年。

③ 邹雯：《媒介化语境中的多民族文化共生——基于云南维西塔城田野调查的研究》，云南师范大学硕士学位论文 2019 年。

④ 李正栓、王心：《民族典籍翻译 70 年》，《民族翻译》2019 年第 3 期。

⑤ 戚剑玲《重建文化自信，振奋民族精神——京族 70 年跨文化传播之进程及效应》，《南宁师范大学学报（哲学社会科学版）》2019 年第 5 期。

⑥ 郝会肖、任佳佳：《多模态视域下傣族叙事诗〈召树屯〉英译与民族文化认同研究》，《贵州民族研究》2019 年第 9 期。

⑦ 武宁、何克勇：《"一带一路"背景下少数民族文化国际传播翻译的若干问题——以贵州为例》，《翻译论坛》2019 年第 2 期。

之路作为文化传播之路的少数民族文化译介问题。刘岩等《〈阿诗玛〉在日本传播的历史性思考》对西南少数民族民间文学作品《阿诗玛》的译本及在翻译基础上的广播剧、舞台剧、学术研究等方面 60 年间的跨国传播进行梳理、反思，为后续传播提供借鉴。

3. 文化事项传播

少数民族文化事项传播实践研究是少数民族文化传播研究的核心，正是具体文化事项构成了少数民族文化的整体。徐小雁《侗族传统戏剧文学的再媒介化传播研究》[①]基于侗族传统戏剧文学的 IP 价值，提出"再媒介化"理念下侗族传统戏剧文学传播的策略，即跨媒介传播、内容产品化传播、情景化传播等策略。宁丹娜《呼和浩特蒙古族文化元素符号传播研究》[②]从符号学的视角，面向呼和浩特市，对代表城市的蒙古族文化元素符号及其传播路径、传播问题、解决对策等问题进行分析探讨。闫晓青《现代化进程中甘南藏族地区"香浪节"仪式传播研究》[③]从仪式传播的角度，对藏族传统节日"香浪节"仪式传播的呈现、功能及现代变迁等进行探讨。罗琪《传播学视角下广西壮语传承推广传播策略探索》[④]对少数民族语言的传播境遇及对策进行思考。骆雪《山歌传播与族群文化实践——黔中百宜乡布依村寨的个案研究》[⑤]从乡村文化传播的本土化视角，采用民族志方法，对山歌这一布依族人们"日常生产与生活中的重要沟通媒介"进行研究，作者认为布依族山歌是"社会记忆与文化传承的重要载体"，在一定的文化生态系统中进行传播，对其地方传播史进行梳理，进而探讨其传播的意义模式、声音传播中的社会网络等问题。崔莹《纪录影像与满族非物质文化遗产传播研究》[⑥]从满族历史演进过程中的传播网络切入，探讨"传播"在满族政治领域中发挥的作用，基于满族非物质文化遗产的传播、传承保护，分析作为传播媒介的纪录影像传播的仪式表征、传播过程、传播效果等，基于新技术手段，实现非物质文化遗产意义的现实转换。覃爱媚《融媒体时代少数民族文化传播研究——基于仪式化传播视角》[⑦]从仪式传播的角度，对融媒体时代少数民族文化仪式化传播的特点、传播路径进行

---

① 徐小雁：《侗族传统戏剧文学的再媒介化传播研究》，《贵州民族研究》2019 年第 4 期。
② 宁丹娜：《呼和浩特蒙古族文化元素符号传播研究》，内蒙古大学硕士学位论文，2019 年。
③ 闫晓青：《现代化进程中甘南藏族地区"香浪节"仪式传播研究》，兰州大学硕士学位论文，2019 年。
④ 罗琪：《传播学视角下广西壮语传承推广传播策略探索》，《传播力研究》2019 年第 10 期。
⑤ 骆雪：《山歌传播与族群文化实践——黔中百宜乡布依村寨的个案研究》，上海大学博士学位论文，2019 年。
⑥ 崔莹：《纪录影像与满族非物质文化遗产传播研究》，吉林大学博士学位论文，2019 年。
⑦ 覃爱媚：《融媒体时代少数民族文化传播研究——基于仪式化传播视角》，《传播与版权》2019 年第 5 期。

思考。彭翠、格勒《传播符号学视域下的藏戏传承探究》[①]从传播符号学的角度，对藏族文化重要的传播载体——藏戏的传播符号与传播媒介进行探讨，对新时代的藏戏传承进行思考。

4.历史传播实践

中华民族悠久的历史上，朝代几经更迭，包括少数民族政权与华夏民族政权的交替，不同时期各个民族之间有着不同程度的文化交流与传播活动，这种文化交流与传播对不同民族文化的发展与融合带来重要影响，但目前学界对古代中国历史上的少数民族文化传播鲜有研究。李慧《魏晋至隋唐时鲜卑文化对中原地区的影响研究》[②]中对鲜卑文化的传播方式及对中原地区的影响进行探讨，虽不是纯粹的传播学视域下的研究，但无疑能够为传播学研究者带来启发。

三、少数民族文化传播研究展望

少数民族文化传播研究受到广泛的重视与众多研究者的参与，在不同的范畴均取得了一定的研究成果。纵观近 20 年的研究，仍存在着有待提高的空间，就其研究的理论性、广泛性与创新性而言仍需开拓。在总结、延续前期研究成果的基础上，借此对未来的研究取向进行思考，以期取得更丰硕的研究成果、更大的理论与现实意义。

（一）研究方法与理论

在传播学视角下的少数民族文化传播研究中，研究者在研究方法上充分利用人类学、民族学、社会学的研究方法和理论，如田野调查、民族志等传统方法，并在此基础上结合研究需要拓展出"多点民族志""网络民族志""虚拟民族志""媒体人类学"等研究范畴。但在理论上开拓不足，研究者多从既有的传播学理论或社会学等其他学科相关理论切入，对新的研究背景下的传播理论及传播话语的建构有待进一步深入。因此研究者需在对少数民族文化传播事实深入把握的基础上，结合时代情景，对此作出新的意义阐释和理论建构，以指导具有一定学术水准的研究实践深入开展。

少数民族文化传播应当具有交互性，即包含两个方面：其一，某少数民族本民族文化走出去，包括译介，以求被其他民族所认识和认同，表现为对本民族文化的建设、传承与对外传播；其二，其他民族的文化走进来，表现为对不同民族

---

① 彭翠、格勒：《传播符号学视域下的藏戏传承探究》，《西南民族大学学报（人文社会科学版）》2019 年第 2 期。

② 李慧在：《魏晋至隋唐时鲜卑文化对中原地区的影响研究》，《贵州民族研究》2019 年第 1 期。

文化的接受，从而达到加强不同地域不同民族文化之间的交流与融合。就目前的研究成果看来，在此类民族文化传播过程中的交互融合研究方面，研究者主要着眼于前者，对后者的研究略显不足。研究者更倾向于某民族内部的文化传播，表现为对族群建构、认同与发展的意义。新的经济及时代背景下，民族地区人口流动大，不同民族之间的交流、交往不断强化，民族文化势必相互影响，相互同化。因此，对于不同民族文化的融合传播及影响，可做相关探讨研究，以此为建设中华民族大文化共同体而做相关研究铺垫。

（二）研究地域与事项

在少数民族文化传播研究领域取得突出研究成果的学者主要集中在西南地区，因此对西南部分地区如云南等地的部分民族的研究相对集中，就地域而言，存在着研究分布不平衡的现象。中国少数民族分布广泛，不同的民族有不同的聚居地区，有不同的民族文化形态，就研究现状而言，对于西北、东北、东南等地域的少数民族文化传播研究相对薄弱。因此研究者需要扩大研究地域，针对更广泛地区的更多不同民族开展相关研究，对不同少数民族具体文化事项的传播活动进行针对性研究，发掘其特异性。树立媒介史的观念，对于少数民族地区传播媒介的变迁及新媒介介入对于传统民族文化的消解及重建进行宏观把握，对于传统传播媒介在少数民族文化传播及社会治理、政治管理等过程中的意义和价值进行客观审思。

乡村少数民族比较聚集，其生活方式与文化形态相对具有集中性、独立性和完整性，为研究者的田野调查研究提供一定的便利，现有的研究成果也主要集中在少数民族乡村地区。随着经济发展及人口流动的加快，不少少数民族地区的少数民族群众以离开原生族群与社区，进入小城镇、大城市甚至出国工作和生活。因此对于迁移至小城镇、大城市、国外的少于民族，在新的地域环境与生存处境之下，其对本身原生民族文化的当代记忆、日常表征与代际传承等问题颇有研究价值，但目前鲜有研究涉及。研究者或将研究地域从少数民族聚集的乡村地区，将目光转向小城镇、大城市、国外或分散或集中在社区中少数民族群体，如相同民族的文化沟通、不同民族的文化融合，媒介接触、文化重构等众多问题。

郭建斌曾撰文对广播被忽视的事实表示遗憾。就作为相对"过时"传播媒介之一的广播而言，作为听觉本位的广播建立在技术与口语的基础上，在传播的过程中能够制造一种身体在场、情感在场的印象，能够打破信息接收者认识理解的局限和选择的自我偏向，在一定时空范围内达到信息被接受的效果，在电视、网络等传播媒介带来的信息传播与接受的个人化、分散化的背景下，广播具有集中化和集体化的效果。随着科技的发展，无人机喊话或可视为移动广播，2020 年初抗疫期间，包括无人机喊话在内的广播以其特有的优势，在疫情防控宣传、教育、监督的过程中在乡村及城市社区中发挥了极大的作用。而广播的力量及影响在现实社会中日渐式微，因此对于广播在新媒体背景下的意义空间需要重塑，作为媒介的广播需要基层政府、社区组织等的统筹规划与管理才能充分发挥信息传播的价值。

少数民族地区的口传文化是少数民族文化及其传承的重要方面，也是及容易被忽视的方面。按照伊尼斯的观点，口头传统具有时间偏向，但是新生代在众多空间偏向传播媒介的冲击之下，随着老一辈的逝去，口传文化在代际传承方面极容易出现断裂，因此，对于少数民族口传文化传播与传承研究不容忽视，亟须发掘、整理，以求更广泛地保护，取得更理想的传播效果。

（三）历史上的少数民族文化传播研究

研究者在对少数民族文化传播研究的过程中，多聚焦于当下，对少数民族古代、近代历史上的文化传播现象鲜有涉及。中国自古是一个多民族国家，在政治上，汉族政权与少数民族政权交替与鼎立的现象已载入史册。在不同的历史时期，不同民族之间有着频繁的交流往来，民族融合持续深入，民族文化的交互传播是不可忽视的历史现象，直接影响到政权稳固、经济发展、文化繁荣等，因此对少数民族历史上的文化传播活动不应被忽视。无论是传播内容、传播媒介、传播环境、传播者、传播效果等，皆有研究的空间与价值。对少数民族历史上的传播现象的梳理与研究，有助于更好地了解其文化的发展演变过程，更好地把握当下。

传播学作为一门学科，自传入中国后经历了一个"言必称西方"的亦步亦趋的研究过程，以致似有邯郸学步之弊病，引起具有远见的学者们的忧虑，从而开始提倡传播学中国化、本土化的研究取向。华夏传播研究、民族文化传播研究当之无愧地成为传播学本土化的有力注脚，且二者在研究范畴上颇多交叉。华夏传播研究与传播学视域下的少数民族文化传播研究方兴未艾，此研究领域仍可大有作为。华夏传播研究的重镇在东南（厦门大学），少数民族文化传播的研究重镇在西南（云南大学），两方山海相隔又遥相呼应，随着越来越多研究者的倾情投入，未来在传播学本土化的道路上势必发展为燎原之势。

2019 年华夏传播思想史研究综述

杜恺健 *

（中国人民大学新闻学院　北京　100872）

摘要： 本研究选取 2019 年在研究视角、问题意识、论证方法等方面较为出色的华夏传播思想研究的文章与专著，并从上古华夏传播思想、道家传播思想、华夏政治传播思想、共生交往观以及其他华夏传播思想研究等五个方面对相关文献加以回顾并进行简要论述，研究发现 2019 年的华夏传播研究在过往研究的基础之上，不但深入原有学科领域，深耕深挖中华优秀传统文化，努力构建起了华夏传播的学术话语，它们还不断地推陈出新，通过与不同领域、不同学科的学术思想不断对话、不断交流，加强华夏传播思想研究自身的学术张力与学术自信，华夏传播思想研究迎来了一个新的时代。

关键词： 华夏传播思想；上古传播思想；道家传播思想；政治传播思想；共生交往观

　　本研究选取了近 20 种在研究视角、问题意识、论证方法等方面较为创新的华夏传播思想史文章进行撰述。在进入华夏传播研究第 5 个十年的第一个年头，2019 年的华夏传播思想史研究不论是在研究视角还是问题意识上都与早期的华夏传播研究大不相同，在研究领域上也早已踏出传播学的圈子和史学、考古学、社会学等学科相互交融，但二者在文化的根源上是一直不变的，即扎根中华文化传统，立足中国社会的传播实践！

一、上古华夏传播思想史研究

　　对于上古时期的传播思想研究，一直是近年来华夏传播思想研究的热点话题，

---

* 作者及简介：杜恺健，中国人民大学新闻学院博士后，主要研究方向为华夏传播、中国新闻史。

随着更多的考古发现与史料的挖掘，今年关于上古华夏传播思想的研究呈现出了一种爆发的姿态，并且相关的研究各具特色。

钱佳湧和刘辰辰首先是从"交通"天人的角度对上古时期的"巫"文化进行了研究并以此探讨在早期华夏文明之中就，人与超验力量之间的"对话"和"沟通"是如何展开的？[①]文章首先指出由于古代将世界分成天地人神等多个层次，在不同层次之间的关系并非严密隔绝，而是借助"巫"的力量寻求天地人神之间不同层次的沟通，因此对于巫文化的研究不仅是文化和人类学者关心的问题，更是传播学，尤其是传播史研究的对象。

对于巫这种"沟通天人"的能力，他们首先从"神圣""世俗"的区别入手分析，指出"巫"由于被赋予了某种"神圣性"而获得了"代天言说"的权力，进而通过一系列具有表演性和象征性的身体操作实践，即"巫舞"来实现现实世界与超验世界之间的沟通交流。这种实现对话的努力，要求"巫"必须具备超越常人的天赋与才能，这既是他们行使沟通天人神鬼之神圣职责的保证，同时也赋予"巫"这一群体"卡里斯玛"的特质，进而他们获得了世俗统治特权的合法性，也就是所谓的"天命"。至此"天人交通"逐渐成为权力隐喻展开赋值的政治表演，形成了代表权力秩序合法性的"天道"观念，而王权在这一时期不断得到加强，"天人交通"的神秘主义色彩被逐渐淡化，并逐渐向"应然之我"的内向传播转变，形成了对个体应具有"德性伦理"的追求，由个体内在的"德性"与外在神情、行止间的相关性出发，沟通仪式中的"身体"就不仅仅是"生物身体"，而成为社会性的身体。"生物身体"所具有的立、坐、做、饮等生物性功能不但构成了沟通仪式本身，同时也成为沟通仪式实现其"别上下"之社会性目标的依据。

最后，通过对这一"沟通天人"现象的分析，文章指出作为社会科学分支的传播学，其发展毫无疑问受到了宗教隐喻之学术话语的影响，因此西方的传播理论始终无法摆脱表神圣、完整与永恒之超验整体，而与有限、卑劣且具无法摆脱之原罪的个体相对立的思想之间存在密切关系。循着这样的思路，作者指出这种在本体论层面展开的"传播"理解，或许能使我们用一种新的方式来思考诸多发生于前现代中国的传播现象，比如作为帝国政治机体的"耳目"与"喉舌"官同帝王之间的关系。"传播"由此在本体论的层面构成中国人考察和度量自身的"尺度"，回答了"人之为人"以及"社会可以可能"的问题。

同样是对"巫"文化的研究，赵云泽和董翊宸则从媒介革命的角度对"巫史

---

① 钱佳湧、刘辰辰：《"沟通"天人：商周时期巫文化研究的传播考古学研究》，《国际新闻界》2019 年第 11 期。

理性化"与文字功能的转笔及影响做了研究。[①] 文章首先对"巫史"的活动进行溯源，指出在上古时代，祭祀是人跟神灵或祖先交流的传统方式，也是社会意识形态的重要组成部分。巫术可以轻易将传统氏族社会组织和权力相联系，为社会秩序提供线索。而文字的发明是"巫史阶层"在王权意志的驱动下，将各种象形符号收集、整理、归纳和统一起来的系统化的文字，其目的在于利用文字来垄断最高级祭祀权，获得政治权力。因此文字在商代是一种"人与神"沟通的媒介，逐渐形成了一套依托仪式传播的政治控制机制。

另一方面，文字虽作为维护"神权统治"而诞生，但它自诞生起就蕴藏着理性化的种子，驱使着原始居民走向理性世界。自周代起，文字不仅是宗教活动的一部分，在现实生活中拥有了更加实用的功能，通过对记录田地纠纷与疆界划定的金文的分析，著者指出在宗法礼制的无形制约下，社会赋予了鼎彝上的契约一种强制性力量，它是双方个人意志的妥协，使各种分散的社会功能协调一致起来。作为建构"人和人"相互关系的一部分，社会资源被再一次最大化利用了，理性化的思维在这次媒介"革命"中一览无余。因此"巫史理性化"促进了文字媒介的诞生，同时媒介转型又使得理性的文化得到广泛的传播，"由巫而史"的进程渐次展开，"媒介革命"的意义就在于文字开始有目的地运用在生产和社会关系的构建之中，也会随着新的生产和社会关系出现而变迁。文字媒介和社会的互动体现在它们相互影响的理性化过程中，而这种转变奠定了中华文明的基石。

相较于前两篇文字均是从"巫"的角度入手讨论上古时期的华夏传播思想，谢清果和张丹则另辟蹊径，从礼乐文化的角度入手，来考察上古时期的"天人沟通"现象。古人虽然对"礼"做了许多讨论，但却始终没有普遍接受的结论，因此文章选择从"乐"的角度切入，试图研究"乐"(音)何以在"礼"字的造型中占据重要地位？"乐"在社会秩序与礼文化建构中充当了何种角色？两者之间的勾连机制和嬗变逻辑是什么？"乐"是否可能发挥某种传播"中介"和"媒介"的效力？如果有，它的"媒介性"如何得到关联与凸显？[②]

针对上述问题，文章主要从上古时期氏族社会的仪式活动和一般性生活中予以考察，发现"乐"在仪式活动中，保证了信息传播渠道的通畅，对于乐器的选择，传输能力是最重要的考量，也就是"乐"所具有的"通天媒介性"，在"天人沟通"之中发挥着重要的信息传递作用。在此基础之上，著者对此进一步分析了

---

① 赵云泽、董翊宸：《中国上古时期的媒介革命："巫史理性化"与文字功能的转变及其影响》，《新闻与传播研究》2019 年第 7 期。

② 谢清果、张丹：《礼之起源：中国古乐的媒介功能新探》，《郑州大学学报（哲学社会科学版）》2019 年第 3 期。

"乐"作为一种媒介进行了进一步的探析，认为它是一种集视听于一体的复合媒介，并发挥了"沉浸式媒介"的效力去沟通天人、传递神性、创造"沉浸"氛围。最后，著者将"乐"从仪式之中抽离出来，将它拉回现实的维度，讨论其对日常一般生活的影响，"乐"在这之中充当天人信息的阐释媒介或是"解密者"的角色，并在生活上、军事上给人们的日常生活给予指导，并在这种过程之中完成从"通天媒介"向"政治媒介"的转换。

周公以降，乐的媒介性改造开始被注入"德"的维度通过对乐媒介的乐器拣选、程式搭配、场域限定等内部结构进行的改造，"乐"的媒介信息性在不同的乐章片段中被程式化地扩充，从而催生出具有本土特色的原生"政治媒介"。"乐"在这之中发挥着"以乐育人""以乐定级"的媒介作用，这一时期，"乐"已开始从繁杂缜密的仪式限定场域中解脱出来，在与"礼"结合的社会思潮中转而向符号化媒介"跳跃"。

以上这几篇文献从传播思想史的角度来说，不仅拓宽了传播思想在时间上的研究宽度，将传播思想史的研究拓展到上古时期，在研究视角上，它们不仅局限于传播学之一隅，同时它们也与社会学、人类学、历史学等多门学科充分对话，充分展示了华夏传播思想研究的可塑性与可适用性，同时也展现了近年来华夏传播思想研究的泛用性与灵活性。

二、道家传播思想研究

诸子传播思想的研究一直是华夏传播研究的重要领域，今年在诸子传播思想领域也发表了许多优秀文章，其中一些文章都与过去的研究有着很深的关联，如姚锦云的《再论庄子的传播思想与"接受主体性"——回应尹连根教授》一文，[①]就与之前的《传播受体论：庄子、慧能与王阳明的"接受主体性"》有着很深的关联，文章首先回应了尹连根教授对于该文"庄子传播思想"的质疑，并通过对于《庄子》的解读，指出尹连根并没有完全证伪"庄子没有传播思想"，同时我们也不能只靠"学科边界"来界定传播。

接着姚锦云受彼得斯及吴尔敦等人的启发，指出主体间的关系视角是我们重新理解传播的一个重要视角，而这也与《庄子》的某些想法不谋而合，姚锦云指出理解庄子应当从内在的"求道"目的去理解庄子，从"人与道"关系的视角来思考人与人的关系。除了视角的问题，要看清庄子关系的问题，就需要将庄子个人与当时的社会、历史结合起来，并寻求三者的聚焦，这正是对米尔斯"社会学

---

① 姚锦云：《再论庄子的传播思想与"接受主体性"——回应尹连根教授》，《国际新闻界》2019年第 2 期。

想象力"的运用。通过对庄子所处时代的历史社会语境和观念现实的分析，不仅能够"同情地理解"庄子的传播思想，更能够发现新的传播观念，提出新的传播问题。

最后针对解释《庄子》而提出的"接受主体性"这一概念，姚锦云进一步提出了解释。学术研究者用概念语言解释世界，而不管是新概念也好，旧概念也罢，都是依据实际需要而定，"接受主体性"一词由于很难在西方传播思想脉络中找到对等的解释，因而在解释《庄子》的传播思想时就有必要使用新概念，而且这一概念是描述深厚历史传统的"释义符"。因此庄子的核心传播思想可以用"接受主体性"概念表示，这是一种中国特色的传播观，有着"施受同辞"的文字学证据和渊源，经过了庄子从"祭祀之斋"到"心斋"的改造。它体现为"去小我，成大我"（去除主观性、高扬主体性）和"齐万物，通人我"（物我两忘、道通为一）。简言之，以虚己之心接收大道（唯道集虚、虚而待物），以得道之心自由交往（莫逆于心、相与为友）。在这个意义上，人与道的关系决定了人与人的关系，得道者便能自由沟通/交往，但又不同于孔子的"道不同不相为谋"。

此外，在研究庄子的传播思想方面，李红则专门针对庄子的"吾丧我"进行了研究，将其理解为主体趋近世界的路径。[①] 文章认为在西方传播思想传统之中，人都是一个核心主体，而人的存在又是通过他人或世界而得以形成的，他人或世界就成为讨论的重点；这看起来试图确立主体的地位，主体其实以不可追问的方式被隐藏了起来，而华夏传播思想则与其存在着运思上的巨大差异，庄子的"吾丧我"试图通过主体性的消解实现主体的完全敞开，找寻到主体趋近世界的路径，以处理主体与自我、他人以及万物的关系问题，最终实现"和以天倪""道通为一""万物皆一"的传播圆融状态。这种超越主体运思的局限性，并将人与自我、人与人、人与物的关系皆纳入平等讨论的思路，使得传播研究获得了前所未有的广阔视野，可以很好地回应当下社会中的心态问题、社会冲突问题和生态破坏问题。

在具体阐述上，著作首先认为在庄子的思想之中一直存在着深深的主体疏离感，正是这种疏离感使得庄子可以超脱主体之外，认识到人的主体性显现是极为有限的。对于人的认知能力来说，世界更多呈现为不可知的状态，因而意识到自己的无知也是一种大智慧，而承认"无知"正是一种主体性消解的状态。就具体的传播实践来说，主体之间不仅存在着各种间距，而且具体的意义是微妙而不可传递的。因而有必要从一个更加宏阔的视角来实现"以天合天"。

---

① 李红:《吾丧我：主体趋近世界的路径》,《西北师大学报（社会科学版）》2019 年第 2 期。

在这种视角之下，主客之间和主体之间总是坚实地彼此对立，并且互相纠缠，这反而给彼此带来了危害，传播主体之间的相互客体化导致彼此关系纠缠不清，从而产生冲突，也就是所谓的"客体纠缠"现象，这种现象导致诸多的客体吸引着人，搅扰着人心，并造成人与人的冲突，也就是"主体冲突"。为了消除这种现象，庄子发现为了解决客体的纠缠不清的办法就是"齐物"与"见独"，这一系列方法使得客体不再成为客体，主体也就不会被客体所纠缠，因此反而增加了主体间的关系，主体也就不会与世界相梳理，这一方式是主体趋近世界的重要方式。

而对主体来说，"吾丧我"中的"我"的消解才是作为根本的方式，只有通过"坐忘"实现"物化"才能实现主体与客体的交融。对于主体来说，通过对感官之"我"的消解，如此才能摆脱感官对象对于主体的扰动；通过欲望和智识的消除克服自我心灵的束缚，从而做到"圣人怀之"的包容性；通过想象力的拓展克服小"我"（主体性）的狭隘性，以实现对于他人或者他物的无限接纳。最终通过"吾丧我"对"主体性"（"我"）的消解，客体不再纠缠主体，主体也不再把自己作为"客体"来坚守；当自我、他人与世界跳出"价值"束缚的时候，它们也便仅仅是"物"，所以彼此间"物化"的过程就是各美其美的"自化"过程，也是彼此融合的"道通为一"的过程，由此，传播的冲突也就不复存在了。

同样在道家传播思想方面，谢清果则回顾了过往的道家传播思想的文献，指出语言传播是当今道家传播思想研究的重点，但这不代表道家的其他传播观不失为一种新的研究方向，而通过对道家是否"反传播"的辨析则认为道家确实更强调个人修身，并认为道家的内向传播思想不仅应该被学界所重视，还应成为道家传播思想的重点组成部分。①

对于道家内向传播的取向，著者指出道家是最注重人的内在修为的，但是道家的内向传播观却是与众不同的，因为相对于接收外界信息再内化到内向传播系统而言，道家却主张与外界信息的隔绝。道家认为，通过"致虚极，守静笃"的特殊途径，在"微妙玄通"的自我生命体验中，"收视反听""耳目内通"，才可以达到对"道"的体悟。这是道家所独有的内省方法。而道家的内向传播观却反对接受外部信息，侧重强调人体内部的信息处理，不能不说独树一帜。"收视反听"作为道家独特的内向传播观，不仅体现了道家文化中的与世无争，相比于西方的实证主义内向传播观点，它也反映了我们中国传统文化中"修身为本"的内向传播理念。

接着著者从中西方对比的角度分析了道家内向传播的一个核心观点：吾丧我。

---

① 谢清果：《道家内向传播的观念、路径及其目标》，《未来传播》2019 年第 2 期。

著者首先分析了西方最具代表性的米德的主我客我观点，而庄子学派提出的"吾丧我"，便是意识到主体可以"吾"与"我"两个层面来看，个体修道的过程，就是"丧我"的过程，即作为"主我"的这个我是不完善的，是过程性中的存在，修道便是不断需要认识他人，认识社会，更要认识自己。因为自己才是自己的障碍。庄子学派意识到日常生活中的"我"是一种社会性关系的存在，那就永远处于我与世界、自我与他人、是与非、得与失等等这样的相偶的关系中。此时之我，在他人眼中是许多不同的身份，处于不同的期待角色之中。庄子学派期望人们反思自我，反思日常生活中那个忙忙碌碌的自我，到底是不是我的本相。因此，道家"社会自我"，并不是要形体远离社会，而是心灵要与社会保持一定的距离，努力从社会性的存在状态（"角色"）中超脱出来。庄子的"吾丧我"的内向传播中，主体摒弃了外部世界的喧嚣和聒噪，在致虚守静的心态下追求自我的超脱。在当下物质追求膨胀、人心浮躁的社会中，"吾丧我"这样的内向传播观正应是被人们所推崇的。

最后，如何做到"丧我"的途径，为了回归内在，就需要通过"心斋"的方式，虚空一切有为法；其次，由于一切的内向传播是基于意义又复归意义，而最新的意义，便是记忆意义。因为有意义世界便有"我"的意义世界的执念，因此，为了摆脱意义世界对人生的"桎梏"，庄子学派提出"坐忘"的手段来实现丧"我"现"吾"，即丧掉假我、俗我回到真我、道我。

"坐忘"与"心斋"都是"吾丧我"的途径，也都是一种内省式思考的方式。不同的是，前者侧重于"离形"，不仅否定人的认识活动，而且排除人的生理欲望，是对人的感性生命、肉体生命的超越，重在"与道同一"，重在忘我。后者侧重于去知，消解感官与外物的接触和感知对自我的干扰，放下"心"的理性认识和逻辑思维，从而为产生悟性思维奠定基础。实质是对儒家所倡导的理性生命、精神生命的超越，重在"心虚"。心虚的要义在于虚，虚去外在，也虚去内在，内外相融无碍。从这个意义上讲，不管是"心斋"还是"坐忘"，都体现的是一种以忘我合道为目的的内省式思考过程，这使得道家的内向传播观更加明晰起来。

最后，在讨论到家内向传播的终极目标时，著者指出"吾丧我"并不是到家内向传播的终极目标，庄子心目中真正追求的自由是一种"游心于无穷"的自由，此种"游"也代表着整个道家思想体系的无上追求。"隔离的智慧"正是道家"收视反听"的内向传播观，而要培养开放的心灵，也正是通过"心斋""坐忘"来达到的"丧我"状态，进入"游"的境界。游正是道家一切内向传播活动所追求的最高境界，也即最终目的。它是一种和谐、恬淡、无限及自然的境界，从这个角度来说，它也凸显了道家"至乐无乐"的内向传播目标。

在著作方面，九州出版社于 2019 年 12 月出版了《庄子的传播思想》一书，该书是厦门大学传播研究所继 2017 年的《中庸的传播思想》后推出的"经典传播思想"系列的又一著作。该书作为厦门大学传播研究所"华夏文明传播读书会"2018 年的研究成果，分为上中下三篇，上篇着重于庄子自身的传播思想研究，研究者各自从自己感兴趣的研究领域出发，从言语传播、内向传播、身体传播等角度切入对《庄子》传播思想的研究，展现了庄子传播思想丰富的研究维度。

该书的中篇则是对于《庄子》一书有没有传播思想的学术争鸣，此前曾有学者撰文质疑庄子有没有传播思想，但经过学术的探讨之后，研究者们大都接受庄子确实具有传播思想的观点，只不过学者要谨慎对《庄子》进行现代意义上的传播思想角度，尤其要注意避免对文本的过度解读，解读要有训诂知识，要有结合时代背景。这次难得的学术争鸣成果获得作者的授权，并将这四篇文章收入其中，这也是该书的"亮点"之一。

该书的下篇则另辟蹊径，从中西对话的角度来对彼得斯与庄子在对"交流的失败"这一人类永恒的交流命题进行跨越时空的对话，这也是 2018 年"华夏文明传播读书会"交替阅读《庄子》与彼得斯所著《对空言说》的研究成果，过往的研究专著或专注研究西方传播思想，要么纯粹探讨中国传播思想，这也是该书对于华夏传播思想研究的一次努力尝试，具有看研究新风气的重要意义。

纵观上述道家传播思想的文献，它们有的从微观的"吾丧我"入手拓宽了到家传播思想的深度，有的则回顾了过往研究，总结道家传播思想的精华，有的则踏出华夏传播思想研究的边界，通过对话的方式与传播学的其他领域相互交融，丰富了华夏传播思想研究的维度，促进了传播学科的发展。

三、华夏政治传播思想研究

对于政治传播思想的研究，一直是华夏传播思想研究的重要一环，今年的华夏政治传播思想不仅在原有的政治传播基础之上深入发展，还通过与其他传播思想研究相结合的方式拓宽了华夏政治传播思想研究的路径。

李东晓与潘祥辉从中国自古以来就非常发达的史学研究出发，另辟蹊径地指出中国史学的贡献不仅止于发明了一种"一线相传"的、自成体系的记录方式，还在于它发展出了一种通过历史书写或史实传播来实现对现实政治的监督功能，也就是"史论监督"，[①] 史官通过自己的一支笔，将上至君主、下至百官等政治人物的行状和表现载入史书，并加以评价，即能实现对政治统治者的监督和约束，这

---

① 李东晓、潘祥辉：《"史论监督"：一种中国特色的政治监督机制溯源》，《新闻与传播研究》2019 年第 10 期。

无疑是中国史学的极大特色。通过对政治学中"政治监督"以及新闻传播学中"舆论监督"的比较，著者指出"史论监督"代表了中国古代的一种政治监督模式仅仅通过史家的历史书写就能实现对统治者的威慑和监督，这似乎只有在古代中国才出现过，因此它毫无疑问是一种"中国特色"。

中国的"史官文化"历史悠久，至少在商代就已经出现，史官最主要的职能是文字书写和文字"记事"，其政治监督的功能也与史官的书写记事功能密切相关，史官主要通过"君举必书""直书不讳"以及"评论褒贬"三种方式完成其"史论监督"的职能，"史论监督"在一定程度上能够监督统治者，从历史来看，这种史论监督的效果是巨大的，历史上历代君主拼命压制史官，甚至杀戮史官，恰恰说明了他们对"史论监督"的害怕，这也是西方政治制度所没有的。

追溯这种强而有力的监督权力的原因，著者将其归类为马克思·韦伯所述的"传统合法性"即中国古代一种源远流长的文化传统：对"天意"的敬畏以及"复古崇古"的文化信仰，也包括对文字的崇拜和敬畏。中国的史官源自巫官，巫官是古代天人沟通的职业传播者，是人与神之间沟通的媒介，巫史同源而职能相近，史官因此也具有"天人沟通"的能力，是天意的解释者和天命的代言人，正是因为史官的神圣职能及其所使用的文字媒介所具有的神圣合法性，史官所传达的话语或书写记录的文本（史书）也就具有了"神圣合法性"，为帝王将相所惧。中国古代的"史论监督"模式在本源上是依托于"天鉴模式"的，没有史官的"代天立言"角色的合法化以及君主"敬天畏天"的信仰和意识，"史论监督"模式不可能存在并发生效力。正因此，史官依托"天威天意"来"贬天子，退诸侯"，在中国古代就显得理所当然。 另外由于中国自古就有的崇尚历史的传统，使得得中国的史论监督很大程度上表现为"以古非今""以先王非今王"，这是中国史论监督的一大特色。与这种"历史崇拜"相表里的则是"祖先崇拜"，正是"巫史合一"的传统和"宗法崇拜"的传统构成了中国史官"史论监督"得以发挥效力的历史前提。这种"史论监督"就是建立在古人对"天"的敬畏和对"古"的崇拜，也包括对"文字"崇拜的传统之上。

而随着时代的发展，社会的世俗化和理性化以及王权的兴起，巫史的地位逐渐衰落。汉代以后修史制度的变化更是导致了"史论监督"的衰落，由于君权的控制，史官所能发挥的监督批评作用是相当有限的，但上古史官"秉笔直书"的传统在中古以后并没有遭到废弃，反而为史官所传承和实践，"史论监督"并没有得到废绝，而是仍然得到一定程度的坚守。

最后，著者比较了"史论监督"与"舆论监督"的异同，从监督方式、监督的时间特性、传播的范围与公开性及思想来源上比较了二者的不同，并探究了"史论监督"的事象对近代中国新闻业的影响，"史论监督"是一个完全本土的概念，根植于中国特有的社会文化传统是中国古代"前大众传媒时代"最为重要和最为有力的一种传播监督方式，因此它有必要和"舆论监督"区别开来。

除了从史学的角度切入华夏政治传播思想研究，赵云泽和杨启鹏则从媒介变革的角度来讨论中国古代政治制度变化与传播的关系。[①] 文字在创始之初，就不仅具有信息传递的功能与作用，更是一种权力的象征，文字作为权力话语的一种表现形式。对其的控制与规范成为中国历朝历代的统治者们所关注的重点。文章首先叙述了"书同文"的历史进程，分析"书同文"在秦朝统一中国之前的历史渊源以及秦朝统一中国后的"书同文"的发展。实际上将文字推广到全国的过程，也是秦朝打压磨灭他国文化的过程，文字天然就具有文化的属性，"书同文"则是秦国拉开文化统一的序幕，是秦朝构建政治文化的重要过程，统一文字的确立秦消除了各国的文字，打碎了其地居民旧的文化记忆，迫使其融入秦朝这一个大的整体中，从而营造出了一个更大疆域的社会共同体。也正是从秦朝开始，"天下"这一整体想象的概念为历代所接受。

其次，文字的统一对于君主专制制度在中国的维持起到了关键作用，"书同文"拓展了信息传播的范围与速度，使封建君主专制制度在中国成为可能。借助文字，中国的封建君主专制实现了有稳定疆域和有较高程度中央集权的大国的统一有效的政治治理，给予了政令上通下达的便利。文字统一也使得帝国庞大的官僚机器能够运转起来，参与到社会管理之中。文字给予了地方的官僚们参与政治的机会，能够超时空地了解到社会治理的大体情况以及统治者的指示，使得垂直控制的官僚体系成为现实。此外，"书同文"对官员的影响还表现为向理性政治的转变。

再次，统一的文字使统治者用法制统治社会提供了条件，统一规范的文字让法律文本超越空间界限，具有统一和细致的属性。文字的统一让中央政府的治理和管理有据可循，既统治了民众，也控制住了管理。

最后，统一的文字保障了以吏为师的推行和皇权专制思想的确立，若帝国内没有统一的文字，儒家学说也无法在辽阔的帝国处处扎根，成为中国君主专制社会统治的灵魂和支柱。总而言之，文字的统一打破了之前文字多元发展的格局，从此之后文字的变化逐渐放缓，这对于君主专制制度下大一统社会的出现和维护，对于儒家经典的长期传承与社会意识形态的稳定都起到了很大的作用。整齐划一、一步到位的文字改革，奠定了之后文字变化的方向，无意间也对国人的思维方式

---

① 赵云泽、杨启鹏：《"书同文"：中国古代政治制度变化与媒介变革影响研究》，《现代传播》2019 年第 5 期。

构成了一定影响，崇尚规范、秩序成为中国古代超稳定社会构成的一大原因。

此外，刘晓伟也是从媒介的角度来探讨华夏政治传播研究，但它并不是从类似"书写"这样的大型媒介入手探讨，而是从"除目"这一古代官报类型之一的媒介入手进行探讨"除目流传"背后的政治传播现象。[①] 文章首先对"除目"这一媒介形式的发展进行了梳理，并对其与邸报的关系做了澄清，指出了"除目"与"邸报"之间的关系有待厘清，"除目"并不是"邸报"，同时也并不是所有的"邸报"都有"除目"。

之后著者对"除目"的拟制规程、起草与内容、"封还"等内容进行了详细的研究和阐述，文章指出除目的公布主要有三种媒介途径构成，这其中有统治者允许的官文书和邸报两种公开的媒介途径，也有统治者所不乐见的"小报"传播的媒介途径，并对"除目"在这些媒介渠道传播过程之中对政治进程的影响做了深入分析，详细阐释了"除目"在政治传播过程之中所起到的作用，"除目流布"背后所隐藏的权力信息网络，实际上也在一定程度上呈现了古代官报在传播和接受过程中所钩织的权力信息网络图景。

另外这篇文章的出彩之处不仅在于对"除目"这一媒介的分析，文章在结尾处还对"文史互证"这一史学领域常用的研究方法提出了自己的深入理解，指出在古代新闻史研究领域。由于史料的匮乏，"文史互证"已属常用的方式。然则"文史互证"中的风险，亦必予以重视方能确保立论之准确。

当然，对于封建王权合法性的建构不仅只是文字的功劳，张丹则从舆论学的角度讨论了中国古代王权合法性的建构，[②] 文章首先对政治传播做了一定的梳理，并指出政治问题的合法性问题要引向"合法性"的建构，而传播的问题则要聚焦"舆论"，因此本文试图探讨"舆论"是如何作用于合法性建构的。

最早对合法性的塑造是从王权舆论的"神话"开始的，这种行为背后是古代根深蒂固的"天命"信仰的支撑。然而，"通天"的舆论只在强调王具有某种异能，却不足以确证权力承袭的合法性，因此需要加盖"天命而王""君权神授"等"神化"舆论印章。其中最常用的三种办法则是"自比天子"，营造君王感生的"神化"舆论以及王权"天命之"舆论的刻写，统治者通过对"天"的不断推离与拔高，营造天人合一之下自身不容置疑的权威性，获得了马克思·韦伯所谓的传统型合法性，"天人合一"带来了一种政治稳定性。

而随着社会的发展，当附着在权力上的神秘主义逐渐褪色以后，现实世界济

---

① 刘晓伟：《论"除目"及"除目流传"背后的政治传播》，《新闻与传播研究》2019 年第 5 期。
② 张丹：《中国古代王权合法性建构：一种舆论学视角的考察》，《新闻界》2019 年第 3 期。

世救民的理性主义亟迫要求人们从祭天敬神中抽离，将神性排挤到身后，处在舆论漩涡中的诸子们"周游行说"，"著书言乱之事，以干世主"，充当政治传播舆论场域中的"意见领袖"（Opinion Leader），他们对王权合法性编织自然被注入"圣""道"等理性精神，而，真正贯通道德、知识（道）和权力（王权），并将其上升至"名实合一"高度的是"圣王"舆论的出现，它为圣人为王提供了"名正言顺"的合法性依据。中国古代并没有把域外的"理性"推向虚无，或直接付诸政治实践为具体法律条例或政治制度，而是将其"虚化"和"内化"为一种非强制性、落实于主体的"道性"与"德行"（可统称为"圣性"）的调适，创造一种"内在重塑"以达至圣人的独特理性主义政治舆论，以规避现实世界的政治攻讦。

然而随着秦汉"封建天下为合法之分割"走向"专制天下为绝对之一统"的重大社会变革，一方面，促使合法性亟须寻求一种更加通适的话语以应对变革带来的正当性挑战，另一方面，"大一统"政治桎梏下"舆论争鸣"逐渐走向"舆论一律"，政治权力的介入与舆论一律的合流促成"王"对神、圣的收编与垄断。换言之，王对圣、道的采借模式由应然（应为之）到实然（实为之）的舆论空间内，被操纵、引导并嵌入了大量"必然"性依据。从舆论学视角观之，这似乎是两种舆论场（官方和民间）摩荡共谋的结果。这种共谋表现为以秦始皇、董仲舒为代表的"官方舆论场"的"君权神授"的显性建构和已王船山、韩愈为代表的"民间舆论场"的"以退为进"的隐性建构，当"王"汇合神、圣的舆论生成后，便实现了合法性的再一次强固。最后在这些舆论的构建之中，著者指出"民本"舆论贯穿整个古代社会，它更像是贯穿中国古代政治思想中一抹意蕴深远的"底色"。

对于王权与舆论的关系，著者最后总结为可将"舆论"与"王权"（制度、思想）的互动视为另一种维度的博弈，即舆论不仅是传播学者眼中感知社会的"皮肤"，更是"冲击"王权"建构"合法性诠释的有生力量。在历史构建"宏大模式"中注入"传播"运行机制的基础上，将"舆论"作为社会事件与制度发生机制的焦点。

上述华夏政治传播思想的研究，已经在很大程度上超越了一般意义上的政治传播研究，而与其他的传播研究视角相结合，依此我们也可以发现通过与其他研究视角的结合，华夏传播思想的研究迸发出了更大的动力，而这实际上也是华夏传播研究的发展之源。

四、共生交往观的传播思想研究

共生交往观的提出源于"人类命运共同体"的新天下观念，它强调共商、共建、共享的共生交往观，重新定位"中国"乃是以"中"通天下的历久弥新的新型

"文明型中国"，提出这一观念的谢清果教授认为"中国"一词在不同学科背景下，可以作为一种方法、一种价值观、一种行为范式、一种模式、一种方案，而在传播学的视角之下，"中国"是一种倡导"共生交往观"的元传播符号。当代中国知识分子有一个庄严的使命，那就是向世界说明中国，让世界理解中国，"中国"既是个令仁人志士魂牵梦绕的概念；又是百姓日用而不知的观念。因此我们有必要对它加以阐述。①

在谢清果教授视角之中，"中国"是中华民族在长期历史演进中形成的最深沉最持久的文明共同体的符号标志。纵观"中国"观念的数千年流动，我们在华夏文明传播的宏大叙事中，就不难理解"中国"是传统中国社会中内外、中心边缘、夷夏等互动的原型或母题。换句话说，"中国"是历史上自从有"中国"意识后的一切活动中，无论是官方，还是民间；无论是国内，还是国际（指诸侯国）；无论是个人，还是群体；无论是有意识，还是不自觉，都以此"中国"观念作为自己的身份认同和言行规范的依归。因此"中国"应当成为一个元传播符号，并构建一套能够打破解构西方"东方主义"的话语建构模式，用共商、共建、共享的共赢理念，一扫西方强者通吃的丛林法则的霸道行径，进而展现了中国"己欲立而立人，己欲达而达人"的仁道情怀，以"和而不同"的原则，让国家不分大小强弱都共同享有作为地球人而应该享有的全球共同治理的尊严，同时也感受到"天下一家"的"人类命运共同体"的善意与愿景，反映了"中国梦"是人类梦、世界梦的缩影，中国的和平崛起是世界和平繁荣发展的机遇，中国发展的红利愿与世界分享。在这层意义上，中国就不仅是国界意义上的中国，而是"文明中国"，它强调的是一种人类文明的交往方式，一切的国家与地区都沐浴在文明的共同价值之中，都以个体文明分享人类整体文明的荣誉，开创属于自己，却又可以分享给世界的文明成就，这就是"天下大同"，这样的大同，正是各种文明的"和而不同"与"不同而和"的统一。

进一步阐述"中国"的观念，就要理解"中国"何以绵延五千年，这是因为中华文明形成了"顺天应人"的崇高精神追求与行为范式，这就是中国人的精神信仰，也是中国人之为中国人的精神标识。"中国"作为观念，开始源于"地中"观念。"地中"观念进而演进为"中地"意识，也就是将视线由天空转向大地，进而将"中"的意识贯注在自我的精神世界中，进而形成了早期朦胧的以人法天、天人合一的观念。"中国"这个观念之所以具有"神性"，是因为这个观念在历史的

---

① 谢清果：《共生交往观的阐扬：作为传播观念的"中国"》，《西北师范学报（社会科学版）》2019年第2期。

流变中不断吸附和丰满着中国文化精神，进而为中华民族文化精神的标识。而不只是作为国家的中国，而是作为"文明体"的中国。此外，汉字的稳定性与"道无不中"的精神内核也共同构成了"中国"观念的文明基因。

正是在"中国"这种独特的元传播符号之下，"共生交往观"则是"中国"所散发出的独特气质，"中"作为自我存在的标识，可以说"中"之在，便是自我之所在。没有"自我"，"中"便失去了意义。因为族群必须不断加强自己的凝聚力，才能应对乃至战胜周边之强敌，于是"中"作为团结族群的标识与观念，就自然而然地不断得到强化，以至于作为治国的基本原则（即"十六字心法"）被代代相传。在当代中国，重新确立"中国"的基本要义，是高扬"中国"正能量的必要之举。"中"或不易至，但需心向往之，只有大家都有"中"信仰，才能更好地安顿自己的身心，也才能更好地处理与他人的关系，与世界的关系。在"共生交往观"的视角之下，"中国"包含了"通"与"共"的观念，即承认共存与多元；"中国"也包含"适"的观念，即合适、舒适，是动态的是多元一体的；此外"中国"也内含"和"的观念即和合，中和，这是一种你中有我，我中有你的相互促进关系；此外，"中国"还内含"势"的观念，即以中统御和含摄周边。

总之，"中国"这样一个神圣的观念蕴涵着"生生"（即"共生"）这种代表着人类发展方向的交往观念，且与马克思主义的社会交往理论颇有共通之处，这或许正是中华优秀文化传统能够接受并能让马克思主义不断中国化的内在思想基础。

而在另外一篇文章之中，谢清果教授则进一步对"共生交往观"进行了阐释，进一步指出中华文明的底色是"和谐文明"，其传播的本质是"和谐传播"，其终极目标是建构"天下一家"式的"人类命运共同体"。[①] 文章指出面对人类交流所充满的无奈，就中华文明的思想资源而言，当以建构"人类命运共同体"为目标，以老子的"三宝"说和孔子的"四勿"说为交往原则，着力于人自身的情感入手，以期心传天下。中国以"天下情怀"实现人类文明包容性发展，使中华文明更具有可沟通的品格，能够熔铸世界其他文明形态，综合创新，促进文明交流互鉴；也使他者文明能够以更少暴戾之气，更多和平发展共享共建的方式，既使自身的文明能够永久发展，而且也能为他者文明永续发展，提供正能量，而不是破坏共同发展的势能，走向对抗，相互拆台。

在文明交往方面，中国提出"文明共存论"或可称为"文明和谐论"以回应西方的"文明冲突论"，从文明本质上讲，中国自古以来就主张修文德以来远和追

---

① 谢清果：《天下一家：新时代人类文明交往观的中国气派》，《广州大学学报（社会科学版）》2019 年第 3 期。

求协和万邦、天下一家的目标的'文明中国'理念，具有一种反对使用武力霸道的道德主义、和平主义的特性，中华文明自奠基之日起就始终秉持着"和谐传播"的特质，中华古典"文明"观富有治疗人类文明偏差，开创光明未来的功能。

在政治表达上，它集中表达为新时代中国政府关于"一个尊重三个超越"的论述。"尊重文化多样性"即中华文明中"和而不同"的理念，它将这一理念上升为"一切事物发生发展的规律"，肯定每一种文明都有其价值，都是独特的，都应该取长补短，要避免贬损其他文明，更要制止强制一种文明接受别的文明的错误行为，否则就要起文明冲突。因此尊重文明多样性，要落实到尊重每一种文明。在交流上，我们则要以"文明交流超越文明隔阂"让每一种文明在平等的相互交

流中彼此了解、彼此相知，方可彼此相亲，方可彼此顺畅互动，既增进了友谊，推动了发展，又增强了和平的积极力量。在发展上，则要以"文明互鉴超越文明冲突"，最终才能实现"文明共存超越文明优越"的终极价值目标。这一文明交往观应当成为人类文明交流的共同理念。中国政府有关人类文明交往整体观念的精神实质是"共生交往"，即人类文明交往当以"共生"为最高原则和目标，从而为文明和谐指明了方向。

在思想体系构建上，谢清果教授则通过对习近平主席关于人类文明交流互鉴的重要论述之中总结了"文明共生论"，这也是世界文明交往范式的"中国方案"。[①]当今世界的竞争，已经深入到文明竞争的层面，"文明共生论"的提出正是为了应对这种全球性挑战，而从中华优秀传统文化中吸取的智慧，以应对西方社会充满忧虑的"文明冲突论"。习近平主席指出丰富多彩的人类文明都有自己存在的价值，文明虽有差异，但不分高低优劣，中西文明的差异不是交流的沟壑，而应当成为交流的桥梁与动力。在文明交往上，文明需要共存。要摒弃"唯我独尊"的心态，以平等之心交流互鉴，交流互鉴是人类共生共荣的基本动力，有流利于开阔眼界、增进情感，也有助于人类创造力的提升，促进人类携手应对共同挑战，为了共同生活，各种文明都应当彼此尊重，相互理解，彼此调适，以协商的方式，向着更好的生活迈进。

因此在文化交流上，中国应当保持"中国立场"，只有保持自己的文化优势的同时，整合西方文化等其他文化，中华文明才能走向重生，而重生的标志是我们的文明体系不仅能够解释自己，而且能够让"他者"信服，进而为"他者"自愿接受。中国始终秉持"革故鼎新，与时俱进"的精神气质与"道法自然，天人合

---

① 谢清果：《文明共生论：世界文明交往范式的"中国方案"——习近平关于人类文明交流互鉴重要论述的思想体系》，《新疆师范大学学报（哲学社会科学版）》2019 年第 6 期。

一"的精神理念，在国际交往上，中华文明讲究"以和为贵"，关照各国彼此利益，以期和谐共生。在国内社会交往上，中华文明将以人为本、坚持以人民为中心的发展视为规范社会关系的重要指导原则。

基于上述论述谢清果教授将习近平主席关于人类文明交往重要论述总结为交流互鉴是文明传播与发展的规律，而缔造"人类命运共同体"则是人类文明互鉴的终极目标。并在此基础上逐渐形成了对世界文明沟通范式的系统思考，其丰富内涵直接体现在党的十九大报告中的"坚持和平发展道路，推动构建人类命运共同体"上："要尊重世界文明多样性，以文明交流超越文明隔阂、文明互鉴超越文明冲突、文明共存超越文明优越。"期盼"各国人民同心协力，构建人类命运共同体，建设持久和平、普遍安全、共同繁荣、开放包容、清洁美丽的世界"。

除上述文章以外，2019 年 9 月九州出版社出版了《共生交往观：文明传播的中国方案》一书，2019 年 12 月厦门大学出版社出版了《华夏文明研究的传播学视角》一书，这两本书均是对"共生交往观"的深入阐述。《共生交往观：文明传播的中国方案》一书在上述论文的基础之上进一步对"共生交往观"进行了深入阐述，详细剖析了"中国""人类沟通共同体""人类文明交往""共生交往观"等关键概念，还从实践的角度上对"共生交往"的实践思想进行了深入研究，分析了"道通为一""以和为贵""察言观色"等中国社会在社会交往之中所呈现出的沟通交流思想。[1] 除了"共生交往观"的思想进行了深入阐释，该书还坚持史论结合的论述方式，从对历史实践的分析之中阐述了华夏文明传播在历史上的"求索之路"，通过对宋代舆论、晋商、佛教公共传播等多个领域的考察，阐释了华夏文明传播观在历朝历代之中的实践，为"共生交往观"在历史层面上的讨论打下了一定的基础。

另一本书《华夏文明研究的传播学视角》则通过传播学的视角对华夏文明的生存之道和交流之道进行了探讨。[2] 该著作分为三个部分对"华夏文明传播"进行了深入探讨，第一部分在学理基础上深入挖掘，考察了华夏文明传播的价值取向、本体模型、行动观念等理念问题，构建了华夏文明传播的整体架构，对华夏文明传播的理论基础做出了一定的贡献，而在第二部分和第三部分则考察了华夏文明传播的实践观念，从"法制观念""舆论观念""清理观念"等角度对华夏文明传播在中国社会历史上的实践进行了分析，这种分析不仅是对观念的分析，还从承载这些观念的物质与观念互动的角度研究了"诗歌""族群""风水"等独具中华

① 谢清果等：《共生交往观：文明传播的中国方案》，北京：九州出版社，2019 年。
② 谢清果等：《华夏文明研究的传播学视角》，厦门：厦门大学出版社，2019 年。

文明特色的媒介，为华夏文明传播的研究从观念基础到现实实践打通了联结。

总的来说，2019 年既是"共生交往观念"研究的元年，也是新时期华夏文明传播重新出发的一年，华夏文明传播的研究也将成为以后几年来传播观念研究的新方向。

五、其他华夏传播思想的研究

除上述的文献以外，本年度还有许多华夏传播思想的研究值得我们关注，但由于这些论文的研究方向与之前的分类不符，故我们将这些文献放在最后一起进行论述。

李红继 2018 年在《新闻大学》上发表《视觉之势：论视觉修辞的活力之源》着重阐述华夏视觉修辞传播思想之后，今年则在此基础之上着重重从中西比较的视野上对中国文化传统的"视觉之势"进行进一步论证其作为视觉修辞新范畴的合法性。[①]

著者从西方修辞学的研究入手，指出西方视觉修辞理论常常建立在主体的表意实践、修辞动机和自我觉醒的基础上，体现了一种基于主客以及主体间的表意、论证或者逻辑传统。这实际上继承的是演说修辞的传统，是将视觉修辞比附于语言修辞的结果，西方语言修辞是建立在口语传统基础上的，是一种通过声音实现的在场性修辞。但是，视觉修辞与语言修辞不同，视觉布局、视觉对象和修辞主体之间是分离的，而中国汉字的编码机制则以"字"为中心，展现的是一种非逻辑的表意传统，体现了更多的视觉性特征。中国文化以汉字作为根基，就具有鲜明的视觉思维的传统。对于视觉修辞来说，光有文本是远远不够的。文本必须进入修辞实践中，并充分唤起视觉之势，视觉修辞效果才能最终实现。因此而视觉修辞研究的一个重要任务就是探讨视觉布局或者图像中的"视觉之势"如何引发整体的修辞资源，以促进视觉布局或者图像最终抵达观者。

在西方的视觉修辞理论之中，视觉修辞理论的逻辑、理性、秩序、解放等基于主体控制假设的视野就需要反思。实际上，人类的修辞活动充满了无知、非理性、差异性、依附性、不确定性等等，因此不平衡构成了"视觉之势"形成的重要前提，视觉修辞中的不平衡性总是通过方向性来处理，这种方向性就使得视觉布局或者图像获得了动态性的活力。

而在中国语境中，并不存在西方意义上的修辞，中国的修辞学是"研究语言运用的效果的科学"，中国文化中的存在、社会和政治不靠语言修辞，而靠的是道、

---

① 李红：《再论视觉之势：传统、内涵及其合法性——基于中西比较的视野》，《南京社会科学》2019 年第 2 期。

德、理、气、势等范畴。这些范畴是非语言的，是在对于世界的整体感知当中体察到的。就"势"来说，它既非形式层面的视觉布局或者图像，也非其中的"理"，"势"是"理"的具体实现。中国人很早就认识到，人类总是处在一种整体的生存势域当中，这是不可逃避的，比如天道流行、人生命运、世事无常等。通过相互蕴含的整体性，势得以蕴含；而"势"特别讲求的是"一气相通""一气贯注"；"视觉之势"试图"顺应大道"以回归自然、天道、天理、真纯、素朴的状态，并且避免人为干预对于"道势"的脱离。

综上而言，李红对于"视觉之势"的研究基于中国文化"势"的独特范畴，提出了一种视觉修辞分析的新范畴，并试图与西方的修辞理论进行对话，以找寻到华夏传播思想的可能位置，并最终为修辞研究提出了中国的独特智慧。

另外一篇文章张兵娟和刘佳静则从中国"礼"的角度出发，阐述了"礼"的教化传播思想及其当代价值。[①] 文章指出中国的"礼"是一个独特概念，与政治、法律、宗教、思想、哲学、习俗、文学、艺术，乃至于经济、军事，无不结为一个整体，为中国物质文化和精神文化之总明名。"礼"与"教"二者密不可分，相互渗透，并形成了一个共同维持政治、社会秩序的治理架构，一个文明的制度体系。而"礼乐传播"正是中国儒家自觉地利用礼乐这一传播形式向全社会广泛地传播自己的思想观念的传播活动。

具体到社会不同层面，礼乐的教化传播具体分为"人生之礼的教化传播""祭祀之礼的教化传播"以及"生活之礼的教化传播"三个部分，形成了中国传统社会特有的一种教育思想和教育模式，展现了中国传统在个人修为上"成圣、成贤、成人"的传播思想与价值追求，在情感交流上"仁爱、仁德、仁政"的传播思想与价值追求，在社会交往上"仁义、正义、道义"的传播思想与价值追求，在整体上"以和为贵、天下大同"的价值理念。

基于礼乐传播的形式与内容，中国礼的教化传播的特点表现为"润物细无声"的渗透性，"身体力行"的实践性，"风吹草偃"的示范性，并对中国当代教育具有强化伦理道德的"德化"塑造，注重人性情感的教化培育以及追求"知行合一"的践行精神的重要意义。这给我们在当代实践传承提供了借鉴和启发，有助于建立新的德育实践体系。在当今多元文化价值冲突的环境中，需要有与之相适应的德育理念和实践体系，重建中国优秀传统文化的地位。

在华夏言语传播的观念研究方面，谢清果与米湘月在对"察言观色"这一中

---

① 张兵娟、刘佳静：《中国礼的教化思想及当代价值》，《郑州大学学报（哲学社会科学版）》2019 年第 3 期。

华传统的言语传播观念进行了考察。[①] 文章指出过去的华夏言语传播研究由于碎片化研究及其所带来的研究深度的欠缺的缘故，华夏言语传播一直不能够构建起完整的理论框架。因此该文试图从"察言观色"出发并试图对从中国传统文化孕育出的有关说服的理论概括与实践技巧进行系统总结。"察言观色"论源自中国人千百年的交往实践，也包括对蕴含在中国传统典籍中信息（意义）接受观的归纳提升，能够展示中国人在说服实践中的整体思想脉络和丰富多彩的沟通艺术。

从说服传播的角度而言，"察言观色"论是以"传播的接受观"为立足点，是"慎言"这种中国古代文化精神的落实与体现，是说服者思考说如何说与怎么说的前提。"察言观色"是一种体认传播的理性思索，是体悟中华文化精神的一扇窗户，也是说服艺术中的基本原则，通过"察言观色"掌握言语的法则，既可以认知他者的心思，也可以把握自己的心思，如此方可通畅沟通，儒道法墨都认为"察言观色"在古代的说服传播艺术实践中是十分重要的。

除了对观念的阐释，该文还对"察言观色"论产生的社会传播结构进行了分析，指出"察言观色"论是一种集华夏说服传播观念与艺术于一体的理论表征，其"言"与"色"所展现 的是中国人对语言与非言语符号的情境化理解与运用，更是符号互动论的中国式表达；其"察"与"观"则体现出中国式的实用理性，一方面反映出中国人的生存艺术，另一方面则呈现出中国人的沟通智慧，尤其是说服智慧，将人的内在自我传播与人际的说服活动美妙地统一起来，从而含蓄地达到了建构和谐关系的目的，灵妙地实现着说服效果。

此外，受今年来媒介学进入中国传播学研究视野的影响，厦门大学出版社于2019 年 12 月出版了《华夏传播研究：媒介学的视角》一书。[②] 该书从媒介学的视角关注源远流长的华夏文明，着重探讨作为中国人传统生活中交往的媒介，比如路、门、桥、礼物、家庭、长江、瓷器、扇子等，深入阐发这些嵌入人们日常生活中的媒介是如何建构社会关系，影响人们的社会交往，又是如何形塑了人们的生活样态和传播样态，从而为深入地理解与把握中华文明传播的机制与方法，提供一个着力点。

在理论概念上，该书创新性地提出了"生活媒介"这一中华文化的独特概念，并具体阐释了这一概念是如何嵌入中国人的生活交往实践，是如何塑造中国人的交往方式与思想观念，而这也正是建构华夏传播学的必经之路。

另一方面，在研究创新上，该书的序言作者李红指出华夏传播研究一直是在

---

① 谢清果、米湘月：《说服的艺术：华夏"察言观色"论的意蕴、技巧与伦理》，《现代传播》2019 年第 10 期。

② 谢清果：《华夏传播研究：媒介学的视角》，厦门：厦门大学出版社，2019 年。

一种"有罪推定"的处境中踌躇而行，而基于媒介路径对于华夏传播的研究恰是一种可行的路径，通过对"媒介"这一起点路径的考察，才能发现文化真正得以形塑的秘密，打破习焉不察的思维习惯，而将我们隐而不彰的东西展现出来。该书之中的很多媒介如"门""路""牌坊"都是人们在日常生活之中日用而不知的媒介，对这些媒介所做的媒介学解读恰能够彰显华夏媒介思想之必要性。

以上这些研究不管是路径上，还是方法上都各有不同，而这一点恰恰说明了华夏传播思想的研究在近年来开始朝着更加宽广，更加辽阔的领域进发，不断探索，进一步激发了华夏传播的活力。

结语

总的来说，2019 年的华夏传播研究在过往研究的基础之上，不但深入原有学科领域，深耕深挖中华优秀传统文化，努力构建起了华夏传播的学术话语，它们还不断地推陈出新，通过与不同领域、不同学科的学术思想不断对话、不断交流，加强华夏传播思想研究自身的学术张力与学术自信，可以说，华夏传播思想研究迎来了一个新的时代，它不再仅限于原有"一亩三分地"的学科界限，而是冲出桎梏，通过不断的对话与交流完善自身，这或许正是一种"共生共存，共同交往"的华夏传播思想观之体现！

2019 年华夏乡村传播研究综述

关琮严 *

（湖州师范学院文学院　浙江湖州　313000）

摘要：乡村是华夏文化深植的土壤，乡村传播是华夏传播的有机组成部分。回顾 2019 年的乡村传播研究，其成果产出量不大，主要以论文为主，专著较少。就研究成果梳理后发现总体特点可以概括为：立足实践创新本土理论；交叉融合探索研究新路；捕捉现象洞悉传播新变；多方把脉助力乡村振兴。尽管目前乡村传播研究力量相对薄弱，影响力有限，但在乡村振兴的大背景下，未来发展大有可期。

关键词：乡村传播；研究综述

2019 年的乡村传播研究在深化和拓展以往研究的基础上，力求新问题、新思路、新探索、新突破，继往开来，别开生面。从 2019 年 1 月 1 日至 2020 年 1 月 1 日，以"乡村传播"为主题词通过中国知网学术搜索平台检索，共产生论文结果 157 条。与论文相比，2019 年乡村传播领域专著出版较少，具代表性的是谭华的《乡村传播网络与共同体重建——少数民族乡村文化发展的传播社会学分析》。2019 年乡村传播研究的学术阵地进一步巩固和拓展，比如《新闻与写作》2019 年第 9 期的"数字传播与乡村振兴"专题、《现代视听》2019 年第 10 期的乡村传播专题、第五届河阳论坛、第二届新时代乡村传播理论与实践研讨会暨 2019 年互联网＋乡村文化鄱阳湖论坛以及第三届中国"三农"传播高端论坛等都成为助推本年度中国乡村传播研究的重要引擎。整体上看，2019 年的乡村传播研究的特点可以概括为：立足实践创新本土理论；交叉融合探索研究新路；捕捉现象洞悉传播新变；多方把脉助力乡村振兴。

---

    *　作者简介：关琮严，湖州师范学院文学院副教授，清华大学新闻传播学博士。

一、立足实践创新本土理论

本年度乡村传播研究注重对本土理论的提炼创新，从由内而外和由外而内两条路径切入进行了卓有成效的探索。一条路径是由内而外，从实践生发本土理论。主要是扎根具体鲜活的乡村传播实践，提炼总结符合中国乡村传播实际的理论概念。比如郭建斌（2019）通过对西南乡村电视和流动电影的多年田野调查，对"在场"的概念界定、理论内涵、经验指向等进行了全面探讨。该概念立足中国经验并与相关理论形成对话，对于中国传播研究具有理论创新的价值，[①] 也成为传播学本土化的一个理论创新。李红艳、牛畅、汪璐蒙（2019）通过对农民网络接触行为的实证调查，对"信息中下层"的概念进行了重新认识和反思，发现"信息富有或者信息匮乏的概念，更多的是基于信息为中心视角下的考量，而非基于农民为中心视角下的考量，就这个意义上而言，信息中下层的概念本身就是一种悖论"。[②] 由此"对农民是否处于信息不平等的弱势阶层这一命题进行了重新解读"。[③] 郭建斌、王笑一（2019）"结合相关实践，从概念、与既往传播研究学术话语之间的联系及区别、主要理论资源及方法论等方面对民族志传播研究进行了纲要式的学术史梳理"。[④] 沙垚（2019）进入中国社会主义初期乡村的历史实践，通过梳理"合作性劳动"与"体力劳动和脑力劳动的统一"两种文化生产与传播的方式，提出了"总体性的劳动观"。认为"将劳动作为媒介，或者传播方式，可以在脑力劳动者与体力劳动者之间建立一种沟通机制。秉承总体性的劳动观，可以在社会主义语境下建立一种整体性的劳动关系，从而打破社会的分隔与僵化"。[⑤] 赵月枝、张志华（2019）通过对浙江省缙云县数字经济发展的研究，检视了现有的"数字劳工"和"土味文化"概念在分析数字乡村议题中的局限性。[⑥]

另一条路径是由外而内，从理论观照实践，理解实践。主要是以某种新的理论视角观照乡村传播实践，检视乡村传播问题。比如冯强、马志浩（2019）运用

① 郭建斌：《"在场"：一个基于中国经验的媒体人类学概念》，《新闻与传播研究》2019 年第 11 期。

② 李红艳、牛畅、汪璐蒙：《网络时代农民的信息获取与信息实践——基于对北京市郊区农民培训的调研》，《新闻与传播研究》2019 年第 4 期。

③ 李红艳、牛畅、汪璐蒙：《网络时代农民的信息获取与信息实践——基于对北京市郊区农民培训的调研》，《新闻与传播研究》2019 年第 4 期。

④ 郭建斌、王笑一：《民族志传播研究的概念、理论及研究取向——基于中文相关文献的纲要式讨论》，《新闻大学》2019 年第 9 期。

⑤ 沙垚：《劳动作为联结——基于中国社会主义初期乡村文化传播实践的研究》，《新闻界》2019 年第 7 期。

⑥ 赵月枝、张志华：《跨文化传播政治经济学视角下的乡村数字经济》，《新闻与写作》2019 年第 9 期。

"三重勾连"的理论分析框架，探究了新媒介技术与农民日常生活的有机勾连。[①] 童兵（2019）从新闻学科建设与乡村信息需求的相互关系入手，认为新闻科学走进"三农"，"既可以推动农民与农村工作者参与新闻科学研究、检验新闻科学的正确性，又可以同广大新闻舆论工作者和新闻科学研究者切实有效地解决新闻传播实践中遇到的一些疑难问题和模糊认识，由此推动新闻科学自身的发展与进步"。[②] 谢太平（2019）基于"农家书屋"和"乡村广场舞"的田野考察，开展了乡村文化传播中"创新与扩散"的对比性研究，对"创新 - 扩散"理论在乡村文化传播的适用性做了一定的修补。[③]

二、交叉融合探索研究新路

近年来，多学科视角进交叉认知和理论建构成为乡村传播研究重要的学术增长点，对繁荣乡村传播研究意义重大。2019 年，活跃在国内的一些学术团体继续为之而努力，比如河阳论坛暨"乡村、文化与传播"学术周、国际暑期班以及各种研习活动，以创新"跨学科理论与实践相融合新型学术模式"的学术理念，提供了为中国传播研究打开新境界，探索知识分子知行合一具体路径的经验模式。2019 年春天的第五届河阳论坛和学术周活动集中体现了这种突破学科分割、城乡分野和知行分离局限的学术新模式的理论视野、问题意识、行动理念和"跨界"实践。（邹月华、梁媛，2019）[④] 2019 年学者们也在为乡村传播研究的跨学科交叉融合积极努力，尤其体现在推动社会学与乡村传播的交叉融合上。

党的十九届四中全会将"坚持和完善中国特色社会主义制度、推进国家治理体系和治理能力现代化"作为重要的战略任务，而乡村作为国家治理体系的薄弱环节，则成为推进国家治理体系和治理能力现代化重中之重。社会治理不但成为乡村研究的焦点，也成为乡村传播研究的关键词。2019 年，学者们保持着从社会治理角度对乡村传播问题的研究热情。李红艳、吴洲钇、牛畅（2019）通过对北京市郊区农民宣讲团的组织者、组织过程、宣讲者、培训者深度访谈研究发现，"作为个体农民的文化传播实践，既是一个被引导的过程，也是一个主动参与的过程。在这个过程中，形成了显性的制度引导和隐性的个体文化传播实践之间

① 冯强、马志浩：《科技物品、符号文本与空间场景的三重勾连：对一个鲁中村庄移动网络实践的民族志研究》，《国际新闻界》2019 年第 11 期。

② 童兵：《新闻学：在建设与服务"三农"中发展》，《新闻与写作》2019 年第 5 期。

③ 谢太平：《乡村文化传播中"创新与扩散"的对比性研究——基于"农家书屋"和"乡村广场舞"的田野考察》，《西南政法大学学报》2019 年第 4 期。

④ 邹月华、梁媛：《探索跨学科理论与实践相融合的新型学术模式——河阳论坛暨"乡村·文化与传播"学术周活动之综述及启示》，《新闻与写作》2019 年第 10 期。

的合作与冲突。这种合作与冲突，构成了乡村基层治理中的一种新路径"。①沙垚（2019）从乡村文化治理的角度切入，探究了迥异于行政化路径和产业化路径的媒介化路径。提出"在前端的文化和价值、后端的实践和操作之间建立一种良性的、有机的传递和联结方式，让媒介前端的精神落地成为后端的实践。乡村文化治理的媒介化路径不仅是对在地化和历史性逻辑的遵循，而且勾连了乡村的过去和未来"。②宁威（2019）从乡村治理的视角肯定了乡俗文化的时代价值，并将以优秀乡俗为代表的乡土文化视为中国乡村社会可持续发展的重要力量。③

以往活跃于城市研究的空间社会学正逐渐影响到乡村传播研究，主要形成了对媒介与空间关系的探讨，这为乡村传播研究打开了新视野。在 2019 年的乡村传播研究中也有关于媒介空间的探讨。比如关琼严（2019）将媒介理解为用于实现人的社会交往、人的社会化以及人的社会认同与整合的文化形式、意象、工具或资源。而由此形成的社会交往、知识生产、经验共享、情感维系以及社会认同的场域构成了媒介空间。在此基础上对乡村媒介从传统向现代更迭中媒介空间生产的结构转型进行了探讨。④李勇（2019）将《向往的生活》等乡村题材生活纪实型真人秀节目界定为地理空间加戏剧化想象的"异质性"空间。认为"通过异质性的媒介化乡村空间在具有共时性的社会空间中完成生产、利用和收编、融合的所有过程。最终，传统的农村空间结构、秩序、观念等被彻底改变，并纳入都市文化体系，成为受文化霸权支配的社会秩序组成部分"。⑤王馨凰、甄洪永（2019）以央视大型纪录片为例，分析了空间想象与乡村传播两者之间的交织关系。⑥

三、捕捉现象洞悉传播新变

新时代新背景下，乡村传播中出现的新现象新问题是学者们竞相关注的焦点。这些新现象新问题的探讨对既有乡村传播认知形成冲击和对话，但对与新时代新背景契合而生的新意义的发掘，却成为乡村传播理论更新与研究价值更迭的重要源泉。洪杰文、李欣（2019）聚焦"微信反哺"，通过对山西省陈区村的农村家庭微信使用情况的调查，着重分析了农村家庭中微信反哺行为的动因、进行过程与

---

① 李红艳、吴洲钇、牛畅：《乡村治理视角下乡村文化的生产与传播——基于北京市郊区农民宣讲团的案例分析》，《新闻与传播评论》2019 年第 1 期。

② 沙垚：《乡村文化治理的媒介化转向》，《南京社会科学》2019 年第 9 期。

③ 宁威：《乡村治理视域下的乡俗文化传播》，《青年记者》2019 年第 2 期。

④ 关琼严：《乡村媒介空间生产的结构转型》，《中国社会科学报》2019 年 1 月 10 日。

⑤ 李勇：《媒介"异质性"空间生产与文化霸权对乡村的收编》，《新闻界》2019 年第 3 期。

⑥ 王馨凰、甄洪永：《新媒介视域下空间想象与乡村传播 ——以央视大型纪录片为例》，《电影新作》2019 年第 1 期。

阻碍因素，探讨了陈区村家庭微信反哺给亲代人群以及家庭亲子双方的交流带来的影响，以及微信使用中出现的负面效应。[①] 孙信茹、王东林（2019）聚焦"微信对歌"，"通过对白族微信对歌行为和实践的田野考察，发现微信对歌是人们将自己独有的文化、审美、经验注入新技术之中的社会互动与交往方式。更重要的是，微信对歌不仅展现人们新的交往形式和意义，同时，人们还运用微信打造了新的生活世界，继而形成个体新的规范和文化实践"。[②] 该研究通过微信这一新媒介实践，从微观层面解析了乡村生活媒介化的日常呈现，也透视了文化传统在新媒介环境中的嵌入。公丕钰（2019）以清远市"乡村新闻官"制度为考察对象，认为"快手、抖音等短视频媒体赋能乡村居民，以中国实践拓展了参与传播理论的内涵及价值"。[③] 这些针对乡村传播新现象的研究不单丰富了乡村传播理论，也间接地表达了对乡村民众主体性、能动性的肯定。

　　主体性作为发现和理解乡村传播的重要指向在2019年其他学者的研究中得到了更直接的体现。对乡村传播主体性的探讨主要集中在两个方面。一方面是从历史角度对农民文化主体性的重新确认。比如沙垚、张思宇（2019）梳理了1949年以来的乡村媒介史，认为"乡村民众在媒介技术浪潮中获得解放，由乡村叙事中的他者转变为自我言说的主体。这彰显了农民主体性和公共意识的崛起"。[④] 另一方面是对新背景下农民文化主体性实践的发现。围绕该主题，刘楠、周小普二位学者在2019年发表了系列相关文章，比如从行动者网络理论对农民自媒体UGC用户的文化主体性探讨。（刘楠、周小普，2019）[⑤] 在扶贫脱贫语境下对农民自媒体等多元主体协商对话的讨论。（刘楠、周小普，2019）[⑥] 在乡村振兴战略语境下对处于话语弱势地位社会底层群体主体性话语实践的探讨。（周小普、刘楠，2019）[⑦] 在乡村振兴背景下对"三农"主体话语生产与实践建构的探讨。（刘楠、周小普，

　　① 洪杰文、李欣：《微信在农村家庭中的"反哺"传播——基于山西省陈区村的考察》，《国际新闻界》2019年第10期。

　　② 孙信茹、王东林：《微信对歌中的互动、交往与意义生成——对石龙村微信山歌群的田野考察》，《现代传播》2019年第10期。

　　③ 公丕钰：《数字媒体环境下参与传播理论及实践价值的在地化探索——基于对清远市"乡村新闻官"制度的考察》，《当代传播》2019年第6期。

　　④ 沙垚、张思宇：《公共性视角下的媒介与乡村文化生活》，《新闻与写作》2019年第9期。

　　⑤ 刘楠、周小普：《自我、异化与行动者网络：农民自媒体视觉生产的文化主体性》，《现代传播》2019年第7期。

　　⑥ 刘楠、周小普：《扶贫脱贫语境下视觉文化传播的多元主体和参与式行动》，《当代传播》2019年第4期。

　　⑦ 周小普、刘楠：《乡村振兴战略语境下社会底层群体的传播》，《广州大学学报（社会科学版）》2019年第4期。

2019）① 此外，梁媛、邹月华、赵月枝（2019）通过考察"乡村春晚"的文化实践，探讨了乡村传播生态中的村民与村庄主体性。② 骆雪（2019）"通过对黔中地区布依族村寨山歌传播的田野考察，探究了布依族群如何阐释和实践自己的文化，如何维系并发展乡土社会原生态的文化表达，形成吾土吾民在民族文化传播与实践中的主体地位"。③

四、多方把脉助力乡村振兴

（一）数字化、扶贫、融媒体、短视频：丰富乡村传播研究的内容体系

"中华文明作为人类历史上唯一持续的农耕文明，在人类走向网络化、数字化和信息化的进程中，迎来了前所未有的复兴机遇，而作为中华文化根脉所系的乡土中国的振兴和全面发展，更成了全民族的共识、国家战略部署和政策措施的聚焦点。"（赵月枝，2019）④ 自从党的十九大提出乡村振兴战略以来，围绕乡村振兴，基于新时代乡村建设实践中的新任务、新课题，比如数字乡村建设、精准脱贫、县级融媒体中心建设等，乡村传播研究的内容体系随之拓展。

有关数字乡村建设，《新闻与写作》组织了专题讨论。赵月枝（2019）对中国的数字乡村建设给予了高度评价，认为"'乡村'与前现代社会状态相联系，而'数字化'与后现代状况相勾连。然而，这两个从传统农耕社会到后现代信息社会线性历史观中看似'风马牛不相及'的概念，在 21 世纪的中国奇妙地、历史性地结合在一起了"。⑤ 章淑贞、李蕾（2019）对数字乡村的意涵进行了深入解读，认为"数字乡村的题中之意不只是乡村经济和治理体系的简单数字化，它还包含乡村社会结构和社会关系的深刻调整与重构，由此引发在城乡政治、经济、社会和文化等深层结构中的巨大变革，激发出乡村振兴的内生动力"。⑥ 除了对数字乡村本身意涵的解读外，学者们从不同视角对数字乡村的审视也为理解数字乡村提供了重要参考。比如赵月枝、张志华（2019）从跨文化传播政治经济学视角来看待数字乡村建设，"从中认识我国政府、地方政府以及乡村青年等主体在促进乡村经

① 刘楠、周小普：《乡村振兴背景下的"三农"主体话语生产与实践建构》，《甘肃社会科学》2019 年第 5 期。

② 梁媛、邹月华、赵月枝：《乡村传播生态中的村民与村庄主体性》，《社会科学报》2019 年 5 月 23 日。

③ 骆雪：《山歌传播与族群文化实践——黔中百宜乡布依村寨的个案研究》，2019 年上海大学博士学位论文。

④ 赵月枝：《数字传播时代的乡村振兴》，《新闻与写作》2019 年第 9 期。

⑤ 赵月枝：《数字传播时代的乡村振兴》，《新闻与写作》2019 年第 9 期。

⑥ 章淑贞、李蕾：《数字传播与乡村振兴》，《新闻与写作》2019 年第 9 期。

济数字化发展和推动乡村振兴过程中的作用，体认乡村数字经济发展的契机和所面临的挑战"。[1] 师曾志、李堃、仁增卓玛（2019）在新媒介赋权的背景下理解数字乡村建设，认为"数字乡村建设是从个体到社会关系的颠覆和重构，最终实现的是整个乡村的善治与共治"。[2] 同时，数字乡村建设的路径也是学者们讨论的焦点。肖若晨（2019）认为"大数据为乡村全面振兴提供了全新的手段和工具，是实现乡村全面振兴的有力支撑，也是实现数字经济与乡村振兴融合发展、提升乡村振兴质量和水平的重要途径"。[3] 凌云（2019）认为"基于 5G 移动通信的信息传播，对于进一步降低城乡'数字鸿沟'提升农民科技和文化素质，抢占农村意识形态主阵地，激发农业和农村全面振兴意义重大"。[4] 张忠、陆雪苑（2019）"以太仓市乡村振兴大数据中心为例，分析了数字传播为乡村振兴提供的新动能，并总结了太仓市乡村振兴大数据中心的建设经验和启示"。[5]

近年来，精准扶贫进入乡村传播研究者的视野并得到了持续关注，研究视点主要集中在信息扶贫、传播扶贫上。2019 年有关该主题的乡村传播研究仍维持了一定热度，主要从宏观和微观两个层面展开。宏观层面的研究注重对乡村信息贫困的整体认知和把握，如郑素侠、宋杨（2019）"基于国家信息中心对 31 个省份（含省、自治区、直辖市）、336 个地市级以上城市的信息社会发展测评数据的研究分析，发现信息贫困与物质贫困在空间分布规律上呈现一致性，主要分布在西部、中部省份，且在类型上呈现显著的空间差异。作为伴随信息革命和信息化而出现的一种新型贫困现象，信息贫困与物质贫困互为因果、互相影响，成为我国当前反贫困行动的巨大阻碍"。[6] 微观层面的研究注重深入乡村生活，从内部突破信息扶贫的结构性障碍，如郑素侠、张天娇（2019）通过对乡村社会"小世界"的研究，认为"处于贫困中的人口正是这个'小世界'的成员。他们在信息使用上，消费水平低、脆弱性强、信息需求呈现'虚假性满足'、信息获取和使用能力较低。为突破'小世界'的局限，扩展其视野，实现其与外部世界的有效连接，

---

① 赵月枝、张志华：《跨文化传播政治经济学视角下的乡村数字经济》，《新闻与写作》2019 年第 9 期。

② 师曾志、李堃、仁增卓玛：《"重新部落化"——新媒介赋权下的数字乡村建设》，《新闻与写作》2019 年第 9 期。

③ 肖若晨：《大数据助推乡村振兴的内在机理与实践策略》，《中州学刊》2019 年第 12 期。

④ 凌云：《5G 时代乡村振兴战略背景下农村信息传播主阵地探究》，《新闻爱好者》2019 年第 12 期。

⑤ 张忠、陆雪苑：《地方主流媒体如何助力乡村振兴——太仓市乡村振兴大数据中心建设的实践与启示》，《新闻与写作》2019 年第 9 期。

⑥ 郑素侠、宋杨：《空间视野下我国信息贫困的分布特征与政策启示》，《现代传播》2019 年第 7 期。

建议利用代际传播促进贫困家庭的数字反哺，强化村里能人的信息传播能力和重视广播在信息扶贫中的传播效果"。① 刘楠、周小普（2019）"通过对扶贫传播多元行动主体协调合作行为的分析，认为在'仪式召唤'下，扶贫传播行动者通过'转译'机制的问题化、利益赋予、征召、动员等步骤，从参与行动，到赋能主体，构建全民扶贫的行动之网。乡村有自身的发展逻辑，扶贫传播要凝聚共同体力量，促进行动者之间的协商对话"。②

2018 年 8 月习近平总书记在全国宣传思想工作会议上明确提出，要扎实抓好县级融媒体中心建设，更好引导群众、服务群众。此后，县级融媒体建设全面铺开，相关研究也迅速升温，大多数研究主要集中于建设路径探讨。值得注意的是，一些研究开始从乡村振兴的视角，有意将县级媒体融合纳入乡村传播研究框架，进一步拓展了乡村传播研究范畴。比如关琼严（2019）认为"县级媒体融合有双重使命，它既是国家推进媒体融合战略纵深发展的鲜活实践，也身负助推乡村振兴的历史重任。基于双重使命，县级媒体融合的内在逻辑需要兼顾乡村振兴，在政策与技术催动的同时厚植于乡土，重新梳理融合的内在逻辑，也让县级媒体融合成为乡村振兴的契机和重要契机和助力"。③ 常凌翀（2019）认为"在乡村振兴战略的大背景下，县级融媒体中心建设成为实施乡村振兴战略的重要途径"。④ 张志华（2019）认为"借助县级融媒体中心建设之东风，通过村集体、合作社等基层组织充分发挥农民的参与性，将农村多样、生动的故事上行，平衡城乡之间单向交流的'赤字'，促进城乡之间的良性互动，是在新的历史节点上重构城乡互哺的传播关系的关键内核"。⑤

（二）"请进来"与"走出去"：重建乡村文化的尝试

"请进来"与"走出去"可视为乡村文化传播研究的两种不同视角。两种不同视角的研究都以乡村文化重建与振兴为主基调。"请进来"主要立足于借助文化输入，激活文化内生动力，繁荣乡村文化生活。比如马梅（2019）"通过对涉农纪录片创作方式、创作追求、美学品格、溢出效应的研究，认为涉农纪录片对于重建

---

① 郑素侠、张天娇：《"小世界"中的信息贫困与信息扶贫策略——基于国家级贫困县民权县的田野调查》，《当代传播》2019 年第 4 期。

② 刘楠、周小普：《融媒时代扶贫传播：基于乡村价值的行动者网络》，《中国出版》2019 年第 19 期。

③ 关琼严：《乡村振兴视野下县级媒体融合的内在逻辑》，《中国社会科学报》2019 年 4 月 26 日。

④ 常凌翀：《乡村振兴视域下县级融媒体的创新发展路径》，《湖州师范学院学报》2019 年第 3 期。

⑤ 张志华：《县级融媒体中心建设亟须上行乡村故事》，《中国社会科学报》2019 年 1 月 10 日。

乡村文化自信能够发挥重要作用"。[①]刘楠、周小普（2019）"通过研究浙江省缙云县文化馆公共文化服务的传播机制和乡村公共文化传播的多重结构关系，提出鼓励内生性文化，让乡村公共文化传播和群众共同参与创造文化有机结合，变成乡村文化日常生活的一部分"。[②]"走出去"则主要立足于借助乡村文化输出，创立乡村文化特色与品牌，提振乡村文化自信。比如詹绍文、李恺（2019）将乡村振兴战略的实施视为乡村文化产业的发展机遇。认为"当前突破乡村文化产业发展的现实困境，推动乡村文化事业和文化产业发展，一要提高思想认识，增强产业内生动力；二要坚持内涵发展，把社会效益放在首位；三要完善体制机制，加大政策支持力度；四要健全市场体系，拓宽企业融资渠道；五要依托资源优势，打造特色产业品牌"。[③]秦宗财（2019）认为"乡村振兴战略要求乡村文创产业必须向提质增效转型，品牌战略是推进转型的有效途径。塑造乡村文创品牌的核心是要重塑原乡文化，这是增强乡民文化自信和文化认同的关键环节。塑造乡村文创品牌的基点和要求是能够呈现独特的原乡文化价值，对内能够提升乡民归属感和凝聚力，对外可以提升知名度和影响力，在产业方面能够带动融合发展"。[④]卢雪花、陈汝东（2019）认为"乡村文明是中华文明的重要形态，乡村话语是乡村文明的重要载体。从乡村文明话语的振兴与发展角度探究了我国乡村文明话语的新趋势"。[⑤]

近年来，短视频迅速流行，成为乡土文化对外表达的重要载体。"土味短视频"也成为乡村文化传播研究的重要对象。对"土味短视频"学者们有不同的解读，有的持积极肯定态度，将其视为乡村民众重建乡村文化自信与认同的努力与可能。如杨萍（2019）认为"土味文化的兴起体现了互联网对传统弱势群体的赋权，在某种程度上满足了草根人群的心理需求，是底层文化寻求社会认同的一种方式"。[⑥]韩春秒（2019）认为"分布于'今日头条''抖音''快手''西瓜视频'等平台的一批农民自媒体账号，实现了从视频内容创收到社交电商的转型，正在成为农业

① 马梅：《涉农纪录片重建乡村文化自信的理论基础与现实可能》，《现代传播》2019 年第 4 期。
② 刘楠、周小普：《公共文化传播与乡村文化生成的新路径——以浙江省缙云县为例》，《教育传媒研究》2019 年第 2 期。
③ 詹绍文、李恺：《乡村文化产业发展：价值追求、现实困境与推进路径》，《中州学刊》2019 年第 3 期。
④ 秦宗财：《定位理论视角下乡村文创品牌塑造的方向和路径》，《深圳大学学报（人文社会科学版）》2019 年第 5 期。
⑤ 卢雪花、陈汝东：《论我国乡村文明话语的新趋向》，《现代传播》2019 年第 3 期。
⑥ 杨萍：《赋权、审丑与后现代：互联网土味文化之解读与反思》，《中国青年研究》2019 年第 3 期。

农村新业态。"① 有的学者则持否定态度，更多地探讨了短视频的负面影响，指出"低门槛和强随意性的短视频在某种程度上也成为低俗内容滋长的温床，城镇化留守儿童遭遇生活、学习、信息环境突变又缺少父母监管，其思想和行为更容易受负能量的涵化而失范，在良莠不齐的'土味'泡沫浸淫中陷入娱乐至死的境地"。（张蕊，2019）② 在土味视频显性的内容缺陷与文化品位被诟病的同时，有学者开始思考土味视频发展的隐忧。段鹏、李嘉琪、明蔚（2019）"通过对乡村短视频用户的调查研究，发现短视频平台形塑的景观社会拥有日常生活普遍化和美学化的情境式反抗趋势，并存在着戏剧性创作、文化语义置换或反讽的情境式反抗因素，同时也面临着日常景观的商品化消费，以及与主流资本消费体系相融或被窄化，进而被收编的危机"。③ 还有学者侧重对土味视频社会意义的解读，认为"在乡村重建的当下，'土味视频'传达的是阶层的区隔与相遇；在城乡之间的关系性视野下，'土味视频'也呈现出新媒体技术介入中国当下城乡社会关系的文化与社会意义"。（顾明敏，2019）④

综上所述，2019 年的乡村传播研究紧扣时代主题，瞄准鲜活实践，探讨现实问题，既体现了志存高远，进行理论探索和对话的勇气，又体现了扎根基层，深入生活，解决问题的不懈努力。尽管目前乡村传播研究相较于其他传播学研究力量较弱，但随着乡村振兴战略的持续推进、跨学科的交叉融合以及学者们的积极探索，中国的乡村传播研究将在火热的乡村实践土壤上焕发出蓬勃生机。

---

① 韩春秒：《乡村视频社交电商的特征、困境与趋向》，《中国社会科学报》2019 年 6 月 20 日。

② 张蕊：《交互涵化效应下土味短视频对城镇化留守儿童的影响》，《现代传播》2019 年第 5 期。

③ 段鹏、李嘉琪、明蔚：《情境建构和资本收编：中国短视频平台的景观社会形塑——以对乡村用户的研究为例》，《新闻与传播评论》2019 年第 4 期。

④ 顾明敏：《城乡接合部的摇摆："土味视频"的意义指向》，《文化艺术研究》2019 年第 2 期。

2019 年华夏隐喻传播研究评述

王婷*

（贵州师范大学国际教育学院　贵州贵阳　550001）

摘要： 本文以 2019 年中文期刊中关于华夏隐喻传播研究主题的论文为基础，总结出 2019 年华夏隐喻传播的几个方向，侧重于探讨与传播学视角发生关联的古代中国隐喻主题。华夏隐喻传播研究主要关注"华夏文明""隐喻"和"传播"三个基本问题。据笔者所见，在 2019 年的华夏隐喻传播研究中，有三篇文章特别值得一提，它们分别从"微言大义"、先秦谥法、关羽谥号三个方面具体探讨了华夏隐喻传播的理论特质、典型机制和个别案例，形成了一条完整的华夏隐喻传播从理论到实践，从普遍到特殊的链条。从这三篇文章可以窥见在古代中国新闻活动和人类交往中，"微言大义"是古代中国先民长期长期使用的一种理论。刁生虎等慧眼发微，挖掘出"微言"即"隐"，"大义"即"喻"的华夏传播隐喻品格，从宏观层面聚焦于华夏隐喻传播的理论；潘祥辉 2019 年 1 月发表的《先秦谥法与一种中国特色的人物品评机制》一文，与俞可平同月发表的《"死人的政治"还是"活人的政治"》异曲同工，聚焦于华夏隐喻传播的中观层面，通过对谥法制度的研究，从中层理论维度探讨了"微言大义"理论在古代中国历史政治情境中的应用机制；张虹倩、胡范铸则从微观层面研究了关羽谥号隐喻的个案。

关键词： 华夏文明；隐喻传播；"微言大义"；谥号；关羽

隐喻研究是当代学术研究共同关注的一个领域，不少人文社会科学愈加重视隐喻的问题。从语言学到文学与艺术，从认知科学到哲学，从西方到中国，从古典主义到浪漫主义，大家从关注隐喻作为一种修辞工具继而发展到 20 世纪 80 年代由莱考夫、约翰逊提出具有划标志意义的"隐喻概念"（metaphorical

---

* 作者简介：王婷，女，厦门大学新闻传播学院博士研究生，贵州师范大学国际教育学院讲师，研究方向：传播思想史研究、隐喻传播研究。

conception）作为人类重要的认知方式。隐喻的研究视野在不断地扩展中自然也涉及传播学和媒介学。汗牛充栋的电影隐喻义评析，不计其数的影视文化作品美学隐喻赏鉴可以说都是隐喻问题的现代传播面向探讨。

遗憾的是华夏隐喻传播研究命题下的研究目前尚未见多，当然，要同时满足"华夏文明""隐喻"和"传播"这三个主题条件的研究如果不多也并不稀奇，毕竟这是一个崭新的视角。笔者尝试通过中国知网做了相关数据检索，发现用"隐喻"或"metaphor"为主题在 2019 年发表文章约 3496 篇；如果用"隐喻"与"传播学"为主题进行检索则有 8 篇，如果用"隐喻"加"华夏文明""中华文化""传统文化"等关键词进行高级检索则有相关文章约 25 篇。所以，基于"华夏文明""隐喻"和"传播"为基本问题，以传播学学科为边界（boundary）来看还是有一些相关研究，其中有三篇文章尤其值得专门评述，并可以作为对 2019 年华夏隐喻传播研究的一个概览。

一、微言大义：古代中国的一种传播理论

《春秋》是周朝鲁国史书，也是中国第一部编年体史书，据传是由孔子修订而成。《春秋》作为史书用以记事，兼具评价历史功过的功能，正如刘勰所言："春秋辩理，一字见义"，形成其特有的"春秋笔法"，即是孟子在《滕文公下》中所讲"孔子成《春秋》而乱臣贼子惧"之威力。通过一部史书来判断善恶，不仅仅是历史固有的文化力量，更是因为"微言"即出自圣人之言。中国传媒大学刁生虎教授和胡乃文在《南昌大学学报（人文社会科学版）》2019 年第 1 期中发表文章《"微言"为"隐"，"大义"而"喻"——论"春秋笔法"的隐喻品格》（以下简称刁文），通过研究发现《春秋》"微言"有"隐晦而幽深的内涵"特点，在传播过程中经由历代经学家的不断阐释后《春秋》"大义"得以赓续。"微言"是"隐"，"大义"是"喻"，突显出古代中国政治文化传播中独有的"隐喻品格"。①

（一）春秋笔法：一经三传的传播模式

《春秋》作为史书用以记事录史，是传播历史的媒介载体，孔子对弟子们曾说："后世知丘者以《春秋》，而罪丘者亦以《春秋》"（《史记·孔子世家》）反映出《春秋》不仅是一部史书（作为实然的记录者），同时还是儒家对于理想世界的应然憧憬。这样的叙述方式显然不是直白的，都说圣人在修制《春秋》时采取的是"笔则笔，削则削"的创作方式，通过（对善）记录与（对恶）删减达到曲直

---

① 刁生虎、胡乃文：《"微言"为"隐"，"大义"而"喻"——论"春秋笔法"的隐喻品格》，《南昌大学学报（人文社会科学版）》2019 年第 1 期。

是非的评判，这就是"春秋笔法"，在一录一删之间就存在"一字褒贬"，也正是圣人之"微言"。但"微言"出现的时代久远又深邃奥古，解《春秋》的经传成了真正将其"大义"传递下去的必要途径。《汉书·艺文志》说解《春秋》之传就有五种，但广泛流传并被历代重视的只有左氏、公羊、谷梁所作"春秋三传"，它们之间有区别，又各有偏重。自汉代就将此三传分别看待，《左传》属于古文经学，《公羊传》《谷梁传》属于今文经学。对此，朱熹说：《左传》是史家，《公》《谷》是经学。史学者记得事却详，于道理上便差；经学者于义理上有功，然记事多误。"（《朱子语类》）周予同先生分析道："这三派的不同，简明些说，就是今文学以孔子为政治家，以六经为孔子致治之说，所以偏重于'微言大义'……古文学以孔子为史学家，以六经为孔子整理古代史料之书，所以偏重于'名物训诂'"。[①]由此而言就于《春秋》义理的传播上，今文经学更有所加持。

基于前文"春秋笔法"由来及古今文学派之辩，刁文认为《公羊传》《谷梁传》对《春秋》"微言大义"的阐释过程不仅是"以义传经""依经及传"的传播模式，这种方式还具有接受美学的特质，在于"微言"之"隐"能够为阐释过程中提供更多空间，多空间的解读源自"经学之'隐'的形成，正来源于经学撰作与经学阐释的双重作用"，[②]也是中华文化趋于含蓄婉约表现的必然形式。

（二）经"隐"传"显"：经传关系的显隐结构

经传之传（zhuàn）与传播之传（chuán）的关系仍然有探讨的价值。余也鲁先生在翻译施拉姆《传播学概论》时曾将 Communication 翻译为"传学"，或许就有这方面的考量。黄星民教授在考证后也得出"'传'与'communication'的词义最为接近"，[③]但没有强调"传"实则一词多音，一词多义，继而认为中西传播不同在于：communication 偏重"空间倾向"重视"横向传播"，而中国偏向"时间传播"重视"纵向传播"。但如果从传的多音多义层面来看，传（zhuàn）有垂范的意思，传（zhuàn）、传（chuán）、垂范可以互训，"传"字其实可以理解为能够包含时空、横向和纵向的双重维度，是对经的显著化、广泛化传播。

相较于《公羊传》《谷梁传》偏重"以义传经"，《左传》更偏向详尽记录《春秋》之事。所以，传作为对经的注脚，一个是隐，一个是显，从传播过程中它们

---

①　周予同：《经学史与经学之派别》，朱维铮：《中国经学史十讲》，上海：复旦大学出版社 2003年版，第 221—222 页。

②　张甲子：《先秦诗文隐喻与文学功能》，《湖北民族学院学报（哲学社会科学版）》2015 年第 1期。

③　黄星民：《略论中西方传播观念的异同从"Communication"与"传"词义比较》，《厦门大学学报（哲学社会科学版）》2000 年第 3 期。

的关系则是"显中有隐，隐中有显"——《春秋》是隐，《左传》是显，从功能上来看，可以将传看作是经在传播中的显化。刁文以"春秋五例"来阐发传以何种书写方式呈现经之义理。

"春秋五例"是晋杜预在《春秋左氏经传集解序》中对左氏文章书写《春秋》的归纳："《春秋》之称，微而显，志而晦，婉而成章，尽而不汙，惩恶而劝善。"（《春秋左传正义》）杜预在序中称这五种《左传》书写方式为"五情"，"为例之情有五"，是为了将《春秋》更能详尽地阐发。在刁文看来除了第四个"尽而不汙"，其余四例都能作为"春秋笔法"反映出《左传》书写的隐喻思维方式或叙事特征，是"呈现出文在此而意在彼的特点，同时又暗寓褒贬于其中，从而成为中国古人所崇尚与遵循的典范"。①就像金克木先生曾说过："《春秋》本是新闻记事档案，成书后便已成为中国人的一部符号手册，和《易》的卦爻辞同类。"②《春秋》作为符号其妙用之处就在于不同人对此的解说乃至阐述方式都不尽相同。如果经传之间的关系又仿佛新闻标题与具体报道之间的关系而言，通过刁文可以看到杜序中有四种情况都是用"春秋笔法"的"微言大义"来呈现"春秋大义"，这是从隐到显的过程——"微言"为"隐"，"大义"能喻则"显"。四种情况归为隐喻书写是"能喻""可喻"的，宋代陈骙的《文则》中解释隐喻为"其文虽晦，义则可寻"，隐喻的"能喻"是"从隐至显"的过程，是传表现出对经"微言大义"的显化传播模式。

但是刁文没有看到第四例"尽而不汙"实则又是《左传》"由显入隐"的泛隐喻笔法。"尽而不汙"与另外四情可以说是直笔与曲笔的书写方式。"尽而不汙"中之"尽"对应"直言其事，尽其事实"，"不汙"就是"无所汙曲"。无论言简意赅的《春秋》抑或陈情并茂书写大义的《左传》都希望能达到"惩恶劝善"的道德目的，突出对"义"的道德宣扬，维护儒家强调遵从"礼"的社会法则。"尽而不汙"的"直"言"尽"书方式同时也是儒家对理想世界的泛隐喻投射，是一种"由显而隐"的叙事手法，所以毫不避讳地记录如"丹楹刻桷"（《左传·庄公二十四年》）、"天王求车"（《左传·桓公十五年》）、"齐侯献捷"（《左传·庄公三十一年》）等历史事件，就是一种隐含、委婉地注入儒式道德价值标准——对评判"礼"与"非礼"之下所深藏的价值取向。或许正是因为《左传》不仅能够做得"从隐到显"的"微言大义"传播，同时还能"由显到隐"，完成双向的、整合式的传播《春秋》大义，从而达到传播《春秋》的更佳传播效果，不至于《春秋》经的隐微

---

① 刁生虎、胡乃文：《"微言"为"隐"，"大义"而"喻"——论"春秋笔法"的隐喻品格》，《南昌大学学报（人文社会科学版）》2019 年第 1 期。

② 金克木著，黄德海编选：《文化三书》，北京：东方出版中心，2008 年，第 230 页。

写作被历史所淹没。就像桓谭在《新论》中说道："《左氏》经之与传，犹衣之表里相持而成。经而无传，使圣人闭目思之，十年不能知也。"《春秋》与《左传》之间就是表里的关系，所以"春秋三传"在后世的传播中的确是《左传》的流传更为广泛。

二、"谥号"制度："微言大义"传播理论的应用

"春秋笔法"的具体实践就是古代中国谥法，化作符号表达就是——谥号。南京大学新闻传播学院潘祥辉教授将谥法与传播学相勾连，他在《华夏文化论坛》2019年第1期发表文章《先秦谥法与一种中国特色的人物品评机制》中认为：古代中国尤其是先秦谥法表现出具有中国特色的公共传播特征。先秦谥法是以道德为标准对人物生前的是非功过进行客观评价体现，是先秦社会参与舆论生活的机制与方式；相比后世谥法，先秦谥法具有"名实相符""客观公正"等特点，这体现出先秦人物品评机制的"民主性"与"客观性"，是古代中国公共传播的滥觞。"赐谥"本就是公众行为，谥法作为一种"无声舆论"广泛参与在社会互动中，既是对人物生前的客观评价，亦是对人物在死后的不断传播，具有"纵向传播"的特点，即能在时间维度上有所偏向，在文化传承中发挥持续影响力。从传播学维度来看，谥法的传播包括三层内容：第一，谥号是一种"声誉机制"，因为谥号给定基于"行之迹也"，人生前的言行作为是谥号的基本取材内容；第二，谥号是对社会评价之一，谥号有美恶之分就反映出社会和历史对人物肯定或否定之态度；第三，谥号的评价是在人过世后完成，属于死后传播，无论获得美谥或恶谥，在后世的持续传播中作为谥号授者是不能、也无法干涉的。这似乎正像米德提到的"主我"与"客我"，作为"主我"能做的贡献即是把自己（生前言行举止，道德行为）提供给共同体，但"客我"是"反映了共同体所有成员的态度"。① "主我"难有实际控制权。同样，谥法的特殊性正是集中在"共同体的态度"上，使得谥号在古代社会生活中具有公众生活可以达成能够一致沟通的价值认同及社会评价的可能性。

（一）谥法中的"一字褒贬"

历史上都公认谥法的起源久远，文章中认为谥法最迟发源于商代，自西周早期后才逐渐具有了品评功能。最初谥法是用于尊敬祖先与避讳，在历史推进中才产生了对人生前言行进行品评的功能，特别是到了晚商出现了美谥，作为正面评

---

① ［美］乔治·H.米德：《心灵、自我与社会》，赵月瑟译，上海：上海译文出版社，1992年，第167页。

价，起到颂扬褒奖功能，到了西周出现了恶谥，相对美谥而言是一种负面的评价。

先秦谥法主要是通过单字来评判人物的美丑善恶，是"一字为褒贬"的缘由。中国汉字常常是一字多义，能够起到"以少驭多"的效果，也是继承孔子"笔则笔，削则削""一字见义，寓褒贬于记事"的"春秋笔法"。文章中也指出先秦谥号多以一字或两字为谥号，是一种"尚简""以少驭多"概括人物生前行迹的"春秋笔法"。但在先秦之后谥法字数却从少为多，谥号逐渐变长。唐玄宗李李隆基就是最早开始采用长谥号，[①] 他将祖宗谥号都改为七字，如"神尧大圣大光孝皇帝"（李渊）、"文武大圣大广孝皇帝"（李世明）、"天皇大圣大宏孝皇帝"（李治）等。由于唐代帝王谥号都过长，不便口语传播与文字记录，因此还采用庙号如唐太宗、宋仁宗，或年号如康熙帝，雍正帝，来区分不同时期君王尊讳。因此，可以看到谥号从先秦"以少总多"发展到复杂烦琐，汉字的不断发展与应用是其中的一个原因，也是说明日常生活的复杂呈现无法再用单字或两个字来进行概括或说明。但从另一个方面来看，逐渐变长的谥号又并不妨碍"微言"的隐微、含蓄、简约等特质，因为谥法这一社会传统蕴含"春秋大义"的隐喻品格，在形式和内容上都能表征出中国文化独具特色的隐晦含蓄品质。

（二）谥号"微言大义"的道德隐喻

谥号可以划分为：美谥、平谥和恶谥。美谥与恶谥前文已提，是一对互为正负、褒贬的评价关系，而平谥则不带有褒贬意味很强的评价，多为对逝者的哀悼与同情。相对而言，美谥和恶谥在先秦谥号中使用较为广泛，据潘教授考证，西周时用谥 31 字，美谥有 22 个占比 71%，恶谥 9 个占比 29%；春秋时期用谥 41 个，美谥 27 个占比 66%，恶谥 14 个占比 34%；战国时期用谥 16 个，美谥 14 个占比 87.5%，而恶谥只有 2 个占比 12.5%。[②] 先秦时期人们给予美谥或恶谥的根据就是基于当时社会道德准则，体现的是"德治""以德配天"等思想，反映出对礼文化的崇尚与认同。所以"美"与"恶"实则映射出何为"礼"与"非礼"的道德判断，由此可见，谥号通过符号化生成的文本形态折射出对礼教道德的隐喻。

I.A. 理查兹作为最早系统性描述文字如何表意的符号学学者之一，他在 *The philosophy of rhetoric*（修辞哲学，1965）中认为符号与意义应纳入在隐喻视域中考察。因为隐喻是一种"无所不在"语言（omnipresent language[③]），发挥着"语

---

① 王泉根：《中国谥号的文化解析》，《文化学刊》2015 年第 10 期。
② 潘祥辉：《先秦谥法与一种中国特色的人物品评机制》，《华夏文化论坛》2019 年第 1 期。
③ 参阅 I.A. Richard，*The Philosophy of Rhetoric*，Oxford University，1965，p 92-93.

言功能在社会中的作用的重要性，应当归因于隐喻"。① 换言之，语言作为一种符号并不仅仅只是思想的外衣，语言本质上反映、折射出"现实世界"，是人们通过符号获取交流意义的普遍法则，也是隐喻内涵被理解的过程。以文章中提到的美谥"安"为例，《逸周书·谥法解》中说"安"有 16 种解释："好和不争""兆民宁赖""宽容平和""宽裕和平""所保惟贤""中心宅仁""修已宁民""务德不争""庄敬尽礼""敬而有礼""貌肃辞定""止于义理""功德不劳""静正不迁""懿恭中礼""凝重合礼"都是对"安"的理解或解读。《说文解字》说"安"是"静也。从女在宀下。"本义为平静，稳定。"安，定也。"（《尔雅》）"君子安而不忘危。"（《易·系辞下》）可见"安"字作为一个象征符号，其基本的符号所指并不复杂，就是静，安定，平稳等。但当被用作谥号时，其解释则变得丰富多元，一方面表现出与"礼"的特殊关联，如"庄敬尽礼""敬而有礼""懿恭中礼""凝重合礼"也是"安"的解读，"安"在被用作谥号时能显化出"礼"应在社会中被赋予的概念以及价值期盼。所以"安"作为象征符号在不同情境中其本义（所指）可以经由对亡者给予谥号的方式，用一种隐喻的方法，通过"微言大义"发生"生"与"死"之互动，产生更多的引申意义。作为谥号的"安"就是在生者与亡者的对话中被阐释解读，其隐喻意涵远超"安"的一般符号本义。也正是这超越的、丰富的隐喻意涵才使得"安"字能"以少驭多"起到"一字见义"的效果。

相反，恶谥虽然也有相同的评价功能，但书写方式似与美谥有思维与使用上的细微区别。东汉蔡邕在《独断》中说："雍遏不通曰幽，暴虐无亲曰厉。"文中认为"幽""厉"是典型的恶谥。② 其中用"幽"字为谥的君王以周幽王为著。周幽王是不是正因为博美人一笑"烽火戏诸侯"才得"幽"之谥号？

《说文解字》里讲"幽"是"隐也。隐、蔽也。"幽读作黝，幽、黝互训。幽有黑色、隐蔽、遮蔽等意思。从"幽"本义来看并无褒贬偏向，如何成为一个典型的恶谥，不单单从谥法释义中寻觅约定俗成的传播话语，恐怕还须追问司马迁通过《史记》文本中关于记载周幽王"烽火戏诸侯"等事件的传播策略。

《史记·周本纪》上讲："幽王为烽燧大鼓，有寇至则举烽火。诸侯悉至，至而无寇，褒姒乃大笑。幽王说之，为数举烽火。其后不信，诸侯益亦不至。"③ 太史公不厌其烦地花费不少篇幅呈现这个"历史事件"。但从不少材料又看到"烽火戏诸侯"未尝为真，无论从先秦烽火台的设计，还是从诸侯奔赴现场的据实性而言，

---

① ［英］泰伦斯·霍克斯：《隐喻》，穆南译，太原：北岳文艺出版社，1990 年，第 102 页。
② 潘祥辉：《先秦谥法与一种中国特色的人物品评机制》，《华夏文化论坛》2019 年第 1 期。
③ （汉）司马迁：《史记》（第四卷），北京：中华书局，1959 年，第 148 页。

这或许只是司马迁杜撰的一个寓言，甚至有些"纯属无稽之谈"。[①]但看似无稽却是司马迁用"推见至隐的方式，透过史料的裁剪、组织与安排，寄寓史观、资鉴"，[②]以"微言"旁敲儒家之春秋大义。

从司马迁书写西周亡国之君这段历史显然是"书则书，削则削"的春秋笔法，对周幽王采取的是特写，文字篇幅也颇长，从幽王二年发生三川地震，此后专宠褒姒，可见史官之悬鹄。从司马迁对周幽王记载方式的弃简从繁，可见"微言"未尝都是简短、隐微或以"一字见义"来表现，"微言"有时反而是采取较多篇幅来书写"大义"，这种文学叙述散漫出更加捉摸不定的氛围，完全可以理解为一种隐喻手法，正如杜序中提到"微而显，志而晦，婉而成章，尽而不汙，惩恶而劝善"的独特风格。所以，周幽王取"幽"字为谥不仅出于"为尊者讳"的基本谥法原则，更是"幽"透射出历史书写者对此寄寓的"非礼"判定，正是《史记》文本通过历史叙述呈现的儒家道德隐喻。

三、关羽谥号隐喻：一个充满戏剧性的个案

上面谥法体现出先秦"春秋笔法"的一般规律，通过谥号研究可以更好理解古代中国文化"深文隐蔚，余味曲包"叙事之特点。谥号是对人的"盖棺定论"，但在具体情景中谥号以及其对应的意涵会发生改变。如前文潘教授提到"灵"字作为谥号在《左传》中并无明显褒贬之别，但此后以"灵"为谥号的君主则以负面评价居多，因此"灵"成为一种恶谥。[③]

谥号的内涵所指不仅可以发生变化，连人物的谥号也会在不同历史朝代中发生改变。以关羽谥号为例，不同朝代都发生了演化与改变，使得关羽这一历史人物形象逐渐被神化、圣化。学者张虹倩、胡范铸在《社会科学》2019 年第 8 期上发表《关羽谥号隐喻：旧皇朝执政合法性和稳定性的符号化》一文（以下简称张文），将关羽谥号即对应的形象隐喻作为研究内容，通过考察政治话语与社会结构之间的构建关系，看到关羽谥号在官 / 民、皇 / 非皇集团间张力互动下的符号化嬗变。

张文主要从三个方面探讨了关羽谥号历史演绎的社会结构和社会观念的关系：一是通过关羽谥号观察"社会身份"的历史流变；二是关羽社会身份隐喻的"社会关系"；三是关羽社会身份隐喻建构的"社会结构"观念。从这三个方面一是从关羽谥号看到他从人化神、由"武将"升至"武圣"、从"汉寿亭侯"化身为"忠勇仁义礼智信"的儒家道德模范，后被尊为"关公""关二爷"，侍奉在传统社会

① 王超斑：《烽火戏诸侯的传播学辨析》，《汉字文化》2018 年第 6 期。
② 李秋兰：《论〈史记〉"推见至隐"之叙事修辞》，《朝阳人文社会学刊》2007 年第 2 期。
③ 潘祥辉：《先秦谥法与一种中国特色的人物品评机制》，《华夏文化论坛》2019 年第 1 期。

随处可见的"关帝庙",与孔圣人"文庙"匹配对应为"武庙"。可见关羽形象本身就是一个特殊的历史文化符号,关羽谥号及历代追封则反映出符号被固化接受的过程。其次,关羽的社会身份通过谥号折射出传统社会"官/民""统治者/被统治者"之间不同的政治理想,追封称谓作为当时统治阶级的政治话语是古代中国政治文化的一种政治隐喻。

（一）"缪"是对关羽生前行迹"微言大义"的横向传播

关羽谥号"壮缪候"出处载于《三国志》卷三十六《蜀书六·关羽》:

> 追谥羽曰壮缪候。子兴嗣。兴字安国,少有令问,丞相诸葛亮深器异之。弱冠为侍中、中监军,数岁卒。子统嗣,尚公主,官至虎贲中郎将。卒,无子,以兴庶子彝续封。①

张文指出从先秦《汲冢周书周公谥法解》、东汉蔡邕《独断·帝谥》、宋苏洵《谥法释义》、明代《明代通用谥法释义》等文献发现"壮""缪"二字并非美谥。"壮"在苏洵《谥法释义》中解释为:"死于原野、武而不遂"。"缪"据《周公谥法解》《独断》《谥法释义》三家解释来看,都指"名与实爽"。关羽的名气虽大,称"为万人敌"(《关张马黄赵传》)、"有国士之风"等,但实际作为却与名气不相匹配。有学者归纳关羽的生前作为与名气不相符至少都与自身性格缺陷密切相关,②如刚愎自用、虚荣心强、骄傲轻敌等弱点,以及缺乏政治头脑,没有贯彻落实诸葛亮等决策者的部署计划导致荆州失守。所以,用一个"缪"字品评关羽生前行迹并非苛责,人物生前所作所为表现出的善与恶是经过当时社会衡量后给出相对公允的实际评价,体现了"一字褒贬""以少驭多"的春秋手法,其中"言无尽、意无穷"的复杂思想也正是通过"春秋笔法"展现出的隐喻品质达到含蓄传播的效果。与此同时,史家通过关羽谥号,即以"微言"分别是非,希望达到(特别是儒家系统里的)惩恶扬善的目的,对当权者如何用贤使能给出警示提醒,对大众提供辨别是非善恶的道德参照。

（二）"忠义"是关羽符号形象作为"瑕疵文本"的纵向传播

张文中提到了一个有趣的问题:在漫长的文化历程中为什么偏偏独独青睐关

---

① 陈寿:《三国志》,斐松之注,北京:中华书局,2006 年,第 562 页。
② 参阅马宝记:《"壮缪"与"义绝"——从〈三国志〉到〈三国演义〉关羽形象演变的实质及其文化内涵》,《中州学刊》2005 年第 3 期。

羽？在《三国演义》里面被刻画为集"忠义勇"一身、护主爱民的大英雄，在儒家话语体系里被定义为"忠勇仁义理智信"的道德楷模，被道家佛家采纳宣扬教义并作为斩妖除魔的护法神祇，长期流行在古代民俗文化间，由此都让人忽视了关羽这个历史的人，而是更为关注他在历代文化中表现出的"圣性"与"神性"。实则在前文中就已指出关羽谥号之所以定为"缪"正是因为他生前所作所为的"不完美"，他的"不完美"难道反而促成了他在千百年的传播中反而变成了一个"完美"的人？

关羽符号形象的传播表征显然有矛盾之处，因此流传到今天的关羽符号形象与社会身份可以理解为一种"瑕疵文本"。[①] 关于关羽形象的文本是多种多样，包括历史文献、民间传说、戏曲小说等等，当然也包括他的谥号。所以，关羽谥号也是一个"瑕疵文本"。正如上文提到关羽生前的性格缺陷、缺乏政治敏感等都是"不完美"的表现，但他在后世的纵向传播中，特别是经过官方不断的封赐下完成了从人走向神，由"不完美"逐渐变化成"完美"，这其中似乎充满了历史文化的矛盾性。这一矛盾性首先来自谥号文献的不确定性。在《清史稿》卷八十四《礼三》中就有批评陈寿记载不实："关帝力扶炎汉，志节凛然，陈寿撰《志》，多存私见，正史存谥，犹寓讥评，曷由传信？"由于陈寿和蜀汉之间的特殊关系，关羽谥号出处或许出于一己之见，可能导致了关羽生前评价真伪具有不确定性。

其次，关羽谥号在历代追封中不断变化这一现象本身也是充满复杂性。在前文中从先秦谥法渊源可见，谥法目的是对人的"盖棺定论"，通过"一字褒贬"品评人物，作为历史参照，实现道德教化。这是谥法的一般规律。关羽谥号显然是一般谥法中的特殊案例，从最初的丑谥"壮缪侯"，到后面为"武安王""崇宁真君""关圣大帝"甚至曾升格为"三界伏魔大帝神威远镇天尊关圣帝君"等"儒释道"三家都认可的神圣地位。对关羽谥号的反转反映出关羽形象于知识层面、社会关系、社会身份上在都在发生变化，这些改变一方面表现出传统社会统治权力者们试图利用关羽谥号实现政治意图的可能，尤其自南宋开始关羽谥号转变为"忠惠公""武安王""义勇武安英济王"等这些颇具政治修辞意图的封赐；另一方面在儒家道德导向下将关羽丑谥问题打破，替换为"忠义""仁德"等儒家文化所崇尚的精神内涵；最后也是尤为重要的是戏曲文化的传播使得关羽形象发生实质变化，在满足民间崇拜的心理需求的同时，发挥了更广泛、更深刻的文化影响力。就像清王侃在《江州笔谈》中说："三国演义可以通妇孺，今天下无有不知关忠义者，演义之功也。"[②] 所以，关羽谥号发生变化的矛盾与复杂之处就在于作为"瑕疵

---

① "瑕疵文本"指文字不精准，内容含糊矛盾的文本。参阅黄维樑：《符号学"瑕疵文本"说：从〈文心雕龙〉的诠释讲起》，《符号与传媒》2020 年第 1 期。

② 朱一玄等编：《三国演义资料汇编》，天津：南开大学出版社，2003 年，第 618 页。

文本"，它自身或许没有传播的自觉性，但是在传播中的无数偶然性成就了今天人们所认识和接受的关羽符号。而无数偶然中又似乎都"闪现"出借由关羽这个历史人物发出不同时代关乎人们认知与价值观念下的"微言大义"。

四、简单的结论

从中国经传关系以传义经"微言大义"就是通过"一字见义""以少驭多"的方式传递圣人之言，从少而简、隐而微等话语方式，以及华夏文明固有的文化特色来看，都折射出《春秋》书写"微言大义"具有的隐喻品质。

谥法是对"微言大义"（或曰春秋笔法、春秋书法）这一儒家宏观理论（传播之道）的制度化和应用化改造，化隐喻传之道为隐喻传之术，通过"一字褒贬"品评亡者之行，在"微言"中彰显大义，谥法制度现代社会虽然已经停用，但是墓志铭和挽联等现代社会中仍然频繁出现在人类交往中的活动可以视作是谥法的变体和延伸，喻褒贬臧否于"微言"之中，从而彰显大义。谥法及其衍生出来的各种礼俗在古代公共传播中能够沟通生死、作为官/民舆论的一项重要传统，既对逝者纪念与避讳，对人物的"盖棺定论"，起到"惩恶劝善"的社会道德目的。而实现尊德敬礼的社会意识形态则体现在"春秋笔法"的隐喻中，达到"乱臣贼子惧"的社会评价和监督功能。

关羽个案是"微言大义"这一古代中国的一种传播理论在历史长河中具体应用的一个典型案例。有学者曾就"传播的法则"写下过如下文字：

> （传播）的关键不在"好""丑"，而在有无戏剧性，有"故事"则即使将信将疑乃至于不能相信，人们也乐于拿来做"拍案惊奇"的谈资；不论"好""丑"，平淡无奇到"嘴里能淡出鸟来"，饭后茶余，说它作甚？ [①]

关羽这个个案的好处就在于充满戏剧性，历史舞台上关羽谥号的变化就像戏剧舞台上的剧情反转，充满着故事，传播中人们更喜欢拿关羽谥号反转升格的故事来做拍案惊奇惊奇的谈资。此时关羽谥号的内容，根据谥法到底是好，还是丑？尽管也是一个很重要的信息，但是已不是传播的关键所在。行文至此我们发现"传"者在"微言"设定"褒贬大义"并没有达到预期的传播效果，这些问题留待华夏隐喻传播进一步研究。

---

① 余斌：《东鳞西爪集》，开封：河南大学出版社，2016 年，第 198 页。

2019 年华夏教育传播研究综述

褚金勇[*]

（郑州大学新闻与传播学院　河南郑州　450001）

摘要： 华夏教育传播研究旨在探索中国文化传统中的教育理念，教育方式以及教育发展史等方向的议题，进而探讨中华文化理念是如何被传播，从而实现知识、技能、思想与观念的传承，从而成为华夏传播研究的有机组成部分。

关键词： 华夏教育传播；教师；学生

作为以知识传播为职志的行业，教育一直担当着把知识、技能、思想、观念等传给特定的教育对象的任务。习总书记指出："教育是提高人民综合素质、促进人的全面发展的重要途径，是民族振兴、社会进步的重要基石，是对中华民族伟大复兴具有决定性意义的事业。"[①]中国自古以来就有尊师重教的思想，由此关于教育传播方面的研究也层出不穷。教育传播是人类传播活动的一种基本形式。所谓教育传播是由教育者按照一定的目的和要求，选定合适的信息内容，通过有效的媒体通道，把知识、技能、思想、观念等传给特定的教育对象的一种活动。具体到华夏教育传播内容的研究，尽管很少冠以"华夏教育传播"的名号进行研究书写，却以扎实细致的研究践行着华夏教育传播研究的工作，建构着华夏教育传播的框架。2018 年 9 月全国教育大会召开，习近平提出"扎根中国大地办教育"的口号，从国家层面开始号召中国教育传播的本土化实践；2018 年世界哲学大会在中国召开主题是"学以成人"，旨在挖掘中国历史上丰富的教育传播思想资源。这些会议的召开吸引了很多学人开始关注华夏教育传播研究，也为 2019 年的华夏教育传播研究注入了不竭动力。客观言之，2019 年华夏教育传播学的研究、探索还是碎片化的，缺少系统的，但它又是众人瞩目的，是呼之欲出的，是我们着力建

---

* 作者简介：褚金勇，郑州大学新闻与传播学院副教授，硕士生导师，研究方向：出版传媒研究。
① 习近平：《做党和人民满意的好老师》，北京：人民出版社，2014 年，第 2 页

构的。本文以 2019 年的华夏教育传播研究为中心，考察中国历史上关于教育传播的丰富思想资源，梳理华夏传播研究的理论问题，并在此基础上思考建构"华夏教育传播学"的学术知识体系。

一、概念、理念与历史：华夏教育传播的内涵建设

教育为立国之本，是中国社会自古以来便尊奉的治国立理政理念。先秦重要教育文献《学记》有言："化民成俗，其必由学""建国君民，教学为先。"① 自此以下，历朝历代都重视教育事业，推重尊师重教的理念，并形成自己的文教传统。然而，自清末民初以来，中国的教育传播研究便采取了"中断传统"和"全盘引进"的方式，推行欧美的教育传播理念，使得中国本土的教育传播研究离"根"离"土"。必须看到，华夏大地有着自己独特的教育历史和教育文化，这决定了中国教育传播实践的独特性，建设华夏教育传播理论体系，是树立中国教育自信的重要途径。这不仅关涉到中国教育学主体性问题，也能对中国传播学主体性的打造有极大助益。

（一）概念

考察华夏教育传播问题，"中国性"是一个必须要正视的问题。无须讳言，我们现在所学习应用的学科理论，无论是教育学还是传播学，都是西方舶来的话语体系，都面临着"中国化""本土化"的问题。教育学中国化、本土化与中国教育学是百年中国教育传播研究与发展中的重点命题。教育学中国化是对"进口教育学"的不满而反思的结果。自晚清以来，中国的教育传播研究，类似不够重视自身传统文化的问题已然出现：教育传播理论与本土的教育传播实践日渐疏远，原本具有很强实践品性的教育传播研究失去了立身之所，成为以欧美教育传播理论阐释华夏教育传播问题的学术原地。但需要看到，失去了"文化之根"的教育传播研究是虚幻的，是无法把捉真正的问题的。正如学者所言："没有什么普遍的人类，只有特殊型式的人类；没有什么普遍价值与永恒的原则，只有区域性民族性的价值和偶发的原则，没有什么'一般文化'，而只有'我们的文化'。在这里，现代化并不意味着一定要否定传统文化，弘扬'时代精神'不一定意味着要拒斥'民族精神'。"② 引用此言并非对中国教育传统全然赞同，而是要在对中国教育学传统进行批评的同时，理应看到传统文化是一个国家的教育之本，一个民族的教育之魂。

---

① 《礼记·学记》。
② 郭齐勇：《文化学概论》，武汉：湖北人民出版社，1990 年，第 300 页。

教育传播的理论体现为不同的文化特征、思维方式、行为方式和价值取向。任何教育传播理论都诞生、成长于自己特定的文化传统。华夏大地的教育传播实践产生华夏大地的教育传播问题，华夏大地的教育传播问题呼唤华夏大地的教育传播理论。清末民初的学者在引介西方教育学时便指出："教育学有共同之原理，亦有本国之国粹。"① 文化传统是华夏教育传播的标志特征，中国人时时浸润在华夏文明之中，形成了华夏民族独特的性格、思维、生活方式，这是难以抹去的印痕。我们应该正视自己的传统文化教育，正是中国几千年来的教育传统，以中国人的方式思考、实践、探索、创造并自信的表达。正是在这种责任驱使下，很早就有学者提出从"教育学中国化"到"中国教育学"的口号，认为只有走"中国教育学"的原创发展之路，才能使中国的教育学真正实现与世界教育学的对话与接轨。② 以"中国性"为基准，是中国教育学的原创起点，也是华夏教育传播学的学术起点。华夏教育传播只有充分吸收教育学中国化和传播学中国化的经验，建立在中国教育传播自身的历史与现实、理论与经验、需求与问题上，建立在中国文化、中国学者对中国教育传播的深度思考之上。

中国有着丰富的教育思想和深厚的文教传统，我们一定要回到"文化传统"本身来建构华夏教育传播学。"传统"应是具有时空广度的范畴，"传"是流传、传播，"统"是统领、统属，能构成传统应体现为世代相传延续，而且在相当广泛的范围内能够普遍体现或被认同。中国文化注重伦理道德，形成了浓厚的道德教育传统，其教育传播话语也围绕着"教""育""学""知""行""德"等范畴展开。"教育"一词在中国古书中最早使用于《孟子尽心上》："君子有三乐，而王天下不与存焉。父母俱存，兄弟无故，一乐也；仰不愧于天，俯不怍于人，二乐也；得天下英才而教育之，三乐也。"③ 客观言之，中国古代很少有人把"教育"作为一个完整的词来使用，在论及教育问题时，大都使用"教""学"两字。作为教育传播活动的两个方面，"教"是教育者的知识传播行为。"学"是指受教育者的知识传播的接受获取行为，无论是"教"还是"学"都与传播有着密切的联系。许慎《说文解字》："教，上所施，下所效也。"《论语》开篇即说："学而时习之，不亦说乎？""教""学""习"都可视为中国古代教育传播思想的重要范畴。程朱理学的代表人物朱熹提出"明天理，灭人欲"，即以天经地义的道德伦理纲常克除私欲为教育传播活动的最终追求。他继承"外铄说"的教育传播观，提出"格物、致知、穷理"的教育传播思想，重申《中庸》的"博学之、审问之、慎思之、明辨

---

① 叶澜：《中国教育学发展世纪问题的审视》，《教育研究》2004 年第 7 期。
② 袁德润：《从"教育学中国化"到"中国教育学"》，《现代教育论丛》2008 年第 3 期。
③ 《孟子·尽心上》。

之、笃行之"的思想，使得华夏教育传播的优秀传统得以维系传承。由以上片段的阐述可以发现，中国历史上有着自己独特的教育传播传统，也有着值得后人研究阐发的思想资源。

　　问题在于，中国很多的教育学者和传播学者对中国自身的教育传播传统缺少深度认知，有时在追逐西方学术理论时，无视传统文化乃至视其为保守而加以排斥。华夏教育传播学者必须以文化自觉的态度，改变对于传统文化的认识，对中国教育传播思想进行深入学习和研究。学者俞启定在号召学者关注华夏教育传播问题时，梳理了诞生于中国传统教育中的教育传统问题。他说，传统教育侧重于构成传统的具体的教育内容和方式方法，是客观存在；而教育传统则是落实到传统本身，正确把握传统，才能推进教育现代化。[①] 学者冯建军认为"中国教育学应该具有中国的话语体系"，并且指出中国表达、中国实践、中国经验、中国文化，是教育学中国话语的四个要素。[②] 建设立足中国本土的教育传播理论，离不开对传统教育传播思想的继承，只有实现中国教育传统的创造性转化与创新性发展，才能树立中国教育的"理论自信"。在借鉴西方教育理论的同时，华夏教育传播学更应重视对传统教育学术资源的继承与创新。综上，华夏教育传播学要回到"文化传统"本身来建构，要以中华文化立场为自己的学科立足点，立足中国教育文化传统，根植中国社会教育传播现实，以历史上丰富的教育传播思想资源回应当代中国教育传播活动中的问题与关切，构建富有中国特色、中国风格、中国气派的华夏教育传播知识体系。

　　（二）理念

　　教育传播理念，即在教育传播活动中形成的对教育的综合认知，包括教育传播宗旨、教育传播使命、教育传播目的、教育传播理想、教育传播目标、教育传播要求、教育传播原则等内容。在悠久、丰富的教育传播实践中，古代教育家们概括了"性近习远""尊师重教""立德树人""因材施教""教学相长""启发诱导""循序渐进""温故知新""言行一致""改过迁善"等一系列的教育、教学原则与方法。这些都是中国教育思想遗产中的瑰宝。下面我们将结合学者的研究梳理分析一下华夏教育传播的各种理念。

　　"性近习远"，强调了后天教育学习的价值。此语源自《论语·阳货》孔子之语："性相近也，习相远也"。它肯定人们在先天的本能和素质方面是相近的，造

---

①　俞启定：《中国教育传统要义解析》，《教育史研究》2019 年第 2 期。

②　冯建军：《构建教育学的中国话语体系》，《高等教育研究》2015 年第 8 期。

成个体之间差异的主要原因是"习",因此都应该具有接受教育的条件和需要,由此开辟了从普遍的共同的人性入手来探讨教育作用的思路。有学者以"性相近也,习相远也"来梳理孔子人性认知与教育价值;① 有人以此理念来探讨观照当下,探讨人本主义理念下教师引导的价值所在。②

"尊师重教"这一理念出自《礼记·学记》:"凡学之道,严师为难。师严然后道尊,道尊然后民知敬学。是故君之所不臣于其臣者二:当其为尸,则弗臣也;当其为师,则弗臣也。大学之礼,虽诏于天子无北面,所以尊师也。"③ 中国古代一些典籍中记载了丰富的尊师重教思想,一些教育家也大力倡导尊师重教,对我国民间形成尊师重教的传统具有积极影响。有学者专门梳理中国历史上尊师重教的思想言论,挖掘历史教育传播资源,以为当下教育传播提供可资借鉴的意义资源。④

"立德树人",其基本内涵可以分为"立德"和"树人"两价值标准体系,"立德"思想可以追溯到先秦时期提出的"三不朽":"大上有立德,其次有立功,其次有立言。""立德"是从道德操守的角度,强调具有高尚的道德修养,为后世效法的榜样,便能人格不朽。"树人"概念最早出现于《管子权修》:"一年之计,成就,要对国家、对他人有所贡献。孔子很注重教人努力莫如树谷;十年之计,莫如树木;终身之计,莫如树人。"这段话体现了培养人才的重要性。有学者通过梳理考察了中国古代教育思想的演进变化,认为华夏教育传播的一个重要理念是"立德树人",并且从"人德共生"的角度,阐释了"立德树人"实质上有着"立育人之德"和"树有德之人"两方面的含义。⑤ 习近平总书记在全国教育大会上明确指出坚持把立德树人作为教育的根本任务,为新时代"培养什么人"指明了方向,可谓继承弘扬了华夏教育传播的优秀传统。

"因材施教",指教师要从学生的实际情况、个别差异出发,有的放矢地进行有差别的教学,使每个学生都能扬长避短,获得最佳发展。出处:《论语·先进篇》子路问:"闻斯行诸?"子曰:"有父兄在,如之何其闻斯行之?"冉有问:"闻斯行诸?"子曰:"闻斯行之。"公西华曰:"由也问,闻斯行诸?子曰,'有父兄在';求也问闻斯行诸,子曰'闻斯行之'。赤也惑,敢问。"子曰:"求也退,故进之;由也兼人,故退之。"李艳萍:《孔子"因材施教"思想的现代性建构》孔子的"因

① 王昌乐:《孔子人性论探微——以"性相近也,习相远也"的诠释为中心》,《西部学刊》2019年第 1 期。

② 于馨滢、尹忠泽《性相近也,习相远也?人本主义的教师观》,《智库时代》2019 年第 9 期。

③ 《礼记·学记》。

④ 郝振君:《我国古代尊师重教思想的特点及当代价值》,《现代教育科学》2019 年第 5 期。

⑤ 曾云:《立德树人:中国古代教育思想嬗变的视角》,《当代教育与文化》2019 年第 1 期。

材施教"思想，不能停留在注重简单的个体差异基础上，它也超越了学校教育的范畴。这个思想的现代性建构，应该立足于"材"和"教"两个方面。因人而异、随时立中、随处适宜必然成为现代场域中建构孔子"因材施教"思想的三个基本维度。因人而异体现为针对教育对象的资质、出身展开，随时立中突出依据发展阶段、社会环境等要素变化灵活实施，随处适宜则强调适应场境、需求的不同做出恰当的应对。①

（三）历史

中国古代的教育传播历史是悠久漫长的，有文献记载的可追溯到有虞时代舜所设庠，历经东周以前的萌芽期、春秋战国的繁荣期、秦汉至五代的缓慢发展期、宋明的创新期和清代的变革期五个阶段，发展至今已经有数千年的历史。汉代以后以儒家文化为主导，清末又引入了西方近代教育。到了近现代，在教育制度上学过日本、德国、美国。中华人民共和国成立以后又向苏联学习过。最终创立了以共产主义思想为指导的，民族的、科学的、大众的新教育。下面我们将根据学界研究梳理呈现以下华夏教育传播不同阶段的历史特征与学术命题。

殷商文明是中华文化发展的源头，也是华夏教育传播活动出现的源头，大量甲骨文为研究殷商时期的教育提供了一手的资料。阴崔雪《基于甲骨文的殷商学校教育研究》以甲骨文为重要的研究材料，结合传世文献，梳理了殷商之前学校教育的发展源流，分析了殷商的早、中、晚时期的学校教育的教学内容和教学形式问题，详细地勾勒了殷商教育传播活动的各个环节。② 自商入周后，教育传播活动更加规范。"学在官府"是西周教育制度的主要特征。主要体现学术和教育为官方所把持，国家有文字记录的法制规章、典籍文献以及祭祀典礼用的礼器全都掌握在官府，普通百姓根本无缘接触到。而春秋时期是我国古代教育转型的关键时期，这种转型根源于知识传承路径的变化及其承载主体的转移。徐娜娜的《礼乐知识转移与教育关系重构》探讨了春秋时期卿大夫和士如何通过观、问、学、师等途径主动学习，打破礼乐知识依附于巫史等专业人员传承的壁垒使得卿大夫和士成为全新的礼乐知识主体，转而成为教育主体。由此而来的是，学在官府的教育传统被打破，私学教育形式出现，教育转型逐渐形成。③

春秋战国时期，私学发达，带来了学术繁荣、百家争鸣的景象。秦汉一统社

---

① 李艳萍：《孔子"因材施教"思想的现代性建构》，《湖南科技大学学报（社会科学版）》2019年第6期。

② 阴崔雪：《基于甲骨文的殷商学校教育研究》，华东师范大学硕士学位论文，2019年。

③ 徐娜娜：《礼乐知识转移与教育关系重构》，《学术探索》2018年第9期。

会的出现，使官学重新发展起来，私学受到限制乃至严禁，学术思想的研究出现一家独尊的局面。闫爱民《秦汉缘何独尊官学》中指出私学重视"争鸣""异趣以为高"而官学更多关注社会治理和经世致用，以解决现实问题，其与私学的冲突有一定的必然性。官学的独尊，促进了国家教育体制的完善，扩大了士人阶层。学术研究与王朝统治的紧密结合，也成为加强皇权和吏治的重要手段。[1] 但秦朝的法家教育传播思想到汉代遭到了批判。汉初执法者因袭秦朝，流露出浓厚的"以法为教"思想，而这成为汉初儒生们所努力破除的对象。朱舸《儒法之争——汉初儒学由"复兴"到"官学"历程的再检讨》梳理分析了叔孙通、陆贾、贾谊、董仲舒如何将儒学思想融入时政策略中，如何展开了对法家思想的批判，如何通过实施"罢黜百家，独尊儒术"而确立了儒学的"官学"地位的。[2] 自此以后，华夏教育传播活动完成了从"以法为教"到"以儒为教"的转变，也开启了二千年中国儒学正宗的历程。

基于秦汉时期制度的延续及其时代发展的社会历史背景，六朝时期形成了更为完善的教育制度与机构体系，即官学为主、私学为辅，二者统一架构起封建统治取士与入仕的体制根基。赵卫齐《六朝教育制度研究——以官学、私学为中心的考察》研究指出六朝教育制度作为连接汉唐教育体系的桥梁，有其自身发展的客观规律，并表现出不同于北方各代政权教育体系的时代特点与地域特征，六朝教育制度为隋唐乃至后世教育实践活动与组织形式的发展起到了奠基作用，从而书写了华夏教育传播史的重要篇章。[3] 隋朝之后，唐代的教育科举制度在我国历史上步入了一个更为完整的阶段，科举成为一种官员选拔的正式制度，与教书育人的学堂彼此相辅，建立了紧密的联系。科举需要学子参加，学校负责教育学子参加科举，某种意义上学校的存在促进了科举的完备前进。王磊《浅谈唐代科举制下的学校教育》研究指出科举取士的出现极大地改变了华夏教育传播活动的内容与形式，从学校育人的目的，到学生所学的内容，塾师的教学方式，无一不受科举影响。科举使学校壮大，极大地刺激了中下层人民对学业的渴求，使教育变得普及。[4] 自唐至宋，科举制度有沿袭也有变化，唐代科举是一种荐举性质的科举考试制度，宋初围绕消除荐举因素，对科举考试规则进行了一系列的细化完善。卓进、蔡春的《论唐宋科举考试性质变迁》梳理了唐宋时期科举考试从荐举性质

① 闫爱民：《秦汉缘何独尊官学》，《人民论坛》2019 年第 15 期。
② 朱舸：《儒法之争——汉初儒学由"复兴"到"官学"历程的再检讨》，《德州学院学报》2020 年第 1 期。
③ 赵卫齐：《六朝教育制度研究——以官学、私学为中心的考察》，青岛大学硕士学位论文，2019 年。
④ 王磊：《浅谈唐代科举制下的学校教育》，《课程教育研究》2019 年第 42 期。

的科举考试走向了纯粹科举考试的制度变迁问题，宋代对考生试卷实行糊名和誊录的办法，取消公卷制度等一系列措施，使得科举考试变成了"一切以程文为去留"的纯粹考试制度。①

科举制度的发展，使得宋朝官学私学都得以发展。官学作为化民成俗、长育人才之地，在两宋学校教育传播史上发挥着相当重要的作用。张春生《两宋官学教育政策研究》研究指出在宋代官学的历史发展过程中，国家教育政策起着至关重要的作用，统治者根据政治、经济、社会等诸因素的变化，制定出符合本阶级意志的教育政策，由此直接影响着官学教育的内容、规模与速度，成为制约官学发展方向的决定性因素。② 两宋时期，私学以书院的形式逐渐普及开来，作为承担教育之责的机构，书院集讲学、藏书、供祀等为一体，成为中国士人进行文化的研究创造与教育传播的场所。刘长宽《宋初"四大书院"研究述论》梳理了四大书院在教育传播活动中的社会价值。③ 当然，受多重因素影响，两宋书院也产生了多方面的发展和流变，贾淋婕《论两宋书院的流变及书院与理学的关系》以湖南地区两宋时期书院流变为重点，梳理两宋时期书院发展和理学的关系，及其对两宋时期各地特色文化形成产生的影响。④

元朝是中国历史上由北方蒙古族建立的一个少数民族政权，他们的生活习惯等方面和汉族人有着极大的区别。元朝统治者虽然推行汉化，慢慢减少对中原文化的排斥，但是他们对于汉人所建立王朝推行的选拔人才的方式——科举则是非常的轻视。没有科举，原本学习儒家治国之道的读书人们便失去了进入官场的机会，他们对于学习儒家之知识的心态也发生了变化，正有的人就此放弃研读经典，相反有的人则把原来需要用在科举考试上的精力用在了研读经典之上，正所谓"无科举之诱，贤者教之以经义，才者教之以治事"。因此元代教育还很兴盛。元代官学的大学主要学习儒家理论和运用儒家理论治理国家的技术问题，官学的大学形成了上课、课下辅导和定期学术讲座相结合的教学模式，抄写儒家经典、研读科举范文，成为大学学习的主要方式。⑤ 明代官学包括中央官学和地方官学，中央官学有国子监、宗学等国家教育机构，地方官学有各府州县、都司卫所的儒学和其他专门学校。这些官学除各自承担不同的教学任务外，刻书印刷也是一项重要的教育活动。张舰戈的《明代官学书籍刻版私用考》研究指出官学刻书在保障学生

① 蔡春：《论唐宋科举考试性质变迁》，《教育史研究》2019 年第 2 期。
② 张春生：《两宋官学教育政策研究》，河北大学硕士学位论文，2003 年。
③ 刘长宽：《宋初"四大书院"研究述论》，《运城学院学报》2019 年第 5 期。
④ 贾淋婕：《论两宋书院的流变及书院与理学的关系》，《文博》2020 年第 1 期。
⑤ 申万里：《元代官学的教与学》，《首都师范大学学报（社会科学版）》2019 年第 6 期。

的阅读需求之外，其印刷用的一些刻版也有被私人利用的现象。①

清入关前后，为了赢得当时中原社会精英阶层——儒士大夫的政治文化认同，积极认同以儒学为核心的中华文化。姜海军《清入关前后："尊孔崇儒"与儒学官学化》分析了清初统治者对儒学的重视与利用为康乾时期进一步认同、利用儒学打下了扎实的基础，也为儒学的官学化及清代中期学术的繁荣奠定了重要的学术思想基础。政府除了继续兴办官学、尊孔崇儒之外，为培养宗室人才，还专门兴办八旗官学，让八旗弟子也学习如家礼乐文化。褚若千《从咸安宫官学制度管窥清廷办学思想演变》依托清代档案，结合其他史料，概述咸安宫官学的课程设置和教习员额，梳理了清代官员培养和文化政策的演变，并管窥咸安宫官学与清代官场风气、民族文化发展之间的相互影响问题。② 时至晚清，华夏教育传播活动遭遇欧美教育传播思想冲击。清政府处于摇摇欲坠的风雨中，为维护清政府统治，清政府不得不开始向西方学习，洋务派在"中体西用"原则下积极采取各种措施，如办新式学校、派遣留学生等。新旧递嬗之际，作为清代官学核心的国子监也不得不改办新式教育，先是在原有知识框架内增设算学，终至完全按照新式学堂规制来办学，在南学开办新式学堂，由完全讲求中国传统之学的中央官学转而努力成为新式教育中的正式一员，但在新教育中已不具有其在传统教育中的尊崇地位。霍红伟《清代官学在近代教育转型中的改制与变迁》研究指出传统之学未能和西学实现真正的融通，清代官学也未能实现同西方新式教育的对接与契合，而是在惯性作用下沿着既有方向在近代教育转型过程中加速走向了消亡。③ 景晓平、刘叶莲《京师大学堂师范馆与中国近代中学体制的建立》分析京师大学堂师范馆培养的学生进入了全国各地中学，他们参与近代重要中学的筹建或参与早期管理工作，有力地促进了中国普通中等教育近代化。④

除了对不同时期华夏教育传播史论的研究，有学者也针对华夏教育传播史书写中的问题进行探讨。中国教育传播史研究的基本脉络是以时间为顺序，以人物为核心，思想的历史主要表现为思想家的历史。龙小涛：《中国古代教育发展史周期的新划分》采用定量研究的方法统计中国古代教育名人数并且制成中国古代教

① 张舰戈：《明代官学书籍刻版私用考——以明初大臣杨士奇藏书题跋为例》，《殷都学刊》2019 年第 3 期。

② 褚若千：《从咸安宫官学制度管窥清廷办学思想演变》，《吉林师范大学学报（人文社会科学版）》2019 年第 4 期。

③ 霍红伟：《清代官学在近代教育转型中的改制与变迁》，《中国社会科学报》2019 年 1 月 29 日。

④ 景晓平、刘叶莲：《京师大学堂师范馆与中国近代中学体制的建立》，《北京印刷学院学报》2019 年第 1 期。

育名人数折线图，来研究中国古代教育的发展趋势与发展周期问题。① 储朝晖《关于重写中国教育史的断想》指出已经出版的教育史著作大都没有对数理教育的历史给予与历史全貌相一致的表述，其中对一些重大历史事件和人物的忽视令人震惊。重写中国教育史，需要文理组合的团队，以开放的方式整体评估各类教育史实在教育发展中的地位和作用，确定综合性教育史著作和教科书的篇章节构，编写出文理平衡、以人为本的完整教育史。②

二、教师、学生与知识：华夏教育传播中的主体要素研究

教育传播是教育者和受教育者之间的信息交流活动，以此而论华夏教育传播则是中国教育传播者按照一定社会或阶级的要求，借助一定的手段向受教育者传播知识和信息，使其掌握一定的知识技能，形成一定的思想品德，体力、智力得致发展，成为符合一定社会或阶级需要的人的社会活动或传播活动，是一种教育者与受教育者之间有意识地进行信息交流与沟通的活动。此中，需要理性地要素就是教育者、被教育者和教育内容，本部分也以此展开分析，探讨华夏教育传播研究中教育者、被教育者和教育内容如何呈现地，当代学者又是如何认识评判华夏教育传播活动中诸要素地价值作用的。

（一）教师

教师这一职业诞生很早，在人类的奴隶制社会中即已出现。教师专门从事向年轻一代传授生产经验、文化知识的工作，同时也以自己的思想观点和行为规范给后者以影响，在继承和发展人类文化方面起桥梁作用。中国古代教育传播活动中教育者的称谓种类繁多。私学教育活动中对教育者的称呼有先生、经师、山长、院长、堂长、讲书、教授、助教、司录等；在官学教育中有教官、老师、教师、教谕、学官、学正（政）、学录、博士、祭酒、助教、文学、训导、教习等。在华夏教育传播史上，更是名师辈出，从古代的孔丘、墨翟、孟轲、荀况、王充、韩愈、朱熹、陈献章、湛若水，到近代的何子渊、丘逢甲、唐国安和现代的蔡元培、杨贤江、徐特立、陶行知等都是教育传播的佼佼者。

孔子曰："三人行，必有我师焉。"先秦儒家倡导尊师重教思想，其主张的"师"与"天""地""君""亲"并尊之说，对后世影响甚大。吴全华的《儒家的为己之学与今日的为师之道》指出由孔子发轫并为后世儒家赓续、发展的为己之学，对于深化认识如今强调的立德树人的为师之道和提高师德水平，具有重要意义；重

---

① 龙小涛：《中国古代教育发展史周期的新划分》，《西部学刊》2019 年第 3 期。
② 储朝晖：《关于重写中国教育史的断想》，《中国教育科学（中英文）》2019 年第 2 期。

拾儒家为己之学的立德成己、学为圣人的道德理想，人生关怀，成己修身、至圣的工夫等方面的思想主张，并将其意含楔入现今教育话语中的立德树人的为师之道，具有启悟新思的价值。[①] 教师不能只做传授书本知识的教书匠，而要成为塑造学生品格、品行、品味的大先生。唐代学者韩愈写道："师者，所以传道、授业、解惑也。""传道"即传授思想、讲清道理；"授业"，即教授专业知识和技能；"解惑"，是为学生解疑，也有从方法上引导的意思。儒家关于"传道、授业，解惑"的教育传播思想对后代产生了很大的影响。

华夏教育传播活动中，非常重视为师之道，中国古代传统师道包括为师之德、为师之才和为师之方。自尧舜始，历经夏商之学的洗礼，到了西周时期，师道已经有了丰富的内容。孔子及其弟子在他们的亲身教学实践中，形成了完整的儒家"师道"思想，包括儒家的师道观、儒家的师道观如何展开、师德如何塑造、教师应该拥有怎样的智慧才华、教学方法如何展开等。[②] 王凌皓、姬天雨的《中国古代师道观评析》系统梳理了中国古代师道观的历史变迁过程，总结中国古代师道之思想精髓，有助于为丰富当代教师的核心素养、提高教师立德树人的质量、促进教师专业化发展等提供历史智慧和借鉴。[③]

尊师重道是中华民族的传统美德，师者为人之模范，古人对为师之道提出了诸多规范性的要求。其中"德行高妙为人师表""通达国体温故知新""循循善诱教亦多术""尊严而惮内外兼修""以爱相济教学相长"等皆是古代师道观形成中恒常不变的核心内容。因为这些内容与教师权威的塑造息息相关。在中国古代社会，教师权威具有普遍的合理性与合法性。施克灿《中国传统的教师权威及其近代流变》指出传统中国教师权威主要来自四个方面：一是儒家道统赋予教师的权威，尊师即是重道，重道必须树立教师权威。二是社会制度和法律法规等因素赋予教师的权威。官师一体使传统教师的权威拥有制度上的保障，体现了一种官威。三是来源于传统礼制的权威，传统社会将师生关系视为人伦之一，师生之间必须恪守上下尊卑的伦理道德规范。四是来源于教师个体的权威，包括教师的学识与人格魅力等个体因素。为师者严于律己是获得权威的前提。近代中国，受到社会政治背景及教育制度变革的影响，传统教师的四种权威形态也发展了巨大的变化，以至于教师权威逐渐走向弱化。[④]

① 吴全华：《儒家的为己之学与今日的为师之道》，《教师发展研究》2019 年第 2 期。
② 王晓璇：《中国古代传统为师之道》，《河北师范大学（教育科学版）》2019 年第 3 期。
③ 王凌皓、姬天雨：《中国古代师道观评析》，《河北师范大学（教育科学版）》2019 年第 1 期。
④ 施克灿：《中国传统的教师权威及其近代流变》，《河北师范大学（教育科学版）》2019 年第 1 期。

　　尽管在不同时代，人们"道"和"业"的认知理解会有所不同，但每个时代的人们都有自己的困惑，由此也凸显了教师的恒久价值所在。学生在思想、知识和体力上的成长过程，处处体现着教师的劳动，学生的成才是教师教育的结果。教育传播学认为教师在教育学生过程中起主导作用，学生能否成为社会所需之材，关键在于教师。古代教师如何教学，如何培育人才却是当代人们共同关注的话题。杨逸云的《浅析先秦典籍中关于教师教学的论述》梳理了《学记》《论语》《孟子》等先秦典籍中描述了许多关于教师在教学方面的理论，包括教师教学的方法、教学的技巧、教学的态度等等。[1] 曾令英、丁淑珍的《从中国古代启发诱导教育思想学习"教师示弱"策略》指出师强生弱的力量悬殊往往使得教师主体性示强和学生主体性示弱，阻碍了学生主体性的激发和释放。她们从古代教育传播史中寻找思想资源，认为教师可尝试通过有意识地自我主体性示弱来辅助学生主体性增强，并从启的时机、启的方法和启的程度三个方面充分展现了华夏教育传播史中"教师示弱"的策略方式。[2]

　　在华夏教育传播研究中，关于古代教师个案的研究也有着丰厚的成果。孔子作为中国古代伟大的教育家，以渊博的知识和高尚的师礼风范对中国后世的教师礼仪产生巨大的影响。随敬德《孔子的教师礼仪形象探究》通过对孔子在教学中所展现的言行举止、仪容仪表等礼仪的探究，可以对孔子的教师礼仪形象有更深入的认识，有助于促进中国教师礼仪的不断完善。[3] 顾瑞芬《经典中的教诲——孔子的"学习之道"与教师的"终身学习"》指出孔子的《论语》中有诸多学习之道，这对当代教师终身学习有很大的启示：教师要阅读，教师要以古典的心情对待学习；教师要做研究，教师要写作；教师要向学生学习，教师要向同伴学习。[4]墨子学说中包含着丰富的平民思想、劳动思想和科技思想，对于我国现代职业教育发展和改革具有重要的规范与指导价值。陆启光《墨子职业教育思想的时代转换与大国工匠的培养》挖掘墨子职业教育传播思想的内涵，旨在推动墨子思想实现时代转换，有助于为高职院校培养大国工匠。[5] 张天明、赵海红《宋代书院的历史教学思想与方法》是以朱熹的教学理念为中心展开的讨论，指出朱熹在历史

　　① 杨逸云：《浅析先秦典籍中关于教师教学的论述》，《湖北开放职业学院学报》2018 年第 24 期。

　　② 曾令英、丁淑珍：《从中国古代启发诱导教育思想学习"教师示弱"策略》，《基础教育研究》2019 年 19 期。

　　③ 随敬德：《孔子的教师礼仪形象探究》，《文教资料》2020 年第 3 期。

　　④ 顾瑞芬：《经典中的教诲——孔子的"学习之道"与教师的"终身学习"》，《教育观察》2019 年第 17 期。

　　⑤ 陆启光《墨子职业教育思想的时代转换与大国工匠的培养》，《高等职业教育探索》2019 年第 2 期。

教学中提倡"自学辅导法""质疑问难法""会讲论辩法",强调明理修性和经世致用,凸显道德教化、资政鉴戒和民生实用。① 向辉《敬道心筌:王阳明教化哲学的"学—教"洞见》王阳明教化哲学是"敬"的成人之教。"敬"是学的起点,具体而言,则可谓之立志,凡是立志求学的人都希望有一切己的为学起点,即入手处;"敬"基于事,无事则无敬,阳明学所揭橥的"事上磨炼"即本于"必有事焉",并以之为为学的起点;"敬"首先是一种对于先圣先贤的亲近,儒者注重经典的传承和诠释,正是在尊经重道的传统中,尊德性和道问学成为理学家的共同话语;教育的目的则是"修己以敬",即以德行和文化作为教育的鹄的,提升教者和学者的生活能力,改良其人格品性,改善其生活的品质,并以此促进社会的和谐与发展。②

(二)学生

除了教师,学生作为受教育者是教育传播中的另一主体。孟子将"得天下英才而教育之"作为君子三乐之一,足见其对教育传播事业的热爱,对英才学生的渴望。教育传播活动中,尽管教师占主导地位,但时刻要以学生为基准调整教学模式。当然古代中国,并非所有人都有受教育的资格。孟子谈及此问题如是说:"君子所以教者五:有如时雨化之者,有成德者,有达财者,有答问者,有私淑艾者。此五者,君子所以教也。"③ 自汉代开始举办太学,就是由主管长官太常选择十八岁以上官员子弟作为博士弟子,同时由地方长官按标准从民间选拔子弟到太学就学。从魏晋南北朝一直到唐宋,办过一系列的专门招收官员子弟的官学,但同时仍然举办面向平民子弟的学校。

儒家教育传播思想以圣贤为理想目标,以培养君子为教育目的,重在教书育人。儒家讲"君子之学",它有一个基本看法,就是人和其他的动物之所以不同,主要原因是通过学,就是"学以成人"的"学"字,《论语》里面第一个字就是"学而时习之"的"学"。但同时古人言教都是指广义的教育,又叫教化,这个教化是面向全体民众的。《大学》言曰:"自天子以至于庶人,壹是皆以修身为本"典型的是董仲舒在《对贤良策》中提出的"教化行而习俗美"。教化是面向社会群体的,而且是融于政治和行政管理中的,所以这也可以说是中国特色的政教合一,而且目标清楚,就是要建立适合统治阶级需要和符合统治阶级意愿的道德风尚,

---

① 张天明、赵海红:《宋代书院的历史教学思想与方法——以朱熹的教学理念为中心》,《历史教学(下半月刊)》2019 年 10 期。

② 向辉:《敬道心筌:王阳明教化哲学的"学—教"洞见》,《教育史研究》2019 年第 3 期。

③ 《孟子·尽心上》。

如果能够做到这一点，统治秩序自然也就牢固了。狭义的教育就是学校教育，就是培养统治阶级的治国人才。正所谓董仲舒提出来的，"兴太学，置明师，以养天下之士"。太学养天下之士，地方学校养一方之士。齐国的"稷下学宫"最负盛名，是当时百家争鸣的缩影。在稷下学宫里，老师和弟子来去自由，学生可以向不同派别的老师和学生请教学习，老师之间也经常相互进行学术交流，教育活动更多的是一种师生间的相互学习。这种私学教育活动，从产生之初就特别重视学生们的自学，这一特点在春秋时期是这样，到以后历朝历代也是如此。

（三）内容

教学内容，即"教什么"的问题，也是教育传播研究的核心部分。中国古代教育以儒家思想文化为主要内容，长时间以《四书》《五经》为核心的儒家典籍为教材展开教育传播活动。在中国的传统文化的诸多典籍中，四书五经占据着相当重要的位置。四书五经详细地记载了我国早期思想文化发展史上政治、军事、外交、文化、教育等各个方面的史实资料以及孔孟等思想家的重要思想。《五经》一般指儒家典籍《诗经》《尚书》《礼记》《周易》《春秋》的合称。《诗》温柔宽厚，《书》疏通知远，《乐》广博易良，《易》洁静精微，《礼》恭俭庄敬；《春秋》属词比事。五经是经学的元典，经学的其他典籍都是训解或依附五经而成，经学全部的注疏以至整个中国文化都以五经为根脉。黄开国在《经学是以五经为元典阐发常道的学说》指出经学典籍虽众，但核心只有一个，就是围绕人而立论，为人提供人之为人的价值观，这在古人那里称之为常道。所以经学是阐释常道之学说，五经元典具有天经地义的法典性质与地位。中华文化绵延数千年而不绝，古代中华民族精神之魂的铸造，都是经学常道教育传播的结果。[①]《四书》包括《大学》《中庸》《论语》《孟子》四部作品，是朱熹所编定的。朱汉民《〈四书〉学与蒙学教育》指出《四书》学原本是士大夫之学，是一套培养士君子的知识体系和价值体系。但是，士大夫需要将《四书》学整合成为社会大众思想，故而将《四书》融入蒙学教材。在中国思想史上，蒙学教材在社会基层还承担化民成俗的作用。为了让蒙学教材更有效地发挥作用，编写者往往将遵循道德与现实功利及未来福报结合起来，将道德规范提升为一种外在权威的强制，还将教育德目具体化为可模仿的行为模式。[②]　我国古代的教育内容一般就是"四书""五经"等儒家思想著作，在学校教育中很少有关于科学技术的教育内容。这也就形成了我国古代长期

---

① 黄开国：《经学是以五经为元典阐发常道的学说》，《哲学研究》2019 年第 6 期。
② 朱汉民：《〈四书〉学与蒙学教育》，《孔子研究》2019 年第 3 期。

的一个教育思想观念：注重个人的政治道德教育。

华夏教育传播活动以《四书》《五经》为教材，每日功课一般是背书、授新书、作对、写字、读诗，以及一系列的道德行为规范训练。日常课程是基于教育领域中的各种矛盾关系而开展得，诸如如性习关系、学思关系、知行关系等，都构成了华夏教育传播讨论的基本问题。不同思想家都会对这些基本问题进行阐述，发表观点，这些观点就构成了教育命题。一个教育命题如果在教育思想史上产生较大影响，就成为经典命题，如"修道之谓教""知行合一"等。除了哲学思辨命题之外，也会教一些实用的技术，如"六艺"。六艺指六种技能：礼、乐、射、御、书、数。中国周朝的贵族教育体系，开始于公元前 1046 年的周王朝，周王官学要求学生掌握的六种基本才能：礼、乐、射、御、书、数。殷商时期，从所收集的甲骨文可以看出这个时期已经有了"六艺"教育的雏形。大量的书辞、习刻和绘画类甲骨说明殷商统治者注重对于学生基础的训练，殷商时期的礼乐射御是重要的学习内容，从甲骨文中可以看出礼乐射御的学习内容十分丰富。汉代政治层面"罢黜百家，独尊儒术"，但汉代教育传播中存在"历史的""六艺之科"与"思想的""孔子之术"两条主线。杨勇《"罢黜百家，独尊儒术"的历史考察——以"六艺之科"与"孔子之术"的分合为中心》考察汉武帝建立了"尊儒"的制度出现了"六艺之科"与"孔子之术"的教学内容分离以至对立，并阻碍了民间儒者入仕。[①]

三、媒介、场所与流派：华夏教育传播的中国特色

作为一种知识传播活动，教育传播过程是既多样又复杂，牵涉到机构、媒介和流派等方面。教育传播是指教育者与被教育者之间，利用一定的媒介和途径所进行的、有目的的信息传递活动。此中，既有媒介、也有机构场所，也有各种仪式化的手段。

（一）媒介

"媒介"是指使双方发生关系的人或事物。在华夏教育传播活动中，教育媒介是重要的一部分。它作为教育信息的载体，在教育传播过程中总是和教育信息结合在一起出现的。媒介是从英文词 medium 翻译而来的，这个英文词的原义是"介于两者之间"。从广义看，它指称一切起媒介作用的事物。在传播过程中，它是指承载信息的或传输和控制信息的材料和工具。报刊、书籍，图片、录音、幻灯片、

---

① 杨勇：《"罢黜百家，独尊儒术"的历史考察——以"六艺之科"与"孔子之术"的分合为中心》，《文史哲》2019 年第 6 期。

电影，录像，电视，激光唱片以及计算机磁盘等都可能成为教育传播中的媒介。在教育传播的组成要素中，媒介是我们研究的重点。教育媒介是从教育传播的意义上来说的，离开了传播过程便无所谓媒介。在华夏教育传播活动中，牵涉到的媒介包括口头媒介、文字媒介、印刷媒介等。教师和学生在教育传播中选择何媒介，要看具体的历史条件，其中包括经济能力、受者条件、技术水平和管理因素等。

教育传播活动，非常重要的媒介是口头媒介，即以口耳相传的方式进行知识的传授。口头传播主要借助有声语言进行的信息传播与交流。人类最原始、古老、普遍、基本的传播形式，其他传播形式的基础。朝戈金在《作为认识论和方法论的口头传统》指出：口头传统作为古老而又常新的信息交流方式，一直未得到学界应有的重视。在人文学术领域，口头传统关涉人类认识世界和呈现世界的方式，是人类观念传承和知识传递的过程和结果。探讨口头传统及其与人类活动最具广泛性和多样性的内在关联，不但具有认识论价值，而且具有方法论意义。[1] 口头传播简便，一般不需借助其他媒介，易于表达感情，易于达到相互理解和沟通，效果明显，反馈迅速、及时。古代的圣贤之教都是以口耳相传的方式展开的。潘祥辉《传播之王：中国圣人的一项传播考古学研究》从文字训诂的方式解读繁体"圣"字，"耳""口""王"的组合表明圣人之原型即拥有超凡传播能力，能够沟通天地人神、偏倚耳听口传的"传播之王"，"圣"在中国文化中所具有的全部合法性即植根于此。后世圣人的形象与内涵多有变异，但其多知、善听、善施教化的角色一脉相承。[2]

从口头媒介到文字媒介，对于华夏教育传播有着重大意义。文字记录了口语的声音，它可以脱离发出声音的人而单独存在。无论是书于竹帛、镂于金石、琢于盘盂，相对口语而言，都可以长期存留于世，并可被人们带往四面八方。陆正蛟《口语与文字的媒介化探微》指出：口语和文字作为不同的媒介具有不同的物质属性和偏向性，在媒介发展变迁的过程中会发生变化同时也会产生不同的影响。口语和文字对记忆力的要求不同，从而在媒介变迁过程中社会话语权力也发生了转移。[3] 文字的产生是人类传播史上继语言出现之后的第二个重要的里程碑，文字的出现标志着人类传播原始时代的结束、文明时代的到来。张虹《文字传播与文明：基于两种文字系统的起源、发展和特征》从传播学视角来看将对世界两大文字系统——象形文字与拼音文字的起源、发展及其特征进行对比，来探究文字与文明

---

① 朝戈金：《作为认识论和方法论的口头传统》，《内蒙古社会科学（汉文版）》2019 年第 2 期。
② 潘祥辉：《传播之王：中国圣人的一项传播考古学研究》，《国际新闻界》2016 年第 9 期。
③ 陆正蛟：《口语与文字的媒介化探微》，《传播力研究》2019 年第 20 期。

的互动关系。①

中国最早的文字甲骨文构成了最早的文字媒介形式，在殷商教育传播中起着举足轻重的作用。阴崔雪《基于甲骨文的殷商学校教育研究》以甲骨文为重要的研究材料，指出大量的书辞、习刻和绘画类甲骨说明殷商统治者注重对于学生基础的训练，殷商时期的礼乐射御是重要的学习内容，从甲骨文中可以看出礼乐射御的学习内容十分丰富。② 从甲骨文到金文转变也发生于殷商之际，赵云泽、董翊宸通过对甲骨文、鼎彝金文起源、孕育文化及记述内容的详细考察后发现，甲骨文向金文转变，并不是简单的文字介质转变，而是伴随着"巫史理性化"过程的一次媒介革命。它标志着宗教信仰、权力结构、社会文化、文字传播内容的全面颠覆性的变革。③ 伴随人类的进步和媒介的祛魅化，文字完成了从"人与神"的媒介转变为"人与人"的媒介，文字典籍成为知识阶层阅读学习的主要媒介。汉初学术的迅速恢复和经学的发达使西汉成为与战国并列的简帛时代鼎盛期。李建华《西汉知识阶层的阅读与典籍的散佚》通过出土墓葬简帛观，挖掘西汉时期知识阶层的阅读内容和偏好，还能觅见意识形态转变对阅读产生的微妙而复杂的影响。④

在数几千年的华夏教育传播历史中，大量古代书籍的保存对我国古代教育传播的文献。从书籍诞生知道今天，它一直是教育传播的主要媒介。置身古今中外的教育机构，教育者一般都以书籍作为依据进行教学活动，此时他传授的知识和经验已不限于他本人的了，还加上别人和前人留下的知识和经验，而且是经过一定的编排，有一定的系统性。正是在这个意义上，米靖《新出土简帛佚籍与中国教育史研究》认为简帛佚籍不断出土问世，其中包含有不少重要的教育史料，这些史料给中国教育史研究提供了新的内容和领域。⑤ 中国古代典籍对传统社会舆论的生成影响巨大，集中表现在对传统舆论的舆论主体、舆论环境、舆论工具及舆论传播效果层面。谢清果、徐莹《中国古代典籍对传统社会舆论的型塑探究》通过探讨古代典籍在引导、引发、控制舆论的主要路径，可以剖析统治者是如何利用典籍引导和控制舆论的。在此基础上，希望能够有助于理解和把握当代社会如何通过典籍的解读和传播更好地引导社会舆论，进而铺设贴合中国文化形态和价

---

① 张虹：《文字传播与文明：基于两种文字系统的起源、发展和特征》，《新闻战线》2019 年第 2 期。

② 阴崔雪：《基于甲骨文的殷商学校教育研究》，华东师范大学硕士学位论文，2019 年。

③ 赵云泽、董翊宸：《中国上古时期的媒介革命："巫史理性化"与文字功能的转变及其影响》，《新闻与传播研究》2019 年第 7 期。

④ 李建华：《西汉知识阶层的阅读与典籍的散佚——以出土墓葬简帛为中心》，《图书馆理论与实践》2019 年第 8 期。

⑤ 米靖：《新出土简帛佚籍与中国教育史研究》，《教育研究》2003 年第 3 期。

值观念的理论基础。① 宋代著名理学家朱熹编纂和刊刻了很多教育类书籍，特别是在刊刻书籍方面，在文人学者当中，这种现象实属少见。金雷磊《朱熹对教育类书籍的编刻及其影响》中指出：朱熹编刻的教育类书籍具有鲜明的理学特色；与同时代人相比，则重新树立起了新的儒学体系。通过编刻教育类书籍，促进了朱熹教育思想的普及和传播，推动了福建地方教育乃至全国教育的发展。② 中国传统家训书籍也是古代教育传播的重要载体，凝聚了修身养德、以孝为本、教子读书、节俭清廉的优秀家庭文化内涵。王雪倩《传统家训书籍的文化内涵及其在古代的传播》指出：古代家训书籍通过编辑刊刻来实现流通，最终依靠家庭诵读传承与书籍广泛流通进行传播，对古时家训文化创作风潮与环境的塑造、家族教育与文化精神的传承以及社会道德教化产生了重要影响。③

（二）机构

教学机构是为给学习者提供良好的学习条件。西周前后，社会上出现了专门教育机构。《孟子·梁惠王上》有云："谨庠序之教。"庠序这里泛指学校。《孟子·滕文公上》："夏曰校，殷曰序，周曰庠。"《礼记·王制》记载"天子命之教，然后为学。小学在宫南之左，大学在近郊。天子曰辟雍，诸侯曰泮宫。"④ 明堂、瞽宗、辟雍、泮宫、庠、序、成均、学、校、塾等，都是古代的教育传播机构。就教育传播机构的分类而言，有官学和私学之分。以上所言的先秦教育机构尽管名称各异，但大都属于官学传播机构。官学包括中央官学和地方官学，其中中央官学包括太学、国子学，算学、律学、武学等，地方官学则有府学、州学、县学、乡学、社学等。近代一些新式学校也多是从官方办学开始，如京师同文馆、福建船政学堂等。"学在官府"，这是中国古代士林群体形成的规则。中国教育传播机构也逐渐形成了中央官学与地方官学的完整系统。地方府州与县按两级行政设学，中央官学形成国子监和政府部门附属两个学校系统。国子监下辖国子学、太学、四门学和律学、书学、算学。根据其专门的人才需要设立学校，如太医署的医学、太卜署的卜筮学、太乐署的乐舞学、天文台的天文历数刻漏学、太仆寺的兽医学、门下省的弘文馆、东宫的崇文馆、尚书省的崇玄学等。其办学主体多样，专门教育比较发达，除弘文馆、崇文馆、崇玄学外，政府各部门办学均培养专业人员。

---

① 谢清果、徐莹：《中国古代典籍对传统社会舆论的型塑探究》，《南京晓庄学院学报》2019 年第 3 期。
② 金雷磊：《朱熹对教育类书籍的编刻及其影响》，《三明学院学报》2018 年第 1 期。
③ 王雪倩：《传统家训书籍的文化内涵及其在古代的传播》，《北京印刷学院学报》2019 年第 10 期。
④ 《礼记·王制》。

这些官学教育传播机构不仅为历代封建王朝培养了大批人才，推动了学术的发展，并且对其他国家也产生过积极的影响。

当然除了官学教育传播机构之外，私学诸如学堂、学馆、学舍等也是华夏教育传播活动中的重要机构。春秋战国时期一度私学兴起，诸子百家如孔子、墨子等教学都是以私学形式展开的。秦统一后又把私学全部禁止。自汉代起正式建立了官方教育体系，私学只是办学的补充及辅助形式。唐代末年以及五代时期，战乱频繁，国家官方文化教育机构衰落，很多士人开始以书院为形式创办私学。作为一个培养人才的教育传播机构，古代读书人依托书院开展藏书、修书、著书、读书、教书等文化传播活动。在古代教育传播中，书院发挥着重要作用，因此对于书院的研究成果也非常多。如顾宏义、刘向培的《道统之传：南宋南剑州书院与闽学的传播》、① 俞舒悦的《明代书院讲会的平民化传播研究》、② 蔡志荣的《清朝台湾书院发展特点及其儒学传播》③ 分别从不同角度对不同朝代书院的教育传播特色进行了探讨。叫探讨中国宋代、明代、清代的书院。有学者还专门探讨书院在中华文明对外传播中的重要作用，④ 有人则则探讨当代高校实行书院制的成效，并中国传统文化在大学生日常管理中的有效传播途径和积极作用。⑤

（三）流派

春秋战国时期，私学兴起，学术兴盛，百家争鸣。各门各派无不开展教育活动，以儒家最盛，号称"显学"，当然其他派别也开展了广泛的教育实践活动。但需要说明的是，中国古代教育的主体就是儒学教育，因此梳理华夏教育传播的流派也必然要梳理儒家教育传播思想。儒家非常重视教化，儒家的教化也是一种教育。沈顺福《教育便是教化：论传统儒家教育观念》认为儒家教育的目标是培养知识渊博、道德高尚、能够建功立业的人；儒家以仁义之道为主要内容。⑥ 焦传震《儒家仁和教育思想的析解》认为仁和文化是儒家文化体系的核心，也是其教育的统帅。在全球化进程中建立文化自信，也必然要建立中国化的现代教育体系，研

---

① 顾宏义、刘向培：《道统之传：南宋南剑州书院与闽学的传播》，《湖南大学学报（社会科学版）》2019 年第 3 期。

② 俞舒悦《明代书院讲会的平民化传播研究》，广西大学硕士学位论文，2019 年。

③ 蔡志荣：《清朝台湾书院发展特点及其儒学传播》，《理论月刊》2019 年第 12 期。

④ 耿志刚：《书院在中华文明对外传播中的重要作用》，《中国社会科学报》2019 年 8 月 5 日。

⑤ 武旭：《民办院校书院制下中国传统文化在大学生日常管理中的有效传播途径和积极作用》，《课程教育研究》2019 年第 33 期。

⑥ 沈顺福：《教育便是教化：论传统儒家教育观念》，《华南师范大学学报（人文社科版）》2017 年第 6 期。

讨仁和统帅的儒教教育也应成为一个自觉的任务。否则，就谈不上继承发展。① 孙峻旭《孔门教学的人文性探析》主要以《论语》中的师生问对为载体，探析孔门教学活动的人文特征和精神。孔门教学的人文性主要体现为注重塑造向善的道德人格、推崇高尚的人生理想和情趣、培育以责任感为内核的经世致用精神，这三个方面体现了孔门教学的核心在于"立人"，在于培养健康且富有魅力的人格。孔门教学的人文性教育应该成为现代教育的优秀示范。② 黄冬冬、黄明喜：《孔子"信"之教考辨》指出：孔子的"信"之教是一种道德教育，贯穿于如何为政、如何实践、如何成就仁德等诸多方面，是重要的道德教育科目。③

其他流派，诸如墨家、道家、法家也都是华夏教育传播的重要组成部分。墨家的科技教育在世界历史长河中居于重要地位，为中外科学研究做出了巨大的贡献。周沂《论墨家科技教育目标及其当代启示》指出墨家教育思想所特有的重视进取、创新、务实的科学伦理精神和创立的人才定位、培养等方法，为当代人才的培养原则、培养目标、培养方式等方面提供了可贵的启示，借鉴墨家科技教育对当代教育发展有促进意义。④ 道家道教文化是中国传统文化的重要组成部分，心性之学则是其中一项核心的内容。刘永明《道家心性修养与人文教育》结合大学人文教育的实践，探讨了道家道教的心性修养在现代人文教育中的价值。⑤ 道家认为万物在本真秩序下能够自然而然地发展，使之自然便能无为而为。徐飞、徐学福在《教育研究的道家智慧：无心、无意、无为》中指出：道家思想蕴含的"无"的精神为功利取向的教育研究找到了破解思路，研究者要有"无心""无意""无为"的心态和手段，秉持研究目的不苛求功利和实用、查阅资料无意向与不经意的理念，研究者才能潜入历史与实践之中，做出切合实际、经得起考验的教育研究。⑥ 先秦法家思想家商鞅、荀子、韩非子、李斯等，为先秦时期的变法改革提供重要的思想武器，形成一定特点，突出表现为作用性、激励性及独断性等。赵婧童《先秦法家农战教育研究》分析有关先秦法家农战教育的一手文献及其他相关资料和研究成果，探究法家农战教育形成的思想文化基础，概括先秦法家农战教育的主要特点，分析其历史影响。⑦ 肖国香在《先秦法家思想在法治教育中

①　焦传震：《儒家仁和教育思想的析解》，《陕西广播电视大学学报》2019 年第 4 期。

②　孙峻旭：《孔门教学的人文性探析》，《鄂州大学学报》2019 年第 3 期。

③　黄冬冬、黄明喜：《孔子"信"之教考辨》，《教育史研究》2019 年第 4 期。

④　周沂：《论墨家科技教育目标及其当代启示》，《汉字文化》2019 年第 18 期。

⑤　刘永明：《道家心性修养与人文教育》，《团结报》2019 年 8 月 22 日。

⑥　徐飞、徐学福：《教育研究的道家智慧：无心、无意、无为》，《教育研究与实验》2019 年第 4 期。

⑦　赵婧童：《先秦法家农战教育研究》，东北师范大学硕士学位论文，2019 年。

的应用》指出在当代法治教育中，要在法家教育思想中汲取思想资源，取其精华、去其糟粕，结合实际提高法治教育的实效性。[①]

四、冲击、内承与外播：华夏教育传播中的互动影响

观察华夏教育传播是一动态发展、开放融合的过程，对它进行研究不能静止地、孤立地研究华夏的教育传播实践，既要看到西方教育传播理论对中国教育传播的冲击与影响，又要看到中国教育传播思想对他国的传播与影响，同时也要思考华夏教育传播的思想资源对于当代中国教育传播活动有哪些启示。只有如此，我们才能够正确认知华夏教育传播研究的角色地位和现代价值，并以此指导教育传播实践活动。

（一）冲击

晚清之季，在列强侵略不断加剧的过程中，先进的中国人提出了"向西方学习"的思想，并不断地从经济向政治、文化推进着改革，深刻地影响着近代中国的社会变迁。在晚清各项社会改革中，教育改革是最具成效的一项改革。中国封建教育走向近代化的历程，冲破了封建传统教育制度和思想的重重束缚，从初步产生、逐步扩大到全面铺开。现代意义上的教科书是教育传播学中的重要组成部分，也是晚清中西文明不断融合下的学术分科和学制变革的产物。郭蔚然《晚清教会学校与历史教科书的编译》指出：晚清新式历史教科书，经历了从汉译外国历史教科书到国人自编历史教科书的发展过程，这一过程历时不过几十年，但却经历了由译介到自编，再到形成自我书写体系的转变。在这一过程中，晚清教会学校扮演着重要的角色。随着教会学校的发展，历史教科书的发展进入新的阶段，并且影响着晚清士人的思想，推动着华夏教育传播学的发展。[②] 吴晨娜《晚清陕西创办新学过程中的矛盾与困难》梳理晚清陕西创办新学过程中的种种矛盾：中上层官员与地方官吏的办学态度相互背离；善后局购置大量书籍，而各地领购者寥寥；合阳县所办小学堂堪称典范，但实际与所定章程脱节严重；地方筹措经费手段不一，毫无定制，困难良多。[③]

学者开展教学研究以民国时期为开端。民国时期的"教学"研究经历了三个阶段，每个阶段呈现出了不同的特征。侯怀银、王玲玲《民国时期的"教学"研

① 肖国香：《先秦法家思想在法治教育中的应用》，《中学政治教学参考》2019 年第 24 期。
② 郭蔚然《晚清教会学校与历史教科书的编译》，《河南师范大学学报（哲学社会科学版）》2019 年第 3 期。
③ 吴晨娜：《晚清陕西创办新学过程中的矛盾与困难》，《渭南师范学院学报》2019 年第 7 期。

究》以民国时期教育学著作和教材为基础的考察民国时期的"教学"研究，指出民国时期的教育学研究者主要围绕教学概念、教学的目的和意义、教学的基础与根据、教学的原则与方法、教材以及学制几方面展开，吸收借鉴了西方和其他学科研究成果，对"教学"研究进行了本土化改造，使"教学"研究成为独立的研究领域。① 李允《国外教学方法中国化的 70 年历程：贡献、羁绊及超越》指出：国外教学方法中国化 70 年的历程呈现出了批旧倡新唯"苏"独尊、反思修正另辟蹊径、全面批判内生原创、恢复引介逐层深化、兼容并蓄迅捷吸纳的阶段性特点；在顺应我国教学方法改革的时代需要、促进教学方法研究的方法论转换、激活教学方法中国化研究开放的学术生态等方面作出了显著的贡献；但也存在着教学方法本土研究理论自觉的缺失和国外教学方法本土化实践诉求虚妄的羁绊；扎根中国的教学实践，濡化和涵化交互，是国外教学方法中国化的理性超越。②

在欧美教育学的影响下，中国教育传播研究出现了"理论范式压倒问题意识"的问题，中国丰富的教育传播实践成为印证西方教育传播理论的案例。因此，需要建构扎根本土的教育传播学，不仅要关注时代问题，借鉴外国理论，更要扎根本土文化，续接教育学的根和魂。正是在这个意义上，有学者提出从"教育学中国化"到"中国教育学"的口号，认为只有走"中国教育学"的原创发展之路，才能使中国的教育学真正实现与世界教育学的对话与接轨。③ 然而，教育传播研究的本土化并非坦途，存在很多研究困境。安富海《中国教育学本土化研究的困境及超越》中国教育学本土化研究的努力主要集中在对中国国情和问题的关注上，一定程度上推动了中国教育实践的发展，但大部分研究没有突破异域理论框架和方法论的规约。异域理论框架、基本范式和基本概念规约下的中国教育学本土化研究，态度积极、观点正确、逻辑清晰的论证背后，隐藏着一个自己已经深陷其中但处在无意识状态且视为理所当然的"理想图景"。这种不从事学术对话，只需将数据和资料套入不同公式即可完成的教育学研究只能沦为异域理论的"习作"。中国教育学研究者应基于中国文化特质，运用自己的概念、理论揭示根植于中国本土情境中的教育问题，形成教育学研究的中国概念、中国理论、中国思想和中国经验以贡献于世界教育学术的发展，进而赢得世界教育学术界的尊重。④

---

① 侯怀银、王玲玲：《民国时期的"教学"研究——以民国时期教育学著作和教材为基础的考察》，《河北师范大学学报（教育科学版）》2019 年第 5 期。
② 安富海：《中国教育学本土化研究的困境及超越》，《课程 . 教材 . 教法》2019 年第 10 期。
③ 袁德润：《从"教育学中国化"到"中国教育学"》，《现代教育论丛》2008 年第 3 期。
④ 安富海：《中国教育学本土化研究的困境及超越》，《教育研究》2019 年第 4 期。

（二）内承

现代中国的教育传播研究受到了欧风美雨的冲击，走上了打倒中国教育传统、膜拜西方教育理论的道路。但回顾百年历程，我们才会发现失去了真正宝贵的中国教育的历史传统。党的十八大以来，党中央高度重视中华优秀传统文化的传承和发展，开拓了传统文化传播的新格局，使之努力成为实现"两个一百年"奋斗目标和中华民族伟大复兴中国梦的强大力量。2017 年政府已经将"全面复兴传统文化"作为重大国家战略提出。现在我们又重新反思百年前的教育改革问题，需要重新阅读吸取华夏教育传播中的丰富经验和优秀传统。首先是文化经典的阅读学习。中华元典是中华文化的重要载体，中华文明不中断的一个主要原因就是注重对中华经典，特别是中华元典的传播和传承。施宇的《中华元典传播的特征、历史实践及当代意义》中华元典传播在历史的传播长河中具有传播主体阶层性、传播渠道多元性、传播内容稳定性、传播对象广泛性、传播效果双重性的特征，其传播实践对当今具有重要意义。①重视元典阅读很多经典书籍面临再版的问题，蒋红涛《国学经典图书出版的推广与传播》以"孔学堂·国学图书博览会"为例探讨国学经典图书出版和中华优秀传统文化传播的问题。②郑晓云《指向经典传承和文化传播的小学传统文化教育研究》以济南市历下实验小学为例，探索经典研习与双语实践活动在传统文化教育中的实施策略，以经典研习为根基，大力弘扬中华优秀传统文化，以双语实践活动为实施途径，加大传播力度，将经典研习作为底色，以双语传播作为特色，构建底色加特色的多元立体化传统文化教育体系。③在"以文育人"背景下，儒家经典著作融入高校思政课教学有助于增强高校大学生的文化自信、塑造大学生高尚的人格和丰富高校思政课的教学资源。张小云《"以文育人"背景下儒家经典著作在高校思政课教学中的运用》建议在思政课上，通过课堂教学引经据典、儒家经典著作分享讨论会和儒家经典诵读的形式，将儒家经典著作融入思政课，采用多样化教学方式和塑造"以文育人"的儒家经典校园文化，深刻挖掘儒家经典著作的文化底蕴，充分发挥思政课的教育功能。④

传统教育思想对现代医学教育的启示价值也是学界探讨的重点。门元元《新时代下儒家文化对医学生教育的启示》认为新时代语境下，仁爱思想、人命至上的传统医德应与现代医学及当代医学环境相结合，继续指导医学生在治病救人这

---

① 施宇：《中华元典传播的特征、历史实践及当代意义》，《新闻爱好者》2020 年第 2 期。

② 蒋红涛：《国学经典图书出版的推广与传播——以"孔学堂·国学图书博览会"为例》，《新阅读》2019 年第 11 期。

③ 郑晓云：《指向经典传承和文化传播的小学传统文化教育研究》，《人文天下》2019 年第 17 期。

④ 张小云：《"以文育人"背景下儒家经典著作在高校思政教学中的运用》，《法制与社会》2019 年第 4 期。

条路上坚定前行。① 刘晨《儒家心性修养学说与医学生德育教育相融合的理论与现实路径》探讨儒家心性修养学说与医学生德育教育相融合的理论与现实路径问题。② 生活教育是古典儒家教育思想所蕴含的重要思想，具有丰富的内涵和重要意义，对当代教育也有重要的参考价值。庞瑞翰《古典儒家教育思想对于生活教育体系的启示》认为现代生活教育体系的构建，需要探究古典儒家教育思想，汲取丰富的教育资源。③ 中国书院教育在现代化的发展中充分体现了新时代中华优秀传统文化创造性转化、创新性发展的核心精神，不过，在复兴的同时也出现了一些复古的反现代化的倾向，需要在理念上明确"新旧""古今"的调和。戴美玲、杜华伟《新时代中国书院教育现代化的理念与实践》以厦门筼筜书院为例厦门筼筜书院作为现代社会建设书院的典型的代表，以"旧学商量、新知培养"的办院理念，创新书院教育现代化的实践模式，涵盖了教学、管理以及特色运营，将经典的教育、组织的运营、传统文化的现代化传播都转化为现代化的方式，启发新时代书院教育需要。经典教育对接现实需求，多方办学形成整体合力，书院建设对接文明实践，有利于进一步提炼和展示优秀传统文化的当代价值与意义。④ 书法既是文化精粹，也是文化传承载体。书如其人，书法是中华优秀文化的修养和传承，还能够修身养性。尹秀坤《以书法教育为载体弘扬中华优秀传统文化》以重庆市渝北区第三实验小学的"墨香教育"为例，建议中小学大力开展基于"墨润童心，创美人生"主旨的传统文化教育活动，将其作为学校落实立德树人根本任务的抓手，着力培养学生"文化底蕴"的核心素养，实现了校园文化建设与中国优秀传统文化的融合发展。⑤

（三）外播

目前，中国政府大力加强文化对外传播的力度，致力于中国文化"走出去"战略。其实在华夏教育传播史中有着丰富的案例。唐朝开放的对外政策为中日友好往来提供了良好的外在条件。七至十世纪，日本对汉文化有强烈的需求，通过派遣使者出访唐朝，加深了两国情谊，使得唐朝成为中日政治文化交流承前启后的重要时期。在此背景之下，汉籍通过各种方式大量传入日本，对日本政治文化

---

① 门元元：《新时代下儒家文化对医学生教育的启示》，《文化创新比较研究》2019 年第 30 期。

② 刘晨：《儒家心性修养学说与医学生德育教育相融合的理论与现实路径》，《中国医学伦理学》2019 年 11 期。

③ 庞瑞翰：《古典儒家教育思想对于生活教育体系的启示》，《文化学刊》2019 年第 8 期。

④ 戴美玲、杜华伟：《新时代中国书院教育现代化的理念与实践——以厦门筼筜书院为例》，《集美大学学报（教育科学版）》2019 年第 6 期。

⑤ 尹秀坤：《以书法教育为载体弘扬中华优秀传统文化》，《中国教育学刊》2019 年第 S2 期。

建设影响巨大，其中汉语诗学发展尤为突出，开启了日本一代汉诗学风气。李佳《唐日书籍传播及其汉语诗学教育影响考论》梳理唐代中日书籍交流过程，并对书籍活动与日本汉诗学发展的关系作深入考察，解析书籍活动与日本汉诗学发展的关系。从世界格局分析唐日书籍活动的影响，特别指出其对"东亚汉文化圈"形成的作用。① 韩国作为东亚文化圈、汉字文化圈的一员，与中国有着密切的文化历史关系，深受儒学思想影响，白璐的《儒学典籍在韩传播及接受研究文献综述》以《论语》为例研究儒学典籍韩译本的传播及接受现状对构建典籍对外传播机制有重要的启示作用。② 中国古代蒙学典籍承载着深厚的中华优秀文化传统，在世界各地得到了广泛传播，对世界文明产生了深远影响刘俞君、任晓霏《中国古代蒙学典籍的海外传播及其影响》选取《千字文》在韩国的传播与影响作为研究案例，运用语料库文献追踪、问卷调查、实地考察等方法，探究《千字文》对韩国书法、文字和教育等方面的深刻影响，并讨论《千字文》在韩国广泛传播的内外动因。《千字文》对韩国文化的影响证明了中国文化对于汉字文化圈的构建力。③ 李灿、罗玉成《汉语典籍的编译、教学与传播方式探究》指出对外汉语教学要重视汉语典籍的编译，不断探索新的教学策略，提高教学质量，从而促进中国文化在海外的传播和交流。④

除了书籍传播，对外教育传播机构也是学界关注的重点话题。张品端《书院在中华文化对外传播中的作用》以朱子学在韩国书院为考察对象，探讨古代教育传播机构"书院"在对外教育传播中的独特价值。⑤ 介于官学与私学之间的孔庙也是中国教育传播的重要机构。自唐代而后，官学往往和孔庙相连而建，形成庙学合一的建筑形态，是传统王朝宣扬教化、尊孔重儒的重要场所。作为教育交流的媒介与载体，孔庙、孔教大学和孔子学院承前启后，一脉相承，均以孔子命名，以弘扬中华民族文化为根本宗旨，在中外教育交流中发挥了重要作用。王坦《从孔庙到孔教大学再到孔子学院——对外教育交流机构嬗变的历史进程及启示》回顾三者兴衰的历史进程，探究影响其嬗变的重要因素，得到诸多启示：国家实力是对外教育交流机构存在与发展的根本保障；以儒家文化为主干的传统文化是对外

① 李佳：《唐日书籍传播及其汉语诗学教育影响考论》，贵州师范大学硕士学位论文，2019 年。

② 白璐：《儒学典籍在韩传播及接受研究文献综述——以〈论语〉为例》，《文化创新比较研究》2019 年第 32 期。

③ 刘俞君、任晓霏：《中国古代蒙学典籍的海外传播及其影响——〈千字文〉在韩国》，《文教资料》2019 年第 7 期。

④ 李灿、罗玉成：《汉语典籍的编译、教学与传播方式探究》，《高教探索》2019 年 12 月。

⑤ 张品端：《书院在中华文化对外传播中的作用——以朱子学在韩国书院为考察对象》，《新阅读》2020 年第 1 期。

教育交流的思想灵魂；要以本地善于接受、喜闻乐见的方式开展教育交流。① 佟迅的《基于孔子学院的中华文化海外传播理念创新研究》在新的国际背景和历史条件下，以孔子学院为主导的中华文化海外传播，必须更新理念，与时俱进，全方位为大国外交方略服务，立足本土，与当地受众加强互动；调动一切资源，与相关机构全面合作，组织高效的传播活动，提高中国文化的海外影响力。②

　　除了媒介传播（书籍）、机构传播（书院、孔子学院）在对外教育传播之外，语言传播本身凝聚着文化元素，也是我们必须要提及的。在对外汉语教学中，汉字教学一直是难点，但是汉字又是学习者学习汉语、学习中华文化的有效途径，学习者对汉字的掌握程度也影响了汉语学习者听、说、读等其他技能的提高。学习者大多来自不同的文化背景，在学习汉字的过程中，他们面临很多跨文化问题。刘明编著《通往文化传播之路》围绕汉语国际教育和文化传播路径的学术探索，内容涉及中亚来华留学生课堂教学优化实证研究、新疆汉语国际教育专业发展的区域特征等理论思考、吉尔吉斯斯坦伊塞克湖州孔子课堂汉语言文化传播现状、留学生中国传统节日认知状况调查等。本书从理论探索、实地调研和学术翻译三个方面呈现汉语国际教育与文化传播的探究。③ 王若楠的《跨文化视角下的对外汉字教学方法初探》本文从跨文化视角出发，分析对外汉语汉字教学的现状及意义，并针对跨文化背景下汉语学习者汉字学习的难点，提出相应的对外汉语汉字教学方法。④ 中国书法是汉语学习中的重要组成部分，也是中国文化国际传播最有效载体和切入点。陶立敏的《中国书法国际传播中教材、教法与师资问题的思考》针对中国书法在国际传播中缺少合适的教材、在教学方法上缺乏有效模式、急需专业教师等问题进行了研究；在编写教材方面要考虑汉语的形声义及高频汉字，书法教学要融入中国文化，要多方面培养书法传播人才，以期更好地推动中国书法在国际上的传播。⑤

结语

　　综上，华夏教育传播研究在诸多问题上都已经进行了有价值的学术研究，积累了丰厚的研究成果，尽管这些研究是碎片化的、缺乏体系的，但华夏教育传播

---

① 王坦：《从孔庙到孔教大学再到孔子学院——对外教育交流机构嬗变的历史进程及启示》，《扬州大学学报（高教研究版）》2019 年第 5 期。
② 佟迅：《基于孔子学院的中华文化海外传播理念创新研究》，《艺术百家》2019 年第 6 期。
③ 刘明编著：《通往文化传播之路》，北京：知识产权出版社，2019 年。
④ 王若楠：《跨文化视角下的对外汉字教学方法初探》，《教育教学论坛》2019 年第 19 期。
⑤ 陶立敏：《中国书法国际传播中教材、教法与师资问题的思考》，《沈阳工程学院学报（社会科学版）》2019 年第 3 期。

研究却有着日益坚定的步伐，华夏教育传播学也是呼之欲出的。这源于教育传播学本土化的切实努力和华夏教育传播的学术自觉。清末民初之季，教育传播学的建构一开始就采取了"中断传统"和"全盘引进"的方式，使得中国的教育传播学离"根"离"土"。理论移植的背后是必然伴随着价值观念、思维方式等的渗透。回望中国百年教育传播的理论研究与现实实践，都让我们为华夏教育传播传统的遗弃而倍感汗颜，同时会不自觉生出建构华夏教育传播学的学术努力。建构华夏教育传播学，需要立足于中国自己教育传播的历史传统，真切地关注中国丰富生动的教育传播实践。华夏教育传播必须来自中国历史上丰富的教育实践，离开了中国的教育实践，搬用西方的教育理论和传播理论，这种实践很难产生出华夏教育传播学，充其量只是为西方理论做注脚。华夏教育传播研究者只有真诚地介入教育实践，才能找准教育传播学的生长点，使华夏教育传播学具有旺盛的生命力。唯有如此，华夏教育传播学才能够在世界教育传播学术界发出自己的声音，为世界教育传播做出自己独特的贡献。

2019 年华夏组织传播研究综述

蒋银 *

(《贤文化》编辑部 江苏常州 213200)

摘要： 在复兴传统优秀文化已成为社会共识的时代背景下，华夏组织传播研究已越发受到学界关注。本文通过对 2019 年及前后华夏组织传播研究成果的归纳梳理发现，该领域在 2019 年已显示逐渐成为学界研究的热点，教育学对该领域具有持续关注，经济发达地区的研究关注度更高。企业管理、社区教育和学校教育是主要的研究视角，其中从学校教育视角出发研究成果丰富度最高。研究类型上较之 2018 年，该领域的实证研究占比提升，个案分析、问卷访谈调研是常用的研究方法。总体而言，2019 年华夏组织传播研究领域涌现出了多学科、多视角的研究成果，但在研究者合作度、基础理论系统性与扎实度等方面仍有待加强，期待在今后进一步拓展深入。

关键词： 传统文化；华夏传播；组织传播；研究综述

党的十八大以来，习近平总书记曾多次强调"文化自信"。优秀传统文化作为中华民族的"根"与"魂"，其重要意义再次得到彰显。因此，在复兴优秀传统文化已成为社会共识的时代背景下，深耕华夏组织传播研究其重要性不言而喻。近年来，这一领域也吸引了越来越多学者的关注。本文旨在通过对 2019 年及其前后华夏组织传播研究成果的总揽和精梳，揭示出现有研究的学术样态及主要观点，并对领域研究现状进行总结思考，以为学界提供参考。

本文以中国知网为主要数据来源，同时利用读秀学术搜索、超星发现、百度学术等资源平台，以"(华夏 OR 华夏文明 OR 传统文化) and 组织传播"为检索范式，将发文时间选定为 2019 年 1 月 1 日至 2019 年 12 月 31 日，显示结果 249

---

* 作者简介：蒋银，《贤文化》编辑，东南大学图书馆学硕士，研究方向：贤文化与盐文化。

条，经人工筛选过滤后得密切相关文献 88 篇，资源类型包括期刊文献、报刊文献和硕博士论文。结合主题相关性、期刊影响因子，论文下载被引量等指标，本文仔细研读文献 41 篇，学术著作 3 部。

一、2019 年华夏组织传播研究的样态表征

本文在梳理文献时，同时汲取了 2017 年、2018 年的华夏组织传播研究成果数据。在此基础上，对所收集文献的发文时间、所属学科、发文作者、发文机构及所在地等关键信息进行提取。据此，本文发现近三年来华夏组织传播研究呈现出一定的发展趋势、学科属性、机构属性、地域属性、研究热点特点。

从发文数量趋势来看，华夏组织传播研究成果数量连续三年呈逐年增长态势。其中，2017 年至 2018 年，研究成果数量从 21 篇平稳增长至 29 篇，2018 年至 2019 年，研究成果数量骤增至 88 篇，超过 2017 年和 2018 年两年发文数量总和。此研究趋势展现出华夏组织传播作为新兴研究领域，逐渐引起学者关注，并且已逐渐成为研究热点。

同时，本文在对采集文献进行内容分析的基础上，统计了 2019 年华夏组织传播研究类型。结果显示，全年研究成果中，理论型研究占比 64%，实证型研究占比 36%。作为新的研究领域，基础理论性研究仍占多数，但基于理论的实践探索、调研调查、案例剖析等实证研究也已逐步展开，显示出该领域研究的理论应用化发展趋势。

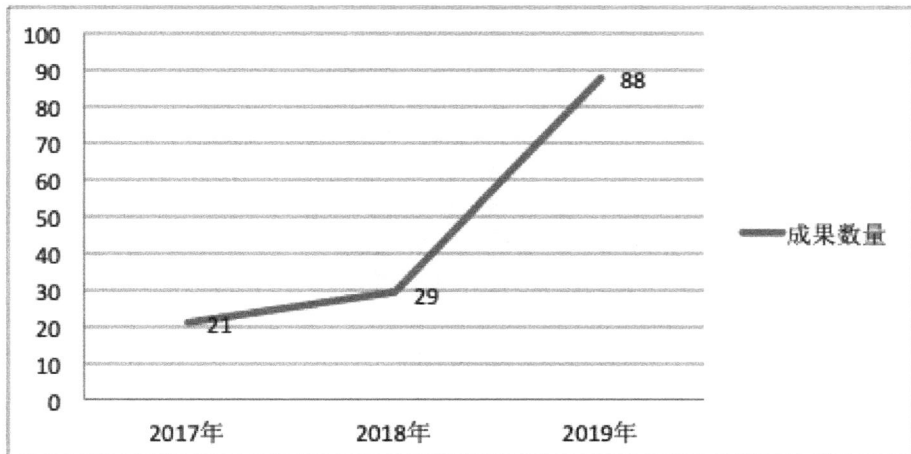

图 1 2017—2019 年华夏组织传播研究成果数量发展趋势图

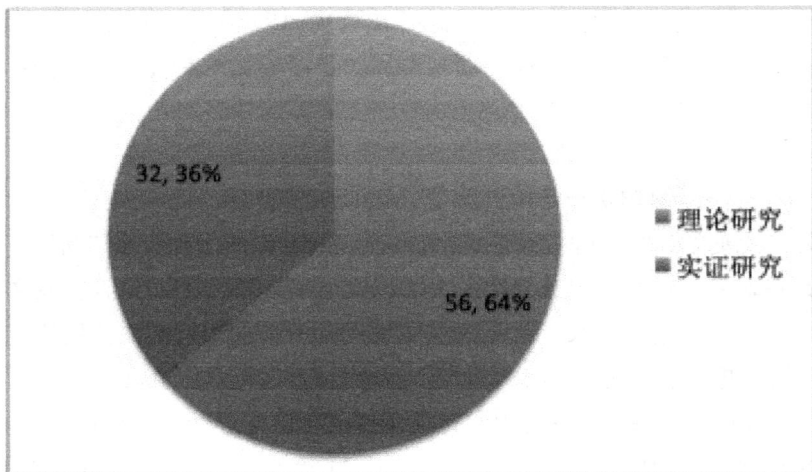

图 2　2019 年华夏组织传播研究类型统计情况图

本文根据文献分类号对文献所属学科进行了分类，文献所属学科属性呈现出华夏组织传播研究是涉及多学科的研究领域，2019 年华夏组织传播研究涉及教育学、传播学、管理学、政治学、体育学、哲学、社会学、医学、语言学、民俗学、艺术学多个学科。其中，教育学、传播学、管理学对该领域关注度更高，教育学研究成果数量更占比 54%，超过全年总研究成果数量半成。

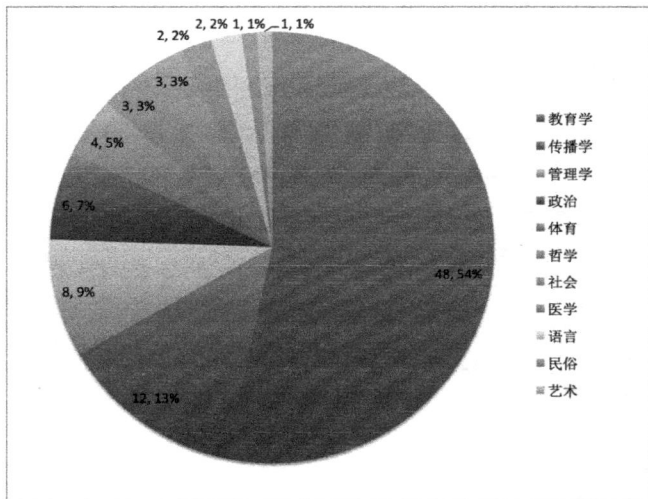

图 3　2019 年华夏组织传播研究成果文献学科从属情况示意图

本文进一步统计了 2017 年和 2018 年教育学、传播学、管理学华夏组织传播研究成果情况，并与 2019 年情况进行综合比对，结果如图 4。可见，在三年的研究中，管理学研究持续递增，该学科对研究的关注度稳步上升。教育学、传播学相关研究成果在 2019 年有明显增加，教育学成果更呈"井喷"态势，该两类学科对华夏组织传播研究领域具有密切关注。

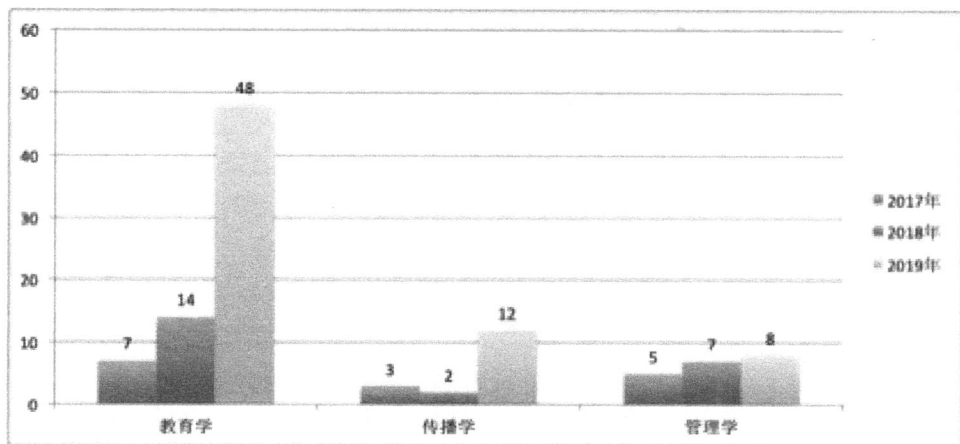

图 4　2017—2019 年华夏组织传播研究成果各学科成果数量示意图

本文根据文献作者信息对作者所属机构情况进行了统计分析，作者所属机构类型情况如图 5。教育学是对华夏组织传播研究最为关注的学科，与之对应，作者所属机构中，学校占比高达 60%，高等院校、中小学、幼儿园均有涉及，而其中又以高等院校为主。此外，参与华夏组织传播研究的作者机构还有社区、乡村、企业等。总体而言，高等院校、社区、中小学参与研究较多。

本文进一步对 2019 年华夏组织传播研究作者所属机构所在地域按省份进行了统计，结果如图 6。可见，作者所属机构地域分布基本呈自东向西的下降趋势。作者所属机构主要集中于我国中东部地区，其中沿海地区更为集中，江苏省和广东省分别有 11 所和 7 所机构参与研究。西部地区参与研究的机构明显较少，其中新疆、西藏、青海等地尚无机构参与到华夏组织传播研究中。

结合地区经济发展状况，可发现，经济发展程度与华夏组织传播研究关注度有一定关联。我国长三角、珠三角、环渤海三大经济圈代表我国经济发展的最高水平，这些地区也是华夏组织传播研究作者所属机构的集中区域。经济发展是文化发展的基础，文化是经济的反映，地区经济的良好发展促使着区域内的机构和学者关注文化研究。

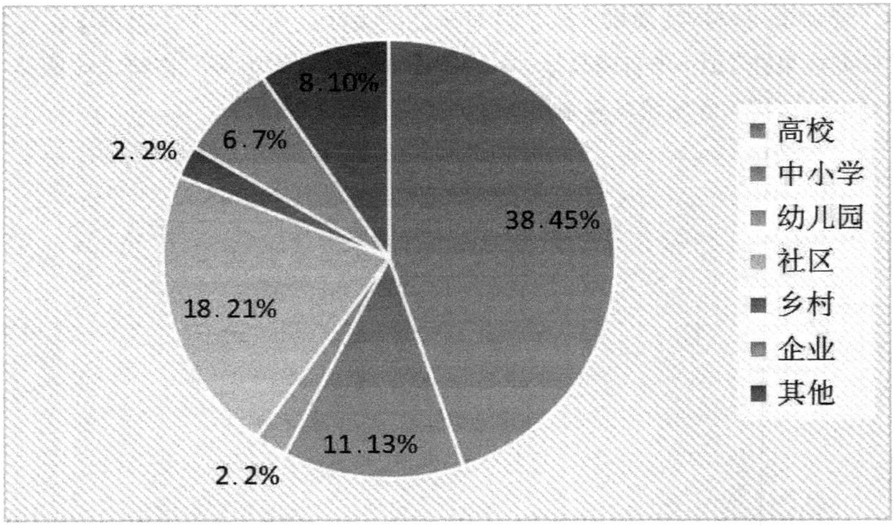

图 5　2019 年华夏组织传播研究作者所属机构类型情况图

　　本文对收集到的 2019 年华夏组织传播学术成果题目进行了主题词提取与统计，并绘制了研究成果主题词云图，据此可初步揭示现有研究的主题热点情况。可见，传统文化、传播是华夏组织研究的两大关键对象。高校、社区、企业是研究的主体。研究聚焦于现状分析、理论思考、实践探索、策略模式总结等。

图 6　2019 年华夏组织传播研究成果题目主题词云图

为深入了解该领域研究的动态特征，本文将收集到的 2017 年至 2019 年的华夏组织传播研究成果数据导入 Citespace 可视化软件，对此领域研究成果进行计量分析，并将研究作者及机构合作情况、研究主题热点及变迁情况等以科学知识图谱的方式展现。

如图谱所示，华夏组织传播研究领域吸引了大量学者关注，但其作为较新的研究领域，尚未出现该领域的核心作者。如图 7，该领域作者呈分散式分布，绝大部分作者发文量为 1 篇，发文量为 3 篇的潘子君和 2 篇的孙鹏已在图谱中明显突出于其他作者。领域内，少部分学者进行了合作，主要为吕晓澄、刘京雨和凌楚岚、李静和李玉雄，杨梦杰和于宝莹，刘卉和王虹，汤梅和吴艳，刘祎亚和卜欣，田兆元和游红霞，华云刚和崔涛。

从作者所属机构图谱来看，高等院校是该领域最为主要的研究机构，且学院的学科类型广泛，这与前文所述相印证。机构中主要是部分高等院校进行了校内外合作，如广西民族大学相思湖学院和马克思主义学院，冀中职业学院初等教育系和校教务处，成都大学外国语学院和阿坝师范学院民研所，吉首大学历史文化学院和中央民族大学教育学院，吉林工业职业技术学院和北华大学马克思主义学院，华侨大学文学院、马克思主义学院和厦门大学马克思主义学院。

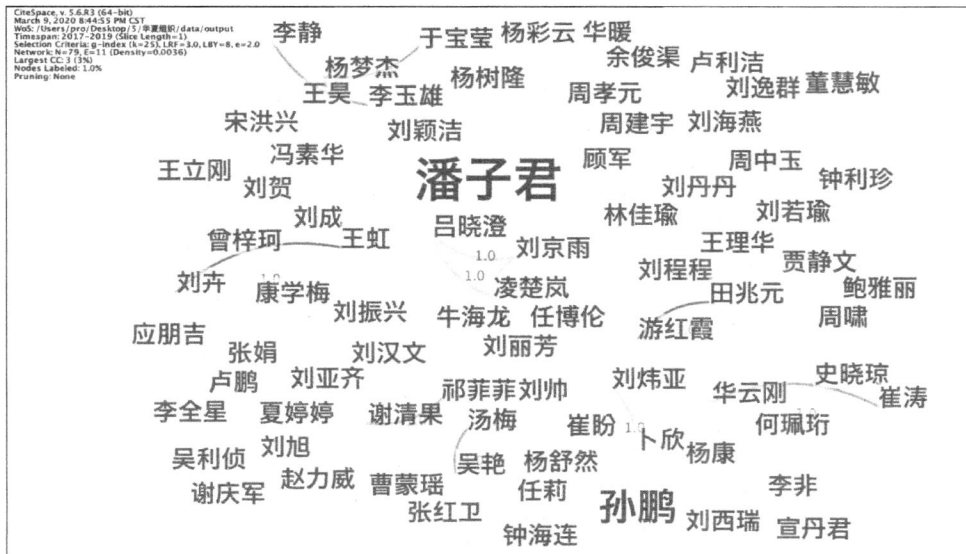

图 7　2017—2019 年华夏组织传播研究作者及合作情况示意图

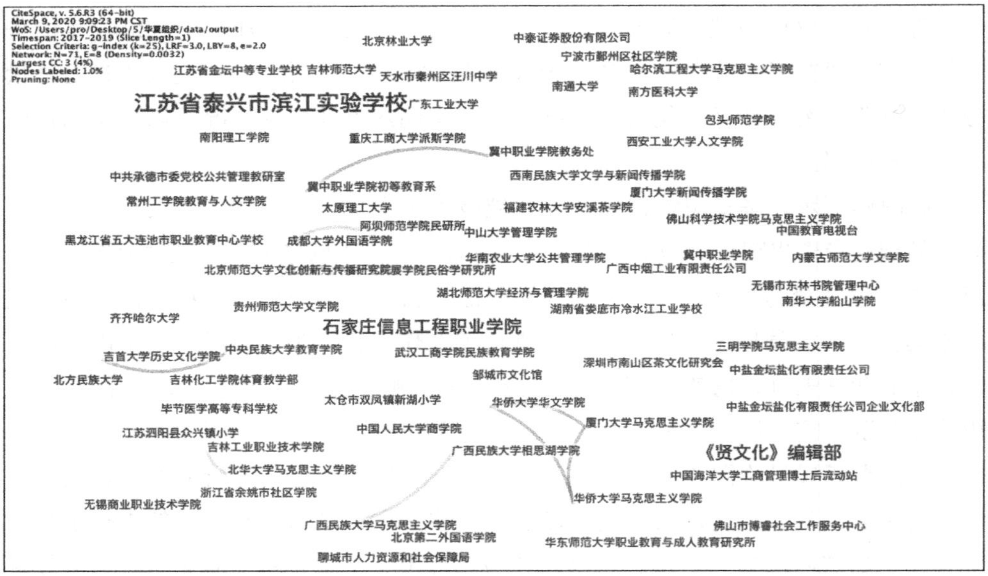

图 8　2017—2019 年华夏组织传播研究作者所属机构及合作情况示意图

本文利用软件对 2017 至 2019 年华夏组织传播研究成果进行主题时序分析，以了解该领域研究的主题变迁情况，结果如图 9。可见，该领域研究具有明显的阶段性特征。企业、社区、学校是进行该领域研究的主要力量，但传统文化与社区教育，传统文化与企业文化的主题集中在 2017 至 2018 年，自 2018 年起的后续代表性研究不足，而学校则贯穿此研究领域，且研究愈发丰富。2017 至 2019 年，参与华夏组织传播研究的学校类型越发丰富，2017 年起，部分中职院校和高职高专院校首先涉足该领域研究，2018 年，普通高等院校成为研究主力，2019 年，中小学也参与到研究中。此外，有关校园传统文化传承传播的研究主题也在发生变化，从研究具体的民族文化、儒家文化、文化传承开发路径，演变为对传统文化渗透教育管理、传统文化与思想政治教育的融合等的探究，继而再转变为对基于校园教育的传统文化对外传播、传统文化教育教学方式、传统文化传承传播实现路径等的重点关注，侧重从理论研究逐渐向应用研究倾斜，研究出发点进一步拔高，研究深度进一步拓展。

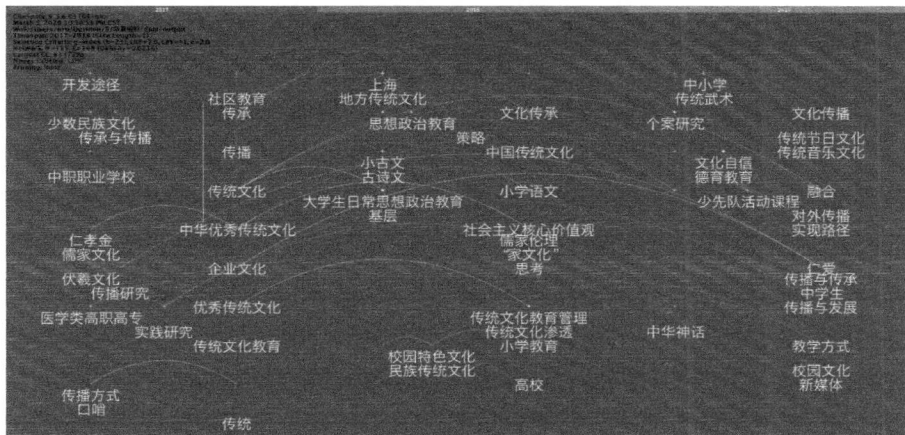

图 9　2017—2019 年华夏组织传播研究主题时序变化示意图

对 2017 至 2019 年华夏组织传播研究关键词进行聚类后，得图 10。结合聚类图和文献数据分析可知，近三年来，华夏组织传播研究以校园对传统文化的传承传播为最主要内容，且涉及各学校类型，研究内容涵盖传统文化与多类型课程的融合、传统文化对外传播、传统文化教育教学方式、新媒体环境下校园对传统文化的传承传播等诸多研究主题。此外，传统文化与社区教育、传统文化与家庭教育、传统文化与企业文化也是可见的研究关注点。

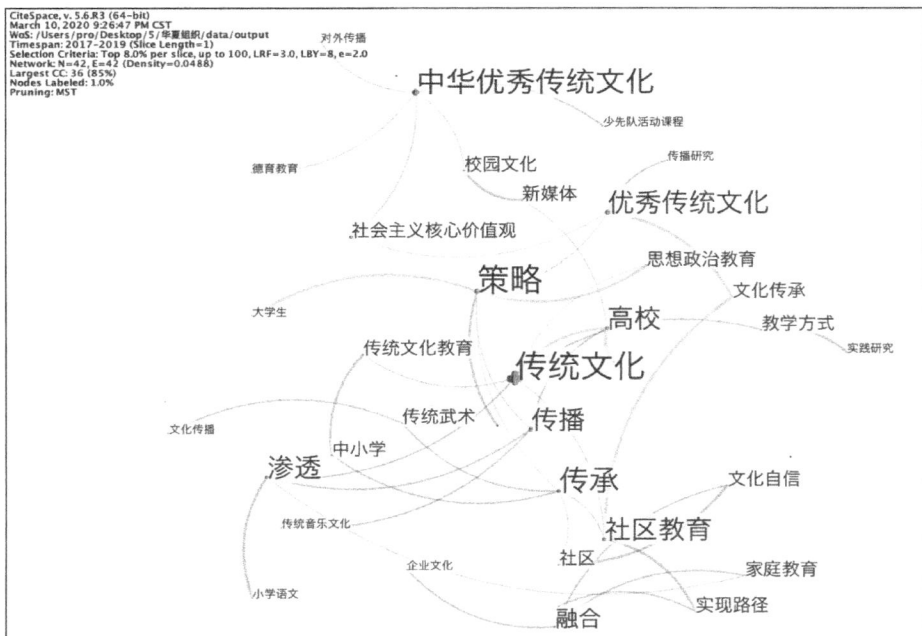

图 10　2017—2019 年华夏组织传播研究关键词聚类示意图

二、2019 年华夏组织传播研究的观点深描

由前文对 2019 年华夏组织传播研究学术样态的总体表征，可发现华夏组织传播引起了教育学、传播学、管理学、社会学等多学科学者的关注与探讨。这些学者不同形式和角度的探索极大丰富了这一研究领域。现有研究中，企业管理、社区教育、学校教育等是主要的研究视角。据此，本文从这几个主题出发，对相关的主要学术成果进行分类及观点深描，以求揭示出 2019 年华夏组织传播研究面貌。

（一）华夏组织传播与企业管理

企业，现代社会最为常见的经济组织，其为组织传播提供了丰厚的研究土壤，促发着众多学者从管理学、传播学相结合的视角，在企业组织行为及组织传播实务的研析中，提炼出企业组织传播的一般理论。纵观近年的华夏组织传播研究成果可见，企业是涉足该领域研究的先行力量，学者敏锐地认识并捕捉到了中国企业所存在的华夏文明组织传播元素。

2019 年该方面的研究中，杜旌、段承瑶撰写出版专著《中庸研究：探寻现代组织管理中的传统文化力量》。[①] 该书通过对现代中庸思想内涵的剖析和测量、中庸与其他传统文化因素的对比、中庸对员工态度和行为的影响研究、中庸对领导行为有效性的影响研究，深刻解读出企业在组织内传播中庸文化对企业管理发挥的正面作用。该书通过实证研究得出当今中庸的思维内涵，即"执中一致、慎独自修、消极成就、消极规避。"，并验证了中庸与西方价值取向的异同。该书指出现代中庸价值取向的核心与典籍有异同，包含有积极与消极导向，但核心仍是执中一致的积极导向；中庸价值取向对员工工作场所态度和行为有显著积极影响；中庸价值取向将促进领导行为有效性的提升。该书对华夏组织传播与企业管理不仅在理论上有所贡献，对实践也有一定指导作用。

论文方面，王海兵、张元婧从企业内部控制着眼点出发，在《传统文化嵌入企业内部控制的机制和路径研究》[②] 一文中，汲取出儒、法、道、墨等学派为代表的中国传统文化中的管理思想精髓，提出传统文化嵌入企业内部控制建设的实现路径，是从宏观视角探讨传统文化在企业渗透传播的理论性研究。文章认为人本文化、风险文化、绩效文化在企业内部控制中发挥着引领、指挥与促进落地的关键作用。文章建议企业从控制环境、风险评估、控制活动、信息与沟通、内部监

---

① 杜旌、段承瑶：《中庸研究：探寻现代组织管理中的传统文化力量》，北京：社会科学文献出版社，2019 年，第 144 页。

② 王海兵、张元婧：《传统文化嵌入企业内部控制的机制和路径研究》，《会计之友》2019 年第 20 期。

督五大要素入手，在组织管理中注重渗透传统文化中的志士仁人、崇本息末、信赏必罚、循名责实等内涵要素，促进组织行为发生改变，从而使企业内部控制建设得到有效发展。

刘旭[1]则从理论层面分析了企业人力资源管理工作中渗透传播传统文化思想的必要性和重要性，同时探究了传统文化中具体的渗透要点，以为相关从业人员提高参考。该文认为传统文化中以人为本、以礼为用、以和为贵、中庸之道等理念契合企业人力资源管理工作所需，渗透传统文化，能实现平衡企业内部管理的目标。同时，文章指出在渗透传播过程中，要注意甄别与筛选，传统文化中的人治、家庭文化等理念对企业人力资源管理存在消极作用，难以促进企业长远发展。文章继而将企业人力资源管理渗透传统文化的要点总结为搭建管理机制、调动职工激情、健全薪酬机制、突出制度为先四项。

郭东辉和王璟瑶则分别进行了实证调研和个案分析研究。郭东辉[2]聚焦于传统豫商文化，以座谈交流、材料收集等方式，调研了郑州、驻马店、鹤壁、新密、平顶山等地市部分豫商企业文化发展状况。研究发现，目前众多的民营豫商企业意识到中原豫商传统文化蕴含着深厚的管理思想精髓，这些企业结合自身发展实际，提炼出传统文化中的适宜成分并转化为企业文化建设之源。调研中总结出的豫商企业文化中的传统文化因子主要有孝文化、善文化、诚信文化、家文化等。文章指出，传统文化在企业内的传播渗透使企业价值理念深入人心，并转化为企业行动，促进企业良性发展。

王璟瑶[3]以太原重型机械集团有限公司为个案对象，在剖析企业文化建设与基层职工思想融合所存不足的基础上，解析出太重集团企业文化与传统儒家文化的切合点，继而总结出儒家文化助推企业文化渗透职工思想的路径。文章总结出，在企业渗透传播儒家文化要依靠三条路径，一是要以职工的切身要求为切入点阐释精神理念，明确儒家文化在企业文化建设中的内核和外延，并通过典型宣传使将企业文化具体化、形象化，便于职工感知及接受。二是要将儒家思想融入企业管理和各项企业活动中，如在企业服务中推进"反求诸己"思想，倡导职工从自身寻找问题。三是在内化儒家思想同时，广泛利用宣传媒介传播文化，通过企业制度、职工行为等使将企业文化传至用户。

———————

① 刘旭：《浅谈企业人力资源管理工作中传统文化思想的渗透》，《企业科技与发展》2019 年第 5 期。

② 郭东辉：《传统豫商文化助力新豫商企业文化发展研究》，《营销界》2019 年第 42 期。

③ 王璟瑶：《以儒家思想推动太重集团企业文化建设路径探讨》，《太原城市职业技术学院学报》2019 年第 11 期。

（二）华夏组织传播与社区教育

社区，是社会治理的基本单元，是人民生活的重要场所。党的十八大以来，我国基层社会治理体系更加完善，社会大局保持稳定，基层活力不断迸发。习近平总书记曾指出，要深入推进社区治理创新，构建富有活力和效率的新型基层社会治理体系。社区治理与建设的议题逐渐引起社会关注，2019 年，华夏组织传播研究领域社区更是成为仅次于学校的主要研究力量。这方面的研究既有对社区传承传播传统文化路径的总体探讨，有对某一类别的传统文化社区传播的理论探索，也有对社区具体实践的案例剖析。

冯素华 ① 从总体视角出发，总结了社区教育中适宜传承传统文化的实现路径。她指出社区在传承传播传统文化时，要注意对传统文化的系统性研究，凝练出与社区教育相切合的传统文化精神追求，将教育融入居民衣食住行，在收集筛选社区现有的零散传统文化因素的基础上，发掘知识性和趣味性兼顾的课程活动，争取开放大学、社会组织等支持力量，逐步打造出传承中华优秀传统文化的共同体。

还有部分学者将目光投向于特定的传播群体、传播主题进行了理论探索，张温雅 ② 等则在研究社会主义核心价值观和传统节日文化间关联的基础上，提出了向社区青少年传播传统节日文化，培育青少年核心价值观的路径方法。文章共提出三条路径，即有效重组和拓展传统节日文化的内涵，利用传统习俗为传播载体，利用节日契机将文化内涵内化于活动之中；灵活运用新媒体平台进行文化宣传，并拓展出学术讲堂、微故事讲述、文艺活动等多元化的传播途径；构建"区校共建"，形成高效、社区相结合的培育合力。

郭晓晖 ③ 等聚焦于传统文化中的家训文化，在阐述家训文化的内涵、地位、依托社区教育传播家训文化的意义后，总结了通过社区教育传播家训文化的路径。文章指出，家庭是社区的组成单位，家训文化在社区教育中传播更加直接和落地，同时家训文化的传播有助于丰富社区教育内涵。文章认为传播家训文化要广泛利用社会教育资源，针对社区内多元化的学习对象开展个性化教育，实现线上和线下教育相结合的多样化传播形式，同时可融入"学分银行"制度促进学员积极性。

①　冯素华：《社区教育传承中华优秀传统文化的实现路径》，《科技风》2019 年第 22 期。

②　张温雅、马婧怡：《以传统节日文化为传播路径培育社区青少年社会主义核心价值观》，《智库时代》2019 年第 38 期。

③　郭晓晖、梁晓辉：《家训文化在社区教育中的传播》，《教育现代化》2019 年第 6 期。

王珏[1] 和解惠惠[2] 等相继探讨了在少数民族社区传承传播民族传统文化的路径。王珏指出，要发挥社区教育在传承传播民族文化方面的作用，要从"文化自觉"思维出发激发社区成员的传承动力；采取配套的保障措施，规范教育传承的执行，提升管理的科学性；积极整合社区内外资源，促进民族文化资源的共享。解惠惠认为少数民族社区教育具有的集体性、自发性、民族性、实用性等特征，要充分考量不同社区、不同居民的特性，归纳总结民族传统文化精髓，打造多元活动作为载体，利用多媒体渠道广为传播；以地域为基础，挖掘具有典型特色的民族文化资源，通过改编、创新文艺作品，定期举办文化活动等方式，打造品牌；此外，还需要加强专业师资队伍建设，建立健全社区教育运行机制，注重社区、家庭、学校三者间的互动等。

在理论探究的推动下，部分社区及单位也展开了传统文化传承传播的实践。陶雪芬[3] 阐述了江阴市澄江街道 2015 年起推行的"走进传统节日，弘扬优秀传统文化"项目实践过程，并通过问卷调查、交流座谈等方式总结项目成效。街道围绕"场景化""生活化"和"当代化"推进项目实施，将传统文化因素融入社区环境，利用节日契机开展宣传与专题活动，结合新媒体平台拓展文化内容及形式。金玲等[4] 则总结了淮安市洪泽区古堰文化游学项目对现代社区教育传承传播优秀传统文化的实际经验。文章阐述了游学项目的设计与实施流程、效果，指出必须挖掘本地核心文化元素找准切入点，科学设计文化游学教学模块，协同推进文化游学项目实施，同时必须保持项目公益性。江门社区大学[5] 创新地将外语教学、社区教育、侨乡特色传统文化传承三者有机结合，将传统节日、风俗、艺术及侨乡非遗文化纳入教学内容。课程推进中，江门社区大学通过与高校、外企、外语培训机构合作建立充沛的师资库，同时全力打造网络学习平台"邑学网"，为社区居民建设了大量优质外语学习资源。

---

[1] 王珏、孔秀丽：《少数民族社区教育传承民族传统文化的内在逻辑与路径》，《教育探索》2019 年第 5 期。

[2] 解惠惠、霍玉文：《少数民族社区教育民族优秀传统文化传承路径摭论》，《河北大学成人教育学院学报》2019 年第 21 期。

[3] 陶雪芬、华暖：《〈走进传统节日，弘扬优秀传统文化〉社区教育实验项目实践与思考》，《教育现代》2019 年第 6 期。

[4] 金玲、赵汉云、张超：《现代社区教育挖掘优秀传统文化资源的实践探索——以淮安市洪泽区古堰文化游学项目为例》，《江苏教育研究》2019 年第 12 期。

[5] 彭欣：《新背景下社区外语教育中侨乡优秀文化的融入路径——以江门社区大学"送教进社区"实践探索为例》，《科技资讯》2019 年第 18 期。

（三）华夏组织传播与学校教育

学校，是普遍存在的人类组织，其肩负着培育个人品德，传承文化与知识的社会职责。早在 2014 年教育部就印发了《完善中华优秀传统文化教育指导纲要》，优秀传统文化进校园与进课堂工作得到高度重视。[①] 教育部部长陈宝生曾在 2018 年全国两会上指出优秀传统文化进校园是固本工程、铸魂工程、打底色的工程。在如此的高度重视下，各类型、层次学校纷纷开展传统文化传承教育实践，传统文化学校教育成为学界关注点，在读秀学术搜索系统内进行全面检索，仅 2019 年全年，有关传统文化与学校教育的中文图书就有 173 本，涉及教材、教师用书、专题研讨等多类型。在组织传播领域，也有众多学者参与了探讨。该领域研究多元，涉及各类型、层次的学校教育。本文按教育层次对现有研究进行梳理。

学前教育层面主要表现为对传播实践的探讨。王丽玲等[②] 总结了武汉市黄陂区木兰乡中心幼儿园的实践经验，指出幼儿园将华夏文化融入的关键在于为孩子创设丰富的学习场景、形式和内容，课程主题除传统文化外，还可包括革命文化和社会主义核心价值观，让幼儿从不同方位全面感受和认同中华优秀文化，逐渐内化为思想认知，并不断茁壮成长。

宁梦茹[③] 对幼儿园如何开展武术主题传统文化课程进行实践研究。她结合运动项目特点和幼儿身心发展规律，构建出合适的幼儿体育课程方案，将趣味武术操、武德故事、传统器械、民族民间游戏四大内容划分课时比例，进行一学期的教育实践。结果显示，该方式较好地起到了传承传播传统文化的目标，幼儿家庭日常表现懂礼貌、帮助父母、自信心等行文方面有明显改变，同时家长、幼师对传统文化的认识与文化传承意识加深。

杨柳青[④] 所在的福建省泉州市温陵实验幼儿园根据幼儿年龄特点，从幼儿兴趣和生活经验出发，将闽南童谣融入幼儿一日生活中。文章指出，民间童谣是通过幼儿教育传承传播传统文化的有效载体，同时民间游戏与童谣的结合促使了家园合作，让文化传承延伸至家庭，对地方传统文化传播具有积极作用。

中小学层面，潘奕好[⑤] 在其硕士论文中对"中国节日"文化融入小学综合实践

---

① 赵娴娜、杨宁、毛殷平：《优秀传统文化进校园，这样"圈粉"》，《人民日报》2018 年 4 月 18 日 12 版。

② 王丽玲、魏浩武：《中华优秀传统文化融入幼儿园教育的实践探索》，《新课程研究》2019 年第 11 期。

③ 宁梦茹：《幼儿园开展以武术为主题的传统文化课程的实践研究》，《武汉体育学院》，2019 年。

④ 杨柳青：《民间游戏在幼儿园闽南童谣教学中的应用探究》，《成才之路》2019 年第 17 期。

⑤ 潘奕好：《"中国节日"在综合实践活动课程中的设计研究》，沈阳师范大学硕士学位论文，2019 年。

活动课程进行具体设计，为小学传承传播传统文化提供借鉴参考。通过对三所学校的访谈调研，文章指出，课程设计必须围绕节日文化要素、学习活动和学习经验三个维度进行，同时注重知识授课、互动交流、成果实践、情感升华四类型课程的组织交汇，课程结束后要及时进行评价反馈。

潘子君、[①] 王桂媛、[②] 魏立峰 [③] 等就小学语文课堂传播传统文化的主题进行了探讨。潘子君立足于语文教学，从古诗词的阐释、汉字的阐释、课外阅读三方面，探讨如何在语文教学中渗透传统文化。他指出，教师应在教授古诗词时为学生拓展对应的人文知识。在汉字教学过程中适当融入书法教学，同时为学生创设良好的学习情境，借助多媒体技术提高学生的注意力和学习兴趣。此外，教师应与家长形成互动，让学生在课外继续吸收优秀传统文化。王桂媛在研究中总结了目前在小学语文课堂传播传统文化的困境，包括文化多样性对传统文化的冲击，学校对传统文化教育不重视和传播仅限于对古代优秀的诗词古文进行鉴赏。她认为要改进传播效果，需要社会主流媒体的宣传引导，在校园文化建设中举办多样化活动，教师增强自身传播意识。魏立峰结合自身小学语文教学经历，提出了渗透和传播传统文化的方式，即通过诗词、汉字教学进行文化渗透教育，在课本教学时拓展延伸知识，形成家校联合和结合生活实际融入文化教育。

部分学者就中小学教学中对艺术体育与民族文化的传承传播进行了研究。王凯师等 [④] 指出目前广东省中小学武术文化推广不理想的原因在于武术段位制的标准化程度不高，文章根据学生需求与身心特点，参考跆拳道级位制度提出建立中国武术校园级位制度，为传统武术标准化发展提供参考，同时也是加速武术文化大众传播的建议。赵继红等 [⑤] 结合江苏省盐城市一小教育集团盐渎路校区"淮剧"进校园的实践，总结出此过程中呈现的诸多问题，架构了淮剧进小学校园的实践教学体系，并分析了这一体系对应的教学方式及其应用效果，为地方戏曲文化的校园传播和学生艺术素养培育提供借鉴参考。韦红云 [⑥] 对广西壮族自治区马山县加方初级中学在课程中深度挖掘扁担舞文化意蕴，传承传播民族文化的实践进行了总结。文章将实践过程概括为梳理发展历程，建立扁担舞学习课程；成立组织机构，优化扁担舞教

① 潘子君：《语文教学中优秀传统文化的传播探赜》，《成才之路》2019 年第 10 期。
② 王桂媛：《浅谈如何在语文课堂中传播传统文化》，《文学教育：上》2019 年第 3 期。
③ 魏立峰：《中华传统文化在小学语文教育中的渗透和传播研究》，《学周刊》2019 年第 5 期。
④ 王凯师、肖海峡、杜乐俊、刘成：《传统武术文化传播途径探索——校园武术级位制度的建立》，《第十一届全国体育科学大会论文摘要汇编》，江苏南京，2019 年 11 月。
⑤ 赵继红、崔秦勤：《"淮剧"进校园的小学实践教学体系架构及其实践研究》，《华夏教师》2019 年第 19 期。
⑥ 韦红云：《中小学传承与发展民族文化实践研究——以扁担舞为例》，《华夏教师》2019 年第 12 期。

学设计；创新实践活动，拓宽扁担舞训练视野；展开社会宣传，启动扁担舞传承机制四部分，指出以学校教育为中心促进民族文化的传承，需要科学设计，合理规划，建立科学完整的课程体系配合以实践活动，培养全校师生的共同认知。《贵州传统文化在小学语文教学中的渗透探析》一书[1]则聚焦于小学语文课程资源开发与贵州地方传统文化的传承传播，全书五章，逐次讲解了小学语文与传统文化的关系，贵州传统文化精华，阳明文化与小学语文教学，世居文化与小学语文教学以及以"遵义会议"为主线的红色文化与小学语文教学，为贵州省小学设计出一套具有贵州特色的课程资源，帮助学生深化对贵州文化的认识和理解。

高校层面，刘海燕[2]从总体角度分析了高校传播传统文化的现实价值在于涵养社会主义核心价值观和展示中华优秀传统文化自信，她认为高校传播传统文化需要注重思想引领课程建设，挖掘文化内涵；发挥校园文化建设作用，营造氛围；创新校园网络文化体系，拓宽视域；搭载新媒体新传播手段，增强活力。李尔煜[3]对大学传播传统文化的方式与途径进行了探究，他认为目前对大学生传播传统文化存在西方文化浸润式影响、网络文学良莠不齐等因素的影响，可以通过辅助读本学习、诵读活动、诗词古文赏析竞赛活动、古装戏剧表演等方式引发学生兴趣，同时教师要对新的知识传播方式有足够了解，做好传播者。孙彩萍[4]基于实践总结了忻州师范学院传播传统文化的策略，主要为加强传统文化的课堂教学、通过文化活动和校园建筑打造营造学院文化氛围，同时传播与传承改进方面建立强大的传统文化典籍阅读激励机制，开发大量的人文网络课程，成立读书会，培养教师，加强地域文化熏陶。

2017 年 1 月，中共中央办公厅、国务院办公厅印发《关于实施中华优秀传统文化传承发展工程的意见》，其中指出要将中华优秀传统文化"全方位融入思想道德教育"。[5]因此，通过高校思政课程传播传承传统文化得到了较多学者的关注。张吉等[6]在《新时代背景下传统文化融入高校思想政治教育探索与发展》一书中在对中华优秀传统文化的基本精神、主要特征及思维方式进行总结的基础上，剖析了中华优秀传统文化与高校思想政治教育融合的目的、原则和指导理论，为高校思想政治

---

① 黄莉：《贵州传统文化在小学语文教学中的渗透探析》，长春：吉林人民出版社，2019 年。

② 刘海燕：《新时代高校传播中华优秀传统文化略论》，《学校党建与思想教育》2019 年第 2 期。

③ 李尔煜：《中国传统文化在校园中传播方式与途径的研究》，《新西部》2019 年第 16 期。

④ 孙彩萍：《中华优秀传统文化在大学校园传播与传承的策略——以忻州师范学院为例》，《汉字文化》2019 年第 15 期。

⑤ 中共中央办公厅：《国务院办公厅印发〈关于实施中华优秀传统文化传承发展工程的意见〉》，http://www.gov.cn/zhengce/2017-01/25/content_5163472.htm，2017-01-25/ 2017-12-16。

⑥ 张吉、杨朝晖：《新时代背景下传统文化融入高校思想政治教育探索与发展》，天津：天津人民出版社，2019 年 5 月。

教育人员提供了中华优秀传统文化融入高校思想政治教育的有效路径、队伍建设和机制保障等方面参考意见。张秀梅[1] 在研究中阐述了思想政治理论课传播中华优秀传统文化的逻辑前提、理论架构和运行机制。她认为中华优秀传统文化与马克思主义存在的共生关系及相融性是传播的逻辑前提，传播的关键在于与中国道德对接中的创造性转化、与中国精神对接中的主体性同化以及与中国价值对接中的民族性深化，传播通过作用、情感、转化三大机制产生效果。赵慧芳[2] 就传播学视域下传统文化融入思政课教学展开论述，她认为教师作为主要传播者，必须改变传统的教学思维、科学选择传播内容、选择合适的传播形式总结文化的传播规律，结合课本内容优化文化传统途径，从而逐渐在教学过程中优化教学体系。

还有部分学者对通过高校英语传播传统文化进行了研究。魏春泉[3] 认为高校英语教育的中国文化失语现象，中国文化长期被忽视并且英语教学理念失当，必须通过优化英语教材编制、优化英语课程设置、培养文化主体意识等方式促进传统文化传播。肖菊[4] 阐述了高校英语教育中传统文化传承与传播现状，她指出目前高校课程设置倾向应试性、偏离实用性，教材内容偏重外来文化、忽视本土文化，教师注重语言学习的工具性、忽略人文性，大学生用英语表达中国文化的能力不足。基于此，她提出了优化对策，即寓文化教学于语言教学，加强中西文化比较，改革教学模式并打造学习平台。

习近平曾指出，要"把中华优秀传统文化传播到五湖四海"。因此，高校对外传播传统文化也受到学者关注。袁媛等[5] 指出中华优秀传统文化对外传播的困境在于传播以政府为主导，缺少民间交流；传播集中于经济较为发达的地区或华侨华人聚居区；传播对象文化"走出去"针对性不强，较少基于所在国国情开展传播。基于此，华侨大学通过"华文星火"中华文化海外传播实践项目组织来华留学生假期返回本国传播中华文化，围绕"服务学习"实践模式，为留学生开设经典诵读、民乐、花艺等特色课程，形成中华优秀传统文化传承与传播的良性互动，探索出基于来华留学生的"4+1+N"（4 项标准化基础内容 + 1 个中华文化特色项目 + 链接 N 个海外院校）文化"走出去"实践模式。该项目经实践检验，成本低、

①　张秀梅：《新时代思想政治理论课传播中华优秀传统文化探究——以"思想道德修养与法律基础"课为例》，《思想理论教育导刊》2019 年第 1 期。

②　赵慧芳：《传播学视域下传统文化融入思政课教学研究》，《新闻研究导刊》2019 年第 10 期。

③　魏春泉：《谈高校英语教学中中国文化的传播》，《传播力研究》2019 年第 3 期。

④　肖菊：《高校英语教育中传统文化的传承与传播》，《安顺学院学报》2019 年第 21 期。

⑤　袁媛、卢鹏、韩昀：《中华优秀传统文化对外传播实践路径探索——基于华侨大学"华文星火"中华文化海外传播实践项目》，《思想教育研究》2019 年第 7 期。

推广性强、参与主体多元、辐射面广，为高校提供了参考范式。赵晓颖等[①]从泰山传统医药文化发展的实际现状为切入点，剖析泰山传统医药文化对外传播中的问题及成因，进而提出相应对策。研究通过问卷调查发现驻泰高校医学留学生对泰山传统医药文化具有了解和传播的兴趣，但中西方医学价值观的差异、传统医药翻译的语言障碍以及相关师资的短缺导致他们对文化熟悉度低。研究指出要加强对泰山传统医药文化的对外宣传、规范翻译与中医文化教育。

值得注意的是，研究者还关注了新的传播环境下的高校传统文化传播以及传播中的传播者。刘颖洁[②]剖析了传统文化借助新媒体进行传播的方法，即媒介融合与载体创新、跨媒介叙事与内容转化、数字交互与多维呈现。传统文化在新媒体平台中传播存在内容泛娱乐化、传播形态单一、受众碎片化阅读的困境。文章指出新媒体环境下传统文化在高校传播的途径包括阐释传统文化现代内涵、打造仪式感传播、实现跨媒介叙事、拓展传播路径、打造多层次传播梯队。

石洪涛[③]和秦亚南等[④]关注了辅导员在高校传播传统文化过程中的关键作用。石洪涛结合自身工作总结了传统文化在高校传播的主要问题有学生学习目的性不科学、部分辅导员的能力有限、专业特点影响校园氛围的形成以及传统文化本身的特点导致传播难度较大。对此，他建议辅导员要转变简单的宣传观念，树立综合媒体传播意识，以班级为集体并充分借助学生社团加强传统文化实践教育。同时高校需要加强对辅导员的系统定期培训。秦亚南认为高职辅导员在中华优秀传统文化传播过程中存在着媒介角色定位模糊、传播形式单一、信息传播力不足的问题。他认为要构建高职辅导员在中国优秀传统文化传播中的媒介素养需要明确自身定位、开拓多种信息传播渠道以及打造信息传播反馈机制。

（四）华夏组织传播研究其他成果

除企业、社区、学校外，还有学者就其他一些组织进行了研究。周中玉[⑤]在论述传统村落特征、风貌及活动形式的基础上提出了村落对传统民俗文化传播的对策，主要包括创新传承理念、传承方式、传承制度。他指出要加强"自在逻辑意

①　赵晓颖、胡宗兵：《驻泰高校医学留学生泰山传统医药文化对外传播能力探究》，《教育现代化》2019 年第 6 期。

②　刘颖洁：《新媒体环境下传统文化在高校的传播》，《西部素质教育》2019 年第 5 期。

③　石洪涛、秦晓婷：《辅导员与中华优秀传统文化在高校的传播》，《文教资料》2019 年第 8 期。

④　秦亚南、刘丽芳：《高职辅导员在中华传统文化传播中的媒介素养研究》，《中国多媒体与网络教学学报（中旬刊）》2019 年第 8 期。

⑤　周中玉：《传统村落民俗文化的打造与传播研究》，《农村·农业·农民（B 版）》2019 年第 12 期。

识"的传播，强化文化教育结合新型传播技术，培养传承"关键人"，构建民俗文化传承的联动制度、保障跟进制度及激励制度等。

林安芹① 就公益组织如何传承与传播中华优秀传统文化的话题展开探讨。她指出传统文化精神是公益组织传播的价值追求，公益组织可以通过多元的公益活动良好地践行传统文化，让传统文化中"仁爱"理念得到诠释。她总结的传播途径主要有对儒释道经典进行现代化解读，开发善行实践课程和服务于工作生活的日常课程，采用丰富的传播形式。

刘贺② 在其硕士论文中探讨了非营利性组织对传统武术文化的传播传承问题。研究以问卷调查、访谈调研等方式调查总结了济南传统武术非营利组织的发展现状及现况。研究发现目前传统武术组织传播受到组织规模性、系统性弱，武术市场混杂、缺乏政策支持等因素的制约。论文建议非营利性组织增强市场调研，招聘针对性人才并展开系统培训，同时拓展线上线下的宣传途径，从而促进传统武术文化的传承发展。

贺子宸③ 则考量了家族组织中的家风传播问题，他认为家风作为一种文化，其传播和发扬借助宗族这一组织而进行，良好的家风建设将促进良好社会风气的形成，有利于社会和谐稳定。研究指出家风组织传播具有血缘性、强制性和仪式性的特征，家风组织传播具有道德教化、文化传承、内部管理的功能，口耳相传、纸质书籍和网络传播是家风传播的主要方式。

此外，钟海连等④ 通过文献梳理、计量分析、案例论证等方法，探讨了华夏文明中尚贤希圣理念的演变与组织传播实践的关系。研究表明先秦时期对尚贤文化就多有推崇，后世进一步继承发展。当今学界和管理界也开始关注华夏圣贤文化的传承，无论是理论探讨还是实践探索，都取得丰富成果。案例企业中盐金坛公司通过贤文化组织传播，在团队建设、人才培育、企业文化建设等方面实践了传统的尚贤希贤理念，并建构起内贤外王的企业"尚贤"治理，贯穿了传统文化"反求诸己""三才相通"的思维方式。

余论：华夏组织传播研究述评与展望

从华夏组织传播的知识图谱和观点深描来看，2019 年华夏组织传播领域呈现

---

① 林安芹：《公益组织中的中华优秀传统文化传承与传播》，《教育传媒研究》2019 年第 6 期。

② 刘贺：《传统武术传承新路径—非营利性组织研究》，山东师范大学硕士学位论文，2019 年。

③ 贺子宸：《组织传播中的中华家风文化分析——以〈记住乡愁〉节目为例》，《传播力研究》2019 年第 3 期。

④ 钟海连、蒋银：《贤文化组织传播与"尚贤"治理建构（上）——对"尚贤"理念的文献梳理》，《广西职业技术学院学报》2019 年第 12 期。

如下特征。

从宏观角度而言，华夏组织传播作为新兴的研究领域，已逐渐成为研究热点，2019 年研究成果数量更是骤增发展。诸多学科参与了该领域研究，其中教育学成果数量尤为突出。此外经济发达地区对该领域表现出更高的关注度。

从具体研究而言，华夏组织传播研究企业管理、社区教育和学校教育是最受学者关注的主题。现有研究既有基础性的理论探讨，也有基于理论的实践探索、调查研究、案例剖析等实证研究。在三类研究主题中，学校教育的研究涵盖学前教育、中小学、普通高校、民办院校、高职院校等，同时此类研究还关注到了组织对外传播以及组织传播中的传播环境和传播者，研究视角多元、覆盖面广，有向系统性发展的趋势。

本文认为在接下来的研究中，还有继续改善的方面。

其一，目前华夏组织传播研究领域结构尚较为松散，未呈现系统性区块和强链接。领域内尚未形成核心作者以及紧密的作者合作、机构合作。研究作者呈分散式分布，大部分作者仅在此领域进行过一次研究，研究延续性弱，各学科作者间合作较少。华夏组织传播作为交叉研究领域涉及传播学、教育学、社会学等诸多学科，但较少的合作导致研究局限于单一视角，研究的深度和理论高度受到局限。

其二，企业和社区较早地进行了华夏组织传播的实践，部分学者也对此进行了理论剖析和实践总结。但目前这两方面的研究成果数量、丰富度与学校方面相比呈现差距，需要研究者的持续关注并拓宽合作，同时也期望更多身处学校的研究者将目光投之于此。

其三，组织传播的学术理论和大量概念来源于西方，而华夏组织传播蕴含在本土的社会实务中。西方理论与本土经验间需要有专业的阐释，而目前华夏组织传播领域教育学是参与最多的学科，传播学学科参与较少，导致华夏组织传播理论基底尚不深厚。华夏组织传播的基本概念和系统理论凝练亟须传播学学科的参与。

其四，华夏组织传播涉及"华夏文化"与"组织传播"两重概念的交合，目前学者的研究表现为侧重于探讨如何传播，而缺乏与之同时的对华夏文化的传承演变的梳理探究。华夏文化在从古至今的传播过程中势必有其变化，只有对其有良好的把握，才能使研究更为深入。

总而言之，华夏组织传播充溢在中华文明的发展历程之中，这一研究领域值得学界持续给予关注。各学科、机构间学者的充分合作，领域理论体系的专业阐释等将把领域研究进一步推向深入，这将最终为企业、社区、学校等社会组织的传播实践提供不竭动力，为民族复兴提供巨大的文化力量。

2019 年汉语国际传播研究综述

柴俊星　羊至刚　刘铭　樊嵘*

（海南师范大学国际教育学院　海南海口　571158）

摘要： 与 2018 年相较，2019 年汉语国际传播研究成果有进一步增长的趋势，论著数量达到 146 篇。这表明，汉语国际传播仍然作为一个热点问题得到学界的持续关注。通过对本年度汉语国际传播相关研究成果的总结分析，我们发现，2019 年度汉语国际传播相关研究的研究深度及广度均有加深，研究视角呈现出多样化的特点。为与 2018 年度研究成果相衔接，我们仍然从汉语国际传播理论研究、传播史研究、传播政策研究、传播范式研究、传播教学实践研究以及其他研究等六大方面对汉语国际转播的内容进行梳理和探究，在此基础上对汉语国际传播研究进行综述并分析其未来式态。同时，本文首次涉猎孔子学院年度研究。

关键词： 2019；华夏汉语国际传播；孔子学院；研究综述

一、2019 年汉语国际传播研究的内涵与范式

随着我国经济文化和国际交往需求的持续增长，汉语作为沟通桥梁的作用日益凸显，世界范围内的汉语学习需求也在进一步增长，这为汉语国际传播的发展提供了宽广的土壤。另一方面，作为中国名片的汉语是中华文化传播的重要途径和手段，对于中华民族和文化的伟大复兴具有重要的战略意义，这也为其国际传播提供了强劲的推动力。从 2019 年度的汉语国际传播相关研究成果来看，研究数量相较于 2018 年有了定幅增长。研究广度有所扩大，研究深度也进一步延长。我们可以认为，当前汉语国际传播及其相关研究处于良好的发展态势中。

梳理 2019 年汉语国际传播的研究式态，我们发现政策等宏观方面的解读及教

---

* 作者简介：柴俊星，海南师范大学国际教育学院，教授；羊至刚、刘铭、樊嵘，海南师范大学汉语国际教育专业应届研究生。

学实践等微观方向的研究兼而有之。与2018年的研究成果相类似，汉语国际传播理论、政策及范式的文章仍然占大多数，且有增加趋势。这表明，当前汉语国际传播的研究方向正在进一步由教学微观研究向政策性、方向性的宏观研究转变，政策性、方向性的宏观研究仍是汉语国际传播研究的热点和趋势。

在2018年研究的基础上，本文旨在对2019年汉语国际传播研究成果进行概览，细化出现有研究的样态和主要观点，最后对现有成果进行总结和反思，进一步探索当前汉语国际传播发展的方向，为后继研究者提供参考及捷径。同时首次概览了2019年度孔子学院的全球发展研究，从建设与发展、文化与交流、教学和其他等方面进行了全部的梳理探究，结果颇为吸睛。

二、2019年汉语国际传播研究概况及数据分析

为统计2019年度汉语国际传播相关研究的大致情况，总结研究成果，并与2018年的成果做一对比，进一步揭示研究式态，我们通过中国知网搜集了文献数据，经过甄选，合并，对搜集到的有效文献进行了整理和分析。其状况大致如下：

（一）2019年汉语国际传播研究概况

我们在中国知网上以"汉语国际传播"为关键词进行检索，并将时间限制为2019年，由此获得有效文献146篇。在此基础上，为与2018年度的研究成果相衔接，进一步梳理汉语国际传播相关研究的脉络及趋势，我们仍然依据该146篇文献的不同研究内容及研究视角将其分为六类：汉语国际传播理论研究、汉语国际传播史研究、汉语国际传播政策研究、汉语国际传播范式研究、汉语国际传播教学实践研究以及其他研究。其中，除汉语国际传播教学实践研究属于微观研究外，汉语国际传播理论、汉语国际传播史、汉语国际传播政策、汉语国际传播范式等四类均属于宏观研究。具体数据统计如下：

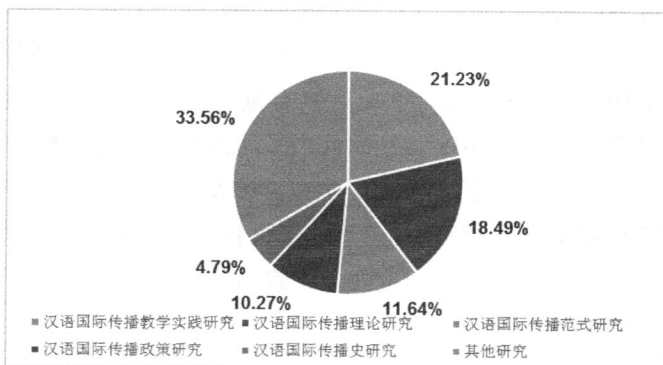

图1　汉语国际传播相关研究分布

如图，我们可以看到，除去其他研究外，单类研究中微观教学实践研究占比最大，共有相关论文 31 篇，约占总数的 21.23%，相较于去年有所增长；汉语国际传播理论、汉语国际传播史、汉语国际传播政策、汉语国际传播范式等四类宏观研究则占总数的 45.19%，相较于去年有所下降，但宏观研究仍占论文总数的大多数，远超于其他研究。而在宏观研究中，理论研究共有 27 篇，占论文总数的18.49%；历史研究 7 篇，占总数的 4.9%；政策研究 15 篇，占比 10.27%；传播范式研究 17 篇，占比例 11.64%。

在上表的统计数据中我们可以看出，当前汉语国际传播研究中微观教学研究占比仍然较大，形成了微观教学与宏观研究并重的局面。而在宏观研究中，理论研究占比相较于去年有所上升，历史研究占比基本不变，政策及传播范式研究占比则有所下降。这表明，当前汉语国际传播的理论深度有进一步加深的趋势。

（二）2019 年汉语国际传播研究数据分析

为具体分析 2019 年度汉语国际传播的相关研究状况，我们分别从文献来源分布、被引频次、项目级别及论文质量等四个方面对所搜集的文献进行进一步的归纳整理和数据分析。

1. 文献来源分布情况

经过数据统计我们发现，2019 年发表的有关汉语国际传播研究的 146 篇文献来源较广泛。其中，有 90 篇来源于各类期刊，占比 61.64%；有 46 篇是硕士或博士学位论文，占比 31.51%；有 2 篇来源于各类报纸，占比 1.37%；有 3 篇来源于会议文章，占比 2.05%；还有 5 篇来源于辑刊，占比 3.42%。

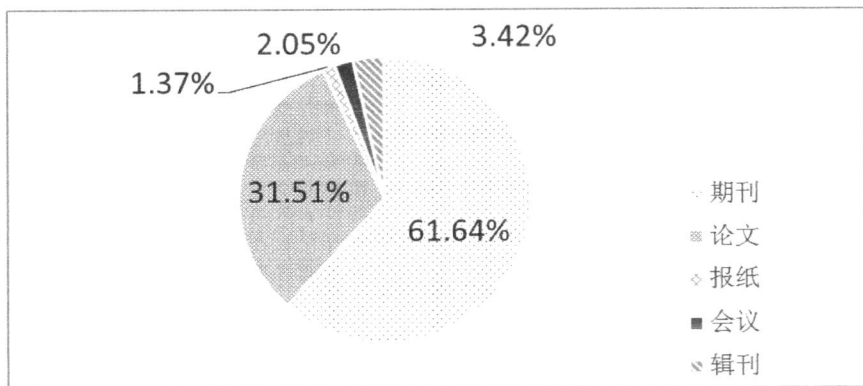

图 2　2019 年汉语国际传播研究文献来源

综上分析，我们发现 2019 年发表的汉语国际传播的相关研究大部分来源于期刊和硕士博士论文，而来源于报纸、辑刊、会议等其他渠道的文献相较而言数量较少。

2. 文献被引情况

下表为 2019 年度汉语国际传播相关研究被引频次前 26 的文献统计。通过下表可以看出，2019 年度发表的汉语国际传播相关的 146 篇文献中，引用次数前 5 的分别是刘宝存、张永军的《"一带一路"沿线国家孔子学院发展现状、问题与改革路径》9 次；刘利的《从"对外汉语教学"到"汉语国际教育"》8 次；刘利等人的《汉语国际教育知识体系的特色与构建》8 次；赵惠霞、鲁芳的《泰国的汉语教育政策变迁与汉语教育的发展》7 次；任晓霏、张杰、陈丹蕾、刘俞君的《中国古代蒙学典籍海外传播和影响研究》被引 4 次。具体被引频次统计数据如下：

表 1：2019 年汉语国际传播相关研究被引频次前 26 文献统计

序号	篇名	作者	刊名	被引频次	发表时间
1	"一带一路"沿线国家孔子学院发展现状、问题与改革路径	刘宝存 张永军	西南大学学报（社会科学版）	9	2019-03-01
2	从"对外汉语教学"到"汉语国际教育"	刘利	国际人才交流	8	2019-02-06
3	汉语国际教育知识体系的特色与构建	刘利等	世界汉语教学	8	2019-04-05
4	泰国的汉语教育政策变迁与汉语教育的发展	赵惠霞 鲁芳	河南理工大学学报（社会科学版）	7	2019-01
5	中国古代蒙学典籍海外传播和影响研究	任晓霏 张杰 陈丹蕾 刘俞君	江苏大学学报（社会科学版）	4	2019-01-16
6	汉语国际传播与中国文化认同	申莉	人民论坛	3	2019-01-05
7	汉语国际传播的微观基础与路径选择	王海兰 宁继鸣	云南师范大学学报（对外汉语教学与研究版）	3	2019-03-15
8	试论中华文化的传播	陆俭明	学术交流	3	2019-04-05
9	"互联网＋"背景下的汉语国际教育与文化传播	张会 陈晨	语言文字应用	3	2019-05-15

续表

序号	篇名	作者	刊名	被引频次	发表时间
10	浅谈汉语国际推广与中华文化传播的关系	毛楠楠	新闻世界	2	2019-01-10
11	非洲孔子学院文化课教学的现状、问题及对策——以喀麦隆雅温得第二大学孔子学院为例	黄雅琳	文教资料	2	2019-01-25
12	习近平关于语言传播的重要论述及其对汉语国际传播的启示研究	李宝贵	东北师大学报（哲学社会科学版）	2	2019-01
13	汉语：从陆地型语言到陆地-海洋型语言	王春辉	世界汉语教学	1	2019-01-05
14	汉语国际教育人才培养中的转型和存在问题思考	吴春相	枣庄学院学报	1	2019-01-01
15	塔吉克斯坦汉语教学与传播的历史思考与未来机遇	李雅 郑通涛	海外华文教育	1	2019-01-01
16	文化圈视角下国际汉语教师培养研究	杨艳 王羽 何心	华文教学与研究	1	2019-03-07
17	基于"一带一路"背景的汉语国际教育文化教学研究	李代丽	智库时代	1	2019-05-27
18	俄罗斯汉语传播与中俄经贸合作相关性研究	李宝贵 于芳	辽宁大学学报（哲学社会科学版）	1	2019-05-15
19	汉语国际教育中以我国文化传播为主的文化教学	施华阳	才智	1	2019-05-17
20	语言传播的理论探索	王辉	语言文字应用	1	2019-05-15
21	"一带一路"背景下高校复合型汉语人才培养模式探究	常琳	广西青年干部学院学报	1	2019-06-15

续表

序号	篇名	作者	刊名	被引频次	发表时间
22	阿拉伯海湾地区的汉语教育政策变迁与汉语教育的发展	廖静	云南师范大学学报（对外汉语教学与研究版）	1	2019-09-15
23	跨文化传播中汉语国际教育的教学模式研究	詹海玉	学理论	1	2019-10-05
24	"一带一路"背景下汉语国际传播与复合型汉语人才培养互动关系研究	常琳	大理大学学报	1	2019-11-15
25	文化外交视阈下的孔子学院研究	王端	吉林大学博士论文	1	2019-06-01
26	新形势下美国孔子学院发展状况及相关问题思考	张艾芸	兰州大学硕士论文	1	2019-05-01

从以上统计中可以看出，被引频次前 26 名的论文大多属于理论、范式及政策等三方面的研究，这也表明了汉语国际传播研究趋势和方向的顶层设计极为重要，是指导该转播理论和实践活动的航标灯。

3. 科研项目级别

为了更加全面地了解 2019 年汉语国际传播研究的情况，我们对所搜集的 146 篇文献的课题来源做了统计。本文所涉及的 146 篇文献中属于国家级项目（课题）、省部级项目（课题）、市校级项目（课题）的文献共有 48 篇，占总文献数的 32.88%。

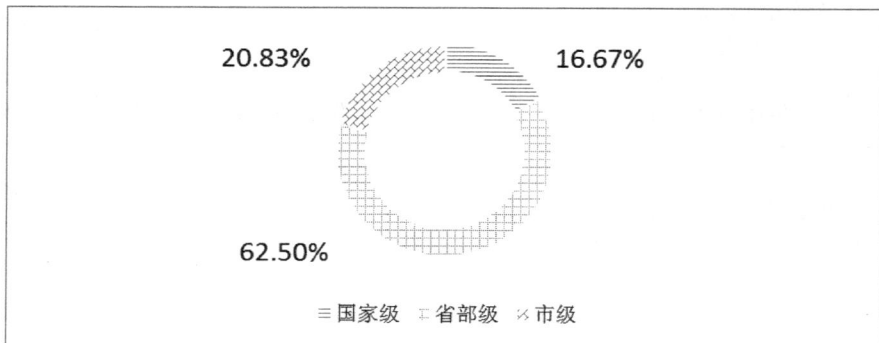

20.83%　　16.67%

62.50%

≡ 国家级 ⫿ 省部级 ⫻ 市级

图 3　2019 年汉语国际传播研究文献项目级别统计

如上图所示，2019 年"汉语国际传播"研究成果中属于省部级项目（课题）的文章数量最多，有 30 篇，占比 62.50%，其次是市校级项目（课题）研究成果 10 篇，占比 20.83%，最后是国家级项目（课题）8 篇，占比 16.67%。根据统计可知，来源于各级科研项目的文献约占总文献数量三分之一，这说明国家对于汉语国际传播的重视程度和投入仍在不断增加，研究层次不断上升，研究深度和广度也在不断增加。与去年相比，可发现来源于市校级课题研究的论文占比有显著增加，由 5.40% 增加到 20.83%。这表明，各级科研力量对于汉语国际传播的研究投入在不断增加，汉语国际传播研究将呈现出多样化、细致化的发展态势。

下表列举了本文研究的 146 篇文献中的 8 篇国家级项目。其中属于国家级重大项目及国家级重点项目的文章有两篇，分别是国家社科重大招标课题"汉语国际传播动态数据库建设及发展检测研究"成果《"一带一路"语言学类著作出版的现状及趋势》以及国家社科基金重点项目研究成果《中国古代蒙学典籍海外传播和影响研究》。

表 2　2019 年汉语国际传播研究的国家级项目统计

序号	篇名	科研项目名称
1	"一带一路"语言学类著作出版的现状及趋势	国家社科重大招标课题"汉语国际传播动态数据库建设及发展检测研究"
2	中国古代蒙学典籍海外传播和影响研究	国家社科基金重点项目"中国古代蒙学典籍海外传播和影响研究"
3	汉语教科书话语实践的功能维度与中国形象的传播	国家社科基金项目"'一带一路'沿线国家汉语教材中国形象传播策略研究"
4	"一带一路"建设传导汉语言传播需求	国家哲学社会科学基金资助课题"市民化进程中流动学龄前儿童语言能力发展影响因素研究"
5	3D 虚拟世界中的语言文化传播——以"虚拟歌德学院"项目为例	国家社科基金项目"基于虚拟现实的汉语国际教育发展新模式研究"
6	俄罗斯汉语传播与中俄经贸合作相关性研究	国家社科基金一般项目"意大利汉语当地化传播模式及其对汉语国际传播的启示研究"
7	语言传播的理论探索	国家社科基金项目"'一带一路'沿线中东主要国家语言政策与规划研究"
8	习近平关于语言传播的重要论述及其对汉语国际传播的启示研究	国家社会科学基金一般项目"意大利汉语当地化传播模式及其对汉语国际传播的启示研究"

4. 论文质量分析

在论文分布情况统计的基础上，我们进一步统计分析了本文涉及的 146 篇文献发表于核心期刊和普通期刊的情况，以便了解文献的质量及学术水准。经过统计，有 26 篇发表于《世界汉语教学》《语言文字应用》《华文教学与研究》《当代修辞学》《学术交流》《现代传播（中国传媒大学学报)》《教育理论与实践》《传媒》等 19 种核心期刊上，约占总文献数的 17.81%。我们发现，发表在核心期刊上的 26 篇文章都属于汉语国际传播的宏观研究，其中理论研究 9 篇，政策研究 5 篇，传播范式研究 3 篇，其他 9 篇。

由此可见，涉及教学实践的微观研究发表于核心期刊上的频次低，而涉及宏观研究的论文的数量较多，其总体学术水准也比较高。这说明，当前汉语国际传播的研究方向仍然以宏观研究为主，且研究高度及深度均发生较大变化。2017 年 7 月，习近平总书记主持的中央全面深化改革领导小组会议审议通过的《关于加强和改进中外人文交流工作的若干意见》中指出："着力加大汉语国际推广力度，支持更多国家将汉语教学纳入国民教育体系，努力将孔子学院打造成国际一流的语言推广机构。"此高屋建瓴的政策法规一经出台，为汉语国际传播事业在当今中国的蓬勃发展，探索国际汉语推广新理论、提升中国在国际社会中地位研究的深度与广度，已经成为一项国家行为。

三、2019 年汉语国际传播相关研究描述

为更好地描述 2019 年汉语国际传播相关研究的成果，整理研究思路，明晰研究方向及趋势，我们按照前面所分的六大类别分别进行归纳描述。

（一）汉语传播理论研究及分述

汉语国际传播理论是有效开展汉语国际传播的前提和指导，也是学科理论构建的根本。本文搜集的 146 篇汉语国际传播文献中，涉及理论研究的文章共有 27 篇，是本文所提的四类宏观研究中数量最多、质量最高的一类。理论研究的方向主要有：汉语国际传播的发展趋势及策略研究；课程设置与教材编写；中华文化的传播；国际汉语教师的培养等等。

王春辉、姚敏、王焕芝等对汉语国际传播的发展趋势与策略进行了研究，王春辉指出汉语的传播模式已经由"向国外移民＋外国人到华学习"转变为"向国外移民＋外国人到华学习＋推动汉语国际化"模式，汉语传播的范围开始遍布全世界，汉语从而具备了陆地－海洋型语言的雏形。当前必须重新定位汉语在当今世界语言格局中的位置和地位，制定未来汉语国际传播的政策和规划，对具有全

球性语言潜质的汉语的未来加以谋划。[①] 其次是对于课程设置与教材编写问题的研究，教材是用以培养和提高学习者语言运用能力不可或缺的工具，教材质量的好坏直接关系到学习者的学习兴趣以及教学效率的高低，王世友、管春林、刘金燕等人从教材开发、编写原则与思路的角度出发，认为教材的编写要考虑中外课程观念的差异，具有针对性等等。陆俭明、申莉、韩雅琪等学者阐述了中华文化的传播问题，汉语教学必然要承担起"中华文化国际传播"的责任，但要摆正汉语教学中语言教学与文化教育的关系——以语言教学为主，文化教育是伴随性的，而且得采取"润物细无声"，潜移默化、耳濡目染的方式。[②] 其目的都是为了促进汉语国际教育这一学科的发展，以期更好地推进汉语国际传播。

（二）汉语国际传播范式研究及分述

随着网络、数字化、多媒体等技术的蓬勃发展，越来越多的外国人利用新兴媒体学习汉语，近些年，对于如何改进传播模式，将现代网络技术应用到汉语国际教育与传播中的研究也不断增多，本文所搜集的 2019 年的文献中与汉语国际传播范式相关的研究共有 17 篇，研究内容主要集中在如何利用新媒体、影剧作品、3D 虚拟技术等新兴方式来进一步发展汉语国际传播事业。

值得注意的是，与 2018 年相比，2019 年期间对应用新媒体来推动汉语国际传播的文章增加了 5 篇，其中包括利用慕课平台、微信平台公众号、"孔子学院"平台等方式，新媒体不仅突破了传统教学的限制，还具有传播速度快、成本低等优势，已然成为推动汉语国际传播的重要途径。这些学者在评析具体网络平台的发展现状的基础上，提出了许多有益于汉语传播、中国文化传播的建设策略。甄刚对慕课平台的优势及在汉语国际教育中的发展现状进行了分析，并在此基础上提出了从国家、高校、教师三个层面优化慕课平台建设的策略：国家的重视与支持；高校不断开发具有领域示范性的精品慕课课程并提升与之配套的大数据分析能力；教师要培养自身的学习能力、信息素养能力，不断提高综合素质。[③] 马冲宇认为3D 虚拟技术是语言文化传播的新媒介，他认为应当借鉴"虚拟歌德学院"的经验，通过创新传播媒介，创新汉语学习、文化传播、国家塑造理念以有效地推动中国语言和文化的传播[④]。除此之外，陈晨、李昕萌等人认为中国优秀的影视作品在汉

---

① 王春辉：《汉语——从陆地型语言到陆地 - 海洋型语言》，《世界汉语教学》2019 年第 1 期。

② 陆俭明：《试论中华文化的传播》，《学术交流》2019 年第 4 期。

③ 甄刚：《汉语国际教育慕课平台建设现状及策略探究》，《教育教学论坛》2019 年第 46 期。

④ 马冲宇：《3D 虚拟世界中的语言文化传播——以"虚拟歌德学院"项目为例》，《传媒》2019 年第 13 期。

语传播中能发挥特有的效用，特别是在文化认同上，影视作品所传达的中国文化相较于传统的课堂教学更能让其他文化背景的汉语学习者所接受。

符合时代发展、满足学习者需求的传播途径和传播方式能让汉语的国际传播工作取得事半功倍的效果，以上诸多学者对于创新汉语传播模式的探索，为当今时代汉语国际教育和汉语推广提供了有益的启发和参考。

（三）汉语国际传播政策研究及分述

汉语国际传播得以日益发展，国家政策是强有力的支持。在本文所搜集的文献中，涉及汉语国际传播政策方面的研究文献也有不少。依据其主题不同，我们可以将其细分为"'一带一路'政策背景下的机遇及挑战"相关研究、"汉语国际传播具体问题"相关研究、"经济与汉语传播"相关研究、"语言推广政策"相关研究、"习近平与汉语国际传播"相关研究等五类。

郭莹《一带一路背景下汉语国际教育面临的机遇和挑战》一文用数据说话，从国家经济、政策支持等方面列举了国家政策对汉语国际教育蓬勃发展的推动作用，同时也提出在机构、师资、课程方面仍存在问题，并根据存在问题提出了针对性的解决措施和发展战略。而李雅、夏添的《"一带一路"背景下中亚汉语国际教育与中华文化传播机遇与挑战》则着重以中亚地区的汉语传播为研究对象，根据中亚地区不同的文化特征，探讨了在"一带一路"背景下中亚地区汉语传播及教育面临的机遇和挑战。除此以外，《"一带一路"视阈下的汉语国际传播发展策略研究》（刘旭）、《"一带一路"倡议背景下汉语国际传播的新思考》（毕彦华）、《"一带一路"背景下的汉语国际教育问题及对策分析》（赵康）等文章都从"一带一路"政策角度出发，探讨了新形势新背景下汉语国际传播的现状、存在问题并提出优化发展策略。

尹静的《"一带一路"建设传导汉语言传播需求》一文以汉语传播需求为研究视角，认为"汉语国际传播要因地制宜"，并根据面临的问题提出"加强汉语教育规划的顶层设计，调整战略资源布局""加强传播策略研究，完善汉语传播策略""科学规划汉语国际传播资源，有效扭转三教问题和课程设置现状""加强汉语国际地位和声誉的科学管理，维护世界语言文化多元格局"等新举措。① 《"一带一路"背景下高校复合型汉语人才培养模式探究》和《"一带一路"背景下汉语国际传播与复合型汉语人才培养互动关系研究》（常琳）从具体的人才培养角度进行研究，认为复合型汉语人才的培养可以有效扩大汉语国际传播的广度和深度，并

---

① 尹静：《"一带一路"建设传导汉语言传播需求》，《前线》2019 年第 9 期。

且间接推动了"一带一路"倡议的发展,因此提出"'专业 + 汉语'双向能力培养""传播内容多样化""培养方式立体化"等建议。[①] 而叶瑶君《"一带一路"背景下的留学生文化课程设置》则从具体的课程设置角度出发针对文化类课程提出调整意见,并根据本校学生的具体情况,将所用教材进行调整和替换。

除了以上两大类以外,还有三类分别从"经济建设""语言政策""习近平与汉语国际传播"等多个方面探讨。《"一带一路"视域下 S 省"三个经济"建设与汉语国际传播的融合路径》(马艳荣)和《俄罗斯汉语传播与中俄经贸合作相关性研究》(李宝贵、于芳)从经济建设和国际贸易角度出发,指出语言文化传播与经济发展是互相促进、互相推动的关系,而中俄贸易合作为汉语传播带来新机遇、同时语言文化的交流也为其带来人才支撑。语言政策对语言文化的传播、交流、发展具有指导性的建议,《基于语言推广政策的汉语国际教育研究》(邱谊萌)和《中日语言推广政策比较研究》(佟玲、张洁)通过对语言政策的分析及对比,阐述应完善教学评估标准、优化高校专业结构、规范孔子学院建设等可持续发展对策,并且借鉴他国的语言政策推广也对我国的语言推广政策研究有一定的启示作用。张庆冰的《习近平著作与汉语国际传播学科建设》及李宝贵的《习近平关于语言传播的重要论述及对汉语国际传播的启示研究》均从我国国家主席习近平同志的著作及重要论述处着眼,依据"钥匙论""全球通""五观说"等创新理论,探讨中国通识课程建设等实际问题,指导汉语国际教育事业的新发展。

"一带一路"政策作为国家的战略目标,是要建立一个政治互信、经济融合、文化包容的利益共同体、命运共同体和责任共同体,是包括欧亚大陆在内的世界各国,构建一个互惠互利的利益、命运和责任共同体。它将为汉语国际传播及汉语国际教育的发展增添强有力的支撑,也必将为中国语言文化的国际化传播打开新的格局。

（四）汉语国际传播史研究及分述

汉语国际传播是一个发展过程,有其自身的发展及变迁。探究汉语国际传播相关历史,有利于我们了解汉语国际传播的发展历程,更加深刻领悟汉语国际传播的变化和方向。本文所搜集的文献中,共有 7 篇是从汉语国际传播史维度的相关方面展开的研究,但其研究视角有所不同。

在《从"对外汉语教学"到"汉语国际教育"》一文中,北京语言大学校长刘

---

① 常琳:《"一带一路"背景下高校复合型汉语人才培养模式探究》,《广西青年干部学院学报》2019 年第 3 期。

利从历史的角度出发，梳理了汉语国际传播及教育发展的历程，根据"改革开放以来""20 世纪 90 年代""新世纪之交""现今及未来的发展"等重要时间点，将发展历程划分为"解放思想，开疆拓土，创建对外汉语教学新学科""实事求是，立足本体，探索体现汉语特点的学科之路""改革创新，与时俱进，实现汉语国际教育的战略转型"和"把握机遇，乘势而为，推进汉语国际教育新发展"四个阶段。[①] 并探索了各时期汉语国际教育的新进展，提出加强汉语国际教育学科建设对汉语国际教育事业的发展和对"一带一路"建设具有现实意义。

《阿拉伯海湾地区的汉语教育政策变迁与汉语教育的发展》《澳门汉语国际教育在中欧交往中的历史表现——从基督教在澳门的传播说起》《法国汉语传播研究》《塔吉克斯坦汉语教学与传播的历史思考与未来机遇》和《泰国的汉语教育政策变迁与汉语教育的发展》等 5 篇文章分别着眼于阿拉伯海湾地区、澳门、法国、塔吉克斯坦、泰国五个国家及地区，分析了不同国家汉语教育的演变历程及发展现状，揭示了其存在问题，并提出在"一带一路"背景下，汉语国际传播与教育发展将面临新的机遇和挑战。

《汉语国际教育信息化的发展历程与展望》一文则从当今社会信息发展的角度梳理发展脉络，随着经济全球化的发展和信息技术的不断进步，发展历程从起步阶段的"信息技术辅助教学"，到"汉语国际教育信息化的全面发展阶段"，再到"汉语国际教育信息化的国际传播"。[②] 从发展历程中可以看出，信息技术已深深根植于汉语国际教育和国际传播的方方面面，成为促进汉语国际化强有力的背后推手。

尽管这几篇文献研究视角不同，但都强调了汉语国际传播的过程中要注重因地制宜，理清其发展脉络并展望未来。不同国家、地区有其不同的政治经济文化历史背景因素，汉语国际传播的过程中也面临许多不同的个案性问题，因此，如何从汉语国际传播的发展历史中发现问题并针对性地解决问题，如何在不同国家地区的历史文化背景下创设性地进行汉语国际传播，是关键所在。

（五）汉语国际传播教学实践研究及分述

汉语教学是汉语国际传播的主要途径和手段之一，也是外国人接触中国与中国文化最为直接的途径之一。因此，汉语国际教学实践始终在中国语言和文化国际传播中发挥着关键性作用。本文搜集的 146 篇文献中有 31 篇是属于汉语国际传

---

①　刘利：《从"对外汉语教学"到"汉语国际教育"》，《国际人才交流》2019 年第 2 期。

②　田峰：《汉语国际教育信息化的发展历程与展望》，《中外企业家》2019 年第 11 期。

播的教学实践研究，是除去其他研究外各类研究中数量最多的一类，这也表明了学界对于汉语教学实践研究的重视，而该类研究中最主要的内容是有关中国文化的教学实践研究。语言是文化的主要载体和传播方式，文化教学是传播中国优秀文化，提升文化软实力的关键，因此中华文化的教学对汉语的教学与传播有重要意义。

蔡沛文、朱日昕等主张将中国传统文化与语言课堂相结合，如古筝、茶文化、京剧脸谱、皮影戏教学等，通过教授这些优秀的中华传统才艺可以在很大程度上促进汉语的教学与推广。蔡沛文认为皮影戏蕴含了丰富的历史文化，将皮影戏融入对外汉语课堂可以增加学生的参与感、满足学生的多元需求。范婕、韦树兰等人以某高校为例，进行了陕西、云南文化等地方文化在汉语国际教育中的教学应用研究，他们调查了留学生对于地方文化的态度及，根据实际情况提出了将地方文化应用到汉语教育及传播中的实施策略。黄雅琳、陈曦等人则以某国家的孔子学院或孔子课堂为研究对象，通过调查其中国文化教学现状及问题，提出相应的改进对策。

其次是对于创新汉语国际教育教学模式的探讨，詹海玉在跨文化传播的视角下，从理论基础、教学目标、操作程序以及实现条件等几个维度，分别探讨了汉语国际教育的阐释教学模式、文化碰撞教学模式、研究式教学模式和范例式教学模式，旨在为当前汉语国际教育的教学实践提供参考。[1] 李玮阐述了互联网背景下汉语国际教育模式的优势及转变策略。张滨、胡伟从国际汉语师资培养的角度说明掌握小语种、提升汉语语言能力及跨文化交际能力能有效地扩大汉语影响力，帮助实现汉语国际传播事业的快速发展。冯紫盈则对泰国中学本土教师汉语课堂的互动状况及质量进行了考察，并针对其中的问题提出了相应的建议。

（六）其他研究及分述

除以上五类研究外，我们将其他文献内容来源较为复杂的研究归入"其他研究"这一类。依据其研究的对象及研究内容的不同，我们可以再将其细分为 7 类，具体如下图所示：

---

① 詹海玉：《跨文化传播中汉语国际教育的教学模式研究》，《学理论》2019 年第 10 期。

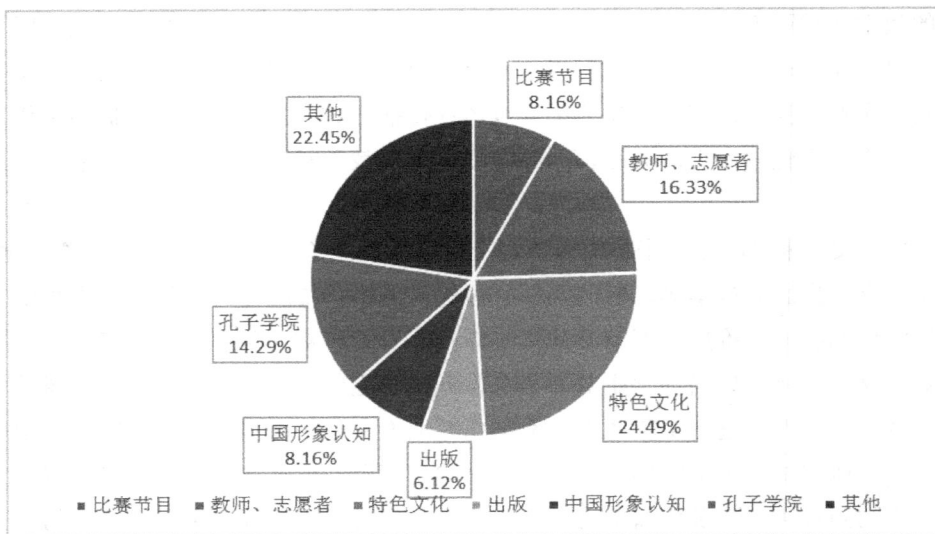

图 4　其他研究数据统计

由上图可以看出，其他类研究中，其研究视角呈现出多样化的特点，具体如下：

1. 由汉语比赛和汉语节目引发的研究启示，共 4 篇，这一类主要探究了比赛及节目本身的发展状况及推广意义；2. 汉语国际教师和志愿者的培养，共 8 篇，这一类主要探究国际教师及志愿者培养过程中培训、业务素质、转型、面临的问题和反思；3. 汉语国际传播中，中国某类特色文化的推广，共 12 篇，主要的研究对象有中医、唐话、少数民族语言、淮河文化、燕赵文化、中国孝文化、蒙学典籍、书法、河北地域文化等等，探究文化的传播对汉语国际传播的促进作用；4. 汉语出版引发的启示，共 3 篇，主要包括语言类著作的出版、教材出版、出版业的相关研究；5. 外国人对中国形象的认知研究，共 4 篇，通过探究外国人对中国形象的认知构建，研究汉语传播及其影响；6. 以孔子学院为背景开展的相关研究，共 7 篇，主要探究各个国家地区孔子学院的发展现状、存在的问题及策略研究；7. 其他。

我们可以发现，其他类研究的研究视角十分独特，研究内容也十分多样，对于汉语国际传播过程中可能涉及的方面多有论述。这表明，当前汉语国际传播的研究视域在进一步扩大，研究体系在逐步完善，并呈现出精细化的特点。

四、2019 年孔子学院相关研究描述

孔子学院是汉语国际传播事业的重要基地，也是世界各国人民学习汉语和了解中华文化的园地以及中外文化交流的重要平台，在汉语国际传播中占据着十分重要的地位。孔子学院的相关研究也是学界所关注的焦点问题之一，研究成果颇为丰硕。因此，为更好地梳理孔子学院相关研究成果，阐述研究方向，我们将孔子学院相关研究单独列为一章进行描述。

（一）2019 年孔子学院相关研究数据分析

我们在知网上共检索得孔子学院相关研究文献 95 篇，其中有效文献 88 篇，数量是比较可观的。这说明，学界对于孔子学院相关问题的关注程度较高，孔子学院已经成为当前汉语国际传播领域研究的焦点问题之一。依据研究方向的不同，我们将其分为孔子学院发展与建设研究、孔子学院文化与交流研究、孔子学院教学研究以及其他研究四大类，具体数据统计如下：

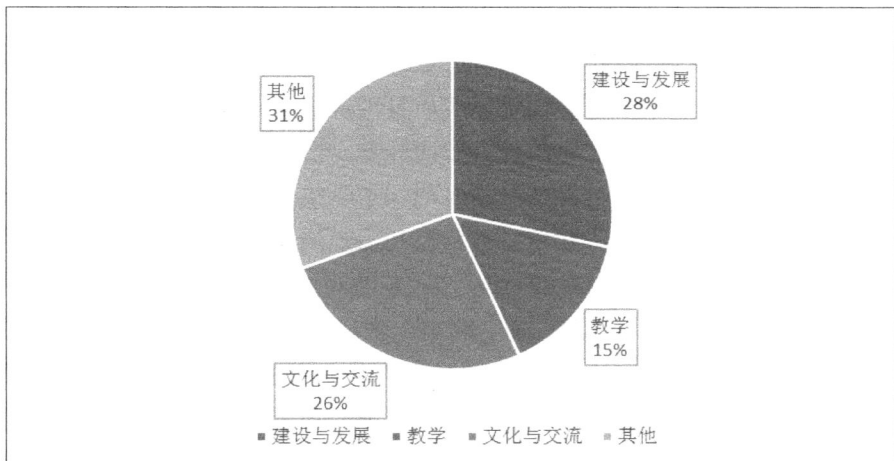

图 5　孔子学院研究数据统计

从上图数据中可以看到，2019 年孔子学院相关研究中，除去其他研究外，孔子学院发展与建设研究成果最为丰硕，共有论文 25 篇，占到所有研究的 28%；文化与交流研究次之，共有论文 23 篇，占所有研究的 26%；教学研究的论文再次之，仅有 13 篇，占所有研究的 15%；其他研究则共有论文 27 篇，占所有研究的 31%。

由此我们可以了解到 2019 年孔子学院相关研究的大致方向所在。除其他研究外，孔子学院发展与建设研究及文化与交流研究均属于宏观研究，教学研究则属于微观研究。数据表明，当前孔子学院研究的大方向与汉语国际传播研究基本一致，以宏观研究为主。

（二）2019 年孔子学院相关研究分述

为进一步阐明 2019 年孔子学院相关研究的趋势和方向，我们分别对四类研究进行了考察和归纳。

1. 建设与发展研究

综观孔子学院发展与建设相关研究的文献，我们可以发现其主要的焦点在于当前孔子学院的发展所面临的挑战以及其解决之道。在该类文献的标题中，"问题""挑战""困境"等关键词出现的频率是比较高的，这与当前孔子学院尚不够完善的发展现状有密切的关系。

如刘宝存的《"一带一路"沿线国家孔子学院发展现状、问题与改革路径》一文，在梳理了"一带一路"沿线国家孔子学院发展现状的基础上，指出了"一带一路"沿线国家孔子学院发展尚且存在的数量分布不均、合作机构及承办机构较为单一以及运行机制不完善等问题，并提出了一些解决问题的参考思路。范敏的《新时代背景下孔子学院面临的困境与转型路径》一文指出了当前孔子学院发展面临的信任困境、结构困境、管理困境以及质量困境等四大问题，并针对性地提出了由被动发展转向主动发展、由单向向双向转变、由传统向科学转变以及由规模向质量转变等发展思路。高迎泽的《新时代孔子学院的发展困境与解决建议》一文则从定位、师资以及教学方式等三方面对孔子学院发展所面临的问题进行了探讨并提出相应的解决建议。

此外，还有高莉莉的《非洲孔子学院人才培养和可持续发展的思考》、徐丽华的《孔子学院师资供给：现状、困境与变革》、李侠的《孔子学院面临的结构性困境与变革路径》等等许多文章从各自不同的角度对孔子学院发展所面临的问题和挑战做了论述，并提出了许多有益的解决思路。

总的来说，当前关于孔子学院建设与发展的研究已经比较全面，触到了当前孔子学院建设与发展所面临的许多痛点，提出了许多有益的建议。我们也注意到，当前孔子学院建设与发展的相关研究不是尽善尽美的，仍然存在许多值得探索的空间，其中提出的一些建议也可以进一步深化，以加强其普适性及可操作性。

2. 文化与交流研究

孔子学院是汉语国际传播和中华文化传播的重要平台，也是我国与世界各国人民沟通的桥梁。在我们所搜集的文献中，以文化与交流研究为主题的文章也不在少数。

综观该类文章，可以发现其中主要包含有两个方面的问题。一是某类或某地文化基于孔子学院的国际传播研究，二是孔子学院在国际文化交流中的使命和作用研究。

如王彦伟的《孔子学院提升齐鲁文化国际影响力的分析与思考》一文从齐鲁文化自身的影响力、孔子学院的受众群体及其需求等多方面对基于孔子学院的齐鲁文化海外传播进行了论述，提出了一些有益的思路和建议。李炜的《孔子学院中国影视文化现状及对策》一文讨论了孔子学院进行中国影视文化传播的必要性，并从内容、对象以及传播形式等方面对当前孔子学院中国影视文化传播的现状做了探讨，分析了当前的存在的问题及其对策。冯潇的《陕西地域文化融入孔子学院活动刍议——基于说服理论》、白俊亚的《蒙古国孔子学院武术传播现状、宗旨、路径研究》等等文章也分别从不同地域、不同类型文化角度出发对这些问题进行了探讨。

又如王珊珊的《孔子学院在中国文化国际传播中的作用和使命探究》一文从孔子学院对于中国文化软实力及国家影响力的提升作用、对国际文化交流的促进作用以及对"一带一路"建设的推动作用等多个方面对孔子学院在中国文化国际传播中的使命和所发挥的作用进行了论述。马溯川的《"一带一路"背景下中国与中亚地区文化交流研究——以孔子学院为例》一文从地域性的角度出发，探讨了孔子学院在中亚地区文化交流中所发挥的作用，也指出了发展定位不清晰、交流途径单一、缺乏本土化教学模式以及民众认同感偏低等仍然存在的问题。

当前孔子学院文化与交流相关研究中已经涉及了文化本体以及类型和地域文化、传播模式及路径等多方面的问题，对定位、内容、方式等具体问题已经做了比较多的讨论。

3. 教学研究

在我们所搜集的孔子学院研究文献中，有关于教学研究的文献是比较少的，且多为教学概况及课程体系设置等较为宏观的教学研究。

如张洁琳的《澳大利亚、新西兰孔子学院汉语教学概况研究》一文从师资、教材、孔子学院发展模式等方面对两地的孔子学院汉语教学现状做了调查研究，以此指出了两地孔子学院汉语教学中存在的师资不稳定、教材适用性较差等问题。梁吉平的《海外孔子学院课程设置研究——以美国 15 所孔子学院为例》介绍了美国孔子学院课程设置的现状，并对各孔子学院的课程体系做了对比，指出其特色与存在的问题，同时也对国内汉语教学人才培养的课程设置与孔子学院课程设置的衔接进行了一些讨论。

总的来说，当前对于孔子学院教学的相关研究是比较少的。开展汉语教学既是孔子学院的使命之一，也是中华文化国际传播的重要途径，值得我们投入更多的精力去探讨研究。

4. 其他研究

该类研究的论文数量不在少数，涉及孔子学院分布、孔子学院形象、孔子学院与国际贸易发展的关系、孔子学院与国家关系、孔子学院建设对来华留学生数量增长的推动作用等等许多方面。

如王辉的《基于大数据的"一带一路"沿线国家的孔子学院分布研究一文》整理了"一带一路"沿线国家的孔子学院分布情况，并对这些地区的人口、教育、经济等数据进行分析，探讨孔子学院分布与地域的对应关系及其合理性，为孔子学院的规划和布局提出了一些参考。杨颖的《海外学术视野中的孔子学院形象研究》一文研讨了海外学术界关于孔子学院的研究成果，以此构建出了海外学术视野中的孔子学院形象，并指出了当前海外对孔子学院形象的认知存在关注政治影响大于关注其他影响、关注功能价值大于关注实际运作等等问题，并对孔子学院形象建设提出了一些建议。

此外，还有康继军的《孔子学院对中国出口贸易的促进效应——基于"一带一路"沿线国家的实证分析》、余旖旎的《孔子学院发展对来华留学生招生影响因素探究》等等许多文章从不同领域、不同角度对孔子学院的影响、作用等等做了许多探讨。

2018 年底，习近平总书记发表新年贺词，他说："一个流动的中国，充满了繁荣发展的活力。"而孔子学院在这个"中国的流动"中担当了重要的角色。习总书记还说过："孔子学院属于中国，也属于世界。"

孔子学院在汉语国际传播和中华文化国际传播中的作用是举足轻重的，其影响力也拓展到了经济、政治等多领域当中，我们所搜集到的文献中对于孔子学院的这种多角度、多层面的探讨也说明了这一点。2019 年是孔子学院重要的一年，他不仅在合作国家和地区方面有所扩大，增加了孔子学院、孔子课堂和学习者的数量，更在孔子学院的特色建设上有所突破。外加媒体的不断关注和学术界的深入研究，都在客观上对孔子学院的发展起到了助力作用。同时，孔子学院的体制机制也在不断完善，各学术界的学术探讨和理论创新，对构建更为完善的孔子学院而提出的各种意见和建议，都将为孔子学院进一步发展奠定理论基础。这种多角度、多层面的思考也将对孔子学院的健康有序发展起到重要的促进作用。

五、余论

综合以上数据及其分析，可以发现 2019 年汉语国际教育传播研究及孔子学院相关研究的成果是比较丰硕的，研究内容及研究视角均呈现出多样化的特点。虽有不足，但硕果仍然显著。

2019 年华夏地域文化传播研究综述

李海文*

（福建农林大学金山学院　福建福州　350002）

摘要： 以史为鉴，继往开来，是华夏地域文化传播研究的应有之义。回顾 2019 年华夏地域文化传播的年度研究，发现如下特点。就成果出版物而言，图书编多著少，刊物稳定不增，"地域文化传播"专栏少而不强。就学术论文而言，有一定数量但质量有待提升，引用率、转摘率低下。就研究内容而言，"传播论"意识不强，有关观念常散见于文化"本体论"之中；"传播论"集中在内容分析、媒介研究和效果研究三大方面。总体特征是华夏地域文化传播还处在破土而出的成长期，有待进一步发展。

关键词： 华夏传播；地域文化；研究综述

华夏地域文化传播虽然是一个新鲜名词，但其涉及的研究对象却很古老。作为一个跨学科研究领域，它属于文化传播研究的一个分支，是关于华夏地域文化传播现象和活动的研究。回顾 2019 年学术界内外关于该领域的研究，成果形形色色，看似纷繁复杂，实则背后有章可循，特征明显。就研究成果的出版物而言，图书编多著少，但其基本在文化"本体论"方面，"传播论"散见其中。期刊《青年记者》时设"地域文化传播"专栏，《地方文化研究》、《中华文化与传播研究》（半年刊辑刊）时发相关论文，《地域文化研究》偶发"传播论"的论文。《妈祖文化研究》专刊妈祖文化研究，其"传播论"较为突出。大部分成果是学术论文，所载刊物"P 多 C 少"，作者大家名家数量有限，至于研究生学位论文硕多博少；还有报纸文章数篇，学术性较低。检索中国知网，以"地域文化传播"为主题词 2019 年共有文献 66 篇，其中北核、南核期刊 5 篇；当然相关文献远不止这些。研

---

*　作者简介：李海文，福建农林大学金山学院讲师，研究方向：华夏文化传播史。

究成果的引用率、转摘率整体比较低下。就学术会议而言,地域文化研究类论坛重在文化"本体论"方面,"传播论"位列分论坛或融入其中。就研究内容而言,倘若参照拉斯韦尔的思维逻辑,华夏地域文化传播集中在内容分析、媒介研究和效果研究三大方面,下面就以此思路挂一漏万,略述大端。

一、内容分析

本年度研究涉及地域分布广泛,34 个省级行政单位基本覆盖,有些省份还进一步细化到地级市,如江苏的南京、镇江、淮安、南通和河北的承德、邢台等。研究的地域虽然分散,但在文化大省(如陕西)和经济强省(如浙江、江苏)等比较突出。在地级市层面,非省会城市居多,直接体现了地域文化的地方性。就文化区域而言,直接针对的文化有邹鲁文化、淮河文化、荆楚文化、陕西文化、海派文化、浙江文化、闽南文化、潮汕文化、岭南文化、客家文化、藏文化等地域文化。就文化类型而言,基本全面涉及,包括方言、饮食、建筑、民俗、文艺、信仰等。地域文化研究不等于地域文化传播研究,而内容分析主要研究的是传播什么和如何传播,因此本研究综述重点在于文化的"传播论"。

(一)"传播论"的主要观点
1. 挖掘、认知本地文化是传播之始

地域文化是华夏地域文化传播的内容,搁置地域文化而讨论传播好比无源之水、无本之木。有效挖掘、认知本地文化是传播之始。正如刘国伟与全晶文对《东北地域文明研究》的书评中指出:"东北地区文化并不是单一的游牧民族文化,其呈现的是复合型的特殊文化形态,主要是以农业为主,并伴随着多种经营模式,极具活力,且文化高度繁盛与发达。只有真正了解东北地域文化,才能够将东北文化传播至远。"[1] 许钧指出:"实现浙江文化'走出去',要利用文化资源禀赋,打造特色文化精品。"[2] 梁利伟在其论文中,采用过半的篇幅具体梳理了陕西地域文化资源,主要包括历史文化、红色文化、民俗文化、宗教文化、生态文化和科教文化六大类,提出了"在内容资源发掘不够"[3] 等问题。赵淑彦、王明娟提出:"进一

① 刘国伟、全晶文:《东北地域文化传播思考——评〈东北流域文明研究〉》,《中国教育学刊》2019 年第 12 期。

② 许钧:《浙江文化"走出去"源流及新时期对外传播路径剖析》,《湖南科技大学学报(社会科学版)》2019 年第 6 期。

③ 梁利伟:《陕西地域文化传播力现状研究》,《新闻传播》2019 年第 17 期。

步努力发掘、保护、完善具有地方特色的承德地域文化。"① 黄义武提出："根植本土优秀文化,深耕细作""深耕本地文化沃土"② 等。作为分支类的华夏地域文化与整体的、核心的华夏文化相比,显然挖掘不够深入,传播不够广远。

2. 内容编码上要下功夫

不言而喻,地域文化的优势并不直接等于地域文化传播的优势。地域文化提供资源,但资源经过挖掘编码才能传得出、传得开、传得远。林文、刘志艳指出："加强文化资源整合,把文化资源转化为新媒体的传播内容。"③ 钱聪、刘瑞在分析内蒙古文化传播时提出要创新表达形式,内容要有"爆点",要富有时代气息又饱含文化厚重。④ 李海文考察了福州文化标语"一片福州三坊七巷,半部中国近代史"成为集体记忆是如何建构的,指出"源于史实的'一片福州三坊七巷,半部中国近代史'这一名句符号,从编码到集体认知的成形并非自然生成,而是近十年由个人、政府、媒体等不断作用,经大众传播塑造成当地社会各界的一种共识。"⑤ 编码是地域文化走向传播的必经步骤。

华夏地域文化传播不仅要在本地域传播,还要在域外传播,甚至在海外传播。面对海外受众,华夏地域文化传播更要在内容编码上下功夫,丁立福等提出："既要做到精挑细选翻译的源语语料,做到系统性与代表性相结合,又要确保译语语料的质量,达到有效传真的目的。"⑥ 同为探讨安徽文化的戴定华提出："应选择具有较强代表性和传播性的地域文化项目,另一方面也要从传统文化精髓中深入挖掘能够提升文化认同感的内在资源,打造地域文化名片。"⑦ 吴昆在其文中先是提出"实现积极而有效的跨文化传播必须在提炼和优化本土文化的外显性符号层面下功夫",进而指出"在日常文化表征层面,对'地方性'的强调则可以凸显出文化的活力和魅力,令海外受众有更加丰富的文化资源可以选择和认同。"⑧ 已有研究尚未发现对如何编码做系统性、科学性和专门性的论述,存在一定的研究空间。

① 赵淑彦、王明娟:《文化自信与承德地域文化的挖掘与传播研究》,《河北民族师范学院学报》2019 年 2 期。

② 黄义武:《深耕文化沃土,讲好本地故事——浅谈地方台如何多元化做好本土优秀文化传播》,《新闻潮》2019 年第 1 期。

③ 林文、刘志艳:《新媒体在特色小镇文化传播中的运用》,《今传媒》2019 第 11 期。

④ 钱聪、刘瑞:《社交媒体环境下地域文化的传播策略研究》,《采写编》2019 年第 6 期。

⑤ 李海文:《"一片福州三坊七巷,半部中国近代史"集体认知的建构》,《福建工程学院学报》2019 年第 5 期。

⑥ 丁立福、汪洛圭、张娜:《论安徽地域文化对外译介既存问题与出路》,《安徽理工大学学报》(社会科学版)2019 年第 6 期。

⑦ 戴定华:《汉语国际教育视域下安徽淮河文化的对外传播策略》,《新闻世界》2019 年第 8 期。

⑧ 吴昆:《中国地方文化的跨文化传播路径:基于北美潮汕文化的个案考察》,《新闻界》2019 年第 4 期。

（二）"传播论"的主要视角、方法

1. 叙事分析深受青睐

叙事分析作为文本分析方法之一，不仅用于分析叙事内容，而且用于叙事方式。电影通常是故事文本，许多学者偏爱采用叙事分析地域文化与电影叙事之间的关系。影视传播受众广泛，男女老少皆宜，深受产业人士的青睐，是地域文化传播的主要形式之一。因此本年度不少学者根据影视产业的实践，从影视叙事的视角分析地域文化传播。李晓彩、张晶"以审美的在场、离场与返场为逻辑脉络，将在场感知的审美表象、离场反思的审美想象与返场贯通的审美意象作为地域形象影视建构的叙事表达。"① 孟福利指出："电影艺术和民族特色文化符号与价值意向互为载体；电影艺术有利于对文化遗产的媒介图景的虚拟构建，同时电影中地方身份和特色地理景观的塑造，促进'他者'和'自我'的虚拟共同体的跨时空构建；电影艺术和文化遗产深度融合的参与和共生。"② 何海巍指出："香港通过对电影新技术和新技巧的重视和运用，推动岭南文化价值观的表达与传播。"③ 程奇芳认为："地域文化不仅可以成为电影的艺术表征，更可以成为电影的叙事工具。贾樟柯作品中的山西话强调了影片的文化叙事空间，令人物形象和城市空间都变得鲜活生动。这不仅是贾樟柯对于自身电影作品做出的文化标志，同时也是对于自己家乡山西地域文化进行影视传播的一种方式。"④ 叙事分析深受影视传播研究的青睐，但其还可以用于地域文化传播中的其他文本如地方志、地方丛书、谱牒、文集等，目前鲜有学者涉及。

2. 个案研究是天然选择

华夏地域文化犹如满天星斗，本身充满地方特色，因此个案研究自然而然成为一种主要范式。地域文化传播的个案研究主要分成两类，一种是就某一地域文化自身问题而言，另一种就某一地域文化来研究面向具有普遍性的问题。前者有许钧对浙江文化"走出去"的研究、⑤ 何海巍对香港电影与岭南地域文化传播的研究、⑥ 丁立福等对安徽文化对外译介问题的研究、⑦ 彭根来对江西地域文化价值的研

① 李晓彩、张晶：《地域形象影视传播的叙事逻辑与话语建构》，《电影文学》2019 年第 23 期。

② 孟福利：《地域文化遗产在电影艺术的传播与利用》，《电影文学》2019 年第 16 期。

③ 何海巍：《香港电影与岭南地域文化传播研究》，《当代电影》2019 年第 8 期。

④ 程奇芳：《电影〈山河故人〉的文化传播与叙事解析》，电影文学 2019 年第 4 期。

⑤ 许钧：《浙江文化"走出去"源流及新时期对外传播路径剖析》，《湖南科技大学学报（社会科学版）》2019 年第 6 期。

⑥ 何海巍：《香港电影与岭南地域文化传播研究》，《当代电影》2019 年第 8 期。

⑦ 丁立福、汪洛圭、张娜：《论安徽地域文化对外译介既存问题与出路》，《安徽理工大学学报（社会科学版）》2019 年第 6 期。

究 [①] 等，分别有针对性地提出相应策略，在此不一一赘述。后者有杨玢就"基于河湟文化传承与发展的镜像分析，建构民族地域文化现代调适和转化创新的有效路径。" [②] 刘洋、肖远平基于贵州的典型经验指出："坚持一元多核共治的乡村文化建设理念，重视有限理性、坚持渐进主义、关注平台建设、打造文化景观及推动文旅融合，实现乡村文化振兴。" [③] 李瑛、王恩豪以《虎牙·湖南》品类为例，分析了网络直播对区域文化的创新表达，提出："区域文化与网络直播平台的融合传播中仍存在信息管控困难、定位模糊、传播内容偏少等问题。通过从构建直播平台管控体系、借力地方主流媒体集团、培养地方文化类主播等方面提出相应对策。" [④] 个案研究容易对某一文化传播现象或活动作深入而具体研究，但地域文化充满地方特色，如何建构个性与共性之间代表性、联系性，推而广之，仍然需要量化与质化双管齐下，接力系列研究。

二、媒介研究

一般而言，传播媒介有广义和狭义之分，狭义上是指信息传递的载体、渠道、中介物、工具或技术手段，广义上还包括从事信息的采集、加工、制作和传播的社会组织，即传媒机构。本年度研究所指的媒介，在媒介广狭双义的基础上分为常规媒介和非常规媒介。常规媒介即通常所说的书报刊、广播影视、网络和新媒体及其相应机构，具体有 VR、微博、微电影、网络表情包、网络直播、动画、音频平台、地方融媒体、地方电视台、党报副刊、纪录片、国产电影、国产电视剧等；非常规媒介是指具有信息传递的中介事物，通常不在新闻传播视野之内，具体有旅游商品包装、地方高校（科研、学报、智库、图书馆）、旅游景区公共标识、高速公路服务区、地铁及其车站、文娱活动、汉语国际教育等。随着新旧媒介的融合，加上人之主观能动性的发挥，地域文化的传播媒介还突破了"物"的物质范畴，发展成为"事物"媒介。马昱笔下的"舞蹈节"、[⑤] 周楠与何顺民的"中秋晚

① 彭根来：《论江西地域文化价值开发及凝练提升策略》，《九江学院学报（社会科学版）》2019 年第 2 期。

② 杨玢：《民族地域文化传承与发展的时代考量——基于河湟文化的镜像分析》，《广西民族研究》2019 年第 5 期。

③ 刘洋、肖远平：《乡村文化建设的四维建构与振兴策略——基于贵州的典型经验》，《湖北民族学院学报（哲学社会科学版）》2019 年第 2 期。

④ 李瑛、王恩豪：《网络直播对区域文化的创新表达——以〈虎牙·湖南〉品类为例》，《新闻爱好者》2019 年第 12 期。

⑤ 马昱：《舞蹈节的"跨界"呈现与城市文化表达》，《北京舞蹈学院学报》2019 年第 3 期。

会"①等都具有文化传播功能，或多或少是"媒介事件"，但却成为名副其实的"事件媒介"了。

（一）常规媒介

1. 新媒体新技术深受追捧

当今世界科技发展日新月异，新兴媒介对社会的影响日益凸显，吸引着业内外人士的持续关注。佘意明基于业内实践，总结了一条"利用新媒体技术优势，打造地域性的微信公众号品牌"②的经验。黄意武从现代科技的层面整体探讨了现代科技对地域文化发展的影响及启示，指出："不仅改变其生成环境，促进其发展演变，还扩展其传播方式和表现形式；现代科技的开放性、变化性、创新性对传统地域文化带来了巨大冲击；同时也对新时期的文化消费和文化发展形成产生了深远影响；地域文化的发展必须克服唯技术论，借鉴科学精神、科技手段。"③新媒体新技术的不断发展，也迫使或引导传统媒体自我创新，新旧融合，老当益壮。袁巍基于"粤听App"的考察，分析了融媒体时代音频平台地域文化传播新路径，并在文中指出："'粤听App'正是不断强化技术辅助下的内容创新节奏和传播路径，不断打造音频原创节目，打破区域文化的界限，传播粤语文化，形成弘扬、参与和守护地域文化的良好传播环境。"④许钧提出："应当充分融合数字出版、影视、网络等各种媒介，积极发挥新媒体、融媒体在文化传播中的重要作用。"⑤不过，业内外人士对新媒体新技术虽然普遍关注，但研究关联缺乏深度，理论化水平不高。

2. 地方媒体是地域文化传播的重要且必要推手

不管是新媒体，还是传统媒体，抑或是融媒体，地方媒体与地域文化具有地缘基础的共生关系。地方媒体具有地方性，通常首先服务于当地经济社会发展，是地域文化传播的一大重要且必要推手。当然，地域文化给地方媒体提供资源，也会反哺媒体发展。正如佘意明基于业内经验指出："株洲日报社这几年借力于新媒体的技术优势与传统媒体的人才优势的结合，将株洲地域文化的宣传做得风生

① 周楠、何顺民：《融媒体环境下借大型节日晚会助推地方传统文化传播——以2019年央视中秋晚会为例》，《新闻传播》2019年第17期。

② 佘意明：《媒体融合与地域文化宣传的"株洲探索"》，《新闻战线》2019年第14期。

③ 黄意武：《论现代科技对地域文化发展的影响及启示》，《地域文化研究》2019年第4期。

④ 袁巍：《融媒体时代音频平台地域文化传播新路径——基于"粤听APP"的考察分析》，《传媒》2019年第6期。

⑤ 许钧：《浙江文化"走出去"源流及新时期对外传播路径剖析》，《湖南科技大学学报（社会科学版）》2019年第6期。

水起，株洲日报和株洲晚报的文化副刊成为吸引读者的重要因素，报纸发行数量不但没有因新媒体的影响下降，反而出现了一定的上升。"[1]业内人士张晨光、卢运莲以"现象级"纪录片《寻味顺德》为例，指出："地方电视台充分利用本地独特的文化资源优势，能够创作电视纪录片精品，同时电视纪录片也是高起点、大制作挖掘本土特色文化资源传播价值的重要载体。"[2]陈凤对地方高校学报指出："区域研究在学术期刊领域一直是热点话题，综合性高校的学报承担着更广泛区域和范围的文化传播功能，而对于数量庞大的地方高校学报来说，自身发展与其所属区域发展和本土文化资源关系密切。"[3]地方媒体发展面临诸多时代挑战（技术、人才、市场、资金），在产业实践中难免经常遭遇经济效益与社会效益的冲突，如何进一步推动地域文化传播可持续性发展，仍然是一大难题。

（二）非常规媒介

1. 交通工具化为传播媒介

"传播"一词的英文 Communication 在国内早期翻译是"交通"，如新中国成立前林耀华、高觉敷把"Communication"译作"交通"，建国初期刘同舜和郑北渭先生将"Mass Communication"译为"群众交通"和"群众思想交通"。这也恰巧说明了传播与交通关系密切，然而改革开放以来，交通逐渐淡出了大众传播的视野。近年地域文化传播的研究把交通工具及其设施纳入媒介范围，热度逐渐提高。本年度出现了数篇关于地铁站、高速公路及其服务区等研究论文。鲜宁等提出："地铁文化已经成为城市的名片，每个城市对地铁文化的展示方式虽有不同，但对地铁公共空间的利用共识，都是希望通过地铁文化通过地铁文化塑造的博物馆让国内外游客认识和了解城市特色文化，彰显城市自身的个性魅力。"[4]卞云飞、张琴提出："地铁站乘客密集，空间相对封闭，过往人流不易受外界事物干扰，视野和注意力相对集中，从而决定了地铁公共空间非常适合充当传播城市地域文化的媒介，主要表现在历史文化传承、现代文明展示、城市地标打造、旅游信息指引、人文精神汇聚、文化融合与创新等方面。"[5]唐珊还提出了有效传递地域文化中

①　余意明：《媒体融合与地域文化宣传的"株洲探索"》，《新闻战线》2019 年第 14 期。
②　张晨光、卢运莲：《论地方电视台纪录片制作的内容和运营创新——基于〈寻味顺德〉的讨论》，《现代传播（中国传媒大学学报）》2019 年第 12 期。
③　陈凤：《地方高校学报区域研究问题回顾与发展建议》，《池州学院学报》2019 年第 3 期。
④　鲜宁、张静、蒋睿萍：《西安地铁文化与地域文化传播的优化途径》，《新闻知识》2019 年第 3 期。
⑤　卞云飞、张琴：《地域文化在武汉地铁公共空间艺术设计中的转译与表达》，《科技与创新》2019 年第 12 期。

有形文化和无形文化的地铁造型设计方法，即"首先应深度解读一个城市的地理、历史以及未来的城市发展定位和文化传统，然后采取广泛调研的方法选出广大市民及游客认可度最高的地域文化中的典型，并将其拆解成适用于设计的造型元素如线条、色彩等，然后采用提取、抽象、转化、组合的设计手法将造型元素融入地铁造型中。"[①] 李少飞指出："高速公路服务区作为高速公路短暂休息的中间区域，既是文化的载体，也带动着文化传播的发展，加速了不同区域的受众之间的人员流动和思想交流，促进了不同区域间的文化传播和文化融合。"[②] 汤明等指出："高速公路作为一种交通设施，还兼具文化传播通道的功能。"[③] 丁淑巍等把高速公路及其服务区一块视为具有文化传播的作用，指出："高速公路服务区可以设计成为地域文化传播的窗口，让各具特色的民族、文化、餐饮等元素以服务区为载体得以集中体现，高速公路也可以成为文化展示、传播的长廊。"[④] 正所谓返本开新，常谈常新，重新探讨交通工具的媒介性，复兴但不复古，亦大有可为。

2. 地方高校是地域文化传播的中转站

新中国成立以来，我国高等院校具有四大功能，即人才培养、科学研究、社会服务和文化传承创新。衍生于文化传承创新的地域文化传播的次功能，近年来受到一些地方高校的重视，相关研究明显增加。本年度多位学者从高校的不同角度，探讨了地方高校在地域文化传播上的媒介性。黄文丽指出："地方高校的相关科学研究，可以为地域传统文化的传承与创新提供智力和理论支撑。"[⑤] 牛波、杨淑琼指出："图书馆是中华优秀传统文化的主要收藏和服务机构，也是传播中华优秀传统文化的窗口。"[⑥] 李秀荣、夏玉玲指出："高校学报是一种文化传播媒介，不仅具有传播专业文化价值的功能，而且具有传播社会文化价值的功能。"[⑦] 在实践上，地方高校学报先后设立、打造地域文化专栏，如《咸阳师范学院学报》设立"陕西方言与民俗文化研究"栏目，《泉州师范学院学报》把"泉州学"拓展为"闽南文化研究"栏目，《唐山学院学报》在"唐山经济社会文化"栏目基础上，增设

---

① 唐珊：《地域文化视域下的徐州地铁造型设计研究》，《包装工程》2019 第 22 期。

② 李少飞：《贵州高速公路服务区文化承载及文化传播研究》，《传播力研究》2019 年第 34 期。

③ 汤明、严琼、彭高超：《高速公路文化景观设计中路域文化可视化研究》，《大众文艺》2019 第 24 期。

④ 丁淑巍、蒋松利、邢哲魁、赵庆生：《高速公路服务区发展方向及实施建议》，《公路》2019 年第 6 期。

⑤ 黄文丽：《地方高校科研对地域传统文化传承与创新的推动——以闽南传统文化为例》，《黎明职业大学学报》2019 年第 2 期。

⑥ 牛波、杨淑琼：《基于 5W 模式的公共图书馆传统文化传承研究》，《四川图书馆学报》2019 年第 1 期。

⑦ 李秀荣、夏玉玲：《论文化自觉背景下地方高校学报的责任担当——基于地域文化传播和开发视角》，《苏州教育学院学报》2019 年第 1 期。

"李大钊与中共党史研究"等。地方高校作为地域文化传播的中转站仍然还存在发展空间，比如地域文化专业及其课程、实践基地等的传播功能有待挖掘。

3. 汉语国际教育是地域文化传播的新媒介

随着中国的综合国力不断提升，"汉语热"持续升温。在海外，孔子学院和孔子课堂发展迅速，基本上已在世界上每个国家和地区分布；在国内，地方高校不断申请和开展留学生教育，汉语国际教育持续得到关注和发展。它成为地域文化传播的一扇新窗口，尤其是对海外受众而言是重要的新媒介。卢魁等提出："通过汉语国际教育传播邢台地域文化,使优秀文化口口相传。"[1]戴定华认为"汉语国际教育视域下的地域文化传播，其本质是跨文化传播；其实践教学对于留学生跨文化交际能力的提升有着重要的意义。"[2]冯潇、王美玲提出把陕西地域文化融入孔子学院活动，"可以使孔子学院的活动别具特色，同时提升陕西的国际认知度"。[3]虽然不少学者意识到了汉语国际教育的媒介性，但更多探讨的是如何通过地域文化促进汉语国际教育，即"教育论"多于"传播论"，有待传播学研究学者作专门深入研究。

三、效果研究

华夏地域文化传播研究通常视为应用研究之列，提升传播效果是研究应有之义。本年度的效果研究主要体现在传播内容与传播效果、传播媒介与传播效果、传播受众与传播效果三大方面。就研究内容而言，它们以传播效果为导向或多或少要么总结实践经验，要么提出对策建议。在效果研究方法上，量化分析实际效果的研究非常稀少，质化分析的则普遍多见。在效果的"时效"上，对已然的传播效果测评较少，对未然的效果传播对策则多。

（一）研究方法

1. 量化研究少而精

量化分析需要大量的一手数据，费时费力费钱，许多人都敬而远之。因此少有的量化研究，尤其是高质量的研究，更是难能可贵。本年度的典型代表有严建伟、赵艳的《天津地铁站域媒介空间文化传播效果与资源优化思路》，他们以天津

---

① 卢魁、张荣芳、陈雯:《"一带一路"背景下邢台地域文化对外传播研究》,《邢台职业技术学院学报》2019 第 2 期。

② 戴定华:《汉语国际教育视域下安徽淮河文化的对外传播策略》,《新闻世界》2019 年第 8 期。

③ 冯潇、王美玲:《陕西地域文化融入孔子学院活动刍议——基于说服理论》,《唐都学刊》2019 年第 5 期。

城市地铁站域媒介空间为研究对象，依据天津城市地域文化特色分区，选取六个典型地铁站域进行实地调研与发放问卷。首先从基础数据采集、受传者基本属性、媒介空间行为测量三方面对研究对象进行初步分析比对；其次应用 SPSS 分析方法对站内媒介空间与站外媒介空间两个维度，12 个媒介指标进行文化传播满意度分析，最后通过空间媒介与文化资源的逐步回归分析，提出天津地铁站域媒介空间的文化传播优化思路，即"主题确定—格局优化—空间层级—地铁文化产业"。[①]刘峰以微信公众平台为研究样本选取来源，用网络爬虫工具抓取与海派文化相关的公众号文章，数据化呈现海派文化传播的效果，指出："通过编码定量分析结果发现，框架应用对于微信公众平台上不同主题的海派文化内容传播效果有显著影响。"[②] 以上两篇论文都是刊于核心期刊，质量受到认可。

2. 质化研究多而不强

定量测评效果也并非完美，因为社会复杂多变，数据多为不可重复验证。已有研究对效果测评往往是直接观察、逻辑推导，大而化之进行定性研究。呼和认为微电影"通过微博与微信公众号，可以实现城市文化的传播，在大量的评论与转发后，往往在较短时间内就能显著提升人们的关注度，获得良好的城市文化传播的效果。"[③] 赵鹏涛指出："有不少优秀的城市文化形象宣传片创新性地从受众视角来构建文本并展开叙事，很容易也很自然地就将受众带入广告片所设定的具体情境之中，从而提升了受众的接受度，增强了传播的效果。"[④] 梁海鹏等在描述纪录片《奇域：探秘新丝路》时指出："通过王小山、蒋方舟等'大 V'的社交影响力带动网络上的话题推广，引起现象级的讨论交流，巨量的转发使得传播者与受众之间的角色不间断循环转换，产生无止境的次传播长尾效应，使其短时间内能够在社交场域获得震撼的传播效果。"[⑤] 所用"大量""较短""巨量"等字词显然缺乏计算性，效果评测标准笼统。本年度的相关定性研究多而零散，大而不强，有些甚至比较缺乏严格的分析。诚然，定性研究并非不可，但在逻辑推导过程中，需要加强论证的严密性。

---

① 严建伟、赵艳：《天津地铁站域媒介空间文化传播效果与资源优化思路》，《天津大学学报（社会科学版）》，2019 年第 3 期。

② 刘峰：《基于微信公众平台的海派文化传播主题框架研究》，《新闻爱好者》2019 年第 2 期。

③ 呼和：《微电影：城市文化传播的新载体》，《人民论坛》2019 第 2 期。

④ 赵鹏涛：《城市文化广告片的传播策略》，《青年记者》2019 第 2 期。

⑤ 梁海鹏、詹秦川、张建华：《"一带一路"语境下纪录片的品牌建构与国际传播——以西部历史文化题材纪录片为例》，《传媒》2019 第 6 期。

（二）效果的应用

1. 主要服务地方党政系统

长期以来，地域文化的传播往往由地方党政机构和地方性主流媒体主导。因此，效果研究重在研究媒介的传播效果，以资给地方党政机构及其事业单位参考采用。本年度的相关研究具有从党政机构中来案例到党政机构中去服务的突出现象，例如黄立安所用的广西壮族"三月三"文化节传播个案与广西旅游局挂钩，①曾楠的娄底旅游宣传片的文化传播研究，② 杨霄与杨雪对玉溪党报新媒体文化传播实践的研究，③ 黄义武对地方电视台的研究 ④ 等。丁立福等在提出对策时指出："首先需要政府和相关机构的支持。"⑤ 戴定华在构建立体的传播主体体系时首先指出："地方主管部门强化自身对地域文化的传播。"⑥ 的确，对于地域文化传播，地方党政系统负有不可推卸的责任，但不能把任务都集中在地方党政系统身上，如何从"多元治理"的角度存在一定的空间。正如宋朝丽在其论文的最后指出："在城市文化生产和传播中，政府不再是唯一主体，而是规则制定者和价值引导者，营造更富创新和活力的文化生产氛围，鼓励更多企业和个体进行城市文化传播。"⑦ 另外，地方性主流媒体存在日益严峻的技术挑战和市场竞争，如何有效发挥传播效果，助力地域文化传播，仍然是一项长期性话题。地方性主流媒体是专业生产内容（PGC），但越来越多用户生产内容（UGC），自媒体的传播效果也有待进一步关注与研究。

2. 集中旨在提升未然效果

本年度大部分研究重在针对现实传播问题、困境，借助于理论框架质化分析，对未然的效果提出传播对策。何震中立足媒介环境学视角，突出传播技术对文化传播发展的作用，认为当代地域文化的四大传播策略，即一要突出传播本位的角色重任，注重对贵池傩文化的互动阐释与媒介形象塑造；二要强化经济效益的传播动力，借助互联网技术对傩文化的内核进行文化形象再现；三要更新双向互动

① 黄立安：《地域性传统文化传播的创新路径分析——以广西壮族"三月三"文化节传播为例》，《传媒》2019 第 15 期。

② 曾楠：《符号学视域下娄底旅游宣传片文化传播研究》，《湖南人文科技学院学报》2019 年第 1 期。

③ 杨霄、杨雪：《地方融媒体与传统文化"互惠双赢"——玉溪日报社新媒体文化传播实践初探》，《中国地市报人》2019 年第 5 期。

④ 黄义武：《深耕文化沃土，讲好本地故事——浅谈地方台如何多元化做好本土优秀文化传播》，《新闻潮》2019 年第 1 期。

⑤ 丁立福、汪洛圭、张娜：《论安徽地域文化对外译介既存问题与出路》，《安徽理工大学学报》（社会科学版）》2019 年第 6 期。

⑥ 戴定华：《汉语国际教育视域下安徽淮河文化的对外传播策略》，《新闻世界》2019 年第 8 期。

⑦ 宋朝丽：《新文创时代城市文化发展新模式》，《出版广角》2019 年第 12 期。

的传播方式，利用新媒体技术推动傩文化的传播发展；四要创新雅俗共赏的传播形式，人力与技术的联姻成为文化传播发展的永恒基石。刘君荣通过"间性思维"提出："地方政府搭建地方特色文化海外传播平台，突出文化交互性间性思维；利用海外孔子学院这一平台展示地方特色文化，突出文化共享性间性思维；地方主流媒体以多媒体形式积极传播地方特色文化，突出文化共有性间性思维。"[①]蒋丽华基于传播学理论，从多元主体、资源整合、渠道拓展、人才培养等方面提出了南通市打造江海文化"走出去"国际格局的基本路径与方略，即创新文化传播主体、内容、载体和培育文化传播人才。[②]实践是检验真理的唯一标准，这些所提对策往往就对策而对策，是否会被政府或有关组织采用难以估计，对策是否有效也就无法验证了。所以，希望业内人士开展后续应用与研究，提供实践案例。

结论

综观 2019 年年度的华夏地域文化传播研究，有广度缺深度，有温度缺高度，有一定的显示度但缺乏知名度和美誉度，影响度比较薄弱。它作为一项传播学子研究，传播主体（研究者）要不断扩大，加强对本领域研究；同时注重与地方政府、地方媒体的合作，增强渠道建设搭建平台，如扩大或稳定开设"地域文化传播"专栏，定期举办学术会议等，不断探索"中国经验，中国理论"的路径，从而"去西方化"，助力构建华夏传播学。地域文化并非是孤立事物，不仅跟文化系统的其他子文化相关，还与政治、经济、社会等诸多方面有着千丝万缕的联系。地域文化可以促进文创产业、汉语国际教育、城市品牌形象、旅游休闲业、民族团结等。美国学者爱德华·霍尔 (Edward Hall) 认为文化即传播（交流），传播即文化。加强地域文化研究就是传播地域文化，传播地域文化就是促进地域文化的发展，因此期待更多业内外人士加强华夏地域文化传播的关注与研究。

---

① 刘君荣：《间性思维下的地方特色文化对外传播主体建构和路径分析》，《未来传播》2019 年第 2 期。

② 蒋丽华：《文化自信视域下南通江海文化"走出去"战略实施研究——基于传播学的思考》，《南通职业大学学报》2019 年第 1 期。

2019 年孔子学院文化传播研究综述

叶虎　唐心阁*

（厦门大学新闻传播学院　厦门　361005）

摘要： 本文首先介绍了 2019 年国内外孔子学院相关研究概况，探讨了 2019 年孔子学院文化传播研究的学术样态，分析了孔子学院文化传播研究的主要内容。在上述基础上，对 2019 年孔子学院文化传播研究进行了深入的反思，以期促进和提升孔子学院文化传播研究的质量和水平。

关键词： 2019 年；孔子学院；文化传播；研究综述

一、2019 年国内外孔子学院相关研究概况

作为推动国际中文教育与传播中国文化的重要平台，孔子学院建设的步伐越来越快，在国外的影响力也越来越大。截至目前，全球已有 162 国家（地区）设立了 541 所孔子学院和 1170 个孔子课堂。其中，亚洲 39 国（地区）设立孔子学院 135 所、孔子课堂 115 个；非洲 46 国设立孔子学院 61 所、孔子课堂 48 个；欧洲 43 国（地区）设立孔子学院 187 所、孔子课堂 346 个；美洲 27 国设立孔子学院 138 所、孔子课堂 560 个；大洋洲 7 国设立孔子学院 20 所、孔子课堂 101 个。[①]

本文在中国知网、WOS、EBSCO 等数据库中以"孔子学院""Confucius Institute"为篇名进行检索，剔除新闻稿件、评论文章、书籍简介、会议发言等，得到 321 条结果，其中中文研究成果 306 篇（部），英文研究成果 15 篇。

从研究主题来看，主要集中在六个方面：汉语"三教"研究、机构发展研究、文化传播研究、舆情研究、产业合作与经贸功能研究、综述研究。

---

* 作者简介：叶虎，厦门大学新闻传播学院副教授，研究方向：孔子学院文化传播研究；唐心阁，厦门大学新闻传播学院硕士研究生。

① 《孔子学院/课堂·关于孔子学院/课堂》：http://www.hanban.org/confuciousinstitutes/node_10961.htm，查询时间：2020 年 4 月 20 日。

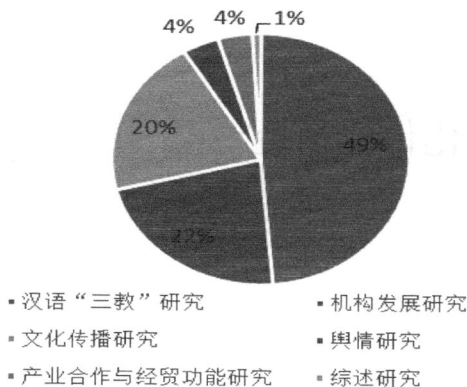

图 1　2018 年孔子学院研究主题分布比例图

表 1　2019 年孔子学院研究主题分布

主题	数量
汉语"三教"研究	156
机构发展研究	72
文化传播研究	65
舆情研究	13
产业合作与经贸功能研究	12
综述研究	3

由图 1 和表 1 可见，汉语教学中有关教材、教师、教法的"三教问题"研究占主导地位，占 49%；其次是机构发展与政策研究，占 22%；第三是文化传播研究，占 20%；此外还有一定比例的舆情研究、产业合作与经贸功能研究和综述研究。

其中，文化传播研究是 2019 年孔子学院相关研究的重要组成部分。孔子学院已成为中国文化对外传播的重要窗口，对于提升我国文化软实力，增进中外民间和谐互动，促进民心相通有重要意义。2019 年文化传播研究主要集中在孔子学院文化传播的中国文化要素传播研究、师生跨文化实践研究、理念与实践创新研究、影响研究等四个方面。本文利用中国知网、超星发现、WOS 和 EBSCO 检索 2019 年孔子学院文化传播研究的相关中英文论文、著述。经筛选，剔除新闻稿件、新闻评论、相关性低的无效文章，得到相关研究共 65 篇（部），其中包括中文论文 57 篇，英文论文 7 篇，学术著作 1 部。

二、2019 年孔子学院文化传播研究的学术样态

图 2 是由中国知网检索孔子学院文化传播研究相关论文（不包括外文文献）所得。孔子学院文化传播研究成果在 2007 年仅 1 篇，2008 年 2 篇，2009 年 4 篇，2010 年增至 12 篇，2011 年 23 篇，2012 年 28 篇，2013 年 33 篇，2014 年 41 篇，2015 年 42 篇，2016 年 49 篇，2017 年 55 篇，2018 年 49 篇，2019 年 59 篇。

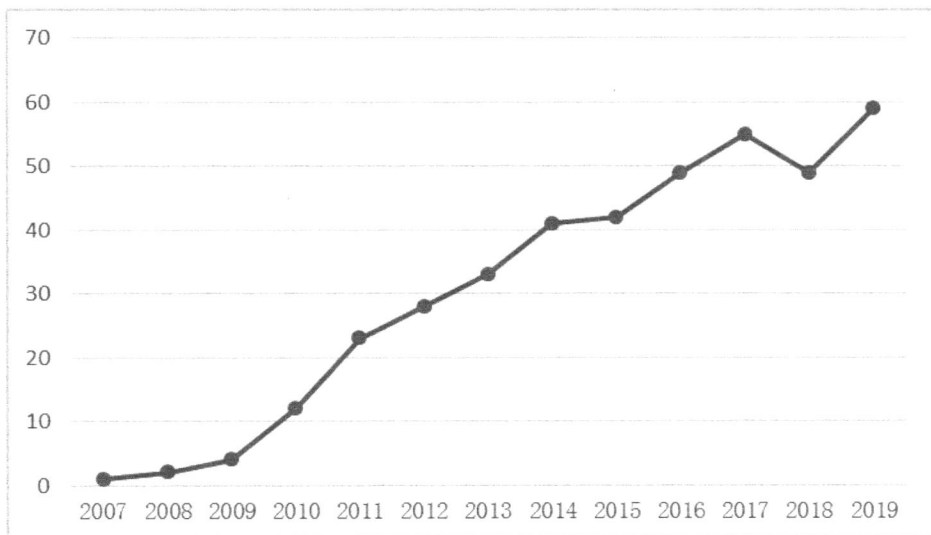

图 2　2007—2019 年孔子学院文化传播研究成果数量

从研究成果数量来看，孔子学院文化传播研究自 2007—2017 年均呈上升趋势。2010-2014 年关于孔子学院文化传播的研究蓬勃发展，自 2014 年后增长速度开始放缓，到 2016 年以后逐渐稳定在每年 50—60 篇的状态。

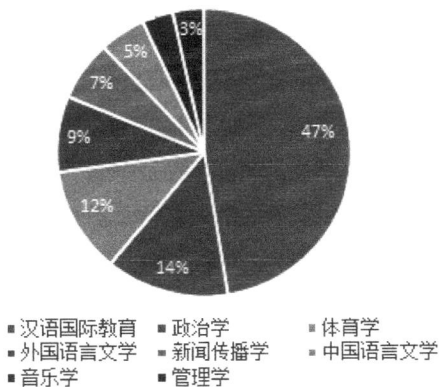

图 3　2019 年孔子学院文化传播研究作者学科背景比例分布

表 2　2019 年孔子学院文化传播研究作者学科背景分布

学科背景	人数
汉语国际教育	28
政治学	8
体育学	7
外国语言文学	5
新闻传播学	4
中国语言文学	3
音乐学	2
管理学	2
总计	59

由图 3 和表 2 可知，由中国知网所得样本文献作者的学科背景主要以汉语国际教育为主，政治学、体育学背景的学者所占比例较大，除此之外，还有外国语

言文学、新闻传播学、中国语言文学、音乐学和管理学背景的学者参与其中。

从跨学科研究的视角来看，文化传播现象存在的普遍性和文化要素涉及专业的广泛性使得来自多个学科的学者都能各展所长，从不同的专业和理论视角来研究孔子学院的文化传播问题，主题极具延展性。汉语国际教育背景的学者多结合传播学的理论，从语言文化推广、中华文化活动调查、文化传播理念与策略研究、跨文化实践等方面着力，考察孔子学院文化传播的现状与困境，并给出相应建议；政治学背景的学者多将孔子学院文化传播现象置于政治学理论下考察，从文化软实力、文化外交的角度阐释其国际传播意义；体育学和音乐学背景的学者结合各自专业背景，以中国体育文化和音乐传播为主要的研究对象，探讨其文化内涵、传播困境以及发展路径；外国语言文学和中国语言文学背景的学者采取了相似的视角，多从文化传播观念研究、路径研究等角度考察文化传播在孔子学院跨文化实践中的应用价值；新闻传播学背景的学者主要从传播学的角度探究孔子学院的文化传播机制、跨文化实践中的身份认同问题等；管理学背景的学者则重在探讨如何提升孔子学院文化传播的国际影响力。

图 4 是根据中国知网期刊门类的划分梳理出来的。由图可知，2019 年孔子学院文化传播研究成果主要出现在硕博学位论文和综合性社会科学期刊上，其中，来自教育综合与体育专题的社会科学期刊发表数量较多，这也对应了多数研究者的学科背景是来自汉语国际教育和体育学的情况。

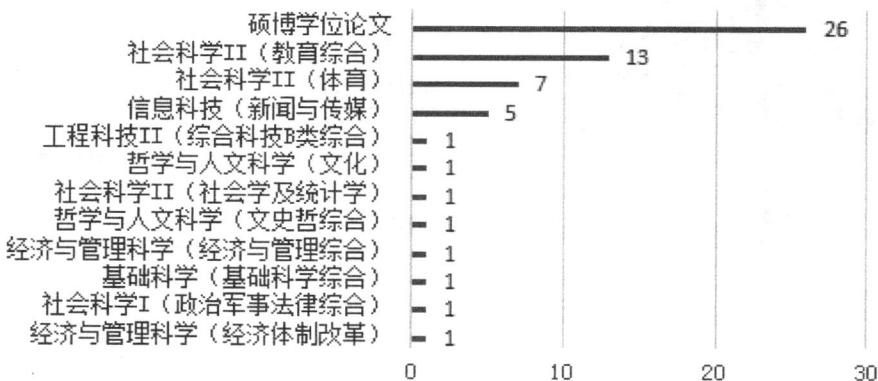

类别	数量
硕博学位论文	26
社会科学 II（教育综合）	13
社会科学 II（体育）	7
信息科技（新闻与传媒）	5
工程科技 II（综合科技 B 类综合）	1
哲学与人文科学（文化）	1
社会科学 II（社会学及统计学）	1
哲学与人文科学（文史哲综合）	1
经济与管理科学（经济与管理综合）	1
基础科学（基础科学综合）	1
社会科学 I（政治军事法律综合）	1
经济与管理科学（经济体制改革）	1

图 4　2019 年孔子学院文化传播研究发行期刊类型图

从内容结构来看，2019 年孔子学院文化传播研究主要集中在中国文化要素传播研究、师生的跨文化实践研究、理念与实践创新研究、影响研究等方面。总体来说，学者们对文化传播现象的分析在宏观、中观和微观三种视角的上都有涉及，也不乏将两种或三种视角结合起来分析的，譬如，有些学者将研究放在"一带一路"倡议的宏观视角下，考察微观的体育文化传播的个案；有些学者从中国优秀传统文化中提炼出传播理念，结合孔子学院的实践应用加以说明；还有多位学者将个案研究置于当地的社会环境下，介绍了当地孔子学院文化传播发展的现状、特色和价值，同时也指出了当前存在的问题并提出相应对策。

通过对中国知网 2019 年孔子学院文化传播研究成果的题目统计，剔除掉"孔子学院中国文化传播"及错误词语，得到图 5。由图可知，文化活动、策略、现状、跨文化（视角）、"一带一路"、武术、软实力、路径等主题是目前的研究热点，就研究内容的取向来看，针对文化活动的考察及文化传播现状与策略的研究最多。

图 5　2019 年孔子学院文化传播研究题目词云图

从理论范畴来看，以传播学和政治学的理论为主。传播学的理论受到大多数学者的青睐，其中又以拉斯韦尔的"5W"模型为最，学者们将传播者、受众、传播内容、传播媒介、传播效果这五个要素用于问卷设计、访谈提纲、现状分析和对策建议等环节；也有学者将说服理论用在对策研究上，如基于霍夫兰的态度改变 - 说服模型提出汉语语言文化推广模式，用以调节海外受众对孔子学院的认知失调状况等。政治学的理论主要观照了文化软实力或文化外交的相关理论，也有学者将马克思主义文化思想和外交思想结合起来考虑。

从研究方法上看，量化研究和质化研究都占一定比例。大多数学者采用量化与质化研究相结合的方式，在案例研究中以一个或多个孔子学院为例开展实地调研，譬如，马亚男运用文献资料法、访谈法、问卷调查法配合统计分析，调研了吉尔吉斯斯坦的比什凯克人文大学孔子学院的中国文化活动情况，针对传播现状中的问题给出相应策略建议。类似文章多采用了量化的问卷调查，在数据的描述统计基础上展开分析，少数研究还进行了相关性分析，如郭紫薇以摩洛哥哈桑二世大学孔子学院为对象，在"5W"模式下提出传播者、传播内容、传播媒介、受众分别与文化传播效果相关的假设，而文化传播效果以受众对内容的认知、情感、意愿三个维度来衡量，进行了相关性检验。质化研究方法较常使用访谈、焦点小组、参与观察等，如樊洁瑜在《匈牙利汉语教师志愿者跨文化冲突案例分析及应对策略》一文中综合运用文献资料、参与观察法、访谈法搜集相关个案，再根据冲突事件本身的性质和主要原因，筛选出 16 个有效案例进行考察。此外，还有部分学者用到了比较研究法，但不多见，如孙尚君在《基于文化外交视角的孔子学院发展研究》一文中兼用了比较研究法，横向梳理了国内外文化外交的发展现状，纵向则以时间发展为轴线梳理了中国外交发展历程，认为孔子学院能促进当代中国文化外交实践，并针对当前的不利因素给出了解决办法。

从研究对象上看，主要是针对特定地区和国家的案例研究 21 篇，其中热门的地区为中亚、东南亚、北非和中欧。热门的国家为：中亚的吉尔吉斯斯坦 3 篇，东南亚的泰国 2 篇以及北非的摩洛哥 2 篇。

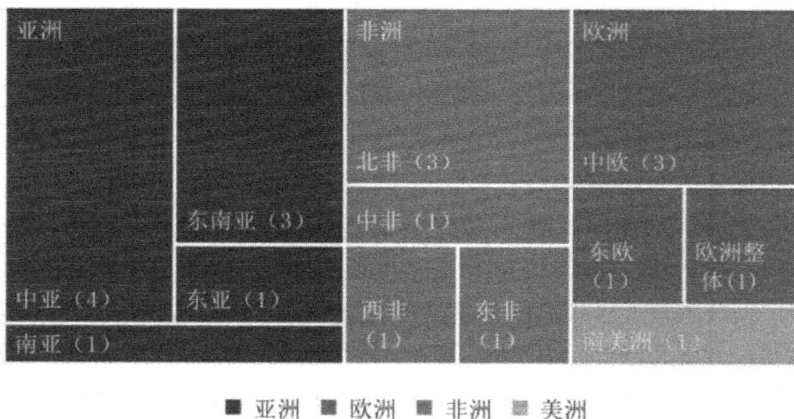

图 6　2019 年孔子学院文化传播案例研究地区分布图

在 21 篇案例研究中有 14 篇硕博学位论文，17 位研究者来自汉语国际教育专业。该类论文的逻辑线索基本上遵循这样的思路：梳理案例中特定地区或国家孔子学院的发展概况，提炼相关文化传播活动中出现的问题，最后给出相应的对策建议。案例研究的论文理论运用基本在"5W"模式的观照之下，相关著作也呈现了理论创新成果。譬如，潘书霖将"5W"理论和产品设计中产品思维和用户思维理论结合，考察泰国三所孔子学院的各项文化活动；张瑞楠从罗杰斯的"创新扩散理论"出发，从传播者、传播内容和传播媒介三方面给孔子学院的文化传播活动提出建议。李建军等在《国际理解视域下的文化传播理论与实践 -- 以中亚孔子学院为例》一书中，通过对外文化传播的理论体系、方法、路径的对比研究，创新性地提出了新的文化传播"二分法"，即刚性传播与柔性传播、理性传播和情感传播、韧性传播和间歇传播三组传播方式，结合多所中亚孔子学院的文化传播实践加以阐释，进一步佐证了中国文化传播的主体间性原则。

多篇文章中提到的共性问题亦值得重视，在此背景下，学者们也提出了相应的建议。较有代表性的例如，郭紫薇验证了传播者、传播内容、传播媒介、受众四个要素与文化传播效果的相关性，在此基础上给出建议：在传播者选择和培训上要有针对性并且扩充本土师资；在传播内容上融贯古今，根据受众需要将语言和文化融合起来；在传播媒介上合理利用影视、视听资源，拓展传播渠道，培养"意见领袖"；了解受众的动机和需求，挖掘重点对象；重视反馈效果，建立即时反馈和长期评估机制。刘权和赵洋在考察非洲孔子学院语言文化传播后认为，为达到良好的传播效果，传受双方应共同建构一个"共通的意义空间"，开展当地受众喜闻乐见的文化传播实践，落实"走出去、融进去"的传播理念。

三、2019 年孔子学院文化传播研究的主要内容

（一）孔子学院中国文化要素传播研究

2019 年孔子学院中国文化要素传播研究主要集中在体育和艺术这两方面，具体表现为武术、音乐、气功、足球等，主要探讨了各文化要素在孔子学院传播的路径、困境和对策等。从内容占比来看，体育文化要素的传播研究为多；理论应用则偏好"5W"传播模式；主要的研究方法有文献资料法、访谈法和问卷调查法。

从体育文化传播上来看，既有宏观的对策与路径研究，也有微观的案例研究；既有对比研究，也有个案研究；既有对文化教学和文化活动的研究，也有对文化内涵和传播理念的研究。王璐以卑尔根孔子学院武术发展为例，指出当前武术传播的不足：武术老师作为"把关人"的缺失；语言差异成为跨文化的主要障碍，缺少针对武术志愿者的专门培训；缺少系统性的武术课程；在媒介选择上多用网络，但新媒体宣传互动不足；受众结构复杂，动机需求不同；缺少效果反馈机制。曹莉在《武术国际化传播路径研究——基于孔子学院场域》一文中，就目前孔子学院武术文化传承重技术学习、轻文化内涵教育，重身体传授、轻身体叙事和故事叙事等现象给出了建议：从武术文化的身体叙事和故事叙事两个方面着手，基于文化自信生成、国际话语建构、国家形象型塑视角，因地制宜、顺应时代所需的调整或规划孔子学院武术文化国际化思路与方式。张昕以非洲塞舌尔大学和科摩罗大学两所孔子学院为例，考察国球运动与文化的传播现状，重点介绍了国球文化是如何走进社区，在技术和精神层面让民众充分了解国球文化，促进民心相通，实现孔子学院跨文化传播途径的多元化、立体化有效传播。

从艺术传播上来看，多以"5W"传播模式观照实践，为艺术传播提出改进建议。佟迅通过考察孔子学院传播中国传统艺术现状，对多国孔子学院学生进行问卷调查和访谈得知，目前的文化艺术传播活动缺乏系统规划，受众反馈机制缺失，组织者与受众的互动不够积极，对各类传播媒介尤其是新媒体的开发与利用存在巨大提升空间，应扩大传播主体，锁定目标受众，丰富传播形式，拓展传播媒介。李炜认为，中国影视文化传播是孔子学院在不断发展过程中必须要重视并逐步规范的领域，通过考察孔子学院在传播中国影视艺术文化的内容、形式及对象等层面，提出孔子学院应在提高跨文化传播意识的基础上，建立系统的中国文化影视传播资源库，跨学科培养相关人才，根据地域构建合宜的影视文化推广模式，有针对性地开展形式多样的活动等建议。

（二）孔子学院师生跨文化实践研究

孔子学院教职人员和来华留学生的在异国他乡开展教学实践或学习生活本身就是一个跨文化传播过程，其间不免会面临各种跨文化适应的问题，2019 年孔子学院师生跨文化实践研究主要集中在身份认同与跨文化适应、跨文化交际、跨文化冲突应对等方面，研究者的学科主要分布在汉语国际教育和新闻传播专业，但相较于其他三个研究取向及针对特定地区和国家孔子学院的文化传播案例研究，该研究范畴较为冷门。

穆舒婷在其硕士学位论文《孔子学院志愿者身份认同与跨文化适应研究》中以赴美汉语教师志愿者为研究对象，应用了问卷调查与访谈结合的方法，考察该群体在跨文化适应问题、身份认同问题并对二者间的关系进行了相关性检验与分析后得出了一些结论。樊洁瑜通过文献研究、访谈和参与观察法搜集了匈牙利汉语教师志愿者在跨文化实践中产生的冲突案例，筛选出 16 个有效案例，将它们分为物态文化、价值观、语言交际、非语言交际和社交礼仪四类，再从文化距离、以文化知识缺乏、民族中心主义三个维度分析冲突产生的原因。在汉语教学与跨文化能力培养上，李承先和宫香认为，孔子学院偏重于汉语普通话的教学，对中国文化的传播不足，但用于交际语言传递的是一定文化背景中生成的意义，只有加强对中国文化的教学活动，才能真正培养出有跨文化交际能力的学生，满足当今时代的要求。

（三）孔子学院文化传播的理念与实践创新研究

近年来，孔子学院的发展已由规模化建设转向内涵式纵深发展阶段，提质增效已经成为孔子学院的发展重心。2019 年孔子学院文化传播的相关研究显现了积极创新的势头，如何及时总结新的文化传播实践，从多维理论视角分析经验教训，成为研究者们探讨的热门话题。

一些学者从优秀传统文化中提炼理念来指导文化传播实践，指出了一条特色的发展之路。佟迅在《基于孔子学院的中华文化海外传播理念创新研究》一文中指出，以孔子学院为主导的中华文化海外传播，必须更新理念，与时俱进，全方位为大国外交方略服务，立足本土，与当地受众加强互动；调动一切资源，与相关机构全面合作，组织高效的传播活动，提高中国文化的海外影响力。杨斌从多元文化主义的视角切入，认为孔子学院必须进行明确的文化定位，承担起中国"和而不同"文化伦理价值的传播和"和平发展"国家战略在异域文化中得以理解和认可的文化使命。汪太伟指出，面对美国社会对孔子学院的某些质疑和指控，在美孔子学院大学汉语教师要重视中美文化沟通的合理性。他阐释了儒家重要的文化理念："仁者爱人""三人行，必有我师""己所不欲，勿施于人""穷则独善其身，达则兼济天下"，强调这四个理念对今天国际汉语教学的现实指导意义并通过切身案例来加以解读。苏雷江介绍了迈阿密达德学院孔子学院的经验，要充分利用迈阿密国际书展的优势平台，积极探索书展加文化推广的新模式，开拓出一条以书展为媒介的特色孔子学院发展之路，颇具启发性。

此外，还有学者将说服理论应用于文化传播，以期获得更好的传播效果。冯潇和王美玲注意到陕西各院校共建的海外孔子学院将陕西文化融入文化活动，认为可以基于说服传播理论原则，在文化活动中融入陕西地域文化，结合陕西悠久的历史和当代文明以及陕派艺术文学的文化资源提出传播策略，包括用有特色短视频吸引受众，提高陕西元素重复出现的频率，寻找陕西与当地文化价值相通之处，增加有特色的体验活动等。李昊天从海外受众对孔子学院的认知失调现象入手，认为可以应用基于霍夫兰的"态度改变说服模型"的汉语语言文化推广模式，从传达者、沟通的信息、受众及传播情境等四个维度论证该模式为海外民众、媒体报道及孔子学院三方间的关系重新恢复平衡状态提供了一种可能。

（四）孔子学院文化传播的影响研究

孔子学院的影响研究是指"孔子学院的存在和发展，对政治、经济、文化、外交等内外部环境，以及中国文化走出去和国家软实力建设等产生影响的相关研究。"2019 年孔子学院文化传播的影响研究主要包括：孔子学院与软实力、文化外交和文化传播影响力等方面。其中，对孔子学院在文化外交和文化软实力方面功能的讨论是 2019 年的研究热点，从文献类型来看，硕博学位论文为多，作者的学科背景多集中在政治学；在研究方法上以文献资料法、比较研究法和访谈法见长；

几乎所有的英文文献都聚焦于此，讨论的焦点为：孔子学院的扩张到底是一种文化传播还是软实力？

在孔子学院文化传播的相关论文中，中国学者和外国学者对"软实力"意涵的认识是有差异的。中国学者偏重作为"文化传播"的软实力，而外国学者则偏重作为"意识形态"的软实力，这一前提反映在相关研究中就会产生明显的分歧：中国学者通过孔子学院增强文化软实力以期达到消除对中国的偏见等功能，而一些外国学者则审慎考察孔子学院不断增强的软实力是否会向所在国民众宣传中国的意识形态。

中国学者对孔子学院的文化软实力影响的论述多采取积极肯定的立场。汪明峰在《论新时代孔子学院的文化软实力特质与发展》一文中将文化软实力归结为孔子学院的一个特质，有利于中华文化与世界多元文化的交流与融合，与此同时，孔子学院还要更加丰富内涵向心力，完善自身的运行机制，加强与社会团体和民间组织的联系，上升到文化哲学机构的范畴。张也将软实力和文化外交相关理论与巴塞罗那孔子学院学生的访谈和焦点小组座谈相结合，认为孔子学院作为文化软实力象征，有消除对中国的偏见并树立良好的国家形象，传播汉语与中国文化，促进经济发展的作用。王姗姗同样肯定了孔子学院的积极作用，并认为其在中国文化国际传播中的作用与使命无可替代，孔子学院提升了国家影响力和文化软实力，优化了国家形象，不仅促进了国际间的文化交流，更是助推了"一带一路"建设。

虽然一些外国学者仍对孔子学院表现得十分警惕，但有的也表现出了对"孔子学院是中国的软实力渗透"这种无端指责的批判。Edward A. McCord 总结了对美国孔子学院的几种主流批评，他认为很多批评观点是缺乏证据的，类似的讨论形成了一种回音室效应，学术界对问题的重复关注被视为相应批评的证据，而这些缺乏实质内容的批评主要是基于对中国的偏见和假设。Liza Hajdu 和 Destinee Qui-La Ling Hartam 的硕士论文都在探讨"孔子学院到底是一种文化软实力还是文化交流"的问题，都得出了"孔子学院不是中国实现软实力的工具，而是文化沟通的桥梁"这样的结论，但论证的角度不同：Liza Hajdu 用量化和质化结合的方法，让受访者依照感兴趣的程度，给在参与孔子学院课程前后对相关中国文化活动和非文化活动打分，并要求他们回忆自己在参与孔子学院相关活动中的想法变化，所得到的结论认为，通过参与孔子学院的学习，学生对中国的文化元素和非文化元素的兴趣都发生了积极的变化，但不足以上升到影响软实力的程度，它主要促进了国家间的文化理解；Destinee Qui-La Ling Hartam 通过访谈，从文化、政治价值观和外交政策目标等三个方面考察孔子学院是否能够作为一种软实力工具影响学生，并从权力对话、结构和资金来源、价值观输出等三个方面进行阐述，予以否定的回答。

对于孔子学院文化传播与文化外交关系，学界主要探讨了其影响机制、作用及原因。王端在其博士学位论文《文化外交视阈下的孔子学院研究》中，探究了孔子学院文化外交的功能与形式，并分析其对中国文化外交事业的影响及现状，并着重从"走出去"和"引进来"两个视角分析了孔子学院的文化外交模式，认为孔子学院作为中国文化外交品牌，在推广汉语、促进文化交流、提升国家软实力方面都发挥了巨大的作用。Xin Liu 从全球文化阵地的角度，将孔子学院与英国文化协会、法语联盟、歌德学院和塞万提斯学院进行对比研究，从目的、运作模式和所提供的内容等三个层面分析了孔子学院引发争议的原因，并透过东方主义、文化霸权以及知识 / 权力关系等理论框架揭示出孔子学院所面临的深层障碍。

四、2019 年孔子学院文化传播研究反思

2019 年孔子学院文化传播研究主要包括中国文化要素传播研究、师生跨文化实践研究、文化传播的理念与实践创新研究以及文化传播的影响研究等方面。总体看来，2019 年孔子学院文化传播研究涉及面较广，研究议题较多，大多数论文主要从功能主义视角出发，对孔子学院中华文化的传播现状、存在问题以及路径对策等展开研究。有些论文尝试从传统文化理念或中外文化观念对比等视角对孔子学院文化传播予以分析和总结。在取得一定成绩的同时，也有一些问题值得反思。

第一，对"传播"概念的狭隘理解造成孔子学院文化传播研究缺乏理论的想象力。按照《关键概念：传播与文化研究辞典》的解释，大致说来有两种关于传播的定义。第一种定义将传播视为一个过程：通过这个过程，A 送给 B 一个讯息，并对其产生一种效果。第二种定义则将传播看作一种意义的协商与交换过程，通过这个过程，讯息、文化中人以及"真实"之间发生互动，从而使意义得以形成或使理解得以完成。第一种就是以拉斯韦尔为代表的"5W"模式。这是近些年来出现频率高、应用范围较广的传播学理论，其在传播要素或过程的阐述中具有理论的启发意义和实践意义，但从实际运用来看，不少研究仅是"套了个壳"，关注重点并不在传播机制的考察，并不重视多种因素对传播过程和效果的影响。不仅如此，对"传播"概念的狭隘理解遮蔽了作为意义协商与交换过程的理论探寻，缺乏主体间意义建构与共享的维度。

第二，对一些理论问题的论述还有待进一步深化，比如"孔子学院"与软实力问题。有论者指出了我国学界在使用"软实力"这一概念时与西方学者的不同之处，但却忽视了软实力理论在中国的话语变迁过程。最早被引进国内的一部著作为约瑟夫·奈于 1990 年出版的专著《美国定能领导世界吗》《Bound to Lead:

the Changing Nature of American Power》，由军事译文出版社于 1992 年 1 月出版。翻译时从英文中的肯定句译成了中文的疑问句，体现了对美国注定领导世界的怀疑以及对美国软实力独霸天下的否定，而冷战刚刚结束后美国"一超独霸"的格局致使该书成为美国企图"建立全面世界霸权"的野心的表征，依旧弥漫的"没有硝烟的战争"的氛围也使得该书也成为推行和平演变的号角。由此看来，早期奈的中译本进入我国开始，就没有将其看作简单的学术作品，而是与政治意识形态和价值观渗透连接起来，与建立霸权、维护美国的全球统治联系起来。"软实力"本身的负面意涵得以凸显，而其正面价值和意义反而被遮蔽了。至 20 世纪 90 年代，对奈的软实力理论的评价和反思已经超越了《美国定能领导世界吗》中译本所守持的霸权批判和和平演变的视野，学者们也在思考软实力概念是否能为我所用，在中国进行软实力建设的问题。2000 年后，特别是 2007 年党的十七大对"文化软实力"概念的首次提出以及 2012 年党的十八大把提高国家文化软实力放在更加突出的位置，对软实力的研究形成了一波未平一波又起的浪潮。这股方兴未艾的浪潮的掀起和挺进既有国家政策和战略的支撑和激励，也有身体力行的实践者和孜孜不倦的研究者结合中国实践将软实力概念和理论进行本土化的尝试和努力。

　　从实践上看，被誉为"中国出口的最好最妙的文化产品"的孔子学院在软实力建设上确实取得了众所瞩目的成就，但对软实力理念的认知却有一个发展和变化的过程。曾担任国家汉办主任、孔子学院总部总干事十多年的许琳女士在 2010 年左右之所以明确将"孔子学院"与软实力剥离开，是因为在她看来，此时的软实力主要是指西方语境中富有侵入性和霸权性的软实力，这一软实力概念与意识形态渗入与价值观输出密切关联，也是一些西方社会和主流媒体质疑和指责孔子学院的口实和所谓的证据。许琳后来之所以认定孔子学院"成为展示中国软实力的靓丽名片"，正是在于她已经将西方和中国语境下对"软实力"的不同理解进行了必要的区分。综上所述，约瑟夫·奈将软实力理论主要运用于国际关系和国际政治领域，更多地服务于霸权政治的需要，中国则主要从文化战略和建设的角度来考量软实力。但同样需要重视的是，近些年来，对制度、外交政策和国家形象等软实力构成要素的研究也越发高涨，这说明对软实力的研究并不仅仅局限于文化这一层面，多元化和多角度的研究更符合实际情况和现实需要。如果我们将软实力理论在中国的话语流变以及孔子学院与软实力之间的关系阐述清楚、透彻，那么就会有更多的话语权与国外特别是西方的学者展开对话。

　　第三，缺乏对中国文化"在地化"的实践研究与理论总结。与歌德学院、英国文化协会、法语联盟以及塞万提斯学院等对外语言和文化推广机构不同的是，孔子学院在组织结构方面最大的特点是采取中外合作的方式，绝大多数采取中外高校合作的方式。这种孔子学院设在所在国高校的方式应该说是在海外进行国际中文教育和文化交流的创举。正如孔子学院总部高级顾问、国际著名汉学家阿克曼先生所指出的："假如完全按照歌德学院或者其他类似机构的方式去办，孔子学院不会有这么快的发展，绝对不会。加上现在这种纯粹由国家办的对外文化机构，我觉得已经过时了，现在确实应该走合办的路。把自己的文化给对方看，宣传自己多么伟大，多么漂亮，这种时期已经过去了。"

第七届全球孔子学院大会的主题为"共同推动孔子学院融入大学和社区"，孔子学院总部理事会时任主席刘延东在谈及这个主题时说："这使我想起古希腊的神话，英雄安泰是大地的儿子，只要身体不离开大地母亲，就拥有无穷的力量。孔子学院只有扎根当地，服务学校、服务社区、服务民众，才能为各国人民所欢迎，不断焕发生机与活力。"在我们看来，孔子学院融入大学和社区就是要融入当地主流社会，而不仅仅服务于当地的华人社会。孔子学院只有依托外方平台和力量，争取到当地主流社会的认同，而不是把自己当作他者，才能更好地推进中国文化传播，促进中外人文交流、文明互鉴和民心相通。多篇文章都提到了中国文化传播中传播内容和传播形式单一的问题，研究者可以对孔子学院在中外文化融通方面做出的尝试和创新进行聚焦，发掘中国文化"在地化"的成功案例予以分析，并从中提炼出传播模式或成功的因素。譬如，可将研究视角放到孔子学院如何参与到当地社区民众的生活中去举办文化活动，进行文化交流，也可以在联办文化活动，融入当地的特色文化（如非物质文化遗产）中进行理论和实践的总结。在研究方法上，除了常用的问卷和访谈方法外，不妨借鉴民族志的方法沉下去精耕细作，获得大量鲜活的第一手资料，这样提出的观点更有说服力，得出的结论更有针对性。

第四，可以加大对区域性中华文化在当地的传播研究。如有学者将齐鲁文化、陕西文化通过孔子学院实现跨文化传播的案例予以研究。再比如，湖南省是中国在老挝经商投资人数最多的省份。从 20 世纪 90 年代开始，就有湖南人跋山涉水，到老挝经商兴业，经营范围从小五金，逐渐扩展到商贸、基建、钢铁、通信、农业等行业，成为老挝革新开放中一支重要的力量。目前，湖南在老挝投资的企业有 160 多家，人数超过 10 万。近年来湖南省也积极响应"一带一路"倡议，依托在老挝经贸领域的强大影响力，不仅以文艺表演的形式展示湖南特色文化，在其所擅长的影视方面与老挝展开合作，而且在职业教育领域与老挝开展了深度交流。由此，可以透过对孔子学院与当地湖南跨国公司以及湖南媒体合作的研究，破除传播内容单一的困境，将区域文化传播与孔子学院文化交流结合起来，让当地民众对中国有更立体而全面的理解。

2019年历史文化类纪录片综述

张兵娟　杨曦*

（郑州大学新闻与传播学院　河南郑州　450001）

摘要： 在"守护中华文脉"的新时代要求下，博大精深的中国传统文化亟需进行当代表达。纪录片以中华文明为滋养园地，不断推陈出新，形成了传播中华文化的多元表达。本文通过探究历史文化类纪录片的行业动态，对2019年纪录片进行详细分析，阐述诸多纪录片的影像话语创新和受众策略，探讨其多元化媒介叙事的表达意义，以及影像如何在中国式美学体系中进行表达，进而实现社会主义主流价值观建构的传播图景。

关键词： 中华文化；纪录片；2019年；影像表达；影视传播

文化是民族的血脉，是人类的精神栖息地。在华夏文明源远流长的文化积淀中，蕴藏着中华民族最深沉的精神追求和价值信仰，实现中华民族的伟大复兴，振兴社会主义文化事业，离不开历久弥新的中华文化。2017年1月，中共中央办公厅、国务院办公厅印发了《关于实施中华优秀传统文化传承发展工程的意见》，该意见第11条着重指出，要实施"中华文化电视传播工程，组织创作生产一批传承中华文化基因、具有大众亲和力的动画片、纪录片和节目栏目"。2018年6月，国家广播电视总局下达了《关于实施"记录新时代"纪录片创作传播工程的通知》，致力于扶持新时代精品纪录片创作，扩大国产纪录片播出需求，推动纪录片产业繁荣发展，增强国产纪录片的传播力与影响力。

作为文艺创作中重要的影视类型，纪录片具有天然的记忆储藏性与文化表现力，在继承传统推陈出新的文脉传承方面，历史文化类纪录片发挥着塑造集体记忆、激发国家认同、弘扬民族精神的重要作用。新时代以来，"建设具有强大感召

---

* 作者简介：张兵娟，郑州大学新闻传播学院教授，博士生导师，研究方向：中国电视纪录片、视听文化研究；杨曦，郑州大学新闻传播学院博士研究生，研究方向：视听文化传播。

力和影响力的中华文化软实力"越来越凸显出其战略性意义,历史文化类纪录片也一改往昔古老刻板和教条化的表达模式,积极适应媒介融合与产业升级,与传媒格局变迁同频共振,实现了更具有文化活力和传播影响力的转向。

2019 年的历史文化类纪录片,在整个纪录片行业中的表现令人瞩目。宏观的国家要求与实际的大众需求,在此类纪录片对古老历史、传统文化、民俗人情、地方风物的表现中,形成了默契与统一,传达出丰厚的思想精华和价值内涵,彰显出其广泛的传播力和公信力。具体来说,过去一年的历史文化类纪录片,不仅在中华文化的传播策略方面呈现出系统化、通俗化、故事化、情感化的发展趋势,而且在经典题材的影像表达方面实现了结构化、群众性、故事性、审美性的守正创新。

一、产业发展趋势与影像逻辑

中国纪录片正在蓄力开启新时代的产业新图景,纪录片越来越成为一个系列化发展的产业领域,受众与平台的反馈不容忽视,观众接受度与平台点击率、收视率,是一部纪录片的生存支点,季播化便是受众对于一个成熟纪录片的品牌认定。与此同时,历史文化类纪录片展现出文化传承的强大实力,在塑造当代观众的文化记忆方面,具有结构化的影像特征,在历史性与共时性灵活转换的影像系统中,实现了主流价值观与主流观众的对接。

(一)系列化:纪录片季播化

21 世纪头十年的纪录片,主流叙事与宏大篇章成为影像主流,为我们留下了许多脍炙人口的名作。不尽人意的是,虽然有《故宫》《大国崛起》《新丝绸之路》《再说长江》等精品标杆,但是纪录片行业整体低迷,呈现出宣教性质和书本意味浓重的小众特点。2010 年广电总局《关于加快纪录片产业发展的若干意见》出台,国家对于纪录片的重视与支持很快收见成效。2012 年《舌尖上的中国》一鸣惊人,收视爆红,不仅成为现象级的社会热点,而且激发了整个行业的创新活力和产业思维。2014 年至 2016 年,北京纪实、上海纪实、湖南金鹰纪实频道相继上星播出,这三家地方电视台与央视纪录频道、央视科教频道一起,初步形成了中国电视纪录片"五星拱卫"的频道格局。

2015 年纪录片行业整体发生明显转向,"互联网+"成为各行各业经济发展的新生态,在纪录片产业搭载互联网平台的市场刺激下,历史文化类纪录片也出现了创作"井喷"。诸如《记住乡愁》《传承》《长城:中国的故事》《河西走廊》等历史文化类纪录片的播出,标志着新媒体与品牌纪录片的系列化发展从此起航。

2016 年至今，纪录片产业的品牌化趋势与季播化发展逐步稳定成熟，历史文化类纪录片也是如此。2019 年延续其季播风格的品牌纪录片，有《本草中国（第二季）》《传承（第三季）》《记住乡愁（第五季）》，以及《中国影像方志》——该纪录片自 2017 年 5 月首播以来，深受广大观众的喜爱，至今已连续推出了 400 多集。这些系列化纪录片展示出了历史文化类题材的生命力，并非任何一种类型都具有如此长久的内容积淀与产出持久力，持续发展的动力正是归功于中华文明的博大精深与传统文化的丰厚底蕴。

纪录片的系列化发展，反映出影视产业链的稳步发展，以及各行各业之间的联带效应。在 2019 中国（国际）纪录片论坛上，何苏六指出"第一部作品往往会起到风向标的作用，优秀的纪录片会形成'火车头效应'，带动之后的创作跟进，激发行业活力"。例如 2019 年 9 月播出的《河西走廊之嘉峪关》，乃是 2015 年《河西走廊》的续集，前一部纪录片改变了以往再现丝绸之路的传统思维方式，收获了社会各界的广泛好评，故而催生了这一部聚焦于"嘉峪关"的新纪录片。此外，还有对中外合拍经典进行类型模仿的纪录片——2019 年 4 集纪录片《美丽中国》，该片与 2012 年 CCTV 和 BBC 联合摄制的纪录片同名，不过转换了视角，在生态文明的站位上展现中国山河。类型纪录片的季播化创作，意味着品牌纪录片的受众群体已经形成，其节目理念、制作思路与影像表达广受欢迎，延续该系列专题下的文化记忆，有利于系统性地构建族群记忆，深挖传统文化内涵，传承中华文化基因。

图 1：2015 年《河西走廊》与 2019 年《河西走廊之嘉峪关》

（二）结构化：重塑文化记忆

"文化"是一种大而无形的所指，传承中华文化要落到实处，需要依靠集体记忆的力量，而做好传统文化的现代表达，需要搭载影像做媒介载体。人类学家扬·阿斯曼认为，文化记忆是"一个集体概念，它指所有通过一个社会的互动框架指导行为和经验的知识，都是在反复进行的社会实践中一代代地获得的知识"，在视觉导向的传播时代，涉及记忆的一切文本、图像、观念，都在影像中被重新编辑。纪录片承载着重新塑造的文化记忆，其影像逻辑呈现出整饬系统的结构化特征。

历史文化类纪录片，首先讲求一个纵向的时间绵延，历时性的顺时呈现，往往能够传递出一地文化的精神文脉传承。由中共嘉峪关市委、嘉峪关人民政府出品的纪录片《河西走廊之嘉峪关》于 2019 年 9 月首播，该片以浓缩着河西走廊半部历史的嘉峪关为主体，将这座西北边塞的坎坷命运展现出来。《河西走廊之嘉峪关》分为三个章节：古代篇、近代篇和现代篇，每一历史阶段又分为两集，叙述的视角从明王朝与东察合台汗国的金戈铁马，到西北人民抗击敌军争取民族解放，再到新中国工业建设的奋斗图景，层层推进地再现了这片土地的曲折传奇，诠释出嘉峪关的经济桥廊作用，折射出古老军事关隘背后波澜壮阔的社会变迁。记述一方水土一方人情的纪录片，还有《大上海》《诗画江南》《广州故事》《天下徽商》《城门几丈高》，它们用一个个时间节点串联起一个地方的文化记忆，通过对当地历史的结构化再现，激发中国人民的集体共鸣与文化认同。其次，共时性的横向铺展也是历史人文作品常用的结构化手法。央视推出的大型人文地理类纪录片《中国影像方志》，旨在以地方志的体例为中国城市立传，该片镜头涉及中华大地的东西南北，为书写好这凝聚十四亿人民乡土之情的百科全书，每个地方都采取总括性的并列记述——引言、地名记、地理记、人物记、风俗记、手工记、后记等多个板块，将一块块乡镇小传的拼图铺排在一起，便是整个中国社会的影像全景。与此思路相似的，还有《中国村落》《记住乡愁（第五季）》《传承（第三季）》等纪录片，这些历史文化纪录片，都是在一个大主题内不断采撷小部分，用不同的地方、人物、技艺综合表达一个共生共时的文化概念。

无论是历时性序列还是共时性展开，都展示出了历史文化纪录片在影像思路方面的结构性，在中华文化的影像话语体系中，这些纪录片做出了示范性的系统表达。影像的结构化逻辑，擦亮了一个个古老的传统文化符号，为它们注入了当代影像的传播活力，促进了新时代人民群众对文化记忆的认同，刷新了现代社会大众对于群体知识的记忆与思考。历史文化纪录片的影像表达过程，正是安东尼·吉登斯所说的"结构化"，"结构化"理论体现了社会规则与个人行为的互相建构，"作为时空在场的结构只是以具体的方式出现在这种实践活动中，并作为记忆痕迹导引着具有认知能力的行动者的行为。"而每一部纪录片都是立足当下，对过去进行记忆的重构，同时，在内部的单集联系中，组建起人们对于相应主题的文化记忆，进而形成整个社会对于中华文化的集体认同与主动传承。

二、影像话语创新与受众策略

纪录片是摄影技术诞生以来，年龄最长的影片类型，在电视尚未普及的新中国创立初期，它便拥有广泛的受众。纪录片的魅力在于形式通俗易懂、画面真实可信、题材老少皆宜、内容贯古通今，质言之，通俗化是其最关键的本体特性与受众策略。2019 年的历史文化类纪录片，不仅继承了传承中华文化的时代使命，而且也体现出许多当代纪录片在影像话语创新方面的共同特点，反映了历史文化纪录片在再现"真实"和贴合群众方面所做的现实努力。

（一）通俗化：拟像的"真实"

在很长一段时间内，纪录片的广受青睐，在于其摄影本体的真实性和受众策略的通俗性。摄影方一诞生，便出现了纪录片这一影像类型。电影理论家巴赞十分推崇真实美学，他指出："摄影机镜头摆脱了我们对客体的习惯看法和偏见，清除了我的感觉蒙在客体上的精神锈斑，唯有这种冷眼旁观的镜头能够还世界以纯真的原貌。"然而，信息媒介技术的进步，带来了视听语言的更新，鲍德里亚所言的"拟像"已然成为"影像时代"的常态，许多技术性的"拟像"被融入纪录片之中，这种"虚假现实"和"情景再现"，是否取消了纪录片的真实性？纪录片还具有说服力吗？围绕纪录片的"真实"与"虚构"问题，学术界的争论从未停歇。中国学者钟大年曾先后撰文《纪实不是真实》《再论纪实不是真实》，他提出"纪实是一种美学风格"，电视中的真实，确切地说应当叫作"真实性"。基于审美与时代的要求，当代历史文化类纪录片并未拘泥于"真实"的束缚，而是致力于进行真实性的情感传递与通俗化的影像表达。

结合新时代影像技术的更新与观众接受的考量，历史文化纪录片采用了许多创新性的"拟像"手法，进行历史的通俗化表达。4 集人文历史纪录片《楚汉》，全集采用"情境重现"和演员"搬演"的方式，结合专家和学者的解释与辅助叙述，描绘出公元前 206 年，项羽与刘邦之间的政治博弈。在"鸿门之宴""暗度陈仓""楚河汉界""霸王别姬"四个脍炙人口的故事分集中，艺术性地再现了持续四年的战争史实。CGI 技术在呈现抽象概念方面充分展示出了拟像的优点，为了表现势力版图与军事形势，该片采用 CGI 技术呈现二维地图，清晰直观地表现出楚汉之间的战争棋局。为了生动地再现史上"最著名的饭局"——鸿门宴，该片还将八卦方位图嵌入搬演情境之中，通过三维动画呈现虚拟现实，以达到超越真实的想象性真实。6 集电视纪录片《微观战场·甲午战争》则以虚拟化再现战争进程为宗旨，充分调动一切影像技术手段，揭示中日对决败与胜的深层原因，即军事力量与近代化国民教育的错位，只能导致耗费财力的国际败局。该片为了还原对阵局势，在演员无台词搬演之外，还设计了动画人物，将战士分布在 3D 战场中；在叶志超率兵抗击日军的平壤一战中，画面以 CGI 建模的形式，分析工事壁垒的掩体设计，立体式地解释了清军堡垒的防御作用；这一系列纪录片创造性地加入了装置实验，通过模拟小型蒸汽机，指出日军鱼雷艇的噪音缺陷，尽可能通俗明白地解析关乎军事作战的专业知识。《微观战场·甲午战争》意在以史为鉴进行全面检讨，吸收这场战争为中华民族带来的血泪教训。

在影像话语创新方面，"拟像"手法无疑大大支持了历史文化纪录片关于军事局势和历史决策的阐释，美国学者琳达·威廉姆斯主张"纪录片可以而且应该采取一切虚构手段与策略以达到真实"，上述纪录片正是通过数码图形技术，呈现虚拟历史现场，以最大限度地实现真实性表达。随着 5G 时代的来临，VR 摄影、3D 动画、CGI、AR 等新技术的逐渐普及，"拟像"必将越来越成为介入纪录片影像表达的重要因子。这些不同以往的技术形式，将以"真实性"的追求建构"真实"，以"通俗性"的原则传播文化记忆，通过纪录片对中华传统文化进行创新性发展，擦亮晦涩难懂的历史知识，使其焕发出具有当代价值的精神魅力。

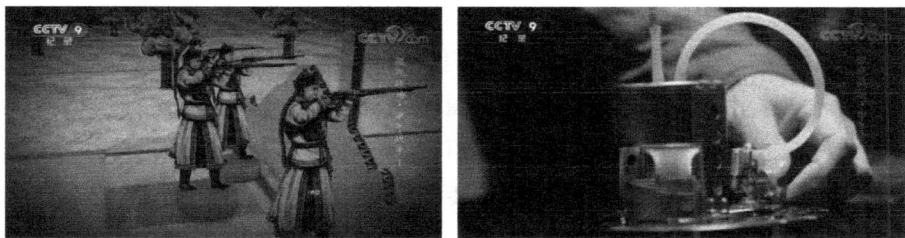

图 2:《微观战场·甲午战争》中的 CGI 动画和装置实验

(二)群众性:"以人民为中心"

文艺来源于群众，服务于群众，习近平总书记常常在各种场合强调要"以人民为中心"为文艺工作"定航向"。具体到纪录片事业上，其实就是讲求通俗性，通过真实影像揭示人类生命本体和社会文化生活的纯真原貌，传递正能量和价值观念的精神感染力。历史文化纪录片始终从中国传统文化和华夏历史文明中汲取营养，在"传播中国声音"的国家话语中，体现文化软实力，在"讲好中国故事"的创作导向下，紧紧依靠人民进行文艺创作，在"群众性"的策略方针下，打通了普通群众与国家话语的沟通路径，实现了广泛结合受众的文化传播理念。

在耕读传家为主流的中华文化传统中，中国人以村落聚集生活，形成了安土重迁的乡土社会，以及家国一体的国家观念。然而在现代社会的城镇化进程中，许多极具特色的乡村房屋和村镇群落渐渐消失，随之消散的，还有一代代农村居民的家园归属感和文化记忆。由中共中央宣传部、住房和城乡建设部、国家广电总局、国家文物局联合发起，中央广播电视总台制作系列纪录片《记住乡愁》于2015年1月播出，该片以弘扬中华优秀传统文化为宗旨，以遍布神州大地的村村镇镇为纪录对象，集中刻画中国乡村的民俗风情和文化风貌，展现华夏民族农村文明的神韵与味道。2019年《记住乡愁》已推出到第五季，总共囊括了120个传统村落，120个历史古镇，继展现乡村、山村、古镇、水乡等村落风情之后，将镜头焦点偏移到了各地的历史文化老街上。该片第五季所呈现的北京琉璃厂文化街，讲述了清代乾隆年间"清秘阁"的设立与纪晓岚等翰林学士的光顾，促成了附近街区古书古籍市场的繁荣，进而形成了书店云集的"北京公共图书馆"，在经年累月的文人墨客际会中，形成了这片文气会聚的历史街区。在对泉州西街的展现中，该片则选取对"紫云黄氏"家族的历史追溯，以小见大地讲述了唐代初年闽南海上贸易的兴起，道出了海上丝绸之路的历史片段。《记住乡愁（第五季）》通过发掘60个历史文化街区背后的人物故事和故土乡情，诠释中国特有的乡愁内涵，意在传递"让居民望得见山、看得见水、记得住乡愁"的国家建设理念，传承"讲仁爱、重民本、守诚信、崇正义、尚和合、求大同"的中华传统价值观念。

除了"接地气"的乡土文化，讲求"传帮带"的非物质文化遗产也是2019年历史文化类纪录片的重点表现对象。中国传统技艺是民族生存智慧的凝结，是祖辈人文精神的载体。由央视中文国际频道打造的《传承》系列纪录片，通过寻访遍布大陆和台湾的中国非物质文化遗产传承人，展现中国传统文化的生态现状和永恒魅力。2019年该系列推进至第三季，与前两季相比更加注重以人物故事带动节奏，在日常故事里透视传承人的求艺与学艺故事，在非遗文化选取方面更加关注少数民族的传统技艺。为了展示哈萨克族毛毡房的完整建造技艺，该片将其融入松哈尔的婚事操办过程中加以呈现。同样，对德沙旋木制作技艺的阐述，也放置在了藏族小伙桑朗多登学习满月礼婴儿碗制作之中。这些纪录片的表现策略，更加深入生活、细致入微，以更饱满的情节彰显民间故事和文化传承的力量，以通俗性的制播理念记录着中华文化的传承故事，在群众性的表达中力求迎合最广大观众的精神文化需求。

三、多元媒介叙事与故事性传统

"让文物说话，让历史说话，让文化说话"是社会主义文化事业的建设要求，也是历史文化类纪录片的创作目标。在大众传媒时代，做好中华文化传播，需要依靠传统、依靠历史、依靠文化。2019年纪录片进一步对宏大的历史文化主题进行了分解叙事，一方面运用多种媒介建构故事世界，编织古往今来的社会文化图景，另一方面吸收中国经典文学叙事模式，对历史文化进行故事性的影像阐释。整合多种视听媒介与信息输出模式，结合多元化的影像传播策略，实现经典叙事模式的影像表达。

（一）互文性：多元媒介的影像体系

历史文化类纪录片往往在叙述中博采多方话语，灵活吸收各类资料，通过各种媒介载体完成历史确证，在影像的系统中，作为文化载体的各类媒介呈现为各种文本形式。法国学者茱莉亚·克里斯蒂娃在《界限文本》一书中，指出了这种文本之间的互文性："文本是许多文本的排列和置换，具有一种互文性：一部文本的空间里，取自其他文本的若干部分互相交汇与中和。"在历史文化纪录片的影像系统中，每一类媒介各司其职，合力编写出一个个有理有据的历史篇章。这种互文性几乎是所有的纪录片的总体特性，在 2019 年的《天下徽商》《城门几丈高》《广州故事》《大上海》等历史文化纪录片中，这种多元媒介、多种文本的影像策略，增强了纪录片的历史可信度，丰富了中华文化的可读可看行，并且延展了影像文本的叙述层次。

各种史料是媒介的具体形式，它们彼此支撑着对于历史事实的合法性建构。2019 年 5 月播出的 5 集纪录片《天下徽商》中，穿插了各种文书、契约、县志、书作、楹联、牌坊、故居旧址及古镇建筑群，这些实物史料以不同的媒介载体诉说着对于徽州商人的历史记忆。徽州人寄命于商，他们直下江南的陆上通道，带动了一系列乡村市镇的繁荣发展，有"江南第一关"之称的"徽杭锁钥"，作为建筑媒介，见证着这个商帮崛起。依据年轻时经商的丰富经验，徽州商人程大位发明了珠算与卷尺，完成了中国数学史上的里程碑著作《算法统宗》，而明代徽商黄汴则凭借广游天下的经营游历，撰写了《天下水陆路程》这一商业性地理著作，这些经商宝典以及各种商业契约以纸质媒介的形式，落实了徽州人"无徽不成典"的美誉。在多元性的媒介复义中，各种史料"由能指编织成'立体摄影的多元'网络"，通过合力还原徽州商人的历史群像，多层次诠释了"敢为天下先"的徽商精神。

不同影像媒介也穿插交织在历史文化的影像叙事中，聚力于故事世界的再现。记述重庆城市史的人文纪录片《城门几丈高》，如同一部生动跃然的立体化史书，聚焦大历史中重庆浴火重生的城市命运，书写川渝人民自强不息的成长轨迹。通过老照片、画作、街道叫卖录音、影像资料等视听媒体，让历史的一道道刻痕重现。第一集《朝天门》开头，画面未出便先声夺人，一段长江三峡中的船工号子在耳畔响起，这段珍贵的蜡盘录音由一位德国外交官记录并保存，真实地折射出船工群体的历史之声。紧接着便次第呈现了19世纪末20世纪初长江上新滩、泄滩、崆岭、滟滪四大险滩的黑白图像，结合岸边码头挑水工们的老照片，勾勒出底层劳工们艰辛沉重的劳作图景。早期未开埠的重庆今人已难以想象，该片搜寻到一段黑白影像资料，再现了山城人民逼仄危险的房屋结构。同时，该片还加入了CGI数字媒介，技术性地复原了部分业已消失的风景。通过多元媒介的参与，总体性地再现出陈旧萧条的旧城景象。在5集的影像篇幅中，多元媒介相互关联，多声部地构建出重庆开埠以来的历史事件，由地方变迁折射出整个中国近代化的社会演进历程。与其相似的，还有《广州故事》《大上海》《河西走廊之嘉峪关》等人文历史纪录片，它们采用各种类型的媒介进行叙事，在各自的故事领域内，遍布媒介与媒介、历史与当下之间的互文性对话，形成了互相指涉、彼此支撑的影像表达体系。

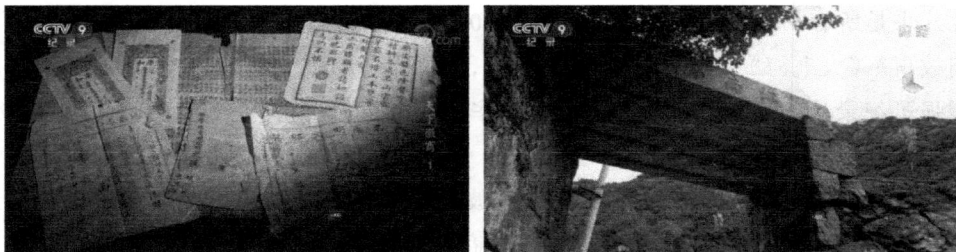

图3：《天下徽商》中的商业文契与"江南第一关"

（二）故事化：传统叙事的经典模式

对中华文化进行宣传和阐释，要与中国大地上的一个个中国故事紧密结合。历史文化类纪录片将视野放诸国家、民族、个人等多个层面，镜头探及历史、文化、工业、地理、军事、政治等众多社会领域。观照2019年的一系列历史文化纪录片，它们对华夏文明和传统文化进行了创新性表达，让古老故事在纪录片的影像中发挥出当代价值，其记叙手法与中国传统文学一脉相承，显示出文本叙事的故事化特征，总体来说，呈现出三类主要的经典叙事模式。

其一，以质疑、设问与追问的方式展开悬疑式叙事。《古代国家工程》聚焦中国青铜时代的矿冶文明，该纪录片在3集的篇幅中，层层递进地跟随考古队的发掘历程，为观众揭开了古代中国矿业开采与冶炼的神秘面纱，营造出疑团重重险象环生的观看体验。该片以湖北省铜绿山地区矿采作业的全面暂停为切入点，为后面的考古发现进行铺垫。同时，发出"为什么在铜绿山发现的这种木材呈现出蓝色火焰"的疑问，将两条设问线索合并，共同引出黄石考古队的发掘跟进。进而沿着考古学者的研究发现，揭露出埋藏着青铜开采冶炼技术秘密的国家工程，也即冶矿文明。《海昏侯》的叙事模式与其如出一辙，通过对西汉大墓进行摸底勘探，递进式呈现墓主人身份、生平，及其背后的政治纷争。

其二，以史诗文学的体裁进行影像叙事。由上海市委宣传部与电视台、青海省委宣传部与广播电视台联合出品的《格萨尔的草原英雄》，记述对象就是藏民族史诗《格萨尔》，其纪录片再现了格萨尔史诗一千多年来在青藏高原和海内外的传播历程，围绕藏族同胞、说唱艺人和专家学者们对《格萨尔》进行传唱和研究的经历，对这部世界最长史诗的千年经历进行了史诗性的纪录，故而该片也被誉为"民族史诗的活态传承"。最具有代表性的，当属大型纪录片《中国影像方志》，该片旨在为时代而歌，为人民立传，计划全国每个县和县级市各拍 1 集，预期摄制 2300 集以上，这一史诗模式的鸿篇巨制，为中华文明的影像史学注入了实践活力。可以说，其成片体系不仅借鉴了地方志的体例，而且也达成了运用现代影像技术传承方志文化的影视创新。

其三，通过线索人物贯穿全片，沿袭穿针引线的线索性叙事。《伽蓝梵音》以智化寺京音乐传承人胡庆学为主线，跟随人物的寻访活动——一边希望找到这种佛教音乐的下一代传人，一边探寻散落民间的京音乐，在举步维艰的人物经历中，揭示出传统珍稀音乐种类内忧外患举步维艰的文化现状。《消逝在塔克拉玛干》则以中国社科院新疆考古队队长巫新华为线索人物，镜头随他的考古工作变换地点，依循他的专业解说展现沙漠古国的佛教文明，折射出中外文明源远流长的交流历史。《传承（第三季）》也是如此，在该片在每一个分集中探索一种古老技艺，通过传承者求技学艺的亲身经历，对非物质文化遗产的传承进行故事性描绘。

上述经典的叙事模式，为纪录片讲述中国故事提供了表达框架，更利于其展开故事性的影像表述，在丰富的媒介运用和故事化叙述方式下，历史文化类纪录片展示出集趣味性、知识性、可看性于一体的影像吸引力。

四、中国式审美与价值观建构

中国优秀传统文化是华夏民族的智慧结晶，是社会主义文化建设的精神宝库，"抛弃传统、丢掉根本，就等于割断了自己的精神命脉"。历史文化纪录片是求真求美求善的艺术，在传承中华文明优秀传统文化的过程中，不但挖掘并再现了中国式的诗性美，多角度地展现出中国文化的魅力，并且以影像传递文化情感，激发普世性的情感共鸣，以中国传统美德和人文精神建构主流价值观，弥合了传统与现代之间的时空沟壑。

（一）审美性：中国式的美学体系

中国美学意蕴丰厚，优美典雅，中国历史文化纪录片在影像方面也吸纳了这种审美精神。路易·德吕克曾创造性地提出"上镜头性"，它不是被拍摄对象的一种"漂亮"品质，而是"一种观察事物和表现事物的艺术，它的唯一法则是导演的鉴赏力"，中国纪录片的创作者们将摄影技巧活用在开掘中国文化的美学韵味上，利用自然光效表现自然和现实生活，强调朴实简单的镜头感，构造出具有特殊吸引力的视觉印象。由浙江广播电视集团和中国美术学院联合制作的大型人文纪录片《中国村落》是 2019 年纪录片中的典型代表，该片通过精雕细琢的画面，展现了 100 多个中国古村落的人文与生态环境。在开篇第一集《如画》中，江西婺源篁岭村的村居美景被镜头如实记录下来，这里的居民家家晾晒作物，眺窗像块画板，支架好比画笔，晒匾是调色盘，航拍镜头将这些景象收入镜头，呈现出一幅幅错落有致色彩鲜明民俗风情画。

中国山水画的构图讲求虚实相生、浓淡结合、形与意联，历史文化纪录片吸纳其章法意蕴，力求做到画面美、意境美、和谐美。在《中国村落》对安徽黟县宏村的描绘中，秀丽雅致的徽派建筑在纪录片中宛如一卷山水画：青瓦白墙以水平线为界与倒影形成虚实相生的意趣，远景群山与近处湖面浓淡交叠，砚池柔和弧线与文运昌盛的期许形成意义表征，一帧帧画面连接出纪录片的诗意美学，传递着中国山水与村落的审美情趣。除了构建画面美感，该片还发掘了表现对象的美学内涵：宏村拥有九曲十八弯的水圳，有"牛肠""牛形"村落之称，房屋环绕砚池而建，在环形之中又留有缺口——风水叫气口，环境叫对流，美学叫留白。通过居民的讲解，深入挖掘中国传统的审美精神，使风水、建筑、功能的美学与纪录片的美学体系彼此呼应，使纪录片具有值得细品的中国式美学内涵。

中华美学还包括文画结合的书卷气质，美景搭配吟诗，诗中蕴藏画意，不仅是文人墨客的所偏爱的意趣，也是当代历史文化纪录片所追求的意境。《诗画江南》由江苏广电总台和南京电影制片厂联合制作，该片介绍了江南从荒芜到富庶的鱼米之乡的历史变化，历史性的介绍在各类文艺作品中并不少见，而以诗歌、园林、戏曲等艺术为载体，折射整个江南文化的构思却不多见，该片的创新与独到便在此处。在影片叙事中，该片时常援引诗歌词章，一为阐述社会历史，二为延续诗性文化。在该片的影像呈现中，文人书法与水墨丹青处处可见，历史典籍与泛黄卷轴也时时出现，在内容与形式上充分彰显了江南的诗情画意，做到了诗中有画和用影像造意境的美学传承。

图 4:《中国村落》的色彩美与意境美

（二）情感化：普世性的情感共鸣

建设中华优秀传统文化传承发展体系，离不开价值观的维系。2019 年历史文化类纪录片，体现出浓厚的中国特色和中国风格，它们往往以建筑、村落、文化、民俗为表现对象，在对传统历史和华夏文明的再现中，着力挖掘中国故事背后的礼义精神和家国观念，润物细无声地传播正能量。它们通过打动观众的视觉与听觉，弘扬具有普适性的价值观念，激发群体情感共鸣，为文化认同奠定基础，进而助力新时代社会主义核心价值观的建构。

纪录片对于历史文化的传播路径，通常诉诸观众的视觉与听觉，并达到最终重点——诉诸情感。《记住乡愁》《中国村落》《中国影像方志》等纪录片不约而同地传达出对乡土的依恋之情。它们聚焦大大小小的古镇、窑洞、瓦寨、乡村，走遍中国大地的传统村落，绘写华夏儿女赖以生存的文化热土。许多村落在商业利益的驱动之下，破坏了原有的房屋格局，树立起千篇一律的住宅楼，却解散了原有的生活方式和乡村文化，现代都市人浓浓的乡愁无处安放。纪录片对于城镇化的事实展现，生动诠释了新时代乡村振兴的必要性和紧迫性，在传承农耕文明，走乡村文化兴盛之路方面，这些纪录片做出了时代回应。

《天下徽商》《广州故事》《大上海》《城门几丈高》《格萨尔的草原英雄》则在历史的纵深中追寻道德精神，它们就一方文化讲述一组故事，在各自的地域文明和历史人物身上，追寻人性的光亮：徽商具有"贾而好儒"的文化精神，"千人同心"的团队理念和"以信为赢"的商业操守；广州人民则具有"海纳百川"的包容胸怀和"敢为天下先"的创新精神；藏族同胞的民族气质则在熔铸在"格萨尔"这一民族史诗中，他们崇武尚德、乐于抑强扶弱、爱护自然生灵……以人物群像为叙事主线的纪录片，往往致力于呈现这一群体的道德品格和家风祖训，以地域为名的纪录片，大多从历史变迁中提炼代代相传的城市精神，由此，博大精深的中华传统文化，在纪录片的影像表达中实现了精神传承。

《美丽中国》《大湖·青海》《消逝在塔克拉玛干》《中国村落》《诗画江南》等纪录片，在影像传播中使地理环境与历史人文并重，呼应着中国自古以来"天人合一""相生相长"等和谐观念。在这些纪录片的镜头中，囊括了青藏高原的湿地生态系统、皇天厚土上的稻米粮黍、依山傍水的干阑式吊脚楼等生态景观。绿水青山保障了经济发展，自然环境孕育了中华文明，现代社会人与自然能否和谐共生，意味着民族国家能否可持续发展。来自纪录片的呼吁，一方面牵动了观众对于生态文明建设的忧思，一方面维护了集体对于民族土地的归属感。影像的传播与引导，从诉诸观众情感的维度，树立起人与自然和谐相处的生态文明理念，推动了大众对于社会主义和谐价值观的认同建构。

结语

中国自古有"诗歌言志""文以载道"的人文传统，在视觉传播时代，纪录片延续了这种服务于国家和社会的责任意识，通观 2019 年的历史文化类纪录片，体现出"影以达观"的传播观念，"观"字所指，意在传递中国式审美的美学观、中华文化认同观、社会主义核心价值观。历史文化类纪录片所体现出的中国气派，践行了习近平总书记对广大文艺工作者的新要求——坚持与时代同步伐、坚持以人民为中心、坚持以精品奉献人民、坚持用明德引领风尚。

新时代以来，坚定文化自信成为社会主义文化事业的建设方针，历史文化纪录片通过现代性的影像表达守护中华文明，紧紧依靠人民群众推动文化传播。在电子媒介充斥时代的背景下，这些纪录片以结构化的组织模式，致力于灵活塑造文化记忆，守护中华民族文化根脉，不断进行影像话语创新，积极合理地运用数字化技术，搭建多元媒介交织互文的影像体系，丰富具有中华美学意蕴的影像内涵，激发全民情感认同、文化认同、价值认同，显示出充分的文化自信与文化软实力，为新时代社会主义核心价值观建设凝聚力量。

2019 年中国纪录片综述

杨曦[*]

（郑州大学新闻传播学院 河南郑州 450001）

摘要： 在"守护中华文脉"的新时代要求下，博大精深的中国传统文化亟需进行当代表达。纪录片以中华文明为滋养园地，不断推陈出新，形成了传播中华文化的多元表达。本文通过探究历史文化类纪录片的行业动态，对 2019 年纪录片进行详细分析，阐述诸多纪录片的影像话语创新和受众策略，探讨其多元化媒介叙事的表达意义，以及影像如何在中国式美学体系中进行表达，进而实现社会主义主流价值观建构的传播图景。

关键词： 中华文化；纪录片；2019 年；影像表达；影视传播

自 2010 年广电总局《关于加快纪录片产业发展的若干意见》出台以来，中国纪录片产业一路向好，发展蓬勃，到 2019 年为止已整整十年。2010 至 2016 年，央视纪录频道、央视科教频道先后开设并全国覆盖播出，北京纪实、上海纪实频道、湖南金鹰纪实陆续上星播出，这些电视台纪录频道的建立与成长，标志着中国纪录片全国覆盖播出的传播格局初步形成。

2016 至 2019 年，纪录片创作数量与行业收入不断攀升，质量上乘的口碑佳作竞相涌现"纪录片"外延不断扩大，各种微视频、短视频、专题片、真人纪实的形式丰富着纪录片的形态，新媒体与品牌纪录片初具规模并稳步发展，中外合拍纪录片的形式与内容实现了创新与突破。在为期十年的发展历程中，中国纪录片行业扭转了此前一度颓疲的状态，采取一系列积极调整，不断推出高质量作品，在众声喧哗的影视行业中赢得了越来越广泛的受众，拓出了渐成规模的产业领域。

进入新时代以来，坚定"文化自信"，攀登"文艺新高峰"，传播"中国故事"

---

* 作者简介：杨曦，郑州大学新闻传播学院博士研究生，研究方向：视听文化传播。

等国家理念被先后提出并不断重申。2019 年 3 月，习近平在看望参加政协会议的文艺界社科界委员时提出，希望文艺工作者能够"为时代画像、为时代立传、为时代明德"。作为中国重要的文艺事业，纪录片积极响应政策精神与各项国家理念，在弘扬民族精神、传播中国文化与树立国家形象等方面承担着重要功能。

回顾 2019 年的纪录片，它们在内容题材方面延续了多元化的整体景观，一如既往扛起了国家叙事与主流价值观的旗帜，记述华夏文明的历史变迁与独具特色的中国故事，连通中外文化与文明互鉴的运输河网。与此同时，中国纪录片行业的"IP"井喷在 2019 年逐渐稳定并形成品牌系列化，除了延续旧有模式，在推出精品与创新模式方面也佳作频出。可以说，过去的一年是中国纪录片的丰收大年，它们不仅多维度地回答时代课题，而且为纪录中国故事、传播中国声音绘出了一幅多彩画卷。

一、国家叙事与主流价值观的多元呈现

纪录片被誉为"一个国家的相册"，它承载着民族的记忆，谱写着时代的赞歌，展现了当代火热的人情百态。"纪录片既是对历史的打量、再现、总结、反思与诠释，也是主流价值观的展示载体。"纪录片创作包容性强，不仅可以串联宏大的社会巨变时刻，还能够深度探察百姓平常生活，在真实可信的鲜活影像中，实现对国家、社会和个人的价值表达。在多样化的题材内容中，建构起文献性、科学性、思想性和艺术性并存的叙事话语体系。在影像产出与受众接纳的传播对接中，形成国家叙事与主流价值观的多元呈现。

（一）共和国七十周年 向伟大祖国献礼

新中国成立以来，中华儿女勠力同心，将这个世界上最大的社会主义国家建设成为政通人和的美丽国度，在各个方面均取得了辉煌成就，对世界经济发展的贡献力逐年攀升，2019 年经济总量突破已 99 万亿元，为全面建成小康社会打下了坚实基础。回首七十年峥嵘岁月，一部部纪录片展现了共和国筚路蓝缕的建设征程。为庆祝建国七十周年，中央宣传部、中央党史和文献研究院等共同摄制了 24 集纪录片《我们走在大路上》。该片以文献专题片的形式展现了新中国从诞生、探索、改革到腾飞发展的历史征程，抓住社会主义道路建设中的重大转折与历史事迹，以串联一次次历史高光时刻的方式，表达出中国人民内心的骄傲与自豪，以雄浑厚重的基调刻写国家里程碑，传达着坚韧不屈和迎难而上的民族精神和政治信念。

集体记忆蕴含着一个民族一个国家的精神财富，从过去的共同历史中汲取力

量，是构建民族身份与国家认同的重要途径。央视纪录国际传媒有限公司与南京广播电视集团联合摄制的《第一日》，将叙事核心聚焦在开国大典这一天，通过讲述参与这一历史现场的亲历者故事，呈现个人记忆中不太一样的开国第一日。上海 SMG 纪录片中心制作的《彩色新中国》，吸纳了许多建国初期珍贵的彩色影像，这些彩色胶片出自 1949 年前来协助中国拍摄纪录片的两支苏联摄影队之手，《彩色新中国》摄制组还特意采访了当年摄制组的工作人员，通过摄影师徐肖冰和侯波的儿子等人，回忆当年的拍摄经历和中苏之间的友谊故事。江苏省广播电视总台摄制出品的《淮海战役启示录》，则以回顾和挖掘战役经过与真人真事，深刻回答了这场战役为何而打、为谁而打、因何而胜的问题，生动诠释何谓共产党人的"初心"与"使命"，准确合理地运用影像与记忆传递了历史的当代价值。

对于土地的眷恋与依赖，是华夏民族的文明基因，中国人民对祖国的每一寸山河都承载着浓厚的感情。现代传播技术与信息化网络一方面瓦解了地理关系，另一方面也为找回并重塑共同体归属感提供了影像化形式。由中央广播电视总台央视纪录频道出品的《航拍中国（第二季）》，延续了东西南北中的选地格局，依次展现了浙江、四川、内蒙古、甘肃、广东、福建、江苏七个省区的壮美河山。该片大大拓宽了纪录片影像语言，不仅使用无人机、直升机、VR 摄影机和轨道卫星等进行多层次影像呈现，而且发挥航拍的优势，以凌空远望的视角加强地理地貌、动物迁徙、城市景观的冲击性，在高空飞行拍摄中运用"一镜到底"的长镜头，大大提升视觉美感和影像表达力，中国的万里江山焕发出别具一格的吸引力和感召力。

中国人民对于疆土的重视在对待港澳地区上尤其具有代表性，在中国领域内，港澳地区是"一国两制"的基本国策领导下的特别行政区，港澳同胞更是祖国挂在心上的重要部分。为迎接澳门回归 20 周年，中央广播电视总台央视纪录频道专门摄制了《濠江故事》，通过深入观察普通人的故事，反映粤港澳大湾区与内地的紧密联结，以及在经济、科创、教育、医疗、公益等领域的成长变化。一反大众对于澳门的"刻板印象"，呈现一个面临经济转型的奋斗之城，一个医者有仁心师者有爱心的温情都市，一个充溢中华传统文化的中国澳门。2018 年，具有象征性的新时代港澳标志——"世纪工程"港珠澳大桥开通运营，早在落成之前，中宣部便立项并邀请 Discovery 探索频道参摄制纪录片。2017 年大型电视纪录片《港珠澳大桥》在央视开播，2019 年，由闫东执导的同名纪录电影也在全国上映。不同于 2017 年偏重介绍大桥建设背景与主要过程的电视版纪录片，2019 年的《港珠澳大桥》以最后一节沉管 E30 号沉放的安装为线索，挖掘了我国悠久的桥梁历史，讲述了工程人员的酸甜苦辣，突出了人民的力量与攻坚克难的精神。该片为港珠澳大桥赋予了丰厚的人文内涵，在世界观众眼中，它不仅是世界上最长的跨海大桥，见证了中国在制造业与工程建设方面的基建实力，而且是中国粤港澳三地紧密联系的象征，是一个新辉熠熠的国家符号。

2019 年是中国"两个一百年"奋斗目标的重要关口，为了实现到 2020 年全面建成小康社会，全社会都参与进"精准扶贫"的国家行动。纪录片以参与式的传播姿态参与进精准扶贫，不少反映攻坚阶段扶贫工作的作品涌现出来，为大众传媒进行乡村振兴和传播国家理念做出了典型示范。由共青团中央宣传部监制，湖南经视频道推出的纪实大片《不负青春不负村（第二季）》，切实回应了国家振兴乡村、精准扶贫等号召。将这一宏大命题融入具体的传媒实践之中，突破了国家叙事的历史感和教条性，以传播主流价值观和青春正能量的制作理念，聚焦十余位投身中国乡村基层建设的青年，讲述这些出身国内一流高校、怀抱青春热血与报国热情的 80、90 后在脱贫攻坚一线的奋斗故事。

纪录片不仅真实反映和推动着精准扶贫工作，而且为国际社会了解中国正在进行的这场轰轰烈烈的"脱贫攻坚战"提供了渠道和窗口。《做客中国——遇见美好生活》是五洲传播中心、国家地理频道等联合出品的三集纪录片，摄制组邀请了三位美国主持人参与拍摄，在他们加入当地家庭，体验和发现中国民众生活的改变这一过程中，以国际站位展现丰富多彩的中国文化和民俗风情，诠释中国精准扶贫的奋斗成果与真实成就。无独有偶，中美合作摄制的《中国脱贫攻坚》（China's war on poverty），同样是以外国人视角解读中国，由中国国际电视台《走近中国》栏目主持人罗伯特·劳伦斯·库恩博士主持并撰稿，采取客观真实的纪实方式，向海外观众阐述中国的"精准扶贫"理念，并且"在美国公共电视网（PBS）加州电视台黄金时间播出，这是美国主流媒体首次播出深度介绍中国扶贫的电视专题节目。"由此，汇聚了共和国七十年风云际会和礼赞伟大祖国奋斗成就的献礼纪录片，便实现了正能量与主流价值观的叙事及传播。

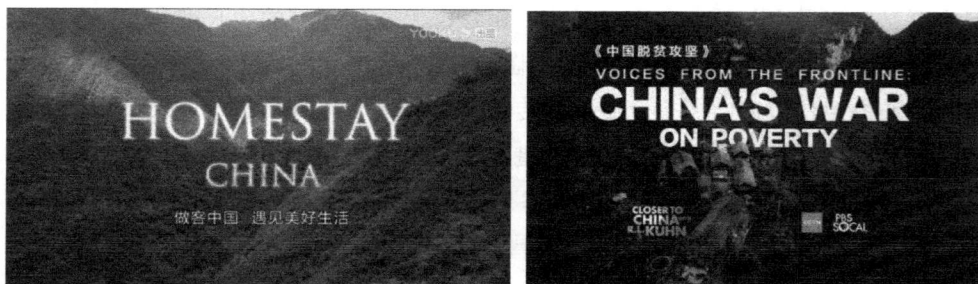

图 1：纪录片《做客中国——遇见美好生活》与《中国脱贫攻坚》

（二）新时代国家风貌 看科技与建设者

国家竞争力的核心，在于以工业、科技和尖端技术为代表的"硬实力"。新时代以来，中国正逐渐向数字化、网络化、智能化稳步迈进，以《超级装备》《科学的力量》为代表的纪录片，把高端深奥的重工业设备与科学技术推到观众面前，这种踏踏实实的硬实力，带给全体中国人以极大的建设信心与奋斗动力。《超级装备》突出"超级"之特点，精选名列前茅的重大装备项目，分"独立装备""核心装备"和"智能装备"三集进行讲述，在细腻的解说与灵活的剪辑节奏中，为观众讲述一件件彰显国家实力的钢铁巨霸。除此之外，互联网与大数据这一对颠覆人类生产生活的重要科技概念，也在 2019 年的两部纪录片中得到了展现。《大数据时代》以全球新一轮工业革命为背景，在一个个政府事件与民生问题中，揭示大数据如何为服务型政府的转型带来新理念。《数与我们的未来》则将数据的应用与生活场景结合起来，在监测球员运动、汽车安全系统、公安信息侦查等方面，该片做出了深入浅出的影像化阐释。

中国发展至今，党和国家始终强调一切功劳属于人民，故而文艺工作者理当"观照人民生活，表达人民心声，用心用情用功抒写人民、描绘人民、歌唱人民"，合理发挥榜样的力量，是传播社会核心价值观的主要途径之一。6 集央视纪录片《不老人生》，选取六位在各自领域内做出卓越贡献的时代楷模——90 岁的指挥家郑小瑛、中国科学院院士李德生、呼吸病学专家钟南山、话剧表演艺术家焦晃、中国科学院计算技术专家倪光南、荷花专家张行言夫妇，通过讲述他们的人生故事，诠释人民力量之伟大。这些榜样的亲身讲述，大大增加了纪录片的真实性和感染力。正是由于群众的主观能力和积极作为，各项普通的事业方得以良性发展，社会主义建设才有了今日的繁荣景象。鞍山广播电视台与鞍山钢铁集团有限公司联合出品的 3 集纪录片《雷锋在鞍钢的 423 天》，与河北广播电视台出品的《董振堂》，从点滴小事中发现工作意义，从戎马人生中汲取英雄精神，两部纪录片均实现了对先锋模范的守正创新。站在今日回望来时路，新中国的和平富强离不开革命先辈的奠基。纪录片所传递的理念，正是通过缅怀革命先烈，牢记初心与使命，为新时期社会主义建设者提供源源不断的前进动力。

实现中华民族伟大复兴的中国梦，离不开每一个人。2019 年不少纪录片致力于描绘当代群像，发现小人物身上的大精神，用视听语言为寻常老百姓谱写赞歌。央视出品的两部纪录片将镜头对准边缘群体，《三矿》真实记录了国企煤矿工人的在井下五百米深处的日常工作，《我是小哥》则以我们身边最熟悉的陌生人——外卖配送员为表现对象，描绘他们生活中的酸甜苦辣，生动折射出普通劳工人员的生活画卷与精神世界。《追梦火焰蓝》《田野上的大学》则分别关注了两个特殊群体，前者聚焦于人民的"守夜人"——消防救援官兵，后者绘写了中国农业大学的三代科学家们，近半个世纪以来在河北省曲周县改土治碱的科学报国故事。

在去年产出的纪录片中，既有关注边缘群体、特殊群体的作品，也有选取代表性个人进行微观叙事的纪录片。新疆猿动力娱乐和腾讯影业联合制作的《疆上少女》，展现3位新疆伊犁维吾尔族少女在青少年校园足球联赛中面临的重重压力。宁夏广电传媒集团与北京伯璟文化传播有限公司的《重走来时路》，呈现了一位普通文化工作者张国勤两次重走长征路的真实故事。这两部纪录片的微观诠释，深刻表现了平凡小人物身上的大精神，同时，也让观众看到了非央视出品的小体量纪录片的创作潜力。

除此之外，《你好陌生人》《城市 24 小时》《夏日绿皮车》《预备——起》等纪录片，以尊重平凡生活，尊敬平凡岗位的创作理念，忠实纪录下一个个中国故事。在纪录片编织出的火热当代生活图景中，每一个人都传递出一种新时代中国人的精神气质，这种精神与国家叙事和主流价值观的诉求完美契合，多角度传播着中国的时代之声。

二、华夏文明与中国故事的影像表达

文化软实力集中体现了国家影响力和民族凝聚力，以及由此而带来的认同之力量。塞缪尔·亨廷顿指出，世界几大文明之间的竞争和冲突，更多的来自文化和宗教的差异，而非意识形态的分歧。"因为文化有其考虑的价值，文化认同对于大多数人来说是最有意义的东西"。2019 年的纪录片，延续以往重视历史文化与区域文明的表达传统，在华夏文明与中国故事的影像表达方面，交出了一份多彩的答卷。

（一）文明传承 历史文化拾遗

文明是放大了的文化，文化兴则国运兴，文化强则国运强。传承优秀中华传统文化，要加强对历史文化的挖掘与阐发，保护渐渐消失的古老文化，让民族的珍贵记忆焕发出具有当代价值的文化光彩。《格萨尔草原英雄》是上海广播电视台与青海广播电视台友好结对后，联合摄制的一部大型民族史诗电视纪录片，该片也是世界非物质文化遗产史诗《格萨尔王传》首次完整呈现。这部纪录片的成功播出，是对于少数民族文化的创新性继承，也是加强广大藏族人民"五个认同"的传媒实践。与其类似的，还有央视两集纪录片《伽蓝梵音》，以胡庆学为首的第二十七代传承人，焦虑于智化寺京音乐的无人传承，这一京城音乐，流传五百多年且师承关系从未断代，却在这一代人手中面临失传的危机，不能不令人唏嘘。纪录片为我们敲响了警钟，珍稀民族文化不应面临渐渐消失的尴尬，每一项传统文化和古老技艺，都是形构文化身份的价值积淀。

有史记载以来，华夏文明在族群的历史记忆中渐渐成型稳定，这种历史文化与记忆的力量，永远是一个族群前进的保障与动力。2019 年多部纪录片追寻历史的脚步，探索古人智慧，为当下的中国精神文化建设，提供着具有重要价值的影像力量。《古代国家工程》由一个小小的考古发现入手，逐渐拉出背后所代表的整个中国青铜时代矿冶文明，经过考古分析，揭示数千年前的先民利用矿石进行冶炼、制造和建筑大型工程的谜题，展现古人在寻矿、采矿和运用中所积淀下来的科技经验对今日中国的深远影响。《海昏侯》《楚汉》则聚焦古代政治文明中的具体篇章，借助出土文物与古人对话，展现波云诡谲的政治角逐中的复杂关系与谋略智慧。

在上述三部纪录片中，情景再现的手法比比皆是。历史叙事被呈现为一个个具体场景，真人搬演也成为专题性纪录片普遍的影像表达形式。纪录片的可贵之处在于真实，即使是戏剧化重现，也力求语出有据，《楚汉》中的人物对白，援引自《史记·项羽本纪》，《辛丑迷案》的事件转折也采取查证资料的方式进行证实，并予以视觉呈现，以最大限度地保证故事叙事的真实可靠。除此之外，在《法医宋慈》《微观战场·甲午战争》等纪录片中，也常常可以见到情境再现以辅助叙事的影像手法。一桩桩历史的铺陈以迷案和悬疑的形式展开，层层递进地揭示出一桩桩案件背后的宏大社会背景。不论是完全客观性的记录性镜头，还是融入戏剧冲突的故事性呈现，都是纪录片讲述事件和呈现事实的表现途径。

图 2：纪录片《楚汉》中的情景重现

（二）区域文化 地方特色故事

文明的发展离不开自然空间，任何故事都产生于具体的生活地域。"文化地理学"派学者卡尔·索尔认为，"文化景观由自然景观通过文化集团的作用形成。文化是动因，自然区域是媒介，文化景观是结果"。自然和大地是哺育文明的摇篮，正如人类社会是地球文明的重要部分，记述区域文化和地方特色故事的纪录片，也是文艺和传播领域不可或缺的部分。自然纪实类作品，是纪录片的长青类型，2019 年纪录片在这方面的制作水平再创新高。

青海广播电视台和北京三多堂传媒联合摄制的《大湖·青海》，以一个广泛流传于青藏高原之上的传说"和睦四瑞"，结合中国版画的动态呈现，开启了整个系列的叙述。该片聚焦青海湖及其周边的人文环境，以细腻的特写镜头展现季节变化下的冰面、云海、草坡，在航拍视角下俯瞰奔跑的兽群，呈现了一个辽阔与细腻并存的青海湖。央视科教频道出品的 8 集纪录片《穿越北回归线》，横扫北纬 23°26′的丘陵梯田，神奇港湾和绚丽海岛等地理奇景，带着"北回归线中国段为何能孕育出如此世界领先的梯田文化"，"为何形成了世界独一无二的天坑群"等疑问，以逐集进行考察的方式探寻八个问题，呈现出中国南部地区的独特文明画卷。

纪录片的使命，不仅在于全面反映魅力的生态风光和源远流长的中华文化，还在于讲述一方水土养育这一方文化的人文故事。2019 年 5 月 7 日，由叶海鹰执导的 5 集纪录片《天下徽商》在央视纪录频道首播，这是第一部全景式反映徽州和徽商文化的大型电视纪录片。除了记述这支曾称雄国内商界近四百年的兴衰史，该片还深入挖掘了徽商流传至今影响深远的徽商精神，从盐业大贾到徽州女人，都闪烁着儒家文化与徽州文化的处世精神。摄制组力求创新拍摄手法，曾在横店和徽州进行两次二百多场的规模化情景再现，对明清时期的汉口、广州十三行等进行三维动画呈现，还寻找到了晚期真实影像和当年文书等历史资料。其创作之用心，再次擦亮了徽商这一"金字招牌"，《天下徽商》已成为安徽人民的骄傲，可以说，这部纪录片使得徽州文化再度焕发出引人向往的精神魅力。同样具备浓郁地方色彩的纪录片，还有《广州故事》《大上海》《诗画江南》《萧关内外》《鸭绿江纪事》等等，它们以一地文化为给养，呈现出一部部具有共同生活习惯与民俗文化的当地居民，生息繁衍世代耕耘的影视传记。

此外，《长江之恋》《河西走廊之嘉峪关》《中国村落》等纪录片，以母亲式区域文明为内容题材，故而形成了一种的大气而温情的影片基调，给予观众广泛的共鸣性观赏体验。《长江之恋》由国家广播电视总局指导，十二家长江流域省市电视台共同承制，该片在 6 集的篇幅中围绕"恋"字展开，着力突出长江儿女对母亲河的深深依恋。习近平总书记曾殷勤叮嘱对待长江要"共抓大保护，不搞大开发"，该片也从反思长江流域曾出现的严重生态污染入手，聚焦自着力救治以来，长江的绿色转型与沿岸的社会变迁。不但在拍摄中全部采用 4K 摄影，展现最美的长江景色，并且深入挖掘在长江"绿色转型"过程中，中华儿女服务环境事业，改造并保护长江的鲜活故事。全片表达出一种对于长江魂牵梦萦的浓浓眷恋，抒写出华夏子孙对于长江文明的亲密归属感和认同感。同样是 6 集的《河西走廊之嘉峪关》，则分为古代、近代、当代三大篇章。该片以嘉峪关为核心，聚焦嘉峪关城的多舛命途和风云变幻，将这座关隘的昨日与今天、荣光与苦难加以还原，展现了这座城池自建成后数百年来的精神文脉。题材相似而笔触更细的纪录片，还有《兴安岭上》《消逝在塔克拉玛干》，这两部以更加微观的视角反映了当地居民的情感和希望，《采集部落》《鹿苑风云》则通过一种生存方式，将许多生活频率类似的人吸纳进一部纪录片，呈现独特主题或谋生技能背后的文化内涵。如今，不论是长江、嘉峪关还是传统的中国村落，都已经成为区域文明中的重要信念载体，更成为全体中国人民心目中的民族形象和国家符号。幅员辽阔的中国疆土上，每一条历史文化的传承，每一个区域文化的留存，都是华夏文明的重要支流，纪录片正以时代赋予的媒介责任感，承担着参与绘写中国故事的传播使命。

三、中外交流与文明互鉴的时空对话

习近平总书记在联合国教科文组织发表的演讲中指出："文明因交流而多彩，文明因互鉴而丰富。文明交流互鉴，是推动人类文明进步和世界和平发展的重要动力。"推动中外不同文明之间的交流与互动，是促进社会主义文化大发展大繁荣的思想理念，是构建新型对外传播话语体系的有效途径，也是共建人类命运共同体的重要前提。2019 年，是新中国成立 70 周年，也是中国与其他国家建立外交关系，缔结友好往来传统的纪念性大年。纪录片行业配合国际交流与文化传播的需要，推出了一批中外合拍片和反映国际友好交流的精品佳作。

（一）中外合拍片的文化交流

中俄合作拍摄纪录片的传统由来已久，开国大典前夕苏联便派遣两支摄影队前来协助中国拍摄彩色文献纪录片，催生了《中国人民的胜利》《解放了的中国》两部五彩片。为庆祝中俄建交七十周年，全俄国家电视广播公司利用当年未公之于众的珍贵素材，制作了 6 集纪录片《中国的重生》，并于 2019 年 9 月 16 日在俄罗斯两大电视台播出。早期的彩色胶片，为我们留下了 20 世纪四五十年代的老北京、旧上海等影像，而今日的中国早已繁盛不似往昔，在对历史的影像追忆中，不得不让人油然而生一种强烈的民族自豪感。不仅如此，2019 年，由北京中视雅韵文化传播中心和俄罗斯 RT 电视台合拍的《这里是中国（第二季）》摄制完成，并在驻俄使馆举办开播仪式。该系列纪录片是中宣部、国务院新闻办"纪录中国"传播工程重点项目，也是"中俄媒体交流年"框架下重点项目，旨在传播中国声音，推进文化合作。

为了让外界更好地认识中国，在国际社会进行文化推介于合作交流，五洲传播中心与多个国家的主流媒体合作制作了大型跨国制播系列纪录片《光阴的故事》。在 2019 年之前播出的"中哈友好""中越情谊""中柬情深"等纪录片中，该系列以创新的手法呈现了中国与其他国家，尤其是周边邻国"民心相通、合作共赢"的国际友谊，是纪录片对外传播话语体系的一次成功创新。2019 年，又有与匈牙利合作的《光阴的故事——万里为邻》推出，该片通过采访多位亲历者的方式，勾勒了两国世代互帮互助的动人友谊："白求恩"式匈牙利医生沈恩救死扶伤、国会副主席乌伊海伊以个人名义接收五十名雅安地震的受灾儿童进行心理康复、因共同爱好中医而志同道合的两国工作者等。2020 年 1 月 14 日，《光阴的故事——切水不断》首播仪式在马来西亚首都举行，又一部纪录中国人民和"一带一路"国家人民互动交往的影片踏上了与观众见面的道路。

在中国与其他国家的诸种传媒合作中，纪录片无疑是拓宽影视、媒体、文化等多方交流渠道最重要的方式之一。除了以上合拍片，中央广播电视总台国广俄东中心与塞尔维亚国家广播电视台联合拍摄制作的《前进的中国》，立体地向塞尔维亚观众展示了中国改革开放四十年的深刻变革；由中央广播电视总台制作的纪录片《我们走在大路上》缅语版，通过缅甸天网电视台为缅甸观众提供了了解中国的影视之窗；反映中法友谊的纪录影片《风筝·风筝》，于 2019 年 11 月 4 日在法国国际电视五台亚洲频道播出。这些中外拍纪录片的推出，集思想性、故事性、观赏性于一体，一方面对外塑造了自强自信、和平友好的大国形象，另一方面为中外文化交流和文明互鉴拓宽了合作路径与平台。同时，中外合拍片在观众中的热烈反应，也显示出纪录片巨大的传播潜力和发展前景。

（二）命运共同体的理念表达

马克思在《1844 年经济学哲学手稿》中提出"人是类存在物"，世界文明发展至今的情况已经证实，人类社会越来越离不开"共同体"，各国之间相互依存的纽带空前紧要。基于此，《莫高窟与吴哥窟的对话》《从长安到罗马》《亚洲 文明之光》《神秘的草原石窟》《生命之盐》《稻米中国》等纪录片相继涌现，谱写出不同文明包容并存、交流互鉴的命运协奏曲。

《莫高窟与吴哥窟的对话》以亚洲文明的两大著名代表为主角，通过不同文明之间的文化对话，表现东方文明之间命运相通的万缕关联。这两大让亚洲人引以为豪的文明遗址，也是海陆丝绸之路的重要见证。在精神信仰方面，中国与柬埔寨都具有源远流长的佛教传统，在建筑成就方面，吴哥窟的浮雕长廊和莫高窟的绘画都与古老传说有关，主题均离不开善于恶的较量，反映着古人的伦理启迪和哲学思考。相似类型的，还有百集 4K 微纪录片《从长安到罗马》，两大古老都城虽然远隔万里，却因为一条丝绸之路，于两千多年前便开启了文明的对话。新世纪后，两个城市再度牵手，展现出"一带一路"倡议下沿线人民的开放交流与务实合作，在文明的互鉴中，它们再次焕发出新的生机活力。

在《生命之盐》中，"以小见大"的手法被发挥到了极致。一颗颗小小的晶体，是如何改写了人类的进化发展？改变了一个国家的命运？例如《生命之盐》第二集，通过展示意大利享誉国际的"帕尔马火腿"，阐述盐中氯化物的作用让肉质变得格外香甜，给这个国家的产业带来了巨大的经济收益，进而追溯至古罗马时期士兵薪水的"按盐发放制"，再一次证实了盐业能够带来巨额财富。在盐的支持下，古罗马人征战四方，成就了一个横跨欧亚非的辉煌帝国。主创团队走访亚、美、欧、非的著名"盐地"，足迹在全球范围内辗转腾挪，镜头也在不同时空中不断穿梭，交织出一个缤纷华丽的盐之世界。

除了探索辽阔文明的共同频率，还有一部分纪录片，呈现了影像与人情的互文对话，传达中国对外的友好往来理念，以及国际社会对于中国的一致共识。央视中文国际频道和纪录频道播出的 5 集纪录片《从〈中国〉到中国》，呈现了不同国籍友人眼中，跨越四十年的中国故事，并且实现了与《中国》——这部四十年前纪录电影的影像互文。20 世纪 70 年代，许多外国导演来到中国，拍摄了多部反映中国社会的纪录片，走在这批队伍最前的便是意大利电影导演安东尼奥尼，他于 1972 年摄制完成的《中国》，不仅成为海外观众了解中国的重要窗口，也为国际社会搭建起了熟悉中国的桥梁。在 2019 年的《从〈中国〉到中国》之中，意大利人老高依循安东尼奥尼的镜头，重访当年影像呈现之路，在历史与现实的时空穿梭中，中意两国之间的故交厚谊也蔓延至所有观众的内心。《我们的男孩》则实现了与《伟大的友谊》的互文——这部 1959 年纪录片曾记录下发生在黑龙江省的一场跨国医疗救助事件，在这场救治后顺利存活下来的男孩孟宪国，时时心念旧恩。六十年后，孟宪国前往俄罗斯寻找当年为他捐献皮肤的两位苏联护士，《我们的男孩》又如实记录下了这次感人的寻亲之旅。纪录片《重走坦赞铁路》则中国援建坦赞路为主线，挖掘了许多工程修建背后的历史事件，是对国史节目《国家记忆》之《援建坦赞铁路》的致敬，也是对中非友谊和国际主义精神的续写。这些纪录片为我们讲述着一件件充满人性光辉的真人真事，在充满意味的再现、引用、致敬等互文性叙事中，纪录片不但实现了影像语言的拓展，也传递了"国之交在于民相亲"的国家外交理念，以及"命运共同体"概念的价值传播。

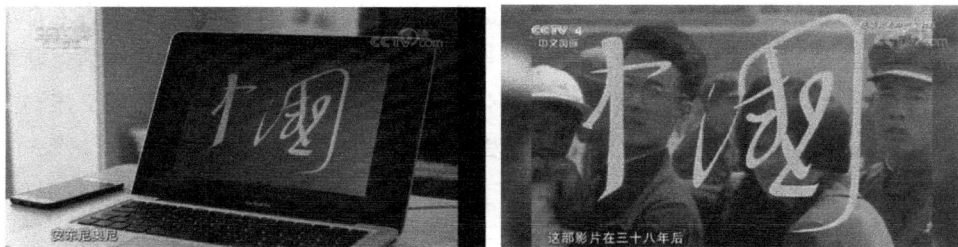

图 3：2019 年纪录片《从〈中国〉到中国》与 1972 年纪录片《中国》

四、品牌系列化与网红纪录片的新发展

品牌管理是市场营销中的重要营销手段，在艺术与商业之间游走的纪录片，既需要高质量的艺术水准，也需要良性的商业循环。纪录片一度被视为小众边缘的影视片种，在经历了突围与探索后，2015 年后的纪录片，呈现出品牌系列化的趋势。许多选题新颖、内容过硬的纪录片成为热门"IP"，并形成固定的创作模式，以每年或隔年产出一季的形式延续下来。2019 年，品牌化的纪录片 IP 继续稳定推出新的一季，收获意料之中的口碑高分，而制作精良的新品纪录片也不负众望，屡屡给观众带来耳目一新的创作惊喜，成为有口皆碑的"网红纪录片"。

（一）纪录片 IP 的季播化趋势

优质的内容始终是文艺创作的原动力，纪录片行业更是如此，没有炫目惊艳的后期特效加身，也没有颜值"舔屏"的明星加盟，要让小众的纪录片赢得观众青睐，需要好的故事内核。自国家文化部在《2013 中国网络游戏市场年度报告》提及"泛娱乐"概念以来，"IP"概念就开始在影视市场上逐渐活跃起来，最终在 2015 年呈现出爆炸式的创作"井喷"，占据了中国影视的半壁江山，并不可避免地波及纪录片产业。"IP"全称"Intellectual Property"，也就是"知识产权"，它的存在方式不拘一格：小说故事、网络游戏、动漫电影或者一首歌、一种流行文化。传播学学者尹鸿将"IP"视为"具有高关注度、大影响力且可以被再生产、再创造的创意性知识产权"，只要内容好粉丝多，优质 IP 便能够得到开发，被影视公司改编成电影或者电视剧，吸引更多受众。而在《舌尖上的中国》之前，这种基本成熟、具有高关注度的纪录片"IP"基本不存在。

《舌尖上的中国（第一季）》在 2012 年一炮而红，赢得了广大人民群众交口称赞，也激发了整个纪录片行业的市场动力。2015 年，新媒体与品牌纪录片初具规模，诸如《记住乡愁》《传承》《过年》《川味》《运行中国》《上海工匠》等纪录片，都在这一年的创作井喷中涌现出来，由于收获了令人欣喜的播出成绩，这些纪录片便成为第一批规模化的季播型纪录片。受到鼓舞的纪录片行业，在接下来的 2016 年推出了一批高质量作品，《我在故宫修文物》《老广的味道》《传家》《人间世》《本草中国》《最美中国》《大国工匠》等纪录片连珠炮似的占据了豆瓣高分榜。从这一年开始，纪录片对于广大群众和研究者们的吸引力也高速攀升。在接下来的三年中，纪录片随着媒介融合的互联网浪潮，出现了网生化的发展趋势，纪录片的原创性和接地气特质更加凸显。就拿"民以食为天"的美食类来讲，《老广的味道》《人生一串》《水果传》《早餐中国》《风味原产地》《都在酒里》等网播纪录片的广受欢迎，足以说明贴合生活实际、迎合观众需求、深挖中国故事，乃是赢得民心的关键创作秘诀。

2019 年，品牌化纪录片得到了优秀的继承，许多互联网平台自制纪录片，以及卫视播出并上线新媒体平台的网播纪录片，都收获了一份不负众望的成绩单。《人间世（第二季）》《航拍中国（第二季）》《本草中国（第二季）》《生命缘（第八季）》《人生一串（第二季）》《老广的味道（第四季）》《水果传（第二季）》，这些 IP 纪录片在豆瓣网的评分均高于 8.0，平均分则高达 8.5。究其原因，首先在于影像制作水准的高超精良，以云集将来、腾讯视频和探索频道联合出品的《水果传（第二季）》为例，导演以趣味性的表达向观众科普严肃知识，分解水果的营养奥秘，叙述人与自然在碰撞、磨合、相处中的智慧故事。并且通过超清晰的微距镜头，展示水果丰富的肌理和鲜嫩的质感，在红黄蓝绿的明艳色彩呈现中，给人以极致舒适诱人的审美体验。《航拍中国》则采用先进的拍摄设备——4K、VR 摄像机以高空俯瞰的视角，辅以自然和谐的美学原则，打造出波澜壮阔的摄影品质。其次在于稳定的内容开发和营销方式，也即品牌化策略。纪录片 IP 意味着拥有相当数量的粉丝基础，目标受众能够为纪录片 IP 化的发展保驾护航，而新媒体融合为纪录片季播化提供了有力的技术支撑。品牌意味着收视率和播放量，这是影视产业的核心竞争力，形成系列的纪录片，反映了观众对于某一题材内容、创作理念或者制作水平的认同。在新媒体环境下，观众随时可以通过点赞、评论、发弹幕和转发视频的方式，与产出端进行互动，将正向或负向的反馈传达给创作者，及时有效地调整，这也反映了纪录片产业链的渐趋成熟。

（二）口碑爆款纪录片不断涌现

高质量是文艺作品的生命线，一切用心用情用功抒写伟大时代的作品，都不会被观众辜负。除了继承一部分品牌化的系列纪录片，2019 年还有许多赢得人民群众交口称赞的爆款纪录片。它们代表了纪录片行业的无限创作潜力，也显示出广大观众对于良心精品的鉴赏能力。

关注群众关心的问题，是产出优秀内容的重要法则。健康与医疗始终是社会热点话题，《人间世》《生命缘》《生门》等纪录片在观众中引发广泛热议，《手术两百年》与同题材作品相比，少了病房百态，多了理性色彩。该片将两百年来现代外科手术的突破性成就娓娓道来，以国际化的制作展现了人类与疾病抗争的历史，豆瓣评分高达 9.4 分，播出 9 天微博话题阅读量突破 4 亿。众望所归地获得第 25 届中国纪录片学术盛典"年度作品"和"最佳编导"，并且在 2019 中国（广州）国际纪录片节上，荣获金红棉"优秀系列纪录片"，是 2019 年中国最具影响力的纪录片之一。

从民间汲取力量，发掘中国故事，也常常为观众所喜闻乐见。最令人耳目一新的，是《城门几丈高》对民间文化的挖掘和呈现，在五个分集"朝天门""城门开""潮水来""舵把子""龙门阵"的名字中，便可窥见一斑。浓郁的蜀地文化气息，还表现在片首曲和片尾曲之间——《重庆歌》《城门谣》，在两段时常一分半的音乐中，蕴含了丰富的重庆元素和山城符号，"翠微门挂彩缎五色鲜明，千厮门花包子白雪如银，洪崖门广开船杀鸡敬神……"，在重庆民间流传已久的民歌小曲儿，结合做旧泛黄的白描画卷，将人领进一个韵味十足的渝城语境之中。该片讲述了从十九世纪末到抗日战争胜利期间，这座山城的苦痛、沉浮与蜕变。为了落实史实细节，主创团队寻访美国、英国的国家档案馆与图书馆，并且从各种机构和个人手中收罗珍稀历史影像，使用现代技术复原了一部分如今已经看不到的城门楼景观。《城门几丈高》由央视纪录频道和重庆广播电视集团联合出品，历时四年，终于在 2019 年 9 月 2 日与观众见面。这部纪录片被重庆人誉为"一部献给家乡的重庆开埠史"，它以史为鉴，阐释了扩大开放方是发展正途的历史教训，凭借深邃的人文解说、翔实的影像叙事、饱满的人物群像、特色化的生活气息，获得了全国观众的热烈追捧。

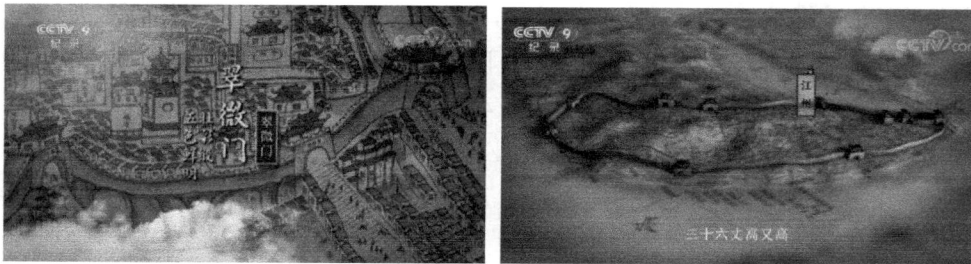

图 4:《城门几丈高》片头与片尾画面

在融媒体发展愈发成为时代潮流的媒介环境下，纪录片也致力于突破既有模式。中央广播电视总台综合频道结合新媒体传播碎片化、移动化的特点，推出短视频形式的微纪录片。《瞬间中国》以"一个瞬间即是一个奋进符号，一个故事即是一张大国名片"的宗旨，打造了一系列 90 秒时长的纪录片，通过在电视台、互联网、新媒体平台上进行投放，积极与广大网友互动，并且通过征集网友意见，设计节目口号，搜集民众故事，讲述历史性瞬间和典型人物，践行素材源于群众、灵感取自群众、传播落脚点依旧是群众的创作原则，用深入群众的工作姿态和精致的制作水平，取得观众的认同和转发，获得裂变传播的影响效果。

结语

新时代以来，文化产业升级与新媒体赋能，刺激着大众文化消费和纪录片创作潜力的增长。2019 年的纪录片行业，各种类型题材全面开花，在新技术与新理念的护航下，呈现出多样态、高质量、主流化的鲜明特征。

2019 年 3 月 4 日，在看望参加政协会议的文艺界社科界委员时，习近平总书记强调"文艺创作要以扎根本土、深植时代为基础，提高作品的精神高度、文化内涵、艺术价值。"在国家利好政策频出，各方面建设齐头并进的发展黄金期，纪录片遵循扎根中国本土的制作理念，聚焦现实题材，讴歌国人心中最为自豪的国家工程与里程碑事业，以人民为源泉，弘扬小人物身上的大精神。同时不忘继承传统推陈出新，在古老技艺与传统文化中进行历史拾遗，通过与其他国家的文明对话、合作交流，进一步扩大中国文化国际影响力。在产业实践方面，纪录片保持平稳快速的发展趋势，发挥商业品牌效应，在影视融媒体发展道路上，以网生化、趣味性、短视频化等新变化推动行业创新。

总的来说，2019 年纪录片，以央视及各卫视为创作主力，代表一流品质与行业标杆，同时创作主体和纪录片外延不断扩大，形成制播主体多元、质优不论出身、观众口碑说话的良性发展态势。当前，人类命运共同体理念已经越来越成为全球共识，中外交流将越来越紧密，在国际传播中，纪录片正通过"纪录中国故事，传播中国声音"的影像话语，不断提升着中国国际话语权和传播影响力沿着创作根植于人民大众的道路，用视听语言表达文化自信，以传播话语应和主流价值观。在抒写"新史诗"的时代课题中，不断推出高质量佳作；在"培根铸魂"的社会主义文化事业中，精心构建中国故事和中国价值；在展现中国国际新形象方面，谋求合作共赢的发展渠道。

2019 年传统文化题材电视剧研究

张兵娟　李晓宁 *

（郑州大学新闻与传播学院　河南郑州　450001）

摘要："求木之长者，必固其根本。欲流之远者，必浚其泉源"。中国优秀传统文化是中华民族的精神命脉，可供文艺作品汲取养分的伟大智库。作为优秀传统文化的影像化表达，传统文化题材电视剧以其独特的精神内涵愈来愈受大众喜爱。本文着手 2019 年具有代表性的传统文化电视剧的播放形式、类别等基本情况，然后从剧集创作与制播方式、未来趋势分析 2019 年传统文化题材电视剧的发展状况。

关键词：传统文化；电视剧；发展状况

电视剧是我国文化事业和文化产业的重要组成部分，是当代文艺的重要表现形式。自 1958 年第一部电视剧《一口菜饼子》播出至今，中国电视剧已经走过了 61 个年头，相较于 2018 年，受"限古令"影响 2019 年全国电视剧备案总数呈现下滑趋势，古装剧备案占比骤减至 7%，当代题材备案占比增至 72%，市场狂热追捧的古装剧受到重创，当代现实主义题材剧目大放异彩，革命历史题材剧佳作频出，涌现出一大批思想水平与艺术水平较高的优秀作品，成为电视剧市场的主力军。其中传统文化题材电视剧以其扎实的内容和精良的制作取得了不俗的成绩，丰富了电视剧的类型为加强文化自信增强民族自豪感注入了新鲜的力量。

一、2019 年传统文化题材电视剧概述

在汉语语法里，传统文化是由"传统"和"文化"组成的组合词。《辞海》中将传统解释为："历史沿传下来的思想、文化、道德、风俗、艺术、制度以及行为方式等。"传统的根本价值在于将先辈创造和积累的成果传承下去。什么是文化？

---

　* 作者简介：张兵娟，郑州大学新闻传播学院教授，博士生导师，研究方向：中国电视纪录片、视听文化研究；李晓宁，郑州大学新闻传播学院硕士研究生。

世界各民族有诸多种定义。在中国，文化一词最早出现在《周易·贲卦·象传》："关乎人文，以化成天下。"这里"文化"是"以文教化"的意思。从《说文解字》的解读看："文，错画也，象交文。"包括文字、文物典章、礼仪制度等各项内容；"化"本义则为变易、造化、生成，意为教化、改造、培育等。

传统与文化之间存在着密切的联系。有学者认为"没有文化，也就无所谓传统，没有传统，文化也无以沿传"。文化与传统是表里关系。传统文化就是文明演化而汇集成的一种反映民族特质和风貌的文化，是民族历史上各种思想文化、观念形态的总体表现。中国传统文化经历了五千多年的扬弃和积淀，形成了政治思想文化、伦理道德文化和丰富多样的民俗文化等。政治思想文化包括儒家思想、道家思想、法家思想等思想流派；伦理道德文化包括彰显仁、义、礼、智、信、温、良、恭、俭、让等思想内涵；民俗文化包括人生礼仪、传统节日、风俗信仰、服饰文化等。因此拍摄主题涉及上述形式的电视剧便可以归为传统文化题材电视剧。

以下是 2019 年具有代表性的优秀传统文化电视剧：

《澳门人家》讲述澳门老街三湾斜街上的百年老店"梁记饼屋"的故事，以梁家大屋历经的产权变更为戏眼，以回归 20 年的澳门百姓日常做背景，讲述了"永葆中国心"的梁家三代在澳门回归前后的生活变化。用一个家一条街的风雨变迁折射一座城、一个国家的探索与荣光。采用"以屋喻国，家国同构，小中见大"的表现方式，得到了观众的好评。

二两里看人生，半血半泪。国人的喜与悲，都离不开酒，庆祝与难过，都要佐酒。酒里是情与义，酒外是岁月与人生。所以，酒文化也是展现地域特色的最佳选择。《老酒馆》的故事在东北小小一家酒馆里铺陈开来，酒客、对家、警察……三教九流的芸芸众生相，是时代浮沉与人世百态，展现那个特殊时期下的人民群众的人生变迁，最普通、最离奇、最复杂的小人物们，在战争时期的真实生活，酿出了扎实醇厚的老酒香。

影视作品的主旋律创作，近些年不断有突破和创新。2019 年是方志敏同志诞辰 120 周年，电视剧《可爱的中国》播出，与全党"不忘初心，牢记使命"主题教育活动高度契合，对于传承红色基因，彰显方志敏精神的时代价值，激励广大党员不忘初心、牢记使命，为实现中华民族伟大复兴的中国梦而努力奋斗，具有重大意义。主旋律电视剧中所表现出的民族精神和民族气节也是一脉相承的。

电视剧《国宝奇旅》讲述的是"九一八"事变后，为保护故宫文物，国民党军官任弘毅与故宫文物工作者周若思等人护送国宝南迁，一路上充满惊险变数的故事。借助影像语言和戏剧结构再现其一路上的重要事件，表现出护送队始终坚守初心、不怕牺牲，彰显了中国传统文化中的民族大义。《外交风云》从新中国成立前后开始讲起，以收缴美国驻沈阳总领事馆电台、炮击英国"紫石英号"战舰等事件引发的外交事件，展示了当时共产党在面对复杂国际形势时，对时局的敏锐判断，对是非对错和自身信念的坚守，与一般的历史剧不同，这部剧所选取的历史人物本身即具有一定传奇色彩，彰显了中国传统文化中的"忠而无私"的民族精神，因而获得了更大的戏剧表征空间。《奔腾年代》中的从国外留学回来的常汉卿与战斗英雄金灿烂，两人从一开始的针锋相对到相知相爱，二人的爱情雨命运也与中国的电力机车事业联系到了一起，为我国机车事业做出了大贡献。表现出时代的巨变是由一个个"常汉卿和金灿烂"组成的，体现出老一辈科学技术家们的匠心精神。

民族精神从古至今无处不在。作为庆祝改革开放四十周年的献礼剧，电视剧《启航》以带有鲜明政论体的现实主义艺术创作风格，围绕市委书记曾雁来与市长金海东对渤海市未来发展的不同执政理念、发展观念的冲突，讲述了离观众最近的改革进行时故事。全剧在聚焦当下的同时更展望未来，将智慧城市、科技城市的面貌展现给观众，遇见未来生活，畅想美好明天。颂扬了"人民公仆为人民"的朴素情怀。

由董亚春总导演，张铎、奚望领衔主演，以讲述新中国成立后北京功德林监狱成功改造国民党高级战犯为主要内容的革命历史题材剧《特赦1959》于2019年7月29日登陆央视一套黄金档，央视网和腾讯视频同步播出。作为献礼新中国成立70周年的高分之作，该剧进一步丰富了电视剧现实主义创作的内容，拓宽了创作的外延，以独特的视角反映了新中国成立以来的第一个十年的建设成就，该剧所展现的改造国民党战犯的历史故事，从细节入手，深入刻画塑造人物形象，完美再现当时的历史情境，从选题拍摄和完成度来说都具有强大的历史意义和现实意义。如此优秀的活动影像资料，也对我们了解那段真实的"特赦"历史，大有神益。

二、2019 年传统文化题材电视剧发展状况

（一）内容制作

2019 年，电视荧屏精品剧作不断。特别是为庆祝中华人民共和国成立 70 周年，自 8 月 25 日起，国家广电总局举办"我爱你中国——优秀电视剧百日展播活动"，给广大观众提供了丰富的片源，很多作品成为口碑与收视双赢的"爆款"。这样的高光时刻，观众也看到了一些变化：献礼剧不但可以严肃感人，还可以温

暖亲切。现实主义创作回潮是 2019 年电视剧市场最大的变化。各大平台播出的基本都是现实主义题材作品。涌现了《都挺好》《老酒馆》《特赦 1959》等一批具有艺术品相的精品力作。在笔者看来，现实主义题材一定是要对当下社会有生活有很强的还原度，同时也带有一定的社会话题，这样才能直指人心。相较于 2018 年市场狂热追求大 IP，2019 才是电视剧行业真正回归理性的一年。

首先，2019 年，电视剧市场监管政策持续收紧，促进行业良性运转。期间，一些原本以电视台为首播渠道的大剧集转战视频网站首播的同时，网剧输送至卫视再播出的情况持续深化。另外，电视剧内容本身由量变到质变的升级步伐加大，大 IP 剧再度遇冷，IP 开发方向有所调整。传统的大 IP 在开发和影像化市场趋近于饱和，例如《武动乾坤》《九州缥缈录》《诛仙》《花千骨》等大 IP 虽然网文受众大但是由于其庞大的故事背景和丰富的人物线，所以更适合做成游戏而不是电视剧，像《庆余年》《宸汐缘》等本身有一定受众，但是可供编剧加工改造的方面又很多的文本更适合电视剧市场，尤其加上中青年演员中的演技派主打，老戏骨助攻的模式，或许会更受观众欢迎。现在的受众已然不是靠大 IP 加流量小生就能买账。一部剧的编剧、演员演技、服化道制作等也至关重要。靠流量和粉丝带火一部剧的现象以后只会越来越少。

其次，深耕垂直内容领域，扩大圈层剧集影响力。随着小众圈层消费时代的来临，用户对内容垂直细分地域文化产生出新的需求。在各大卫视与视频平台的不断扶持下，2019 年传统文化题材电视剧题材向各类垂直领域深耕。其中《澳门人家》《老酒馆》《激荡》《在桃花盛开的地方》等囊括澳门、东北、上海、农村的地域文化特色；古装题材剧如《独孤皇后》《宸汐缘》等分别聚焦于大女主叙事、玄幻神话、穿越等。《国宝奇旅》《奔腾年代》《外交风云》《启航》等用时代发展中的故事形式展现民族精神。整体来看，各大平台均积极尝试现实题材，以期实现"小圈层"到"大众化"的完美蜕变。

最后，年轻化与传统文化相融合是实现传统文化创新性转化的有效途径。随着媒介融合的迅猛发展，大、中、小屏之间的互动愈发频繁，跨屏、多屏已经成为受众观剧的重要方式，同时年轻受众热衷通过移动媒体边看剧边评论，积极参与网络热议并乐于发起各种有趣话题。从目前来看，主动了解受众的观剧习惯与喜好已然成为现阶段各大卫视及视频网站购剧、制剧和播剧的重点考量因素之一，通过了解年轻受众群体的语言体系并尝试年轻化的表达方式，首播剧及网剧才能更好地与目标受众建立起良好的互动关系。就 2019 年在传统文化题材电视剧的收视率与网络影响力方面均表现优异的电视剧目来看，年轻化、互动化已成为剧目受到受众群体支持的主要因素。如《知否知否应是绿肥红瘦》以考究的服化道再现中国传统文化之美，用快节奏的叙事模式俘获受众，视频点击量亦破百亿次。

（二）传播方式

1.台网关系持续转移　播出方式改变

台网关系在 2019 年出现了明显的转移。电视观众急速向互联网迁徙，视频网站话语权加强，网剧占比增加，头部电视剧多选择台网同步播出，视频平台也在不断加码自制内容，且持续深耕圈层、探索更多形式以满足用户需求。

2.台网融合利好　电视市场不容小觑

视频网站话语权加强台网融合总体向好。2019 年有 12 部传统文化电视剧只在视频网络客户端播出，20 部台网联合播出，其中成绩最为亮眼的《大明风华》《老酒馆》等剧都是采用台网联合播放，这也从侧面说明，虽然现在是多屏时代，但我国电视受众市场所占比例人数依然不可忽视。

3.平台自制成首选

网络独播＋平台自制成为常态。《鹤唳华亭》由优酷联合阿里影业等共同制作，首播平台为优酷，这部出现在 2019 年即将结束的剧依然给电视剧市场带来了不小的碰撞。由此可见，平台自制剧也开始转向大剧集，大制作。

4.制播模式新探索　眼光放眼海内外

总的来说，传统文化题材电视剧的传统制播市场探索制播"新模式"，定制剧、IP 剧、长剧、周播剧等荧屏"新剧"轮番试水，一大批艺术与商业双赢的传统文化题材电视剧作品涌现；电视剧的新兴网络市场彰显合作"强潜力"，从"先台后网"到"台网同步"，再到"先网后台"，台网关系在博弈中深度融合，催生更多元的商业模式；电视剧的海外版权市场实现拓展"多突破"，出口总量稳步增长，传播范围逐步扩大，传播渠道不断创新。

（三）未来趋势

1.电视剧收视回暖　匠心制作引领市场

2019 年传统文化题材的电视剧从整体上来看，以其精湛的影像艺术真实鲜活地再现了一个民族物质文明的历史进程与现实场景，展现了一个民族的心路历程与精神世界。

在 2019 电视剧高分排行榜前十名中，传统文化类电视剧占有 7 部，分别是《激荡》《少年派》《老酒馆》《光荣时代》《外交风云》《在远方》《小欢喜》。2019年连续剧集均有效播放中以《庆余年》《知否知否影视绿肥红瘦》为代表的电视剧受到了观众的喜爱和认可，在视频网站上点击量上都高达百亿万次。由此可见，制作精良的电视剧依然不缺市场。

2."小正大"现实主义题材仍为重点

2019 年现实主义题材电视剧在众多竞争类型剧目中脱颖而出，依然获得观众喜爱，体现出电视观众的审美品位和文化趣味在多元选择中呈现出某种程度的主流倾向。对此无论是各大播出平台还是市场制作机构，包括导演、编剧、主演等主创人员都需要更加珍惜创作、创新、继续发扬现实主义题材电视剧敢于描写社会真实、善于塑造人物典型，长于文化传达和历史反思等方面的魅力，以富有吸引力的故事和充分角色化的表演，为观众精彩的"中国故事"。

结语

坚定文化自信，提升中国文化软实力，必须大力弘扬中华优秀传统文化。而弘扬优秀传统文化，首先要以开放的理念和灵活新颖的形式加强对中华优秀传统文化的挖掘和展现，在习近平总书记倡导"讲好中国故事"的大背景下，以传统文化为切入点创作影视作品已经是大势所趋。

2019 年文化类电视综艺节目综述

张兵娟　　王晓凡[*]

（郑州大学新闻与传播学院　河南郑州　450001）

摘要： 2019 是中华人民共和国成立 70 周年，中国的电视事业也迎来了新的春天。随着新媒体的不断发展，媒介融合的趋势愈发明显，为中国电视事业注入了新的活力，也带来了新的挑战。一方面，在政策的引导和各大卫视的努力之下，电视综艺市场逐渐摆脱了过度娱乐化的倾向，体现出了越来越深厚的文化价值和文化内涵，越来越多以弘扬中国文化、传播中国精神的文化类综艺节目开始备受关注，甚至进入了一种"刷屏"模式。另一方面，面对新媒体时代带来的挑战，如何让文化类节目继续保持高涨的创作热情，如何让这类节目朝着"创新、创优、创精"的方向继续前进已然成为当下最值得深思的一个问题。

关键词： 文化类电视综艺；创新；当代价值

如今，我国国际地位显著提升，四个自信中的"文化自信"已深刻体现在国人的精神面貌上，观众的精神文化需求正在不断提高。在今日头条算数中心发布的《中国文化综艺白皮书》中显示，关于"文化综艺节目的什么要素最吸引你"的调查里，"精神内涵 / 价值导向"成为受访者们的首选。由此可以看出，观众十分渴望真正有深度有内涵的节目，与此同时文化类的电视综艺节目开始掀起传统文化的复兴之风。在大众传媒中，电视媒体占据着重要的地位，拥有着深厚的公信力和社会影响力，另外电视媒体也由于其严格的审查机制和自身特点有着其他媒体所不具备的主流价值引导的责任，对于传统文化的传播和弘扬起着非常重要的作用。

习近平总书记在多次讲话中指出："中华优秀传统文化是中华民族的精神命脉，

---

　　* 作者简介：张兵娟，郑州大学新闻传播学院教授，博士生导师，研究方向：中国电视纪录片、视听文化研究；王晓凡，郑州大学新闻传播学院硕士研究生，研究方向：广播电视学。

要努力从中华民族世世代代形成和积累的优秀文化中汲取营养和智慧，延续文化基因，萃取思想精华，展现精神魅力。"一直以来央视和各大省级卫视都在努力响应政策的号召，不断创造出优秀的文化类节目，比如《中国诗词大会》《经典咏流传》以及《国家宝藏》等节目，广受人们好评，不少媒体将其称为当代综艺节目中的"清流"。随着更多优秀的文化类节目不断地涌现出来，"清流"已经逐渐成为电视荧屏上的"潮流"，这类将传统文化内核与综艺化表达方式相结合的文化类节目，为电视节目的创新性发展开辟了一条新路径，同时也代表了一种价值内涵的回归。

一、文化类电视综艺节目进入 2.0 时代

中国传统文化中既有许多优秀的核心思想和理念，比如讲仁爱、守诚信、崇正义等，也包含着丰富而复杂的上古神话、经典古籍、文学作品。这些往往出现在教材书籍当中的经典文化瑰宝犹如阳春白雪，给人一种"高冷"的感觉，难免让大多以娱乐心情、释放压力、丰富业余生活为主要诉求的电视受众感到枯燥无味、晦涩难懂。随着《中国诗词大会》《朗读者》《见字如面》《国家宝藏》《声临其境》等文化类节目的先后播出，既改变了以往娱乐综艺节目独霸荧屏的现象，也给观众带来了一场场高质量的文化盛宴。回顾 2019 年的文化类节目市场，不少现象级的节目都推出了下一季，在题材样式的拓展、文化内涵的挖掘、制作理念的创新等方面均实现突破，逐渐地步入 2.0 时代。

（一）百花齐放，爆款节目不断延续

文化类节目不仅"一夜走红"，更形成了"百花齐放"的形势，数量大幅增加，诗词、戏曲、建筑、文物等传统文化内容均成为文化类节目的重要素材库。在今年春节期间就有多档文化类节目上线，《国家宝藏》第二季融入音乐剧、舞剧、民族器乐剧等艺术手法，让国宝"活起来"的方式更为丰富。众多文化类综艺节目在喧嚣的综艺市场中"攻城略地"，得到一批忠实受众。《声临其境》第二季把从业人员不多，并且技艺面临失传的拟音师邀请至舞台，提升了节目的内容品质，而且通过聚焦拟音师的现状，带动整个行业的发展，有助于一项技艺的复苏，更有助于"声音产业"的良性发展……这些综艺节目作为现象级文化节目的延续，成为 2019 年的第一道"文化大餐"。另外各大一线卫视和一些网络媒体也紧跟央视步伐，以央视节目为标杆，在尝试差异化路线的基础上，推出了各具特色的文化节目，《上新了·故宫》《遇见天坛》《国风美少年》等新兴文化类节目不断涌现，不仅题材内容更加多元，还激发了其他一线卫视和媒体的创作激情，虽然个别网

络节目的质量还差强人意，但是总体上还是高质量的节目偏多，呈现出一种"百花齐放"的良好态势。以北京卫视为例，从《上新了·故宫》到《遇见天坛》，从创作文创产品到挖掘文化内涵，从探秘故宫未开放的区域到天坛员工的职业体验，在各个层面都进行了创新。北京卫视在文化 IP 的挖掘上独树一帜，不同于之前霸屏的诗词、书信和文物等题材，以中国传统的明星建筑群为切入口，开启了全新的创作逻辑，不仅打响了卫视本身的知名度，树立了自身的品牌，还为其他电视人带来了新的启发。

（二）热度难续，综 N 代声量不及首季

这些走红的文化类节目大多会推出下一季，但也有一些节目的热度骤降，比如《朗读者》，虽然第一季的前台播放量多达 6.1 亿，但在第二季开播后，播放量明显下滑。此外，《中国诗词大会》也显现出这种颓势，尤其是相比前两季来说，第三季的观众呼声大不如前。虽然豆瓣评分一路走高，评分人数却持续凋零，侧面反映出文化类综艺节目"叫好不叫座""热度难续"的尴尬现状。事实上，这与文化类节目在发展过程中暴露出来的问题有着密切的关系。在扎堆的文化节目中，我们不难发现，以中华传统文化为主要节目内容的同类益智、竞技电视节目在各电视台不断涌现，这些节目的模式设定离不开答题竞赛，并且竞技的内容总是聚焦在汉语字词、传统诗词、成语典故上，甚至嘉宾点评的风格也大多趋于雷同，缺乏独特性。此外，文化类节目的制作者为了在文化价值和市场规律中、在艺术性和商业性中寻求一个平衡点，而采用娱乐外壳与文化内核相结合的形式，但在实际的操作过程中，文化类节目也遇到了如何把社会效益与经济效益相统一的难题。除少数精品节目外，大多数文化类节目仍面临着收视压力，导致一些应景之作的出现，竞技 PK 的形式、流量明星的参与往往使节目的娱乐看点成分大于文化传播效果、形式大于内容，个别节目甚至鱼目混珠，打着文化的旗号行选秀娱乐之实，极大降低了节目真正的文化品质。

二、文化类电视综艺节目的创新策略

在全媒体时代的大趋势下，文化类电视综艺节目不仅得到了更有效的传播，也面临着一些新的挑战。虽然随着文化类节目进入了 2.0 时代暴露出了一些问题，但是依然可以看到这些电视人在创新的路上所作出的努力，从大家一起学汉字、背诗词、忙听写、搞竞赛，发展到提倡阅读、关注民歌、聚焦美食、宣传家风，文化类节目也一直在尝试跳出以往题材重复难有新意的窠臼，不再囿于诗词歌赋的竞赛比拼，而是开辟了许多聚焦传统建筑、美食、音乐等领域的新题材。针对

这些新出现的问题，创作者也有着不同的创新策略。

（一）互联网思维，多元拓展传播渠道

近年来，央视作为国家主流媒体，坚持融合创新，积极探究"电视屏幕"与"互联网＋"之间的契合点，改变传统的传播形态，全面推动节目创新。在互联网高速发展，媒体融合的大趋势之下，运用互联网思维进行传播是当下文化类电视综艺节目的必然选择。重视互联网传播，不再局限于电视渠道，更多的是从观众视角出发，有针对性地进行节目内容的分发和输出。因此，在研发与策划中，也会考虑到节目在网络平台的热度、节目短视频在互联网上的传播度以及话题互动量等，发挥网络平台的传播优势，台网联动、多屏互动。"台网联动"就是把电视台所占有的资源内容，通过自制、联动、合作等多种形式在网络媒体上进行播出营销的模式。通过"台网联动"，节目实现了资源整合、优势互补，这是新媒体时代提高传播效果的有效途径。

纵观近期的大火的文化类节目，无一例外运用了互联网思维进行传播。《国家宝藏》节目启动、开播后，央视全媒体矩阵成为节目第一宣传主阵地，从《新闻联播》到专题节目《面对面》，央视多频道多栏目轮番报道，深挖节目背后的新闻背景，除线下各大平面媒体、电视媒体外，节目组充分利用微博、微信等新媒体，积极组织各类线上活动，实时与观众网友保持互动，形成央视全台新媒体矩阵。《上新了·故宫》与"今日头条"合作，专设"国风"频道，下有"故宫宝鉴""投票通道""创意投稿""花絮集锦"等板块，不仅嘉宾在节目中示范受众如何在新媒体中查找故宫专业文化知识，而且每期节目还就故宫的文化元素在"今日头条"App 中征集创意设计，激发受众的好奇心与想象力，邀请大家出谋划策，遴选优秀作品，真正做到了让年轻人参与文化的创意设计与制作，赋予故宫新的活力，在网络上形成热点事件。《遇见天坛》启用强大的明星阵容带动流量，除冯绍峰、苗苗、黄明昊三位常驻的实习生外，节目还邀请了杨幂、杨颖、迪丽热巴、戚薇等当下深受年轻人喜爱的明星担任实习生，根据天坛公布的数据显示，节目刚播出三期后，天坛神乐署游客剧增 6 倍，天坛成为新的"网红打卡地"。 与传播数据相对应的，是广大年轻受众的关注度与口碑，诸多年轻网友自制节目嘉宾及文物表情包、天坛动漫手绘、视频等，进一步引爆话题，在新媒体平台产生了巨大影响，很多网友纷纷表示为中华民族自豪，为中华文化骄傲，更有诸多例如"此生不悔入华夏，来世还生中华家"的"豪言壮语"在视频播放弹幕上刷屏。

（二）创新表达，引导年轻受众担起传承重任

随着新媒体技术的发展，衡量一档文化类电视节目成功与否的标准已经不再局限于收视率的高低了，应该从多个层面去审视、评估。从这些新推出的这些文化节目来看，它们别具一格的创作思路和越来越多元的表达方式似乎都体现出了同一个目的：吸引年轻一代的目光。

习近平总书记曾在十九大报告中这样深情寄语年轻一代："青年兴则国家兴，青年强则国家强。青年一代有理想、有本领、有担当，国家就有前途，民族就有希望。中国梦是历史的、现实的，也是未来的；是我们这一代的，更是青年一代的。中华民族伟大复兴的中国梦终将在一代代青年的接力奋斗中变为现实。"无论我们的传统文化多么的博大精深，如果传承的火炬灭了，那再多的努力也无济于事。北京电视台卫视中心副主任在接受专访时表示："我们创作《遇见天坛》的目标很明确：面向互联网，面向年轻的群体，将天坛文化真正传播出去。"现在的节目创作者们越来越认识到，一定要将文化传播的火炬交到年轻人手中，才能让传统文化在新时代熠熠生辉。

为了实现更加年轻化的表达，当今的文化类电视综艺节目融合了多种创新模式，比如《上新了·故宫》采用文创联动模式，将故宫的文创产品从创意到设计的研发过程进行了全方位展示，融合纪录片、真人秀等多种元素和叙事手法，虚实相间，不仅探索了新的表达方式还带动了文化产业的发展，还有《遇见天坛》首次推出"深度体验"的概念，邀请明星嘉宾沉浸式参与其中，亲身体验天坛的各种职业，以一种不一样的视角向观众展示神秘而又古老的天坛文化。另外在这两档节目中都引入了拟人化的动画形象和明星小剧场演绎，无论是嘉宾的选取、拟人化形象的出现，还是小剧场及动画的演绎，都可以看出对年轻观众审美趣味的有意趋同。嘉宾每换一地，必出现诸如电子游戏般的人物空间转移示意，既清晰又有趣。通过软科普的方式传播硬核专业知识，从年轻人的审美趣味和心理趋向出发来制作节目，让他们能够接受、喜欢传统文化，感受到传统文化的魅力，从而担起传承的重任。

（三）坚守根本，多维度深层次挖掘传统文化

电视媒体作为传统主流媒体，承担着认知、娱乐和教育三重重任，对于传播并传承优秀的传统文化必然是热无旁贷。文化类电视综艺节目目前确实是电视荧屏上的潮流，经过前几年的打磨，拥有了更巨大的市场需求和更坚实的受众基础，但是要想成为主流还有很长的一段路要走。

继续深挖优秀传统文化的内涵是今后文化类电视综艺节目的一个重要方向，

也是它的立足根本。我国的传统文化博大精深，但是从前两年文化类节目的题材和内容来看，却出现了题材扎堆、内容同质化的倾向。另外众多的文化类节目虽然在主题上有所差异，但是主要集中在对文化知识的传播层面，关于文化内涵与现实生活的联系还不够紧密。习近平总书记指出："文化的力量，总是'润物细无声'地融入经济力量、政治力量、社会力量之中，成为经济发展的'助推器'、政治文明的'导航灯'、社会和谐的'黏合剂'。"因此，对于文化的解读需要挖掘更深层次文化内涵，也需要与多维度的现实生活结合。

针对挖掘深层次的文化内涵这一点，北京卫视已经开始作出努力了，从《创意中国》《传承者》《非凡匠心》到《上新了·故宫》，再到《遇见天坛》，还有预计于 2020 年播出的《我在颐和园等你》《了不起的长城》，在丰富平台文化节目矩阵的同时，又遵循相似的文化 IP，通过不一的创作思路，将文化视野进行了全面拉伸和升级。历史文化名城、名镇名村、历史建筑、方言文化……还有很多丰富的题材等着我们去挖掘和探索。与此同时，还需要将传统文化的思想内涵进行现代化转化，将优秀文化的价值理念赋予现代意义。新时期的航天精神、奥运精神、工匠精神，以及中国人的勇敢、团结、温暖的精神品质，这些中华优秀文化都是文化节目创作可以采纳的现代素材宝库，需要我们不断去挖掘、去吸纳。

三、文化类综艺节目的当代价值

相对于新媒体，传统电视媒体的受众基础以及在社会教育功能方面的价值仍然是不可替代的，对文化责任的担当使传统媒体坚持正确的格调与品位，通过优秀电视节目的创作与传播，重新发挥教育功能、社会功能和文化功能，积极传递正能量，提升受众媒介素养并重新引领主流价值观。尤其是以央视为代表的传统电视媒体，积极探索市场蓝海，以传统文化为创作资源，精心打造出了一系列高质量的原创文化节目。针对不同的文化内容与主题，充分发挥独特性与创新性，让传统文化自己"说话"，不用刻意的施加意义，让观众自己去感悟、去体味文化的意蕴，既实现了综艺节目模式的突破与创新，也为广大受众带来了一场场精神上的文化盛宴。

（一）增强文化自信，提升国际影响

现象级文化类综艺节目的走红顺应了国家重视传统文化的大形势，也契合了观众的精神需求，作为二者共谋的文化类综艺节目，传递经典文化、优秀文化只是一个起点，因为传递之后的接受和内化才是此类节目的最终价值指向。受众心理学指出，一种理论的传播需要经历选择、接受、行动三个过程。文化类电视综

艺节目的大火说明了受众对它的认可，从文化自觉到文化自信的过程与这一心理过程是同步的，最终在受众内心形成了对于中华文化的强烈认同和高度自信。

在国际市场上，我国文化产品的竞争力与影响力仍然不足，通过优秀文化作品的创作来维护民族"文化话语权"，进而提高文化软实力任务依然艰巨。国学大师季羡林曾经遗憾地说"西方文化和中国文化的交流是不平衡的。我们中国人拿过来太多，而中华文明的优秀文化送出去的太少。"传承优秀文化，培育文化自信，是我们每一个中国人的责任。而文化类节目的存在，正在慢慢树立起我们自己的文化品牌，正在慢慢地让世界了解中国，了解中国文化。

（二）重塑文化价值观，营造正能量氛围

互联网时代，网络充斥着低俗、虚假的信息，严重影响了人们特别是青少年的身心健康，不利于其健康价值观的形成。在这样的背景下需要有更多优秀的文化类电视综艺节目出现，重塑文化价值观，营造正能量文化氛围。

文化类电视综艺节目将文化内涵与价值观念融入节目的制作与生产中，不仅是对优秀文化的弘扬与发展，也是对综艺市场娱乐乱象的一种拨乱反正，是一种价值的回归。通过对主流价值观的引领充分释放了文化的力量与价值，重新展示了内容价值的重要性。从节目播出后网友的评论可以看出，大部分观众对节目都称赞不已，"清流""正能量"等词语成为节目的代名词，节目播出后，陆续兴起了"文创热"等线下活动的热潮。节目通过对文化内涵的展示，将传统文化的营养价值传递给每一个观众，不同于具有浓厚欢乐气息的娱乐节目，讲述经典文化故事，传承优秀民族文化，顺应时下民众的情感需求，将充满震撼与温情的历史画卷呈献给观众，通过对文化知识的展示，承载着弘扬文化、陶冶情操、塑造认同、凝心聚力的社会功能。不可否认，文化节目的热播对综艺市场的娱乐化趋势有一定的缓冲与警醒作用。同时，将蕴藏在历史长河中的正确的世界观、人生观、价值观，用通俗生动的形式展示给世人，起到了很好的价值引领作用。

结语

在最近几年里，文化类电视综艺节目热播，中华传统文化因此获得了新的展示窗口，社会价值观的传播与引导也有了全新的平台。面对新媒体时代的到来，如何让电视媒体将这样的文化热情持续下去，依旧是我们关注的问题。从荧屏清流到荧屏潮流，文化类节目变的是表达的形式，不变的是要秉持初心、笃定恒心，为观众献上彰显文化自信和自主创新的高品质内容。

2019 年电影里中国形象的接受与海外传播策略

万丽萍*

（浙江传媒学院　浙江杭州　310018）

摘要：新的历史条件下，电影要创新讲故事和塑形象的方法。中国电影作为独特的大众传播利器，对传播中国故事和塑造中国国家形象具有独特的影响作用。本文分析了当前中国电影国家形象海外传播现状中存在的问题，并从电影跨文化接受角度探讨中国电影国家形象海外传播策略与路径，旨在更好地发挥中国电影作为形象传播和软文化实力建构手段的重要作用，以应对全球化环境下国家软实力的竞争形势。

关键词：中国电影；国家形象；海外传播；受众接受

基金资助：2020 年度教育部人文社会科学研究项目"影像与印象：电影里的中国形象创作、接受与传播研究"（项目号：20YJA760074）

"讲好中国故事，传播好中国声音"，是为了展现好中国形象，这既是中国发展的战略性问题，又是当前全球化环境下国家软实力竞争的技术性问题。习近平在 2014 年就曾提出要塑造四种大国形象，即文明大国形象、东方大国形象、负责任大国形象、社会主义大国形象。国家形象的构成是多方面的，建构国家形象也需要利用多种资源。在新的历史条件下，电影作为一种潜移默化的大众传播利器，要有国际传播意识，要创新讲故事和塑形象的方法。因此，本文从探讨中国电影国家形象海外传播现状中存在的问题以及中国电影国家形象的海外传播策略，旨在提高中国电影关于中国形象的国际传播效果，更好地发挥电影"讲好中国故事，展现好中国形象"的重要作用，以提升我国在国际上的软文化实力，应对全球化环境下国家软实力的竞争形势。

---

* 作者简介：万丽萍，浙江传媒学院副教授，硕士生导师，研究方向：传播理论与传播史。

一、当前中国电影国家形象海外传播中的主要问题

中国电影国家形象海外传播要达到"讲述者"所期望的理想效果，要充分考虑到跨文化传播过程中的科学性和艺术性问题。从国家形象的跨文化传播角度来看，当前中国电影国家形象海外传播存在以下几个问题：

（一）缺乏对国家形象的明确定义。什么是中国国家形象？国家形象包括哪些本质属性和特征？由于对这些问题尚未被深入思考和清晰概括，导致中国电影中的国家形象定位不精准，使得电影塑造出来的国家形象立意较模糊，加上高语境的台词话语、牵强的故事情节安排、干瘪的人物性格塑造、独特的政治文化背景，严重干扰了国家形象的海外接受和理解，使国外受众难以有效领会我国国家形象的核心思想。这就会降低我国国家形象的感召力度。

（二）语义共通性不足。文化具有语境性，这种文化的语境性也反映在影片中，尤其中国是世界上唯一使用方块字的国家，中国电影语言也具有独特的民族性和语境性。文化语境的差异，使得不同文化背景的人们对同一能指的理解是不一样的。比如，"宣传（propaganda）"一词在我国属中性词，在各种文化思想领域使用频率极高，但在国外却是一个非常慎用的、有着政治标签的、带着"鼓吹"意味的贬义词。如果不顾语境文化的差异性，一味自说自话，那么国外受众不仅难以接受中国国家形象，还易对我国国家形象形成负面或消极的刻板印象，导致我国国家形象被标签化。

（三）内容穿透力不强。感人故事和共通话语空间的欠缺，造成内容穿透力不强，加之对宏大场面和视听效果的片面追求，造成影片内容与形式不平衡、感人与好看相撕裂，国际精神、大国精神未得到完整诠释，在国家形象塑造和传播效果上不够理想。有的电影为了弥补内容上的单薄，便诉诸搞笑滑稽，以博取观众欢心。这种搞笑同卓别林式幽默不同，缺乏完美的表演、动人的情节、镜头的自如切换以及精准到位的动作编排，说到底还是自娱自乐，感动不了别人。

（四）反映中国负责任大国形象的电影题材丰富性不足。当下中国电影中的国家形象未能反映我国经济社会文的发展变化，中国电影塑造国家形象需要强化现代性、国际性意识以及多元化、综合化的艺术表现。目前我国国家形象影片多为动作片，如《红海行动》《战狼 2》《湄公河行动》等，这些影片均为战争、犯罪类题材，影片类型较为单一，题材较为狭窄，而且这类影片数量较为稀少。近期上映了《流浪地球》《疯狂的外星人》等科幻片或带有科幻性质的影片，在影片类型和题材上有所拓展，但是，展现中国和平合作、开放包容、互利共赢、承担全球共同发展职责等主题内容的影片数量仍然相当有限。

总之，中国电影在国家形象海外传播方面，由于与国外市场在政治制度、文

化背景、宗教信仰等方面存在差异，导致中国电影讲"好故事"难，"讲好"故事更难，在国家形象传播上存在"讲不好""传不开"的困境。针对当前中国电影在国家形象海外传播中所存在的问题，本文拟从宏观和微观两个层面提出以下建议和策略，旨在为展现更加真实、全面、立体的中国形象提出思考和建议。

二、中国电影国家形象海外传播宏观策略

中国故事讲得是否成功，关键要看受众心目中是否形成了关于我们所期望的中国形象。我们在他人"心境"中的形象，而不是我们本来的样子，决定了我们在国际社会中的身份和地位。因此，塑造中国在海外受众"心境"中的国家形象，是解决我国电影国家形象海外传播问题的关键。为此，本文从以下三个方面提出中国电影国家形象海外传播策略：

（一）传者策略

这里的传者包括国家层面的传播主体和电影作品的创作主体（导演和剧作者），主要解决国家形象的定义问题，为此①前者要从传播战略上，提高电影传播中国故事、展现中国形象的战略高度。中国电影海外传播对国家形象的建构有促进作用，需要将中国电影国际传播提升到战略性高度。为此，要提出国家形象可以抽象成哪些本质特征，然后从传播有效性原则出发，并形成系统化的、有针对性、细分化的工作方案和行动举措。②后者在作品创作过程中，要思考如何将国家形象的基本特征与电影元素结合起来。为此，既要充分考虑三元场（见图 1）的运用与表达，加强作品与受众的共鸣，又要重视 C 场（受众）研究，C 场是传统艺术理论较少涉及的领域，但受众的接受情况很大程度上决定中国故事传播的最终效果。此外，还要对潜能场有一定的预测和评估，这些潜能场是艺术创作和受众接受中值得深入挖掘的领域。

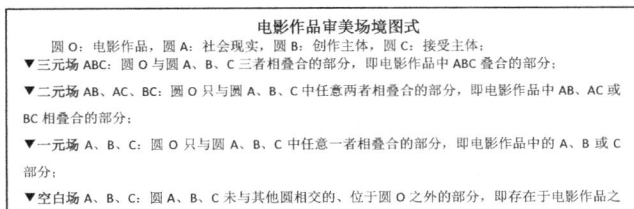

电影作品审美场境图式
　　圆 O：电影作品，圆 A：社会现实，圆 B：创作主体，圆 C：接受主体；
▼三元场 ABC：圆 O 与圆 A、B、C 三者相叠合的部分，即电影作品中 ABC 叠合的部分；
▼二元场 AB、AC、BC：圆 O 只与圆 A、B、C 中任意两者相叠合的部分，即电影作品中 AB、AC 或 BC 相叠合的部分；
▼一元场 A、B、C：圆 O 只与圆 A、B、C 中任意一者相叠合的部分，即电影作品中的 A、B 或 C 部分；
▼空白场 A、B、C：圆 A、B、C 未与其他圆相交的、位于圆 O 之外的部分，即存在于电影作品之

图 1：电影作品审美场境图式

（二）文化对接策略

从故事内容、画面影像、声音叙事三个方面，寻求有效将中国国家形象的典型特征同海外受众普遍的共同感受和价值观念融会贯通起来的表达方法，创建共同经验范围和共通的意义空间，搭建共同语境，穿透文化壁垒，减少意识形态内容折扣。在中国国家形象海外传播上，信息的有效传播是建立在共同意义空间的基础上的。可以说，在某种程度上，"理解即信息"，[①] 电影传播要在被动接受与主动理解、标准经验与心得生产之间进行协调。

（三）传播渠道策略

在传播路径上，中国电影国家形象传播要建构更加互联网化、更加智能化、更加全媒体化的传播路径，尤其要重视新媒体、自媒介对电影的 N 极传播，这是电影深入海外受众个体的重要途径。此外，在传播区域上，拓展从点到面逐级扩展的、多层次的对外电影传播版图；在电影海外发行上，根据不同国家和地区的市场环境、受众需求以及各国电影发行的优惠政策措施，科学制定我国电影的海外发行策略。总之，在考虑电影商业利益的同时，多方位、多层次地扩大我国国家形象电影的海外受众覆盖面，降低海外受众获得影片的难度。

三、中国电影国家形象海外传播微观策略

讲好中国故事，首先在于中国故事本身很精彩，但要达到"讲述者"所期望的理想效果，还涉及跨文化传播中的艺术性问题，还是要在内容上下足功夫。

（一）故事建构策略

①审美共鸣策略。在电影作品中建立三元场境，迎合受众，建构既能满足中国观众精神需求又能为全球观众带来价值共享的"中国故事通用文化空间"。②审美情趣培养策略。加强 AB 场和 B 场对 C 场的影响，提升受众，促进受众接受图式的"顺应"变化。AB 场是创作主体体验过的、熟悉的现实内容，B 场是创作主体的独特思想与情感，这些是创作主体最容易把握、最容易表达精彩的部分，如果这些部分能够被受众接受，则能够使受众超越其以往知识体验的局限，升华对电影作品的理解。③故事讲述策略。从故事主题、人物塑造、情节节奏、修辞模式、叙事技巧方面，寻求将民族特有的表达方式、情怀和逻辑转换成受众易于接受和理解的表达方式的方法。④意识形态层次策略。分析电影作品中感性层面的

表层意识形态与理性层面的深层意识形态的关系，通过深层意识形态的表达减少表层意识形态内容的折损。

（二）影像策略

中国电影国家形象海外传播中的影像策略可以从影像技术、影像表意、影像叙事三个层面来考虑：①在镜头运用、画面构成、色彩运用、亮度选择、蒙太奇剪切等影像技术上，充分考虑受众的影像需求特征，满足观众用眼看世界的需要。色彩叙事是对电影作为奇观和电影作为故事讲述这种二分法的挑战，在中国电影国家形象传播中需要多重视色彩叙事的功能，使观众可以一饱"眼福"。②选用"会说话"的影像来建构电影的语言结构，把影片剧情的表意因素带入到电影的语言之中，这样就是电影的时间和空间获得了更为自由的表现向度，从而使影片能在直感上、情绪上、心理上感染观众。[①] ③运用蒙太奇等电影艺术的独特思维方法，通过影像交替塑造观众的心理联想与情感反映，简约、生动地打造电影艺术的美学效果，使画面的剪切与交替具有明确的目的性，达到烘托电影主题的效果。总之，影像是服务于主题思想表达的工具，影像是为了讲故事，而不是为视觉而视觉，这样才能解决"好看与感人相割裂"的矛盾，润滑中国故事与观众"缝合"的通道。

（三）声音策略

电影中的声音包括语言、音乐、音响三个方面。①加强字幕翻译。在中国电影海外传播中，语言的差异性是一道沟壑，为此在电影字幕翻译时，要充分考虑台词翻译的语义对等与文化对等。②强化音乐与音响的叙事功能。在加强汉语字幕翻译的同时，尤其还要强化音乐和音响的叙事功能运用，以弥补语言差异带来的文化折扣。为此，中国电影制作人员要换位思考，充分考虑音乐与音响的接受效果，细心选择恰当的声音表达。优秀的声音叙事在电影建构情节、界定时空、表现人物情感和情绪、增强电影艺术感染力等方面发挥着重要作用，能够有效拓展电影的艺术阐释空间，强化电影表达意识形态的叙事能力，丰富电影讲述故事的表现手段，使电影在建构故事情节、揭示行为动机、展现人物性格和渲染审美情趣等方面有了更大的自由度。总之，中国电影创作人员要多分析电影声音在听觉上对海外受众心理反应的影响，完善声音对中国国家形象传播所起到的解释、烘托和渲染作用，提升中国电影的传播效果。

---

① 贾磊磊：《影像的传播》，桂林：广西师范大学出版社，2005 年，第 116 页。

要实现以上传播策略，真正提高中国电影国家形象的海外传播效果，中国电影在国家形象的塑造与表达上需要进行创新，以符合海外受众的普遍文化心理和接受习惯。

四、中国电影国家形象塑造路径

为了展现好中国国家形象，达到"讲述者"所期望的理想传播效果，中国电影要创新表达手段，才能更好地塑造中国国家形象。在塑造国家形象方面，电影必须掌握更大的市场话语权和主动权，[①] 要加强电影塑造良好国家形象的文化自觉和责任感，这是改变当下中国国家形象"他塑"局面的关键。[②] 为此，本文从以下四个方面提出中国电影国家形象的塑造路径。

（一）概念表达"抽象性＋易读性"路径

①所有电影都是通过具体的影像与声音来表达抽象的主题思想的，中国电影要通过概念→抽象→具体→变形抽象，即"提炼出概念化认识→抽象出最本质特征→转换成具象化声画演→升华成变形呈现的抽象"的方法，寻求中国故事的概念表达路径。②将最具代表性的国家形象的本质特征赋予到电影人物性格塑造与故事情节建构上，并从变形抽象中提炼出最想传达给受众的内在思想，使受众易于理解中国故事的精神内涵。

（二）审美表达"民族性＋世界性"路径

中国电影国家形象表现方式需要更加柔软化，以具有柔性而深远的感召力，实现对外输出中国价值和提升我国文化软实力。[③]①从情感结构、认知结构、民俗文化结构三个方面寻找电影传播中的审美共识及其影响因素，探究人们在对事物的评价体系中存在的某些一致性和差别性。②在此基础上，寻求有效地将中国传统价值观、主流价值观、审美观念、文化心理融入接受心理共性的审美表达方法，比如创建共同经验范围和共通意义空间，搭建共同语境，减少审美折扣等等，使影片既符合受众审美心理、升华受众的审美感悟，又能使受众在其记忆表象中建构新的中国形象。

---

① 尹鸿：《中国电影与国家"软形象"》，《当代电影》2009 年第 2 期。
② 饶曙光：《电影与国家形象：产业、文化与美学》，《上海大学学报（社会科学版）》2012 年第 9 期。
③ 王一川：《当前中国国家电影业的新方向——中影集团十年创作新格局的一点启示》，《当代电影》2009 年第 9 期。

（三）符号再现"象征性＋对接性"路径

①首先提炼与抽象出能够反映中国形象的最本质元素，将这些最本质的元素通过电影符号表现出来，加强符号与意义之间的共鸣。②在声画符号选择上，要考虑国外电影受众的接受心理，适当加入国外受众熟知的元素，注重符号的逼真性、象征性、代表性、模式性和动态性，使声画符号既能突出主题思想，又能唤醒、触发或符合接受主体中深藏的集体潜意识的原始经验或意向。③在语言符号上，通过提高字幕翻译技巧、降低欣赏难度，防止对内概念和程式的简单对外转换，减少观影过程中的信息接受偏差。通过以上电影符号的抽象运用与体验，提高中国故事符号的易读性和易接受性。

（四）故事满足受众情感补偿路径

受众情感满足是激发受众的关系情感反射和语言情感反射的促效剂，为此，①中国电影要通过电影光波、声波、情节等的影响，使观众在感知刺激和情感满足的基础上，对电影故事所反映的价值关系系统（国家形象）产生概括性或抽象性反映，即关系情感反射。②受众通过在观影过程中所获得情感补偿与满足，来激发其关系情感反射，在一段时间的观影后，这种关系情感反射便慢慢积累，使受众对有关中国的复杂价值关系系统能够产生更加概括性或更加抽象性的反映，即语言情感反射，从而使受众能够摆脱时空和形式上的局限性，更加深刻地认识和反映中国国家形象及其历史变化。

结语

电影创作与传播要有全球视野，要关照受众接受。本文从电影跨文化接受角度，探讨我国电影对中国国家形象的传播路径与传播策略，旨在寻求突破中国国家形象海外传播瓶颈的方式，突破电影自说自话、自娱自乐的困境，切实提高中国电影国家形象海外传播效果，希望对中国电影创作与传播实践有所借鉴，把中国电影国家形象塑造放在国际传播与国家形象传播的大背景中来考量。

讲好中国故事，展示中国国家形象，是当下我国对外传播的重要职责，要发挥电影讲故事、塑形象的独特优势，"展示中国作为世界和平的建设者、全球发展的贡献者、国际秩序的维护者良好形象，为推动建设人类命运共同体作出贡献。"[①]电影要通过讲好中国故事，来展示自己、影响世界。[②]

---

① 《继承弘扬联合国宪章宗旨和原则》，《人民日报》2017 年 1 月 1 日（第 1 版）。

② 武志军：《讲好中国故事，传播好中国声音——习近平关于做好对外宣传工作的新思想新论断》，《党的文献》2017 年第 5 期。

2019 年汉服文化与华夏传播研究专论

柳丹丹[*]

（中国传媒大学传播研究院　北京　100024）

摘要： 本文通过梳理 2019 年国内汉服文化相关的文献和传播内容资料，基于对"汉服"及"汉服文化"的概念辨析，将汉服文化发展过程分为偏重民族情感的"汉服运动"时期，以及偏重时尚审美的新媒体时代"汉服热"时期，以 2019 年汉服文化传播相关事件为例，探析了汉服文化发展过程中的创新变化及传播策略。最后就汉服文化发展中传统文化的继承与现代时尚审美的融合提出了三点思考与建议。

关键词： 汉服，传统文化，汉服运动，文化传播，时尚审美

近年来，中国大规模、持续性地出现了重新认识和回归传统文化、重建中国"文化自信"的社会趋向，汉服作为具体形态的传统文化表征也得到了大众的关注，并在青年群体中形成"汉服热"的潮流。不过，"汉服热"并不是近几年才有的。2004 年是"汉服"第一次走入大众媒体，其后以"复兴汉服文化"为口号的"汉服运动"在论坛、贴吧等网络社区中掀起了第一次"汉服热"。有学者认为，"汉服运动"是年轻一代表达时代"文化焦虑"的方式，依托了他们对汉民族的感情。而近几年，经过商业化发展和新媒体平台的传播，由圈内走出圈外的汉服文化不再强调"复古"，削弱了其中的民族性和文化符号内涵，而越来越凸显其作为时尚文化和消费符号的一面。那么汉服文化为什么可以二度受到部分年轻人的喜爱？大众传媒、资本、青年汉服爱好者在汉服文化的发展和传播中各自发挥了什么作用？未来汉服文化的发展应该如何在传统文化的继承和现代社会的审美需求之间找到一个平衡？研究汉服文化发展创新的过程及在新媒体时代传播策略的变化，有利于探索传统文化如何在新时代背景下完成与现代化融合的传承道路，为传统

---

* 作者简介：柳丹丹，中国传媒大学传播研究院研究生，研究方向：应用传播学。

文化的传播提供有价值的参考。

一、概念界定：汉服与汉服文化

在对"汉服"的概念阐释中主要有以下三种观点：一是特指中国历史上汉朝时期的服装；二是指华夏族、汉人或汉民族的"民族服装"，在时间范围上包括了从三皇五帝到明朝；三则是将"汉服"看作是对外代表中国的"华服"或中国人的"民族服装"。① "汉服"概念难以界定，与服饰本身所代表的意义混杂有关。第一种观点多出现在对汉朝时期纹样、服制与礼制的历史研究中；第二种观点则是国内大部分学术研究及汉服爱好者所认同的，也是支撑"汉服运动"的核心，但是在中国这样一个多民族国家，大力推广汉民族的"民族服装"，容易放大其民族性，造成极端民族主义的争论；② 最后一种观点是在国际对外传播语境下出现的，最早这一观点被应用于对"新唐装"作为中国对外形象服饰的反对中。但汉服"国服"的定位一直未得到官方的认可，这也与汉服本身的民族性有关。

当下大众对"汉服"的理解更倾向于第二种定义，即汉服是汉民族的民族服装。在此概念基础上，周星以清朝时期汉服文化断层为界，将汉服分为"传统汉服"和"现代汉服"两个部分。"传统汉服"是指明朝以前，汉民族自然演化和传承形成的明显区别于其他民族服饰的传统服饰体系；而"现代汉服"则是指自辛亥革命时期汉服第一次复兴运动以来，由人民群众在"传统汉服"的基础上自主演化的、为现代人服务的民族服饰文化体系。③ 薛珊也提出了"现代汉服"的概念：现代汉服是目前社会上汉服传播中主要存在的汉服样式，它基本保留了传统汉服服饰的形制和特点，又在颜色、花纹、搭配等方面结合现代审美。④ 以上两种说法都强调了现代出现的汉服服饰是结合了传统汉服与现代服饰特征改良后创造的，而不是真正的"复古"。依据以上概念，我们也可以将汉服文化划分为"传统汉服文化"与"现代汉服文化"。前者不仅指五行五色、平面结构、交领右衽、上衣下裳、宽袍大袖、绳带系结的汉服传统形制，也包括其中融合的服装纹样内蕴，等级制度，以及诸如天人合一、阴阳五行、中和之美等儒家思想在内的传统文化

---

① 周星：《新唐装、汉服与汉服运动——二十一世纪初叶中国有关"民族服装"的新动态》，《开放时代》2008 年第 3 期。

② 周星：《本质主义的汉服言说和建构主义的文化实践——汉服运动的诉求、收获及瓶颈》，《民俗研究》2014 年第 3 期。

③ 周星、杨娜、张梦玥：《从"汉服"到"华服"：当代中国人对"民族服装"的建构与诉求》，《贵州大学学报》2019 年第 5 期。

④ 薛珊：《融合与重塑：文化传播视阈下汉服观的转型与传承研究》，《汉字文化》2019 年第 15 期。

内容；① 而后者则是对传统汉服文化的创新，顺应时代的发展，取其精华，去其糟粕，增强汉服穿着的舒适性与便利性，这更加在日常生活的普及度。②

将汉服进行分类的意义不仅在于传承时间和服饰风格的划分，区分两种不同的汉服文化可以为更好地分析、发展汉服文化传播打下基础。从研究的角度来说，"传统汉服文化"的相关研究多为服饰历史类及设计类文献内容，而"现代汉服文化"是汉服运动实践和汉服文化传播的内容基础。对于传播者来说，明确汉服文化的内容，什么样的汉服文化是适应现代文化发展的，能够被大众所接受并喜爱的，才能更好地进行汉服文化大众传播。

二、民族与传统：汉服运动

"汉服运动"全称为"汉服文化复兴运动"。之所以称之为"运动"是因为，汉服推广者并不是在贩卖一种服饰，而是有组织、有目的性地开展规模声势较大的文化实践。本质上，汉服运动是汉民族借由复兴传统服饰的方式来推广传统文化，以期寻求民族身份认同、缓解文化焦虑的一场群体性活动。大部分学者将2003 年底的"王乐天事件"③ 视为"汉服运动"的肇始，因为这是"汉服"第一次进入公共媒体话语，并以此引起了社会的广泛关注的代表性事件。"汉服运动"热潮掀起最重要的两个社会背景，一是由"新唐装"而起的关于"国服"话题的热议，二是互联网的普及与网络论坛的兴起。前者是点燃汉服运动热潮的火把，最早的汉服运动是带有"反唐装"的民族主义倾向的；后者是汉服文化传播的主阵地。

（一）"汉服运动"兴起的原因

"汉服"只作为一种服饰风格时并不带有任何情感色彩，而我们今天所说的，汉服的文化价值与民族性都是由穿着的人赋予它的。"汉服运动"的相关研究大多将其兴起的原因归结于汉民族归属感的缺失，以及民族意识觉醒后对传统文化"空洞化"的焦虑。在这样的社会语境中，人们开始高度关注中国传统文化，随即在中国大面积地出现了重新认识并回归传统文化，以及重建中国文化自信的社会趋

---

① 吴依丹：《文化自信视域下传统文化在人才培养中的路径分析——以"汉服复兴"为引》，《传播力研究》2019 年第 21 期。

② 姚珊珊，刘玉冰，程玲琼，陈瑶：《汉服的创新与传承研究》，《科教文汇》（下旬刊）2019 年第 9 期。

③ 注释："王乐天事件"具体指 2003 年 11 月 22 日中午，郑州市民王乐天身着由薄绒深衣和茧绸外衣组成的汉服出现在郑州街头，并于 11 月 29 日以"汉服重现街头"为名被新加坡《联合早报》报道，受到多家媒体的转载。此次事件被汉服爱好者们视为现代汉服运动的开端。

势。然而回归传统文化的过程不是一蹴而就的。就服饰而言，在近现代社会之中，伴随着辛亥革命的"剪辫易服"、新中国成立后的制服风貌、改革开放后的"多元时尚化"等一系列变革，现代中国人的服饰体系已经逐渐西化，与民族特色的服饰文化及其历史传统渐行渐远。为了探寻"传统文化"与"现代文化"融合的路径，建构一个既可以适应现代化的生活方式又承载了中华民族文化的服饰文化，便成为最简单也最显而易见的文化实践。汉服爱好者们掀起的"汉服运动"正是利用汉服这一即可作为文化符号、又能够融入日常生活的，具有具体形态传统文化表征的传统服饰来体认和复兴中华文化。

（二）"汉服运动"文化传播实践

"汉服运动"初期，汉服文化的传播除了少数的官方媒体报道，主要由汉服爱好者们自发进行。一群同样喜爱汉服、怀着汉民族情感的青年通过论坛和贴吧为代表的网络社群集结在一起，其中较为具有代表性的如"汉网论坛""兴汉网""天汉网""百度汉网吧""百度华夏吧""汉未央""长安汉服网"等等。论坛和贴吧不仅是信息交流和传播的渠道，更是群体的培育空间和网络文化的孕育地。[1] 活跃于其中的"汉服爱好者"们因相同的志趣爱好和追求聚集在"汉服圈"中构成趣缘共同体。汉服趣缘共同体多由为 20 到 35 岁，拥有较高的知识水平、接受能力和消费能力的青年构成，他们彼此为称呼"同袍"。[2] 在网络世界，汉服这古老而美丽的服装被赋予了社交功能。论坛、贴吧的传播主体在封闭的"虚拟社区"中从交流服饰到抒发民族情感，寻求群体认同。"同袍"们穿着汉服往往不只是为着一己的审美乐趣，而是有着保种护教的深远文化诉求。[3]

尽管在这场运动中汉服被赋予了更多的情感意义，但其本质仍是一种服饰，需要穿着实践来展示它的美和价值。当同地域汉服爱好者集结到了一定规模形成了固定的亚文化群体，线上的交流便逐步向下线的实践渗透。"汉服运动"的实践基本遵循着"线上—线下—线上"的活动流程。在同地域同亚文化社区的"同袍"们组成城市汉服社、学校汉服社等，以汉服为主题组织着名目繁多的集体活动。例如利用公共节假日，在城市公共空间进行"汉服秀"等相关宣传活动，或组织、参与或表演各种民俗游艺以及其他诸如游园、远足、春游等活动；设计并

---

① 彭兰：《网络传播概论》，第四版，北京：中国人民大学出版社，2017 年，第 84 页。

② 薛珊：《融合与重塑：文化传播视阈下汉服观的转型与传承研究》，《汉字文化》2019 年第 15 期。

③ 艾秀梅：《一袭轻衣，悲欣交集——当代汉服审美中的情感体验研究》，《文化研究》2019 年第 1 期。

举办、参与或借助各种仪式场合，穿汉服举行射礼、古代婚礼、冠礼、笄礼等"传统"仪式；穿汉服在户外以集体过节方式进行展示，庆祝传统节日如清明、修禊、端午、中秋等。① 实践活动结束之后，汉服爱好者们又会回到各自的虚拟社区，彼此交换或总结有关"汉服"活动的心得、体验等，同时粘贴大量穿着汉服进行活动的照片和文字等。除此之外，不少多才多艺的汉服爱好者们在网络上播放自制的古风歌曲、汉服小视频、汉服广播剧、汉服同袍自制新春拜年视频等内容也颇受大众喜爱，与民间自制相应的是不少影视制作在不断推出汉服舞台剧、汉服电视剧、汉服电影、网络汉服微电影、汉服动漫等等也不断涌现。

"汉服运动"还有一股重要的力量，来自海外华人华侨。事实上，从"王乐天事件"由新加坡联合日报首先报道，到海外华人穿着汉服街头演绎，"汉服"热潮是从海外内卷进入国内的。伴随着汉服运动的深入，马来西亚、新加坡、英国、美国、法国、澳大利亚、加拿大等许多国家的华人、华侨和留学生，纷纷成立汉服社团，以穿汉服上街、举办汉服秀等各种展示及宣传活动，和国内汉服运动遥相呼应。

"汉服运动"的扩大化固然令人心喜，但其中暴露的问题也不容忽视。早期汉网过多的"伤春悲秋"使得许多专家学者对"汉服运动"产生怀疑，认为汉服运动具有"复古"倾向，对文化的纯粹性过于执着，容易在网络民族主义中迷失，甚至带来多民族矛盾。当"汉服运动"转向现实生活实践后，不少人又对汉服文化活动中所展现的"传统"提出了质疑。一是学术界对汉服文化活动中仿制的传统仪式、礼节等是否是真正的"传统"的质疑。在近现代社会之中，伴随着辛亥革命的"剪辫易服"、新中国成立后的制服风貌、改革开放后的"多元时尚化"等一系列变革，被新文化运动所大力批判、被现代精英知识分子所抛弃的传统文化，其外在形式与内在意义都发生了深刻的断裂，其中自然也包括"汉服文化"的部分。② 由于文化的断层，那些爱好汉服的年轻人们也许并不真正懂得什么是传统文化，对汉服文化实践活动中涉及的文化礼仪等更是一知半解，有很多人实际上是通过"汉服运动"才开始逐渐地学习和模仿"传统"。这也导致了汉服文化活动中所涉及的服饰款式、形制、仪式或典礼呈现出繁杂、混乱和不相统一的现状。此种情形若不能改善，通过仿古的祭典仪式塑造汉服的庄重感、敬畏感的意义将难

---

① 艾秀梅：《一袭轻衣，悲欣交集——当代汉服审美中的情感体验研究》，《文化研究》2019 年第 1 期。

② 周星、杨娜、张梦玥：《从"汉服"到"华服"：当代中国人对"民族服装"的建构与诉求》，《贵州大学学报》2019 年第 5 期。

以实现。[①] 二是质疑复制"传统"的必要性。传统汉服文化中蕴含的文化内容并不都是适应现代社会的。传统汉服从形制、纹样到布料、颜色等具有显示尊卑、区分贵贱的作用，展现封建等级文化，而这些在现代社会是应被丢弃的糟粕。而在汉服运动中人们不断地通过各种言语、活动将"汉服"塑造成为"传统文化复兴"之代表，却没有区别、严明"传统"的内涵究竟何在。三是来自普通大众对汉服的陌生感和对"奇装异服"的不认同。在汉服文化断层的背景下，普通大众对汉服的理解停留在电视剧古装装扮或二次元的"奇装异服"，对于穿着汉服上街的爱好者们通常投以怪异的眼光，认为是哗众取宠之举。

一方面，作为一袭轻衣，汉服已承载了太多"不能承受之重"；[②] 另一方面"阳春白雪"的汉服文化无法得到社会大众的认同和理解，"汉服运动"陷入了瓶颈。汉服爱好者们开始明白"汉服运动"的最终走向和归宿，还是需要取决于普通民众根据其现实生活而对"汉服"的认知和取舍，因此更加在意起官方媒体的态度和社会公众的反应。为了消除大众的异样眼光，使大众了解汉服、喜爱汉服，汉服爱好者们不得不从封闭的群体内传播向群体外的文化传播发展。正如李洪兴说的："一类服饰从雏形到成型，有审美需求，有实际需要，也是那个时代的物质文明与精神文明的双重体现，而且与当时的政治传统、文学艺术、生活习俗等密切相关。"[③] 传统汉服也必须实现现代化的重构，在实践中不断地总结、提炼、修正和重构。

三、时尚与传统：汉服文化的创新发展

随着传统文化逐渐被重视，汉服文化也更加快速地进入公众视野。一方面，"同袍"的社群一直在不断壮大，汉服贴吧的会员数从 2012 年的 2 万人，发展到了 2019 年 8 月的 100 万人。[④] 另一方面，是在以微博、B 站、抖音为代表的新媒体大众传播媒介的普及、资本的推动以及官方的助力下，汉服文化传播逐渐突破群内的"汉服运动"，走向了一个属于大众服饰审美和传统文化现代化创新发展的新媒体时代。穿着或华丽典雅或飘逸大气或娇俏可爱的汉服在街道、公园等公共场所随意行走已不再是汉服"圈内"爱好者们的专利，越来越多的年轻人开始通过微博、抖音等新媒体渠道了解"汉服"这一时尚符号，并尝试将汉服作为日常

① 杨娜：《当代"汉服"的定义与"汉民族服饰"的定位差异》，《服装学报》2019 年第 2 期。
② 艾秀梅：《一袭轻衣，悲欣交集——当代汉服审美中的情感体验研究》，《文化研究》2019 年第 1 期。
③ 周星、杨娜、张梦玥：《从"汉服"到"华服"：当代中国人对"民族服装"的建构与诉求》，《贵州大学学报》2019 年第 5 期。
④ 潘翌旦：《对汉服文化发展的研究分析》，《汉字文化》2019 年第 22 期。

服饰穿着。现代汉服文化传播实现了从"汉服圈"内走向圈外的发展，进入了第二波"汉服热"。

（一）资本介入后的汉服市场化

早期的拥趸们获取汉服的方式大多是自制，或者以高昂的价格购买手工定制的汉服商品。伴随着汉服需求的扩大，对工艺的要求也越来越高，汉服成了有利可图的产业，再加上网络购物的便利，现在年轻一代获取汉服的方式基本转向网络购买。社会资本加入产业之中，"这意味着原来汉服爱好者圈子里'土法炼钢'式的生产与消费模式的瓦解，也意味着汉服产业的全面正规化、市场化"。[①] 据2019 年 9 月央视财经频道《经济信息联播》报道，全国汉服市场的消费人数已超过 200 万人，汉服产业总规模约为 10.9 亿元。[②]

市场化下生产的"汉服"更加注重消费者的穿着体验和审美偏好。如今市面上常见的汉服大多是改良后的汉服产品，而不是遵循早期"汉服运动"所强调的"复兴""复古"。我国传统汉服服饰形式丰富，色彩纹样寓意性强，工艺精湛多样，但形制复杂，寓意性强，应用于日常生活场景时多有不便。现代汉服则实现了传统服饰神韵与现代服装特点的结合，汉服时装、汉元素时装均属于其中的典型。汉服时装在传统形制的基础上结合现代服装特点改良设计而来，如知名淘宝汉服店铺织羽集、汉尚华莲等；而汉元素时装则提取了传统汉服中包括形制、纹样、色彩、刺绣工艺等单一或多重元素，以西方的流行趋势、设计风格、设计思潮为载体设计的新中式风格的服装。[③] 许多国际大品牌都乐于将汉元素作为中式风格的代表融入设计之中，例如太平鸟、阿迪达斯等，将刺绣工艺和特殊纹样与运动鞋、卫衣等休闲服饰结合。虽然这类时装已经不属于严格意义上的汉服服饰，但对于更多不愿意尝试汉服服饰的人来说，是更容易被接受的选择，在一定程度上培养了大众对于汉服文化的审美意识。

汉服文化不是单一的服饰文化，汉服文化市场自然也不单指汉服这一种商品。商家将汉服文化中的元素一一拆分，从上衣下裙到发带、发簪、团扇、刺绣钱包，再到将汉服元素融入日常用品中制作的汉服传统纹样图案的手机壳、玩偶、书签、明信片等商品，开发了所有可以利用的元素投入生产，其中最具代表性的就是故

---

① 杨鑫宇：《中国青年报：去芜存菁，汉服文化便能破蛹成蝶》，2019 年 9 月 24 日，https://baijiahao.baidu.com/s?id=1645504356938788176&wfr=spider&for=pc，2020 年 4 月 11 日。

② 许民彤：《"新国风"为什么成了流行时尚？》，《贵州民族报》2019 年 12 月 20 日（第 B01版）。

③ 张民：《我国传统服饰的审美意蕴与创新路径》，《开封教育学院学报》2018 年第 11 期。

宫博物院出品的一系列文创产品，销量十分可观。

从汉服服饰的产业发展和社会认知度来说，这样的发展确实让越来越多的年轻人投入了汉服文化实践的队伍中，无论是出于对汉服文化的喜好和民族情感，还是单纯的审美偏好，汉服文化确实得到了更广泛的认同。但同时也令一部分志存高远的汉服爱好者痛惜不已，他们认为市场化的"汉服"越发失去了传统感和仪式感，而成为一种时尚商品；但不少人也认为要想使汉服文化得到全国乃至全世界的认知和传播，迎合时代的潮流、与国际接轨是不可规避的。

（二）社会各界助力汉服文化实践

汉服产品销量的激增和汉服产业的快速发展，意味着更多的服装展示和穿着实践的需求，这既是商机，更是可以产生强大公众影响力的传播渠道。"汉服运动"时期的文化传播实践多是地域性、小规模的汉服爱好者自发性活动，许多文化实践活动也一直流传了下来，例如地区的社团、校园社团依旧每年在传统节日时期组织地区性的汉服活动，例如冬至、中秋赶秋等，其中"花朝节"最为受汉服爱好者们推崇，逐渐发展成整个汉服圈在各自城市的汉服聚会活动，2019 年 3 月在上海、武汉等地纷纷举办花朝节。尽管有旅游方面的经济效能考虑，但全国性节日的推广确实为汉服活动的展开提供了机会。

随着"同袍"队伍的壮大，资本的介入和社会公众对汉服认知度的提高，慢慢发展出了在汉服圈乃至全社会都具有影响力的全国性"汉服盛会"，其中最具知名度的就是由知名作曲人方文山发起的"西塘汉服文化周"以及由官方组织的"中国华服日"。

2019 年 10 月 26 日至 29 日，汉服文化周如期而至，活动参与人数再创新高，来越多的汉服同袍加入这场文化盛宴中，西塘文化景区随处可见装扮华丽的汉服爱好者们游街笑乐。历经七年，西塘汉服文化周活动越发多元化，汉服文化的传播也从单一的服饰展示发展到多种方式的呈现，将汉服文化中的服饰、礼仪、仪式等文化内容全面地展示在大众面前，同时又兼顾了活动的趣味和大众可参与度。2019 年的汉服文化周活动中既有展示汉服服饰之美的"汉服礼仪水上 T 台秀""小童星汉服 T 台秀"，也有以普及传统礼仪、仪式与汉服形制文化的"汉服文化博览会""国学君子六艺 + 生活四艺""礼·乐：祭祀礼、拜师礼、武舞、文舞""射礼""昏礼""骑射"表演等，还有充满趣味性和互动性的"朝代嘉年华""汉服好声音""汉服相亲大会""中国风漫画展""中国风市集"等环节。①

"中国华服日"在 2018 年首次由官方宣布，选定在每年的农历三月初三，也是传统节日上巳。相传农历三月初三是中华民族始祖、人文初祖黄帝的诞辰。2019 年 4 月 7 日由共青团中央和哔哩哔哩共同发起和主办的第二届"中国华服日"在西安曲江大唐不夜城举行，活动形式以"国风市集"和"华服秀典"为主。"国风市集"是商家和汉服爱好者们的盛会，来自全国各地的二十余家汉服社团和商家在步行街前布展。"华服秀典"则是以 T 台走秀为主的展演，200 多位模特身穿各式华服的模特上演了华丽古典的 T 台秀，B 站多为 UP 主也在现场带来古风音乐演奏及舞蹈表演，更有霍尊献唱《卷珠帘》。

上述两个大型全国性汉服实践活动各有千秋。就举办地点，两者皆选择了古色古香的文化景区，与汉服服饰氛围相辅相成，既为爱穿汉服、想穿汉服的年轻人提供了展示的场景，又制造了宣传景点和城市的话题。从活动安排来看，西塘汉服文化周的运营相对成熟，兼顾了汉服文化中服饰与礼仪、仪式的关系，很好地平衡了汉服服饰展示和汉服文化传播，为更多的"同袍"们所认同；而由官方创办的"中国华服日"就稍显逊色了，活动太过商业化，成为汉服商家们推广店铺服饰的渠道，同时由于和哔哩哔哩合作宣传，为"华服日"又添上了"二次元古风"的标签。汉服爱好者们对于"中国华服日"的"华服"一词也是争议纷纷。

新媒体时期，汉服实践活动并不只有线下活动的形式，随着网络技术的发展，《汉服春晚》在汉服爱好者和哔哩哔哩动画网站的推广下逐渐走向大众。《汉服春晚》最早在 2011 年由海外留学生与百度汉服吧共同策划，以网络征集节目的方式，经后期串编成品，经优酷平台发布，在汉服圈内口碑极佳。2019 年，集结了全国各地区汉服社的汉服表演作品的《汉服春晚》在哔哩哔哩动画商的播放量达到了5 万，节目形式包括了汉服舞蹈、古风动画、古风舞台剧、汉服 MV、微电影等，其中乐器表演《权御天下》旋律大气唯美，在微博、抖音等平台受到诸多转载。

无论是"汉服运动"还是近几年的"汉服热"，汉服文化实践活动都是汉服文化传播中非常重要的一环，也是汉服产业发展的重要渠道。这类汉服文化活动既是汉服爱好者们尽情展示爱好、与"同袍"交流的平台，更为重要的是发挥汉服文化传播的影响力，激发年轻人对汉服背后凝聚的传统文化的兴趣。从这一点来看，汉服文化实践活动不能局限在"汉服秀"这样的商业运作中，而是应该承担

---

① 朱真、钱康：《钱江晚报：创新传统迸发新活力 第七届中国西塘汉服文化周上话传承》，2019年 10 月 26 日，https://baike.baidu.com/reference/24102103/806fSezmaRhKP96ANgI5sehlfQG3PR6av-xseIqn9csXB3CdAqPpg1y2gnkA1kUsjDpe3ajV-XwSalwSCEIeun9xxXgMs-go5HE6y3fqmH5SsB4L6oY-tuqPB1ojTMvXfhKeg，2020 年 4 月 11 日。

起汉服文化传播与普及的责任，在展现汉服服饰之美的基础上向大众揭开汉服文化之美。但同时要想扩大汉服活动的社会影响力也不能忽视资本的运作，西塘汉服文化周在汉服圈中影响甚远，但是在大众媒介传播中仍是有所欠缺的，有关汉服文化周的官方媒体报道仅出现在钱江晚报、浙江晚报这样的地区性报刊中，缺乏关注。由此可见，汉服圈内圈外之间依旧存在隔阂，对汉服文化的理解和文化认同的程度不同，活动安排和受众关注点也存在差异。也因此，汉服文化传播"线上—线下—线上"的模式中后一个新媒体时代的"线上"大众传播媒介的应用显得尤为重要。

（三）新媒体时代的汉服文化传播创新

随着网络技术的发展，媒介进入了新媒体时代。如果说论坛和贴吧是小部分汉服爱好者的狂欢，那么微博、微信、抖音等新媒体的出现就是汉服文化从小众走向大众的新契机。据调查，有 65.16% 的受众是通过他人穿着了解到汉服，48.69% 通过抖音了解，43.44% 通过微博了解，32.7% 通过微信和 QQ 了解，39.86% 通过其他方式获取汉服的相关信息。[①] 也就是说，新媒体是除了线下实践以外最重要的文化传播渠道。一方面，层出不穷的新媒介和技术手段为汉服文化提供了更多展示的空间；另一方面，人们在"信息爆炸"的时代下已经养成了碎片化阅读和"瞬时审美"的习惯，只有掌握了更符合现代受众习惯和偏好的新媒体才能为汉服文化提供更为广泛和有效的传播。[②]

1. 微博传播汉服文化

微博，以其庞大的用户群体、高覆盖率及其在信息传播方面的绝对影响力成为移动媒体时代最重要的传播平台之一，也理所当然地成为汉服文化圈外传播的重要渠道。微博既有"微传播"的特质，同时又具有较强的大众传播属性。微博不仅让汉服爱好者们可以随时记录日常汉服穿着和参与汉服活动的所见、所想，更是汉服商家进行网络营销、活动宣传的最佳平台。同时开放的网络传播结构和人际关系网络基础使有价值的信息可以轻易地实现"病毒式传播"，普通大众也可以通过关注、点赞、转发、评论参与到汉服文化传播中来。[③] 信息受众都是潜在的汉服爱好者，一旦他们在互动的过程中对汉服文化形成认同，便会转化为巨大的文化推动力量。

---

① 王银、王珊珊、葛银妹、董冰卿、王新彤：《基于消费心理的汉服初创企业市场调研与建议》，《黑龙江纺织》2019 年第 4 期。

② 任梓萱：《浅析网络时代的碎片化阅读》，《科技传播》2019 年第 6 期。

③ 彭兰：《网络传播概论》，第四版，北京：中国人民大学出版社，2017 年，第 110—114 页。

2019 年的"中国华服日"期间，共青团中央以图文并茂的形式发布了一系列向广大普通民众科普汉服服饰知识的内容。来自官方的认可和支持是推动汉服文化发展的重要力量，在引起社会关注的同时可以增强人们对汉服文化的认同感。①"华服日"的官博粉丝量也随着大型汉服活动的推出得到了更多人的关注，目前粉丝量达到了 7.7 万人。但微博内容主要为活动公告、活动的展示、回顾，汉服知识、汉服摄影的分享，汉服相关产业的推广与宣传等。同样的，西塘汉服文化周的官微"汉服文化周官网"在活动筹备前期、中期和后期一直不断地以小视频、海报的形式进行活动宣传及活动片段分享，官微粉丝量为 6.6 万，2019 年"西塘汉服文化周"的超话中个人用户发布帖子量为 3143，阅读达 1.1 亿，可见其活动影响力。但发布微博内容多以活动宣传和活动现场分享为主，很少涉及汉服文化内容的深度分享，并不具有持续性。因此，汉服文化传播的主体力量主要还是来自微博的"意见领袖"。

目前微博中与汉服文化传播内容相关的一是宣传，二是消费。例如，汉服大 V②"小豆蔻儿"是以网络营销为目的的汉服博主代表，其微博内容主要为汉服写真及拍摄花絮，所有服装皆为淘宝店铺"十三余 小豆蔻儿国风工作室"出品，同时会采用通过微博抽奖的活动形式来刺激受众转发，增大传播范围。2019 年 3 月"十三余"销量极高的一套汉服"丰乐花归"的微博宣传图的转发量也高达 2.7 万，点赞量为 1.8 万。因其拥有 423 万偏好汉服古风风格服饰的"粉丝"追逐，为店铺带去了大量的销量。此外，她也拍摄了大量视频普及汉服穿着方法，设计中纹样的寓意、形制特点、设计参考的古诗意境等内容。2019 年仅一篇穿汉服游历日本的 2 分钟视频在微博的点赞量高达 4 万，转发量 2.5 万，评论量 1 万。另一位汉服大 V 代表"撷芳主人"则是从"汉服运动"时期就颇为有名的论坛作者走进微博的资深"汉服爱好者"，其微博内容以汉服服饰史及传统文物知识普及为主，虽然不如汉服写真类博文华美又有趣，但其深厚的文化底蕴吸引了大批同样喜爱历史和传统文化的精英阶层，粉丝数也达 144 万，但相比"小豆蔻儿"等以服饰展示为主的每条微博高点赞和高转发量，"撷芳主人"的微博点赞量和转发量、评论量少很多。其中 2019 年发布的一系列服饰花纹介绍的内容点赞量偏高，大多在 400 左右。相比之下，在微博中汉服摄影和汉服商家营销内容的大众关注度远远高于汉服文化知识普及类博文，但文化普及内容质量更高。但不论是知识普及还是网络营销，汉服大 V 在一定程度上都对汉服文化传播发挥了"意见领袖"的作用，

---

① 蔡露露：《新媒体背景下中国汉服文化传播策略分析》，《新闻研究导刊》2019 年第 10 期。
② 微博大 V 特指在微博平台上获得个人认证，拥有粉丝数在 50 万以上的微博用户。

使得汉服文化在微博上裂变式传播。

微博热门话题标签的运用也是一个汇集信息的形式。2019 年 12 月 12 日，新浪微博官方发起了一个"汉服应不应该被普及"的讨论，该话题的阅读人数达 1.4 亿，参与讨论的微博内容达 1.9 万。普通用户通过标签参与到话题讨论中，在浏览信息和表达意见的过程中加深了对汉服文化的理解。

2. 微信传播汉服文化

不同于微博开放式的网络结构，微信是一种强关系链的传播平台，将人际传播、群体传播、大众传播等传播形态聚合在了一起。它的首要价值便是维系私人关系的移动社交功能。在一对一的私人社交之上，"微信群"的功能很好地弥补了微博所缺乏的密切的人际传播和群体传播。有志趣相投的"汉服爱好者"们自发地组建微信群，群成员相互分享经验，交流情感；也有由某汉服大 V 组建微信群以推广自己的汉服产品。一方面爱好者们在群中不断相互交换着自己喜爱服饰的信息，并嵌入到日常聊天中，将同类信息内化后增加自身选择范围的同时也强化着自己的审美，同时扩大其交际圈，提高用户传播汉服文化的热情。[1] 另一方面，群体成员倾向于与持相同意见的内部成员进行交流，强化同质性与服从性，往往会形成集体意志与集体行动。[2] 可以说，正是强关系的网络社交才使汉服文化最终发展为一种拥有一定共识和凝聚力的亚文化。

微信朋友圈的功能则与微博的结构类似，相互关注的用户之间可以分享彼此发布的状态和信息，用户关注对象的特点决定了他们获取的信息类型，而这其中朋友、同学、亲人、同事出现在联系人名单中的比例都 70% 以上。[3] 汉服同好们会在"朋友圈"上晒自己的汉服穿着，参与汉服文化实践的见闻，分享生活的感悟，传播汉服知识，推广汉服文化。由于微信的社交关系较强，用户之间有现实感情维系，所以较微博而言信任度更高、影响力更深，然而美中不足的是传播范围小。

微信公众号的功能则完善了大众传播在该平台的缺席，其传播形式更接近传统的大众传播，不同的是公众号生产内容繁多，用户关注一个公众号的原因更多是因为朋友圈、微信群的扩散，对于公众号内容的选择也更偏好娱乐化、碎片化的信息。与汉服相关的公众号多以汉服商家、汉服社组织或汉服文化活动官微为主。汉服商家运营内容与微博基本同步，但相比微博，公众号内容更系统，更讲究排版和色彩的搭配。如"汉尚华莲汉服"公众号实时推送最新的汉服活动资讯、

---

① 蔡露露：《新媒体背景下中国汉服文化传播策略分析》，《新闻研究导刊》2019 年第 10 期。
② 彭兰：《网络传播概论》，第四版，北京：中国人民大学出版社，2017 年，第 125 页。
③ 彭兰：《网络传播概论》，第四版，北京：中国人民大学出版社，2017 年，第 120 页。

新品发布、店铺优惠活动等信息，也会发布一些如传统发型教程、汉服穿搭教程等汉服时尚内容。而汉服社公众号则是为组织内部成员发布相关活动信息、知识普及等内容，如"北京汉服协会"2019 年发布了冬至节目、重阳节赶秋、中秋游园会等以传统节日为依据的活动，及"1122 汉服出行日"、茶博会等汉服实践活动通知，也有赞助商家广告等内容；汉服文化活动官微内容则是以推广和宣传汉服活动为目的的，如"中国华服日"公众号，推送内容围绕"华服日"的诞生、活动公告、活动感想展开。

3. 微视频传播汉服文化

随着技术的更新，新媒体背景下的汉服文化传播不仅可以利用图文等传统形式展开，生动有趣的短视频内容也逐渐受到年轻人的追捧。以视频的形式传播汉服文化可以为受众提供更生动的审美享受，通过交互的方式使现代年轻人直观地感受传统汉服文化的强大魅力。同时，B 站、抖音等视频平台是当下年轻人热衷的网络媒体平台，聚集了一大批多才多艺、创新能力强的年轻人参与到视频制作和传播中，在青年群体中有着较强的舆论影响力和文化话语权。

哔哩哔哩视频弹幕网站（简称 B 站）是一个年轻化的网络视频分享网站，更是一个包容了多元文化的社区，向来以二次元、亚文化与弹幕文化闻名。B 站用户群对传统文化有着内在的价值认可和审美情趣。[1] 在"B 站"用户群体中一直有一个亚类型的群体划分，即"古风"爱好者。"古风"在这里是对于风格的泛称，指中国古朝各代的文化风格，以汉唐服饰为代表的汉服文化爱好者正是其中的一个细分。在 B 站中直接搜索"汉服"会发现检索出的相关视频内容多以汉服舞蹈、汉服妆发教程、汉服消费展示三个主题的内容为主。如果将标签扩大为"古风"则会发现穿着汉服录制古风音乐、舞蹈、传统乐器演奏的视频已经成为 B 站音乐区和舞蹈区的主流。2019 年以"汉服"为关键词检索出来的视频中，点击量最高的是 UP 主[2]"取个没人取的名"在 2019 年 6 月 22 日上传的《汉式婚礼》，视频内容为 UP 主自己举办"汉式婚礼"剪辑，从场景布置、礼服、发髻到香烛、盏杯每个细节都一一展现，画风唯美。尽管 UP 主粉丝量仅在 7000，但视频的播放量达到了 291.1 万，有 5.7 万的观众发送了弹幕。弹幕中，观众们纷纷表示了度汉服婚礼的喜爱和对新人的祝福。UP 主"机智的党妹"则是以出汉服妆发教程和汉服舞蹈出圈的，其以"青蛇"为主题的视频播放量达到了 274 万，弹幕量 5 万，传播内容很好地展示了汉服与现代妆容的搭配，再在自然场景中完成一段青蛇和白蛇

---

[1] 陈艳：《浅析 B 站中传统文化类视频的传播效应》，《传播力研究》2019 年第 33 期。
[2] 注释：在 B 站中制作和上传的视频的用户被称为"UP 主"。

的小剧场演出。受众在观看过程会以弹幕的形式对视频内容进行品论，或与 UP 主进行"不在场"的互动。这些弹幕内容实际上不是 UP 主与观众的互动，而是观众与观众的互动。观看视频成为与"在场"素未谋面但志同道合的伙伴们的共同活动。① 而"汉服消费展示"类的视频则与微博上的内容高度重合，在 B 站上传的视频既有弹幕的辅助，又可以没有成本的转发到任何形式的新媒体中共享，因此许多汉服大 V 微博视频的首发地都是 B 站。但在播放量最高的"小豆蔻儿"的视频也是妆发教程，营销类内容在 B 站中的影响力不大。同时 B 站又是一个独特的小圈子，把无法融入 B 站的用户排斥在外，因此需要微博开放的网络结构来弥补传播窄化的缺点。

　　与 B 站不同，近几年风靡全国的"抖音"原创短视频分享平台，是为移动端的大众量身打造的。无论是竖屏的播放页面、手指一滑就能切换视频的简单操作还是符合碎片化阅读的短视频时长限制，都与移动端用户习惯完全切合。抖音的视频内容往往更强调趣味性和即时审美，在"碎片化时代"中，这类观看成本极低的视频无疑占据着更大的传播优势，同时，抖音平台可以直接将用户导流进入淘宝商品界面，因此，抖音平台中的汉服相关视频集中在了营销类的"汉服穿着展示"小视频，成为众多汉服卖家的营销之地。2019 年"汉服"关键词相关视频中点赞量最高的前十个视频皆为"汉服合集"类视频，整合了当年销量最高或出镜率最高的汉服服饰作为推广，点赞量都在 20 万以上，其中零青子以一期"大明少女"汉服秀获得了 132.4 万的点赞量，同时视频链接到服饰商铺为其大量引流。发布汉服相关内容的抖音号包括汉尚华莲汉服（淘宝店铺号）、汉服摄影师七月以及零青子、醉国风等汉服商家合作推广号，关注量都在百万以上。以《丽人行》为代表的古风编舞也是 2019 年大热的汉服类视频之一，相关视频多达 1.4 万，播放次数 9.8 亿。除了视觉，听觉在抖音视频中也起到了极大的营造场景的作用，2019 年的古风原创歌曲《下山》《芒种》等都是汉服相关视频常用的曲目。更为有趣的是，抖音用户对于热门视频和话题标签的"跟风"和"模仿"行为使得文化内容得到了更广泛、更深入人心的传播。人们在"模仿"拍摄中一边实践，一边学习，促成了大众对汉服文化的深入了解和文化认同。

　　在抖音功能中，"热搜与挑战"板块往往能吸引大量用户的关注，这正是抖音在利用"议程设置"来引导人们的专注点。抖音平台利用这个功能发起了许多以传统文化为主题，尝试探索传统文化的传播新方法。2019 年，抖音官方平台发起了"原创国风计划"的主题挑战，以动漫二次元和国风为话题支持国风、汉服相

---

① 秦紫函：《用户视角下"B 站"的运营策略浅析》，《新媒体研究》2019 年第 20 期。

关原创视频的投稿，刺激用户主动生产创作，将传统文化与现代审美进行破壁融合。该话题下投稿视频已有 17 万之多，内容从汉服服饰展示、汉服场景秀到穿着汉服进行古风歌曲、古风舞蹈秀等包罗万象，视频播放量就累计达到了 127 亿次，汉服审美时尚在这里引起了广泛关注，让更多的年轻人主动尝试起了汉服穿着，并将其看为"时尚"而非"奇装异服"。

　　抖音并不追求还原一个完整的传统文化样貌，而是选择将传统文化的内容拆分重组，选择其中最精彩且具有代表性的片段将其打造成一个个具有内在联系又极具视觉冲击力的短视频。[①] 除了汉服，诸如刺绣、京剧等诸多与传统文化相关的视频均在抖音平台获得了惊人的点击量。同时依靠大数据和算法推荐机制，抖音可以做到在了解用户的兴趣、满足用户的观看欲望的基础上，将传统文化的相关视频带到用户眼前，在不知不觉中完成了对传统文化的传播。比如一位喜欢裙子的女性用户会收看到诸如汉服表演、纺织刺绣这一类主题的视频。

　　新媒体时代，微博、微信、B 站、抖音等各种形式的媒介在汉服文化传播中各自担当着人际传播、群体传播和大众传播的职责，又相互补充着彼此传播形式、内容、受众群体的缺漏。当下，"汉服文化"作为传统文化中的一个元素正在被越来越多的人喜爱，但同时在传播中暴露出的问题也越来越明显。

　　首先，传播主体缺少具有全面汉服文化知识的传播专业人士。作为传播主体之一的"汉服文化爱好者"往往热衷于汉服服饰、汉服摄影等时尚审美层面的分享交流，对汉服文化的历史、制作工艺、文学艺术等文化要素缺乏深入的理解与探究。其次，传播内容受商业资本控制，偏重商业化、娱乐化内容。而商家在宣传促销上为投合年轻人，尤其是女性高度唯美的消费心理，更加努力地营造具有古典韵味、堪比古代宫廷剧的服饰生活画面。在这样的媒介渲染下，着装者借助一袭罗衫逃离日常，遁入虚幻的审美世界中，在移情中完成了对自我的想象性塑造。[②] 再次，微博、微信、微视频新媒体平台的特点都在"微"，传播的内容是简短的"微内容"，传播的体验是简易的"微动作"，传播的受众是个性化的"微受众"，受众们习惯阅读的碎片化、浅显化。这就意味着新媒体不利于还原一个完整的、内蕴深厚的汉服文化样貌，而是选择其中具有代表性的、符合时代审美、具有视觉冲击力的内容进行传播，某种意义上是狭窄的。这就使得汉服文化在传播过程中容易让广大受众误读，使服饰表征背后深厚的文化内蕴和仪式感被娱乐化、时尚化的传播趋势所消解。要想重塑大众对现代"汉服文化"的敬畏感和仪式感，

---

　　① 张步中、刘常毅：《抖音短视频 APP 中的传统文化传播策略探究》，《视听界》2019 年第 5 期。

　　② 艾秀梅：《一袭轻衣，悲欣交集——当代汉服审美中的情感体验研究》，《文化研究》2019 年第 1 期。

还需要大众媒体的加入，以及主流意识形态话语对传承和发展中华优秀传统文化的积极倡导。

（三）大众媒体助推汉服文化传播

2017 年，中共中央办公厅、国务院办公厅印发了《关于实施中华优秀传统文化传承发展工程的意见》，对中华优秀传统文化的复兴提出了全方位指导，将对中华优秀传统文化的传承与发展纳入国家文化战略的重要组成部分。由此，电视文化节目被党和政府对弘扬中华优秀传统文化的战略要求赋予了"通过展示中华优秀传统文化增强国民的文化自信与文化自觉"的传播使命。《中国诗词大会》《上新了故宫》《国家宝藏》等以中华优秀传统文化为主要表现内容的电视文化综艺节目陆续推出，致力于发现、展示与传播中华优秀传统文化的外在形态之美与内在的美学意蕴。[①] 而"汉服"作为中华民族传统文化的重要载体之一，是无论如何都无法被避开的文化元素。

《上新了故宫》《国家宝藏》等文化类节目将更多的目光关注到年轻一代的身上，以文物知识与传统文化普及为主体，将音乐、诗歌、绘画、戏曲、舞蹈、动漫等诸多艺术形态的特征整合创新，结合"明星 + 粉丝"的联动传播，大大提高了节目的趣味性与观赏性；同时在融媒体策略下展开多元化的跨平台传播，在艺术表现形态、传播方式等方面不断向新媒体叙事风格靠近以贴近年轻群体的收视偏好。这些节目的成功，也说明了有趣新颖的宣传方式比授课、展览等传统方式更能吸引年轻群体的关注，也更能有效聚拢对传统文化有兴趣的年轻观众。例如《国家宝藏》节目不仅在央视和爱奇艺、优酷、腾讯视频等老牌互联网视频网站合作播出，还主动找到 B 站，在 B 站创建"央视节目组"的账号，同步推出系列节目，主打年轻受众。而"汉服"在场景中的展示应用使得汉服文化从大众眼中影视化、小众时尚的印象中脱离出来，回归传统文化的仪式中。2019 年 1 月 13 日，佟丽娅以宝物守护人的身份亮相《国家宝藏》，节目中她身着初唐服饰翩翩起舞，动情演绎国宝背后故事，展示了大唐兼容并包的文化精神，带观众领略华夏服饰多元之美。[②] 节目一播出就引起了全网对佟丽娅唯美的汉服装扮的讨论，许多网友将节目中佟丽娅穿汉服舞蹈的视频片段截取下来在微博、抖音等新媒体渠道广泛传播。

---

① 杨盈龙、孙百卉：《媒介融合时代传统文化节目的"故事世界"建构——从跨媒介传播到跨媒介叙事》，《中国电视》2019 年第 12 期。

② 中国青年网：《佟丽娅亮相〈国家宝藏〉动情演绎国宝背后故事》，2019 年 1 月 14 日，https://baijiahao.baidu.com/s?id=1622605225694904578&wfr=spider&for=pc，2020 年 4 月 11 日。

文化类节目的成功让越来越多的娱乐类节目开始关注传统文化，带有中国元素的综艺节目一度成为一个爆点。互联网视频网站也以更加娱乐化、视觉化的综艺加入传统文化传播的队伍中，以《国风美少年》为例。2018 年 11 月到 2019 年 2 月期间，由爱奇艺网络视频平台推出《国风美少年》，是一档"国风"文化创新推广选秀类节目，采用唱演秀的形式为传统文化发声。考虑到唱演秀的形式过于娱乐化而没有突出"传统文化"在节目中的价值，除了安排具备专业权威话语权的嘉宾在节目中进行讲解之外，也将一些专业性相对较强的知识以"注解"贴片的方式剪辑在节目中。从诗词曲赋、唱说弹跳等多样化的形式来看，《国风美少年》满足了不同层次、不同爱好的青年观众对传统文化的想象。①选手哈妮克孜穿着具有异域风情的服饰在华丽的舞台上翩然起舞，仿若"敦煌侍女图"的画面更是深入人心。但节目浮于表面，难以扎根，更像是一档穿着汉服或传统民族服饰上台表演民间艺术的选秀节目，而选手们的穿着搭配更注重视觉审美和流行元素，于传统文化而言，似乎并无太大关系，其本质上仍然是一种娱乐大众的方式。②

尽管汉服引起了热议，但在这些文化综艺节目，乃至在社会对中华传统文化的认知中，"汉服"都更多地作为场景和故事叙述的辅助装饰来展现而没有得到更多的重视，此种文艺化、游艺化甚至娱乐化的趋向客观上有将"汉服"舞台化、戏服化、道具化的危险。但是汉服所代表的不仅仅是一种衣服，当服饰与时代联系起来，它便是悠久的历史与文明留下的痕迹，更是继承民族文化的一种方式。从文物的朝代，到人物的身份、年龄、性格都无一不在穿着、妆发中体现。比起华丽的舞台设计，一身合时宜的汉服装扮更能恰到好处的展现历史与文化的审美韵味。

总体来说，汉服文化的创新发展主要体现在三个方面，内容创新，形式创新与传播创新。首先，新媒体时代下的现代"汉服文化"不再局限于"汉服运动"时期汉民族主义的情绪之中。在大众媒介对中华文化传承的引导以及社会资本的运作下，"汉服"更多作为中华传统文化的表征符号及时尚消费符号被大众所认知。其次，在资本的推动下"汉服文化"在形式上也发生了创新，向着市场化、时尚化发展。过去汉服爱好者们将"汉服文化"看作是一个整体，是文化符号和精神寄托；而今更多的是将汉服文化元素拆分后与现代服装特点结合的"汉元素商品"。在文化产业的运作下汉服文化得到了更多实践和展示的机会，但同时也在被商品

①　李琳琳：《浅谈综艺节目中的中国元素融入——以〈国风美少年〉为例》，《视听》2019 年第 7 期。
②　郑吾伊：《新时代选秀节目与传统文化结合的路径探究——以网络综艺节目〈国风美少年〉为例》，《新媒体研究》2019 年第 2 期。

化、娱乐化。最后，也是推动汉服文化发展最重要的创新力量，即汉服文化传播方面的创新。一方面，随着网络技术发展，汉服爱好者们逐渐从封闭的论坛走向了开放的微博、微信、抖音等新媒体，传播形式变得更加生动丰富。同时，新媒体与社交媒体、新媒体与传统媒体之间内容互通，形成了一套"多媒体融合传播体系"。另一方面，汉服文化的传播主体在网络中不断扩大，不仅汉服爱好者和汉服商家，普通大众也通过点赞、评论、转发、弹幕甚至是模仿拍摄汉服视频来参与汉服文化传播，大众媒介的助推也是"汉服热"保持较高舆论热度的原因。但新媒体上的传播内容大多聚集在汉服摄影、汉服舞蹈等时尚审美层面的分享交流，对汉服文化的历史、制作工艺、文学艺术等文化要素缺乏深入的理解与探究；而在大众媒体对传统文化的发现、传播过程中，"汉服"更多的作为一件衣服来展示，其背后的文化往往被形式所掩盖。

这一系列的创新推动着"汉服文化"在传者与受众，在现代化与传统文化的思想与理念的碰撞下不断向着"年轻态"发展，并将逐渐形成社会认同的、符合时代审美理念的"现代汉服文化"。我们乐见汉服文化能在这股潮流中重新焕发生机，但也要警惕其成为资本操纵下的消费狂欢。

四、思考与建议

从"汉服运动"到新媒体时代的"汉服热"，汉服文化两度在年轻群体中掀起热潮，不少人对"汉服"情有独钟。但现代汉服文化的发展并不那么成功。当前的汉服文化正处在从野蛮生长向有序发展转型的过渡期。

"汉服运动"时期，有学者认为这是一场以"恢复汉服"为现实诉求，致力于"复兴传统文化"的运动，是民族意识的退化，应该要实现服饰基本功能方面上开掘，与当下生活的相适应性。而在新媒体和资本运作下"汉服热"走向了审美化、时尚化、市场化的道路，人们又痛惜于汉服文化属性和仪式感的消解。2019 年 4 月"华服日"后，汉服圈中更是爆发了"仙汉分家"的争论。重视历史、专注复古、要求严格仿制传统汉服的"考据党"认为，改良后的服饰丢失了传统汉服中蕴含的诸如儒家仁义思想、礼制等传统文化内涵，真正的汉服应是保留形制、注重文化礼仪之美的，而不是流于影视化的"仙服"；[①] 而专注衣服款式时尚美感的改良派则认为，改良后的汉服更加适应时代审美，可以适用于更多的场合，并普及到日常生活中去，有利于汉服的长久发展，只要好看、有市场就是好的。未来汉服文化的发展还需要在传统文化的继承和现代社会的审美需求之间找到一个平

---

① 仙服，这里指类似仙侠影视剧中的古装服饰，注重飘逸美感，如仙女一般的着装效果。

衡，建构完善的"现代汉服文化体系"。那么如何建构这一体系，笔者有以下三点建议。

首先要明确现代汉服文化传播的目的。"汉服运动"起源于年轻一代的"文化焦虑"，而当中国的国际地位不断提升，"文化焦虑"自然会向"文化自信"发展。但为了建构"文化自信"就需要强行灌输传统文化吗？层出不穷的新媒介和技术手段加以时尚的审美趣味，对传统文化进行了重新演绎和解读，而在传承文化的过程中，大众自会在时代背景下选择喜欢什么样的文化，认同什么样的文化，这是时代赋予他们的权力，也是为传统文化注入生命力的过程。所以传播现代汉服文化的目的不应该在于普及大众、强行认同，也不是追求潮流、刻意狂欢，而是让汉服文化在大众一次又一次的编码、解码的过程中成为"活在当下"的优秀传统文化。

其次要明确"传统"与"时尚"在汉服文化中的关系。在时尚因素与传统汉服文化的结合中，时尚应该只是一种手段、一种形式，传统文化才是"灵魂"。①而"传统"一词也不必拘泥于"复古"，汉服本就在每个朝代都有各自独特的风格，西汉的曲裾深衣、三国的短曲、唐代的齐胸襦裙、明代的袄裙皆是如此，现代汉服也是属于我们这个时代独特的风格。

最后要明确如何使现代汉服文化兼具日常穿着的功能和文化内涵。人们在不同的场合会选择不同的服饰，例如西服有适合工作的套装、出席晚宴的晚礼服、日常穿着的休闲装等，汉服也可以按照功能属性和场合进行样式的区分和改良。通过完善现代汉服的款式和场景穿着建议，分清仪式、节日、日常等不同场合的穿着差异改善现状。②

"现代汉服文化体系"的建构是一个长期的过程，需要在实践中不断地总结、提炼、修正和重构。而这一过程中最重要的便是年轻大众的力量，他们不仅是汉服文化传播的主力，更是文化传承的主力。而大众媒介的作用便是适时地引导、激发年轻人对汉服文化的兴趣，促使他们进一步了解汉服文化、热爱汉服文化、推广汉服文化。③同时产业资本的流动对汉服文化的流行也起着不容忽视的催化与加速作用，而如何利用好这些资本，使其最大程度地发挥正面作用，同时防范其负面影响，更是汉服文化传播者有必要研究的问题。④

---

① 许民彤：《"新国风"为什么成了流行时尚？》，《贵州民族报》2019 年 12 月 20 日（第 B01版）。

② 杨娜：《当代"汉服"的定义与"汉民族服饰"的定位差异》，《服装学报》2019 年第 2 期。

③ 甄飒飒：《文化传播如何更具"年轻态"》，《青年记者》2019 年第 26 期。

④ 杨鑫宇：《去芜存菁 汉服文化便能破蛹成蝶》，《中国青年报》2019 年 9 月 24 日，https://baijiahao.baidu.com/s?id=1645504356938788176&wfr=spider&for=pc，2020 年 4 月 11 日。

第二部分　年度佳作

中国上古时期的媒介革命："巫史理性化"与文字功能的转变及其影响

赵云泽　董翊宸*

（中国人民大学新闻学院　北京　100872）

摘要： 本文通过对甲骨文、鼎彝金文起源、孕育文化及记述内容的详细考察后发现，甲骨文向金文转变，并不是简单的文字介质转变，而是伴随着"巫史理性化"过程的一次媒介革命。它标志着宗教信仰、权力结构、社会文化、文字传播内容的全面颠覆性的变革。以卜辞为内容的甲骨文转向沟通社会事务为内容的鼎彝金文，意味着文字从"人与神"的媒介转变为"人与人"的媒介，完成了社会理性交往战胜原始宗教的第一步。周作为中国历史上第一个超越血缘的文明共同体也由此诞生，世俗文化为主的中华文明的基石也由此奠定。

关键词： 巫史文化；理性化；文字功能；甲骨文；鼎彝金文

甲骨文是华夏文明最早的文字媒介，而巫史则是它的传播者。现已出土的154000余片甲骨文几乎都是卜辞，[①] 表明古文字的诞生和原始宗教有着紧密联系。甲骨文的发明究竟是作何用途？在文明早期的传播过程中它扮演着怎样的媒介功能？在演变过程中又是怎样一步步走向世俗世界？什么样的社会机制促成了这一转变？传播学者哈罗德·伊尼斯（Harold Adams Innis）曾言："一种新媒体的长处，将导致一种新文明的产生。"[②] 我们发现"巫史理性化"和文字形态的演进是至为重要的线索，这些变化又对整个华夏文明形态的发展产生了深远影响。

---

*　本文系中国人民大学"中国传播思想史与古典文献研究"项目（项目批准号：18XNLG07）的阶段性成果。

作者简介：赵云泽，中国人民大学新闻学院教授、博士生导师、副院长；董翊宸，中国人民大学新闻学院博士生。

① 胡厚宣：《八十五年来甲骨文材料之再统计》，《史学月刊》1984年第5期。

② ［加］哈罗德·伊尼斯：《传播的偏向》，何道宽译，北京：中国人民大学出版社，2003年，第28页。

一、孕育甲骨文的商代"巫史"活动

中国上古时期的史官脱胎于原始宗教，这和当时政教不分的社会结构息息相关。"盖史之建官，其来尚矣。昔轩辕氏受命，仓颉、沮诵实居其职。至于三代，其数渐繁。"① 但信史可考的史官流源，应以商代甲骨文的资料最为可靠。甲骨文"史"字作"♥"，与"使""事""吏"三字不分，有学者认为："史"乃一手持刻写卜辞之刻刀，很可能代指当时占卜者的助手，即所谓"捉刀者"。② 甲骨文中所展示的史官，与后世理解有很大不同，他们参与了多种社会活动。卜辞中有史官主持祭祀者："丁史其酉彡告（于）南室"；有直接参与战争者："才北史其隻羌"；有出使异邦者："史人往于唐"。③ 但更多时候，史官主要还是承担祭祀相关的职能。至春秋时，卫国史官华龙滑与礼孔尚称："我大史也，实掌其祭"，④ 也是上古时期史官职业传统延续的证明。关于这点，章太炎先生称："史职范围，今昔各异，以是史体变迁，亦各殊状。上古瞽史巫祝，事守相近。"⑤ 徐复观先生也指出："史的原始职务，是从事于宗教活动的，其他各种记事职务，都是关联宗教，或由宗教演变而来。"⑥ 正所谓"巫之能书者，则别谓之史。"⑦ 在商代社会，史与祝、宗、卜、巫等"神官"原都属于一个职能集团中任务略有区分的互通概念，史官在处理宗教事务的同时，也兼有主管典册方面的职能。⑧ 在长期历史演进的过程中，他们逐渐形成了一个特殊的"巫史阶层"，掌握宗教权力同时，也是政治权力的核心成员。

放置在商代独特的社会结构里，其意义会更加清晰。所谓"国之大事，在祀与戎"，⑨ 上古时期国家面临的首要问题就是祭祀和战争。考古证明，殷人的宗教气氛非常浓厚，构建了一套包括天神（帝、东母、西母）、地祇（社、四方、四戈、四巫）、祖先神（先王、先妣、旧臣）等在内的完善的神话崇拜体系。⑩ 唯卜辞中留下祭祀仪式的名称就达 7 大类 37 种之多。⑪ 如此仰赖宗教祭祀，是因为对于他

① 刘知几：《史通》，郑州：中州古籍出版社，2012 年，第 2 页。
② 关万维：《甲骨文史字考释与史学起源》，《深圳大学学报（人文社会科学版）》2016 年第 3 期。
③ 陈梦家：《殷墟卜辞综述》，北京：中华书局，1988 年，第 519—520 页。
④ 杨伯峻：《春秋左传注》第一册，北京：中华书局，1981 年，第 266 页。
⑤ 章太炎：《訄书》，北京：中国文史出版社，2003 年，第 130 页。
⑥ 徐复观：《徐复观全集：两汉思想史》，北京：九州出版社，2014 年，第 29 页。
⑦ 杜维运、黄进兴编：《中国史学史论文选集》，台北：华世出版社，1976 年，第 28 页。
⑧ 陈智勇：《试析商代巫史以及贞卜机构的政治意向》，《史学月刊》1999 年第 2 期。
⑨ 杨伯峻：《春秋左传注》第二册，北京：中华书局，1981 年，第 860 页。
⑩ 具隆会：《甲骨文与殷商时代神灵崇拜研究》，北京：中国社会科学出版社，2013 年，第 53 页。
⑪ 陈梦家：《古文字中之商周祭祀》，《燕京学报》1936 年第 19 期。

们来说，"祀"顺利与否，恰是保证"戎"的关键。

于省吾先生曾根据甲骨卜辞中多有"之有告麦""允之告麦""亡告麦""亡其告麦"之说，推断商王经常刺探邻近部落收获麦子的情况，再根据这些情报进行武装掠夺。[①] 这并非姑妄之言，现已出土的 1641 件商代农具中，青铜农具占比不过 0.3%，在生产中的作用几乎可以忽略，与同期出土的大量青铜祭器、酒器、兵器形成了鲜明对比。[②] 商朝在农业生产力较前代并无大幅度提升的情况下，似乎依靠武力掠夺维持着一个酷嗜饮酒的高消费型社会。卜辞中多次出现商王带领数千军队征伐周围方国的记录，武丁之妻妇好甚至曾动员 13000 人的庞大军队出征。[③] 据估算，殷墟二期人口不过在 7 万人左右，[④] 以此推断，商代的军事动员能力已超过后世任何一个封建王朝甚至是现代国家。

另一方面，商代的人殉规模也空前绝后，在世界文明史上实属罕见。在殷墟王陵区，经过考古探测所发现的人殉祭祀坑约有 2200 余座。这些祭祀坑连成一片，形成一个庞大的祭祀场，总面积在 10 万平方米以上。经医学鉴定，大部分祭祀用的人牲以青壮年男性居多，大量的畜牛和牲马也处于最佳劳动期。[⑤] 卜辞中人畜一起用作祭祀牺牲的情况，如："司三十羌、卯三十豕"；"羌三十，岁十牢"[⑥] 等处处可见。相关人祭的卜辞以殷武丁时为最多，计有甲骨 673 片，卜辞 1006 条，祭用 9021 人，另有 531 条未记人数，一次用人牲最多达 500 名。总算起来，甲骨文中的有数人牲已达 13052 人，另有 1145 条卜辞未记人数。[⑦] 在世界其他地区，氏族社会时期多盛行杀掉战争俘虏的习俗，因为低下的生产力不足以让奴隶产生多余的产品。[⑧] 商代社会与古罗马将奴隶投入大规模再生产有很大不同，这也是社会生产力发展的阶段性产物。

自盘庚迁殷至帝辛亡国，凡十二王二百余年间，每月三旬，每旬必卜，且不止一次，关于战争的卜问又是重中之重。[⑨] 可见商王希望通过占卜来得到祖先和神灵的庇佑，保证战争胜利，物质生活的丰富全有赖于此。异族的头颅既是祭祀的

① 于省吾：《从甲骨文看商代社会性质》，《东北人民大学社会科学学报》1957 年 Z1 期。
② 刘兴林：《商周农具问题浅识》，《管子学刊》2017 年第 2 期。
③ 郭沫若主编、胡厚宣总编辑：《甲骨文合集》（第十三册），编号：309902，北京：中华书局，1982 年，第 4974 页。
④ 宋镇豪：《夏商人口初探》，《历史研究》1991 年第 4 期。
⑤ 常玉芝：《商代宗教祭祀》，北京：中国社会科学出版社，2010 年，第 560—561 页。
⑥ 郭沫若主编、胡厚宣总编辑：《甲骨文合集》（第十册），编号：32050、32051，北京：中华书局，1981 年，第 3901 页。
⑦ 胡厚宣：《中国奴隶社会的人殉和人祭（下篇）》，《文物》1974 年第 8 期。
⑧ ［美］伦斯基：《权力与特权：社会分层的理论》，关信平、陈宗显、谢晋宇译，杭州：浙江人民出版社，1988 年，第 126 页。
⑨ 董作宾：《甲骨学五十年》，台北：艺文印书馆，1955 年，第 129 页。

猎物，又是殉葬的法物，这种暴力和祭祀的统一性至少在北方从史前时代一直延伸到殷商之际。① 现代人们脱离了具体的情境，很难理解其做法，但考古和卜辞中所揭露的事实情况即是如此。殷人是一个高度尚武和尚鬼神的民族，祭祀文化为增进血缘认同和军事掠夺行动提供道德张力；同时，军事掠夺又是维系共同体经济的基础和政治合法性的依据。这是复杂系统自然演化的结果，祭祀是保证战争成功的关键，而战争则是集体在残酷的丛林法则竞争下生存的关键。

恩格斯曾说："氏族首长除有军事的权限以外，还有掌握祭祀和裁判的权限。"② 在上古时代，祭祀是人跟神灵或祖先交流的传统方式，也是社会意识形态的重要组成部分。巫术可以轻易将传统氏族社会组织和权力相联系，为社会秩序提供线索。③ 在商王室的神职机构当中，占卜始终是政权议事程序中的重要环节，逐渐形成了一个以王为主体，下面各巫史分工精细占卜的格局，商王则是国家最大的"巫史"。他常常自问自卜，也会对其他巫史的占卜进行补充和修正，政治和宗教活动难以区分，在殷人的认知世界里也不需要区分。商代"以治巫国"正是体现在这个方面，中国古文字的诞生也源于其中。

二、作为"人与神的媒介"诞生的中国古文字

甲骨文诞生与"巫史"占卜用途是分不开的，"巫史"是文字的发明者和最早使用者。放眼古代世界，能够自发创造文字并发展为成熟文字体系的文明并不多。几大自源文字包括：公元前 3500 年古埃及文明的圣书文、公元前 3200 年两河流域的楔形文、公元前 1300 年商代的甲骨文和公元前 800 年中美洲的古文字。④ 有学者考证，除楔形文字有明显的商业意图外，其他几种自源文字的诞生均和宗教活动密切相关。⑤

在中国，半坡遗址出土的陶器残片上，已经找到了数十个类似于文字的符号，但它们缺乏体系和规范。类似今日陶瓷工匠会在器物底部书写一些只有自己能够识别的符号来表明物自己出一样，随意性和偶然性兼而有之，很难被称为真正意义上的文字。早商时期亦有陶文出土，可以确定它们和甲骨文存在一定联系，但

① 郝本性：《试论郑州出土商代人头骨饮器》，《华夏考古》1992 第 2 期。

② [德] 恩格斯：《家庭、私有制和国家的起源》，《马克思恩格斯选集》第 4 卷，北京：人民出版社，1995 年，第 105 页。

③ 何勇：《象征符号与仪式传播：人类传播起源的重构》，《全球传媒学刊》2016 年第 2 期。

④ 郑也夫：《文字的起源》，《北京社会科学》2014 年第 10 期。

⑤ D.Schmandt-Besserat, An ancient token system: the precursor to numerals and writing, *Archaeology*，1986(39)，pp.32-39.

使用规模仍是极为零散的、有限的。^① 用动物骨骼占卜也并非殷人独有，早期人类面对无法解释的自然现象，有了预知凶吉的需求，灼烧动物骨骼会产生随机裂痕，以此卜问凶吉早在龙山时代就已出现，但那时卜骨上并无文字，且多和日常生活残余物一起倒入灰坑或被随意丢弃，没有显现出任何神圣之处。^② 多年来，考古学家一直在苦苦寻找中国文字的完整进化链，但收获甚少。如今，更多学者开始接受：可能根本就不存在这样完整而缓慢的进化过程。甲骨文虽非仓颉一人所造，但极有可能是在数十年甚至数年间由一个群体迅速发明的。^③

对于早期文明来说，文字是“奢侈品”而不是“必须品”。美洲的印加帝国证明了，即便文明已经发展至初具国家形态时，依旧可以使用复杂的结绳记事手段维系统治。^④ 因为对于先民们来说，口语传播代代相传就足以延续记忆和知识，系统化成熟文字的诞生需要更特殊的用途和更强大的组织资源。考古发现，仰韶文化散布的祭祀法器，尤其是精美的法器，在上古三代有集中的倾向，这是祭祀权正在氏族内部趋于垄断的证明。^⑤ 发明中国文字的这个群体正是前文所提到的“巫史阶层”。^⑥ 在王权意志的驱动下，来自四面八方的巫史聚集在商王周围，他们将散落在周围部族中的各种象形符号收集、整理、归纳和统一起来，形成了系统化的文字，并用于刻写卜辞。只有他们拥有这种能力和动机，将前国家时代就已存在的占卜需求和偶然诞生的文字萌芽结合在一起。其目的即利用文字来垄断最高祭祀权，同样这也是政治权力。

巫术特权的垄断过程在上古神话中有更意象化的真实表达：“及少皞之衰也，九黎乱德，民神杂糅，不可方物。夫人作享，家为巫史......颛顼受之，乃命南正重司天以属神，命火正黎司地以属民，使复旧常，无相侵渎，是谓绝地天通。”^⑦ 最初，先民的宗教信仰处于“个体巫术”阶段，就是所谓“夫人作享，家为巫史”的时期。那时“民神杂糅”，氏族里人人都可以使用巫术通灵，交感幻想像空气一样无处不在，均匀且公平。随着氏族内部的财富分化，出现阶级后，权力的集中

---

① 黄德宽：《殷墟甲骨文之前的商代文字》，《中国文字学报》第一辑，北京：商务印书馆，2006 年，第 13 页。

② 刘一曼：《安阳殷墟甲骨出土地及其相关问题》，《考古》1997 年第 5 期。

③ 姜可瑜：《殷墟文字形成假说》，《文史哲》1992 年第 2 期。

④ Gary Urton, From knots to narratives: reconstructing the art of historical Record keeping in the Andes from Spanish transcriptions of Inka Khipus, *Ethnohistory*, 1998(45), pp.409-438.

⑤ 张光直：《中国古代王的兴起与城邦的形成》，《中国考古学论文集》，北京：生活·读书·新知三联书店，2013 年，第 389 页。

⑥ 童恩正：《中国古代的巫》，《中国社会科学》1995 年第 5 期。

⑦ 徐元诰：《国语集解》，北京：中华书局，2002 年，第 515 页。

也体现在宗教层面。"个体巫术"逐渐过渡到"公众巫术"，[①] 祭祀仪式越来越烦琐复杂，只有少数人能够精通，巫师变为终身职业，需要面对广大民众进行仪式表演，通灵不再是族群成员都具有的能力，此时沟通天地需要借助中介了。王作为"巫史阶层"最大的巫，自然从中看到了机会，为维系其统治的神圣性有必要"绝地天通"，即独占通天和觐见祖先鬼神的途径，使之为王权服务。

新的特权阶层出现后，占卜的等级区别性愈发明显。王室占卜的甲骨不再被随意丢弃，而是被仔细整治处理，与之相比，王室以外的卜骨则整治粗疏，且没有卜辞。[②] 1936 年，小屯村第 13 批考古发掘出完好无缺的储藏甲骨文字窖一所，坑为圆形，直径约 2 米，深 1.6 米，满储龟甲，仅此一坑有完整龟腹甲达 200 余版，编号共 17804 片 …… 紧靠北壁，有一蜷缩又倒置的人体骸骨，大部分陷于龟甲堆中，可知是同时埋入。[③] 刻意存储甲骨并埋葬的意义不难判断：刻上了神秘的文字后，每片卜辞都清晰记述着商王要做什么；卜兆明白无误地显示，神灵允准实施此举；一片两片不足为证，唯大量存储的甲骨文才是神灵保佑商王的最佳证明。当它们披上了"龟甲 - 祖先 - 神灵"的外衣，串联起来时，就成了伟大的史诗，合法性与神圣性尽在其中。[④] 对于商王来说，至高无上的神权赋予需要独一无二的证明。甲骨文的惊艳出世正体现在这个意义上，背后全有赖于国家机器推动，否则中国文字的萌芽很有可能像世界各地失落的古文字一样过早夭折。

中国文字诞生初期最重要的功能是通过仪式来展示，它天然是原始宗教的一部分，是为了凝聚族群向心力和巩固统治的工具。通常，这些仪式拥有高大的祭坛，繁复精美的青铜祭器依序陈列其上，燔火熊熊燃烧，旌旗肃穆而立。这些仪式中既有供奉，也有模仿仪轨，不仅追忆了过去，而且借名副其实的戏剧表现方式将过去呈现出来。[⑤] 严格的祭祀程序是沟通神灵的必要手段，也让所有参与者都沉醉其中。仪式过程中，人们逐渐丧失其主体性，融合在一起，作为一个整体去行动、思考和感受。[⑥] 血亲联盟的成员聚在一起共同追忆先王武功，祈佑子孙征战常胜是永恒的主题。随着镌刻文字的甲骨在众目睽睽下填涂以珍贵的朱砂并仔细掩埋，不再有人会对王的神圣统治产生怀疑。

---

①　James G.Frazer，The Golden Bough: A Study in Magic and Religion，New York: *The Macmillan Company*，1922，pp.45-46.

②　陈梦家：《殷墟卜辞综述》，北京：中华书局，1988 年，第 25 页。

③　董作宾：《甲骨学五十年》，台北：艺文印书馆，1955 年，第 51 页。

④　郑也夫：《文字的起源》，《北京社会科学》2014 年第 10 期。

⑤　[法] 爱弥尔·涂尔干：《宗教生活的基本形式》，渠东、汲喆译，上海：上海人民出版社，1999 年，第 492 页。

⑥　Victor Turner，The Ritual Process: Structure and Anti-Structure，Chicago: *Aldine Transaction*，1969，p.138.

可以这样说，文字在商代是一种"人与神"的沟通媒介，逐渐形成了一套依托仪式传播的政治控制机制。这套兼具象征性和表演性的文化活动，是以规驯人为目的的政治话语实践，它将集体成员的共同交感内化为个人行动，并通过集体承认提供统治的合法性来源。甲骨文的出现和当时社会形态相辅相成，并首次以仪式的形式实现了其政治传播功能。

《淮南子·本经训》云："昔者仓颉作书，而天雨粟，鬼夜哭……能愈多而德愈薄矣。"[1] 文字诞生后，民智日开而民德日离，欺伪狡诈而渐荒农本，上天知道他们会因此挨饿，便降下粟米，鬼怪害怕从此无所遁形藏匿，于是在夜晚哭泣。阶级社会诞生和祭祀权力集中最终带来了文字这一划时代的巨变，作为权力结构演化的产物，其维护统治的目的是明确的。文字自诞生伊始就埋藏着理性化的种子，压缩着原始居民质朴烂漫又无处不在的宗教想象和情感空间，驱使他们走向理性世界。对此，发明文字的巫史们始料未及，但趋势总归不可避免。

三、"甲骨"到"鼎彝"：文字转变为"人与人的媒介"

巫术孕育了文字的诞生，也禁锢了它的发展。与之相对，周人在文字的运用上则迈出了理性化的重要一步，这并非体现于文字本身的变化上，而是体现在文字的用途上。有学者曾指出：商周时代的青铜器具有"复合媒介"的性质，它们既是祭祀中用于宣示政治权力合法化的工具，同时也具有记录历史、宣传教化和政治结盟的功能。[2] 但论者仍要强调，金文中的"商周并提"是史学界和文字学界出于文字形态演进连续性方面考虑，合并来讨论它们的传播功能可能并不合适，殷人和周人在使用青铜器的态度上有着本质不同。

商代青铜器铭文和甲骨文属于同时期的文字，与甲骨文不同，商代金文多为单字人名或族徽，铸造时间或简短理由，鲜有超过十余字者。[3] 郭沫若先生曾言："殷彝文简，每仅一二字之图形文字，周彝却已脱离原始之畛域，文字多者可谓洋洋大观，稍有经验的人差不多一见即可知其差异。"[4] 对现已出土商周时期的 16703 件青铜器铭文字数进行统计，字数超过 20 字以上者 1548 件，这一变化非常明显。[5]

① 刘安：《淮南子》，长沙：岳麓书社，2015 年，第 64 页。

② 潘祥辉：《传播史上的青铜时代：殷周青铜器的文化与政治传播功能考》，《新闻与传播研究》2015 年第 2 期。

③ 张光直：《商文明》，北京：生活·读书·新知三联书店，2013 年，第 22—23 页。

④ 郭沫若：《郭沫若全集：历史编》第一卷，北京：人民出版社，1982 年，第 267 页。

⑤ 以吴镇烽《商周青铜器铭文暨图像集成》所录青铜器统计，分期标准为：商代晚期（武丁至帝辛世）、西周早期（武王至昭王世）、西周中期（穆王至夷王世）、西周晚期（厉王至幽王世）。

表 1　商周时期青铜器铭文字数统计表

器物断代 \ 铭文字数	商代晚期	西周早期	西周中期	西周后期	春秋时期	战国时期	总计
200 字以上	0	2	5	17	1	3	28
100 至 200 字	0	8	48	63	26	7	152
50 至 100 字	0	23	149	72	31	7	282
20 至 50 字	29	132	218	271	340	96	1086

周人在翦商后逐渐放弃了在龟甲上刻写卜辞，出土西周甲骨文的年代下限均未晚于西周中期，[①] 而自昭、穆两王之后，文字大量出现在的青铜器上，动辄数百字计。这些变化都说明，商周迭代之际，文字正向着不同的书写媒介转移，鼎彝代替了甲骨走向文字载体的中心位置。以商代出土青铜器中铭文最长者四祀邲其卣为例：

> 乙巳，王曰："尊文武帝乙，宜在邵大厅"，遘乙翌日。丙午，□（合字，为祭礼）。丁未，煮。己酉，王在梌，邲其赐贝。在四月，惟王四祀，翌日。[②]

该器铭文共 42 字，简单描述了器主随同邲王祭祀祖先并得到赏赐，这已经是罕见的"长文"。绝大部分商代青铜器铭文只是为了标明器物所有者或是氏族徽记，青铜礼器也基本不具有除祭祀以外的其他功能。下图是几例典型：[③]

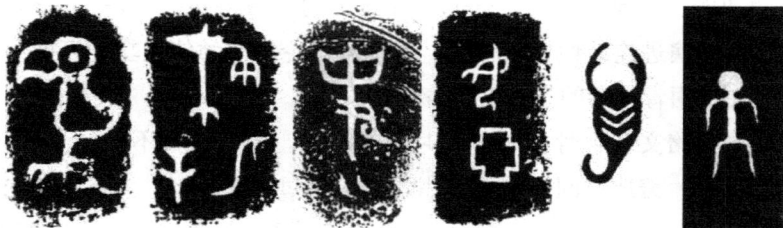

图 1：商代青铜器铭文

进入西周时期，不但青铜器上的金文字数在直线上升，内容也呈现多样化的发展趋势。陈梦家先生指出，按用途周代金文大别可分为四种：一、作器以祭祀

---

① 李学勤：《西周甲骨的几点研究》，《文物》1981 年第 9 期。

② 吴镇烽：《商周青铜器铭文暨图像集成 22》，器号：12429，上海：上海古籍出版社，2012 年，第 373 页。

③ 拓片从左至右出自吴镇烽：《商周青铜器铭文暨图像集成 1》，获鼎，器号：00165，第 133 页；同上书 1，戈姁辛鼎，器号：00751，第 68 页；同上书 6，史兩，器号：02614，第 12 页；同上书 20，女亚罟，器号：10559，第 69 页；同上书 30，萬戈，器号：16072，第 72 页；同上书 23，天卣，器号：12522，第 4 页。

或纪念祖先；二、记录战争和重大事件；三、记录王命、训诫和赏赐；四、记录田地纠纷与疆界划定。[①] 其中最后一种尤为值得关注，这种具有经济性质的契约出现意味着社会关系的巨大进步。

1975 年，陕西岐山县董家村出土西周时期的裘卫礼器群是这一变化的代表。该窖共出土 37 件青铜器，有铭文者多达 30 件。[②] 这些礼器均出自同一家族，其内容连缀起来，完整展示了裘卫家族三代人的发家史。其中五祀卫鼎内容及铭文拓片如下：

隹正月初吉庚戌，卫以邦君厉告于邢白、白邑父、定白、□白、白俗父，曰厉曰："余执恭王恤工，於邵大室东逆营二川。"曰："余舍女田五田。"正乃讯厉曰："女贾田不？"厉乃许曰："余审贾田五田。"邢白、白邑父、定白、□白、白俗父乃讲。吏厉誓。乃令三有司：司土邑人□、司马□人邦、司工附矩、内史友寺刍，帅履裘卫厉田四田。乃舍宇于厥邑：厥朔疆累厉田、厥东疆累散田，厥南疆累散田，累政父田，厥西疆累厉田。邦君厉累付裘卫田。属吊子凤、厉有司中季、庆癸、燹表、荆人敢、井人偈犀。卫小子者逆其飨。卫用乍朕文考宝鼎。卫其万年永宝用。隹王五祀。[③]

图 2：裘卫礼器之五祀卫鼎铭文拓片

① 陈梦家：《西周铜器断代三》，《考古学报》1965 年第 4 期。

② 庞怀清、吴镇烽等：《陕西省岐山县董家村西周铜器窖穴发掘简报》，《文物》1976 年第 5 期。

③ 吴镇烽：《商周青铜器铭文暨图像集成 5》，器号：02497，上海：上海古籍出版社，2012 年，第 385 页。"□"已不可考。

该鼎铭文记录了一次贵族间的司法审判。其中有原告裘卫、被告邦君厉和审判者五伯众,双方陈词和审判过程均被完整还原,审判结果是:五伯众就邦君厉补偿土地给裘卫一事进行仲裁,被告邦君厉承认判决并立誓践约。三个职官(三有司):司土、司马、司工去现场勘测土地,内史一同前往记录此事。同一坑群中的裘卫盉、九年卫鼎也具有相同性质。

裘卫将此次诉讼镌刻在鼎内,显然不仅是为了向祖先炫耀。《周礼·司约》云:"凡大约剂书于宗彝,小约剂书于丹图。若有讼者,则珥而辟藏,其不信者服墨刑。"①青铜器在西周时代已开始作为契约载体应无疑问,如果出现诉讼可拿出铭文进行查验,不服者会受到脸上刺字的惩罚。自此,以经济活动为目的的记录展示了中国古文字传播功能的一次奇妙变迁,双方的承诺可以用文字作为保障,文字也不再仅是宗教活动的一部分,在现实生活中拥有了更加实用的功能。

此外,西周记录战争和王命的青铜器同样值得关注。它们在某种意义上即马克思·韦伯(Max Weber)阐述封建社会关系中的"身份契约"。②战争记录和王命多同时出现在鼎彝上,记述器主和祖先效忠王室,英勇作战的经历后,紧跟着就是"王若曰"(王这样说)的内容,往往是周王勉励、承诺、册封和赏赐之辞。这种"册命金文"在周穆王时期出现,逐渐呈定式化的趋势。③内容格式大抵为:追述先王与臣子祖先的关系,列举赏赐的实物及官职,勉诫受命者效仿先人功绩,最后是受命者"对扬王休"(答谢称扬王的美德),④每部分都有明确的政治含义。毛公鼎即是一例,该器铭文详细记录了周宣王感慨时局不宁,祸乱频发,遂令毛公歆辅佐他治理国家,负责考察官吏政绩,制定徭役赋税,赐予颁行王命之专权,并着重申明未经毛公同意之政令,不得生效。随后,宣王对毛公进行了一番告诫和勉励,并赐予厚赏。⑤该鼎文内容叙事完整,记载详确,从中可以看到周王和封臣之间的关系在这种"身份契约"中得到一再确认和强化。效忠不再仅依靠血缘纽带来维系,契约中存在着新的特权和利益,都需要以职责和义务进行有条件兑换。

仔细思考为何殷人和周人会偏重于不同的载体书写文字?殷人既然认为占卜

---

① 《周礼》,郑州:中州古籍出版社,2010 年,第 326 页。
② [德]马克斯·韦伯:《经济与历史 支配的类型》,康乐译,桂林:广西师范大学出版社,2014 年,第 372 页。
③ 李峰:《西周的灭亡:中国早期国家的地理和政治危机》增订本,上海:上海古籍出版社,2016 年,第 103 页。
④ 许倬云:《西周史》,台北:联经出版事业公司,1984 年,第 165—166 页。
⑤ 吴镇烽:《商周青铜器铭文暨图像集成 5》,器号:02518,上海:上海古籍出版社,2012 年,第 471 页。

的龟甲可以传达"神意"，刻写在其上的文字就是他们和神灵、祖先对话的工具，巫史是人间的代表，卜兆是上苍的回答。甲骨文中虽有大量关于生产、生活的内容，但祭祀活动无疑是主体。卜问内容以有关自然神祇和祖先祭祀为最多，有关风、雨、日食等天象次之，再次是关于年成耕作、对外战争、田猎、疾病、生子等等。[1] 事实上，其他社会活动只有悬而未决，需求问神灵时才会在卜辞中出现。占卜用的甲骨在储藏一段时间后会被埋葬，[2] 证明它是对神灵的汇报，并非世俗世界里的档案。青铜礼器虽然也用于祭祀，却和定期埋葬的甲骨完全不同。自 20 世纪 50 年代以来，陕西出土的 2000 余件青铜器大多出自窖藏，据杨宽先生分析，这些窖藏主要是在异族入侵的变故中，周原大小贵族为了避难而临时埋葬的。[3] 在被草草埋葬之前，它们曾陈列于庙堂之上，被人们长期观瞻和传播。所以，镌铸在礼器上的文字除祭祀外又多了另一层意义，传播双方都是各级封建主，神灵只是人们承诺的见证者。在宗法礼制的无形制约下，社会赋予了鼎彝上的契约一种强制性力量，它是双方个人意志的妥协，使各种分散的社会功能协调一致起来。[4] 作为建构"人和人"相互关系的一部分，社会资源被再一次最大化利用了，理性化的思维在这次媒介"革命"中一览无余。可以把从文字使用中反映出人对自然和社会认识的变化总结如下图：

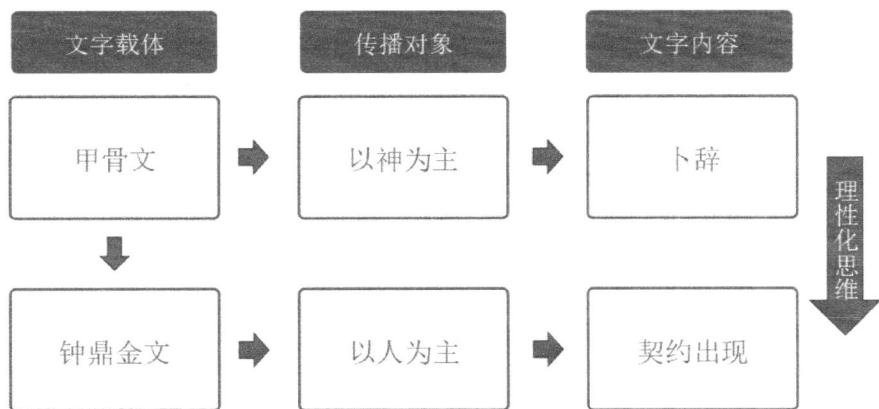

文字载体		传播对象		文字内容	
甲骨文	➡	以神为主	➡	卜辞	理性化思维
⬇					
钟鼎金文	➡	以人为主	➡	契约出现	

图 3：文字演化与社会演进

---

[1] 陈梦家：《殷墟卜辞综述》，北京：中华书局，1988 年，第 636 页。

[2] 刘一曼：《安阳殷墟甲骨出土地及其相关问题》，《考古》1997 年第 5 期。

[3] 杨宽：《西周史》，上海：上海人民出版社，2016 年，第 901—902 页。

[4] ［法］埃米尔·涂尔干：《社会分工论》，渠敬东译，北京：生活·读书·新知三联书店，2000年，第 173 页。

当然，我们仍强调，社会演进是连续性和积蓄性并存的，任何新旧媒介交替绝不是旧媒介即刻消失，新媒介马上完全取代，而是一个逐渐演进的过程。若拉长时间线去观察，这种趋势又是明显的，它起源于商末，至西周中后期已经完成，青铜器在这场媒介竞争中最终胜出。古代埃及曾经存在过石头与莎草纸之间的媒介竞争。神庙的石壁和廊柱是永恒的，是偏向时间的媒介，那里记载着国王神圣的名字和他们伟大的事迹。莎草纸便于携带，有利于空间传播，但它非常脆弱，经不起时间的风霜。僧侣们希望保持写作的复杂性，这有利于垄断并增加控制权，但他们并不情愿让简化的世俗体取代美观繁复的圣书体，于是两者并行存在了千年之久。[①] 在上古时代的中国，占卜甲骨完全是属于神的媒介，青铜器则有了偏向人的属性，同时它也是偏向时间的媒介。其意义不难理解，对于封建主们来说，他们之间渴望永恒的承诺，但并没有广泛扩散信息的需求，写在竹简上的文字会随着竹片腐烂，所以需要镌铸在鼎彝上永传后世子孙。这是真正属于封建主的文字。

四、媒介革命的影响：周礼文化的建立

"巫史理性化"促成了文字媒介的转型，同时，媒介转型又进一步使理性的文化得到广泛传播。这一过程中，"巫史阶层"并没有随商周迭代而消亡，他们在新一轮的社会变革中迎来了职能重组。

对于"巫史阶层"来说，商朝灭亡是场无法避免的灾难。长期战争中，王朝和周边民族关系持续紧张，诸方国叛服无常。这些方国也在交战中不断学习进步，一旦掌握了战车、青铜兵器等先进作战手段，社会组织再进一步完善，殷人的军事优势就丧失殆尽。考古发现，商朝至帝乙、帝辛之末世，祭祀次数和牺牲数量都大大减少。[②] 我们并不能因此说殷人开始认为祭祀有必要节制和人性化，祭祀从简与各时期对外战争情况完全呼应。全盛时期，武丁卜辞中所征伐的方国数多达 81 个，武乙、文丁时期有 28 个，及至第五期末世，征伐的方国只有 8 个。[③] 大约从殷墟三期后段开始，商王朝就失去了对关中东部地区的直接统治，只有假其他方国之力进行遥控，随后又逐渐完全失去这一地区。[④] 在殷人的认知中，战争无法胜利，就失去了外族的牺牲和资源，祭祀也难以维持。"式号式呼，俾昼作夜"[⑤]

---

① [加] 哈罗德·伊尼斯：《帝国与传播》，何道宽译，北京：中国人民大学出版社，2003 年，第 19 页。
② 常玉芝：《商代宗教祭祀》，北京：中国社会科学出版社，2010 年，第 562 页。
③ 王宇信、杨升南：《甲骨学一百年》，北京：社会科学文献出版社，1999 年，第 499 页。
④ 张天恩：《关中商代文化研究》，北京：文物出版社，2004 年，第 168 页。
⑤ 《诗经·大雅·荡》，长春：吉林文史出版社，1999 年，第 172 页。

的高消费生活渐成竭泽而渔之势，饥饿代替了信仰，于是经济基础将连带上层建筑一并坍塌了。

早在翦商之前，周人就有计划地接纳了部分投奔而来的殷人巫史。《史记》云："殷之大师、少师乃持其祭乐器奔周。"①有周一朝，其史官大多出自夏、商旧族异姓，一些家族如辛氏、尹氏、程氏、微氏等，自文、武王时期投靠周邦后一直世袭史官职位。②周原庙祭甲骨的出土也让我们了解到，西周文字和殷商甲骨文是前后继承关系，③文字传播必定来自西迁的巫史，他们是当时唯一掌握文字的阶层，也是他们为西土带来了礼乐文明的种子。但《礼记·表记》中说："殷人尊神，率民以事神，先鬼而后礼。周人尊礼尚施，事鬼敬神而远之。"④证明周人对殷文化中的嗜酒和迷信有着清醒的认识，明白其中糟粕所在。过度透支社会和组织资源的政权必然难以持久，在周人重构天下的政治体系中，利益必须获得长久的良性循环，巫史阶层也有必要进行一番彻底改造。

不同于殷人的武装劫掠型经济，周王统治更倾向于保存社会的"元气"。他向征服地区郑重承诺："尔乃尚有尔土，尔用尚宁干止，尔克敬，天惟畀矜尔。"⑤在改造上层政治结构的同时以尽量不触动基层组织为前提，殷民百姓只要谨慎地服从"天命"安排，仍可以安居乐业。出于维护统治需要，周人重新整理商代遗留下的祭祀礼仪，本来纯粹的宗教活动被转化为包含亲亲尊尊等丰富人伦意识的社会等级制度，并以"礼乐"的形式重新凝结为封建关系内核。周王掌握着最高级别的"礼"，操纵礼仪将不同等级的权利分配给贵族，"礼"协调着统治权、祭祀权、财产权和话语权，历经两周发展，逐渐成为"经礼三百，曲礼三千"⑥的宏大体系。这一依托礼制的封建网络实际也是周人和华夏大地上其他地区性民族长期融合的机制，各种文化逐渐涵化于周文化，考古证据也证明了这种融合的趋势。⑦随着东部一系列的军事胜利，文、武、成、康数代周王在动态运动中塑造了"所封四百余，服国八百余"⑧的成熟封建体系，潜移默化地把散布在华夏的诸多方国纳入自己的礼制中，中国历史上第一个超越血缘的文明共同体就此形成。

周王所谓的"天命"不仅是翦商合法化的宣传形式，更重要的是它是一种"国

① 司马迁：《史记》二十四史简体字本，北京：中华书局，2012 年，第 79 页。
② 胡新生：《异性史官与周代文化》，《历史研究》1994 年第 3 期。
③ 李桂民：《周原庙祭甲骨与文王受命公案》，《历史研究》2013 年第 2 期。
④ 《礼记》，上海：上海古籍出版社，2016 年，第 608 页。
⑤ 郭仁成：《尚书古今文全璧》，长沙：岳麓书社，2006 年，第 240 页。
⑥ 《礼记》，上海：上海古籍出版社，2016 年，第 278 页。
⑦ 许倬云：《中西文明的对照》，杭州：浙江人民出版社，2013 年，第 37 页。
⑧ 《诸子集成》第六册，《吕氏春秋》，北京：中华书局，2010 年，第 181 页。

家理论"，周人以"代理天命"作为政治逻辑的基础，为他们提供了一种对历史使命的独特理解，即要建立一个"新世界"和塑造一种"新民"。[①] 政治制度发展带来了"敬德保民"的思想，神权政治于是衰落。世俗政治领袖不再兼任宗教领袖，而处理政务的官员也从宗教事务中分离出来。[②] 这种分离是极为有益的，因为对于小规模群体而言，宗教领袖可以兼任医生、史学家、天气预测者、诗人、裁决者和最勇敢的战士，卓越且富有成效，但对于高阶文明来说，却极为危险。每种职能都需要有自己的专家，历史进步反映的就是先进社会结构多元化的进程。[③] 所以，巫史的传统虽然在周代有所保留，而其形式和功能则进一步演化。商王兼具统治权和神权于一身，周人巫史的专业化和独立程度则更高，王一般不能干涉巫史活动，这也为史官的职业化和官僚机构的延伸铺平了道路。

社会发展至一定程度，文字对于社会组织能力的提升无疑具有重大意义。周礼构建社会的根本精神即在于"家国同构"，天子之于诸侯、诸侯之于士大夫都是宗法家族的同构扩大。马克斯·韦伯称："构成封建支配核心的自由契约关系促使封建制重视严格形式性的法律规范。"[④] 周代封建制度这种"类家庭想象"的社会结构也需要周礼这种"习惯法"以最低的社会成本维护秩序稳定。同时，文字作为"契约"开始出现，则填补了"习惯法"的空缺和不足。因为，以文字为基础的社会契约在最大程度上延展了信息传播的时空局限，解决了不同主体间的信息不对称，利益交换双方的彼此承诺可以得到固化体现。多数周代青铜器铭文中的最后一句"子子孙孙永宝用"，实际上象征着这种关系的确立和延续，这是不同部落之间打破血亲界限相互信任的关键。就这样，贵族间的宗法秩序和契约关系构成了维系周代封建社会的纽带。

另一方面，属于统治阶级的巫术力量逐渐演化为统治道德。"德"即是"巫"的内向化和内在化，由巫的神奇魔力和循行"巫术礼仪"规范等含义延伸，变成君王行为和品质的含义，最终变为个体心性和道德。[⑤] 在"类家庭想象"的封建宗法社会中，上级封建主兼具"家长"的角色，其言行自然会成为下级封建主模仿

---

①　李峰：《西周的灭亡：中国早期国家的地理和政治危机》增订本，上海：上海古籍出版社，2016 年，第 403 页。

②　童恩正：《中国古代的巫》，《中国社会科学》1995 年第 5 期。

③　[美] 威廉·麦克高希：《世界文明史：观察世界的新视角》，董建中译，北京：新华出版社，2003 年，第 47—48 页。

④　[德] 马克斯·韦伯：《韦伯作品集：法律社会学》，康乐、简惠美译，桂林：广西师范大学出版社，2005 年，第 267 页。

⑤　李泽厚：《由巫到史 释礼归仁》，北京：生活·读书·新知三联书店，2015 年，第 23 页。

的范本。所谓"君君，臣臣，父父，子子"，① "修身，齐家，治国，平天下"② 在周礼兴盛的时代都具有天然普世性。合乎礼制的言行在传播中强化了统治者的合法性，而不合礼制的言行则成为"失德"的证据，在更长的历史经验中上演着因果轮回。史官在其中的作用是用文字忠实记录统治者的言行，为所有"家族"成员提供模仿的范本和契约的副本。

金文表明，周王朝中存在一个庞大的史官系统，其中包括以太史为首的"太史寮"，内史、作册、御史等职官分工合作。有学者曾总结春秋时期史官所承担的职务，包括：修撰史册、掌管文献、宣达王命、祭祀卜筮等，其中和宗教相关的活动只占到了 26.3%。③ 由商至周，存在一个史官对巫官文化逐渐覆盖的过程，二者虽同出一门，以文字记录的理性化、道德化为契机，前者在新的政治结构中找到了自身的位置，后者却渐渐趋于没落。④

随着职能作用不断强化，史官对自身的定位也悄然发生了改变。春秋时期，宋襄公偶然看见天空中有流星飞过，便向史官叔兴卜问凶吉，叔兴在一番敷衍后，退而告人曰："君失问，是阴阳之事，非吉凶所生也。吉凶由人，吾不敢逆君故也。"⑤ 这时，史官已不再视"阴阳之事"是自己的职务范畴，对君主的迷信嗤之以鼻，他们已经彻底变成行政化的官僚了。

从周初到春秋时代，作为传播者"巫史"的分野可视为中国传播活动走向职业化的前奏。《礼记·礼运》云："王前巫而后史"，⑥ 李泽厚先生认为，若并非从空间而是从时间观念上理解，便可以将"史"视作"巫"的后继，或者说"史"即理性化了的"巫"。⑦ 徐复观先生也曾说："殷代政治经验的传承，大概是靠着巫，周代以后靠着史。"⑧ "由巫而史"的进程渐次展开，最终完成了"巫史传统"的理性化过程，也奠定了中国文化大传统的根本。史官在这一过程中是先前文化的保存者、新文化的传播者和集中体现者。

五、结论

"巫史理性化"与文字载体的变迁如同一枚硬币的两面，互为因果，开花结实。

---

① 《论语·颜渊》，《四书集注》，长沙：岳麓书社，2004 年，第 155 页。
② 出自《大学》，原文为："心正而后身修，身修而后家齐，家齐而后国治，国治而后天下平。"《四书集注》，长沙：岳麓书社，2004 年，第 6 页。
③ 林晓平：《春秋战国时期史官职责与史学传统》，《史学理论研究》，2003 年第 1 期。
④ 王东：《史官文化的演进》，《历史研究》1993 年第 4 期。
⑤ 杨伯峻：《春秋左传注》第一册，北京：中华书局，1981 年，第 369 页。
⑥ 《礼记》，上海：上海古籍出版社，2016 年，第 263 页。
⑦ 李泽厚：《由巫到史 释礼归仁》，北京：生活·读书·新知三联书店，2015 年，第 18 页。
⑧ 徐复观：《中国思想史论集》，台北：台湾学生书局，1993 年，第 139 页。

在相对开放的周代社会，各个方面注重的是分而不是合，比之商代内聚性的社会结构，展现出了更强大的生命力。^① 于是，垄断文字的巫史阶层，从最初的"神权""政权"不分，逐渐转化为行政官僚的一部分，同时也催生文字使用向更为实用和世俗的方向靠拢。青铜铭文在多种社会场景中出现，自然是为了交流信息所铸造，比起死者，它对生者的交流则有更大的社会规模和更为日常性的功能。^② 伊尼斯认为："宗教和象形文字支配的新型垄断曾给埃及帝国带来了麻烦"，^③ 同为象形文字的西周金文依旧复杂，或更甚于甲骨文，它仍然被史官阶层所垄断，却成功从刚性的宗教仪式中解放出来，转化为社会契约的组成。这种理性化不仅是统治方式的改变，也为生产力解放和文化的大发展奠定了基础。

反过来何尝不能说，正是文字理性化的成功转型，推动了社会结构的重新塑造和文化变迁。考古发现的商代甲骨文字目前仅集中于殷墟一地，而周代的青铜器铭文则遍布四面八方。^④ 通过不断将礼器赏赐给诸侯国，周王朝极大延展了分封制和礼制文化的辐射范围。^⑤ 以文字确定的封建关系可以跨越血缘界限将文化影响力发挥得更为充分，同时，封建主和官僚开始使用文字作为行政和经济实践的工具，也极大提升了其组织效能。

一个有趣的现象是，当鼎彝金文完成了它的媒介使命后，也逐渐为新的媒介所替代。至春秋战国时期，数百字的金文逐渐消失，青铜器上的文字反而更少也趋向于装饰化了。^⑥ 这是因为愈发集权的封建主们需要面对比先前更为庞杂的事务，对于行政效率的追求胜过了长期保存文本的需求。竹简成本低廉，书写简便，也易于携带和运输。随着它的广泛使用，青铜器上的金文越来越可有可无，遂逐渐沦为盘曲变形的装饰花纹。

我们所说的"媒介革命"其意义正体现在这里，它是指文字开始有目的地运用在生产和社会关系的构建之中，也会随着新的生产和社会关系出现而变迁。文字媒介和社会的互动体现在它们相互影响的理性化过程中。历史学者麦克高希（William McGaughey）曾指出："文字与一块土地上建立的社会制度类型相关，吸

①　钱存训：《书于竹帛：中国古代的文字记录》，上海：上海世纪出版集团，2006 年，第 138 页。

②　李峰：《西周的政体：中国早期官僚制度和国家》，北京：生活·读书·新知三联书店，2010年，第 22 页。

③　[加]哈罗德·伊尼斯：《帝国与传播》，何道宽译，北京：中国人民大学出版社，2003 年，第 19 页。

④　晁福林：《夏商西周的社会变迁》，北京：中国人民大学出版社，2010 年，第 299 页。

⑤　[日]平势隆郎：《从城市国家到中华：殷周、春秋战国》，周洁译，桂林：广西师范大学出版社，2014 年，第 219 页。

⑥　郭沫若：《郭沫若全集 历史编》（第一卷），北京：人民出版社，1982 年，第 606 页。

引着正在增长的文化储备,带来了组织信息和判断能力的提高。"① 文字媒介在商周之际的变迁, 恰恰印证着这一规律。中国文字由 "巫史" 发明, 伴随 "由巫而史" 的过程, 完成了从 "甲骨" 到 "鼎彝" 的载体转变, 第一次真正成为社会生活的传播符号。这种转变也使社会的组织形态从部落联盟走向封建国家, 从神权社会走向世俗社会。理性化运用文字是文明在自身内部竞争中, 筛选出了更加适合社会发展的传播方式。可以说, "巫史理性化" 和文字功能的转变奠定了中华文明的基石。

---

① [美] 威廉·麦克高希:《世界文明史:观察世界的新视角》,董建中译, 北京:新华出版社, 2003 年, 第 353—355 页。

"史论监督"：一种中国特色的政治监督机制溯源

李东晓　潘祥辉*

（浙江大学传媒与国际学院　浙江杭州　310013）

摘要：博大精深的中国史学对世界文明的贡献不止于发明了一种自成体系的、连续性的记录方式，更在于它发展出了一种通过历史书写与传播来实现对现实政治的监督功能，即"史论监督"功能。"史论监督"是一种融历史的客观记录与史家的主观评价于一体的历史叙述方式，这种"史论合一"的叙述本身即可收政治监督之效。"孔子作《春秋》而乱臣贼子惧"就是这种"史论监督"功能的突出体现。"史论监督"是一种植根于中国特定历史传统与文化心理基础上的传播监督方式，极具特色。"史权天授""尊史崇古"及"敬畏文字"等文化传统，使得"史论监督"极具合法性和效力。"史论监督"无需诉诸于"舆论"或大众传播，从传播方式、时效、范围及内在肌理而言，"史论监督"都不同于"舆论监督"。在前大众传媒时代，中国特色的"史论监督"模式发挥了约束古代君权及官僚权力的作用。尽管秦汉以后"史权"旁落，但"史论监督"模式仍具效力。传统"史论监督"模式对近代以来的中国新闻业及新闻理念的影响也不容忽视。

关键词：史论监督；舆论监督；政治监督；政治传播；本土传播学

引言

在人类文明史上，中国文化的一大特征是史学传统极为发达。梁启超说："中国在各种学问中，唯史学为最发达；史学在世界各国中，唯中国为最发达。"[①]蒙文通先生则径称"中国为历史之国家"，他指出："中国史籍之富，并世诸国，莫之舆京。以我国士广民殷，开化最早，文献之传，百世所崇。是以记载纷纭，难可统

---

　　* 作者简介：李东晓，浙江大学传媒与国际学院副教授、博士生导师；潘祥辉，南京大学新闻传播学院教授、博士生导师。

　　① 梁启超：《中国历史研究法》，北京：东方出版社，1996年，第11页。

纪。欧美列邦，建国既晚，诚不足校。即印度宿称古国，经乘浩穰，亦史缺无征。则以群希出世，其于人事陈迹，藐不关怀。"① 钱穆先生也不无骄傲地指出："贯通古今，而一线相传，继继承承，史乘不绝，则惟有一中国"。②

在笔者看来，中国史学对世界文明的贡献不只于发明了一种"一线相传"的、自成体系的记录方式（如编年体、纪传体及史论结合的叙事方式），还在于它发展出了一种通过历史书写或史实传播来实现对现实政治的监督功能，笔者称之为"史论监督"功能。所谓"史论监督"，即一种融历史的客观记录与史家的主观评价于一体的历史叙述方式，这种历史叙述可以产生政治监督功能，这种监督功能无须诉诸"舆论"或大众传播，而只需诉诸对历史事实的记录。史官通过自己的一枝笔，将上至君主、下至百官等政治人物的行状和表现载入史书，并加以评价，即能实现对政治统治者的监督和约束，这无疑是中国史学的极大特色。孟子所言"孔子作《春秋》而乱臣贼子惧"就是这种功能的突出体现。唐代史学家刘知几在《史通·辨职》篇中曾概括中国史学功能的三个层次：最高层次为"彰善显恶，不避强御"；第二层次是"编次勒成，郁为不朽"；第三个层次是"高才博学，名重一时"。③ 史学的"彰善显恶，不避强御"功能就包含了"史论监督"精神。在中国古代，史学可以实现对现实政治的监督和干预是毫无疑义的。

不过，这种"史论监督"功能却受到当代研究者的忽视。在近代以来的中国史研究中，历史记载的"政治监督"功能并未得到充分的研究和发掘。如瞿林东先生在《中国史学的理论遗产》中概括了中国古代史学的五个优良传统："深刻的历史意识""恢廓的历史视野和鲜明的时代精神""丰富的内容和多样的形式相结合""求实和经世的一致""继承和创新的统一""理论、文采、考据的融合"④，却并没有提及史学的"政治监督功能"；著名史学家李宗侗先生也概括了中国史学的四个特点："中国有累世不断之史籍及专掌记注之史官""尊王与攘夷""书法""正统"观念，⑤ 同样缺乏对史学政治监督功能的专门论述。

在政治学领域，"政治监督"是一种权力制约机制，指"运用各种手段和途径来对政治权利的运用和行使进行制约。它是由政府专门机构和利益集团及公民个人对政治现象和政治活动进行监控、调整的行为"。⑥ 政治监督的类型包括司法监

---

① 蒙文通：《中国史学史》，上海：上海人民出版社，2006年，第7页。
② 钱穆：《中国史学发微》，北京：九州出版社，2012年，第220页。
③ （唐）刘知己：《史通》，白云译注，北京：中华书局，2014年，第12页。
④ 瞿林东：《中国史学的理论遗产》，北京：北京师范大学出版社，2005年，第89—104页。
⑤ 李宗侗：《中国史学史》，北京：中国友谊出版公司，1984年，第215页。
⑥ 刘邦凡、何太淑：《当代中国政治管理学导论》，长春：吉林人民出版社，2014年，第184页。

督、行政监督和社会监督，新闻舆论监督则是社会监督的一部分。[①]实际上，中国古代也存在着政治监督，但除了制度监督，史官通过书写和传播所发挥的这种政治监督功能却很少进入政治学或政治传播学的研究视野。可以说，"史论监督"几乎是传统政治学研究中的一个盲区，西方政治学中不存在这种监督方式，中国的政治学者大多也忽视了它的存在。

　　而在新闻传播学界，受到近代以来西方民主政治思想及新闻思想的影响，学者们主要关注的是"民意"及民意的代议机制——现代"大众传媒"和"记者"的监督功能。研究较多的也是现代媒体的"舆论监督"功能而非传统史学的"史论监督"功能。作为比附，新闻史研究者也常常将"舆论监督"的概念延伸至古代传播史领域，用"舆论监督"概念去统摄和观照中国古代的新闻传播史。典型如林语堂的《中国新闻舆论史》，该书从当时报纸的言论受限与新闻审查现状出发去追溯中国古代"民意与专制斗争的历史"，实际上就是用现代的"舆论监督"观念去回溯中国古代"舆论监督"的历史。林语堂先生非常可贵地发现了古代"歌谣"与"清议"等舆论形式及其政治监督功能，但遗憾的是忽视了另一种形式的监督，即史官的"史论监督"功能。虽然古代良史"秉笔直书"的精神为近代以来的报人所津津乐道，并被建构为中国新闻史上的"优良传统"[②]，但笔者不得不指出，这种"建构"具有一定的主观性和片面性。实际上，迄今为止，植根于中国传统的"史论监督"的独特性及其与"舆论监督"的异同，始终没有得到全面和准确的理解，也没有得到深入阐述。以梁启超为例，他对现代报纸的"舆论监督"功能有着非常深刻的认识，但对传统史家政治监督功能的认识却存在很大的片面性。在 1902 年发表的《敬告我同业诸君》一文中，梁启超提出了"报馆"的两大"天职"："一曰，对于政府而为其监督者；二曰，对于国民而为其向导者是也。"在论及报馆的"向导国民"功能时，梁启超用史学进行了类比。"西哲有言：报馆者，现代之史记也。故治此业者不可不有史家之精神。史家之精神何？鉴既往，示将来，导国民以进化之途径者也。"[③]显然，梁启超将"史家之精神"仅仅看成一种"向导国民"的教化功能，并与"监督政府"的功能对立起来，失之武断。事实上，中国古代的"史家"不仅有"向导功能"，它同样具有监督功能，正如美国学者伍安祖和王晴佳先生所认为的："在古代中国，历史好比神圣的猫头鹰，时

---

　　①　刘华蓉：《大众传媒与政治》，北京：北京大学出版社，2001 年，第 146 页。
　　②　徐铸成：《漫谈新闻和新闻评论》，见复旦大学新闻系编：《新闻大学》，杭州：浙江人民出版社，1981 年，第 17 页。
　　③　梁启超：《敬告我同业诸君》，见吴嘉勋、李华兴编：《梁启超选集》，上海：上海人民出版社，1984 年，第 336 页。

刻准备捕捉害虫，然后纵跃天际，向世人报喜。"① 历史书写的监督功能不容忽视。

可以说，"舆论监督"代表了一种现代报业的监督功能，而"史论监督"则代表了中国古代的一种政治监督模式，两者的异同与承续，尤其是"史论监督"的价值，值得我们重视和重新评价。"舆论监督"可以理解为"公共舆论对社会上所有不良现象的监督"。② 如果说通过舆论（公众的议论或媒体的代言代议）来实现对统治者的监督是现代社会一种较为普遍的政治传播现象的话，那么，通过史官的一己之力，并不诉诸"民意"或群众动员，仅仅通过史家的历史书写就能实现对统治者的威慑和监督，这似乎只有在古代中国才出现过，因此它毫无疑问是一种"中国特色"。

那么，中国古代"史论监督"的功能表现在什么地方，呈现什么特征？它与"舆论监督"到底有何异同？为什么既没有弹劾权，又没有"选票"的中国古代史官却能够对君主进行监督？中国的"史论监督"形成于何时，其机制和功能又是如何演变的？要理解这些问题，我们需要将"史官"及"史论监督"置入中国历史的脉络中来考察。

一、"直书"与"褒贬"："史论监督"机制的表现特征

（一）"史官"的起源及其书写记事功能

中国"史官文化"的出现历史悠久。可以说从"史"这样一种职业出现之始，"史之所论"就具有监督功能。李宗侗先生认为，在中国，"史"之初义为史官而非史书。"在这一点上，与欧西史字出自希腊文'Historia'者不同。希腊文初义为'真理的寻求'，所指为史书。在中国，史书是后起之义，由史官而引申成史官所写之史书。"③ 从字源来看，商代的甲骨文中就已经出现"史"字，这说明至少商代就已经出现专职史官了。饶宗颐先生指出："考之甲骨刻辞，所见史吏甚繁，有王史、大史、小史及东西、南、北四方史等名目。"④

尽管甲骨文中就有"史"字，但对于"史"字的本义，历代学者却莫衷一是。陈梦家先生认为"史"字像手持畋猎之网在进行捕猎，因为"古者祭祀用牲，故掌祭祀之史亦即搏兽之吏"。劳干先生认为"史字从又持钻，象钻龟而卜"。李宗

① ［美］伍安祖、王晴佳：《世鉴：中国传统史学》，孙卫国、秦丽译，北京：中国人民大学出版社，2014年，第256页

② 童兵：《马克思主义新闻观读本》，上海：复旦大学出版社，2016年，第78页。

③ 李宗侗：《中国史学史》，北京：中国友谊出版公司，1984年，第5页。

④ 饶宗颐：《史与礼》，《传统文化与现代化》1996年第5期。

侗先生认为，"史"是古代负责取火的官员。徐复观先生则从史官从事祝祷一职出发，认为"史"字的原形应从口，"将笔所写之册及祷词，由口告之于神，这即史之含义"。① 更多的学者则将"史"字的本义与"书写记事"联系起来。东汉许慎《说文解字》："史，记事者也，从又持中。"尽管许慎所谓"持中"的"中"到底是简册、薄书还盛算之器，后世学者（如江永、吴大澂、章太炎、王国维等）多有争论，但基本认可"史"的职能为"记事者"。金毓黻先生也指出："史字之义，本为记事，初以名掌书之职，继以被载笔之编，于是史官史籍生焉。吾国史官，古为专职，且世守其业。"②

中国史官的设置可以追溯至三代以前。有学者认为，最迟不迟于大汶口文化时期史官已经出现。③ 宋人马端临在《文献通考》中也指出："史官，肇自黄帝有之，自后显者。夏太史终古，商太史高势。周则曰太史、小史、内史、外史。"（《文献通考·职官·史官》）可以确定，史官早在商代之前就存在了。在前文字时代，"瞽史"可能就是史官的主要代表。在笔者看来，口传时代的"瞽史"已然具有对王权的监督作用。"瞽史教诲"（《国语·周语上》）的说法就体现了这种监督功能。④ 可以说，瞽史的"讽诵"与"教诲"就是中国"史论监督"的最早实践形式。

商周以后，文字已经产生并广泛地应用于宗庙祭祀和军事行政事务当中。史官的"记事"功能更多地通过文字媒介来行使，"史论监督"也开始与文字记载密切结合。商周时期，史官延续了对王的监督职能。"昔周辛甲之为太史也，命百官，官箴王阙。"（《左传·襄公四年》）这一时期史官的职能已有明确的文献记载，如《周礼·春官》就详细记录了周代"五史"（太史、小史、内史、外史、御史）的名称及职能。从先秦文献及甲骨文、金文等资料来看，先秦时期史官的名目繁多，数目也相当可观。据杜维运先生考证，古代文献中发现的史官头衔有 30 多个。仅甲骨卜辞中就记载了 70 多个不同的史官名，加上青铜器铭文中的史官，总数达百人以上。

以周代而论，见于金文及各类文献的史官，据近人统计，约一百二十九人，其中属于王室者五十六人，属于诸侯者四十七人，未能确定属于王室或诸侯者二十六人。属于诸侯者，鲁国三人，齐国四人，晋国九人，秦国、韩国各三人，楚国四人，

① 许兆昌：《先秦史官的制度与文化》，哈尔滨：黑龙江人民出版社，2006 年，第 2—4 页。
② 金毓黻：《中国史学史》，石家庄：河北教育出版社，2000 年，第 5 页。
③ 柳维本：《隋唐以前中国史官建置与沿革述略》，《辽宁大学学报》1992 年第 6 期。
④ 潘祥辉：《瞽矇传诵：先秦"盲媒"的传播考古学研究》，《西北师大学报》2019 年第 1 期。

宋国二人，卫国七人，郑、虢、莒、赵、魏各一人，私人之史七人。从天下共主的周室，到蕞尔小国的莒、虢，都设史官，又在文献偶然的披露下，人数到达百人以上，这应是人类学术文化史上的盛事了。[①]

先秦史官的职能也十分广泛，举凡观象授时、卜筮占梦、典礼作相、策命布令，甚至领兵作战、会盟合约等等，都有史的参与，但史官最主要的职能还是文字书写和文字"记事"，其政治监督功能也与史官的书写记事职能密切相关。

（二）古代史官"史论监督"的三种方式

古代史官是中国历史上最早、也是最重要的职业传播者之一，其政治监督功能的发挥也主要体现在"以史记事"的传播职能上。但与西方的"客观主义史学"不同，中国史官的这种"记事"即包含对历史的"实录"，也包含对人物的"褒贬"。换言之，"史论监督"是"历史记录"和"历史评论"的结合体。史官在对历史的记录中包含着自己鲜明的价值判断。在中国史学中，这种价值判断从来不是外在于历史书写，而本身就是历史书写的一部分。具体而言，古代史官的"史论监督"主要表现在如下三个方面：

第一，"君举必书"。古代史官对王权的监督功能首先表现在其史笔记录上。用文字记录君主的所言所行，是上古史官的重要职能。所谓"动则左史书之，言则右史书之。"（《礼记·玉藻》）。班固《汉书·艺文志》也说："古之王者世有史官。君举必书，所以慎言行，昭法式也。左史记言，右史记事，事为《春秋》，言为《尚书》，帝王靡不同之。"尽管对于"左右史"的分工，后世不少学者存疑，但上古史官对君主言行的全方位记录却是历史事实。《大戴礼记·保傅篇》载："三代之礼，天子春朝朝日，秋暮夕月……食以礼，彻以乐，失度则史书之，工诵之，三公进而读之，宰夫减其膳。""天子失度史书之"，可见史官的职权所在。在西周时期，史官的数量达到几百人，他们最重要的职责就是记录君王的言行举止。晚至春秋战国时代，还保留着这种"君举必书"的传统。《左传·襄公十四年》记载晋侯会同诸侯之大夫共同讨秦。战斗中，"左史谓魏庄子（魏绛）曰：'不待中行伯（荀偃）乎？'"从这一段记载可知两点：其一，春秋时期的诸侯兼并战争中，史官是随军参与记录的；其二，史官的具体记录方法也如同后世的采访，先问后记。[②]春秋时代史官的书写记录甚至不分国界。《左传·僖公七年》载管仲的话说："夫诸

---

① 杜维运：《中国史学史》第 1 册，台北：三民书局，1993 年，第 42 页。
② 李敬一：《中国传播史（先秦两汉卷）》，武汉：武汉大学出版社，1996 年，第 62 页。

侯之会，其德刑礼义，无国不记，记奸之位，君盟替矣，作而不记，非盛德也。"（《左传·僖公七年》）"德刑礼义，无国不记"，可见当时一国之事，非仅本国史官记之，他国之史官亦皆书之，这构成了一种"共同监督"。《史记·廉颇蔺相如列传》所载秦赵"渑池之会"，双方都带了史官来记录，君主的表现及其书写就变得十分重要。"君举必书"在《史记·孟尝君列传》中也有记载："孟尝君待客坐语，而屏风后常有侍史，主记君所与客语。"这种"屏风侍史"遵循的必然是"君举必书"的传统，这构成了一种对王权的监督。这种监督功能正如《白虎通》所言："王法立史记事者，以为臣下之仪样，人之所取法则也。动则当应礼，是以必有记过之史，撤膳之宰。"（《白虎通·谏诤》）

汉代出现的君主的"起居注"，显然也延续了这种"君举必书"的传统。"起居注"至后世发展成为一种记史的特殊体裁，负责记录起居注的也是史官。这种记录甚至扩展到后宫，皇后的言行举止也有专门的"女史"记录。这种"君举必书"的全方位的记录，使得人主不敢胡作非为，客观上起到了一种"监督约束"作用。①正如唐初大臣孙伏伽向唐高祖李渊进谏时所言："陛下贵为天子，富有天下，动则左史书之，言则右史书之，既为竹帛所拘，何可恣情不慎？"（《旧唐书·孙伏伽传》）。可见，"举君必书"实是一种古老的富有中国特色的制度设计，通过这样一种制度设计，王的所言所行被置于史官的监督之下，"是以天子不得为非。"（《白虎通·谏诤》）

第二，"直书不讳"。比起"君举必书"，史官的书写方式——"直书不讳"更加明确地体现了其传播与政治监督功能。秉笔直书是史官的"天职"，"史之义，不得不书过，不书过则死。"（《大戴礼记·保傅》）这种古代史官文化的优良传统，至春秋时代还有非常好的实践，典型如齐太史的故事。据《左传·襄公二十五年》载：

大史书曰："崔杼弑其君"。崔子杀之，其弟嗣书，而死者二人，其弟又书，乃舍之，南史氏闻大史尽死，执简以往，闻即书矣，乃还。

为记录下"崔杼弑其君"的事实，齐国太史三兄弟及南史氏不惜以死殉职，成为中国史学上秉笔直书的楷模。"这一故事完整而如实地被记载下来，清楚地表明，在古代中国就已存在这样一个为人广为接受的信念，即不惜任何代价，也要

---

① 乔治忠、刘文英：《中国古代"起居注"记史体制的形成》，《史学史研究》2010 年第 2 期。

坚守历史真正，对君王进行权力监督。"①春秋时期这样的史官还有很多。如晋国大夫智伯有个家臣名士苗，自称"臣以秉笔事君。"（《国语·晋语九》）晋国正卿赵鞅（赵简子）有家臣周舍，也称"愿为谔谔之臣，墨笔操牍，随君之后，司君之过而书之。日有记也，月有效也，岁有得也。"（刘向《新序·杂事一》）至西汉司马迁写《史记》，显然也继承了上古这种"直书"传统。《史记》被誉为"其文直，其事核，不虚美，不隐恶，故谓之实录"。（《汉书》卷六二《司马迁传》）在《史记》中，司马迁忠实地记录了从汉高祖到汉武帝的一些"并不光彩"的事迹，如西汉建立初期汉高祖刘邦的"屠城"之事，就被司马迁记录了下来。司马迁对汉武帝也多有批评。《史记》甚至因此被人称作"谤书"。显然，司马迁对汉家诸帝"皆有微词"并非"泄忿"之举，而是履行自古以来的"史"的监督功能，追求"直书不讳"。②唐代史家刘知几在《史通》中历数了历代的直书传统，并对"直笔"给予了高度评价。"盖列士徇名，壮夫重气，宁为兰摧玉折，不作瓦砾长存。若南、董之仗气直书，不避强御；韦、崔之肆情奋笔，无所阿容。虽周身之防有所不足，而遗芳余烈，人到於今称之。"（《史通·内篇·直书》）所谓"在齐太史简，在晋董孤笔"（文天祥的《正气歌》），这种"直书实录"的传统体现了"史家风骨"，是古代"史论监督"功能的重要体现。

第三，评论褒贬。中国古代史官记录历史的一大特色是既注重"史"，也注重"论"，"史""论"是合一的。"史论监督"的功能因此不仅体现在"直书记录"上，更体现在史官对历史或现实人物的褒贬和评论上，通过褒贬评论来表达史官的立场，惩恶扬善，激浊扬清。如刘知己所言："（史官）夫能申藻镜，别流品，使小人君子臭味得朋，上智中庸等差有叙，则惩恶劝善，永肃将来，激浊扬清，郁为不朽者矣。"（《史通·内篇·品藻第二十三》）

中国史学"史论合一"的传统发端于孔子的《春秋》，在这部编年体史书中，孔子发明了"春秋笔法"，"笔则笔，削则削"，通过"属辞""比事"，利用最精当的语言来陈述历史，突出对历史事件的道德评价。③具体做法是通过字斟句酌来对人物进行褒贬，呈现微言大义。如同样是写战争，有"诛、讨、伐、征、战"等不同表达，不同字眼则蕴含了孔子不同的立场和态度。"弑"与"杀"也一样。孔子用"弑"来记载"臣杀其君"的事件，表达了对这种"大逆不道"行为的谴责。可见，孔子作《春秋》的目的不仅在于记录史事，更在于通过这样一种"寓论断于序事"的方式，来监督"礼崩乐坏"的社会现实，达到"贬天子，退诸侯，讨

---

① 许冠三：《中国的批判传统》，《历史学刊》1983 年第 2 期。
② 王子今：《〈史记〉的文化发掘》，武汉：湖北人民出版社，1997 年，第 788 页。
③ 过常宝：《"春秋笔法"与古代史官的话语权力》，《北京师范大学学报》2003 年第 4 期。

大夫，以达王事"（《史记·太史公自序》）的目的。《春秋》的"史论监督"功能正如司马迁所概括的："上明三王之道，下辨人事之纪，别嫌疑，明是非，定犹豫，善善恶恶，贤贤贱不肖，存亡国，继绝世，补敝起废，王道之大者也。"（《史记·太史公自序》）"别嫌疑，明是非"的标准则是孔子所主张的"礼"。在《春秋》中，孔子并不隐含自己的道德立场，而是据儒家的"礼"来判断是非，进行褒贬。"春秋者，礼义之大宗也。"（《史记·太史公自序》）这种传统影响深远。事实上，"礼"构成了历史上中国史学道德判断的基准。正如柳诒徵先生所言："故礼者，吾国数千年全史之核心也……赖此一脉之传，维系世教，元凶巨慝有所畏，正人君子有所宗。虽社会多晦盲否塞之时，而史书自有其正大光明之域。以故他族史籍，注重英雄宗教物质社会，第依时代演变，而各有其史观，不必有历历相承之中心思想。而吾国以礼为核心之史，则凡英雄宗教物质社会依时代之演变者，一切皆有以御之。"①正因为《春秋》以"礼"为标准进行评论褒贬，所以它既是史书，也是经书。这种"经史合一"的特点使中国史学的"史论监督"带有浓厚的道德评判色彩，并为后世史学所继承，这显然是西方史学所没有的特征。

褒贬评论是中国史学的重要特征，也是史学叙事的重要组成部分。历代正史，无一没有评论。继"春秋笔法"之后，《左传》创造性地运用正式、独立的"论赞"来评论历史事件，进行道德褒贬。汉代司马迁则在《史记》中创造了一种"史论"形式，即"太史公曰"，这显然也继承自孔子。据统计，《史记》共有 137 条评论，约占全书篇幅的 6%，在这些评论中，司马迁表达了自己对史事和人物的道德评价。②这一做法在中国史学发展中具有重大意义，以至在后世史书中，史官并不隐讳自己的道德判断。尽管"史论"的名称不同，但"史论结合"几乎成为所有王朝史的标准特征。"《史记》云太史公。既而班固曰赞，荀悦曰论，《东观》曰序，谢承曰诠，陈寿曰评，王隐曰议，何法盛曰述，常璩曰撰，刘昺曰奏，袁宏、裴子野自显姓名，皇甫谧、葛洪列其所号。史官所撰，通称史臣。其名万殊，其义一揆。必取便时者，则总归论赞焉。"（《史通·内篇·论赞第九》）这种"论赞"形式显示了中国历史记载的独特性，即"史论合一"，注重评论。史官以儒家的"礼"为标准，对上至君主，下至臣僚进行道德监督，实质上充当了一种"道德法官"的角色。

---

① 柳诒徵：《国史要义》，上海：华东师范大学出版社，2000 年，第 12—13 页。
② ［美］伍安祖、王晴佳：《世鉴：中国传统史学》，孙卫国、秦丽译，北京：中国人民大学出版社，2014 年，第 65 页。

（三）"史论监督"的意义与成效

通过"君举必书""直书不讳"及"道德褒贬"，史官一定程度上能够监督统治者。一般认为，中国古代的君主是"绝对专制"的，但事实却并非如此，皇权也受监督。最为重要的监督机制不是来自民间的舆论监督，而是来自史官的记录和评价，也即本文所讲的"史论监督"。显然，这种监督机制的设计体现了古代中国人的政治智慧。正如柳诒徵先生所言："古史之职，以书谏王，其源甚古，不必始于周代。其原则实在天子不得为非一语。使一人肆于民上，以从其淫，其祸至烈。然吾族圣哲深虑预防之思想，乃以典礼史书，限制君权；其有失常，必被察之，勿使过度。虽其事不似他族之以宪法规定，而历代相传，以为故事，则自甚恶如桀、纣、厉、幽失其约束之效力者外，凡中材之主，皆可赖此制以维持于不敝。夫自天子失度，史可据法相绳，则冢宰以降，孰敢纵恣？"①

从历史来看，这种史论监督的效果是巨大的。如刘知己所言："若乃《春秋》成而逆子惧，南史至而贼臣书，其记事载言也则如彼，其劝善惩恶也又如此。"（《史通·外篇·史官建置第一》）事实上，历代君主拼命压制史官，甚至杀戮史官，恰恰说明了他们对"史论监督"的害怕。以秦国为例，史载："秦意既得，烧天下《诗》《书》，诸侯史记尤甚，为其有所刺讥也。"（《史记·六国年表》）。秦始皇之所以烧书，盖因史官所记有所"刺讥"，这从反面说明了"史论监督"对君主的巨大压力。而与西方的皇帝相比，不论是罗马时代的君主，还是近代欧洲的权臣，对于历史记录者，并没有这种恐惧。那这又是为什么呢？为什么中国古代的皇帝和臣子会如此害怕史官的一支笔？史官作为一介书生，为什么会有这么大的威慑力？要理解"史论监督"的效力，我们需要回到中国传统。

二、"史权"天授："史论监督"机制的传统合法性

作为职业的记录者和传播者，中国古代的史官不仅数量众多，而且"权力"巨大，对统治者有巨大的威慑力，这与西方历史学家的角色非常不同。那么，中国史官的"权力来源"或者说"权力合法性"从何而来呢？

德国社会学家马克斯·韦伯曾将"权力合法性"划分为三种类型：传统型、法理型和克理斯玛型。所谓"传统合法性"，即统治者或权力所有者的合法性是建立在"传统神圣性和传统授权"基础之上的。韦伯认为，如果统治者对权力的信服源于对古老遗留制度和权力的神圣尊崇感，那么这种权力合法性来源就是传统型的，其统治类型也是传统型的。在这种类型中，权力所有者的身份和地位依照传

---

① 柳诒徵：《国史要义》，上海：华东师范大学出版社，2000年，第39页。

统规则来确定，对他们的服从也是由传统赋予的。[①] 在笔者看来，中国史官所具有的"权力合法性"主要是一种韦伯所讲的"传统合法性"，它源自中国古代一种源远流长的文化传统：对"天意"的敬畏以及"复古崇古"的文化信仰，也包括对文字的崇拜和敬畏。

（一）"史权天授"的传统

"史权天授"是我们理解中国史官"史论监督"权力来源的关键。中国远古"史官"的权力源自"天授"，这使得"史论监督"具有了天然合法性。正如章学诚在《文史通义》中所言："史之义出于天。"[②] 如果我们了解古代史官是天意的解释者和天命的代言人，那么我们就不难理解史官的记录为什么会有那么大的威慑力了。

事实上，中国的史官源自巫官，与巫有着密切的关联。《国语·楚语》："及少暤之衰也，九黎乱德，民神杂糅，不可方物，夫人作享，家为巫史。"《礼记·礼运》曰："王前巫而后史，卜筮瞽侑，皆在左右。""巫史"连文，可见两者职能相似。孔子也曾说："吾与史巫同途而殊归者也。"（《帛书易传·要》）巫是古代专事天人沟通的职业传播者，是人与神之间沟通的媒介。[③] 巫史同源而职能相近，史官因此也具有"沟通天人"的能力。《左传》《国语》中记载了大量史官从事占卜、预测或解读灾异征兆，为君王解疑释惑的故事。如《左传·庄公三十二年》载：

> 秋七月，有神降于莘。惠王问诸内史过曰："是何故也？"对曰："国之将兴，明神降之，监其德也；将亡，神又降之，观其恶也。故有得神以兴，亦有以亡，虞、夏、商、周皆有之。"王曰："若之何？"对曰："以其物享焉，其至之日，亦其物也。"王从之。

类似的记载还有很多。如《春秋·鲁哀公六年》："有云如众赤鸟，夹日以飞三日，楚子使问诸周太史。"《左传·鲁僖公十六年》："陨石于宋五，六鹢退飞过宋都，襄公问吉凶于周内史叔兴。"《国语·赵子简传》载春秋时楚国的左史倚相，楚王称他："能道训典，以叙百物，以朝夕献善败于寡君，使寡君无忘先王之业；又能上下说于鬼神，顺道其欲恶，使神无有怨痛于楚国。"从上述记载中可见，上古

---

① ［德］马克斯·韦伯：《经济与历史支配的类型》，康乐等译，桂林：广西师范大学出版社，2004 年，第 303 页。

② （清）章学诚撰，吕思勉评：《文史通义》，上海：上海世纪出版集团，2008 年，第 66 页。

③ 潘祥辉：《传播之王：中国圣人的一项传播考古学研究》，《国际新闻界》2016 年第 3 期。

史官之所以具有如此之高的社会地位，在于他们可以"通天"，掌握"天意"，并代天立言。《国语·周语下》："吾非瞽史，焉知天道。""瞽史"既然被视为"知天道者"，显然就具有一种神圣合法性。日本学者内藤湖南也指出：从殷商到周代，巫的势力开始转化为史的势力，在史之中"大史"等继承了殷代巫的宗教职能。[①]事实上，至东周时，史官的职务仍与巫祝难有所分。和巫一样，史官能够沟通天人，记录和解读上天的兆意，自然就具有至高无上的权力，包括监督权和训诫权。可见，中国古代史官的权力来自"天授"，是一种沟通和传达"天意"的"媒介人"。并且，史官所用以记录"神谕"或历史的媒介——文字，也发端于巫术传统，本身具有"通神明、类万物"的功能。[②]正是因为史官的神圣职能及其所使用的文字媒介所具有的神圣合法性，史官所传达的话语或书写记录的文本（史书）也就具有了"神圣合法性"，为帝王将相所惧。

我们可以看到，"史权天授"的传统虽然源自上古，但及至汉代以后仍有延续。正如论者所指出的："中国史官从它诞生的开始阶段就履行天文术数和祭祀之类的天官职责，并从天官职能中派生出记言记事的职能，即使在记载职能产生之后，史官的职责仍以天文术数等宗教事务为主，这种情况直到司马迁时代尚未改变。"[③]直到东汉，太史之职务还是包括历算，占卜，望气等。《汉书·百官志》释"太史令"的职能是："掌天时，星历。凡岁将终，奏新年历；凡国祭祀，丧，娶之事，掌奏良日及时节禁忌；凡固有瑞应，灾异，掌记之。"中国历代史书，对"瑞应灾异"大多有详尽记载，这自然与史官的"司天"职能有关。据统计，中国二十六史中有天文志者18史，有五行志者15史。[④]这种对"天意"的详细记载为历代中国史官所重视，它显然源自远古史官"代天传讯"的传统。

在"史权天授"观念的影响下，史官也自视甚高，不论官修史家，还是私修史家，都视自己的工作为神圣职责。如司马迁之父司马谈曾说："今汉兴，海内一统，明主贤君忠臣死义之士，余为太史而弗论载，废天下之史文，余甚惧焉！汝其念！"（《史记·太史公自序》）作为史官的司马谈内心所惧，是自己没有尽到史官的神圣职责。而司马迁说"意在斯乎！意在斯乎！小子何敢让焉！"（《史记·太史公自序》）其"不敢让"同样出自史官的"天职观"。到清代，史家章学诚还在倡导："盖欲为良史者，当慎辨于天人之际，尽其天而不益以人也。"[⑤]以"天命"自

① [日]内藤湖南：《中国史学史》，上海：上海古籍出版社，2008年，第18页。
② 何九盈：《汉字文化学》，沈阳：辽宁人民出版社，2000年，第336页。
③ 陈桐生：《中国史官文化与〈史记〉》，汕头：汕头大学出版社，1993年，第4页。
④ 谢保成：《传统史学与20世纪史学》，北京：中国社会科学出版社，2016年，第27页。
⑤ （清）章学诚撰，吕思勉评：《文史通义》，上海：上海世纪出版集团，2008年，第66页。

居，利用"天命"的支持，上古史官构建起了自己的话语权和职业传统，并为后世儒家所继承。汉代董仲舒在古代儒家思想的基础上发展了"天人感应学说"，进一步彰显了史官的权力。董仲舒称："国家将有失道之败，而天乃先出灾害以遣告之；不知自省，又出怪异以警惧之；尚不知变，而伤败乃至。"（《汉书·董仲舒传》）在"天人感应"理论看来，如果君主违背天意，上天就会通过各种灾异来实施警告，若君主仍不自知，就会受到天的惩罚。而能够准确记录、解读甚至预测天之"灾异"和警告的，显然就是儒者和史官了。"天"在中国文化中占有至高的地位。"敬天畏天"更是远古迄于商周以来的传统。[①] 在巫文化笼罩下，中国古代天命鬼神观念统治一切，连君王也认为"我生不有命在天"（《尚书·西伯戡黎》"天其永我命于兹新邑"（《尚书·商书·盘庚》）。出于对天的敬畏，君主和臣子也不得不保持对"史官"的敬畏。

可见，中国古代的"史论监督"模式在本源上是依托于"天鉴模式"的，没有史官的"代天立言"角色的合法化以及君主"敬天畏天"的信仰和意识，"史论监督"模式不可能存在并发生效力。正因此，史官依托"天威天意"来"贬天子，退诸候"，在中国古代就显得理所当然。

（二）"崇古信古"的传统

史官的权力来源也在于掌握了"古史"和"祖训"，因而获得了"史论监督"的权力，为当权者所敬畏。中国是一个崇尚历史的民族，"一代之治，有一代之史，国亡史成"是中国的文化传统。在古人看来，历史中包含了知识、智慧与经验教训，"鉴往以知来"，"古史祖训"因此值得重视。而在上古，历史知识主要就掌握在史官手里。在前文字时代，历史知识主要依赖于"瞽史"的讽诵，文字发明后，则主要依赖于史官的记录。由于上古史官垄断了历史知识的生产与传播，史官因此获得一种特殊的话语权，可以对王权或百官进行监督批评或规诲。其监督方式除了"代天立言"之外，就是"以古非今"：以古代圣贤或"先王"的道德标准为标准，对当政者提出批评。"古训"在中国的文化传统中具有极高的合法性。正如伍安祖和王晴佳先生所指出的：

中国史家关于历史流变的理论主要体现为三种主要态度：即崇古的、怀古的与信古的，三者在表达方式上相互关联。崇古的态度是指这样一种信念，它认为上古

---

① 潘祥辉：《"对天发誓"：一种中国本土沟通行为的传播社会学阐释》，《新闻与传播研究》2016 年第 5 期。

时期已确立了一种出色的价值判断的标准，并使之成为衡量后世与文化的标尺。因此，作为黄金时代的上古时期成了道德与实践教训的源泉与宝库。崇古的态度促进了以史为鉴观念的形成，这种观念认为历史是现实生活的全能导师。怀古的态度引出了与此相关联的另一观点，即今不如昔、往事一去不复返，而信古的态度则称颂永恒的普遍性，反对偶然的特殊性。这样，现在与过去被等而视之，因其二者在本质是一致的。因为这种普遍的历史主义的观念，即崇古的、怀古的和信古的态度，使得帝制中国的主要价值标准皆来自过去，而非现实经验或对未来理想的预期。①

正因为对历史和"古"的崇拜，使得中国的史论监督很大程度上表现为"以古非今""以先王非今王"，这是中国史论监督的一大特色。在杜维运先生看来，这种"以史垂训"传统则体现了一种"人文主义精神"，"中国所谓历史，其内容及作用一般是以史资治，以史垂训，记载政治典章因革损益之故，以及事之成败得失，人之邪正，其富有人文主义的精神，清晰若揭。"②

（三）"祖宗崇拜"的传统

与"历史崇拜"相表里的则是"祖宗崇拜"。从帝王将相到平民百姓，崇拜"祖训"几乎中国人的一种信仰。在中国人看来，在史书上留下一个怎样的形象与名声，不仅关乎自身的评价，也关系到是否对得起"列祖列宗"，关系到是否能够享有后世子孙的祭祀。中国人尊史与敬祖的观念于是关联在一起，这进一步突显了史官记载的重要性。在中国人看来，"名垂青史"是十分重要的事情，它意味着"流芳百世"。相反，在历史上留下骂名，这比在现实中被骂更加难以接受，因为这可能"遗臭万年"。史官的记载，对于追求"历史中生存"的政治精英或士大夫而言，就变得极其重要。正如论者所言："对中国人来说，人生的不朽不在于追求佛教的'六道轮回'后的肉体永生，也不在于追求基督教肉体归寂之后的灵魂升入天堂，而在于书名竹帛，万世流芳。正因为中国人对不朽理念的这种独特追求，所以史学对他们来说特别重要。史学为黑头发、黄皮肤的中国人的不朽意识建筑起了超越有限生命而求得精神永存的理想殿堂。"③在"历史崇拜"与"祖宗崇拜"的社会意识主导下，史官所记意味着"生前身后名"，意味着对祖宗的尊敬与否，

---

① ［美］伍安祖、王晴佳：《世鉴：中国传统史学》，孙卫国、秦丽译，北京：中国人民大学出版社，2014年，第12—13页。

② 杜维运：《史官制度及历史记载精神》，见王洪均主编：《新闻理论的中国历史观》，台北：远流出版事业股份有限公司，1998年，第165页。

③ 钱茂伟、王东：《民族精神的华章——史学与传统文化》，北京：北京图书馆出版社，2004年，第22页。

对后世子孙的垂范与否。在这种"尊史敬祖"的文化语境下，没有人敢于忽视史官的一支笔。"知我罪我，其惟春秋"，史官的记录与传播也因此获得了凌驾于统治者之上的一种监督性权力。

可见，中国独特的历史与文化传统是"史论监督"合法性的来源。当代学者李泽厚认为，中国文明有两大征候特别重要：一是以血缘宗法家族为纽带的氏族体制 (Tribe System)，一是理性化了的巫史传统 (Shamanism rationalized)。两者紧密相连，结成一体。[①] 事实上，正是"巫史合一"的传统和"宗法崇拜"的传统构成了中国史官"史论监督"得以发挥效力的历史前提。这种"史论监督"就是建立在古人对"天"的敬畏和对"古"的崇拜，也包括对"文字"崇拜的传统之上。中国人常说："一字入史册，九牛拉不出"，这种对历史和文字的敬畏在中国历史上由来已久。正如法国汉学家谢和耐先生所观察到的，"文字的威力"几乎成为中国历史和官僚政治中一种"独特的政治制度"。[②] 事实上，纵观人类文明史，这样的传统和信仰只存在于古代中国。这种"史论监督"模式可谓"中国特色"，在中国文化中也极具效力，对于约束古代的君权和官僚权力发挥了重要作用。不过，随着先秦以后社会的日益世俗化以及君权的不断扩张，"史权"逐渐旁落，"史论监督"模式也难免发生一定的变异。

三、式微与坚守："史论监督"模式的传承与演变

（一）汉以后"史权"与"史论监督"功能的弱化

柳诒徵先生曾将古代史官的记录与监督权力称之为"史权"，并对这种"高于一切"的史权给予了高度评价："惟是吾国史权之尊，固仿佛有他国司法独立之制度。然其精义，又与他族之言权者有别。他族之言权者，每出于对待而相争；吾国之赋权者，乃出于尚德而互助。此言史权者最宜郑重辨析者也。历世贤哲，主持政权，上畏天命，下畏民嵒，惟虑言动之有愆，致贻国族以大患。"[③] "史权"与"史论监督"都发端于上古，对君权起着相当的制约作用，这是历史事实。但这一模式本身也在历史发展中不断演变。不容忽视的一点是，从上古到清代，"史论监督"的功能总体趋势是在日益弱化。这种弱化既表现在史官受到权力的压制，独立性弱化，也表现在史官很难做到"秉笔直书"，相反，"曲笔"变得普遍。这种状况正如刘知几在《史通》中所批评的："其有舞词弄札，饰非文过，若王隐、虞

---

① 李泽厚著：《说巫史传统》，上海：上海译文出版社，2012 年，第 5—6 页。
② [法] 谢和耐：《中国人的智慧》，何高济译，上海：上海古籍出版社，2004 年，第 199 页。
③ 柳诒徵：《国史要义》，上海：华东师范大学出版社，2000 年，第 39 页。

预毁辱相凌，子野、休文释纷相谢。用舍由乎臆说，威福行乎笔端，斯乃作者之丑行，人伦所同疾也。亦有事每凭虚，词多乌有：或假人之美，藉为私惠；或诬人之恶，持报已仇。若王沈《魏录》述贬甄之诏，陆机《晋史》虚张拒葛之锋，班固受金而始书，陈寿借米而方传。此又记言之奸贼，载笔之凶人，虽肆诸市朝，投畀豺虎可也。"（《史通·内篇·曲笔第二十五》）在笔者看来，导致这种变化的主要有两个因素：一是史官地位和权力的变化；二是史官制度的变化，而这一切又和皇权的强化及其对史官的压制或笼络相关。

现代政治学告诉我们，实现政治监督的独立性是保证有效监督的前提条件。"在政治监督系统内，要真正发挥政治监督的作用，监督者的地位必须是独立性，它不依附于被监督者，不服从于被监督者的命令，不受被监督者的控制和支配，独立地行使宪法和法律赋予的监督权。"[1] 但从历史来看，保障史官"独立监督"的法律和政治条件在中国古代并不具备。我们可以看到，从上古迄于至明清，史官的地位和权力是逐渐衰弱的。显然，这导致了"史论监督"功能的弱化。李宗侗先生认为，中国史官的地位与职能一共经历了三个阶段的变化，时代越早，史官的地位越尊贵，时代越晚，权力愈小。

史之初义为史官，而其职权凡三变。总全国一切之教权政权，最初之职务也。盖最古教权与政权原不分，史既掌管一切天人之际的事务，则总理一切政权教权，亦极合理；后渐演变，因政权与教权分离，天人之际属于教权范围，故史官职权缩小，只包括天人之际的事务及其记载而不能参预政权；此第二阶段也。只以著国史为事，此第三阶段。亦即后世对史官之普通观念。盖耐代愈后史官之权愈小，愈古权愈广，明乎此，方能知史之真谛。即以地位而言，亦最初极尊，而后转卑。[2]

在巫史合一的远古时代，史官能够"沟通天地人神"，通晓古今，其权力自然是非常之大。《礼记·礼运》所言"王前巫而后史"，史在王之左右，其地位可见一斑。"史巫合一"的角色使史官在国家机构中的地位显得十分重要。如王国维先生所言："史为掌书之官，自古为要职。殷商以前，其官尊卑虽不可知，然大小官名及职事之名多由史出，则史之位尊地要可知矣"[3] 史官的专业性和神圣性也表现在其职业的世袭性上。至迟在周代，史官已经是世袭职务，"他们一旦固定为

① 赵虎吉：《政治学基本问题》，北京：中共中央党校出版社，2012 年，第 157 页。
② 李宗侗：《中国史学史》，北京：中国友谊出版公司，1984 年，第 3 页。
③ 王国维：《王国维手定观堂集林》，杭州：浙江教育出版社，2014 年，第 139 页。

史官之家，其职业就成为一种神圣的事业"。① 但随着社会的世俗化和理性化以及王权的兴起，巫史的地位逐渐衰落。到司马迁所生活的西汉时代，史职已然成为君主的侍奉。其地位正如司马迁在《报任安书》中所说："文史星历，近乎卜祝之间，固主上所戏弄，倡优所畜，流俗之所轻也。"尽管如此，作为私家著述，司马迁的《史记》还是具有相当"实录精神"的，显然还保留了上古史官的监督批评传统。但到了东汉班固的《汉书》，史官与史书的独立性开始减弱，取而代之的是"奉敕编述"模式。正如论者所言，史书"自《汉书》始，不再是太史之作，而为著作官纂修；由《史记》'稽成败之理，究天人之际，通古今之变'到《汉书》'网罗一代'，'述叙汉德'，既是纂修情况的一次大变化，也是修史思想的一次重大转变。"②

汉代以后中国修史制度的变化也是导致"史论监督"模式式微的重要原因。继汉代的"官修史书"之后，唐代进一步设立"史馆"，开创了正史的"集体编修制度"，这使作为个体的史官和"史权"几乎无从发挥。宋代也沿袭了这种修史制度。"宋制，监修国史一人，以宰相为之。修撰、直馆、检讨无常员，修撰以朝官充，直馆、检讨以京官以上充，掌修日历及典司图籍之事。凡国史，别置院於宣徽北院之东以藏之，谓之编修院。"（《文献通考·职官·史官》）在这种制度下，所谓"某朝实录"不可能是真正的实录，只能是徒有其名。近人梁启超对唐以后的集体修史制度多有批评："置员猥多，而以贵官领其事。自兹以往，习为成例。于是著作之业，等于奉公，编述之人，名实乖连。此种官撰、合撰之史，其最大流弊则在著者无责任心。坐此之故，则著者之个性湮灭，而其书无复精神……若隋、唐、宋、元、明诸史，则如聚群匠共画一壁，非复艺术，不过一绝无生命之粉本而已……"③

在这种情形下，"史论监督"实际上很难发挥作用。由于受到君权的控制，对当朝皇帝及其先祖，史官所能发挥的监督批评作用是相当有限的。不过，对于前朝皇帝或当朝大臣，史官还是可以用自己的史笔进行"史论监督"的。历史上有些"乱臣贼子"为了逃避史官的监督或美化其家族的行状，不惜向史官行贿。一个著名的例子就是写作《魏书》的作者魏收，据说其竟然收取贿赂来任意褒贬，背离了史官的实录精神。《魏书》也因此也被刘知己、章学诚等史家批评为"秽史"。从这个记载中我们也可以看出"史官"的权力仍在，虽然不能"贬天子"，但"黜诸侯"尚可以发挥一定作用。

---

① ［日］内藤湖南：《中国史学史》，马彪译．上海：上海古籍出版社，2008 年，第 19 页。
② 谢保成：《二十四史修史思想的演变》，《学术研究》2007 年第 9 期。
③ 梁启超：《中国历史研究法》，北京：东方出版社，1996 年，第 21 页。

（二）"史权"的坚守及与"皇权"的博弈

就"史论监督"而言，汉唐以后史官地位的旁落及修史制度的变化主要表现在对君权监督的削弱上，但它并没有完全弱化传统"史论监督"的功能，尤其是在官修史学之外，中国的私家史学一直不绝如缕，对上古的"良史精神"有着自觉的继承。[①] 西方的一些史学家，如比尔·詹纳尔（Jenner，W.J.F.）将中国的官方史学完全贬低为服务于皇权意识形态的"虚构历史的文化牢笼"[②]，显然失之偏颇。类似的批评也见诸近代以来一些中国史学家的评论中，不论是"疑古派"，还是主张"新史学"的学者，抑或主张"马克思主义史学"的学者，将传统帝制时期的中国史学完全斥之为"封建史学""官方史学""皇家史学"或"宣传史学"，[③] 这样的看法显然不符合客观事实。

实际上，上古史官"秉笔直书"的传统在中古以后并没有遭到废弃，相反，不断为史官所传承及实践，即便在皇权专制达到相当程度的唐宋，史官秉笔直书的例子也不甚枚举。如唐代史家吴兢（即《贞观政要》的作者）就曾因当面拒绝当朝宰相张说希望改写《武后实录》的要求，他因此被时人称誉"昔董狐古之良史，即今是焉"（《唐会要·史馆杂录下》）。唐代仍然保留了"天子不观起居注"的不成文规定，皇帝想要看起居注，史官往往拒绝，并假以颜色。贞观年间，褚遂良负责记录唐太宗李世民的起居注，就多次拒绝唐太宗观史的要求。史载：

太宗尝问曰："卿知起居，记录何事，大抵人君得观之否？"遂良对曰："今之起居，古左右史，书人君言事，且记善恶，以为鉴诫，庶几人主不为非法。不闻帝王躬自观史。"太宗曰："朕有不善，卿必记之耶？"遂良曰："守道不如守官，臣职当载笔，君举必记。"（《旧唐书·褚遂良传》）

《新唐书·朱子奢传》也记载了史官朱子奢坚持史家传统的故事：

帝尝诏："起居纪录臧否，朕欲见之以知得失，若何？"子奢曰："陛下所举无过事，虽见无嫌，然以此开後世史官之祸，可惧也。史官全身畏死，则悠悠千载，尚有闻乎？"

到宋代，"秉笔直书"的史家传统仍有史官发扬光大。宋人吴缜在《〈新唐书

---

① 阚红柳：《私家修史刍议》，《辽宁大学学报（哲学社会科学版）》2004 年第 2 期。

② Jenner，W.J.F.*The Tyranny of History:the Roots of China's Crisis*.London:Penguin Books.1992.

③ 吴怀祺：《史学理论与史学史研究》，福州：福建人民出版社，2006 年，第 14 页。

纠谬》一书的序文中强调，评论一部史书的优劣，要看它是否具备事实、褒贬、文采这三个基本条件，三者之中，又以事实最为重要，他说："事得其实矣，而褒贬、文采则阙焉，虽未能成书，犹不失为史之意。"吴缜把"事得其实"作为撰史的基础和评论史书的主要内容，显示出他在史学评论上的卓识以及对传统史官文化的坚持。①

　　由此可见，秦以后的"史论监督"并没有完全废绝，而是仍然得到一定程度的坚守。当然，比起"私修史学"，"官修史学"的批判性色彩确实弱化了许多。不过，史官精神出于一源，在历代的各种修史活动中（不论官修史学还是私修史学），"史论监督"都得到了很好的传承。实际上，在"史权"和"皇权"的博弈中，"史权"从来没有完全屈服过，两者有一致、有冲突，也有相互调和之处。中国史学中的"鉴戒模式"就是这种史权和皇权调和的产物。所谓"鉴戒模式"即史官在历史记载的过程中不再是"秉笔直书"，而是注重话语表达与书写措辞的方式，注重材料的择取，尽量在不冒犯皇帝"龙颜"的基础上，委婉地提出批评或规劝。这种"鉴戒话语"在秦以后的历代史学著述中都有很好的呈现。东汉末年，史官荀悦著《汉纪》，以西汉一代"明主贤臣，规模法则，得失之轨"为当权者提供鉴戒。唐初魏征主持修史，也明确提出"取鉴于亡国"，要从前代"危""乱""亡"的教训中求得本朝的"安"与"治""存"。宋代司马光编《资治通鉴》，融"官修"与"私修"于一体，更是把中国古代的"鉴戒史学"推向了高峰。② 在笔者看来，"鉴戒史学"的存在可以看作是"史论监督"功能弱化但没有消失的一个例证。这种"以史为鉴"的话语模式既可以让人君听得进去，又不失史官的批评与监督之责。这既体现了皇权时代史官的无奈，也体现了史官的政治智慧。这种调和折衷与我们当代记者的"舆论监督"非常类似。

四、余论："史论监督"的影响及其与"舆论监督"的异同

（一）"史论监督"模式与"舆论监督"模式的异同

　　如果我们仔细比较，中国史官的"史论监督"和我们今天所讲的"舆论监督"确实有相似之处。"铁肩挑道义，妙手著文章"，古代的史官和当代的记者一样，都是职业传播者，享有"传播权"，通过自己的记录与传播来对当权者进行政治监督，而且都崇尚秉笔直书。事实上，上古史官记录的不仅是历史，也是时事。所谓"先王立史官以书时事，载善恶以为沮劝"（《晋书·司马彪传》），说的就是早

---

① 邓鸿光、李晓明主编：《史学理论与史学史》（第一辑），武汉：崇文书局，2002 年，第 18 页。
② 谢保成：《传统史学与 20 世纪史学》，北京：中国社会科学出版社，2016 年，第 12 页。

期史官所记是"时事"而非史事，这就与后世记者的功能更加类似了。[①] 的确，从记载与监督的功能来看，史官与记者，史书与新闻纸确实有异曲同工之妙。因此用史家比附记者，用史之精神比附报业与舆论，在近代以来的新闻史论中非常常见。如蔡元培在为徐宝璜《新闻学》一书所做的序言中就写道："余惟新闻者，史之流裔耳。古之人君，左史记言，右史记事，非犹今之新闻中记某某之谈话若行动乎？不修春秋，录各国报告，非犹今新闻中有专电通信若译件乎？由是观之，虽谓新闻之内容，无异于史可也。"[②] 谭嗣同提出了"报纸即民史"之说。近代报人史量才也认为"日报负直系通史之任务"，"同人则以史自役"。因为对"史"的推崇及史量才本人的办报实践，近代新闻史上甚至出现了"史家办报"这样一个一语双关的概念。[③] 当代研究者在谈到记者或媒体的舆论监督功能时，也往往以古代史官为喻。如李敬一先生就认为："史官记事对人君形成舆论压力，有别于一般的历史记录，而与今之反映民意、掌握舆论监督之报纸有很大的相似之处。"[④] 不过，这些类比显然混淆了史官与记者及现代新闻媒体的区别。在笔者看来，"史记百家"不同于现代传媒，"史论监督"也不同于"舆论监督"，这两种监督方式差异非常大，与其将两者进行类比，不如将它们区别对待。

首先，从监督方式来看，舆论监督是自下而上的，它通过众人之论和民意压力，来形成对当政者的监督。在林语堂看来，舆论代表了民众和民意，监督的主要对象是当权者，而他们和当权者之间的关系是冲突的。所谓"舆论监督"在林语堂笔下其实是一种对抗性的零和博弈。林语堂因此认为"中国新闻史就是民间舆论与中国当权者之间的斗争史"。[⑤] 但"史论监督"显然不同于"舆论监督"，舆论监督的主体是公众，史论监督的主体则是史官。"史论监督"是自上（天）而下（君臣）的监督，它并不借助于大众和民意，而是借助"天"的威力以及敬天畏天的历史传统。如果说舆论监督是"为民请命"的话，史论监督则是"代天立言"，因此其与当权者之间的关系并非是对抗性的，而是存在着默契与合作。事实上，在前大众传媒时代及民意政治不发达的古代，"史论监督"发挥的功能显然比舆论监督更加有效。

其次，从监督的时间特性来看，舆论监督依赖于新闻的时效性，是一种即时

---

① 吴廷俊：《中国新闻事业史》，武汉：武汉大学出版社，2009 年，第 17 页。
② 蒋含平、李新丽编：《中国新闻传播史文选》，合肥：合肥工业大学出版社，2016 年，第 123 页。
③ 徐培汀、裘正义：《中国新闻传播学说史》，重庆：重庆出版社，1994 年，第 397 页。
④ 李敬一：《中国传播史论》，武汉大学出版社，2003 年，第 39 页。
⑤ 林语堂：《中国新闻舆论史》，王海、何洪亮译，北京：中国人民大学出版社，2008 年，第 2 页。

性的监督。但"史论监督"并不依赖于时效性，相反，它是一种"历时性监督"或称"历史纵向监督"。"国史者，记君臣之善恶，示褒贬于万代，不有修撰、后代何观？"（《三国史记·新罗本纪》）中国古代史学的一个特色就是通常"隔代修史"，当代人不修当代史。因此"史论监督"的主要威力不在于当世，而在于后世对帝王将相的"死后监督"。这种监督如唐代文学家韩愈所言："诛奸谀于既死，发潜德之幽光。"（《答崔立之书》）这种"死后监督"同样有政治监督之效。当帝王将相意识到其身后名声将受到史官记录和评价时，自然就不敢胡作非为，"史论监督"的效力也由此产生。李彬教授在论及唐代起居注对皇权的监督约束功能时曾指出："在朕即国家皇权至高无上的时代，起居注这一封闭式的传播样式有时对人君也能产生一定的儆戒作用。一个为所欲为的君王可以不在乎当世舆论的千夫所指，但他不能不常常顾忌到后世舆论的众口铄金。从这个意义上讲，封闭的旨在传之后世的起居注反倒对当世之人构成舆论监督之势。"① 所谓"后世的舆论监督"在当世即为"史论监督"。显然，用"史论监督"而不是"舆论监督"更能准确地概括"起居注"的政治监督功能。如前文所述，这种"以身后记录来制约身前行为"的"史论监督"模式为中国所特有，植根于中国的历史文化与历史意识之中。

第三，从传播的范围与公开性来看，舆论监督是一种公开的监督形式，依赖于大众媒介和信息的广泛传播。而史论监督则是一种传播范围有限的"不公开"的传播监督方式。正如钱穆先生指出的："中国史既人分贤奸，事定褒贬，执史者虽能自由下笔，亦不随时传布，秘而不宣。必待前一朝代亡，后一朝代兴，乃本前代史官所书，及其他材料，由后朝编成新史。"② 事实上，古代史官记录历史多是秘密进行的，理论上不得让皇帝观看。即便史书修成，也并非公开发行，而是藏之秘府。如《旧唐书·职官志》所言："史官掌修国史，不虚美，不隐恶，直书其事。凡天地日月之祥，山川封域之分，昭穆继代之序，礼乐师旅之事，诛赏废兴之政，皆本于起居注、时政记，以为实录，然后立编年之体，为褒贬焉。既终，藏之于府。"司马迁著《史记》称要"藏之其山，传之其人"也是这个道理。这个传统可能源自古代的"巫史一体"传统。上古史官是"准神职人员"，其所从事的记录工作具有神圣性。在古人看来，史官修史是"代天立言"，载入史册即意味着获得了某种神圣性，它不需要经大众传播来形成文本的合法性或效力，这就与世俗化的舆论监督非常不同。

此外，从两种政治传播监督方式的思想来源来看，也存在一定的差异。"舆论

---

① 李彬：《唐代文明与新闻传播（修订本）》，北京：中国人民大学出版社，2014 年，第 123 页。

② 钱穆：《中国史学发微》，北京：九州出版社，2012 年，第 127 页。

监督"一般被认为是一个有中国特色的概念，①但其产生的时间较晚，显然是大众传媒时代的产物。因此，"舆论监督"的概念即便是本土的，也必然受到西方的影响，这一观念与西方新闻业及其影响有着密切的联系。西方的新闻业向来强调"公共舆论"，强调"民意"（public opinion）的监督功能，新闻媒体作为民意的代表，自然也具有"舆论监督"功能。中国的"舆论监督"概念显然受到西方"公共舆论"与"看门狗"观念的启发和影响，是"一个西方和中国概念含含糊糊的混合"。②从思想来源来看，西方"舆论监督"观念的背后是"天赋人权"的现代民主观念的支撑，而中国古代"史论监督"的背后则是"史权天授"的中国传统观念和价值系统的支撑，两者的权力和合法性来源完全不同。可以说，"史论监督"才是一个完全本土的概念。史官通过自己的历史书写对统治者进行政治监督的现象为西方所无，唯中国独有。这种"史论监督"模式植根于中国特有的历史文化传统，是中国古代"前大众传媒时代"最为重要和最为有力的一种传播监督方式。我们也完全有必要用"史论监督"这个新的概念来描述和解释这种现象，并与"舆论监督"区别开来。

（二）"史论监督"模式对近代中国新闻业的影响

中国古代的"史论监督"和当代的"舆论监督"并非截然不同。在笔者看来，当代中国媒体的"舆论监督"观念一定程度上受到古代"史论监督"模式的影响，"史论监督"模式对近代以来中国新闻业及新闻理念的影响更是广泛而深刻。

从精神理念而言，近代报人知识分子可以说是古代史官的后人。诚如1897年章太炎在《实学报叙》中所言："夫报章者，诚史官之支与余裔也。"史官"代天立言"的"天职观"在现代被转化为报人"忧国忧民"的社会责任感。史官"秉笔直书"的"实录"精神，"贬天子，黜诸侯"的大无畏精神，也内化为现代报人的新闻理念，激励着现代报人的办报实践。正如论者所言："从中国新闻传播史来看，史家'忠于事实''秉笔直书'的精神对新闻职业道德的形成产生了重大而深远的影响。今天的新闻就是明天的历史，当记者同样要有一种高度的社会责任感和历史使命感。"③"史论监督"传统也给近代中国的新闻业打上了强烈的"本土烙印"。古代"史论监督""礼为史纲"的道德原则，史论结合（事实与评论结合）的表达方式，以及"寓事实于论断"的"春秋笔法"，都强烈地影响着近代以来的新闻理

---

① 李延枫：《舆论监督：概念辨析与重新认识》，《新闻与传播研究》2017年第4期。

② 孙五三：《批评报道作为治理技术——市场转型期媒介的政治社会运作机制》，《新闻与传播评论》2002年第1辑，第123—138页。

③ 秦志希、余霞：《新闻理论概要》，武汉：华中科技大学出版社，2016年，第134页。

念。这种新闻理念与西方"奉客观性为专业组织意识形态"，① 注重"客观、平衡与价值中立"的"新闻专业主义"标准很不一样。事实上，如果用西方人的视角或者我们当下的标准来看，中国的史学传统是缺乏"客观性理念"的。所谓的"书法不隐"或"实录"根本不是我们今天意义上的"客观记录"。一个典型的例子是春秋时史官董狐的记录。赵穿弑君而董狐书曰："赵盾弑其君"，这样"张冠李戴"的记录却被孔子称之为"书法不隐"。可知中国古代史官文化中所推崇的是一种"道德褒贬"而非"客观性"。诚如论者所指出的：

> 孔子对董狐的赞美再次表明：虽然他欣赏史学家"秉笔直书"的品质，但他却没有倡导我们所理解的种客观性观念。"秉笔直书"意味着史学家要不顾政治压力辩明善恶，严肃地承担起其道德责任。它是一种截然不同于客观性观念的价值评判的视角。所谓客观性，不涉及价值判断，用兰克的话说就是"如实直书"。儒家将历史写作视为一种行为规范，而兰克主义者把它看作一种描述实践。②

可以看出，孔子所讲的"书法不隐"及历代中国史家所讲的"直书"与近代西方客观主义史学家兰克所讲的"如实直书"是非常不同的。我们切不可将两种"直书"混为一谈。事实上，中国古代史家所主张和坚持的"史论监督"从来就不是客观主义的，而是以儒家的"礼"为标准，充满了道德判断色彩。"史家之绝唱"的《史记》也概不例外。在柳诒徵先生看来，"义"才是中国史学所最为重视的要素。"史之三要素，曰事、曰文、曰义。此自孔孟发之。孟子曰：其事则齐桓、晋文，其文则史。孔子曰：其义则丘窃取之矣。明史学所重者在义也。徒骛事迹，或精究文辞，皆未得史学之究竟。"③ 的确，从历史上来看，即便主张"直书"的史官或史学家，也无法不"为尊者讳，为亲者讳"。伟大如刘知己，他在《史通》中一方面反复强调史家和史著要"审实""故实""摭实""寻其实"，指责史家和史著的"失实""不实"，确保"实录史学"，但另一方面，他又要求史学必须"激扬名教"。"史氏有事涉君亲，必言多隐讳，虽直道不足，而名教存焉。"（《史通·内篇·曲笔第二十五》）④ 这种"矛盾性"主张普遍存在于中国古代史家的历史意识和书写实践中，与主张"客观史学"的西方历史学家相去甚远。

---

① 黄旦：《传者图像：新闻专业主义的建构与消解》，上海：复旦大学出版社，2005 年，第 68 页。

② ［美］伍安祖、王晴佳：《世鉴：中国传统史学》，孙卫国、秦丽译，北京：中国人民大学出版社，2014 年，第 29 页。

③ 柳诒徵：《国史要义》，上海：华东师范大学出版社，2000 年，第 199 页。

④ （唐）刘知己：《史通》，白云译注，北京：中华书局，2014 年，第 332 页。

因此，我们必须看到，中国的"史论监督"既有强调"直笔实录"的一面，但更有重视"道德评价"的一面。中国的"良史精神"从来都不是"纯客观主义"的。这种传统也影响到中国近代报人的新闻理念。正如论者所指出的："由于史学对中国文化的重要影响，'取鉴资治，垂训道德'的史家传统确实深刻影响着中国早期报人的办报活动。"① 我们从梁启超关于"良史"与"良报"的类比中能清楚地看出这一点。梁启超认为，治新闻业者要有"史家之精神"："史家之精神何？鉴既往，示将来，导国民以进化之途径者也。故史家必有主观客观二界，作报者亦然。政府人民所演之近事，本国外国所发之现象，报之客观也。比近事，察现象，而思所以抽绎之发明之，以利国民，报之主观也。有客观而无主观，不可谓之报。主观之所怀抱，万有不齐，而要之以向导国民为目的者，则在史家谓之良史，在报界谓之良报。"② 可见，梁启超对"良报"的看法是受到"良史"精神影响的。他强调"向导功能"，强调主观与客观的结合，这显然与中国史家"实录"与"褒贬"合一的记录传统相一致。中国近代的这种新闻理念显然与西方主流的新闻理念有着相当大的差异。在笔者看来，与中国"良史"相一致的"良报"理念，就包含了一种不同于西方的"中国式"新闻理念：即一种"天下兴亡、匹夫有责"的强烈的社会责任感和"记录与评论"并重的表达方式。我们确实可以在近代以来的"文人办报"或"文人论政"模式中看到这种新闻理念的存在和影响。③ 在笔者看来，这种"中国式新闻理念"毫无疑问受到中国"史论监督"传统的影响，并承袭了中国的"良史"精神。在当代中国新闻传播史的研究中，一方面，我们既不能不求甚解地将古代"良史"精神与当代新闻业所主张的"客观性理念"或"舆论监督"功能混同起来等量齐观或无限拔高；另一方面，我们也不能贬低其价值，以西方的标准为标准，将这种"史家精神"及其影响下的中国特色的新闻理念完全视为"文化负资产"。在笔者看来，"史论监督"的历史价值和现实影响显然是利大于弊的。作为一种中国本土特色的政治传播传统，"史论监督"在古代"前大众传媒时代"发挥了重要的政治监督功能，也给了近代以来的报人办报以巨大的精神激励和理念支持，其历史意义不容低估。

---

① 董天策、谢影月：《"史家办报"思想探究》，《新闻大学》2006 年第 2 期。

② 梁启超：《敬告我同业诸君》，见吴嘉勋、李华兴编：《梁启超选集》，上海人民出版社，1984年，第 336 页。

③ 参见李金铨：《报人报国》，香港：香港中文大学出版社，2013 年；《文人论政》，桂林：广西师范大学出版社，2008 年。

共生交往观的阐扬——作为传播观念的"中国"

谢清果[*]

（厦门大学新闻传播学院　福建厦门　361005）

摘要： 近年来，"中国"日益成为学界热议的关键词，如何理解"中国"的内涵，成为中国崛起迫切需要理解和传播的问题。传播学界应当如何回应这一问题呢？一个可行的方案便是将"中国"阐释为一种传播观念，即具有中国特色的"共生交往观"。因为"中国"是中国人的精神信仰，内含着沟通、合适、中和等传播观念，从而确保中华文明绵延了五千年。当今世界，"中国"是一种元传播符号，她集中代表着一种新的交往气象：以"文明中国"的姿态坚守"中道"传统；在世界交往中阐扬"共生"精神，总之，"中国"是一种负责任，敢担当的宏大传播叙事主题与符号象征。

关键词： 中国；传播观念；共生交往观；元传播符号

史学界认为"中国"是一种研究方法，即作为方法的中国；哲学界认为，"中国"是一种价值，体现为"中庸"之道的行为范式；社会学、政治学界认为，"中国"是一种模式，一种方案，体现了中国对世界治理的想象。作为传播学者，笔者则认为"中国"是一种倡导"共生交往观"的元传播符号。因为从内与外，中心与边缘的关系来看，"中国"观念体现为一种传播时空观，即一种追求内外交融、中心边缘一体的沟通理念；从传统与现代、中国与世界的关系角度来看，"中国"观念的精髓是在现代中守望传统；在世界交往中秉持"共生"原则。具体说来是，发扬"中国"观念内含的"中道"智慧，落实在共商、共建、共享的丝路精神中，体现出建构"人类命运共同体"理念中的共生意蕴。

正如学者熊鸣琴所言："历史上的'中国'并非一个连绵不断的国家，不但各

---

* 作者简介：谢清果，男，福建莆田人，厦门大学新闻传播学院教授，博导，华夏传播研究会会长，厦门大学传播研究所所长，《中华文化与传播研究》《华夏传播研究》主编。

王朝各有专名，历史上的‘中国’概念也不是固定不变的，除了有政权的含义外，更是族群、文化、地理等诸多含义的汇合，即使是同一时期，‘中国’的概念也会因不同的场合而有所不同。‘中国’本身是复合概念，它不是通过严格的外延和内涵等逻辑思维来定义和界说的，而是通过不同的侧面，不同的视角展现和勾勒出来。”① 即便如此，作为文化的“中国”观念依然较族群、地理和政权观念占据核心和主流位置，换句话说，“中国”观念背后的意象更倾向于是一个崇尚礼教的文明共同体，在此观念中滋生了夷夏之辨，中心与边陲之分，正统与非正统之别。进而，传统中国笼罩在“天下中国观”的意识中，逐渐成中东亚文明的共主，至少是想象的共主，中国处于“天下体系”的中心，富有安定天下的责任。正因为基于对此“中国”的美好想象，日本、朝鲜和越南历史上都曾自称“中国”，体现出对“中国”内在文化价值的认同。除了春秋时期赵公子成对文化“中国”的赞誉，更有后世宋代刘敞对文化“中国”的坚守：“能自藩饰以礼乐者，则谓之中国；不能自藩饰以礼乐，上慢下暴者，则外之中国。内外之别，不在远近，而在贤不肖，苟贤矣，虽居四海，谓之中国可也；苟不肖矣，虽处河洛，谓非中国可也。”② 纵观中国历史，“中国”观念有时雄壮自信，有时消极防御；有时中国即天下，有时中国仅为天下之一，但又固守天下之中的观念；有时指都城、地域，有时指族群，有时指政权。不过，总体而言，有条主线是，“中国”观念是建构自身政权合法性的一套说辞，具体说来，就是天下当由居于中国的天子来统治，正所谓“溥天之下，莫非王土；率土之滨，莫非王臣”，此为一种王者无外，合天下为一家，无限广阔的国家观念。③ 由此不难得知，“中国”观背后有着自我中心的政治观念，有时也有明显的华夏族优越感的流露，也有以正统自居，以天命自诩的执拗。然而，在当代中国，我们需要再造“中国”，就应当汲取和发扬“中国”观中的积极因素，特别是华夏文明对文野之辨和天下一家的坚守情怀；扬弃汉文化中心和民族优越感倾向，以更开放包容自信地建构“文明型国家”，即成为一个能与，并善与世界各国人民沟通的“中国”观念与“中国”形象。中国之“中”，并不是地域之中，而是政治之中，即是“源于‘以我为中心’的政治理念”。④ 也可以说，是勇于铁肩担道义的自我赋权，是一种“舍我其谁”的历史担当与时代责任。表面上“以我中心”的国家和族群意识是再自然，再普遍不过的观念。每一国家和地域都会

---

① 熊鸣琴：《金人“中国”观研究》，上海：上海古籍出版社，2014 年。
② 刘敞：《春秋意林 . 卷上》，北京：北京图书馆出版社，2006 年。
③ 邢义田：《天下一家：中国人的天下观》，载邢义田主编《中国文化新论：根源篇》，台北：台北联经出版事业公司，1981 年。
④ 陈玉屏：《略论中国古代的“天下”“国家”和“中国”》，《民族研究》2005 年第 1 期。

天然地从自身出发来看世界。难得是还要从世界来看自身。而"中国"观念正是这两方面的统一。从自身看世界，强调的是自我的利益；而从世界看自身，则关注的是自我的责任。"中国"观念正是权力与责任的统一，即既追求成为世界中心，天下共主；也努力承担对世界的责任，天下共荣。台湾学者甘怀真有段精辟阐述：

> 历史上的中国王权使用中国一词以自称，但此处的"中国"不是一个专有名词。若用一个或许不是太恰当的比喻，这就好比现代国家"民主共和国"自称一般。这一词是用来形容并界定自己政权的性质而不是用来作为政体或国家的名称。……中国一词的直接意涵是用来说明自己（的政权）是在天下之中，再藉由天下观的操作，证明己身是天下的支配者。于是前近代的所谓认同中国之争，是发生于不同王权间如何定位自身是中国。①

当代我们要传播的"中国"观念，可以继续阐扬我们的"天下中国观"，但要淡化天下操纵者的意涵和倾向，注重强调"人类命运共命体"的新"天下"观念，强调共商、共建、共享的共生交往观，重新定位"中国"乃是以"中"通天下的历久弥新的新型"文明型中国"。

一、"中国"：作为川流不息的元传播观念的符号表征

为什么要寻找"中国"，如何寻找"中国"，我期盼什么样的"中国"，我们如何想象"中国"？这些问题反映出当代中国知识分子的深度焦虑。因为当代中国有一个尊严的使命，那就是向世界说明中国，让世界理解中国。我们要向世界阐释当代中国是怎样从历史走向现实，从而阐明中国的崛起是和平崛起，中国不会走国强必霸的老路，中国有智慧绕过"修昔底德陷阱"，以让世界共享中国发展红利的方式，实现世界人民的共同发展。当然，我们也要从现实回溯历史，从历史汲取经验和反思教训中，走出一个面向未来、开创未来、和谐未来的"中国"。"中国"既是个令仁人志士魂牵梦绕的概念；又是百姓日用而不知的观念。不同人心中都有不同的中国想象与中国期待，那是不是存在一个作为集体无意识的"中国"意象，一个作为中华民族文化基因的"中国"观念？

（一）"中国"可以，也应当成为元传播观念符号

何为传播观念？杜威曾指出，"观念是具有经验根源和经验身份的。""观念就

---

① 甘怀真：《重新思考东亚王权与——以"天下"与"中国"为关键词》，甘怀真主编：《东亚历史上的天下与中国概念》，台北：台湾大学出版中心，2007 年。

是所实行的行动"。① 观念是人类行动的依据，也是人类行动所积淀的意识结晶。因此，观念是人类理解世界与改造世界的思想资源与行动动力源。同时，观念也是古今中外人们互通对话的深层依据。在一种文明长期的发展过程中，往往会形成自己独特的观念体系，从而塑造出自己独特的文化，体现为一系列独特的符号表征系统，比如儒家的五伦观念。而"中国"则是中华民族在长期历史演进中形成的最深沉最持久的文明共同体的符号标志。传播观念是指导和规范人类交往实践且带有根本性、全局性的观念，它深刻影响着特定社会中关系互动的原则、方向和方法，亦即人类观念系统中偏重"社会交往行为和传播策略"方面的观念。不过，它也映射出一个文化背后的哲学观念，比如中庸观念，既是哲学本体论和方法论，也是道德价值观。正如吴予敏先生所言："历史上人们的传播行为，尤其是制度化的传播行为，都是在一定的传播观念支配下发生的。"②"传播观念的形成和发展本身是特定的文化现象，它是人们如何理解传播、如何对待传播、如何实施传播的思想前提。传播观念具有历史的延续性和社会的普适性。"③ 因此，传播观念，简而言之，就是影响着特定时空下的人类个体、组织、族群彼此间交往方式的深层想法与观点。而元传播观念则是支配着其他具体观念背后的终极性、本源性传播观念，也可以称为"元传播"的观念。1951 年格里高利·贝特森 (Gregory Bateson) 提出"元传播"概念，用于说明"交换元讯息的传播"，而"元讯息"是"关于讯息编码的讯息"。"元传播"关注的是人类深层互动，而且"互动不仅涉及讯息的接受、理解、反馈，更涉及互动发生的语境、互动者的相互关系以及就互动展开的互动。"纵观"中国"观念的数千年流动，我们在华夏文明传播的宏大叙事中，就不难理解"中国"是传统中国社会中内外、中心边缘、夷夏等互动的原型或母题。换句话说，"中国"是历史上自从有"中国"意识后的一切活动中，无论是官方，还是民间；无论是国内，还是国际（指诸侯国）；无论是个人，还是群体；无论是有意识，还是不自觉，都以此"中国"观念作为自己的身份认同和言行规范的依归。"元传播作为一个重要概念，解决的正是在关系之中怎样讨论关系并由传递关系意义的元传播建立关系的问题。"④

　　虽然关系是在传播中建立，这是发生学意义上的命题，但是在共时性情况下，传播又是更易于被关系所限定。"中国"的观念正是一个界定我与你的关系命题，其内涵不仅仅是我为中，你为边；也可以是"我"与"你"之间有个"中"，也就

①　[美] 杜威：《确定性的寻求》，傅统先译，上海：上海人民出版社，2004 年。
②　吴予敏：《中国传播观念史研究的进路与方法》，《新闻与传播研究》2008 年第 3 期。
③　吴予敏：《谈谈中国传播观念史的研究》，《新闻大学》2008 年第 2 期。
④　王金礼：《元传播：概念、意指与功能》，《新闻与传播研究》2017 年第 2 期。

是有个美好的距离，这个恰到好处的距离，使彼此欣赏各自的美。值得注意的是，在中国轴心时代形成的"中"与"中国"观念正是坚守"执两用中"的中庸之道与中道之国的思想依据。从此，"中"与"中国"就像魔咒一样，成为中华大地的国家和国民行事的共同依据。正是从这个意义讲，我们认为"中国"是一个元传播观念。

（二）"中国"应该成为元传播符号

中国作为一个国家，需要在西方强势话语中突围，就必须正视西方对中国的抹黑与妖魔化问题，而中国要树立起自身光辉的国际形象，就必须打造一套能够解构西方"东方主义"的话语建构模式，这种话语模式把中国塑造成虽拥有五千年文明，辉煌的历史，但那属于古代中国；中国虽然拥有强大的经济实力，乃至军事实力，但那只是经济上的成就，而政治上依然在西方看来，不合乎西方民主等价值观标准的都是专制和独裁的，因此就需要回应这种偏见与成见。近年来，中国果断地提出"中国力量""中国好声音""中国故事""中国方案""中国核心价值观""中国梦""中国创造""中国智造"等等一系列的"中国"式话语体系，重新展现了中国自信与中国担当，那就是不回避问题，用共商、共建、共享的共赢理念，一扫西方强者通吃的丛林法则的霸道行径，进而展现了中国"己欲立而立人，己欲达而达人"的仁道情怀，以"和而不同"的原则，让国家不分大小强弱都共同享有作为地球人而应该享有的全球治理的尊严，同时也感受到"天下一家"的"人类命运共同体"的善意与愿景，反映了"中国梦"是人类梦、世界梦的缩影，中国的和平崛起是世界和平繁荣发展的机遇，中国发展的红利愿与世界分享。这体现了"人人为人，我为人人"的世界共同价值。习近平 2017 年 1 月 18 日在联合国日内瓦总部的演讲中提到，瑞士联邦大厦穹顶上刻着拉丁文铭文"人人为我，我为人人"。其内涵当是呼吁同一时代人和不同时代的人都应当彼此关爱，不论是一个国家，还是一个个人，从根本上讲，都是在享受着世界大家庭的福利，比如爱。因此，作为个人和作为国家也都应当为世界创造财富，使人类文明在交流互鉴中共同进展，向着和谐的未来迈进。

中国，或许只有中国，才是世界的希望。因为只有中国力争在世界的视角下思考世界，而不仅是在中国的视角下理解世界。同时，也努力在世界的视野下思考中国，或在中国的视野下把握世界。中国始终以中国与世界相互关联的思维方式来思考中国与世界。也就是说，中国是世界的中国，世界好，中国就好；世界也是包括中国的世界，中国好，世界就会更好。这是因为中国历来注重以礼相待，自我约束，以"己所不欲，勿施于人"为行事底线，将国与国，人与人的关系，放置在一个合适的位置，方能相亲相爱。也就是说，在国际舞台上，中国要大胆树立起"文明中国"的形象，倡导"新文明主义"，核心内涵是以和谐文明论淡化文明冲突论，或者说，以避免"冲突"，追求"和谐"为常态，为核心目标，以交流互鉴以基本原则与路径，引导人类走上一条"共生"的道路，从而实现"共享式文明"新形态，这样的国家才是"文明型国家"，这样的世界才会是和谐世界，这样的交往才是"文明传播"。

"中国"已不仅仅是历史上的中国，抑或是现实中崛起的中国，而是在人类文明中巍然屹立的中国。中国永远是守望着世界，渴望着"天下一家亲"的中国。"中国"这个符号她散发着"文明"的意蕴，她追求与世界以文明的方式来相互交往，从这个意义上讲，中国是可沟通的中国，中国语境中所展望的大同世界，也必当是可沟通的世界。因为华夏的文明交往观是从修身始，历经家与国，而图天下之太平，人类之和平，国家之和谐，人民之自由。这样的文明交往观总是在建构理想的天下，以作为个体的人安身立命营造合适环境。没有和平的世界，也就难以维持安全的个体与国家。正如马恩所强调的那样，个人的自由而全面的发展是一切人自由而全面发展的条件。人与人之间不是沟壑，而是彼此成就的他者。人类正是在我与你的对话与协作中走向幸福的。

在五千年文明浸润下的中国以及千百年来彼此往来的世界上的中国。世界已经深深打上了中国的烙印。无论是西方的文艺复兴，还是三权分立制度的形成，一切都有着中华文明的影子。一切世界上不存偏见的国家与人民，尤其是知识精英们，都会意识到中国以"反战"与合作的姿态重新走向世界舞台的中央，这是不可逆转的大势，而这大势背后正是中华文明的自信。因为中国所倡导的中和、共生的理念，是世界的良心与良知。致这种良知于自我，于世界，世界一定会以文明的方式彼此共处于一个蔚蓝色的，生机勃勃的星球。我们所理解的中国当是"文明中国"。这是因为中国正以文明的方式来感知这个世界，拥抱这个世界，奉献于这个世界。中国是一种生活方式，只要认同中国的价值观，那么中国就现实地出现在他应该在的地方。在这种理论支撑下的中国人，"他们是天下之民，同时也才能称得上是中国人：这个'中国人'并非意味着国籍，而是意味着作为生活人（日常生活中的人，亦即人伦物理中的人生状态）的生活方式——以宗族为基础的相互扶助的社会机制、连接着人际关系的礼仪与道义、感知世界的价值判断，等等，这一切都构成了所谓'认同'的内涵。随着传统时代的王朝更迭，随着从传统的王朝到现代国家的历史演进，所谓'认同'的具体内容在不断地变化；然而，依然有些不变的要素，透过这些变动一脉相承——这一脉相承的，就是'中国'。"① 中国不再只是国界意义上的中国，而是"文明中国"，她可以在世界的任何一个角度，只要有以中国文明承载的理论来生活着的人群，那么中国就在那里。"文明中国"强调的是中国以文明的方式与世界相连，走向世界，因此"中国"这个符号是流动着的，开放着的，文明交流互鉴中独特地存在着的一种理解世界的胸襟，一种和谐共处的生活方式，一种"天下一家"的担当。"文明中国"强调的是一种人类文明的交往方式首倡于中国，却注定是要属于世界，"文明中国"是走向"文明世界"的方式，在"文明世界"的情境中，文明美国、文明英国……一切的国家与地区都沐浴在文明的共同价值之中，都以个体文明分享人类整体文明的荣誉，开创属于自己，却又可以分享给世界的文明成就，这就是"天下大同"，这样的大同，正是各种文明的"和而不同"与"不同而和"的统一。

二、能中为大："中国"成为元传播观念的文明基因

理解"中国"何以绵延五千年，这是因为中华文明形成了"顺天应人"的崇高精神追求与行为范式，这就是中国人的精神信仰，也是中国人之为中国人的精神标识。中华文明既不像西方那样有玄远的宗教信仰，如基督信仰，作为最高精神追求，而是以敬天法祖作为自己的行为指南；又不耽于自我而以"人定胜天"的豪情而迷失对自然的敬畏，而是以德配天地作为自己的处事法则。换言之，中国人以独有的"天人合一"为最高行为模式，从帝王到百姓概莫能外。这就是"自天子以至庶人，壹是以修身为本"。以修身作为和谐人与自然，人与人，人与社会以及自身灵与肉的关系，从而在不断调适中实现动态平衡发展。学者赵汀阳也曾指出"中国的精神信仰就是中国本身，或者说，中国就是中国人的精神信仰，以配天为存在原则的中国，就是中国的神圣信念。"而这个"配天"就是人道与天道相配，"凡是达到了配天的存在皆为神圣存在，也就成为信仰。"② 此外，赵汀阳先生认为以中原为中心的漩涡模式，是中国何以为中国的内生动力机制。而这个漩涡中心地理位置是中原，而精神轴心则是"天下秩序"。因为"天下秩序是能够化解旋涡的激烈冲突而兼收并蓄的万民共在制度，它开创了多文化多民族的共生模式，也创制了权力分治一体模式。"③ 笔者以为深入分析可知，"天下秩序"虽然能够表达"天下一家"的精神，但是，还没有点出其关键的要义在于"共生交往观"的确立。天下秩序是一种制度安排，而这种制度建构的基本精神是"生生"，用现代话来表述是"共生"——"共同生活"。每个人的生活都是以他人的生活为条件。

---

① 孙歌：《在生活中发现中国》，《读书》2018 年第 6 期。
② 赵汀阳：《惠此中国：作为一个神性概念的中国》，北京：中信出版社，2016 年。
③ 赵汀阳：《惠此中国：作为一个神性概念的中国》，北京：中信出版社，2016 年。

每个人的生活都能够自律与他律之间保持张力，正所谓只有解放全人类才能真正解放自我。因为自我所关涉的（自然与人文）环境离不开社会，都离不开他人的互助，无论有没有或能不能够认识。

（一）"中国"观念事关中国人的精神信仰

"中国"作为观念，开始源于"地中"观念。"地中"观念并不是远古中国独有的观念，而是古人仰望苍穹而形成的自我中心的视觉感知。但因"地中"观念进而演进为"中地"意识，也就是将视线由天空转向大地，进而将"中"的意识灌输在自我的精神世界中。这就体现在如同许宏先生指出的那样，二里头宫殿具有"紫禁城"一般的"中轴线"观念。赵汀阳分析说："中轴线对称布局的神学意义源于'地中'之隐喻。'地中'之所以是神圣之地，是因为'地中'是天下最适合'承天'的正中之点，推而广之，中轴线对称布局便具有敬天之意。"① 其实，民间房屋大体上也是中间大厅，再左右厢房的格局，典型的如北京的四合院。而早期朦胧的以人法天，天人合一的观念，后经春秋战国时期演变为哲学观念，典型的表述是天地人三才相通思想。即使在"人文"意识觉醒的轴心时代，法天象地依然是人的存于天地间的根本原则。故有"自然人文主义"（刘笑敢语）之说。

"中国"这个观念所以具有"神性"，是因为这个观念在历史的流变中不断吸附和丰满着中国文化精神，进而为中华民族文化精神的标识。而不只是作为国家的中国，而是作为"文明体"的中国。历史上不同的朝代更替都秉承了"中国"理论来进行政治传播，都安顿"中国"了，城头变幻大王旗，并不从根本上影响"中国"在人们心目中的地位。虽然也有文化交融过程中的冲撞，但是最终都回到彼此的最大利益共同点——共生。"中国的概念始终是多族群多文化的互化与共同建构的结果……而是基因重组的再创造。"②

中国之所以成为"中国"其巨大向心力的奥秘正在于汉字。汉字的魔力如同旋涡一般，因为汉字具有超稳定性，这种特质与其图像性有关。"图像文字不仅建构了不可见的概念化意义，而且建构了可见的意象，因此不仅具有相当于抽象概念的意义，因而构成了一个包含全部生活意义的可能世界。可以说，汉字不仅是表达媒介，而同时是一个心处其中的生活场所，于是，汉字既是工具也是世界。"③"中国"两汉字从字源而言，中是旗帜，是标准，都内含着中正，中和，中道的意味，进而延伸为中心，领导，是因为居中，守中、持中正是成就自我，成

① 赵汀阳：《惠此中国：作为一个神性概念的中国》，北京：中信出版社，2016年。
② 赵汀阳：《惠此中国：作为一个神性概念的中国》，北京：中信出版社，2016年。
③ 赵汀阳：《惠此中国：作为一个神性概念的中国》，北京：中信出版社，2016年。

就国家的法宝。而"国",源于"或",都城,城邑,有护卫之意。正所谓,"放则弥纶天下,收则退缩于密"的自如。汉字天生具有的流动张力,既有整体性的收敛之力,又有个体自主的发散之意。从汉字字体行楷狂草,形不同,意相通。因此,汉字建构的精神世界就成为吸纳逐鹿中原的黑洞,此为"玄之又玄,众妙之门"所在。

于省吾先生在《释中国》一文中考证,内有"宅兹中国"铭文的何尊制作于成王时期,但系追述武王功绩,并以《尚书·梓材》为佐证,证明"中国"名称当起源于武王时期。于先生释"中"时称:"甲骨文每有'王立 ▯,亡(无)塵(风)'之占,是以 ▯ 为有旒旍帜的佐证。由于旒旍较长,不利于风之飘荡,故以'无风'为占。商王有事,时常立 ▯ 以招集士众(士谓'士卒',众谓'众人')而命令之。"士众乃聚集于 ▯ 的周围,因此,▯ 便衍生出中间的"中"之意。甲骨文已有此用法:"王作三师,右 ▯ 左"。[1] 国,初与邑相通,指四周有城墙,以与郊、野相区别。而且当时"国"与"或"同,且有戈(弋),应与武器相关。加上,甲骨文中有祭邑之贞,此种仪式自然有凝聚族群意识的意涵。从文明史而言,城的建立是文明形成的重要标志。《周礼·大司徒》有"地中"之说,此说乃是以土圭测日影而得地中,以建城。《逸周书·作雒》:"周公敬念于后曰,予畏周室不延,俾中天下。及将致政,乃作大邑成周于土中。"土中,即地中。《尚书·召诰》亦曰:"王来绍上帝,自服于土中。且曰,其作大邑,其自时(是)配皇天。"如此看来,"中"字与"国"的结合便顺理成章了,也就是说,"中"诚然是个有神性的概念,即唯有"中"方可与皇天相配,方可替天行道,号令天下,而"国"则是围绕中(地中)乃建的城邑。可见,"中国"一词的出现从一开始便蕴涵着"天下"归心,便有了权力话语建构的意味。一定程度上印证了福柯的"话语即权力"一说。

学者王尔敏系统考察了先秦出现"中国"字样的典籍25种178次,指出其含义不外乎:京师、国境之内、诸夏之领域、中等之国、中央之国等五方面,且其中"诸夏之领域"占了83%。于是,他得出结论:"可知在秦汉统一以前,'中国'一词所共喻之定义已十分明确。那就是主要在指称诸夏之列邦,并包括其所活动之全部领域。至于此一称谓之实际含义,则充分显示民族文化一统观念。诸夏列邦之冠以'中国'之统称,主要在表明同一族类之性质与同一文化之教养之两大

---

① 胡晓明,傅杰主编:《释中国》第3卷,上海:上海文艺出版社,1998年。

特色。因为实际上自远古以来并无政治统一之事实,而族类之混同,则已构成一致同血缘之庞大族群,在当时则称为诸夏。同时文化之融合与同化,也已构成一致之观念意识,生活习惯,语言文字与社会结构,在当时则形容为中国。所以'中国'称谓之形成,实际显示出当时中华族类全体之民族与文化统一观念。"[1] 秦统一后的"中国"观念更越发突出作为"文化中国"或"文明中国"的意涵,进而开启了逐鹿中原的正统性竞争,从而带来了朝代更迭。到了晚清以来近代百年的屈辱,使一些知识精英对"中国"一词颇有微词,并大多从"中国"作为"中央之国"有自大之意,而为他国所讥,这一点出发,进行自我反省。汪康年曾说:

吾国古来自称中国,对于四夷言之也。以今日论,则不符矣。顾相沿久未由改也。日本人或诮为自大之证,而吾国亦多以为病,吾以为无庸也。盖名称之源于古者,或不免有所错误,而承袭既久,安能革之。即西人之各种名称,似此者多矣。安能一一革之乎。又如日本二字,今日核之于理,岂有当乎。

黄遵宪在《日本国志》中言:

近世对外人称,每曰中华。东西人颇讥弹之。谓环球万国,各自居中,且华我夷人,不无自尊卑人之意。余则谓:天下万国,声名文物莫中国先。

梁启超亦曰:

曰中国,曰中华,又未免自尊自大,贻讥旁观。虽然,以一姓之朝代而污我国民,不可也。以外人之假定而诬我国民,犹之不可也。于三者俱失之中,万无得已,仍用吾人口头所习惯者,称之曰中国史。虽稍骄泰,然民族之各尊其国,今世界之通义耳。我同胞苟深察名实,亦未始非唤起精神之一法门也。

梁氏深以当时中国无国名为虑,认为"中国"虽有自大之意,但可以作为号召国人的旗帜。虽然,近代学人对"中国"之深意并未深究,且当时国家深处积贫积弱之时,没有充分的底气去高扬"中国"这一具有丰富意涵的概念。可见,"中国"概念的诠释也与国家的实力,包括政治、经济、文化等诸方面的发达状态有着直接的关联。改革开放以来,尤其是十八大以来,中国正以昂扬的斗志自信

---

① 王尔敏:《中国近代思想史论》,北京:社会科学文献出版社,2003 年。

地走向世界舞台的中央。此时，正是我们宣扬"中国"观念，促进各国人民相互理解与和平交往的重要时刻。也如古代中国是在求"中"、证"中"的进程中，而近代中国则不"中"了，就为外国所欺；现代中国曾在"左倾"右倾中无"中"，而时下的中国则正努力行"中"的路上，以至于能够不忘本来，吸收外来，开创未来，坚守中华文化立场，葆有全球沟通胸怀。

（二）道无不中：中华文化的精神内核

中，《说文解字》："内也。从口。丨，下上通也。"段玉裁注曰："然则中者，别于外之辞也，别于偏之辞也，亦合宜之辞也。作内，则此字平声、去声之义，无不赅矣。"中以"内"为义，与"外"相对，彰显了自我与他者共存的同时，对自我的维护，或者说，"中"体现出中华文化的内向性特质，即后世以"修身"为本，以"求诸己"为训，强调立身处事，更多从自我找原因，而不苛责于人。当然此种意义，应当是在春秋战国时期，诸子百家对"中"的诠释与升华，而逐步成为中华民族的"执中""守中"的基本精神。段氏还注曰："云下上通者，谓中直或引而上，或引而下，皆入其内也。"① 这里以"下上通"以释"内"，如此强调了"中"的贯通性与遍在性，突出"内"之所在能够下与上能够顺引而通达，扩而言之，有天下地下无所不在，无所不通之意，后世所言"海内"，便指"天下"或文化意义上的"中国"。总而言之，"中"是中国的核心精神与价值所在，中道而行或者"允执厥中"历来中国古人治国安邦之根本精神所在。清代钱大昕《潜研堂文集》卷三《中庸说》便言："天地之道，帝王之治，圣贤之学，皆不外乎中。""中"的"不偏"之意，即中正，历来被认为是天地人三才应然、本然的秩序，唯有"中"方能安，方可安。故而《中庸》明言"中"为"天下之大本"。从这个意义上讲，"中"是"道"的实质，与"道"可互训。朱熹就曾论说："中即道也，道无不中，故以中形道。"② 而人以"道"为依归，如老子所言"惟道是从"，自然当秉中而行。《左传·成公十三年》："民受天下之中以生"，"民"，一方面是被动地受天地之中，即生于天地之中，是天地和合的产物，如常言"和气生人"；另一方面，人生于天地之间后当维持"中"，只有坚持"中"，生命才能获得存续的条件，即"合宜"，否则则就会中道而夭。朱宝信先生曾指出：

"中"的思想观念和行事要求，是世界文化史上独具特色、十分罕见的文化现象，

① （汉）许慎撰：《说文解字注》，（清）段玉裁注，许惟贤整理，常州：凤凰出版社，2015 年。
② （宋）朱熹：《朱子文集》卷六七《已发未发说》。

它的价值，就在于表达了一种以最优化的方式来维护和推进人与自然的动态和谐关系。当中国人以"中"冠之为国家、民族的名称时，无疑透露出中国人的巨大智慧和深厚的心理意识。

把"中国"之"中"理解为"天下之中心"，这是历代帝王的狂妄非分之想，实是对中华传统思想观念的歪曲。"中国"之"中"是"求中"、"中庸"、"致中和"之"中"中华民族就是致力于用"中"的最佳理想去维护和推进人与自然（包括社会）的动态和谐关系的民族。如果要为中华民族精神寻找一个核心的话，窃以为"中"之观念，无论从哪一方面看，都是当之无愧的。[①]

三、共生交往："中国"传播观念的独特气质

吴予敏先生曾指出："对于中国传播观念的研究，以虚心进入中国社会文化历史语境为第一条件。"理解"中国"，就应当进入中华文明展演的历史情境，从把握其内在的精神气质与观念流变。

中国首先让人想到的是中之国或国之中，因此她首先是作为空间、地理观念而产生的，其次才逐渐在生活中确立起执中，守中，行中的观念与思想。《汉书·律历志》有言："中央四方之中也"。无"四方"则无所谓"中"。而正是因为有了"四方"的存在，才有强"中"的迫切性。因为在三代及其之前，部落或邦国间为了争夺有限的生存资源而产生冲突，期间当然也包括交流，这一点我们从不同时期的文化遗存的相似性与继承性中便可明白。"中"作为自我存在的标识，可以说"中"之在，便是自我之所在。没有"自我"，"中"便失去了意义。因为族群必须不断加强自己的凝聚力，才能应对乃至战胜周边之强敌，于是"中"作为团结族群的标识与观念，就自然而然地不断得到强化，以至于作为治国的基本原则（即"十六字心法"）被代代相传。"中"作为地理性观念，由于中原地区资源于丰富性，更因为较早地形成了礼乐制度，换句话说，执中的制度性安排能够更为系统地创制出来，从而更有效地焕发出族群的创造力，也可以称之为古代"文化软实力"。历经不同时代的加持，"中"越发具有哲学意义，例如宋代家铉翁有言"中有定名而无定位"（《则堂集》卷一《中斋记》）"随地而各不同"（《则堂集》卷一《中庵说》）"中"作为一种处事原则，自然一事一物各有其自己的"中"，应当实事求是地加以确认与把握。不过，作为生活实践中的"中"，却又显得具有方法论的意谓。例如夏丏尊在《误用的并存和折中》就说："从小读过《中庸》的中国人，有一种

---

① 朱宝信：《"中"与儒家"十六字"秘诀》，《江淮论坛》1992 年 5 月。

传统的思想与习惯。凡遇正反对的东西，都把它并存起来，或折中起来。……中国真不愧为'中'国哩。"虽然夏老对"中庸"有嘲讽的意谓，但是，我们又不得不说，生活中实用性地运用"中"，即照顾到双方或多方的利益，以共生为原则，来处理事情，避免事态扩大，导致最终两败俱伤的后果发生。鲁迅先生更是在《无声的中国》中说："中国人的性情是总喜欢调和，折中的。譬如你说，这屋子太暗，须在这里开一个窗，大家一定不允许的。但如果你主张拆掉屋顶，他们就会来调和，愿意开窗了。"鲁迅此在香港演讲的文章本意在于号召国人敢于发出自己的声音，去抗争诸多不公。因为"只有真的声音，才能感动中国的人和世界的人；必须有了真的声音，才能和世界的人同在世界上生活。"显然，"中"不能庸俗化为折中，如果以折中处事，则失去了"中"的真精神，即不"中"（zhòng）了。因此，在当代中国，重新确立"中国"的基本要义，是高扬"中国"正能量的必要之举。"中"或不易至，但需心想往之，只有大家都有"中"信仰，才能更好地安顿自己的身心，也才能更好地处理与他人的关系，与世界的关系。

第一，"中国"内含"通"的观念，即交通，共通，神通，通化，通变，通常。交通之通，交往效果之通达。文化在人文化成，以人的方式来相待，是人共生的基本要义，是为"善"。如同变形金刚一样，合则成体，分则各自为政。中国内含"共"的观念，即共同。"共"体现哲学上的一与多的关系问题，以实现共通。"中国"的文明与民族都是多元一体格局，正是通的表现，既有满天星斗般（苏秉琦语）的文明涌现，又有以中原为中心的文明交往。《周易·系辞上》："往来不穷谓之通。"《周易正义》："'往来不穷谓之通'者，须往则变来为往，须来则变往为来，随须改变，不有穷已，恒得通流，是'谓之通'也。"虽然《周易》是从哲学角度诠释了"通"是事物存在的天然依据，"通"是事物的常态。事物在彼此相通中获得存在依据。"通"说明意味着交往与互动，"通"意味着变，不变便不能通，以通促变，以变畅通。因此，"往来"能够"不穷"的奥秘就在于变与通中达致的"和"。有学者研究儒道释"和"的观念后指出："一部中华文化的发展史，就是回答'各文化系统之间如何交往、如何化解矛盾'这一问题的历史，这恰恰是当代也面临的重大问题，因而具有历久弥新的当代意义。中华文化的发展历程显示，文化之间的交往之道就是'和而不同''交而遂通'，用当代的语言来说就是多元、共存、接纳、欣赏。'和而不同'是'交而遂通'的前提，即只有率先承认多元与共存，才能进一步接纳与欣赏；而接纳与欣赏，又能促进各自的多元与共存。"[1]

---

[1]　邵培仁、姚锦云：《和而不同，交而遂通：中华优秀传统文化的当代价值》，《新疆师范大学学报（哲学社会科学版）》2015 年第 6 期。

第二,"中国"内含"适"的观念,即合适,舒适。中是调适而来的,是动态的。中国的文明观是多元一体的,中国的民族观也是多元一体的。多元意味着差异,表明多元的存在者之间需要调适,需要找到合适的位置。陈国明先生将"位"理解为影响交流的静态的空间因素,"要想对'位'加以认识,就必须具有认识/分清对象、事情和地点的能力,从而恰当地开始、维持和结束一次交流活动。与'时'相似'位'整合了恰当性原则,显示出空间人类传播的影响。"①"位"自然有空间的含义,但更具有自我认知与把握的抽象的自我定位的问题。"位"应该是动态的关系中因时因地因人制宜的最佳时空与情境的确定,从而使各位关系都到合适的安排,各得其欲,而不相伤。因此,"位"的观念包括自我认知与他者认知及其环境认知,从而综合调适的结果。合适的"位"意味着合适的关系定位,这样才能产生"位"正而事顺的效果。不过"适"的观念是综合性的。要想在关系中达到"适"的状态,就需要参与特定情境下的人、事、物的关系处于平衡的状态。在达到这种状态,就需要有仁心,即爱人之心,能够设身处地地为他人着想的意愿,否则就容易冲撞;要有义举,陈国明老师,称之为"得体性"或"恰当性","对于中国人来说,人类传播的和谐状态离不开'义'(反映在得体/恰当的行为中)的指导,而得体/恰当的行为可以通过灵活性和适应性来实现。"同时要顺时,因为"不能认识到交流中的时机之举,就会有碍于和谐的实现,并由此导致传播的失败。"天时,地利、人和皆俱方为"适"。当然,合不合适,还需要与时代的"礼"相适应。"礼"可以视为特定文化背景下规范人的社会行为的共识系统。合"礼"的言行方是合适的。不过,"适"作为中国文化中处理关系的重要概念,在《吕氏春秋》中有突出的论述。尤其在《适音》篇中,以音之适为例,提出"乐之务在于和心,和心在于行适。夫乐有适,心亦有适。"而心之适在于"胜理"。音乐之美源于心之和,而心又依赖于生活实践与自我的适应性,即人的合理欲望得到实现,心方可和。可见,《吕氏春秋》深知"适"的形而下的物质基础。心适在于"胜理"强调了"适"的形而上的原理,这里内含有"度"即适度的意思。故而《吕氏春秋》提出适行,适言,适威、适时等一系列命题,强调不过也无不及的恰到好处,即适宜。而适的最好状态是"忘"。《庄子·达生》:"忘足,履之适也;忘要,带之适也;知忘是非,心之适也。"心最适宜的时候是忘却了是非,即是与非不足以扰心,心方可安。

第三,"中国"内含"和"的观念,即和合,中和。和是中的效果,中是和的

---

① 陈国明:《有助于跨文化理解的中国传播和谐理论》,赵晶晶编译:《"和实生物"——当前国际论坛中的华夏传播理念,杭州:浙江大学出版社,2010年。

方法。张岱年认为："和包括了'他'与'他'的关系，即包含不同事物的关系，许多不同的事物之间保持一定的平稳，谓之和。和可以说是多样性的统一。'和实生物'，和是新事物生成的规律。""和"存在的前提是有不同的存在者，"和"的诉求就是为了解决不同存在者如何共生的问题。学界的研究表明，中国人"和"的智慧是从音乐和饮食中得到的启示，悦耳的音乐应该是"音声相和"的结果。段玉裁注："调声曰龢，调味曰盉。今则和行而龢、盉皆废矣。"美乐是不同声音相和而成的，美味是多种味道调和而成的。"和"是一种你中有我，我中有你的相互促进的关系。正如阴阳和合一样，独阴不生，独阳不长。中国是个追求中和之道的文化共同体，以"和"作为自己待人处事的根本要领，从宏观而言，要求做到"和为贵"，凡事以不破坏"和"为边界。而从微观而言，要做到"和而不同"，和不是要破坏个性，而是为个性的永续发展找到最佳路径；而"不同"则是和的应有之义，都"同"了，就不存在"和"的必要性与可能性。从这个意义上讲，对"不同"的肯定，是"和"存在的依据，也是"和"的价值所在，即只有真正的"和"才能真正维持了"不同"，使"不同"在彼引相"和"的调适过程中，获得最佳生存条件。故而《中庸》才说："和也者，天下之达道也。致中和，天地位焉，万物育焉。""和"具有实现天地和谐，万物生长的方法论功能。贾文山先生认为"和"是宇宙本性，包括四个维度，一是人内心的和谐，重在营造内心气机的顺畅；二是人与人的关系和谐，这种关系是以"仁"为原则的相互成就的"关系网"，而不是相互竞争，追求个人利益最大化的和平相处；三是社会和谐，注重人对社会的责任，即个体与整体的有机协调，社会制度与政策能够为人的安身立命提供良好的环境；四是人与宇宙自然的和谐。这种和谐是对宇宙自然秩序的敬畏，是对"道"的信仰，是最终极的自由与幸福。因此，中国的"和"观念具有自己鲜明的特色：和是一种整体性的世界观；"和"是东方对终极本身的诠释；和是一种生存方式；"和"观念注重的社会和集体；"和"观念关系"；"和"突出精神信仰，具有宗教般的情怀；"和"是一种自然状态，而不是人为的。[①]

此外，"中国"还内含"势"的观念，即以中统御和含摄周边。因为"中"意味着"正"与"常"，通"常"可以达变，正所谓以不变应万变。"中"还意味着要掌握主动，有着"引而不发"的自信与从容，即审时度势之意。总而言之，"中国"观念是内含文化自信的观念。"中"之所在便是道义之所在，也可以说道义所在便是"中"之所处。历史上的"华夷"之辩，正是文明与野蛮的之争，也是正

---

①　贾文山：《中国的"和"的观念：对"和"及"和平"范式的分析》，赵晶晶编译：《"和实生物"——当前国际论坛中的华夏传播理念》，杭州：浙江大学出版社，2010 年。

统与分孽之辨，其归趋都是融汇于"中"之中。

综上所述，笔者围绕"中国"何以能够也应当成为一个传播观念以及作为一个传播观念的基本内涵是什么这一问题来进行发问与探讨。受篇幅所限，笔者将另文继续发问："中国从何处来？"以此关照历史的中国，流动的中国；"中国是什么？何为中国？"阐述作为文明的中国和天下的中国；"中国往何处去？如何表述中国？"那就是要建构善传播的中国，可沟通的中国。"中国"这个概念从狭义而言是历史上变化着的历史中国，从广义而言，中国是个"内含天下的中国"（赵汀阳语），也就是说，"中国"是一种世界理念，是一个可以包含世界他国的中国，亦即无外的中国。这是"中国"意涵中最可宝贵的地方。她体现出一种独特的文明观念，那就是兼容并包，和谐共生的观念。这种观念无疑是世界和平的重要思想来源与动力。这也是世界离不开中国的地方。世界上少有国度能有中国这样的胸襟，始终将世界放在自己的心上。"中国"这样一个神圣的观念蕴涵着"生生"（即"共生"）这种代表着人类发展方向的交往观念，且与马克思主义的社会交往理论颇有共通之处，这或许正是中华优秀文化传统能够接受并能让马克思主义不断中国化的内在思想基础。

器以藏礼：中国玉器的传播功能及其当代价值

张兵娟　　刘佳静 *

（郑州大学新闻与传播学院　河南郑州　450001；
中国人民大学新闻传播学院　中国北京　100872）

摘要： 玉器作为具有中国特色的器物，既是一种载体，也是一种符号。它承载了中国灿烂辉煌的礼乐文明，象征着"以玉事神""以玉彰礼""以玉为美""以玉比德"的核心理念。它既表征中国人的价值追求、审美理想、伦理观念、生命智慧，也成为融合了用器、祭器、礼器及书写媒介等多重特性的载体。从传播学的视角，全面阐述玉器的媒介特征、传播功能与文明表征，揭示了中国特有的"器以藏礼"和"器以载道"的符号价值和精神内核，深入挖掘了玉器传播与中国文明起源、崇玉情结与传承中华文明核心价值理念，以及作为"玉魄国魂"的玉器在表征、建构民族精神中所发挥的重要作用。

关键词： 媒介；礼文化；传播功能；文明表征

人类传播的历史离不开媒介，人类文明的进程同样离不开媒介。媒介的进步，一方面改变了信息传播的路径、人与人沟通的方式，另一方面带动了社会的变革、促进了文化的发展。器物发挥一定的媒介功能是中国媒介变迁史和中华文明发展史的一大特征。在古代，中国人以金石、盘盂、钟鼎为载体，"镂于金石""琢于盘盂""铭于钟鼎"显得尤为重要。当然，"金石""盘盂""钟鼎"不仅仅是书写和记录的功能、更重要的是要"信以受器，器以藏礼"。

中国礼文化的发展，经历了一个漫长的过程。"礼"以原始巫术仪式为基础，在周朝确定为一整套的规章制度、礼仪礼节。从西周到东周经历了"周公制礼"

---

* 作者简介：张兵娟 (1963—)，女，山西冀城人，郑州大学新闻与传播学院教授、博士生导师，主要从事电视媒介仪式，文化传播研究；刘佳静 (1991—)，女，河南开封人，中国人民大学新闻学院博士生，主要从事文化传播研究。

与"礼崩乐坏"的发展与裂变。"'礼'在中国，乃是一个独特的概念，为其他任何民族所无。其他民族之'礼'，一般不出礼俗、礼仪、礼貌的范围。而中国之'礼'，则与政治、法律、宗教、思想、哲学、习俗、文学、艺术，乃至于经济、军事，无不结为一个整体，为中国物质文化和精神文化之总名。'礼'之所以能成为中国文化的总名，与其独特的表意功能是分不开的。'礼'在中国，由于它充分发展和完备的形式，使它在形式上成了一种特殊的负载工具，即礼仪系统是先于文字发展起来的，然而又具有文字一样的负载文化信息的功能。"[①]

"器"与"礼"的内在关联暗含在中国古典文明之中，"中国古文献中的'器'这个字可以从字面的和比喻的两个方面来理解。作为后者，它接近于'体现'或'含概'，意思是凝聚了抽象意义的一个实体，因此礼器被定义为'藏礼'之器，也就是说将概念和原则实现于具体形式中的一种人造器物。"[②]

而从传播角度看，玉器无疑就有了"表情达意"的媒介作用和传播功能。以玉器为至高价值符号和象征物的观念在今天得以延续，至今影响着人们生活的方方面面。从商场中琳琅满目的玉器，到人们佩戴的各式各样的玉坠、玉镯、玉佩等物品中，我们不难发现以玉为德、以玉为神、以玉为天地象征的意识形态在中华民族的心中留下了深深的烙印。伴随着时代的发展，人们对玉器的崇敬和热爱始终不渝，其传统深入人心，传承至今。

一、器以藏礼：传播学视野中的玉器

有学者指出，"传播史研究正经历着第二次重大变迁"，"如果第一次重大变迁横向地拓展了参考构架，将传播史放置于一个广阔的社会背景中加以思考；那么第二次重大变迁则是纵向地开拓了参考构架，以整个人类历史为背景，以年代为顺序思索传播系统，以此来检验传播在人类及其文明的发展这一更宏大的历史进程中所扮演的角色"。[③]

那么最早的传播是如何发生的？它的传播媒介是什么？传播的出现、媒介的出现与人类文明的发展有着怎样的关系和联系？按照目前人们对文明的定义，文字是文明的最主要的表征。"然而，早在文字发明以前，人类开始描绘形象、留下符号记录已经有两万五千年的漫长时期了。"[④]

① 邹昌林：《中国礼文化》，北京：社会科学出版社，2000年，第14页。
② 巫鸿：《礼仪中的美术》，北京：生活、读书、新知三联书店，2016年，第535页。
③ ［加］戴维·克劳利、保罗·海尔：《传播的历史》，董璐、何道宽、王树国译，北京：北京大学出版社，2011年，第1页。
④ ［加］戴维·克劳利、保罗·海尔：《传播的历史》，董璐、何道宽、王树国译，北京：北京大学出版社，2011年，第5页。

在人类的传播历史上，许多器物都承担了一部分媒介的功能。玉器是历史悠久的器物，它既是一种载体，也是一种符号。它承载了中国灿烂辉煌的礼乐文明，象征着"以玉事神""以玉彰礼""以玉为美""以玉比德"的核心理念。

（一）巫玉

从目前发现的文化遗址、出土的玉器和历史文献资料来看，我国学者提出"玉器时代"这一全新的历史阶段。"西方考古学者讲石器时代、铜器时代、铁器时代，比起中国来中间缺一个玉器时代，这是因为玉器在西方没有在中国那样的重要。玉器时代在中国正好代表从石器到铜器的转变，亦即从原始社会到国家城市社会中间的转变阶段，而这种转变在中国社会史上有它自己的特征。"①

史前时期我国有悠久的巫史传统，所谓巫玉，即巫所用之玉，巫以玉事神，将玉作为"人—神"沟通的载体。中国的"巫"与西伯利亚和通古斯的萨满行使着极其相似的职能。张光直学者认为"在分层的宇宙之内，祖先和神居住在上面的层次。生人经由萨满或萨满一类的人物，借动物伴侣和法器——包括装饰着有关动物形象的礼器——的帮助与他们沟通。"②"巫玉"一说可以在红山文化和良渚文化墓葬出土玉器中找到例证。经专家考证，"事神用玉均系巫的身份标志或法器及其媚神的装饰"。③

一方面，巫玉是物化了的神。从玉猪龙、玉龟、玉鹰等器物，可以看出玉器是神灵的符号化体现，表达了史前人民动物崇拜、图腾崇拜的情感寄托。另外一方面，巫玉是祭祀的神器。巫师以玉事神，将玉作为通神的载体，借由玉来沟通上天，通达神灵。

（二）礼玉

由"巫"到"礼"，体现的是宗教信仰、政治制度、伦理道德的三合一。史前已有礼玉的萌芽，西周时期周公制礼作乐将玉器纳入礼制的范畴，以"以玉作六瑞"、"以玉作六器"，使玉器成为表达畏、敬、忠、诚的情感与信仰的符号，赋予玉器更高的含义。

玉器与"礼"是紧密联系的，我们从最初的造字结构中可以看出："'礼'的繁体为'禮'，《说文解字》称，'禮，履也，所以事神致福也。从示，从豊'。又称，'豊，行礼之器也，从豆象形'。'豊'上面字形就是两串'玉器'；将祭祀神灵的

---

① 张光直：《中国青铜时代》，北京：生活、读书、新知三联书店，2013 年，第 300 页。
② 张光直：《中国青铜时代》，北京：生活、读书、新知三联书店，2013 年，第 137 页。
③ 杨伯达：《巫玉之光：中国史前玉文化论考》，上海：上海古籍出版社，2005 年，第 102 页。

两串玉器盛于豆中，献给神灵，以求神灵降福。这就是'礼'的本义，也是'事神'的目的。"①

礼玉，即礼制之玉，是礼器的一种，同时也包含日常礼仪、祭祀典礼、政治等级中用玉的仪式程序、规章制度。玉作为礼的载体，强调的不仅仅是语言、姿态、仪容等外在形式，而必须有内在心理情感作为基础。通过这种外在的形式，表现"礼"之内涵。"中华文明的'礼'是以'敬让他人'为其精神，以'温良恭俭让'为其态度，以对行为举止的全面礼仪化修饰与约束为其节目的文明体系。"②从《仪礼》《周礼》《礼记》《论语》《诗经》的记载可将礼玉细分为祭玉、葬玉、瑞玉。

祭玉。《左传·成公十三年》曰：国之大事，在祀与戎。祭祀在古代是关乎江山社稷、国富民强的大事。《周礼·春官·大宗伯》记载："以玉作六器，以礼天地四方。以苍璧礼天，以黄琮礼地，以青圭礼东方，以赤璋礼南方，以白琥礼西方，以玄璜礼北方。"玉器是祭祀中的重要礼器。玉器作为礼敬天地四方的载体，向自然神祇传达人们的敬畏之情。

葬玉。所谓葬玉是指葬礼中所用之玉。"史前时代，人们有信仰灵魂不灭的世界观，赋予玉器以与灵魂不灭有关的神圣的象征涵义"。③中国古代有"唯玉为葬"习俗，用玉片和金丝线做成的"金缕玉衣"，或者玉握、玉九窍塞、玉含等随葬。"其象征意义在于：一，含玉可使尸体不朽，灵魂永存；二，玉作为通天的吉祥物，可引导亡魂返归理想的归宿地。"④但是葬玉不是谁都可以使用的，葬玉的使用者必定是商王朝的王室贵族。殷墟遗址中，商王的妻子妇好墓中一共出土了755件精美的玉器。大型的玉簋是其中最贵重的一种玉礼器，在神圣的祭祀仪式中，它们会被摆放在显要的位置。

瑞玉。《说文解字》载"瑞，以玉为信也。"《周礼·春官·大宗伯》曰："以玉作六瑞，以等邦国：王执镇圭，公执桓圭，侯执信圭，伯执躬圭，子执谷璧，男执蒲璧。"（宋）戴侗《六书故》卷七云："古之为瑞也，以质大命，昭大礼，国之镇器也。以玉为之，重之也。重之故宝之。"

所谓瑞玉，"即指用于贵族之间执以相见、彰示彼此之信实、诚意的玉礼器"。⑤瑞玉的使用具有明显的秩序性。在周代的策命礼、朝觐礼以及聘问礼中，瑞玉广

---

① 曾卫胜：《论玉崇拜》，杨伯达：《中国玉文化玉学论丛》，北京：紫禁城出版社，2005年，第9页。

② 陈来：《中华文明的核心价值》，北京：生活·读书·新知三联书店，2015年，第45页。

③ 刘锡诚：《中国原始艺术》，上海：上海文艺出版社，1998年，第237页。

④ 刘锡诚：《中国原始艺术》，上海：上海文艺出版社，1998年，第238页。

⑤ 叶友琛：《周代玉瑞文化考论》，福州：福建师范大学博士论文，2007年，第15页。

泛使用且担当着重要角色，具有依不同身份、不同对象、不同场合而使用不同形制、大小的玉器。由此也形成了瑞玉文化，"是指着眼于贵族之间的交往，承载着政治、道德要求的有关器物、制度、思想观念的一整套体系"。[①] 瑞玉文化与周代的政治背景、思想观念、礼乐文明有着密切联系，瑞玉在玉文化发展历程中起到了承前启后的作用。

总结来看，瑞玉具有两个特征，一是以人为核心，运用在人际关系中。二是以玉为信物，彰显诚意。瑞玉的类型划分："命玉是政治性的授予；挚玉是礼仪性的往来；节玉是行政上的应用；佩玉则是道德上的修身。"[②] 大到国之邦交、传到政令，小到百姓日常往来、人情世故，瑞玉都携带着某种信息，发挥着"人执以见"和"以玉为信"的功能。

（三）美玉

早在论语中，已有论述玉德与玉美的语句。孔子将儒家所讲的德行与可观、可闻、可食、可佩的玉器联系在一起。古代的佩玉一方面作为饰佩，更重要的一方面是作为德佩。《礼记·玉藻》所言："古之君子必佩玉，君子无故，玉不去身。"佩戴玉器的男性将自我界定为"君子"，要求自身的言语行为都要谨守礼制。君子将自身的品格和玉的特征相比拟。《礼记·聘义》有云"夫昔者君子比德于玉焉"。除此之外，执玉之人自然而然注意自己的言辞举止，《论语》中记载了孔子谨遵周礼，手执圭玉的神态动作"执圭，鞠躬如也，如不胜。上如揖，下如授。勃如战色，足蹜蹜如有循。享礼，有容色。私觌，愉愉如也。"儒家文化以玉作为最直接的符号，以玉推行儒家的政治思想、道德观念。有一个物质的载体，所以儒家文化跟玉文化结合起来，使得玉文化能够长盛不衰。

汉代玉器是中国玉文化史上一个大的转折点。人们对玉器本质之美的认识更加深刻。西汉刘向的《说苑·杂言》记载："玉有六美，君子贵之：望之温润，近之栗理，声近徐而闻远，折而不挠，阙而不荏，廉而不刿，有瑕必示之于外，是以贵之。望之温润者，君子比德焉，近于栗理者，君子比智焉；声近徐而闻远者，君子比义焉；折而不挠，阙而不荏者，君子比勇焉；廉而不刿者，君子比仁焉；有瑕必见于外者，君子比情焉。"这都是基于玉器的外形、颜色、声音、触感、材质来讲玉之美、玉之德。玉器之美是玉的本质特征，它的美被人们赋予了人文价值。玉之美是玉德的基础，玉之德是玉之美的衍生和体现。

————————

① 叶友琛：《周代玉瑞文化考论》，福州：福建师范大学博士论文，2007 年，第 12 页。

② 叶友琛：《周代玉瑞文化考论》，福州：福建师范大学博士论文，2007 年，第 36 页。

二、器以载道：玉器的传播功能

（一）政治传播功能

"所谓政治传播就是由政治系统的结构和功能导致的政治信息的传递与处理过程。包括政治系统内部的信息沟通传递、交流和政治系统与社会环境的信息沟通传递与交流。"[①] 玉器是在古代的政治信息传递与处理过程中的重要载体，在政治仪式和政治教化中发挥着重要作用。中国古代政治制度的基本形式是"礼政合一"，其特征在于神权和王权的融合，带有鲜明的"政教合一"的色彩。在笔者看来，玉器的政治传播功能体现在以下几个方面。

1. 通过玉器进行政治仪式传播

玉器是中国古代祭祀仪式中重要的礼器，具有明显的政治传播功能。首先，通过玉器显示合法化的政治身份和领导地位。我们从出土"红山文化"玉器，和"良渚文化"玉器来看，这些玉器在远古祭祀仪式中，是具有神权的巫师才可以享有的法器。巫师将玉器作为沟通天神的媒介，将人们祈求风调雨顺等愿望传达给上天，同时也将神权统治之下的政治理念转化成为上天的旨意传达给民众。原始的玉器被赋予了严肃的政治色彩，巫师赋予不同的玉器不同的象征含义，从而将一个部落的力量被凝聚了起来。到了秦始皇统一中国，统治者的政治身份和领导地位是通过玉玺来体现的。玉玺就象征着"受命于天"，是传达上天旨意的依托载体。皇帝传位与子嗣，必须以玉玺为证。皇帝下达的各道政令必须加盖玉玺方可具有效力。在古代整个国家的政治体系运行也是借助玉来奉天承运的。

其次，通过玉器实践祭祀仪式，维护礼乐制度。玉器可以起到"彰礼"的作用，是礼乐制度的一种显示方式，从而有效的实现对社会的控制。中国古人以玉为原料制作乐器——玉磬。《礼记·郊特牲》中记载："诸侯之宫县，而祭以白牡，击玉磬，朱干设锡，冕而舞大武，乘大路，诸侯之僭礼也。"玉磬通过乐曲展现了"金声玉振"的宏大效果。在媒介仪式中营造庄严、隆重和神圣的氛围，充分展现了中华礼乐文明的特征。

2. 通过玉器施行政治教化——玉教

以玉为教这是中国所独有的教化形式，将伦理纲常巧妙地借由玉器进行传播、渗透。中国玉教的内涵是：以玉代表天命神祇；以玉比拟君子的品格；以玉象征美好的事物。玉教的传播和传承不像西方宗教"传教"形式，而是通过使人们无

---

① 李元书：《政治体系中的信息沟通——政治传播学的分析视角》，郑州：河南人民出版社，2005年，第34页。

意识、自觉地接受玉石信仰所传输的道德教化信息，经过吸收、内化改变人的心理，之后再付诸日常的行为之中。玉教起到的改易风俗，淳化民风、稳定社会的效果要远远超过依靠威权震慑、严刑峻法。需要特别强调的是，玉教是一种循序渐进、潜移默化式的教化传播。存在一个由内而外的过程，先将伦常道德内化于心，然后再自然而然地付诸日常行为之中。正如《礼记》所言："礼之教化也微，其正邪于未形，使人日徙善远罪而不自知也，是以先王隆之也。"当然，玉教的功能也不是阶段性的，而是贯穿了整个中华历史和文明的发展。从古至今形成了"行仁政""广教化"的德教政治秩序。

（二）文化传播功能

1. 以玉彰德促进儒家文化的传播

玉器是中华文化共同体的内在信仰，儒家提出的"玉德"一方面影响着人们的思想和品格，一方面指引着人们的生活实践。《礼记·聘义》记载玉有十一德："温润而泽，仁也；缜密以栗，智也；廉而不刿，义也；垂之如坠，礼也；叩之，其声清越以长，其终诎然，乐也；瑕不掩瑜，瑜不掩瑕，忠也；孚尹旁达，信也；气如长虹，天也；精神见于山川，地也；圭璋特达，德也；天下莫不贵者，道也。"孔子将玉的特质与仁、智、义、礼、乐、忠、信、天、地、德、道联系在一起。玉质温柔滋润而有恩德，象征仁。坚固致密而有威严，象征智。锋利、有气节而不伤人，象征义。雕琢成器的玉佩整齐地佩挂在身上，象征礼。叩击玉的声音清扬且服于礼，象征乐。玉上的斑点掩盖不了其美质，同样，美玉也不会去遮藏斑点，象征忠。光彩四射而不隐蔽，象征信。气势如彩虹贯天，象征天。精神犹如高山大河，象征地。执圭璋行礼仪，象征德。

在儒家文化思想的影响下，古代君子佩玉之风大为盛行。从周代开始，直至明清时期，甚至直到今天，人们在身上佩挂玉器的风尚一直兴盛不衰。儒家文化的内涵附着在玉器上，日常生活中的佩戴、馈赠等都可以看作是一种符号互动的传播行为，它象征着礼乐文明的实践。

2. 玉器承载历史记忆

玉器坚硬耐用经受得住时间和空间的考验，考古出土的玉器文物为后世留下了丰富而真实的历史信息。并且，玉器是承载历史记忆的有效载体，使得玉文化悄然融入民族的历史血脉之中。

作为记忆载体的玉器传递了"物质层面"的信息。考古学家根据玉器的性质、材料、工艺、出土地点等信息追溯其朝代、来源、使用人物等历史资料。从出土的玉器来看，能够直接考证古代的制玉工艺。另外，我们从玉器中也可探寻到古代军事战争、贸易往来等信息。在商代甲骨文的记载中，专家找到了关于商王朝征讨玉石的文字。一片甲骨上记载着"取玉"的内容，而一片甲骨则记载了"征玉"的内容。

作为记忆载体的玉器传承了"意识层面"的信息。扬·阿兹曼认为："巩固根基式回忆总是通过一些文字或非文字性的，已被固定下来的客观外化物发挥作用，这些客观外化物的形式包括仪式、舞蹈、神话、图式、服装、饰物、文身、路径、绘画、景象等，总之，这里面包含着各种各样的符号系统，这些符号系统具有支撑回忆和认同的技术性作用，并由此可被归到'记忆'这个总概念之下。"① 毫无疑问，玉器已经成为中华文明的符号系统，那么它就具有了支持回忆和认同的技术性作用。玉器经历斗转星移、沧海桑田，在历史长河中书写着中国人亘古不变的"玉石情结"。玉器媒介从"物质-意识"两个层面承载了历史记忆，保留了中国人长达数千年之久玉石崇拜及其神话信仰的积淀。

（三）审美传播功能

玉器的美是一种内外结合，美善合一之美，是中国之美起源的核心，也是中国之美最具有特色的方面。

1. 服饰之玉呈现外在之美

玉不同于黄金和白银，它没有耀眼的光芒和明亮的颜色。玉石温润、细腻的色泽特点很符合中国人的内敛、含蓄的性格和气质。《礼记·玉藻》有云："古之君子必佩玉，右徵角，左宫羽，趋以《采齐》，行以《肆夏》，周还中规，折还中矩，进则揖之，退则扬之，然后玉锵鸣也。故君子在车，则闻鸾和之声，行则鸣佩玉，是以非辟之心，无自入也。"尤其周代兴起的"组玉佩"，"强调其乃多种玉件的组合，佩玉从颈项下垂至腰或膝，占有巨大的身体空间。视觉上让人呈现为名副其实的玉人。无论从政治象征和美学感性来讲，组玉佩都具有重要的意义。"②

服饰之玉既有视觉上的美，还有听觉上的美。白玉、碧玉、青玉、墨玉、黄玉、京白玉等各类玉石可以搭配宝石、珍珠、玛瑙等成为组玉佩。玉组佩在穿戴之时产生音乐美感，诗经中亦有诗句形容佩玉的音响效果。例如《郑风·有女同车》"有女同行，颜如舜英，将翱将翔，佩玉将将"。君子身戴玉佩，走路时玉器相互碰撞发出动听悦耳、富有韵律的声音，成为君子行动光明磊落的标志。

---

① ［德］扬·阿兹曼：《文化记忆》，金寿福、黄晓晨译，北京：北京大学出版社，2015年，第46页。

② 张法：《玉：作为中国之美的起源、内容、特色》，《社会科学研究》2014年第3期。

2. 传递"真善美"的情感，形成一种内在之美

君子佩玉以其象征自己的品德，可以看出由外在美向内在美的转变和融合。"玉之美具有了一种内在性，任何一种精神气质的美都可以用玉字来描写和形容。"①人在世的时候以玉象征着君子品格，人去世之后用"唯玉为葬"的方式表达"事死如事生"的祈愿。从这个角度来看，在古代玉器的功能从"祈愿"到"象征"都是围绕着"祝福""美好""表彰"等主题。在清朝象征吉祥的各种玉器也大量出现了：三只羊的组合象征着三阳开泰，灵芝寓意长寿，最有特色的是一种玉如意，在清代，它是最为流行的一种吉祥物。"玉不仅作为文化核心的朝廷君臣之美和广大的士人之美，而且进入了整个文化的方方面面：哲人以玉比德，诗人以玉喻心，俗人知玉为宝。话讲得好，谓之'玉言'；人长得好，谓之'玉人'；合作的好，谓'珠联璧合'，璧，即璧玉。婚姻之美，是'金玉良缘'，美人之韵，是'玉洁冰清'，朋友知己，说是'一片冰心在玉壶'。"②

如此看来，玉器是传承东方审美理念具有代表性的载体，李泽厚在《美的历程》认为："美作为感性与理性，形式与内容，真与善、和规律性与合目的性的统一，与人性一样，是人类历史的伟大成果。"③而从玉石到玉器再到礼器，正是中华文化真善美的"结晶体。"

（四）认知传播功能

首先，玉器和玉德、玉礼形成认知系统。它具有了表意和叙事的综合功能，指向了更深层次的价值内涵，我们可以从人类感官的延伸认知玉器的"五德"。汉代许慎在《说文解字》中提道："玉，石之美者，有五德。""润泽以温，仁之方也""不挠而折，勇之方也""锐廉而不忮，洁之方也"，这是从肌肤（触觉），表明玉的触感温润光泽、韧性好硬度高、有断口但边缘却不锋利，象征玉具有仁爱、坚韧耐久、廉洁自律的美好品格。"鳃理自外，可以知中，义之方也"，这是从眼（视觉）的角度，表明玉的材质晶莹通透，象征忠义。"其声舒扬，博以远闻，智之方也"，这是从耳（听觉），表明敲击玉所发出的声音清脆悠扬，象征玉具有智达四方的品质。作为祭祀礼仪用玉、佩饰用玉、丧葬用玉，都是具有深层的信息认知功能。用玉的材质、造型、数量的不同，表明等级地位和功勋品德的优劣。

其次，有关玉器的诗词文学作品、神话传说构成了文字的深层认知。《周礼·天官》《周礼·地官》《周礼·考工记》中记载周代礼玉制度的具体规范。《礼记·玉

---

① 张法：《玉：作为中国之美的起源、内容、特色》，《社会科学研究》2014 年第 3 期。
② 张法：《玉：作为中国之美的起源、内容、特色》，《社会科学研究》2014 年第 3 期。
③ 李泽厚：《美的历程》，北京：生活·读书·新知三联书店，2009 年，第 217 页。

藻》《礼记·礼器》中记载了先秦的冕服佩玉（德佩）的制度。《论语》中也多有提到君子品德与佩玉的关系。《山海经》中记载了有关玉的神话传说。在中国历史上，《红楼梦》是与玉器密切相关的文学著作。《红楼们》原名《石头记》，从女娲补天遗漏之石变化成为一块"通灵宝玉"，故事由此而来。其主角的名字贾宝玉、林黛玉也都是以"玉"命名。这些典籍很好地诠释了玉器的象征意义和意识形态功能，说明了玉器作为中国传统文化精神载体的重要性。

三、玉魂国魄：玉器的传播价值

玉器它既是一种器物，又是一种传播符号。它参与并建构了中国灿烂辉煌的礼乐文明。一方面是人通过器物去建构"礼"的制度和思想，包含内在观念和外在实践两个层面。另一方面，在其"物质形态"之中深藏着一定社会意识形态和历史叙事的范式，深刻影响着人的品格和中华民族的精神风貌。

（一）传承中华礼乐文明

现代学者认为，"古代中华文明被称为'礼乐文明'，礼在古代儒家文化中占有重要的地位。孔子强调，礼的实践是行仁的基本方式。儒家思想是东亚轴心文明的代表，而轴心时代的儒家思想可以说是与'礼'的文明有极为密切的关系。西周的礼乐文明是儒家思想的母体，轴心时代的儒家以重视'礼'为其特色，充满了礼性的精神。"[①]

轴心时代的中华文明与早期的精神文明和物质文明一脉相连，以儒家文化为核心，显示崇仁、贵和、尊礼、利群的价值观念，这些价值经过后世哲学的阐发更显示出普遍的意义。中国文明的这种延续和传承，与西方文明有着明显的区别。张光直学者将中国这种形态称作是"连续性"的形态，而将西方的叫作"破裂性"的形态。围绕着"礼"所形成的意识形态，最能体现杜维明学者所说的"连续性、整体性、动力性"为特征的中国文明。

1. 作为"基因密码"的玉器奠基文明的起源

玉器体现了文明"基因密码"的特征，并揭示了作为玉器的物质性、礼治性和关联性。一个部落的力量被凝聚了起来，他们投身于这种复杂的原始工艺，把自己的生命和信仰，倾注到每一件玉器的制作之中。玉器的纹饰、造型对后世的青铜器也有深刻的影响。"中华文明的遗传'基因密码'孕育和成形于早期中国。这些基因特征或许可以提炼地概括为：凝聚力、同化力、聚合力、多源性、兼容

---

① 陈来：《中华文明的核心价值》，北京：生活·读书·新知三联书店，2015 年，第 43 页。

性、连贯性、和谐性、共存性、宽容性、多元化以及抵御外来文化和非主流文化颠覆的免疫力。这些'基因密码'决定了中华文明不断进步，成为世界上延续时间最长、从未间断、始终保持和发展固有传统与特色的人文共同体。"①

在踏进文明门槛之际的玉礼器生产，"充当着将中原与周边广大地区联系起来的整合性纽带作用，这种纽带既是物质的（从玉矿资源探寻、开发、运输、交换到加工和分配），又是精神的（玉石神话观的跨地域传播与统合）。物质需要和精神需要的长期相互作用，终于铸就华夏文明发生前夜（即金属时代到来以前）的核心价值观：以玉为圣，以玉为宝，以玉礼器为天人沟通（即神人沟通）的符号"。②焕发着神秘光芒的玉器，促进了社会分工，创立了部落中政治、军事、农业的组织模式，凝聚了共同信仰，形成了围绕玉器而建立的宗法礼仪制度，是中华文明的起源过程中浓墨重彩的一笔。

2. 作为"时空融合"的玉器连接文明的传承

玉器不仅仅是"传信息"，同时也是"传思想"。"从传播学史的视角看，玉，就成为前汉字时代中国大传统文化编码的最重要的符号载体。由于早自8000年前，玉就已经成为东北亚先民社会体现其仰观俯察的经验和智慧结晶的人工符号物，并借助与信仰和观念的文化传播作用，将此种玉教的分布空间拓展到了整个东亚地区，包括国土最南端的岭南地区和西部的河西走廊一带。"③玉器是"礼"的载体，是礼乐文明的传承者，它被赋予了宗教、政治、文化等诸多内涵，以实在的器物进行内在的传承。"精神只有通过在一个可感知的物质性（话语、文字、图像）中获得实体，通过沉淀于一个载体之上才能作用于另一个人。"④

玉器体现出传播偏向的融合性，在时间偏向性方面，玉器与金石、钟鼎有相似之处，它们坚硬耐久。但是，在空间偏向性方面，又优于金石、钟鼎，与竹帛有相似性。玉石和竹帛质地较轻，容易运送。原始玉料经过开采、切块、打磨、雕刻等步骤，成为精致小巧的器物。这些玉器适合于随身携带，可作为佩饰、发饰等。有形的玉器传达了无形却又十分丰富具体的信息，例如以玉器彰显身份，以玉器象征品格，那么"身份""品格"也是一种信息。作为信息当然倾向于"横向传播"，即在空间中的传播与扩散。然而作为一种物质，它多倾向于"纵向传

① ［美］杨晓能：《另一种古史》，唐际根、孙亚冰译，北京：生活·读书·新知三联书店，2008年，第415页。

② 叶舒宪：《玉石神话与中华认同的形成——文化大传统视角的探索发现》，《文学评论》2013年第2期。

③ 叶舒宪：《中华文明探源的神话学研究》，北京：社会科学文献出版社，2015年，第260页。

④ ［法］雷吉斯·德布雷：《普通媒介学教程》，陈卫星、王杨译，北京：清华大学出版社，2014年，第364页。

播"，即玉器在时间中的传递与延续。正因为在传播的过程中，信息必须借助物质为载体，物质蕴藏着信息，两者密可分，才造就了玉器的时空融合性。

（二）建构核心价值理念

玉器在中华文化发展史中具有重要的意义，这是在有别于西方文化的。费孝通先生认为"中国古代的玉器至少有三个或四个源头，即燕山南北地带的红山文化、太湖流域的良渚文化、海岱区的大汶口——龙山文化，近年来有人提出华西地区有其自己的特色，可以看作为另一个源头"。另一方面中华文化赋予玉器"温润、和谐、高洁、刚毅和坚贞等品德，使玉成为美好人格的象征。这种将玉器作为美德载体的文化现象，在全世界是独一无二的。"①

古人用"礼"建立了解释世界的方式，包括以礼治国、以礼通政；以礼体现古人对天地观、宇宙观的哲学思辨；以礼表达个人修为和思想情感；以礼建立教育思想和教学方法。玉是运载礼乐文化和礼乐制度的器物、载体，因为它们作为代表或表征古人想要传达意义的各种符号来起作用，突出的表现为以下几个方面的核心价值理念：

1. 龙凤呈祥

根据考古发现，红山文化出土的玉器以龙和动物题材的玉器群为特征。其中以 C 形玉龙为代表，它目前中国出土年代最早、体积最大的龙形玉器。

《礼记·礼运》曰："故天降膏露，地出醴泉，山出器车，河出马图，凤凰麒麟，皆在郊椒。龟龙在宫沼，其余鸟兽之卵胎，皆可俯而窥也。则是无故，先王能修礼以达义，体信以达顺，故此顺之实也。"龙、凤凰、麒麟、龟为四灵，被赋予了中华民族独特的含义。以龙为首，四灵象征着巫君合一的政治权威和道德权威，也象征着秩序力量和制度强迫。以龙形、凤形的玉器充当着神灵与先祖世界的代言人，也最终成为中华民族的标志和图腾符号，被后人膜拜和传承。"在中国历史上龙与凤有过多种样式和不同含义，但它们汲取诸多动物的形体和神韵、不断输入新鲜血液、进行完善整合的历史过程，展示着中国文明的精髓与发展：包容万物、去粗取精、取长补短、求同存异，提倡相互理解、相互宽容和相互适应。它们的造型及其演变历程与中国文明的形成与发展的模式一致，均来源于众多的文化、宗教和群体，凝结了崇拜众神众祖的传统。与中华文明相同，万变之中求不变，无论怎么变，其核心内容是永恒的；龙和蛇类（爬行动物）的躯干，凤似鸟禽的肢体，始终如一，从未隐形。作为中华民族的象征，龙凤有着辉煌的过去、

---

① 费孝通：《玉魂国魄》，北京：燕山出版社，2002 年，第 6 页。

繁荣的今天，必将迎接灿烂的未来。"①

2. 神圣合一

我们的祖先将玉器作为"神圣合一"的通灵之物。来源于中国文明的两大症候"一是以血缘宗法家族为纽带的氏族体制（Tribe System），一是理性化了的巫史传统（Shamanism rationalized），两者紧密相连，结成一体，并长久以各种形态延续至今。"②

"神"体现在两个方面：其一，巫玉是物化了的神；其二，以玉作为中介之物，沟通上天，通达神灵。"巫玉"的功能和观念，集中表征了中华文明的远古时期人们对于神灵的敬畏。古人认为，玉石是万物的主宰，即天地之精说。它至上的自然力、至上的鬼神联系在一起。"圣"的思想观念，表征在作为巫的身份和品德要求上。在远古时期，巫在氏族部落中集神权与王权为一身的人，他（她）是氏族部落中，制作、佩戴、使用玉器的人，可以通过玉器与神灵沟通。作为拥有神权，可以沟通神灵之人，就必须要求他（她）品德高尚、受人敬仰。只有这样，他（她）才有资格使用玉器，并且有能力与神灵"对话"。"玉石神话作为华夏大传统固有的深层理念，对于构成华夏共同体起到的统合作用不容低估。在广大的地理范围内整合不同生态化境、不同语言和族群的广大人群，构成多元一体的国家认同，这就是华夏文明发生和延续的关键要素。"③

3. 美善一体

中华文明向来追求"美善一体"。它的具体表现，一方面是国家政治层面的意义实践，一方面是日常生活层面的实践。

如 2008 年北京奥运会是围绕着"玉"而展开的，奖牌是采用金镶玉的设计；颁奖仪式音乐是编钟、玉磬的声音融合交响乐的演奏，而徽宝"中国印"是以新疆和田玉为材质制作而成，它蕴含了多种意义。"取玉之仁，温润而泽，代表奥运精神的博大包容；取玉之智，锐意进取，代表奥运精神的创新进步；取玉之勇，不屈不挠，代表奥运精神的'更快、更高、更强'；取玉之洁，纤尘弗污，代表奥运精神的高尚纯洁。这是古老中国文化与现代奥运精神的完美结合。"④

在日常生活层面，"美善一体"的观念实践，体现为礼可以纠正和规范人的行为举止，从而使人端正品行和德行。正如《礼记·大学》所说"自天子以至于庶

---

① ［美］杨晓能：《另一种古史》，唐际根、孙亚冰译，北京：生活·读书·新知三联书店，2008 年，第 415 页。

② 李泽厚：《由巫到礼 释礼归仁》，北京：生活·读书·新知三联书店，2015 年，第 4 页。

③ 叶舒宪：《玉石神话与中华认同的形成——文化大传统视角的探索发现》，《文学评论》2013 年第 2 期。

④ 殷志强：《说玉道器——玉器研究新视野》，南京：南京大学出版社，2011 年，第 13 页。

民，壹是皆以修身为本。"《礼记·中庸》亦云"君子不可以不修身"。古人说"修身"，其实就是指端正行为，这是落实在个人实践层面的礼。以礼规范、影响百姓是提高国民行为举止和言辞表达的有效方法。

除了上文提到的"龙凤呈祥""神圣合一""美善一体"的思想观念，当然还包含了天地宇宙观、祖先崇拜。这些玉器、神话和传说，传达出古人"天圆地方"的宇宙认识论以及"天人合一"的和谐理念。这都表明在古时候人们的思维想象当中，一块美玉，它对天地四方、对列祖列宗、对万物生灵都有说不尽的联系和影响力量。可以说玉器集中体现了所承载的中华文明的核心价值观念。

（三）彰显中华民族的"玉石品格"

美国传播学者凯瑞曾经说过："当文化观念进入传播学研究时，它是作为维护某种有机体或体系的环境或是施加在研究对象身上的一种力量而出现的。无论这些观点的真实性如何——它们都具有真实性的一面——文化必须首先被看作是一系列实践，一种人类行动模式，一种现实由此被创造、维持和转变的过程，但大多随后具体化为一种独立于人类行动的力量。"①

中国玉器具有鲜明的中华文明的特色，塑造了独具中国特色的"玉石品格"，也建构和塑造中国与众不同的价值观和世界观，这就是"化干戈为玉帛"的和平理想；"宁为玉碎不为瓦全"的精神气节；"温润如玉"的人格修养。

1. 化干戈为玉帛

在我们使用的汉字和成语之中，很多都能反映出玉文化的内涵。带玉字的成语也多是"和谐、和善、和平"或者"美妙、优雅、舒畅"的含义。在这其中"化干戈为玉帛"，是最能体现"玉"与"和"关系的成语。这句话时刻存在于中国人的灵魂深处，外显于中国人的行为之中。是中国处理国际外交关系的基本思想理念，也是个人处理人际关系的基本准则。

由玉文化孕育出的"和"是中华传统文化的精髓，是涵盖政治、经济、文化、社会、文体等诸多领域的核心理念，呈现出极强的包容性，为中华文明的传承与发展奠定了基础。北京奥运会的奖牌采用"金镶玉"的设计，表达"金玉良缘"美好寓意的同时，形象地诠释了奥林匹克竞技精神和中华民族"友好、和善"理念的结合。在日常生活的实践中，我们祖先的审美、道德、哲学、伦理等理念逐渐趋同，最终成为古老华夏文明中的文化基因，并融入炎黄子孙的血脉中。

---

① ［美］詹姆斯·W.凯瑞：《作为文化的传播》，丁未译，北京：华夏出版社，2005年，第46页。

2. 宁为玉碎，不为瓦全

玉器所建构的中华文明的核心理念不仅有"柔和"的内涵，还有"刚毅"的内涵。"宁为玉碎，不为瓦全"是最能体现自强不息、刚毅进取精神的词语。"玉碎"和"瓦全"，所传达出的是"为人之诚"和"为人之刚"。生而为人以正义立身而非功名、利益、财富，出于本心是谓"诚"。人以"修身齐家治国平天下"为己任，可以勇担重任，是谓"刚"。

这种"宁为玉碎，不为瓦全"精神显示出了强大的生命力，成为国人普遍认同的为人准则和精神品格。历史上的中华民族经历了反对封建专制、反对民族压迫和抵御外来侵略的种种磨难，无数有志之士为了民族和国家抛头颅洒热血，在他们身上流淌着中华民族自强不息、不屈不挠的血液，展现着勇于牺牲的大无畏精神。

由玉器时代生发的中华文明早已成为中国人的集体潜意识，玉文化的内核已经成为我们的精神、意念、思想的最强实的基础，成为我们人格形成无法躲避的大背景。玉器抑或是玉文化将精神的培养，已经深入到实践、教育与修养中。我们熟知的"玉德"之说，这里面所包括的内涵是既有仁爱的情感，又有坚韧、笃定、进取、自主的意志，从而形成丰满、生动的理想人格形象。这种人格上的理想主义精神，它要求士的每一个分子都能超越个体的利害得失，发展为对整个社会政治秩序的终极关怀。

3. 言念君子，温润如玉

《国风·秦风·小戎》里有曰"言念君子，温其如玉。"儒家思想中"以玉比德"的理想人格追求，成为华夏文明发生的巨大动力和核心价值。经过儒家"温润如玉"理念的熏陶，这无论从个人的自我修养方面，还是从整个时代的价值观建构方面来看，都具有重大的参考价值。

君子人格形象身上的文质彬彬、仁爱谦和重义轻利、反思自省、外圣内王的精神，都一体现在中国本土的人格心理学框架内。儒家的玉德理论是中国优秀传统文化的生动体现。玉德文化和君子理念是中国传统文化的主流，它集哲学、政治、伦理为一体，成为塑造中国人品格，建构中国人认同的基石。这种思想广泛影响着中华民族的社会生活方式，并且规定了其理想人格的内涵和社会对人格的期许。

结语

回眸中国传播史上的玉器，它既表征中国人的价值追求、审美理想、伦理观念、生命智慧，也成为融合了用器、祭器、礼器以及书写媒介等多重特性的载体。

作为大自然孕育的一种特殊物质，玉石（玉器）被古代先民寄托了美好的期待和理想，具备了神圣的品格思想，成为形而上的精神符号，也成为中华文明象征载体。玉器所反映出的是中华文明崇尚和谐的理念，蕴涵着"天人合一"的宇宙观、"协和万邦"的国际观、"和而不同"的社会观、"人心和善"的道德观等。

可以说，它在历史进程中所承载的宇宙自然信息、人类生命信息和社会人文信息正是东方文明传播观的独特体现。正如有学者指出的："人类的知识或信息传播，是一种文明价值或人文意义的传播，是人类知识或信息得以生成、固定、传承、读解、接受、变形等传播机制以及传播技术持久作用的结果，是特殊政治经济利益与价值观的产物。一言以蔽之，人类传播活动的基础与核心，是文明传播或文化传播。"① 从这个角度看，玉器当之无愧是一种真正的文明或文化传播。

---

① 毛峰：《文明传播的秩序——中国人的智慧》，北京：中国传媒大学出版社，2005 年，第 1 页。

作为变革动因的印刷机：
中国近代文人著述出版的观念转型

褚金勇*

（郑州大学新闻与传播学院　河南郑州　450001）

摘要： 著书立说以传之后世，对于中国文人而言，是一件意义深远的事情。但纵览中国古代著述出版历史，很少文人将自己的著述当世出版，这与古代文人"文不苟作"的书写观念有关，也与传统的印刷出版资源稀缺有关。清末民初之际现代印刷术的引进推广，影响了中国文人的著述方式，同时也改变着中国的文人著述出版观念。从传统手工印刷时代的"文不苟作"到机械印刷时代的"率尔成书"，中国文人著述出版观念的变革推进了现代知识的传播和社会文明的新造，但也导致传统谨严的著述出版观念走向失落。

关键词： 印刷技术；文人著述；出版观念；述而不作；率尔成书

著书立说以传之后世，对于中国文人而言，是一件意义深远的事情，这源自中国文人"立言不朽"观念的影响。中国古代重要历史著作《左传》将立言不朽与立德不朽、立功不朽，并称为人生"三不朽"；而三国时期曹丕在其所著的《典论·论文》也将文人著述提到了一个新高度："盖文章，经国之大业，不朽之盛事，年寿有时而尽，荣乐止乎其身，二者必至之常期，未若文章之无穷。是以古之作者，寄身于翰墨，见意于篇籍，不假良史之辞，不托飞驰之势，而声名自传于后。"这句话经常为后世文人所援引，也确实反映了中国文人对于文章著述的心理。文人重视著述，从文章著述到结集出版，这不仅是文人自我著述的总结，也是文人立言传世的理想寄托。然而纵观历史，因为媒介出版技术的差异，著述的出版也有着不同的书籍形态，中国文人对此也有着不同程度的参与。关于图书出版的历

---

* 作者简介：褚金勇，郑州大学新闻传播学院副教授，硕士生导师，研究方向：出版传媒研究。

史，学界一般分为手抄复制、手工印刷、机器印刷、数字印刷四个阶段，有学者探讨了从手抄复制到手工印刷的转型对文人图书出版的影响，有人探讨了从机械出版到数字出版的转型对文人图书出版的影响，也有人探讨从手工印刷到机械印刷的报刊出版转型对文人的影响，[①] 但很少有人涉及从手工印刷到机械印刷对文人图书出版观念的影响。有鉴于此，本文拟以中国近代出版技术革新为主线，探讨在从传统手工印刷到机械印刷的技术革新前后中国文人著述出版观念的变化，以期深化对书籍出版转型的认识，并梳理呈现中国近代出版转型中知识分子的心理状态与精神历史。

一、"文不苟作"与"辑录成书"：古代中国的著述出版考察

中国文人推崇"立言不朽"的著述观念，但更多是从文章书写角度来讲。源于书写工具的简陋，古代文人并不能像现代文人一样动辄洋洋洒洒地写就长篇大作。刘勰在《文心雕龙》中有云："夫人之立言，因字而生句，积句而成章，积章而成篇。"此中，刘勰简要说明了古代文人著述之中字、句、章、篇的累进过程。但需要注意的是，从篇章书写到结集出版却并非想象中那样简单。尽管我们现在可以举出《论语》《孟子》《荀子》《韩非子》等书籍成品予以质疑，但这些古人撰述多是后人结集出版的。古代文人当世将自我著述出版的相对稀少。总体而言，古代文人撰述私人抄写传播者多而公共出版者少，这应该与中国古代书籍出版技术低下与资源短缺相关。

（一）"文不苟作"与古代文人的著述观念

源于古代书籍出版技术低下与资源短缺，漫长的古代图书出版历史中，中国文人内心之中一直秉承着"文不苟作"的书写观念。苟者，随便之意也。"文不苟作"即不能随便为文、率尔成书。我们知道，书写是文人安身立命的重要工具，而由书写而结集的书籍是历史最悠久的媒介，然而文人秉承的"文不苟作"的观念却阻碍着文人撰述的结集出版。此中有着怎样的原委曲折呢？我们需要从传统书籍的历史讲起。探知中国书籍历史的起源，一般会追溯到班固的《汉书·艺文志》所记载的内容："《易》曰：'河出图，洛出书，圣人则之。'故书之所起远矣。"当然不管是河图洛书还是中国古代"书于竹帛""镂于金石""琢于盘盂"的传统书籍成书方式，都不能算作严格意义上的出版形式。在早期简陋的出版技术条件

① 参见周宝荣：《走向大众：宋代的出版转型》，北京：中国书籍出版社，2012 年；周蔚华等：《数字传播与出版转型》，北京：北京大学出版社，2011 年；李仁渊：《晚清的新式传播媒体与知识分子：以报刊出版为中心的讨论》，台北：稻乡出版社，2005 年。

下，书籍的复制传播只能是高章典册，因此书籍在古代又称"典籍"。据《说文解字》解释："典，从册从大，乃大册、大书也。"一般出版的著述为编辑整理前人的文献，编辑注疏他人著作。《礼记·乐记》中云："作者之谓圣，述者之谓明。"在古代文人视野中，只有圣人才有创作的权利，普通人没有创作权利，只有复述传播的权利。圣贤如孔子，其名下的所谓著述如《诗》《书》《礼》《易》《乐》《春秋》也只是编撰而不是创作，即使真正具有创作署名权的《论语》也不过其弟子编撰结集而成的。由此可见，孔子所谓的"述而不作"也是在身体践行着传承先贤、文不苟作的撰述观念。而孔子死后，后儒不断为"六经"作解说，这种解说性著作从战国以后就与经书相辅面行。解说经书的著作，有的叫传，有的叫记，有的叫说。如《左传》等"春秋三传"，就是解说《春秋》，《易传》就是解说《易经》，《礼记》就是解说《礼经》，《乐记》就是解说《乐经》。这些文人的所谓著述也大都是对典籍类的阐释，少有出版从无到有的文人个人著述。

从学理角度予以阐释，古代的"作"与"述"是两种不同的书写行为，"述"是知识传播行为，而"作"是知识生产行为。由"述而不作"的古训可以知道，古代文人的所谓著述更多的是一种知识传播行为，而不是知识生产行为。当然不是说古代中国文人没有创作，但"作"对文人来说是一件非常庄重严肃的事情，不可妄作，不可苟作。源于对"立言不朽""文不苟作"的追求，传统文人对于书写看重的是精打细磨、斟词酌句，正如唐代文章大家韩愈所指出的："将薪至于古之立言者，则无望其速成，无诱于势利，养其根而俟其实，加其膏而希其光。根之茂者其实遂，膏之沃者其光晔。"①古代人涉览群书，博闻强记，以追求博通自勉，但即使创作多指文艺作品，也一再强调"文不苟作"的理念。例如南宋包恢所言："盖古人于诗不苟作，不多作。而或一诗之出，必极天下之至精，状理则理趣浑然，状事则事情昭然，状物则物态宛然，有穷智极力之所不能到者，犹造化自然之声也。盖天机动情，天籁自鸣，鼓以雷霆，预顺以动，发自中节，声自成文，此诗之至也。"②清朝桐城派文人陈仁（字体斋）也主张"文不苟作，作则凿然有当于实用，而政事皆有可观焉"。在其《用拙斋诗文集》卷首有刘方蔼《序》评曰："体斋于古文不苟作，作必凝思虑，酿清虚，恳恳款款，以拒为迎，如骤马者，驱策之，盘旋之，盛其怒而一发，则奔逸倍捷。如行水者，决其势而梗之，激益悍，泻益驰，气以积盛，文以气雄，岂不然哉？"③由文章"不苟作"到书籍"不苟出"，"不苟作"已经是渗透进文人心中的重要书写观念，一直影响着历代文人

---

① （唐）韩愈：《答李翊书》，《昌黎先生集》卷十六。
② （南宋）包恢：《答曾子华论诗》，《敝帚稿略》卷二。
③ 成志、王思豪主编：《桐城派文集叙录》，合肥：安徽大学出版社，2016 年，第 248 页。

的著述出版行为。

（二）"辑录成书"与古代文人的著述出版

历史上书籍的载体材料经过了甲骨、陶器、玉器、石、竹简、缣帛及纸张等各种不同形态，书籍的印刷复制技术也在缓慢演进之中。在文字产生之后，中国长期处于手写时代，书籍的复制传播主要靠人工抄写。待到雕版印刷发明，手工印刷才真正代替手工抄写，成为书籍生产传播的主要形式。自汉代以来，拓片技术出现，例如竖立于洛阳开元门外的熹平石经，供全国文人抄书，成为雕版印刷术的雏形。待到唐代雕版印刷技术推广，宋代活字印刷技术发明，印刷书逐渐在中国诞生，并且出现书坊等专门图书出版的部门，诸如书坊最早指的便是朝廷官府藏书、校书的地方。同时，很多思想活跃的人开始从事商业刻书活动，出现编辑、刊刻、销售印本图书的作坊。但所刻之书多或是小说、戏曲、唱本、笑话等通俗读物，或是宗教、算卦、种植等实用性书籍，文人自己投资出版著述者并不多见。正如冯友兰指出的："中国古代哲学家们比较少做正式的哲学著述。从古代流传下来的哲学史材料，大多是为别的目的而写的东西，或者是别人记录的言论，可以说是东鳞西爪。"[1] 尽管冯氏乃是专就哲学家的哲学著述而言，但其他学科文人的撰述出版与此大体相类。在机械印刷术引进中国之前，书籍终归是一种小众传播的读物，与大众发行的现代印刷书籍不可同日而语。书籍印制工业相对落后，只有具有较大文化价值与传播价值的撰述才能够付梓出版。机械印刷技术推广应用以前，只有少数文人重视自己的文稿印书传播问题，大部分文人是任自己文稿在社会流传，在流传中或可由好事者自然结集，但大部分会散亡不存。尽管中国历代文人众多，但至今仍留有传本仅有百余人，许多文人著述书籍的编纂出版过程不详，其中相当部分还赖后人的整理才得以保存。

纵观中国的书籍出版历史，源于出版技术的影响，古代重要的著述出版一般都是采取将散篇内容经过记录整理辑录成书的方式。因为出版各个环节并不紧密，完整意义上的出版活动可能要经过数年乃至数十年才能完成。例如妇孺皆知的《论语》，其成书方式便是如此：《论语》是生活于春秋末期的孔子及其弟子的语录结集，由孔子弟子及再传弟子编写而成，至战国前期才被辑录成书。其实中国古代书籍的流通大都有着这样的经历。早期书籍的写作是以篇为单位，先是单篇，后来才集多篇为一书。所以单篇流传在前，全书流传在后。即便在合编成书之后，其中有些单篇仍然单行，分合不定。现存的古代典籍的成书时间都很长，既非出

---

① 冯友兰：《哲学人生》精装典藏本，天津：天津人民出版社，2016 年，第 206 页。

自一时，也非出于一手，在最后汇集成书之前，早已以单篇形式流传。而辑录成书为个人或流派思想的整体传播提供了重要媒介。中国历史上辑录成书的著述包括以下四类：为先人先师编辑著作，具有血缘宗族关系或事业授受关系；为同理乡邦编辑专著；专门编辑为业的人进行编辑；最后一种是自行编辑，这在中国古代非常之少。① 其实，这种"辑录成书"的书籍生产方式在手工印刷时代也一直占据主导地位，直到晚清民国时期依然是一种主流方式，保持书不苟作的传统。譬如《国粹学报》1910 年第 4 号上刊登有章太炎《国故论衡》的书籍广告，记录了其成书方式："此书为余杭章先生近与同人讨论旧文而作……先生精心辨秩，一切证定，口授既毕，爰著纸素。同人传钞，惧其所及未广，因最录成帙，以公诸世。有志古学者，循此求问学之途，窥文章之府，庶免冥行之误，亦知修辞立诚之道，为益宏多，岂待问哉？"②

二、"率尔成书"与"出版射利"：现代中国的著述出版考察

中国古代文人当世出版自我著述并不多见，这一方面受到古人"文不苟作"的思想影响，另一方面因为手工印刷出版技术的落后和印刷材料的稀缺昂贵。晚清经学家陈衍著有一首诗《卖书示雪舟》，道尽了手工印刷时代个人刻书的窘境："刻书不能多送人，刻成百卷几苦辛。呼仆买纸召工匠，印刷装订商断断。一函卅册价半万，辄以送遗吾将贫。无端持赠人亦贱，委弃不阅堆灰尘。街坊书贾为我卖，抬价数倍良可嗔。"③ 而伴随着机械印刷传媒技术的出现，文人学者撰述出版问题出现了改观。

（一）"率尔成书"与现代印刷中学者的著述出版

机械印刷技术的引进导致出版业兴盛，书刊出版从上层精英逐渐下移，迎来了大众出版时代。与此同时，传统社会中文人"文不苟作"的著述出版时代逐渐走向结束，到了晚清机械印刷出现，文人著述情况有了根本的变化，从整体而言，可以说文集编纂出现了由自发到自觉的变化。中国文人对著述"文不苟作"的谨严慎重观念开始转变，这从梁启超与严复的争论中可见一斑。1902 年 2 月，梁启超在其所办的《新民丛报》第一期上，撰文推荐刚刚出版的严复译著《原富》，热情称赞这本译著"其精美更何待言"，但同时也坦率批评了这本译著的复古文风：

---

① 　何明星：《著述与宗族：清人文集编刻方式的社会学考察》，北京：中华书局，2007 年，第 20 页。

② 　《国粹学报》庚戌年第 4 号，1910 年 5 月。

③ 　陈衍：《石遗室诗集》，福州：福建人民出版社 2000 年，第 213 页。

"吾辈所犹有憾者，其文章太务渊雅……著译之业，将以播文明思想于国民也，非为藏山不朽之名誉也。文人结习，吾不能为贤者讳矣。"[①] 后来严复致函梁启超，指出文章贵在严谨持重，而梁氏则行文草率，并"劝其无易由言，致成他日之悔"。[②] 梁启超则坚持其"觉世之文，不必求工"的主张，他说："学者以觉天下为己任，则文未能舍弃也。传世之文，或务渊懿古茂，或务沉博绝丽，或务瑰奇奥诡，无之不可；觉世之文，则辞达而已矣，当以条理细备、词笔锐达为上，不必求工也。"[③] 梁启超深谙现代出版传媒逻辑，机械印刷时代促成了著述出版的繁荣，梁氏认为著述出版并非一定要完美谨严的学术作品，其重要的是要引起学界的关注和讨论。梁启超指出："学问之道，愈研究则愈感不足；必欲为踌躇满志之著作乃以问世，必终其身不能成一书而已。有所见则贡诸社会，自能引起讨论；不论以名山之业太自矜慎，致同好者觖望也。"[④] 这样的话不但指学术著作，也包含其报刊论说文。梁启超致函严复，对自己从"矜持"行文到"自恕"信口之谈的书写心理有着真切的描述："当《时务报》初出之第一、二次，心犹矜持，而笔不欲妄下，数月之后，誉者渐多，而渐忘其本也，又日困于宾客，每为一文则必匆迫草率，稿尚未就，已付钞胥，非直无悉心审定之时，并且无再三经目之事，非不自知其不可，而潦草塞责亦几不免。又常自恕，以为此不过报章信口之谈，并非著述，虽复有失，靡非本原。"[⑤]

在这段言论中，梁启超提出了"报章"和"著述"的书写差异：即报章可以率尔而作，而著述不能率尔成书。当然，在自我著述出版中，梁启超并没有严格遵守这一理念，他不但自己采取"率尔成书"的著述出版观念，且也以此观念劝诫后学胡适。胡适在接到梁启超劝勉自己早日出版著作的信函之后感慨颇深，他回复梁氏说："先生劝我早日整理出版，这话极是。我常说，我们著书作事，但求'空前'，不妄'绝后'。但近年颇中清代学者的毒，每得一题，不敢轻易下笔。将来当理改之，要以不十分对不住读者的期望为标准。"[⑥] 与胡适交好的新文化运动干将陈独秀思想却和梁启超有所呼应，他说"如今出版界的意思，只要于读者有点益处，有印行的价值便印行，不一定要是传世的作品；著书人的意思，只要有点

---

① 梁启超：《绍介新书〈原富〉》，《新民丛报》第 1 号，1902 年 2 月。

② 丁文杰、赵丰田编：《梁启超年谱长编》，上海：上海人民出版社，1983 年，第 77 页。

③ 梁启超：《湖南时务学堂学约》，《饮冰室合集》第一册，北京：中华书局，1989 年，第 27 页。

④ 梁启超：《致胡适（1921 年 4 月 3 日）》，《胡适文存二集》卷一，北京：首都经济贸易大学出版社，2013 年，第 106 页。

⑤ 梁启超：《与严又陵先生书》，《饮冰室合集》第一册，北京：中华书局，1989 年，第 108 页。

⑥ 胡适：《致梁启超（1921 年 5 月 3 日）》，《胡适文存二集》卷一，北京：首都经济贸易大学出版社，2013 年，第 106 页。

心得或者有点意见贡献于现社会,便可印行。"① 而站在保守主义立场的《学衡》派成员吴芳吉看到"五四"时期"率尔著述"的风气,很不以为然。他说:"今多数文学家者,涉世未深,见理犹浅。是非未尝参观,文字未尝琢砺,以炫于天才之说,急于创造,忙于刊行,实乃幼稚无异儿童。"② 值得注意的是,现代的成书方式还有的是辑录散发在报刊上的文字"率尔成书",正如金毓黻指出的:"后人彼此标榜,以著述为名高,故有朝脱腕而夕镂版者,实则彼辈所作,不过散篇短制,并无精义妙论,足以信今传后。以此而言著述,岂非可笑之尤者乎!"③

（二）"出版射利"与现代著述传播的版权观念

前文有述,机械印刷技术盛兴以来,中国文人著述出版日益盛行,这也遭到了有些人的批评。因为印刷技术的转型也引导着文人观念的变化。古人著述希望能够传世不朽,对后来人进行长久的启发适用,但现代的出版主要是为了"卖钱"而已。臧启芳 1923 年便曾指出:"我国古哲著书,专究藏之名山,以待来者。窥见其书致内容,不是对于学术有特别发挥,就是对于世道有针砭功用。今日则不然。社会喜讲恋爱,就千篇一律皆在作恋爱小说,并不注意人心世道的转移……所以然者,古人著书为传世,今人著书为卖钱。"④ 机械印刷技术推广应用之前,中国文人想要在报刊上刊登文稿,是需要付费的,而且彼时请出版商将文人自我的作品刻成文集,并非用于大众阅读的公共传播,而是用于文人交际圈的内部交流。古代的义利思想使得中国文人认为把文章来卖钱,是文人中最下流的工作。但凡有谋生能力和矜持自尊的人,都不会走上卖文谋生的道路。但机械印刷技术的盛兴,使卖文为辱逐渐转变为卖文为荣,文人们开始注重通过著述出版来获得收益,这是一场重大的文化革命和社会革命。

另一个值得注意的问题是,在机械印刷初兴之际,国人的版权意识不强,政府机构对文人的知识产权的保护也根本不到位。正如当时文人所指出的:"今观中国之士,终身著述,而书或无资刊印,即数世不出。苟出矣,而坊间翻板同时发卖。殚力于己,而授利于人,或竟以原稿售之坊间,尽归他人。以数十年之辛苦,易数十金笔墨之资,岂不可惜!何中国之人不知算计若此耶?"⑤ 因为晚清出版工业的发展,对于一些大众喜欢、市场畅销的图书报刊,书局报馆等出版机构为了

---

① 陈独秀:《独秀文存自序》,《陈独秀著作选》(二),上海:上海人民出版社,1993 年,第 379 页。
② 吴芳吉:《三论吾人眼中之新旧文学观》,《学衡》第 31 期,1924 年 7 月。
③ 金毓黻:《静晤室日记》,沈阳:辽沈书社,1993 年,第 81 页。
④ 臧启芳:《出版与文化:我国出版界之现状》,《晨报副镌》1923 年 8 月 9 日,第 1 版。
⑤ 周林等主编:《中国版权史研究文献》,北京:中国方正出版社,1999 年,第 24 页。

谋取利润会很快翻印出售。但这侵犯了作者的劳动成果，由此也催生了版权意识的诞生。有人以维护劳动成果拥护版权制度："不知著述之士，大抵穷愁发奋者多。积年累月，耗竭心力，得稿盈寸，持之问世。而射利之辈，乃遽袭为己有，以分其锱铢之微，徒任其劳，不食其报，盖未有不废然而返者矣。"① 版权意识的诞生具体表现在文人从重传播、轻利益转向重利益、轻传播的书写传播观念。但是以前的文章可以随意复制传抄，现代版权意识的升腾也限制了知识文本的广泛传播。有人就以传统"重传播，轻获利"的心态拒绝版权制度："风气初开，著作未盛，若成一书，必禁人翻印，则行之不远，受益者少，不如无版权之愈也。"②

三、观念转型与技术反思：重审作为变革动因的"印刷机"

晚清以降，机械印刷技术推动了中国的书籍出版事业，同时也日益影响到中国文人的著述出版观念。从传统印刷技术到现代印刷技术，中国文人的著述观念也从"文不苟作"走向了"率尔成书"。综观而论，机械印刷技术的推广应用推动了出版的转型和社会的变革，同时也导致了文人"率尔成书"等问题。如何理解并评判从传统印刷到机械印刷的技术变革中文人著述的转型问题，下文予以讨论。

（一）印刷机之功：文人出版观念的现代转型

自古登堡印刷技术传入中国以来，书籍的材质、内容和生产方式都开始悄然变化。在机械印刷技术的支持下，中国文人的著述出版的难易程度发生转变，这也导致典籍时代的结束与大众出版时代的到来。社会学学者潘光旦曾指出："以前著述的人比较为数甚少，著作之后，有力量付诸剞劂的人为数更少；能够在生前见到自己的作品流传的人更是寥寥无几。现在呢，例如我昨天晚上写着这一段'发表欲'的文字，我今天早上便可以看见排印出来……因为物质的设备很便利，所以著述少的便著述多了，不著述的也著述起来了，甚至完全不宜于著述的，也起了幸进之心。"③ 机械印刷技术不但促成文人著述的普遍兴起，而且也直接影响到中国文人从传播知识到生产知识的角色转变。与传统的抄写或雕版印刷相比较，机械印刷术的主要优势在于巨量生产和物美价廉。印刷术复制图书既然量多质高，于是书籍知识成为公众可以阅读涉足的领域，可与志同道合的读者"拥有"和"分享"。

---

① ［英］斯克罗顿·普南、［美］罗白孙：《版权考》，周怡君译，上海：商务印书馆，1903 年。
② 周林等主编：《中国版权史研究文献》，北京：中国方正出版社，1999 年，第 50 页。
③ 潘光旦：《"著作狂"及"发表欲"》，潘乃穆等编：《潘光旦文集》第二卷，北京：北京大学出版社，1994 年，第 53—54 页。

机械印刷术在中国社会的普及应用，绝不仅仅意味着一场书籍出版领域的革命，它更标志着整个中国社会的革命。印书技术的革新为书籍的流通传播提供了极大便利，也扫除了文化推广普及的技术性障碍。同时，机械印刷时代书籍的大量出版为公众提供了各个方面的新的知识，这些知识渗透到国人生活的方方面面，也预示着一场社会变革的来临。1902 年，《大陆报》登载了一则广告，叙说了印刷与文明的关系问题："自欧洲印刷机器之学兴，世界文明生一大变革。由是观之，机器印刷之关系其重大可知矣。中国近时渐有用机器印刷者，然简陋者多，精美者少，未足以为组织文明治具也。夫印刷之巧拙，即代表其国文明程度之阶级。泰西诸国注意于印刷之改良，倍加郑重，故所成之图画书籍精工无匹，而出版愈多，文明之程度愈增，国势亦因之以强。征诸日本，可以殷鉴，以较我国千百年来绝不以此经意者，其优劣悬殊，殆不可以道里计矣。"① 机械印刷工业的发达可以以知识传播供给人民，满足社会发展的需要。一切人类社会的大事，皆以书刊印刷方式记述下来；一切的人类知识，皆以书刊印刷方式传播开来。因此，机械印刷技术的引进是推动中国现代转型的重要因素，社会文明与图书期刊的出版量有着重要的关系。

（二）观念变革之思：中国传统著述精神的失落

机械印刷技术的推广应用，极大地推动了书籍从精英出版到大众出版的转型，也推进了现代知识文明的发展。但同时需要指出，从"文不苟作"到"率尔成书"的观念转型也导致了中国传统严谨学术精神的失落。历史让我们看到，技术可以开创一个著述出版的新时代，却无法造就一个著述出版的理想社会。中国古代文人注重精心阅读、谨慎著述，秉承"文不苟作""书不苟出"的著述出版理念，而机械印刷的推广应用却催动着学者著述出版的速度化和粗糙化。文化保守主义者梅光迪从传统学问家谨慎出版的传统出发，批评民国时期的著述出版的速度化和粗糙化问题。他认为学问家应该"为真理而真理，重在自信，而不在世俗之知；重在自得，而不在生前之报酬。故其毕生辛勤，守而有待，不轻出所学以问世，必审虑至当，而后发一言；必研索至精，而后成一书"。② 吕思勉谈论读书写作之时，也对机械印刷所带来的粗糙化写作颇有微词："读书尚未终卷，即已下笔千言；诋排先儒，创立异说。此乃时人习气，殊背大器晚成之道，深愿学者勿效之也。"③ 朱自清曾将今人的著述和古代著述进行比较，来批评当代人的著述求速的粗糙写

---

① 宋元放、李坚白：《中国出版史》，北京：中国书籍出版社，1991 年，第 184 页。
② 梅光迪：《评新文化运动者》，《学衡》第 1 期，1922 年 2 月。
③ 吕思勉：《经子解题》，北京：北京联合出版公司，2014 年，第 97 页。

作方式："从前人著述，非常谨慎。有许多大学者终生不敢著书，只写点札记就算了。印书不易，版权也不能卖钱，自然是一部分的原因；但他们学问的良心关系最大……现在我们印书方便了，版权也能卖钱了，出书不能像旧时代那样谨严，怕倒是势所必至；但像近些年来这样滥，总不是正当的发展。早先坊间也有'大全''指南'一类书，印行全为赚钱；但通常不将这些书看作正经玩意儿，所以流弊还少，现在的'概论''大纲''小史'等等，却被青年当作学问的宝库，以为有了这些就可以上下古今，毫无窒碍。这个流弊就大了，他们将永不知道学问为何物。"① 由上可见，许多人已经感觉到机械印刷推动了书籍出版的繁荣，但同时也导致文人著述观念的转型，传统的学术精神也因此有所失落。

---

① 朱自清：《论青年读书风气》，朱乔森编：《朱自清全集》第四卷，南京：江苏教育出版社，1993 年，第 333—334 页。

论"除目"及"除目流布"背后的政治传播

刘晓伟 *

（华南师范大学新闻传播学　广东广州　510000）

摘要： 有关除目的性质，在前人的研究中尚未有定论。从文献记载看，除目并非中国古代官报，而是官吏的人事任免信息，经常成为邸报的内容。除目事涉人事机密、注重保密性，可以经由商议决定，并且有可能被"封还"。这些都不符合古代官报应有的特征。从政治信息流动的角度看，除目的拟制有着严格的拟制主体和拟制程序规定，并且具有一定的纠错程序。除目的公布主要由官文书、邸报和"小报"三种媒介途径构成。适度的人事政治信息流动有助于士大夫阶层内部的信息沟通和互动，同时起到了内部舆论监督的作用，有利于塑造士大夫阶层的共同体意识，巩固封建王朝的统治。

关键词： 古代官报；除目；政治传播

除目是中国古代官报研究中的一个重要概念。但关于除目究竟为何物，新闻学界历来杂说纷纭，未有定论。本文即拟对历来已有成说进行剖析的基础上，从考察除目背后的政治信息流动等角度入手，对除目的性质及其背后的政治传播作一论述。

一、问题的提出

除目是中国古代报刊史研究中的一个重要话题。除目究竟是古代官报的一种，还是古代官报的代称，抑或根本不是中国古代官报，历来的研究中存在一些争议。一些具有代表性的观点概括如下：

第一种，除目是古代官报的一种。1999 年出版的《新闻传播百科全书》中，

---

* 作者简介：刘晓伟，华南师范大学新闻传播系副教授，研究方向：政治传播学。

对除目作了一个概括界定:"除目是中国古代报纸的一种称呼,专指以传播官吏任免升迁为主要内容的封建官报。除,拜官授职;目,目录、条目。除目,也即官吏任命、升迁的名目。这是官报内容的重要部分,也是热衷于仕途的官绅们读报时最为关注的部分。因此,具有这部分内容的官报有时也被称为除目。"① 方汉奇指出:"除目。除,拜官授职;目,条目、目录。两个字合起来,可以解释为官吏任命、升迁的名单。这是邸报的重要组成部分,也是热衷于仕途的朝野官绅们读报时最为关注的那一部分,因此,邸报也被有些人别称为除目。"②

第二种,除目是古代官报的一种别称。这种观点主要以甘惜分等为代表。甘惜分在《新闻学大辞典》中指出,邸报在古代文献、古典小说和古代文人的著作中,它也被别称为邸钞、邸抄、阁钞、杂报、朝报、京报、钞报、进奏院状、进奏院状报或除目。③

第三种,除目并非中国古代官报。姚福申指出,"除目"就是现在所说的官吏任免名单,它可以是朝报或邸报的一个重要内容,但本身并非古代封建官报,把"除目"视为古代官报的一种名称,纯属误会,应从封建官报的名录中删去才对。④

在上述三种认识中,姚福申明确指出除目并非邸报,而第一种和第二种观点都比较含混,一方面称除目为邸报的一种或别称,但同时又说除目为邸报的内容,载有这部分内容的邸报才叫除目。之所以语焉不详,主要是缘于学界对除目与邸报的关系缺乏系统的梳理。

姚福申认为除目并非中国古代官报,而是官吏任免名单。在阐释其中的缘由时,姚福申以《新五代史·刘廷朗传》中"乃令文遇手书除目,夜半下学士院草制",以及《邵氏闻见后录》中"帝中出除目:吕公着司空"两例为证。⑤ 但姚福申对既然除目不是邸报为何又会与邸报混同,除目由谁拟制并以何种形式传播等问题未作说明,因此阐释力度尚有不足。并且,单纯说除目是任免名单也不完全准确,实际上除目的内容并不仅限于条目式的官员名单。结合文献中的记载,本文力图阐释除目与邸报的关系,对"除目流布"背后反映出的中国唐宋时期政治信息流动和政治传播特点等问题,做出进一步的阐释。需要说明的是,本文所研究的除目以唐宋时期为主,主要原因是除目一词主要在唐宋时期使用,对考察除

① 邱沛篁、吴信训、向纯武主编:《新闻传播百科全书》,成都:四川人民出版社,1998年,第307页。

② 方汉奇主编:《中国新闻事业通史》第一卷,北京:中国人民大学出版社,1992年,第129页。

③ 甘惜分主编:《新闻学大辞典》,郑州:河南人民出版社,1993年,第274页。

④ 姚福申:《中国古代官报名实考》,《新闻研究资料》1985年第3期,第199—213页。

⑤ 姚福申:《中国古代官报名实考》,《新闻研究资料》1985年第3期,第199—213页。

目与邸报的关系具有典型性。[1] 同时，因学界前辈的相关研究中对元明清时期的史料有所涉及，本文对此也有所勾陈探讨。

二、关于除目的基本认识

本文认为，除目不能简单的等同于官员任免的名单条目，实际上官员任免的文书内容也被称为除目，因此以人事任免信息来概括除目的内涵更为允当。除目是官员的人事任免信息，可以经由皇帝和大臣反复商议决定，也可能议而不决，并且有可能变更。官员任免的结果确定后，即予以拟制，形成的人事任免内容称为除目，又称为除书。[2] 作为人事任免信息，除目可以出现在官文书中，也可以出现在邸报、小报等媒介中。鉴于后文多有涉及除目并非邸报的问题，本节主要证明除目是官员的人事任免信息的问题，举四例为证：

其一，载于《宋史》列传第七十五：

中书尝进除目，数日不决。帝曰："当问王安石。"介曰："陛下以安石可大用，即用之，岂可使中书政事决于翰林学士？臣近每闻宣谕某事问安石，可即行之，不可不行。如此则执政何所用？恐非信任大臣之体也。必以臣为不才，愿先罢免。"[3]

此例中，宋神宗对除目未下决心，要求中书省以此事询问王安石意见，遭到唐介等中书省官员的坚决反对。除目虽还尚未交付王安石，但除目可以商议决定可见一斑。

其二，载于宋代王巩的《闻见近录》，记载的是当事人的见闻，生动反映了宋神宗与大臣商定除目的场景：

神宗一日召执政诣天章阁，而吴雍与震预召，时为中书检正官也。及对，及议官制除目。初，执政进呈三省印，上曰："始欲以金，而今御宝乃金也，涂金可耳。"执政既进除目，上笑曰："三省、密院官，姑置之。"乃议吏部而下，及某官除某乙，

---

① 唐宋之间、宋代元丰改制前后、两宋之间在官制上都所有区别，但在除目的拟制和信息流动问题上，规制大体一致，不影响本文的总体立论。因本文不是政治制度史研究，上述差别之处本文存而不论。

② 关于除目与除书的关系问题，在笔者寡见的史料中，商定除目的阶段鲜见有使用除书这一名称的，在除授之后则屡见除目与除书混用的情况。结合字面含义，笔者揣测提出，除目"草制"完成后称除书，但古人对两者并不作严格区分。鉴于此，本文对两者也不作严格区分，仅在此提出这个问题。

③ 《宋史》第三十卷，北京：中华书局，1976 年，第 10329 页。

则俾雍、震互书之。至太常少卿，上曰："此必慎择人。"执政屡荐名，皆不应上意。至礼部郎中。则曰："此南宫舍人，非他曹可比，可除刘挚。"至著作郎，则曰："此非苏轼不可。"少选，上默久之，曰："得之矣，太常少卿可除范纯仁。"①

此例中，宰相进除目，宋神宗对官员人选一一议定。中间有太常少卿一职，宰相推荐数人都不称宋神宗之意，最终由宋神宗经反复思量确定为范纯仁。议定的除目由两名中书校正官共同记录，以防错漏。

其三，载于《续资治通鉴长编》卷四百六十五，元祐六年（1091）闰八月，垂帘听政的宣仁太后和吕大防、苏辙等人商议官员任免事宜。苏辙以防止形成朋党为由反对任命蒲宗孟为兵部尚书，宣仁太后将相关人选暂时搁置，认为"不如且静"，除目议而未决，众大臣"卷除目持下"。②

其四，再举一个元朝的例子，出于《元史》列传第三十：

台臣尝奏除目，文宗以笔涂一人姓名，而缀将作院官间间之名。自当言："间间为人诙谐，惟可任教坊司，若以居风纪，则台纲扫地矣。"文宗乃止。③

此例中，元文宗在台臣上奏的除目上作了一个修改，想替换为间间，但受到时任治书侍御史的自当的反对而作罢。

比照同时期日本文献的一些记载，更可彰显除目所指的是官员的任免，而非古代官报。在日本平安时代（公元 794—1192 年）的随笔文集《枕草子》（约成书于公元 1001 年，宋真宗咸平四年）中对"除目"有很多记载，兹举一例：

除目のほどなど、内里わたりはいとをかし。雪降りこほりなどしたるに、申文もてありく。④

译者林文月对这一段大臣们为了能够"除前官之任，而就新职"，在除目发表之前到处活动情景有过生动的翻译："叙官除目时节，宫里头可就更有意思了。大雪纷飞，天寒地冻中，人人捧着自荐书奔走"。⑤

---

① 王巩：《闻见近录》，《全宋笔记》第二编第六卷，郑州：大象出版社，2006 年，第 25—26 页。
② 李焘：《续资治通鉴长编（附拾补）》，上海：上海古籍出版社，1985 年，第 4251 页。
③ 《元史》明洪武刊本，台北：台湾商务印书馆，2010 年，第 1667 页。
④ ［日］清少纳言：《枕草子》，东京：岩波书店，1992 年，第 6 页。
⑤ ［日］清少纳言：《枕草子》，林文月译，南京：译林出版社，2011 年，第 6 页。

　　在《枕草子》的记载中，"除目"即是除授的活动，与邸报并无关联。这与唐宋时期我国"除目"的含义是相近的。对此，《枕草子》的早期译者周作人也曾作出过注解：

> 除目系用中国古语，除谓除旧官，后转称拜官曰除，除书曰除目，犹后世所谓推升朝报。唐人诗云："一日看除目，三年损道心。"日本古时除官，有内外之分，正月九日至十一日，为地方官任免日期，文中即指此事。①

　　从以上的论述中可以看出，"除目"是官员的人事任免信息，断不是邸报。宋史学者邓小南曾经对个中关节予以了揭示：

> 除授的结果，即"除目"。由朝廷发送邸报，通知百司各方，石介在嘉州时，曾见到载有除目的邸报，得知"张叔文由御史台主簿改著作佐郎，依旧在台"，因而赋诗一首，内有"惊闻除目到遐荒"句。除目公布后，臣僚仍然可以提出批评、改罢意见。②

　　需要指出的是，邓小南的说法并不完全准确。从上述例证可知，在商议的过程中，已经以"除目"相称了，并且没有形成除授定论的，也被称之为"卷除目持下"。可见，除了除授结果外，商议中的除授名单也可以称作是"除目"。只是载入邸报的，的确是除授的结果。实际上，除了宋史学者的论断之外，文献中也有明确记载古人"读邸报"时读到"除目"的史料，更足以确证除目是刊载于邸报中的内容："某兹读邸报，窃审辞庞帅藩冠班殿，先皇帝延登翰长，待之以江彦章綦叔厚之伦，新天子尊礼宫端，叶之以蔡君谟苏子瞻之职，除书一播，舆论交归"。③这段记载出自刘克庄给友人的一封信中，明确写到了自己在读邸报的时候看到了有关蔡君谟（蔡襄）、苏子瞻（苏轼）的任命消息，认为任命允当，遂有"除书一播，舆论交归"之语。

三、除目与邸报关系的澄清

　　那么，除目并非邸报，如何又被误会为邸报呢？这恐怕与古代诗词以及一些

---

① ［日］清少纳言：《枕草子》，周作人译，北京：中国对外翻译出版公司，2000年，第26页。
② 邓小南：《宋代文官选任制度诸层面》，石家庄：河北教育出版社，1993年，第229页。
③ 刘克庄：《後村先生大全集》第一百三十三卷，《四部丛刊初编集部》，上海涵芬楼影印旧钞本，第1页。

文献中记载的模糊性有关。梳理既往的研究，学界将除目作为邸报的证据主要有四个，在此列举如下，并逐一加以驳正：

（一）古代诗词文章中对除目与邸报的混用。

在古代诗词文章之中，屡见"除目""除书"二字。比如《容斋随笔》中曾有"黄纸除书"条，专门言及"乐天好用黄纸除书字"，谈论白居易诗中喜欢使用"黄纸除书"一词的现象。① 古代诗词中还常有诗歌标题为读邸报，而内容却又谈除目的。这自然给今天的研究者带来了很大的困扰。比如孔正毅指出，在宋人看来邸报即除书、除目，三者是同样的东西。他所采用的例证即两首宋诗，其一是宋代诗人薛季宣《读邸报二首》之一："大漠烟尘静，三公计画奇。定安唐庙貌，行复汉宫仪。捷奏腾千里，除书满四维。自然禽颉利，蚤晚赞无为。"诗歌的标题是"读邸报"，而内容却说"除书满四维"。其二是宋人石介的《嘉州读邸报见张叔文由御史台主簿改著作佐郎依旧在台》诗云："惊闻除目到遐荒，病眼偏明喜倍常。古节如争台柏直，青衫新惹阁芸香。中庐夜宿群经蠹，北户朝趋满简霜。主簿虽卑官渐紧，近来应有谏书囊。"标题上说"读邸报"，而内容却是"惊闻除目"。②

从除目和邸报的关系来看，此问题不难解释。古人所述实质是在邸报中看到了除目，只是囿于诗词的文字格律限制，抑或在古人看来这根本不成其为问题，故而未作交代。其实在诗词之中也存在证明除目并非邸报的例子，但却为学者所忽视，其例见于明末清初大学者钱谦益的《初学集》卷十六《有客》诗：有口未缄只可饮，此身已隐更何云。山堂近有三章约，邸报除书《骂鬼文》。③

诗中，钱谦益明确地将邸报、《骂鬼文》（东方朔的佚文）和除书（即除目）并列为不愿谈论的三个话题，以此可证除目并非邸报。就笔者所见史料来看，钱谦益这段话则是化用于宋代词人刘克庄的《沁园春·寄竹溪》："老子衰颓，晚与亲朋，约法三章。有谈除目者，勒回车马，谈时事者，麾出门墙。已挂衣冠，怕言轩冕，犯令先当举罚觞。"④ 结合刘克庄的原词来看，除目与原词中的"时事"并列，也可凸显除目、"时事"都是邸报中的内容。并且，钱谦益将除目与邸报并列并非是仅见于此诗之中的孤例，在其笔记文章之中也有类似的使用，载于《有学集》卷四十五：

---

① 洪迈：《容斋随笔》，北京：中华书局，2005 年，第 14 页。
② 孔正毅：《再谈元代的"邸报"、"朝报"及"除目"问题——兼答李漫博士》，《国际新闻界》2010 年第 1 期，第 153—166 页。
③ 钱谦益：《牧斋初学集》，上海：上海古籍出版社，1985 年，第 583—584 页。
④ 刘克庄：《後村先生大全集》第二百八十七卷，《四部丛刊初编集部》，上海涵芬楼影印旧钞本，第 9 页。

启、祯之间，风气益变，盟坛社蠹奔走号跳。苞苴竿牍，与行卷交驰；除目邸报，与文评杂出。訞言横议，遂与国运相终始。以选文一事征之，亦当代得失之林也。①

此例中，他再次将除目与邸报连用，并且与"苞苴竿牍"对仗。"苞苴竿牍"代指夹带礼品的书信，以此类推，可知"除目邸报"应指刊载有除目的邸报。

（二）赵翼《廿二史札记》中所说的"除目朝报"

第二个常见证据是赵翼《廿二史札记》卷十六《旧唐书原委》称：

唐长兴中，史馆又奏："宣宗以下四朝未有实录，请下两浙、荆、湖等处，购募野史及除目朝报、逐朝日历、银台事宜、内外制词、百司簿籍上进，若民间收得或隐士撰成野史，亦令各列姓名请赏。"从之。②

在这条史料中，赵翼将"除目朝报"并称，被学界视为是除目即是朝报的关键性证据之一。赵翼所提及的"除目朝报"，主要依自《旧五代史》和《五代会要》，在此对照原文如下。

其一，《旧五代史·唐书》明宗本纪记载："宣宗已下四庙未有实录，请下两浙、荆湖购募野史及除目报状。从之。"③

其二，《五代会要》卷十八《史馆杂录》记载：

伏乞特降诏旨，委各于本道采访宣宗、懿宗、僖宗、昭宗以上四朝野史，及逐朝日历、除目、银台事宜、内外制词、百司沿革簿籍，不限卷数，据有者抄录进上。若民间收得，或隐士撰成，即令各列姓名，请议爵赏。④

对比可知，所谓"除目朝报"在《旧五代史》中为"除目报状"，而在《五代会要》中则仅提及"除目"，并未提及报状。个中缘由，可从两个层面予以认识。

其一，《五代会要》的史料更为原始。从成书时间角度看，《五代会要》成书于宋太祖建隆二年（公元961年）。撰者王溥是五代汉进士，授秘书郎，在周为官至中书侍郎平章事、左仆射，对五代制度见闻较切，因此史料比较翔实。《旧五代史》的编纂始于宋太祖开宝六年（公元973年）四月，至次年闰十月成书。并且

① 钱谦益：《牧斋有学集》，上海：上海古籍出版社，1985年，第1509—1510页。
② 赵翼：《廿二史札记校正》，王树民校正，北京：中华书局，1984年，第340页。
③ 《旧五代史》第二卷，北京：中华书局，1976年，第595—596页。
④ 王溥：《五代会要》，上海：上海古籍出版社，1978年，第303页。

原书已佚，现行本是清乾隆四十年（1775年）时的辑本（赵翼的《廿二史札记》成书于乾隆六十年）。因此，《五代会要》中的记载应更近于原始文献。当时，后唐史馆修唐史，但唐末档案和史料散落，于是面向社会购募，但"敕命虽颁于数月，图书未贡于一编"，只能上书朝廷要求再下敕命，向受战乱影响较小的南方搜寻史料。[1]《五代会要》中并未提及"报状"，这里的除目所指的是官员任免信息。对于修史而言，这是极为重要的史料。该史馆要求诸司上报留存的材料中，即包括"京百司长官、刺史以上除授"，[2] 可为映证。

其二，《旧五代史》中的"除目报状"应如何理解。所谓"报状"，姚福申曾经做过专门考证，指出其可以理解为"进奏院报状"的简称，还可以指牒报和录报，以及带有报告性质的上行或下行的官文书。而"朝报"仅是"进奏院报状"中的一种，在宋时不完全等同于进奏院报状，到明清时期，士人才将朝报、邸报和进奏院状报混同。[3] 再对照《五代会要》中的记载可知，《旧五代史》中"野史及除目报状"为比较笼统的写法。所谓"报状"并非是除目的互称，而更可能是对后文"银台事宜"的略称，是指与除目并列的史料。在五代之时，银台司主掌官文书的上传下达，以及进奏院报状的编行，因此，所谓"银台事宜"正接近于姚福申关于"报状"的解释。[4] 赵翼受明清时人影响，将"除目报状"写为"除目朝报"，已与原意有所偏离，今人再将"除目朝报"视为除目即朝报的佐证，则更不允当。

（三）谢肇淛《五杂组》中"推升朝报"的记载

明代谢肇淛在其著作《五杂组》中对除目有过专门的解释：

> 一日看除目，三年损道心。除目，今之推升朝报也。其中升沉得丧，毁誉公私，人情世态，畔援歆羡，种种毕具。若恋恋于此，有终身丧其所守者，岂止三年损道心已耶？[5]

谢肇淛提出的"除目，今之推升朝报也"之说，历来被视为是除目就是朝报也即邸报的关键佐证。方汉奇、孔正毅等学者皆曾援引这条史料。周作人在解释

① 王溥：《五代会要》，上海：上海古籍出版社，1978年，第304页。
② 王溥：《五代会要》，上海：上海古籍出版社，1978年，第294页。
③ 姚福申：《中国古代官报名实考》，《新闻研究资料》1985年第3期，第199—213页。
④ 姚福申：《中国古代官报名实考》，《新闻研究资料》1985年第3期，第199—213页。
⑤ 谢肇淛：《五杂组》，上海：上海书店出版社，2001年，第257页。

除目一词时，也是援引了此语中的部分内容。

但论者援引此例时，往往忽略了此说中的"推升"二字。考诸史料，类似于推升朝报的用法，在谢肇淛的时代还有一例，载于袁宏道《未编稿》卷一：

昨职等仰奉堂谕，因本司当该已除万全都司经历郭元，公论久愤，致令言官形之奏牍，此番推升，遂拟劣转。方职等拟官之时，本司都吏朱国梁率诸当该排闼而入，再四乞免郭元，职等不应，国梁悻悻而去。及榜出，国梁遂令坊间暗去郭元名字。今推升报中，竟无元名矣。盖卫官原系扣缺，多有一人两除者，而外间所凭，止据一纸刻报。[①]

所谓"推升"，《明史》选举志有专门解释："凡升迁，必满考。若员缺应补不待满者，曰推升。"[②] 可见，在明代，推升是一种破格提拔的方式。结合袁宏道在文中的用法来看，应也被用来泛指官员的任免。袁宏道所谓推升报，即刊载推升消息的邸报。事例中，郭元因涉私人恩怨，结果被朱国梁暗令民间刻报之人从对外公布的推升报中抹去其名字。这个记载清楚的展示了推升朝报的性质。

因此，谢肇淛所谓的"推升朝报"，应该是载有推升消息的朝报，除目应理解为朝报中所载的官员任免信息。尽管在明代的诗歌中，还可见到"除目"二字，但更多的应该是一种用典的修辞手法。其实在谢肇淛的这段史料中，所谓"今之推升朝报也"之说，已经隐含了时人并不熟悉"除目"为何物的意思。因此，退而言之，即使谢肇淛认为除目即刊载官员升迁信息的朝报，这也是一种明代人对唐宋时期除目性质的推断，并不能作为第一手的证据。除目为何物，还是应以唐宋时期的史料为主要依据。

（四）孔正毅等学者提出的元代"除目说"

近期，孔正毅在研究中补充了有关元朝"除目"记载的重要文献。他以《元史》卷一百二十八《姜卫传》的记载为例，指出姜卫作为行台御史大夫有向朝廷发表意见的义务和权力，每次收到"除目"之类的政府官报，都要和幕僚们就除目中的内容，进行议论，如觉得有不妥之处的，就一定要上书弹劾。而官文书的抄发对象只是当事人或者当事人所在的政府部门，具有特定的对象，而姜卫经常收到这类除目，因此这类除目不是官文书，只可能是承载公共信息的政府官报或

---

① 《袁宏道集笺校》下卷，钱伯城笺校，上海：上海古籍出版社，1981 年，第 1504 页。
② 《明史》清乾隆武英殿原刊本，台北：商务印书馆，2010 年，第 736 页。

邸报。同时，他还援引元朝人的文献记载和诗歌，指出诸条元代除目史料均是关于人事任免方面的信息内容。① 孔正毅的上述论断，对元代除目研究有着筚路蓝缕的贡献，但对这些证据却有着误读。

恰如孔正毅所揭示的，宋元时期的除目史料都是关于"人事任免"方面的。这绝非除目和邸报是"同物异名"，相互代称所能解释的。这些表现其实正印证了除目就是官员任免信息，并非邸报。

实际上，在《元史》中还有其他有关除目的例证，能够更清楚展现除目的性质，即《元史》本纪第三十一中的两个记载，其一："是月，文宗立奎章阁学士院于京师，遣人以除目来奏，帝并从之。"② 其二："辛丑，文宗立都督府于京师，遣使来奏，又以台宪官除目来上，并从之。"③

这两段史料中的事件具有较为特殊的历史背景。1328 年，元泰定帝死，元廷出现内乱。元武宗次子图帖睦尔在大都自立为帝，是为元文宗。不久，其兄长和世㻋在上都和林也宣布即位，是为元明宗。于是，元文宗表面上退位，奉兄为帝，第二年两人相会于上都之南，元文宗毒死元明宗后再次称帝。这两则记载中的事件发生于两人相会之前。元文宗名义上退位，但执掌大都事务，于是两次将拟定好的除目上报到上都，都得到了元明宗的同意。从中可以看出，既然是呈报元明宗并要得到他的同意，则除目断不是邸报，只能是官员任免信息。

正如前文所引，邓小南对除目发布之后仍可批评改罢的论断，已经解释了姜卫见到除目后的一些做法的合理性。邸报既然是发至"百司各方"，孔正毅所举例的姜卫自然能经常性地看到刊载除目的邸报。姜卫当时的职务是行台御史大夫，弹劾纠察正是其分内的事，自然可以对认为不妥的人事任命上书弹劾纠正。同时，孔正毅从官文书发放对象入手辨析除目性质的认识也是有误的，此点留待后文论述除目背后的信息流动和政治传播时进一步驳正。

在学术界之前的研究中，其实已经认识到了除目和邸报的关系。但比较可惜的是，邓小南、姚福申对此点到为止，并未交代依据或缘由，也未作深论。类似观点在孔正毅等学者的研究中其实也曾零星散见，但却都语焉不详，未敢定论，继而便转入除目即邸报的别称之类的含混话语之中了。在此，本文拟在前辈学者论断的基础上，从除目的拟制与传播等视角入手，对除目及"除目流布"背后的政治传播予以进一步的解析，此问题或可得到更好地揭示。

---

① 孔正毅：《再谈元代的"邸报"、"朝报"及"除目"问题——兼答李漫博士》，《国际新闻界》2010 年第 1 期，第 153—166 页。

② 《元史》明洪武刊本，台北：商务印书馆，2010 年，第 381 页。

③ 《元史》明洪武刊本，台北：商务印书馆，2010 年，第 382 页。

四、除目的拟制规程与政治信息流动

除目中所反映的是封建王朝中的核心人事机密，其信息拟制过程自然被严加控制。从政治传播的角度看，除目的拟制有着严格的拟制主体和拟制程序规定，并且在政治信息流动中具有一定的纠错程序。

（一）除目的拟定主体与程序

五代时期除目的拟定程序为"（除目自）中出"或"宰相奏拟"，换言之，皇帝为拟定除目的最终决定者。在程序上可以直接"中出"除目，或者宰执大臣也可拟制除目奏请皇帝同意后执行。胡三省在注《资治通鉴》时，曾经明确指出了这点，见于《资治通鉴》卷第二百八十天福元年（936 年）五月庚寅条：

> 李崧请急在外，薛文遇独直，帝与之议河东事……，帝意文遇当之，闻其言，大喜，曰："卿言殊豁吾意，成败吾决行之。"即为除目，付学士院使草制。（御笔亲除付外行者谓之除目，其经宰相奏拟而行者亦谓之除目。）[1]

文末引号中即为胡三省的注，明确指出了"御笔亲除"或"宰相奏拟"的谓之除目。当然，这里并非指只有皇帝和宰相本人才能拟制除目的内容，职能相关的文官也可参与拟制，具体而言，即可草拟"御笔亲除"的翰林学士，可草拟"宰相奏拟"的中书省官员等。在宋代，扩充到枢密院大臣也可以参与商议职权相关的除目。举三个例子为证。

其一，见于《宋史》列传第七十九："元丰官制行，震与吴雍从辅臣执笔入记上语，面授尚书右司员外郎，使自书除目，举朝荣之"。[2]当时，王震的职务为中书检正，具有草拟除目的资格，所以获得了"自书除目"的荣耀。

其二，见于《续资治通鉴长编》卷四十七咸平三年（1000 年）庚午条：

> 以职方郎中、直秘阁黄夷简为光禄少卿，主客员外郎、直史馆曾致尧为户部员外郎。先是，宰相张齐贤荐夷简、致尧宜掌诏命。尝有急制，值舍人已出院，即封除目命夷简草之，议者以为不可。[3]

此例中，黄夷简时为光禄少卿，主要职责是掌管祭祀、朝会、宴乡酒醴膳羞

---

① 《资治通鉴》第十九卷，胡三省注，北京：中华书局，1956 年，第 9142 页。
② 《宋史》第三十卷，北京：中华书局，1976 年，第 10406—10407 页。
③ 李焘：《续资治通鉴长编（附拾补）》，上海：上海古籍出版社，1985 年，第 391 页。

等。但宰相张齐贤有意荐拔，在中书舍人不在的情况下，命他草写了时间要求紧急的除目，结果被人议论为不当之举。

其三，是出于《续资治通鉴长编》卷三百六十元丰八年（1085）十月丁丑条，记载如下：

> 初，中旨除朝议大夫、直龙图阁、知庆州范纯仁为左谏议大夫，朝请郎、知虔州唐淑问为左司谏，朝奉郎朱光庭为左正言，校书郎苏辙为右司谏，正字范祖禹为右正言，令三省、枢密院同进呈。太皇太后问："此五人何如？"执政对："协外望。"章惇曰："故事，谏官皆令两制以上奏举，然后执政进拟，今除目从中出，臣不知陛下从何知之，得非左右所荐，此门不可浸启。"太皇太后曰："此皆大臣所荐，非左右也。"①

在该例中，除目自"中旨"（皇帝不经中书门下省直接下达的旨意）下达，当时宣仁太后垂帘听政，章惇认为惯例上除目都是"执政"草拟后由皇帝决策，而当时"除目从中出"，质疑宣仁太后是否采信了其他渠道提供的人事信息，因此表达了不满。结果宣仁太后予以否认，但最终任命时未能全部任命，范纯仁改为天章阁待制，范祖禹改为著作佐郎。

在此例中，章惇的质问引起了朝臣的一波舆论反弹，主要原因在于章惇当时任知枢密院事，在商拟除目方面亦有越权之处。因此，章惇遭到监察御史王岩叟、侍御史刘挚等人的攻击。当时的侍御史刘挚的上书中对除目拟制的主体有着详细的论述，同时也深入阐述了宋代对除目拟制主体严格规定的意义所在：

> 臣窃睹自来朝制及近降官制格，凡差除，有中书进拟者，有枢密院进拟者，有三省、枢密院同进者。盖建官分职，各有所治，法无相参也。三省、枢密院同取旨者，似止于差除帅臣、边镇大吏、内臣近上差遣而已。今差谏官、罢侍讲，不识枢密院何为而预也，外言籍籍，皆以三省容纵密院侵紊政体，莫不疑异。臣窃谓国家所恃者在纲纪，大臣所宜守者在名分，纲纪正于上，则下无邪志；名分治于下，则政无多门。一有夺移，何患不起？朝廷今日正当尊强君道，谨守祖宗法制，严臣下之名分，以消压权僭之心。今废置官吏，陛下大政；而三省之事，枢密院本非其职，踰法出位，横造议论，公然犯分。臣恐积微至著，交乱官守，渐行私意，以害政事。

① 李焘：《续资治通鉴长编（附拾补）》，上海：上海古籍出版社，1985年，第3316页。

上则陛廉之等慢，下则倾夺之患生，杜渐防微，实系国体。①

从中可以看出，宋人把"差除"视为涉及"国体"的大事，在信息渠道控制上尤为关注，其拟制主体有严格的规定，各类官员拟制信息流动渠道分明，防止"横造议论"，政出多门，对政事产生冲击。

（二）除书的起草与内容

除目并不能简单地理解为官吏任命的名单条目。除目在商议阶段，以条目的形式出现，但确定除授结果之后，唐宋时期多由中书舍人负责草拟除书，这个环节在唐宋时期称谓多有变化，可以称之为"草词""行词"或"书行"等等，其实际就是由中书舍人起草文书，然后"书名行下"。除目的内容也远比条目丰富。这也是除目能够广为传播，为士人所关注的重要基础。

前文已述，《容斋随笔》中称白居易在诗词中喜用"黄纸除书字"，实际上白居易曾经撰写过大量的除书，很多保存于《白居易集》中，在此选择较为简练的一则《裴廙授殿中侍御史制》予以例证：

敕：某官裴廙：贞观初，张行成为殿中侍御史，纠劾巡察，时以为能。朕思宏贞观之风，故选御史府官，亦先其精敏刚正者。以尔廙动循道理，语必信直，励其志节，有类行成，因授厥官，无忝吾举。可殿中侍御史。②

这个除书涉及了历史掌故，选官标准，以及被任命官员的品行评价，皇帝对于该官员的期望等，用词简洁，语句典雅。从中也可看出，草拟除目需要熟悉典故和吏制，并有相当的文字功力，并非易事。并且，除目内容往往因起草者的文风而异，曾巩的《元丰类稿》中曾言："方除目填委，占纸肆书，初若不经意，午漏尽，授草院吏上马去。凡除郎御史数十人，所以本法意，原职守，而为之训敕者，人人不同，咸有新趣，而衍裕雅重，自成一家。"③

除目在草拟过程中，不但文字水平要求高，为了保密，在时间上的要求也比较急。南宋时期的洪迈记载，"中书舍人所承受词头，自唐至本朝，皆只就省中起草付吏，逮于告命之成，皆未尝越日，故其职为难"。④ 欧阳修曾抱怨："然予方与

① 刘挚：《忠肃集》卷一，《丛书集成初编》，北京：商务印书馆，1936 年，第 45—46 页。
② 《白居易集笺校》第五卷，朱金城笺校，上海：上海古籍出版社，1988 年，第 2952 页。
③ 曾巩：《元丰类稿》第一卷，北京：商务印书馆，1937 年，第 1 页。
④ 洪迈：《容斋随笔》，北京：中华书局，2005 年，第 474 页。

修祖宗故事，又修起居注，又修编敕，日与同舍论议，治文书所省不一，而除目所下，率不一二时，已迫丞相出。故不得专一思虑，工文字，以尽导天子难谕之意，而复诰命于三代之文。"① 宋代王禹偁在诗词中也曾回忆草拟除目"词头"时担心耽误时间的经历，"制历无多事，（自注：阁下有制历当直舍人，如无除目，书名而出。）词头每怯迟。"② 当然，到南宋之后这种时间要求有所松弛，有记载说，"南渡以来，典故散失，每除书之下，先以省札授之而续给告，以是迁延稽滞"。③

正因为除目并非简单的条目，而是有着丰富的内容，在时间上也有要求，所以要求起草者熟练掌握经籍典章、职官制度，具有相当文字素养。这里对于文字水平的要求并不是以文采为要，而更多是要求才思敏捷，用词典雅，符合规制。因此，一些擅长草拟除书的官员在史书中留有盛名。在唐代，《新唐书·杨炎传》曾有记载，"（杨炎）迁中书舍人，与常衮同时知制诰。衮长于除书，而炎善德音，自开元后言制诰者，称'常杨'"。④ 在宋代，长于草拟除目的"倚马之才"尤为士人所推重，史籍文献中多有记载。宋初官员陈知微长于草拟除目，被赞为"虽无奇采，而平雅适用。一日，进改群官，除目纷委，适当知微次直，思亦敏速。"⑤ 宋末王应麟被赞之为"若行云流水"，"公四入中书，遍行诸房词命，方除目填委，他舍人搁笔不下，公独从容授之，若行云流水，悠然泛然而莫知其纪极者"。⑥

（三）除目的"封还"

除目事涉人事变动，负责拟制的官员如果对拟升迁的官员持有意见，就有可能拒绝拟制文稿。这是唐宋时期文书制度设计中的重要环节，也是考察"除目"信息流动中的重要一环。兹有两例为证：

其一，见于《宋史》列传第一百三十五："初，本中与秦桧同为郎，相得甚欢。桧既相，私有引用，本中封还除目，桧勉其书行，卒不从。"⑦

此例中，吕本中与秦桧有故交，秦桧要求其"书行"。但对秦桧私自引用的官员，吕本中坚持予以"封还"，始终不肯屈就秦桧。

其二，见于《宋史》列传第一百五：

---

① 《欧阳修全集》，北京：中华书局，2001年，第596页。
② 《全宋诗》第64册，北京：北京大学出版社，1998年，第712页。
③ 洪迈：《容斋随笔》，北京：中华书局，2005年，第474页。
④ 《旧唐书》，北京：中华书局，1975年，第3419页。
⑤ 《宋史》第二十九卷，北京：中华书局，1976年，第10107页。
⑥ 王应麟：《四明文献集》，《影印文渊阁四库全书》第1187册，台北：商务印书馆，1986年，第268页。
⑦ 《宋史》第三十三卷，北京：中华书局，1976年，第11637页。

（彭汝砺）方居家待罪，得确谪命除目草词，曰："我不出，谁任其责者。"即入省，封还除目，辨论愈切。谏官指汝砺为朋党，宣仁后曰："汝砺岂党确者，亦为朝廷论事尔。"①

此例中，彭汝砺不满蔡确被无辜陷害，上疏直言未果。当朝廷命令他草拟谪贬蔡确的除目草词时，他坚持原则，予以"封还"。

这两个例子中，吕本中、彭汝砺都是时任中书舍人，拟定除目为他们的职责，故而能够有机会"封还"。吕本中和彭汝砺通过"封还"除目的举动，表达了自己对任免官员的意见。

（四）除目拟制中的信息保密性要求

除目关涉人事升迁贬黜事宜，对于信息保密性的要求非常之高。这种信息的保密性要求主要体现在商议除目以及草拟除目的过程中。特别是在大除授的时候，有"锁院"或"锁宿"的要求。宋宁宗时期，因出现阁门舍人读错宰相任命文书的事故，皇帝即令"今后宣麻人与学士同锁宿，点句与之，以便宣读"。②从中可见"锁宿"制度到南宋依然施行。有关除目拟制中的保密性要求，兹举两例为证。

第一例，见于《续资治通鉴长编》卷九十五天禧四年（1020）六月丙申条中有关"寇准罢相"前政治斗争的记载：

谓等益惧，力谮准，请罢准政事。上不记与准初有成言，诺其请。会日暮，召知制诰晏殊入禁中，示以除目。殊曰："臣掌外制，此非臣职也。"乃召惟演。须臾，惟演至，极论准专恣，请深责。上曰："当与何官？"惟演请用王钦若例，授准太子太保。上曰："与太子太傅。"又曰："更与加优礼。"惟演请封国公，出袖中具员册以进上，于小国中指莱字。惟演曰："如此，则中书但有李迪，恐须别命相。"上曰："姑除之。"殊既误召，因言恐泄机事，臣不敢复出。遂宿于学士院。及宣制，则非殊畴昔所见除目。③

从这个记载可以看出，皇帝与丁谓商议寇准罢相一事，结果"误召"晏殊，后又召钱惟演共同议定除目。寇准罢相一事发生于天禧三年，即1019年，晏殊时

---

① 《宋史》第三十一卷，北京：中华书局，1976年，第10975页。

② 谢采伯：《密斋笔记》，《影印文渊阁四库全书》第864册，台北：商务印书馆，1986年，第670页。

③ 李焘：《续资治通鉴长编（附拾补）》，上海：上海古籍出版社，1985年，第846页。

为太子舍人、知制诰、判集贤院。这个职位既不属于草拟“御笔亲除”的翰林院，也不属于负责起草“宰相奏拟”的中书省。宋真宗召晏殊商议除目，因草拟除目非晏殊的职责所在，晏殊不敢参与。因此有“误召”之说，晏殊主动回避此事，并保守机密。而被宋真宗后召入宫的钱惟演时为翰林学士，正是负责草拟“御笔亲除”，所以符合制度。尤为要注意的是，晏殊因自己被误召，怕泄露机密，留宿于学士院中。其后，公布的除目与晏殊所见不同。

第二例，见于宋代王巩的《闻见近录》中的记载，当时宋神宗和大臣议定除目之后，特别交代：

> “朕与高遵裕期，某日当下灵武，候告其捷，当大庆赏。至是，官制可行，除目可下。”仍戒之曰：“外人有知者，不过卿等数人，勿泄耳。”又命执政戒雍、震。①

在这个例子中，宋神宗在议定除目之后，特别交代大臣对除目切勿泄密。并且，对于记录除目的中书校正官吴雍与王震还不是很放心，特别交代执政大臣对两人进行再次告诫。

五、“除目流布”与政治传播

除目在草拟阶段要求严格的保密性，但除授结果确定后，则需要在士大夫阶层中予以公开。在古代文献典籍之中，“除目流布”、②“除书初播”、③“除目播腾”④等相类似的词语屡见不鲜。除目的公布主要有三种媒介途径构成，这其中有统治者允许的官文书和邸报两种公开的媒介途径，也有统治者所不乐见的“小报”传播的媒介途径，具体分析如下：

（一）官员任免的官文书

官文书是承载除目的第一种媒介。载有除目的官文书准确的传达至官员任职的场所，其目的是作为交接凭证，保障官员顺利上任。由于时代久远的因素，官文书和邸报两种媒介的传播过程往往不能完整记录下来，也由此导致了一些误读

---

① 王巩：《闻见近录》，《全宋笔记》第二编第六卷，郑州：大象出版社，2006年，第25—26页。
② 唐庚：《眉山唐先生文集》第二十六卷，《四部丛刊三编集部》，上海：上海商务印书馆，1936年，第1页。
③ 刘克庄：《後村先生大全集》第一百二十六卷，《四部丛刊初编集部》，上海：上海涵芬楼影印旧钞本，第2页。
④ 苏轼：《东坡全集》第七十卷，《影印文渊阁四库全书》，台北：商务印书馆，1983年，第15页下。

出现。比如，孔正毅在研究元代除目的时候提出过一个疑问，即如果除目是官文书，则只能送到个人手中，而不会送到姜卫等其他官员手中，以此认为除目就是邸报。[①] 实际上，除目送到个人手中作为凭证上任的例子很多，兹举一例：

> 时隆州司马房嗣业除益州司马，除书未到即欲视事，又鞭答僚吏将以示威，景俭谓曰：公虽受命为此州司马，而州司未受命也，何藉数日之禄，而不待九重之旨，即欲视事不亦急耶？……俄有制，除嗣业荆州司马，竟不如志。[②]

从这个例子中即可看出，除书所指的就是"九重之旨"，是房嗣业凭以上任的官文书。房嗣业除书未到就想掌管事务，结果受到杜景俭的抵制，最终到的除书与传闻的任命竟然不同。官文书在传达除目时，传播中心为了控制的目的，要求把政治信息从政治中枢准确传达至政治系统的一端。这种讯息的"传递"，以点对点的准确传播为目的，具有权威的控制性。当然，从此例中也可看到，房嗣业在正式的官文书到达之前，就已经知道了对自己的任命信息，这也说明官文书并非除目的唯一传播途径。

（二）载有除目的邸报

邸报是刊载除目的重要媒介。宋代从拟定除目到刊载于邸报的流程在史料中有迹可循：经由"御笔亲除"或"宰相奏拟"确定除目，公布的除目经门下省所属进奏院抄录为邸报，然后发往在京各部门和地方，使之周知于官僚系统。在《宋会要辑稿》职官二之五一中对此其实已有交代：

> 国朝置都进奏院，总天下之邮递，隶门下后省。凡朝廷政事施设、号令赏罚、书诏章表、辞见朝谢、差除注拟等合播告四方令通知者，皆有令格条目，具合报事件誊报。[③]

在这条记载中，明确提出了"播告四方令通知"的要求，亦即要求将"差除"的内容录入邸报，为士大夫阶层所周知。这种媒介途径下的政治信息传播，不仅是要提供给士大夫阶层共同的信息，也是对任免对象和受传者政治身份的一种政

---

① 孔正毅：《再谈元代的"邸报"、"朝报"及"除目"问题——兼答李漫博士》，《国际新闻界》2010 年第 1 期，第 153—166 页。

② 《旧唐书》，北京：中华书局，1975 年，第 2911 页。

③ 徐松：《宋会要辑稿》，北京：中华书局，1957 年，第 6558 页。

治"确认"。

（三）小报中的除目信息

需要指出的是，除目是官僚士大夫阶层最为关心的人事信息，官文书和邸报的发布都有一定的规制要求，在时间上显然无法满足他们迫切获知信息的需要，刊载除目消息的"小报"也就应运而生。戈公振的《中国报学史》中介绍"小报"来由时，引用了《海陵集》中的内容，所涉的多是"某人被召，某人罢去，某人迁除"之类的人事变动消息，"往往以虚为实，以无为有。朝士闻之，则曰已有小报矣"[①]从中可见，除目正是小报的重要内容。

小报中的除目信息流动，不受封建统治者的欢迎。对封建王朝的君主来说，有效控制政治信息通道，是分官设职的目的所在，也是维护并强化君权的基本手段。[②]这种小报私下"漏泄"人事消息的行为自然也为正统的士大夫所不齿，朱熹就曾对"除授小报"泄露消息提出批评：

给事中初置时，盖欲其在内给事。上差除有不当，用舍有不是，要在里面整顿了，不欲其宣露于外。今则不然，或有除授小报镵出，远近皆知了，给舍方缴驳，乃是给事外也。这般所在，都没理会。[③]

由于士大夫阶层对除目信息高度关注，同时得益于传播媒介途径的广泛，除目信息的传播速度是很快的。诗句"一纸除书下九重，凌晨传徧棘闱中"，[④]就写出了士大夫阶层中除目信息流传的快捷程度。

政治传播是政治共同体的政治信息的扩散、接受、认同、内化等有机系统的运行过程，是政治共同体内与政治共同体间的政治信息的流动过程。[⑤]除目公布于士大夫阶层内部，构成了官僚阶层内部的政治传播。士大夫阶层通过阅读除目，得以知悉朝廷人事变迁，掌握官场动态。通过公布的除目，即使身处边远地区的士大夫也能得以获悉官僚的变迁，掌握官场现状。有的士大夫遥寄诗词相贺，与

---

①　戈公振：《中国报学史》，长沙：岳麓书社，2011年，第26页。需要说明的是，戈公振注明这段材料引用自《海陵集》第四卷，此似有误。该段材料实际出自《海陵集》第三卷。

②　吴予敏：《无形的网络——从传播学的角度看中国的传统文化》，北京：国际文化出版公司，1988年，第94—95页。

③　黎靖德编：《朱子语类》第8卷，北京：中华书局，1988年，第3071页。

④　《洪亮吉集》第2卷，刘德权点校，北京：中华书局，2001年，第700页。

⑤　荆学民、苏颖：《中国政治传播研究的学术路径与现实维度》，《中国社会科学》2014年第2期，第79—95页。

相熟的官员形成互动，巩固同僚情谊。《送王嘉叟编修》诗中有云，"手揩老眼看除目，一迁一去知谁荣。南昌别驾亦不恶，三王高阁寻宗盟。吴江漫漫楚天阔，羡君一叶春舟轻"，[①] 正是士大夫阶层通过除目信息关注官场变迁，相互唱和的写照。此类的诗句常见于唐诗宋词之中，兹不赘述。在封建科举制度之下，荣登除目对于醉心于官场的士大夫阶层来说近乎是人生价值的意义所在。因此，除目在邸报中的政治传播意义，类似于现代传播学中所说的将人们（这里是士大夫阶层）以团体或共同体形式聚集在一起的神圣典礼，是共同信仰的创造、表征与庆典。[②] 除目的传播过程，转化为了士大夫阶层共享文化、分享庆典的过程，也正是在这一过程中，巩固了士大夫阶层的共同体意识。

同时，由于除目广泛的传播性，封建王朝统治者在拟制除目时，本身也包含了通过"除目流布"褒贬官员，接受舆论监督的意图。有段史料值得特别关注：

> 凡是百司之长兼副贰等官，及两省供奉之职，并因察举劳效，须加奖任者，并宰臣叙拟以闻，其余台省属僚，请委长官选择，指陈才实，以状上闻。一经荐扬，终身保任，各於除书之内，具标举授之由，示众以公，明章得失。得贤则进考增秩，失实则夺俸赎金。[③]

这段史料中揭示出一个重要信息，褒贬得失是"除目流布"的一项重要政治功能。在这个过程中，士大夫阶层视之为得当的官员任免信息能够获得舆论好评。所谓"除书初播，舆望交归"，[④] "除书一下，舆论佥谐"，[⑤] "除目一传，公议佥允"，[⑥] "除目播腾，舆情欣属"[⑦] 等屡见之词，正是对除目颁布后舆论公议予以普遍肯定的情况的记述。舆论公议褒扬得当的官员任命，认为这有益于昌隆朝廷的威望，有助于维系统治。

同时，一些不恰当的官员任免消息也会受到官员的舆论非议，此类的事例也

---

① 王十朋：《梅溪后集》第五卷，《影印文渊阁四库全书》，台北：商务印书馆，1986 年，第 8 页下。

② [美] 詹姆斯·W.凯瑞：《作为文化的传播》，丁未译，北京：华夏出版社，2005 年，第 28 页。

③ 《陆贽集》下卷，北京：中华书局，2006 年，第 525 页。

④ 刘克庄：《後村先生大全集》第一百二十六卷，《四部丛刊初编集部》，上海涵芬楼影印旧钞本，第 2 页。

⑤ 袁桷：《清容居士集》第三十九卷，《四部丛刊初编集部》，上海涵芬楼影印本，第 12 页。

⑥ 苏过：《斜川集》，北京：商务印书馆，1935 年，第 79 页。

⑦ 苏轼：《东坡全集》第七十卷，《影印文渊阁四库全书》，台北：商务印书馆，1983 年，第 15 页下。

屡见不鲜，所谓"除目一下，舆论沸腾"，①"除目传播，甚骇物听"，②"除目一颁，众听咸骇"，③"除目一传，必致群言交上"④等记载，所反映的正是舆论对公布的除目不满的种种表现。一些洁身自好的士大夫甚至会因为舆论公议，不愿接受对自己的任命。南宋状元王佐因平定"茶贼"起义而晋升官职，但他在给宰相的信中却予以推辞："佐本书生，历官出处自有本末，未尝得罪于清议。今乃蒙置诸士大夫所不可为之地，而与数君子接踵而进，除目一传，天下士人视佐为何等类，终身之累，孰大于此。"⑤在这段材料中，王佐竟然因为担心舆论非议其升官路径不是士大夫从文职得官的正途，而对自己的任命多有抱怨，正反映出"清议"在除目信息方面所发挥的舆论监督作用。

结语

综上梳理可见，前人有关除目的研究中，多有引用诗文材料为证的。这是"文史互证"方法在新闻史研究领域的运用。所谓"文史互证"，指以史释文和以文证史，古代已有，近代以来尤以陈寅恪、邓之诚等学者所倡导。⑥在古代新闻史研究领域，由于史料的匮乏，"文史互证"已属常用的方式。然则"文史互证"中的风险，亦必予以重视方能确保立论之准确。除目公布媒介渠道的多样化，特别是诗词小说等文学作品记载中的模糊化用语，使得后人对除目性质的解读产生了一定的误解，这是本文予以重点驳正的。除目并非邸报，而是官员的人事任免信息，而邸报中常常刊载除目。这即是邸报与除目的关系。

在考证除目究竟是什么的过程中，也得以窥见，虽然除目并非邸报，但却是邸报中最受士大夫阶层关注的信息，构成了封建官僚体制下权力信息流动中的一个核心点。传统中国中央集权政治体制的运作，围绕着对信息传递、政令颁行的控制而展开。讯息传递与政令指挥系统的运行，既落实了官僚责任制度，亦反映着政治权力的具体运作。⑦在"除目流布"的政治信息流动中，权力中枢与士大夫

---

① 刘克庄：《後村先生大全集》第八十一卷，《四部丛刊初编集部》，上海涵芬楼影印旧钞本，第1页。

② 刘安世：《元城先生尽言集》第八卷，《四部丛刊初编集部》，上海涵芬楼影印本，第3页。

③ 刘克庄：《後村先生大全集》第八十一卷，《四部丛刊初编集部》，上海涵芬楼影印旧钞本，第7页。

④ 苏轼：《东坡全集》第五十三卷，《影印文渊阁四库全书》，台北：商务印书馆，1983年，第14页。

⑤ 周密：《齐东野语》第七卷，北京：中华书局，1983年，第130页。

⑥ 卞孝萱：《文史互证与唐传奇研究》，《北京大学学报（哲学社会科学版）》2009年第2期，第126-129页。

⑦ 黄宽重、邓小南：《宋代的讯息传递与政令运行》专号导言，《汉学研究》27卷2期，2009年6月。

阶层之间并非单向的信息传递，而是通过上下往复以及横向的信息流动钩织成权力信息网络。

在权力中枢那里，强力的信息控制与渠道分明的信息传递是其理想诉求。除目拟制涉及人事机密，对信息的控制成为必然。上文所述的宋神宗对参与拟定除目官员的再三告诫、晏殊知悉除目后的留宿、"锁院"制度等，都是权力中枢控制除目信息的表现。同时，人事信息不同于一般的政治信息，官员获得任命后，只有经过信息公开方能使朝野内外确认其任职的合法性，因此权力中枢必然要向社会特别是向士大夫阶层公开人事信息。特别是像任命宰辅重臣等"大除拜"中，经过"面受诏旨""锁院草制"等谨密酝酿之后，会以朝堂宣读、"百官悚听"的庄严方式布告天下，保证任命的合法性和权威性。[①] 在信息公开过程中，信息公开渠道的失控则有可能对权力中枢的权威性构成冲击。因此，权力中枢对信息公开渠道的控制尤为重视。北宋天圣九年（公元 1031 年），宋仁宗针对进奏院官私自发行小报传递"除改"消息的问题，即曾经发布诏令鼓励告发，并对告发者予以奖赏："诏如闻诸路进奏官报状之外别录单状，三司开封府在京诸司亦有探报，妄传除改，至感中外。自今听人告捉勘罪告停，告者量与酬赏。"[②] 通过官文书、邸报传递除目信息，杜绝朱熹所批判的"除授小报纔出"的问题，[③] 是权力中枢维护其权威性的重要表现。

有效的信息控制、严格的信息传播渠道自然是权力中枢的理想。但人事信息对士大夫阶层的巨大诱惑力，使得士大夫阶层对权力中枢拟定人事信息的窥视成为常态。正如上文所述，古代新闻史中常见的"小报"的来由，即与"朝士"窥视除目信息直接相关。士大夫阶层通过"小报"等途径窥视除目信息，侵蚀了权力中枢在控制信息中的权威性。正如宋人周麟之在批评小报乱传"迁除"信息时所指出的："他日验之，其说或然或不然。使其然耶，则事涉不密；其不然耶，则何以取信？此于害治，虽若甚微，其实不可不察。"[④] 同时，士大夫阶层在"除目流布"的过程中，还可以藉由"封还"和"舆论""清议"等信息反馈机制制约权力中枢。权力中枢对适度的逆向信息流动也是允许的。这在一定程度上起到内部舆论监督的作用，有利于巩固封建王朝的统治。除了纵向的信息往复之外，在除目信息流动中，还有士大夫阶层之间的横向信息流动。士大夫阶层在接受除目信息的过程中，通过唱和互动增进情谊，通过"舆论""公议"臧否人事，在"除目

---

① 张祎：《麻制草拟与宋代宰相任免》，《汉学研究》2009 年第 27 卷第 2 期，第 101—132 页。

② 徐松：《宋会要辑稿》，北京：中华书局，1957 年，第 6510 页。

③ 黎靖德编：《朱子语类》第 8 卷，北京：中华书局，1988 年，第 3071 页。

④ 周麟之：《海陵集》第三卷，《影印文渊阁四库全书》，台北：商务印书馆，1983 年，第 3 页。

流布"的过程中形成有效互动，有助于巩固士大夫阶层的共同体意识。这些说明，在除目信息的流动中，并非单维度的从上至下的信息传递，其中既有通过"小报"溢出的信息，有上传权力中枢的逆向信息沟通，还有横向的信息交流，共同钩织成为封建权力的信息流动网络。

尽管除目并非邸报，但邸报却是"除目流布"的主要媒介之一。以此而论，"除目流布"背后所隐藏的权力信息网络，实际上也在一定程度上呈现了古代官报在传播和接受过程中所钩织的权力信息网络图景。进而言之，本文对"除目流布"背后政治传播图景的揭示，拓展了古代官报研究的向度，即在传统的名物考证研究的基础上，从政治信息的传播主体与拟定流程、信息渠道的控制与反馈、信息的接受与效用等三个维度，提供了一种通向古代官报政治传播研究的路径。当然，囿于本文是在除目的名与实考证基础上生发，在这个研究路径的探索上还有诸多未尽之处，尚有待后续研究的努力。

再论视觉之势：传统、内涵及其合法性
——基于中西比较的视野

李红 *

（暨南大学新闻与传播学院　广东广州　510632）

摘要： 文章通过与西方视觉修辞表意传统的对话，发现中国文化中"势"可以作为一种视觉修辞的新范畴。视觉之势在效能上体现为接触与促动；在内涵上体现为某种不平衡的引发力。通过对于视觉之势合法性的探讨，文章发现视觉之势的范畴可以被置于修辞批评的传统中，并且体现出中国文化主体性克减的批判逻辑。

关键词： 势；视觉修辞；语言；表意；华夏传播

本文作者曾经于《新闻大学》2018 年第 4 期上发表《视觉之势：论视觉修辞的活力之源》一文，探讨"视觉修辞为什么能够打动人"的问题。紧接着上述文章的脉络，本文试图继续深化对于"视觉之势"问题的讨论，通过引进西方的他者视野，并基于中国文化传统而进一步论证"视觉之势"作为一种视觉修辞新范畴的合法性。

一、问题提出：超越主体与意义的视觉之势

西方视觉修辞理论常常建立在主体的表意实践、修辞动机和自我觉醒的基础上，体现了一种基于主客以及主体间的表意、论证或者逻辑传统。这实际上继承的是演说修辞的传统，是将视觉修辞比附于语言修辞的结果。

首先，西方视觉修辞理论主流是在主客关系基础上，将视觉物（图像）处理为"客体"，关注的是其中意义生产的问题。罗兰·巴尔特（Roland Barthes）就

---
* 本文是国家社科基金重大项目"视觉修辞的理论、方法与应用研究"(17ZDA290) 的阶段性成果。
作者简介：李红，暨南大学新闻与传播学院教授，研究方向：华夏传播学，视觉修辞。

认为形象（image）的核心是"意义"，即"形象通过意义系统被一层一层穿透"。[①]
潘诺夫斯基的图像学也显得"跟符号学方法接近"，研究的是图像中的母题和象
征；[②] 福斯（Sonja K.Foss）认为视觉修辞就像所有的传播行为一样，是一套符号
体系。[③] 博德瑟尔认为视觉修辞可以通过"命题可视化"进行视觉论证（visual
argumentation），并实现理性的视觉劝服。[④] 具体修辞实践中，视觉修辞研究的任
务就是发现视觉文本的意义建构策略，比如总统竞选图片的意义建构策略，[⑤] 越战
纪念碑中"沉默的力量"，以及歧义（ambiguity）、[⑥] 空白与沉默 (understatement)[⑦]
的修辞力量。

　　其次，西方视觉修辞理论还有基于"认同"（identification）研究的主体间范
式。肯尼斯·伯克（Kenneth Burke）发现，修辞的"认同观"始终蕴含在亚里士
多德的修辞劝服观里，并试图超越语言的局限以关注象征行动（symbolic action），
由此"为视觉修辞研究的建立提供了可能性"。[⑧] 这实际上放弃了对于符号指称
意义的迷恋，而试图寻求形式上的"同一"（identification），以此在主体间讨论
符号意义生产问题。比如环境传播中，某种共同认可的凝缩符号（condensation
symbol），被不断挪用，由此通过视觉图像推动对话性的、协商性的和参与性的
"绿色公共领域"（green public sphere）；[⑨] 以图像事件（image events）为中心，公
众的环保意识和参与意识得以增强，因此图像"激活并拓展公共辩论的可能性"。[⑩]

　　① ［法］罗兰·巴尔特：《形象的修辞》，吴琼译，载吴琼编：《形象的修辞：广告与当代社会理
论》，北京：中国人民大学出版社，2005 年，第 49 页。
　　② ［美］欧文·潘诺夫斯基：《图像学研究：文艺复兴时期艺术的人文主题》，戚印平、范景中译，
上海：三联书店，2011 年，"中译本序"，第 6 页。
　　③ Foss，S.K.，Theory of visual rhetoric. In K. Smith，Sandra Moriarty，Gretchen Barbatsis，and
Keith Kenney（Eds．）．Handbook of visual communication: Theory，methods，and media．Mahwah，
NJ:Erlbaum，2005，p.144.
　　④ Birdsell D. S. & Groarke L.，Toward a Theory of Visual Argument，*Argumentation and
Advocacy*，33（1），1996，pp.1-10.
　　⑤ Birdsell，D. S. & Groarke.L.，Outlines of a Theory of Visual Argument，*Argumentation and
Advocacy*，43（3-4），2007，pp.103-113.
　　⑥ Foss，S. K.，Ambiguity as persuasion: The Vietnam Veterans Memorial，*Communication
Quarterly*，34，1986，pp.326-340.
　　⑦ Carney，L. S.，Not telling us what to think: The Vietnam Veterans Memorial，*Metaphor and
Symbol*，8（3），1993，pp.211-219.
　　⑧ Olson，L. C.，Finnegan，C. A.，& Hope，D. S.，Visual rhetoric: A reader in communication
and American culture，*Thousand Oaks*，CA.: Sage，2008，p.1.
　　⑨ Cox，R.，Environmental Communication and the Public Sphere(2nd edition)，London: Sage，
2010，p.69.
　　⑩ Delicath J. W. & Deluca K.M.，Image Events，the Public Sphere，and Argumentative Practice:
The Case of Radical Environmental Groups，*Argumentation*，17（3），2003，pp.315-333.

在此，视觉的修辞功能不在于表达什么，而是通过图像使得参与、对话与辩论得以可能，主体间关系在此被激活。

再有，就是基于主体解放视角的视觉修辞批评范式，以回应人类的生存问题。芬尼根（Finnegan C.A.）就认为，所谓视觉修辞是"依赖视觉批评去阐明图片本身以及图片周围所包含的权力和知识的复杂的动态关系"。[①] 在约翰·班德（John Bender）与戴维德·威尔伯瑞（David Wellbery）看来，修辞不仅仅是一种技巧，而且还应该回应人类的生存问题："修辞学的研究重点则是要正视人的存在本身"；[②] 卡拉·芬尼根（Cara A.Finnegan）认为，视觉修辞应该回应现代社会的视觉性（visuality）问题。在此，视觉修辞通过揭示视觉思维以及视觉实践中的权力及其意识形态逻辑，以获得主体的解放与自由。

延续着这种西方式的逻辑，中国学者也认为"由于语言修辞和视觉修辞在学科身份上的一致性，二者之间便必然具有学术史意义上的传承结构和通约基础"；[③] 并且始终在西方语言修辞概念"语境"、[④]"隐喻"、"转喻"[⑤] 等范畴下展开运思。这就导致了两个结果：第一个是，默认视觉文本或视觉布局与修辞受众之间存在必然关系，而忽略了视觉文本或视觉布局和修辞受众之间更多时候其实是悄无声息的两个世界；第二个是，用线性逻辑的思维处理空间性的图像，而忽视了语言的抽象性和图像的具象性之间的差异。

事实上，西方语言修辞是建立在口语传统基础上的，是一种通过声音实现的在场性修辞。西方文化的语音中心主义（phonocentrism）认为，语音与存在具有绝对贴近性，即"语音就是灵魂中的感受的符号"；[⑥] 语音不是简单的能指，而是表达了"心境"；[⑦] 黑格尔说"心灵只能通过内在的声音来言说"。[⑧] 这里"声音"是通过"共鸣""运动"的方式让耳朵得以领会，从而使"听-说"的修辞关系得以直接实现，避免了文字符号的中介性关系。声音作为一种弥散性的力量，将言

---

① Finnegan C.A., Documentary as Art in U.S. Camera, *Rhetoric Society Quarterly*, 31 (2), 2001, pp.37-67.

② 刘涛：《视觉修辞何为——视觉修辞议题研究的三种"修辞观"》，《中国地质大学学报》2018年第2期。

③ 刘涛：《转喻论：图像指代与视觉修辞分析》，《南京社会科学》2018年第10期。

④ 刘涛：《语境论：释义规则与视觉修辞分析》，《西北师大学报（社会科学版）》2018年第1期；李晓愚：《帝王的图像策略：明宣宗赏赐画的视觉修辞分析》，《新闻界》2018年第12期。

⑤ 刘涛：《隐喻与转喻的互动模型：从语言到图像》，《新闻界》2018年第12期。

⑥ [古希腊] 亚里士多德：《范畴篇·解释篇》，聂敏里译，北京：商务印书馆，2017年，第47页。

⑦ [法] 雅克·德里达：《论文字学》，汪家堂译，上海：译文出版社，2015年，第14页。

⑧ 转引自白艳霞：《在中国人的语言观念中有语音中心主义吗？》，《外国文学评论》1996年第3期。

语、对象与主体三者彼此紧密联系在一起，天然就具有在场性的活力，不需要追问。但是，视觉并不像声音那样具有内时间意识的弥散性，视觉物（能指）、对象（所指）与观者之间是有距离的，而且观者可以通过睁眼或者闭眼的方式控制与视觉物或对象之间的距离。在此，视觉布局（图像）、视觉对象和修辞主体就产生了分离，我们必须对此有所警觉。

如果说基于表音传统基础上的印欧语言的约定性编码机制是对语法的强调，展现出更多的逻辑性和在场性，而中国汉字的编码机制则以"字"为中心，[①] 展现的是一种非逻辑的表意传统，体现了更多的视觉性特征。西方语言修辞传统运用到视觉修辞当中需要经历更为深刻的逻辑转换，而汉字作为一种"超级符号系统"，融合言、文、象于一身，"一手牵着图像一手牵着语言"，[②] 则天然就具有视觉性。据此，可以假定：中国文化以汉字作为根基，就具有鲜明的视觉思维的传统。正是基于这个假设，本文提出"视觉之势"的范畴，以处理图像如何抵达观者的问题。

无论什么事物或者现象，它的作用效果并不是完全依赖于它是什么或者实际怎么样，而是由诸多综合条件储备之上的"势"所带来的某种实际偶发效果。[③] 因而是"道生之，德蓄之，物形之，势成之"，即物的最终实现依靠的是"势"；"贤智未足以服众，势位足以诎贤者"（《韩非子·难势》），"善不善，性也；所善所不善，势也"（郭店楚简《性自命出》），军事当中也是"勇怯，势也"（《孙子·兵势》）。因此具体品质并不是决定性的，品质要发挥作用也得借助于"势"。文学中"因情立体，即体成势"（《文心雕龙·定势》），也说结构不是决定性的，而"势"才是决定性的。这就意味着：首先，对于视觉修辞来说，光有文本是远远不够的。文本必须进入修辞实践中，并充分唤起视觉之势，视觉修辞效果才能最终实现。而没有进入到视觉修辞实践中的私人图像，虽然它的文本形式并未缺失，但由于势的匮乏而使其失去了修辞的活力。其次，很大程度上，视觉修辞之势并不在修辞者的掌控之中。视觉修辞不仅仅是主体目的或者意图的最终实现，而是通过"势"的整体效能而实现的，甚至主体也被裹挟其中。中国文化特别强调"势"对于主体之"人"的排除，比如军事上强调"求之于势，不责于人，故能择（释）人而任势"（《孙子·兵势》）；历史逻辑也是"封建非圣人意也，势也"（柳宗元《封建论》）。因而视觉修辞研究的一个重要任务就是探讨视觉布局或者图像中的

---

① 徐通锵：《语言论》，长春：东北师范大学出版社，1997年，第52页。

② 孟华：《文化元系统建设中的超级符号技术》（访谈），访谈人：周尚琴，访谈时间：2018年7月13日。

③ 参见金岳霖《道论》："共相底关联为理，殊相底关联为势""个体底变得，理有固然，势无必至"，北京：商务印书馆，1987年，第198、201页。

"视觉之势"如何引发整体的修辞资源，以促进视觉布局或者图像最终抵达观者。

二、图像抵达观者：视觉之势的接触与促动

语言学家雅各布森（Roman Jakobson）在提出其语言的六要素和六功能的时候，就注意到了语言的"接触"（contact）要素具有"交际"（phatic）功能，比如"能听见吗""嗯，哼"等就是为了保持交际的继续；而指向"接收者"（addressee）的则具有"意动"（conative）功能，比如呼唤语和祈使句。[①]实际上，雅各布森所举的例子是基于口语的，其中的声音使得语言的接触功能和意动功能通过在场性的方式很容易就得以实现，而文字或者图像则缺少这种直接的在场性。相比于声音，视觉文本常常是冷静的、沉默的、被动的，除非观者主动寻求，视觉对象很难主动进入观者的意向中。如果将雅各布森基于表意传统的"意动"功能修正为弥散性的视觉"促动"功能，则其理论意义将能够拓展到语言之外。因此，借用雅各布森的逻辑，则可以追问：沉默的视觉文本是如何实现对观者的接触和促动的呢？

就视觉布局或者图像的可沟通性和对话性来说，它不是一种应答式的存在，而是一种静观式的展示，它所唤起的人与人之间的关系是比较弱的。但是，它的效应到底是如何产生的呢？首先，视觉布局或者图像，很多时候（非叙事）是一种空间化的存在，而不是时间性（逻辑性）的存在，其效应产生的方式应该不同于逻辑的表意，因而语言修辞的逻辑运用到视觉修辞中总是感觉不搭调；其次，视觉布局或者图像是具象化的，而不像语言那样是空洞或者贫乏的（形式），因而，视觉修辞分析必须承认其中的"质地"，并且深入谈论其中"质地"的修辞效力。无论是空间还是质地，都在通过一种视觉之势的压迫性让主体慌乱，因而仅仅停留在"空间语法"[②]的层面是远远不够的。

视觉布局或者图像具有空间占位和弥散性的特质，由此获得一种与观者的接触。首先，视觉布局或者图像需要依靠空间的合适占位，以获得对观者的震撼性接触，否则便撑不起相应空间的宏大意义。比如佛像总要追求高大，乐山大佛通高 71 米，莫高窟的"北大像"弥勒大佛通高 35.5 米；傅抱石、关山月创作的《江山如此多娇》送审稿本送给周恩来，周恩来的意见是：画幅挂在人民大会堂还是

---

① ［俄］罗曼·雅各布森：《语言学与诗学》，滕守尧译，载赵毅衡主编《符号学文学论文集》，天津：百花文艺出版社，2004 年，第 175—182 页。

② 张潇潇：《从物的语言到空间的语法：宜家空间的视觉修辞实践》，《新闻大学》2018 年第 4 期。

略显小了些，此外太阳也要加倍放大。① 其次，视觉布局或者图像的空间弥散性，使得视觉具有无处不在的辐射力，但是需要注意的是，空间弥散性是外感官的，而声音弥散性则是基于时间的内感官。② 福柯意义上的全景监狱（panopticon）所显示的"可见的但又是无法确知的""权力局势"（power situation），③ 这种空间弥散性是通过监视者的"无法确知"而得以实现的。在后现代社会中，物的无限丰富"给人一种大量繁衍与热带丛林的感觉"，人们是从"全部意义上去看全套的物"；④ 随着影像技术的发展，"生活本身展现为景观的庞大堆聚"；⑤ 媒介技术的无限发达也导致了"能指的丰富性"⑥。实际上，图像生产和编辑技术的发展，网络时代传播方式的便捷性，大数据对于复杂传播资源的聚合能力，都强烈推动着图像的空间占位和无限弥散，从而不断发动、扩展，并实现着视觉之势。

视觉布局或者图像打动人心的力量，还来自其中蕴含的精神之力，并由此实现心灵与文化、体制、社会、他人等等整体世界的连接，从而使观者受到视觉之势的深深促动。首先，观看的背后具有一套视界政体（scopic regime），它决定着什么该看什么不该看，并由此实现着观看的精神性权力。全景监狱中的视觉之势，不仅仅是一种肉眼的视觉，最为关键的还是通过知识和话语实现的一种精神性权力，⑦ 从而将被监视者界定为"犯人""疯子"等等；在商场的监控视频中，如果被认定为非消费者（比如捡破烂的女人、无家可归者或者青少年）则将被驱逐或者赶出，⑧ 因而底层人群将面临更多观看的精神压迫；但是，底层也并不是悄无声息的，而是可以通过肮脏、邪恶、不吉的图像之"秽"进行抗争。⑨ 其次，观看是具有方向性的，其中视觉之势的精神内涵通过方向的不平等而得以实现。2009 年奥巴马向日本天皇鞠躬的图像，被日本媒体解读为与 60 多年前美国占领军司令麦克阿瑟傲慢招呼昭和天皇形成了强烈对比；美国媒体则认为身为美国总统，不该随

---

① 搜狐：《人民大会堂挂的这些字画，你知道几幅？》，2017 年 3 月 15 日。http://www.sohu.com/a/128905880_515314，2018 年 11 月 10 日引用。

② [德] 康德：《三大批判合集》（上），邓晓芒译，北京：人民出版社，2009 年，第 25 页。

③ [法] 米歇尔·福柯：《词与物》，莫伟民译，上海：三联书店，2001 年，第 226 页。

④ [法] 波德里亚：《消费社会》，刘成富、全志刚译，南京：南京大学出版社，2000 年，第 2—4 页。

⑤ [法] 居伊·德波：《景观社会》，王昭风译，南京：南京大学出版社，2006 年，第 3 页。

⑥ 隋岩：《能指丰富性的表征及新媒介的推动》，《现代传播》2013 年第 6 期。

⑦ 福柯称之为"精神对精神的权力"，参见米歇尔·福柯《词与物》，莫伟民译，上海：三联书店，2001 年，第 231 页。

⑧ Judd, D.R., The rise of the new walled cities, In Liggett, H. and Perry, D.C., editors, Spatial practices:Critical explorations in social/spatial theory, *Thousand Oaks*, CA: Sage, 1995, p.149.

⑨ 王雪晔：《以"秽"抗争：表演式抗争实践中的"秽"话语及其视觉生产》，《新闻大学》2018 年第 4 期。

便"行大礼",而副总统切尼会见日本天皇时也只是握手,并未鞠躬。[①]奥巴马在视觉上"低眉顺眼",使得图像被置于一种历史和国家的精神维度进行审视,从而使其"视觉之势"上升到了国家尊严的高度而被批评。

实际上,图像的精神之力,可以通过图像的意向性(intentionality)分析得以实现,其中的"视觉之势"正是通过意向性而得以引发。这可以通过四个层次去分析:第一,是主体意向性,展现为图像中人物的目光、动作与情绪的指向,比如逃离的动作、厌恶的表情、凝视的目光等都展现了不同的意向性;第二,是文本意向性,即一幅图像的拍摄的主题和视角,以及从中表达出来的整体指向性;第三,是语境意向性,即一幅图像总是会被置于相应的语境中进行解读,将相应的事件呈现于大众面前,以经受大众的舆论审视;第四,是文化意向性,即一幅图像的影响力,还需要一套文化体系的支撑,比如对孩子的怜悯、死亡的恐惧,对自由的追求等等。综合上述四个层次的意向性分析,视觉布局或者图像便获得了来自从微观到宏观的无限精神之力,从而实现了对观者的深深促动。

当视觉布局或者图像已经被置于复杂场域中的时候,创作者的意图已经不再是支配性的力量,因而,西方的视觉修辞理论的逻辑、理性、秩序、解放等基于主体控制假设的视野就需要反思。实际上,人类的修辞活动充满了无知、非理性、差异性、依附性、不确定性等等,福柯((Michel Foucault)将其命名为"异托邦"(hétérotopies),它"是扰乱人心的"。[②]通过"视觉之势"的深入探索,正好能够发现视觉修辞中更多隐藏的维度,从而深入把握视觉布局或者图像是如何接触和促动观者的。

三、不平衡:视觉之势的无限引发力

视觉之势总是充满着不平衡,即"空间的落差、视觉的不均、间隔的距离、视觉的趋向等",这是"势"得以产生的重要前提。[③]《孙子·兵势》讲"势"的时候,就利用了高山圆石的落差意象,即"如转圆石于千仞之山者,势也";水流漂石的动态意象,即"激水之疾,至于漂石者,势也";张弩的趋向意象,即"势如扩弩,节如发机"。《韩非子·难势》也引用慎到"飞龙乘云,腾蛇游雾"的"用势"的空间意象,深入阐述了他的势治思想;书论和画论中讲"势"的时候,也

---

①　环球网:《奥巴马向日本天皇深鞠躬遭美国媒体抨击》,2009 年 11 月 16 日。http://world.huanqiu.com/roll/2009-11/633645.html。

②　[法] 米歇尔·福柯:《词与物》,莫伟民译,上海:三联书店,2002 年,前言第 5 页。

③　李红:《视觉之势:论视觉修辞的活力之源》,《新闻大学》2018 年第 4 期。

常常使用"龙"的意象，其中充满了飞跃、超脱、活力和难以捉摸的审美趣味。①
这种不平衡常常被表述为"奇"，如《孙膑兵法·奇正》说"奇"是"无形而制
形"，是一只"看不见的手"。②《周易·系辞》说"见乃谓之象，形乃谓之器"，
"象"因"见"而生，"形"则是静止的实体，③"象"因为视觉意向性的介入而携带
了无限的精神之力。

不平衡作为一种"奇点"，常常涵摄了无限的时空及其资源。布列逊在谈到摄
影的涵摄力的时候，提出了"决定性瞬间"的概念，强调拍摄对象的"不经意"，
因为只有自然的状态下才具有时空的涵摄力，一旦故意摆出某种姿势，它便从时
空中被强行切割出来，其涵摄力也就失去了。全景监狱中视觉的威力，便在于它
涵摄了整个体制，从而把整个体制当中的知识、精神、权力、暴力等纳入进去
而"安排一切"。④势作为一种时间上连续性的"奇点"，比如滚动的圆石、拉满的
弓箭、湍急的水流等；再比如惊恐的逃离，瞬间的创伤（开裂的大坝、爆炸的瞬
间）。这种瞬间的奇点其实蕴含了过去的所有的能量（Energy）或潜能（Potential
Energy），但是它不仅仅是"能"，而是指向最终实现的未来性（可能），因而追求
的是在"势来不可止，势去不可遏"（蔡邕《九势》）的连续性中蕴含的无穷性。
李零认为"形"是 potential energy，而"势"是 released energy，或者如马克梦
（Keith McMahon）所说，possible energy 是"形"，actual energy 是"势"。⑤ 实际
上，势并不是客体（过去）的，也不能实现（未来），而是连接过去与未来的那个
充满张力的奇点，必须处于时间流动或者连续的现实性当中。因为能量不指向未
来，它就是静止而缺少活力的；能量在未来得以实现（释放），它便不再指向未来，
势也就失去了。因而，处于事件当中的图像一旦被置于博物馆，它的势便失去了；
而博物馆中，视觉修辞的很大一部分工作便是重构图像的时间链条。

《孙子》总结说："战势不过奇正，奇正之变，不可胜穷也"；《文心雕龙·定势》
也主张："奇正虽反，必兼解以俱通"，但是，"正"处于主导地位，即"以正驭
奇"。修辞是一种非正常状态下的行为，即修辞情景面临"事态变化"，其特征是
"紧迫"，是一种"障碍"或"缺陷"，是"一件待处理的事情，一件偏离了正常状
态的事情"，⑥因而需要一种打破常规的新思维去运用修辞。但是，这种打破常规又

① 余莲：《势：中国的效力观》，卓立译，北京：北京大学出版社，2009 年，第 128—144 页。
② 李零：《兵以诈立》，北京：中华书局出版社，2012 年，第 174 页。
③ 王树人、喻柏林：《论"象"与"象思维"》，《中国社会科学》1998 年第 4 期。
④ [法] 米歇尔·福柯：《规训与惩罚》，北京：生活·读书·新知三联书店，2003 年，第 232 页。
⑤ 李零：《兵以诈立——我读〈孙子〉》，北京：中华书局出版社，2006 年，第 171 页。
⑥ [美] 肯尼斯·博克等：《当代西方修辞学：演讲与话语批评》，常昌富等译，北京：中国社会
科学出版社，1998 年，第 124 页。

不是完全的颠覆，而是需要做到"因利而制权"，是"修辞立其诚"（《周易·乾·文言》）的"忠信"品德之上利用已有的情理、事理、法理、资源、条件等等进行创新处理。一方面利用现成的自然之势；另一方面利用人为的"人设"之势。[①] 无论是自然之势，还是人设之势，一方面可以是作为一种"问题"已经客观地迫在眉睫，另一方面则是可以通过视觉修辞去引发，即通过"奇点"的修辞实现对于"正"的价值的引发，以获得整体性资源的支撑。比如猎杀大象在世界某些地方也许看起来是很正常的行为，但是当大象被盗猎的各种惨状被图像或者影像呈现出来的时候，在动物保护组织的推动下，它就变成了一个世界性"问题"。反过来，当"问题"作为一个奇点被可视化之后，便作为一个"奇点"，通过关联（统觉）和意向（欲望）思维，将更多的事实、价值与精神灌注其中，由此让视觉之势得以产生。

"分"的逻辑是"势"得以产生的前提。《孙子》里说的分数、形名、奇正、虚实等，其实就是对于分合的辩证应用以获得势；《吕氏春秋·慎势》强调分封并不是为了爱，而是为了削弱地方势力以保证君主"便势全威"，因为"权钧则不能相使，势等则不能相并"。因而，视觉之势的获得常常依赖于视觉布局或者图像中二分的不平衡性。比如高山、水流、飞翔等都存在一种空间的不平衡性；一个人对抗一群警察的数量和力量的不平衡；一叶扁舟对抗一艘军舰的体积上的不平衡；屠刀下的生命中硬度的不平衡；全景监狱中存在上下二分的观看的不平衡。这种不平衡就构成了一种文本内的张力，而这种张力的最大效用在于唤起背后更多力量来源的追问，视觉之势由此得以唤起。

视觉修辞中的不平衡性总是通过方向性来处理，这种方向性就使得视觉布局或者图像获得了动态性的活力。首先，是时间方向性。视觉布局或者图像是过去时间的产物，其中凝聚了关于过去的影像或者曾经的观看，它是时间的一种凝缩；并且指向未来，"未来"作为一种势作用于当下的修辞观众，让他们谨慎地采取策略以改变现状。其次，是空间的方向性。空间的动态趋向就是时间的未来性，空间趋向的视觉化表征使其获得了时间的流动感，因而空间的落差、间距、聚集等等就蕴含着无限的势能与精神。第三，是意向的方向性。精神常常是通过视线的布局或者文化指向中的意向性关系携带出来，而图像所引发的"问题"的重要性也会影响到其意向性强弱，从而构成视觉之势的精神之力。视觉修辞的"三个方

---

① 《韩非子·难势》说："势必于自然，则无为言于势矣。吾所为言势者，言人之所设也。"意味着势存在着两种：自然之势和人设之势。自然之势是利用已有的天时地利；人设之势，是通过人为努力创造有利于自己的条件。韩非子基于制度设计的目的重点强调"人设"的部分；而修辞学则可以在两个部分同时利用。

向性"分别在两个层面展开，即视觉话语（能指）的方向性和视觉实践（所指）的方向性。比如关于难民的图像，就存在视觉图像（能指）中难民逃亡的空间指向和时间指向，并以厌恶（战争）和期望（接纳）的意向性构成故事的方向性；而视觉修辞实践（所指）层面所引发的难民问题，又涉及实践维度上政治家的命运和政府未来的决策，以及空间维度上如何接纳和安置难民。在此，图像的"视觉之势"就引发了无限的精神之力，并对相应的政治实践产生实质性影响。

四、势的价值立场：生存、效力与批判

修辞术在西方哲学家那里曾经屡受批评，被认为是虚假、装饰和操纵的代名词；而高尔吉亚则认为，可以通过公共的论辩追求幸福生活，将修辞术置于生存论的角度论证其合法性。在高尔吉亚看来，"我们不表达实体，而只是表达言语而已"，但是"它能够终止恐惧、消除悲伤、创造快乐、增进同情"；所谓的绝对真理只是一个虚妄的梦，只有修辞才是最真实的技艺，它处理的是变动不居的真实世界；高尔吉亚怀疑一切，但是并不怀疑语言；伊索克拉底也认为，人高于动物的地方就是它具有言语，由此能够通过言语建立城邦、制定法律。[1] 在此，修辞学赢得了存在论、认识论和政治学意义上的合法性，而且为西方现代社会的体制改革提供了必要的技术储备和文化氛围，它也是西方自我意识和地缘政治实体得以形成的条件之一。[2]

在中国语境中，并不存在西方意义上的修辞。因为中国并不存在西方式的民主和论辩传统，因此，中国的修辞学是"研究语言运用的效果的科学"，[3] 专注在日常表达和文艺上，并不指向存在、社会与政治。或者换句话说，中国文化中的存在、社会和政治不靠语言修辞，而靠的是道、德、理、气、势等范畴。这些范畴是非语言的，是在对于世界的整体感知当中体察到的。就"势"来说，它既非形式层面的视觉布局或者图像，也非其中的"理"，因为"百理俱在平铺放着"，[4] 而它还需要"理成势"，即"以其顺，成其可；以其逆，成其否"（王夫之《诗广传·小雅》），"势"是"理"的具体实现。如果说理性只是一种逻辑上的纯粹推导，并不是现实中的具体抉择，而"势"是"整个底实际"，[5] 因而"势"的范畴能够分析视觉修辞实践中的复杂局面。比如麦克阿瑟从朝鲜战场回国的电视转播，在认

---

① 柳孟盛：《政治的限度——柏拉图为何批判修辞术》，《哲学门》第十六卷第二册，北京：北京大学出版社，2015 年，第 237—249 页。

② 刘亚猛：《追求象征的力量》，北京：生活·读书·新知三联书店出版社，2004 年，第 4 页。

③ 周振甫：《中国修辞学史》，北京：商务印书馆，1999 年，第 1 页。

④ 冯友兰：《三松堂全集》（第四卷），郑州：河南人民出版社，2001 年，第 124、125 页。

⑤ 冯友兰：《三松堂全集》（第四卷），郑州：河南人民出版社，2001 年，第 124、125 页。

知理性的层面来看是一种对于现实的虚假加工，既有的修辞范式揭示的正是其中的"诡计"。那么其中"压倒性舆情"（overwhelming public sentiment）或者电视的"崩裂式效果"（landslide effect）① 是如何产生的？就不能仅仅将其归咎于权力的阴谋而轻轻放过，而是需要详细去把握其中的力量来源。

中国人很早就认识到，人类总是处在一种整体的生存势域当中，这是不可逃避的，比如天道流行、人生命运、世事无常等；天地不言，但是"四时行焉，百物生焉"（《论语·阳货》）；人类能做的就是"无可奈何而安之若命"（《庄子·人间世》）。这种整体性常常体现在连续性中。书法中的转笔、藏笔、藏锋、护尾等笔法就是通过相应技法将整体性蕴含在连续性中。绘画中"笔将俯，必先作仰势，以及欲轻先重，欲重先轻，欲收先放，欲放先收之属"，通过相互蕴含的整体性，势得以蕴含；而"势"特别讲求的是"一气相通""一气贯注"；"气"是其中精神性的东西，它一方面是描画对象（山形树态）"受天地生气而成"，另一方面则是"托心腕之灵气以出"（沈宗骞《芥舟学画编》），是培养而成的。这种整体性的势域并不是主体驱动的结果，而是弥散性的存在，是自然生发的结果。在此，世界不仅仅是一个对象，而是一种生存处境，是非主体性的，或者主体也被纳入这种处境当中，即"生而不有，为而不恃，长而不宰"（《道德经》第十章），而君则要做到"事由自然，莫出于己"（《淮南子·主术训》）。

韩非子"势"治理术的最大问题，就是"势"依赖于"法""术"的强制性，从而使得统治者脱离掉终极性的"道势"的境域，因而主体与世界就出现了分离，不再是"以德配天"的融合状态。如此，"势"的问题在政治领域就很容易变为阴谋论与统治术，其合法性就因此而面临危机。在视觉修辞中谈势，很容易就被理解为非理性、阴谋性以及无意识的压迫性，并变成某种修辞控制术。

实际上，视觉修辞面对的就是丰富、整体和流动的世界，其表征（represent）方式是充满质感的，而不像语言那样仅仅是抽象的"形式"（forme），② 因此，视觉修辞很难有类似语言修辞那样的辩证法（dialectics）或者理性特征。换句话说，视觉修辞依靠的不是符号的切分，不是论辩或理性，而靠的是整体布局所造成的势，是对图像无限阐释所引发的资源或力量的综合之力。实际上，在视觉布局或者图像中，视觉背后的表达主体的主体性存在层次上的差异，由此带来的就是在理据性上存在强弱程度的深刻差异。绘画作为一种表达的艺术，它可以与现

---

① Lang K. and Lang G. E., the Unique Perspective of Television and its Effects: A Pilot Study, *American Sociological Review*, 18（1），1952, pp.3-12.

② ［瑞士］费尔迪南·德·索绪尔：《普通语言学教程》，高名凯译，北京：商务印书馆，1980 年，第 158 页。

实世界保持强烈的理据性，比如临摹；也可以充分地表达某种观念，比如超现实主义。但是都经过了创作者动机性的处理，因而与真实世界就拉开了距离。照片则是现实世界的一种直接（机械）反映，它是现实在视觉上的真实切片，现实的丰满性就蕴含在其中，等待着去无限地挖掘与想象。至于像博物馆、纪念馆，甚至监视视频这样的视觉布局，它们直接就是世界本身。虽然其中充满了选择性，但是它直接就是原初世界的切片，相比照片，它们的理据性又进了一层。皮尔斯的符号学始终在处理符号与世界之间的关系，他根据符号与世界的理据性关系，将符号分为像似符（icon）、指示符（index）和规约符（symbol）。其中，像似符强调符号载体的品质（quality）或者内在特性（internal nature），它能够直接触动人的感觉和情绪，使对象对解释者产生了效力（effect）而形成"情绪解释项"（emotional interpretant）；指示符则通过符号载体与对象之间存在的空间、因果等"实在联系"，从而将世界的整体带入到解释者，由此构成"能量解释项"（energetic interpretant）；基于法则（law）、习惯（habit）、性情（disposition），以及规律性（regularities）等支配下的规约符，则成为一种"逻辑解释项"（logical interpretant）。[1] 但是，视觉布局或者图像更多是处于质感和关系，规约的层面还是比较欠缺，因是一种主体不彰的状态，主体常常被置于复杂的视觉之势当中。

当然，人为的势（人设之势），一方面，是一种统治术，能够维持社会的秩序；另一方面，它也具有压迫性，在中国文化中也总是面临着文化价值的批判。《尚书·君陈》中，周成王告诫大臣君陈"无依势作威"，"势"是需要警惕和谨慎对待的。"势"总是要经受道德性的审判，"故势为天子，未必贵也"（《庄子·盗跖》），使桀纣权倾天下，小盗贼也不愿意自己被拿来与桀纣相提并论，因为桀纣的道德性是有问题的。"势"的批判不仅仅是一种道德训诫，而且会导致"害性"，因此"势为天子，而不以贵骄人"（《庄子·盗跖》）；权势的欲望会导致人的情绪波动，故"权势不尤，则夸者悲"（《庄子·徐无鬼》），是对人的完满性的伤害。因此孟子主张贤王需要"好善而忘势"，贤士需要"乐则而忘人之势"（《孟子·尽心上》）；庄子也提到"不死之道"需要"削迹捐势，不为功名"（《庄子·山木》）。由此，作为一种分析范畴的视觉修辞的势的反思性就与西方修辞批评的批判性结合起来了。

而这种批判实际上并不是为了发现权力的诡计以实现主体的解放，而是试图"顺应大道"以回归自然、天道、天理、真纯、素朴的状态，并且避免人为

---

① ［美］皮尔斯：《皮尔斯：论符号　李斯卡：皮尔斯符号学导论》，赵星植译，四川：四川大学出版社，2014年，第43—49页。

干预对于"道势"的脱离。在中国传统的绘画世界中，人并不是作为主体得到彰显，而是往往被置于风景、场景和情境当中；中国文化并不是一个主体性张扬的文化，而是主体性减损的文化，因而展现为克、磨、损、忘、空等内省功夫。因而中国文化总是充满着"战战兢兢""戒慎恐惧"的谨慎气质，并且特别注重对于"几""微""幽"等未发状态的预先洞察，以实现"大音希声，大象无形"（《道德经》四十一章）的彼此圆融状态，目的就是为了通过主体性的克减进入到广大无边的势域当中，以做到对于"道势"的顺应而成就其伟大。

五、结论：通过"视觉之势"发现生存的境域

视觉修辞不仅是一种表意，而且是一种生存的境域，是人不可避免的环境的一部分。通过视觉布局或者图像，人被置于一种整体性的势域当中。当人作为世界的一部分被感知的时候，一种渺小或者忘我的感觉便会油然而生。因而中国风景绘画中，人总是被置于无边的风景当中，占位极小而且只是写意性的存在。中国文化始终在强调"大"，比如文化经典中常常谈到"大""大哉""大象""大人""大道""大德""大鹏"等等；建筑、绘画和文章中也常常强调"恢宏气象"；"天地"意象的宏大而不可知，正是其神圣性的来源。

人看不见完整的世界，只有通过视觉载体才能进入更多的世界，比如通过眼睛进入灵魂、通过奔跑感知恐惧、通过愤怒感知冲突、通过一片叶子进入秋天等等。因而，"视觉之势"的分析需要依赖于视觉文本，但分析的方向不是其中"表意方式"，而是"引发力"。"引发力"是本文提出的一个用以描述"视觉之势"的概念，它可以用以分析视觉修辞的载体（"形"）如何携带出充满力量的势，从而将复杂的世界境域召唤出来。《孟子·尽心上》说"引而不发，跃如也"，即强调教育不是给予确定的结论，而是通过诱发去启迪，类似的话《论语》里也有"不愤不启，不悱不发"；《孙子》也多处讲到"引而去之""发之""节如发机"等。而图像作为"决定性瞬间"是一种"奇点"，是一种"高潮"，也是一种"汇聚"，因而就充满着"引发力"。

另外，"视觉之势"必须被置于视觉修辞的复杂实践中，展现出一种时间性的未完成的状态，而不能局限于做静态的分析。正是视觉修辞的过程性，使得其中蕴含了无限的可能性；一旦事件结束，时间便停止，视觉修辞之势便不复存在，便只会留下视觉素材的残迹而已。因此，对于视觉修辞之势的分析，还需要将其视觉载体置于相应的时空脉络中进行分析。如果说"形"的分析是文本层面的分析，那么这里的分析则是文本实践的分析，关注的是其外在运行的语境，并且仍然需要通过其意向性分析把握其精神性的活力，以把握其中的视觉修辞之势。

　　总之，本文的任务是：基于中国文化中"势"的独特范畴，提出一种视觉修辞分析的新范畴，试图从"视觉"的角度把握其"视觉之势"，并且在文化前提下，试图与西方视觉修辞理论进行对话，以找寻到华夏传播研究的可能位置，最终为视觉修辞研究提供中国独有的智慧。

"交通"天人：商周时期巫文化演进的传播学考古研究

钱佳湧　刘辰辰[*]

（上海大学新闻传播学院　上海　200072；

河南大学宣传部　河南郑州　475001）

摘要：传播不止于现实世界中的信息传递和意义共享，同时也包含人们在现实世界与超越世界之间寻求沟通的努力。这种努力在中国古代体现在"巫"这一特殊职业群体"交通天人"的沟通活动中。初民社会中，这种天人之际的沟通活动更多是基于生存的现实需求而产生的对超自然神秘力量的崇拜和模仿。"绝地天通"之后，兼行巫职的"王"垄断了"交通天人"的权力，并通过将权力秩序视作宇宙运行秩序之现世映射的方式合理化了权力集中化的现实。随着"天人合一"思想的出现，个人文化道德品质抽象出来的价值系统开始取代超自然的、具有实体性的神秘力量，成为统治者在"交通天人"中意欲沟通的对象。由此，现世权力秩序的合法性途径也从寻求外在于人的神祇之赐福与授权转变为统治者本人在文化道德品质的超然地位。

关键词：传播考古；巫文化；神圣性

缘起

中华文明鸿蒙初辟时的历史记载，往往人神淆杂，"人鬼亦得为神祇"。[①] 比如《山海经·大荒北经》中关于涿鹿之战的记载，俨然一幅人神交战的场景："有系昆之山者，有共工之台，射者不敢北乡。有人衣青衣，名曰黄帝女魃。蚩尤作兵伐

---

　　* 作者简介：钱佳湧，1989年8月，籍贯：上海，上海大学新闻传播学院，研究方向：媒介理论、中国媒介史；刘辰辰，1988年4月，河北邯郸人，河南大学党委宣传部、文化传承与创新研究中心研究员，研究方向：新闻传播理论、新闻传播史。

　　① 鲁迅：《鲁迅全集》（第九卷），北京：人民文学出版社，1981年，第24页。

黄帝，黄帝乃令应龙攻之冀州之野。应龙畜水，蚩尤请风伯雨师，纵大风雨。黄帝乃下天女曰魃，雨止，遂杀蚩尤。"①

如爱德华·泰勒（Edward Tylor）所指出的："有些原始的传说，确定无疑地保留了历史真实性的内核。"②《山海经·大荒北经》中充满原始神秘主义色彩历史叙述，从一个侧面反映出下述"历史真实性"：巫"（magician），或曰巫文化，在中华文明的早期历史中应是一普遍现象。所谓蚩尤"请风伯雨师"祈风雨、黄帝"下天女"止雨，均是先民在战争或者日常生产、生活中施行巫术活动反映于原始神话传说之中的结果。

近代以来，文献学、考古学、社会学、民族学等领域纷纷对巫文化的历史演变展开研究。比如瞿兑之从《礼记》《说文解字》等历史文献入手，对"巫"字之义进行考据，并梳理了这一特殊职业群体的历史发展过程。③宋兆麟从文化和民族学的视点出发，对巫术活动，及其与先民之宗教信仰、科学文化知识、政治参与等之间的关系进行了比较全面和系统的研究。④余英时则将巫文化的历史演变放到中国思想史"轴心突破"的时代背景中进行考察，勾勒出中国文化"内在超越"之理路及其与巫文化发展间的关系。

在诸多研究中，以张光直、凌纯声为代表的人类学家及考古学家，以考古为依据，对巫术活动在中华文明起源过程中所扮演角色的问题做了探讨。张光直认为，中国古代文明乃是一种"萨满"式的文明，其特征便是把世界分成天地人神等层次。⑤由于不同层次之间的关系并非严密隔绝，因而对先民而言，一项重要任务便是寻求在天地人神的不同层次之间进行沟通，而承担这一沟通职责的恰是"巫"这一特殊职业群体。这一观点切合《说文解字》对"巫"的解释："能齐肃事神明者也，在男曰觋，在女曰巫。"⑥按瞿兑之的讲法，所谓"事神明者"，即是说"巫""觋"，"处乎人神之间，而求以人之道通于神明者"。⑦人们的意愿通过"巫"的活动被呈给上天，同时天意亦通过他们传给世人。这提醒我们，对巫文化的研究不但是文化和人类学学者所关心的问题，同时也应当成为传播学，尤其是传播史研究的对象。

① 袁珂译注：《山海经全译》，贵阳：贵州人民出版社，1991年，第379页。
② [美] 爱德华·泰勒：《原始文化：神话、哲学、宗教、语言、艺术和习俗发展之研究》，连树声译，桂林：广西师范大学出版社，2005年，第229页。
③ 瞿兑之：《释巫》，《燕京学报》1930年7期，第1327页。
④ 宋兆麟：《巫与巫术》，成都：四川人民出版社，1989年，第1—11页。
⑤ 张光直：《考古学专题六讲》，北京：文物出版社，1986年，第4页。
⑥ 弭维：《巫术、巫师和中国早期的巫文化》，《宁夏社会科学》2009年第2期，第135页。
⑦ 瞿兑之：《释巫》，第1327页。

"巫"者，如莱斯利·怀特 (Leslie White)[①]和拉德克理夫·布朗 (Radcliffe Brown)[②]所说，是"世界上最古老的职业"，同时恐怕也是人类历史上最早的职业传播者："巫"通过"交通天人"而承担起上达民意、下达天听的职责，这本身便代表了早期人类为求生存而进行的沟通人间与超验世界之艰辛尝试。我们所感兴趣的问题是，在早期华夏文明中，这种人与超验力量之间的"对话"和"沟通"是如何展开的？作为这一沟通活动的执行者，"巫"（包括之后兼行巫职的"王"）如何取得其尊崇地位？伴随春秋战国时期巫文化的衰落，"天人之际"之沟通活动，其对象和意义又发生何种变化？

一、"象无形舞以祀"：以身体为"媒介"的人、神沟通

原始人普遍地倾向于以"神圣"和"世俗"将世界两分。[③]但神圣与世俗世界之间的对立并不意味着两者之间不存在联系，因为超验世界往往以其神圣性给予现实世界以意义和秩序，这将使人类社会得以摆脱由混沌、未知而带来的种种危险。因而如果"没有那种对超验东西的开放，生命是不可能的"，"一旦与超验世界的联系中断了，现实世界中的存在便失去了存在的可能"。[④]

"巫"的出现，正来自上古先民在现实世界与超验世界之间展开沟通以建立联系的朴素愿望。这种在两个世界之间寻求沟通的努力主要通过"通灵"或"降神"的方式实现。[⑤]所谓"通灵"，即巫师的灵魂进入另一个世界，找到欲要沟通的神灵。《山海经·海外西经》中有记："在登葆山，群巫所从上下也"，《山海经·大荒西经》中亦有"有灵山……十巫从此升降"的说法，[⑥]其中所谓"上下""升降"，都是指巫师以"通灵"的方式进入到另一世界中，"向天陈情"而将人的意愿传达给神灵。而"降神"则指神鬼附在巫师的身上，巫不再是普通人，而成为神鬼的"代理"。《诗经·楚茨》中有"神具醉止，皇尸载起。钟鼓送尸，神保聿归"一句，其中所谓"皇尸""神保"，皆指祭祀先祖仪式中的"巫"。在此，受祭对象附体于"巫"的肉身，"巫"之醉酒、起身等行为被认为代表了神灵、先祖之行止。"巫"由是被赋予某种神圣性而获得"代天言说"的权力。

①　White, L., *The Evolution of Culture*, New York: Mcgraw-Hill, 1940, p198.

②　Radcliffe—Brown, "*Preface to African Politics Systems*", In Fortes, M. & Pritchard, E. *African Politics Systems*, London: Oxford University Press, 1940, p.21.

③　马林诺夫斯基：《巫术科学宗教与神话》，李安宅译，北京：中国民间文艺出版社，1986 年，第 3 页。

④　[罗] 米尔恰·伊利亚德：《神圣与世俗》，王建光译，北京：华夏出版社，2002 年，第 10 页。

⑤　张光直：《中国青铜时代》，北京：生活·读书·新知三联书店，2013 年，第 47—56 页。

⑥　袁珂译注：《山海经全译》，贵阳：贵州人民出版社，1991 年，第 204、208 页。

　　无论是"通灵"之"向天陈情"，抑或"降神"之"代天言说"，上述联系现实世界与超验世界之沟通活动的进行，往往伴随一系列具有表演性和象征性的身体操演实践，① 也即巫文化中普遍存在之"巫舞"。"巫"作为一汉字，其字形与字源即被认为来自上古时期那种为通灵、降神而行之"巫舞"。许慎在《说文·巫部》中释"巫"曰："巫，祝也，女能事无形，以舞降神者也，像人两褎（同袖）舞形，与工同意。"② 所谓"无形"，即是指上古先民心目中神秘的超自然力量。而巫舞，则是"巫"行通灵、降神之术的主要方式。因而陈梦家在《甲骨文字诂林》中明确指出"巫"字与先民"舞号（嚎）以降神求雨"的通神祈雨行为之间的紧密关联："（拿饰物的正面人形）象人两袖舞形，即'無'字。巫祝之巫乃'無'字所衍变……巫之所事乃舞号以降神求雨，名其舞者曰巫，名其动作曰舞，名其求雨之祭祀行为曰雩。"③

　　"巫舞"最原始的意义，在于"象无形"，即"巫"在舞蹈中实现了对超自然力量的扮演和替代，因而"巫舞"即意味着神鬼本体的降临。④ 这种"巫"者能够以舞"象无形"的信念与原始人对自然世界运行规律的朴素理解有关。按詹姆斯·乔治·弗雷泽（1890/1987：76）的观点，巫术与现代科学在如何认识世界上是相近的，两者均认定事件的演替是完全有规律的。⑤ 因而克洛德·列维 - 斯特劳斯（Claude Levi-Strauss）指出，原始思维乃是以对秩序的要求作为其基础的。⑥ 这种"秩序"表现为一切彼此相关的事物和现象之间，存在着某种互相影响甚至决定性的因果关系。但与现代人按照物理、化学或生物学的原则对自然现象进行分类，并抽象为概念，从而进行推理和判断不同，上古人类对自然现象的理解乃是由其切身观察和体验出发，对各种事物和现象进行感觉相似性分类和主观联想式的理解。⑦ 这种基于经验性感觉而产生的对自然界的理解使上古先民普遍相信，

---

① 关于"仪式"所具有的"表演性"与"象征性"之特征，笔者参考了郭于华在《仪式与社会变迁》中的观点。郭于华在《仪式与社会变迁》中这样界定"仪式"："仪式，通常被界定为象征性的、表演性的、由文化传统所规定的一整套行为方式"，它"可以是特殊场合情境下庄严神圣的典礼，也可以是世俗功利性的礼仪、做法。或者亦可将其理解为被传统所规约的一套约定俗成的生存技术或由国家意识形态所运用的一套权利技术。"参见郭于华：《仪式与社会变迁》，北京：社会科学文献出版社，2000 年，第 1—3 页。

② 周法高主编：《金文诂林》（卷五），香港：香港中文大学出版社，1974 年，第 2892—2893 页。

③ 于省吾：《甲骨文字诂林》，北京：中华书局，1996 年，第 255 页。

④ 刘怀堂：《象无形舞以祀——"巫"考》，《湖北工程学院学报》2015 年第 3 期。

⑤ 詹姆斯·乔治·弗雷泽：《金枝》，徐育新、汪培基、张泽石译，北京：中国民间文艺出版社，1987 年，第 76 页。

⑥ [法] 克洛德·列维·斯特劳斯：《野性的思维》，李幼蒸译，北京：商务印书馆，1987 年，第 14—16 页。

⑦ 葛兆光：《中国思想史》（第一卷），上海：复旦大学出版社，2001 年，第 13 页。

一旦那种隐藏在自然界中之主宰斗转星移、四季轮转的神秘法则和密码为人所掌握，那么普通人便可以依据"相似—模仿"或者"接触—获取"律，通过某些适当的仪式或咒语来巧妙地操纵这种"神秘力量"。①

所谓"相似—模仿"律，即原始人相信"同类相生"或"果必同因"，通过身体动作对自然界诸现象的模仿，就能够实现任何他想做的事情。② 商、周两代祭祀中的祈雨舞蹈——"万舞"即是一例。"万"，即甲骨文中"卍"字。根据考古学的发现，"卍"乃是由"+"逐渐演变而来，象征"太阳火焰光芒的旋转"。在西藏苯教文献与"卍"字有关的早期神话中，有"宇宙最早依靠气流运动形成嘉章（即十字状），进而繁衍了各种生灵"的观点。联系"卍"字本身以"正在运动中的形式"构造了其"曲十字"之字形，并带给人以"动态感"，③ 上古时代的人之所以用"卍"来命名祈雨的舞蹈，极有可能是出于下述原因：舞蹈者以身体的飞旋模拟太阳旋转以及随之而来的气流运动，象征圜天旋转而带来的阴阳互换，如昼夜交替、阴晴轮换、风雨相间等。④ 他们希望通过这种基于身体飞旋与太阳周而复始之天体旋转的相似性模仿，祈祷天降甘霖。

而"接触—获取"律则是原始人普遍相信"物体一经接触，在中断实体接触后还会继续远距离的作用"。⑤ 上古时的"巫"者在行巫祭沟通天地神鬼时普遍穿戴虎、鸟、牛、鹿等兽样面具或服饰。这些动物在上古时期均被认为具有通灵的

---

① 詹姆斯·乔治·弗雷泽认为，宗教和巫术在如何对待神灵的问题上存在根本的差别。宗教的神灵是具有人格的，人们可以通过一定的方式去取悦和讨好他们。而巫术对待神灵的方式则"它对待无生物一样，是强迫和压制这些神灵"。但事实上，在古代中国，我们很难用"取悦、讨好"和"强迫、压制"的分别来截然两分传统巫术与宗教对待超自然力量的态度。这是本文与弗雷泽在关于"巫术如何对待超自然力量"问题上的分歧所在。参见詹姆斯·乔治·弗雷泽：《金枝》，徐育新、汪培基、张泽石译，北京：中国民间文艺出版社，1987 年，第 19—21、79 页。

② ［英］詹姆斯·乔治·弗雷泽认为，宗教和巫术在如何对待神灵的问题上存在根本的差别。宗教的神灵是具有人格的，人们可以通过一定的方式去取悦和讨好他们。而巫术对待神灵的方式则"它对待无生物一样，是强迫和压制这些神灵"。但事实上，在古代中国，我们很难用"取悦、讨好"和"强迫、压制"的分别来截然两分传统巫术与宗教对待超自然力量的态度。这是本文与弗雷泽在关于"巫术如何对待超自然力量"问题上的分歧所在。参见詹姆斯·乔治·弗雷泽：《金枝》，徐育新、汪培基、张泽石译，北京：中国民间文艺出版社，1987 年，第 19 页。

③ ［英］贡布里希：《秩序感——装饰艺术的心理学研究》，杨思梁、徐一维、范景中译，长沙：湖南科学技术出版社，1999 年，第 154 页。

④ 凌立：《藏族"卍"（ᰟ）符号的象征及其审美特征》，《康定民族师范高等专科学校学报》2006 年第 2 期。

⑤ ［英］詹姆斯·乔治·弗雷泽认为，宗教和巫术在如何对待神灵的问题上存在根本的差别。宗教的神灵是具有人格的，人们可以通过一定的方式去取悦和讨好他们。而巫术对待神灵的方式则"它对待无生物一样，是强迫和压制这些神灵"。但事实上，在古代中国，我们很难用"取悦、讨好"和"强迫、压制"的分别来截然两分传统巫术与宗教对待超自然力量的态度。这是本文与弗雷泽在关于"巫术如何对待超自然力量"问题上的分歧所在。参见詹姆斯·乔治·弗雷泽：《金枝》，徐育新、汪培基、张泽石译，北京：中国民间文艺出版社，1987 年，第 19 页。

特质，因而通过穿戴面具或者服饰，"巫"以变换身体外貌的方式实现了人与动物的"共生"。[1]"共生"即意味着"巫"在仪式中短暂地占有和获得了这些动物所具有的"通灵"神性和威力，从而使"巫"具有了呼风唤雨的能力。比如在《绎史》卷四引《神农求雨书》中，即有小儿、壮者、老人等不同年龄段的人扮作龙的形象参与祈雨的描写："春夏雨日而不雨，甲乙命为青龙，又为火龙东方，小童舞之。丙丁不雨，命为赤龙南方，壮者舞之戊己。不雨，命为黄龙，壮者舞之。庚辛不雨，命为白龙，又为火龙，西方老人舞之。壬癸不雨．命为黑龙，北方老人舞之。"[2] 由于"龙"在上古时期被人们普遍当作一种能兴云降雨的神异动物，因而祈雨仪式中的舞龙行为并非对"龙"的一种简单模仿，而是通过扮演"龙"的方式使舞龙者的身体同"龙"融为一体。这种舞龙祈雨仪式的神力所系，恰恰在于人们在仪式中通过与"龙"共生一体而获得其降雨的神力。

上述一系列以"相似—模仿"或者"接触—获取"律为原则的肢体语言表达，常常伴随着诉诸听觉和话语的声音表达。《春秋公羊传·桓公五年》中有对上古社会求雨祭祀仪式的场面描写："大雩者何？旱祭也。"注"祭言大雩，大旱可知也。君亲之南郊……使童男女各八人舞而呼雩，故谓之雩。"《尔雅义疏》注："雩之祭，有舞有号是矣。"[3]"有舞有号"表明，作为一种人、神之间沟通活动的"雩"祭，与"声音"这一传播要素密切关联：一方面，巫祭仪式的参与者必须口念祝词或祷词，正是通过这种基于声音而非视觉的传播，神灵才能听到人们陈请的具体内容。正如马歇尔·麦克卢汉（Marshall McLuhan）所说，人们在最早期的历史中，乃是凭借着口语这一最早的"传播技术"摆脱和掌握外在环境的；[4] 另一方面，神的意志并不可见，亦需要"巫"听而知之。比如《周礼·春官·保章氏》中有"以十有二风，察天地之和，命乖别之妖祥"的讲法，[5] 即表明神灵的意志被认为广泛包含于风声之中，只有通过听才能接收和辨别天启信息。

无论是"巫舞"中口念祝词使人的意愿上达天听，或者听风以"察天地之和"，又或者遵循"相似—模仿"/"接触—获取"律而进行的一系列肢体语言实现保

---

① 江伊莉、刘源：《商代青铜器纹饰的象征意义与人兽变形》，《殷都学刊》2002 年第 6 期。
② 高国藩：《中国巫术史》，上海：上海三联书店，1999 年，第 15—16 页。
③ 王维提、唐书文：《春秋公羊译注》，上海：上海古籍出版社，2004 年，第 401 页。
④ ［加］埃里克·麦克卢汉、弗兰克·秦格龙：《麦克卢汉精粹》，何道宽译，南京：南京大学出版社，2000 年第 311 页。
⑤ 杨天宇：《礼记译注》，上海：上海古籍出版社，2004 年，第 380 页。

罗·康纳顿（Paul Connerton）所谓"对崇拜对象的扮演"，[①]上古时期人们与超验力量之间的沟通行为以身体作为"媒介"展开：人间信息的上达天听，不仅诉诸口头传播，同时也建立在一系列具有表演性和象征性的肢体语言表达基础上。因而在传播史的"前文字时代"，具有魔力的并不止是词语，[②]同时也包括具有象征性和展演性的身体实践。

凭借对自然界"强旺的感觉力和生动的想象力"，[③]原始人建构了一个平行于现实世界的超验世界。如弗里德里希·恩格斯（Friedrich Engels）所说："一切宗教都不过是支配着人们日常生活的外部力量在人们头脑中的幻想的反映，在这种反映中，人间的力量采取了超人间的力量的形式"，[④]巫文化反映出人们在最初面对不可控制之自然世界时，以"超人间的力量"的方式想象自然和社会力量这一普遍倾向。这种"超人间的力量"将理性尚无法理解之神秘自然力"人格神"化。面临如疾病、干旱、水涝等诸多困厄的上古先民将这个超验世界和"超人间力量"看作现实世界之秩序、和谐的创造力源泉，因而每当现实生存遭遇挑战时，往往将因应现实困境的希望寄托于通过"巫"这一中介与超验力量和世界之间展开沟通。[⑤]

"如果我们要想在两者（神圣领域与凡俗领域）之间建立这种微妙的运作关系……必须求助于某种或多或少有些复杂的仪式"。[⑥]回到中华文明鸿蒙初辟之巫文化开端时期，由于"巫"所代表的那种在超验世界和现实世界展开沟通的努力乃是基于诸如祈求风调雨顺，祛病消灾等现实生存需要而发展起来的生存技术，

---

① 在《社会如何记忆》中，保罗·康纳顿提出："仪式不是日记，也不是备忘录。它的支配性话语并不仅仅是讲故事和加以回味，它是对崇拜对象的扮演。"笔者认为，"巫舞"中同样存在对崇拜对象（即巫祭仪式中所欲沟通的天地、神鬼）的表演，这种表演更多通过"巫"本身的肢体动作表达出来。参见康纳顿·保罗：《社会如何记忆》，纳日碧力戈译，上海：上海人民出版社，2000 年，第 81 页。

② [美] 沃尔特·翁：《口语文化与书面文化》，何道宽译，北京：北京大学出版社，2008 年，第 24 页。

③ [意] 詹巴蒂斯塔·维柯：《新科学》，朱光潜译，北京：人民文学出版社，1986 年，第 161—162 页。

④ [德] 卡尔·马克思、弗里德里希·恩格斯：《马克思恩格斯选集（第 3 卷）》，北京：人民出版社，1995 年，第 666—667 页。

⑤ 康德区分了"先验的"（traszendental）和"超验的"（transzendent）两个概念。先验是指可以独立于经验的心灵的先天构造，包括感性认识层面的时间和空间这两种感性直观的纯形式，以及知性层面的知性范畴，这些先验的心灵构造是内在于经验之中的。而超验则正相反，是指超越于经验之上的理念，超验理念相关于人的实践领域。自由、灵魂和上帝都是超越于经验认识领域而存在的，在这个意义上这三种理念是超验的。参见徐陶：《中西哲学会通视域中的"内在超越"与"天人合一"》，《学术月刊》2016 年第 6 期。

⑥ [法] 埃米尔·杜尔凯姆：《宗教生活的基本形式》，渠东、汲喆译，上海：上海人民出版社，1999 年，第 43、46—47 页。

因而这种人、神之间的沟通具有罗纳德·格兰姆斯（Ronald L. Grimes）所谓"终极手段导向"（means-end oriented）之特征，[①] 即一旦巫祭仪式中作为沟通对象的天地、神鬼未能对人们的吁请做出某种回应，这种沟通活动便被认为是失败的。而承担这种沟通职责的"巫"只能以自我牺牲的方式来承担沟通失败之责任，平息天人沟通失败带来的无奈和焦虑。

《左传》僖公二十一年载："夏，大旱，公欲焚巫尪。"[②]《周礼·春官宗伯·司巫》郑注云："鲁僖公欲焚巫尪，以其舞雩而不得雨。"统治者焚巫求雨的举动在我们看来实在是一种野蛮举动，但这也恰恰从一个侧面反映出原始人对于"巫"能够通过适当的仪式沟通超验世界，从而实现对自然运转规律之操纵所抱有的信心，相比当代人对现代科学之笃信可谓丝毫不减。[③] 巫尪求雨而不得，意味着他们代表世人沟通天地神鬼的尝试失败了，暗示其"交通天人"的能力已经衰弱，故而等待他们的只能是被处死的结局。[④]

二、"象天之序"："天人交通"与权力秩序神圣性的确证

"巫"自我牺牲和奉献的血腥传统，表明"交通天人"这一使命本身的重要性和神圣性要远高于其承担者。如马林诺夫斯基（Malinowski）所说，巫术往往发生于"有偶然性的""理智的方法与技术无法发生作用"的地方。[⑤] 而"巫"之在现实世界与超验世界之间寻求对话的努力，代表了有限的人类理性在面对无限未知世界时的最后希望。这对"巫"这一中介人神交往的职业群体提出了特殊要求。

---

① Grimes R.L., Beginnings in Ritual Studies, Columbia: University of South Carolina Press, 1995, p40-58.

② 杨伯峻：《春秋左传注》，北京：中华书局。1981年，第388页。

③ ［法］埃米尔·杜尔凯姆：《宗教生活的基本形式》，渠东、汲喆译，上海：上海人民出版社，1999年，第30页。

④ 在祖鲁、柬埔寨、安哥拉等地，始终存在杀死巫师或者神王的传统。这种传统反映出这样一种原始观念：原始社会中人们普遍相信他们的安全，乃至世界的安全与这些神人或化身为人的神的生命是联系在一起的。但人神本身也会面临变老、衰落和死亡的威胁。随着人神生命力的衰弱，他们作为神的人形化身影响自然进程的能力亦将逐渐衰退。因而必须趁着他们的生命力初露衰退迹象时就将其处死，并将藏于他们身体当中的神的灵魂转移到另一个精力充沛的继承者体内，方能避免人神能力衰退可能带来的灾难，保证族民和世界的安全。参见詹姆斯·乔治·弗雷泽：《金枝》，徐育新、汪培基、张泽石译，北京：中国民间文艺出版社，1987年，第391—415页。

⑤ 马林诺夫斯基乃是从人类生存的功能主义视角看待巫术的意义，他认为巫术的存在本身就意味着缓解未知世界之无限性与人类理性之有限性之间的矛盾："凡是有偶然性的地方，凡是希望与恐惧之间的情感作用范围很广的地方，我们就见得到巫术。凡是事业一定、可靠，且为理智的方法与技术的过程所支配的地方，我们就见不到巫术。更可以说，危险性大的地方才有巫术，绝对安全没有任何征兆的余地的就没有巫术。"因而当理性知识不足以面对人力所不逮之处时，原始人类往往将这种超越自然因果支配的领域交予巫术来应付。参见马林诺夫斯基：《巫术科学宗教与神话》，李安宅译，北京：中国民间文艺出版社，1987年，第12—16、122页

只有那些具有极高天赋才能，以至于被认为具有超自然能力的人，才有可能从一般常人中被分出来，① 被推上"巫"的位置，承担天的使者和氏族、部落乃至人类代言人之神圣使命。此即《国语·楚语下》中所谓："民之精爽不携贰者，而又能齐肃衷正，其智能上下比义，其圣能光远宣朗，其明能光照之，其聪能听彻之，如是则明神降之，在男曰觋，在女曰巫。"②

因而"巫"作为原始社会中知识与文化的最高代表，乃是"知天知地而又能通天通地的专家和'通才'"，"是智者也是圣者"，③ 其"智"表现为具备"交通天人"所必需的生理特质，如"聪能听彻之""明能光照之"等，而"圣"则指"巫"具有用心专一、志虑忠纯、品行端正等德行和意志品质。"巫"在生理、德行和意志方面的特殊素质既是其行使沟通天地神鬼之神圣职责的保证，同时也赋予"巫"这一群体以"卡里斯玛"特质。

《史记·五帝本纪》中，作为人间最高政治权力拥有者的黄帝、高辛、尧、舜等人，往往以半神半人的面貌出现，比如黄帝"生而神灵，弱而能言，幼而徇齐，长而敦敏，成而聪明"，高辛"生而神灵，自言其名……聪以知远，明以察微"，尧"其仁如天，其知如神。就之如日，望之如云"，舜"入于大麓，烈风雷雨不迷"等。④ 事实上，这些掌握现实世界中最高政治权力的"王"本身即可能是"巫"："卜辞中常有王卜王贞之辞，乃是王亲自卜问，或卜风雨或卜祭祀征伐田游……王兼为巫之所事，是王亦巫也。"⑤ 在《太平御览·帝王世纪》中就记载有商代的开国君主成汤以己为牺牲向天祈祷之事："汤自伐桀后，大旱七年。殷史卜曰：当以人祷。汤曰：吾所为请雨者民也。若必以人祷，吾请自当，遂斋戒，剪发断爪，以己为牲，祷于桑林之社。言未已而大雨，方数千里。"⑥

相对于现实世界，超验世界具有一种"可被理解（transparency）的品质"，即其代表了秩序、和谐、永恒、富饶等理想化的宇宙律动。⑦ 原始人对高远苍穹的朴素沉思不但使他们倾向于相信存在这样一种超越人类认知范围的神秘力量，同时此种高远、无限、永恒和作为绝对存在的超人力量在原始人心中呼唤起一种神圣超验的宗教情绪。作为人类世界通这种超人力量之间展开沟通的唯一"中介"，

① ［英］詹姆斯·乔治·弗雷泽：《金枝》，徐育新、汪培基、张泽石译，北京：中国民间文艺出版社，1987 年，第 159 页。

② 徐元诰：《国语集解》，北京：中华书局，2002 年，第 512—516 页。

③ 张光直：《中国青铜时代》，北京：生活·读书·新知三联书店，2013 年，第 256 页。

④ 安平秋：《二十四史全译：史记第一册》，上海：汉语大词典出版社，2004 年，第 1、3、8 页。

⑤ 陈梦家：《商代的神话与巫术》，《燕京学报》1936 年第 20 期。

⑥ 李昉、李穆、徐铉等：《太平御览》，北京：中华书局，1960 年，第 388 页。

⑦ ［罗］米尔恰·伊利亚德：《神圣与世俗》，王建光译，北京：华夏出版社，2002 年，第 62—63 页。

负责"交通天人"的"巫"由其职责的特殊性获得了某种神圣权威。当黄帝、高辛、尧、舜等掌握人间最高政治权力的"王"本身即是能够"交通天人"的"巫"，"王"本身所拥有之世俗统治权的合法性便由其通过"交通天人"所取得的神圣权威予以确认，是所谓"天命"。

但这种"天命"并非无条件的，而是取决于"王"兼行巫职，"交通天人"的效果如何："倘若他要成为一位先知，他就必须创造奇迹"，"他的神的使命必须在这一点上经受住'考验'，即让五体投地信仰他的人幸福安康。倘若不是如此，显然他就不是诸神派遣的统治者。"① 商王"成汤"在世俗世界的统治权之所以是神圣的，并不仅仅由于其作为"王"兼行巫职，以身"祷于桑林之社"。更重要的是"言未已而大雨，方数千里"这一"奇迹"的出现，此种"奇迹"成为"成汤"上承天命统治万邦的最好证明。

"成汤"以身"祷于桑林之社"表明，殷商时，掌握世俗政治权力的"王"同时也担负者人间世界与超验世界之间的沟通职能。这种"巫、君合一"现象的出现，发生于"绝地天通"这一导致天人关系发生重大改变的宗教改革之后。这一改革的背景是华夏文明早期天人关系的混乱。上古时期的中国，邦国林立，万国并立。② 不同的氏族、部落各奉其神明，在《左传》中就有不同部落联盟分别崇拜不同的自然物作为图腾的记载："昔者黄帝氏以云纪，故为云师而云名；炎帝氏以火纪，故为火师而火名；共工氏以水纪，故为水师而水名；大皞氏以龙纪，故为龙师而龙名。我高祖少皞挚之立也，凤鸟适至，故纪于鸟，为鸟师而鸟名。"③

这种不同氏族和部落拥有各自不同之图腾崇拜的事实表明，至少在五帝时代之前，超验力量（或曰"神"）始终都是以复数形式存在的。因而不同的氏族、部落各自通过本族的神职人员（即"巫"）与其崇拜的神灵展开沟通。信仰体系混乱使民间的巫事活动因缺乏统一的约束和管制而变得混乱，普通人也因此开始对神灵不加敬畏。因为《国语·楚语下》中这样描述五帝时代之前的宗教信仰与社会状况："及少皞之衰也，九黎乱德，民神杂糅，不可方物。夫人作享，家为巫史，无

---

① ［德］马克思·韦伯：《经济与社会：下卷》，林荣远译，北京：商务印书馆，1998 年，第 446 页。

② 张光直将中国古代文明的进程归纳为一种"平行并进式"的格局，所谓"平行"，即在政治上，万国并存，邦国林立，有的强大，有的弱小，代表了不同的宗族利益，形成了不同的政治集团，相互抗争，汇聚成历史上的一股离心力。而所谓"并进"，乃是指在文化上，通过对自成一系的宗教文化的建构，在不同地域和不同族别之间培育了共同的宗教信仰和宗教感情，共同的价值观念和共同的理想目标，能够对不同政治集团的现实的利益进行有效的调节，超越血缘种族的分歧进行文化的整合，这也汇聚成历史上的一股向心力。影响中国古代文明的进程，由于文化一的向心力大于政治上的离心力，所以呈现出虽平行而又并进的面貌。参见陈赟：《绝地天通与中国政教结构的开端》，《江苏社会科学》，2010 年第 4 期，第 21 页。

③ 杨伯峻：《春秋左传注》，北京：中华书局，1981 年，第 1386—1387 页。

有要质。民匮于祀，而不知其福。烝享无度，民神同位。民渎齐盟，无有严威。神狎民则，不蠲其为。嘉生不降，无物以享。祸灾荐臻，莫尽其气。"①

理想的天人关系应当是"古者民神不杂。……于是乎有天地神民类物之官，是谓五官，各司其序，不相乱也。"因而"绝地天通"即以恢复"民神异业"为其目标："颛顼受之，乃命南正重司天以属神，命火正黎司地以属民，使复旧常，无相侵渎，是谓绝地天通。"所谓"无相侵渎"，乃是说普通人不复能通过巫祭仪式"登天"而与神圣的超验力量展开沟通，②"神圣"的超验世界与"世俗"的现实世界之间通过巫事活动所建立起来的普遍化联系在"绝地天通"之后发生了断裂，从此"天神无有降地，地祇不至於天，明不相干"。③

"绝地天通"之后，在对自然世界运转规律展开朴素观察并将之神圣化的基础上，形成了由"天神（帝）""地祇（群神）"和"人鬼"构成的，等级化的神祇体系。受历史条件的限制，上古时期对诸如宇宙星象、风雷雨电等知识的把握完全凭人们的直观经验。以天象为例，由于全凭直观，因而"天穹运转，天道左旋的现象会使人们生出一种天地中央螺旋形生成的观念；极点不动，天如穹盖的感觉会使人们形成一种天地均有中心和四方的感觉"。④早期"巫"沟通天地神鬼的尝试正是建立在这种基于"直观"经验的天象观察基础上。比如《祭义》中"祭日于东，祭月于西"的讲法，恐怕就来自于古人对日出东方，落于西方，日月更替之经验的熟稔。

这种对自然现象的直观和经验，以及由此形成之天地均有中心和四方的感觉，成为人们在头脑中建构自然界秩序最直接的知识参照。按照神格化自然神秘力量的倾向，无论是日月更替，抑或风雷雨电，先民都参照"中心—四方"的原则，将之各封神名，从而形成一个有序的、解释自然的神的谱系。比如风，就有协分（东风）、凯分（南风）、韦风（西风）、殁风（北风），四方风名，皆为神名。在殷商时期，已经形成了相当完整的空间秩序，和与之相应的"天—地"、"中央—四方"神祇观念。在天的中央，有象征始基意味的"帝"，地之中央则是象征大地的灶神，以东西方命名的可能是"帝"之辅佐。如前述四方之风各有其名一样，地之四方各有其神。⑤

---

① 徐元诰：《国语集解》，北京：中华书局，2002 年，第 512—516 页。
② 《国语·楚语下》载：昭王问于观射父，曰："《周书》所谓'重、黎寔使天地不通'者，何也？若无然，民将能登天乎？"所谓"民将能登天"，即是指"少皞"之前"民神杂糅"、"夫人作享，家为巫史"，因而大部分人都能够通过巫事活动与"天"展开沟通。
③ 陈赟：《绝地天通与中国政教结构的开端》，《江苏社会科学》2010 年第 4 期。
④ 葛兆光：《中国思想史》（第一卷），上海：复旦大学出版社，2001 年，第 19 页。
⑤ 葛兆光：《中国思想史》（第一卷），上海：复旦大学出版社，2001 年，第 22—23 页。

　　《荀子·天论篇》曰："列星随转，日月递昭……不见其事，而见其功，夫是之谓神。"[1] 可见自然界在斗转星移间所展现出的无法言说却又确定不移的规律和秩序在商周时期的人们看来是具有神圣性的。"明明上天，照临下土"，[2] 现实世界被建构为超验世界神圣秩序在人间的"镜像"：居于四方之"群神"代表了各部族方国的宗神，与现实世界中由若干氏族群体整合而成的部落相对应。而在天之中央的"帝"则是高于部族宗神的"高位神"，对应比氏族部落更高的政治实体，也即后来所谓"天下"。

　　伴随着等级化神祇体系的出现，现实世界与超验世界之间的沟通活动开始以等级化的方式被重新约束和规范，不同职位的人分别负责与不同级别的神祇之间展开沟通："天神"（帝）对应的沟通主体是作为最高统治者的"天子"，而"地祇"（群神）对应的沟通主体则是各诸侯国君。故蔡沈注《尚书·吕刑》将"绝地天通"之后"天人交通"的状况描述为："天子然后祭天地，诸侯然后祭山川；高卑上下，各有分限。"[3]

　　西周之后，比照"天—地"、"中央—四方"之等级化的神祇权力秩序体系，沟通天地神鬼之祭祀仪式中所涉及的神祇、人员、法器、时间、祭品等，逐渐明确其等级规定，借此明确不同级别政权之间的隶属关系。比如对天、地的祭祀，在历代都是君主的特权。正所谓"礼莫大于祭，祭莫大于祀天"，[4] 无论是祭天，还是祀地，均需君主亲临，"古者天子夏亲郊，祀上帝于郊，故曰郊"。[5] 中央与地方不同级别政权之间关系的调节亦展现于"天人交通"的种种礼制细节中。比如祀神仪式的范围和名称，就因政权级别之不同而各有区别，以正上下尊卑之序："天子祭天下名山大川，五岳视三公，四渎视诸侯，诸侯祭其疆内名山大川。四渎者，江、河、淮、济也。天子曰明堂、辟雍，诸侯曰泮宫"，[6] "王为群姓立社，曰大社。王自为立社，曰王社。诸侯为百姓立社，曰国社。诸侯自为立社，曰侯社。大夫以下成群立社，曰置社"。[7]

　　《汉书·郊祀志》中称"帝王之事莫大乎承天之序，承天之序莫重于郊祀"。[8] 对统治者而言，"承天之序"之所以重要，关键在于现实世界中的政治秩序乃是由

　　① 叶绍钧选注：《荀子》，北京：商务印书馆，1925年，第74页。

　　② 阮元：《十三经注疏》，北京：中华书局，1980年，第161页。

　　③ 蔡沈：《新刊四书五经·书经集传》，北京：中国书店出版社，1994年，第203页。

　　④ 陈焕章：《祀天以孔子配议》，《孔教会杂志》1913年第5期

　　⑤ 安平秋：《二十四史全译·史记第一册》，上海：汉语大词典出版社，2004年，第476页。

　　⑥ 安平秋：《二十四史全译·史记第一册》，上海：汉语大词典出版社，2004年，第468页。

　　⑦ 杨天宇：《周礼译注》，上海：上海古籍出版社，2004年，第603页。

　　⑧ 廖小东：《政治仪式与权力秩序——古代中国"国家祭祀"的政治分析》，复旦大学博士学位论文，2008年。

"天一地""中央一四方"之天道运转秩序赋予其神圣性。因而明确沟通天地神鬼仪式中所涉及神祇、人员、法器、时间、祭品的等级规定，正是希望通过"象天之序"（即模仿天道运转的秩序创建出一整套等级化的天地神鬼祭祀礼仪）来昭示现实世界中等级化的政治结构具有不容置疑的正当性。随着"天人交通"逐渐转变为一场神圣化权力秩序的政治仪式，其基于生存需要的实用性意义开始让位于反映天道运转秩序的象征性意义：[①]人间秩序既时时刻刻都师法着宇宙秩序，[②]同时其合法性也在这种对自然秩序的"镜像"映射中得到证明。

当中华文明在商周之际从氏族、部落占主导的阶段走向酋邦社会时，部落、氏族之间的兼并战争导致社会秩序的混乱。"在这种普遍的混乱状态中，王权是进步的因素"，"王权在混乱中代表着秩序"。[③]问题在于，这种基于权力之集中而创造出的新政治秩序，迫切需要合法化其自身，即如何建立和培养对中央集权之政治秩序，以及集权政治之最高代表的"王"（或皇帝）本身具有合法性之信念。[④]借由天道运转中"天"对应"中央"，"地"对应"四方"这一规律的确定不已，现实政治运转里中央统辖地方、天子统御诸侯的政治秩序被认为奉行了天道运转的秩序，从而追溯性地建构起其无可置喙的神圣性。

"天人交通"最初代表着人类社会与超验力量之间展开沟通的一种努力，即通过"巫"的中介，人们或能取得与神灵展开"对话"的机会。随着这一沟通活动所蕴含的意义从充满宗教色彩的人、神沟通转向世俗的权力秩序神圣性昭示，其正从单纯的现实世界与超验世界之间的沟通仪式转变为一场作用于现实世界本身的，在人与人之间展开的，达成一定政治目的之"神圣典礼"，本质上是一种充满了权力秩序隐喻的，以符号为中介的文化互动。[⑤]随着各种代表现实中等级化的权力秩序之意义符号被嵌入与超验世界的沟通过程中，"天人交通"逐渐成为权力隐

[①] 英国人类学者阿尔弗雷德·拉德克利夫—布朗（Alfred Radeiliffe-Brown）将仪式的功能归结于建立和维持社会结构的正常秩序："大部分人都不重视仪式的应验问题，重视的只是它的社会功能，即仪式在建立和维持一个具有正常秩序的人类社会时所发挥的作用。"本文认为，在沟通天地神鬼仪式的演进过程中，"应验问题"并非不重要。正相反，氏族部落时期巫祀活动在很大程度上仍是基于现实需求上，以应验与否作为最终导向的一种天人沟通活动。随着"绝地天通"之后对巫祀文化的改革，"天人交通"的意义才开始日渐凸显其社会性一面。参见 Alfred Radeiliffe-Brown, *Structure and Function in Primitive Society*, Routledge& Kegan Paul Ltd, 1979, p.176.

[②] 余英时:《论天人之际——中国古代思想起源试探》，陈弱水主编:《中国史新论:思想史分册》，台北:联经出版事业股份有限公司，2012 年。

[③] 弗里德里希·恩格斯:《论封建制度的瓦解和民族国家的产生》，转引自卡尔·马克思、弗里德里希·恩格斯:《马克思、恩格斯全集（第 21 卷）》，北京:人民出版社，1965 年，第 453 页。

[④] [德]马克思·韦伯:《经济与社会:下卷》，林荣远译，北京:商务印书馆，1998 年，第 265 页。

[⑤] 潘祥辉:"对天发誓":一种中国本土沟通行为的传播社会学阐释》，《新闻与传播研究》2016 年第 5 期。

喻展开赋值的政治表演。"中央统辖四方"这一现实权力秩序在上述政治表演的反复上演中发展成为人们普遍分享的共识，并演变为神圣且先验，代表了权力秩序合法性的"天道"观念。

三、"德合天地"：巫文化衰落与"天人交通"的"内向化"转变

"绝地天通"并未真正切断"天"与"地"之间的联系，只是将这种"天人交通"的权力严格地限于"王"一个人身上，即使是"巫"，亦是作为"王"之代理人的身份参与到与超验力量的"交流"中去。随着"天人交通"的权力逐渐从分散而个体化的"巫"集中到"王"身上，原本专司沟通天地神鬼之职的"巫"地位开始下降，职能亦逐渐发生分解。氏族部落时期的"全能巫"不复存在，在群巫之长的"王"（帝颛顼）之下，出现了各有细致分工的专门施行巫事的专职巫（觋）阶层。比如"重""司天以属神"，应为当时除颛顼之外地位最高的巫。而同样是巫的"黎""司地以属民"，地位应在"重"之下。[①]西周时，"巫"作为代周王主持不同规格之祭祀仪式的国家官员，其职司分类愈细，分为宗、卜筮、祝、史、师、巫六类，分别执掌祭祀不同等级之神鬼、占卜、典礼、册告与记事、律、乐器、舞器和禳灾祛病等事。[②]

至春秋时期，上述为西周王室服务，负责执掌宗教祭祀仪式的官员中有很多流落为平民，是所谓"官失其守"。"王官之学"散诸于野，失去生活来源的祝、宗、卜、史之士凭其专业知识和技能在民间谋生，并逐渐演化出一依靠各自知识和技能谋生的知识分子阶层。[③]其中尤以孔子为代表的"儒"，与上古巫文化传统的关系最为密切。在《说文解字》中，对"儒"的解释是："儒，柔也，术士之称。"[④]所谓"术士"，大抵指有沟通神秘力量之特殊技能者。近代研究者亦基本同意"儒"作为一种职业，与上古之巫阶层之间的关系。胡适在《说儒》中断定，

---

　　①　关于"绝地天通"，有学者提出该事件与五帝时代政教格局的奠定有密切的关联。当时诸部族皆为神守之国，各有自己的神祇，由此不同氏族而有不同的宗神。因而在不同氏族发生交际接触的时候，不同的神教神祇与祭祀传统之间不可避免地会发生冲突。这成为氏族部落社会所面临的最为核心的问题，对于当时的政教秩序构成严重挑战。在颛顼"绝地天通"的改革之后，建立起"帝（天）—神（地）"这一新的政教秩序，即在诸部族各自的神祇之上，另有一高位神—"帝"。天子专享祭祀"帝"的权力，而地方性的诸侯则只能祭祀各自部族的神祇。因而"重""司天以属神"，对应天子对"帝"的祭祀，而"黎""司地以属民"，对应地方诸侯对地方性神祇的祭祀。从"帝（天）—神（地）"这一差序化的政教秩序出发，我们可以得出"重"在群巫之中的地位应高于"黎"的结论。参见陈赟：《绝地天通与中国政教结构的开端》，《江苏社会科学》2010年第4期，第16—23页。

　　②　杨剑利：《中国古代的"巫"与"巫"的分化——兼析人类社会等级制度的形成》，《学术月刊》2010年第5期。

　　③　孔祥骅：《先秦起源巫史考》，《社会科学》1991年第12期。

　　④　许慎：《说文解字》，北京：中华书局，1963年，第162页。

最初的儒均为殷之遗民，并由殷之"祝、宗、卜、史"转化而来，在西周及春秋以治丧相礼为业。[①] 章太炎在《原儒》中则认为"儒"乃是求雨的巫师："需（即"儒"）者，云上于天。[②] 而儒亦知天文、识旱潦……吁嗟以求雨者谓之儒。"孔子自己也讲："吾与史巫同涂（途）殊归也。"[③]

因而在孔子本人的身上，我们能发现巫文化所留下的精神遗迹。在《论语·述而》中，孔子说"甚矣吾衰矣！久矣吾不复梦见周公！"[④] 见到祖先灵魂出现的梦境带有强烈的宗教隐喻，即做梦者常常作为与超验力量展开沟通的中介者，在梦中接收神灵的语言、建议和预告。如米尔恰·伊利亚德（Mircea Eliade）所说："在梦里，纯然的神圣生活进来了，与神祇、精灵和祖先灵魂的直接关系也重建了。"[⑤] 而做梦者本身亦因为这种梦境当中的神人交会而承担起了过去"巫"在"交通天人"过程中所扮演的角色，并具有了"先知"的面向。虽然孔子之梦见"周公"，所表达的乃是对"天道"之不行于世的失望，但孔子的这句话表明他自己很有可能便是以"先知"自视，其使命是代表这个礼乐崩坏的现实世界沟通"天道"，从而使"道"能重新见行于世。这与过去"巫"代表现实世界与作为超验力量的"天"展开沟通，祈求风调雨顺、人间平安的行为，在思维方式上是大体一致的。甚至于孔子也相信这种"交通天人"的能力会随着人的衰老而消失，就像上古时期的人们相信"巫"通神的能力会随着他们自身的变老、衰落和死亡而逐渐削弱乃至丧失一样。

但巫文化传统对包括孔子在内的，由于失去生活来源（即过去为王室举行宗教仪式而设置祝、宗、卜、史之士）而必须依靠其所具有的专业知识和技能在民间谋生的知识分子阶层而言，其影响更多是神秘主义之思维方式的连续，而非思想、内容的同一。所谓神秘主义的思维方式，如前所述，即无论是巫文化盛行的五帝、殷商时期，还是受到巫文化传统影响的孔子等春秋战国时期知识分子阶层，都始终坚持对一层次更高的超验世界之信仰，笃信这个超验力量对现实世界起着监督、引导的作用。但在巫文化传统中，这种超验力量乃是一个或多个"人格神"（personal god），他们"并不单单是降福于人、慈悲为怀的慈爱的神，同时也是降

---

① 潘祥辉：《传播之王：中国圣人的一项传播考古学研究》，《国际新闻界》2016 年第 9 期。

② 章太炎：《国故论衡》，上海：上海古籍出版社，2006 年，第 87 页。

③ 有当代研究者认为，这句话乃是马王堆帛书的作者假孔子之口所说。参见余英时：《论天人之际——中国古代思想起源试探》，陈弱水主编：《中国史新论：思想史分册》，台北：联经出版事业股份有限公司，2012 年，第 68 页。

④ 张燕婴注：《论语》，北京：中华书局，2006 年，第 87 页。

⑤ 余英时：《论天人之际——中国古代思想起源试探》，陈弱水主编：《中国史新论：思想史分册》，台北：联经出版事业股份有限公司，2012 年，第 59 页。

祸于人、残酷无情的憎恶的神"。① 而经过了以孔子、孟子、墨子、庄子等春秋战国时期知识分子阶层的改造，原本具有强烈宗教色彩的"天"开始具有了人间色彩，成为一套与现实世界之伦理、道德相关的价值系统，即狄百瑞所谓"宇宙最高的道德秩序"（the supreme moral order in the universe）。② 比如孔子，从属于个人内在德性的"仁"出发，发展出"礼"这一体现社会中人与人之间关系的公共伦理秩序，并将之描画为现实世界的理想状态："一日克己复礼，天下归仁焉"。③ 而庄子对"道"的表述似乎更加具有某种形而上的抽象性："故失道而后德，失德而后仁，失仁而后义，失义而后礼。"④

当"天"这一代表更高层次和能力的超验世界开始同诸如"德""仁""义"等人的内在德性关联在一起，与"天"的沟通也就不必再求助于"巫"这一特殊群体的居中为介，而成为求诸个人自身的，对更高精神、道德水准的努力追求。《孟子·尽心上》中讲："尽其心者，知其性也；知其性，则知天矣。存其心，养其性，所以事天也。"⑤ 这段话说明了这样一个问题："天人交通"的关键已经从"巫"转移到每一个人的内心深处，人与"天"的沟通不再是一种宗教色彩强烈的、祈求人间福祉的秘仪，而成为每个人凭借内在于心的精神动力实现个人道德、精神水准提升的"内向超越"。⑥

随着"天人交通"的神秘主义色彩被逐渐淡化，这种发生在人与神鬼之间的沟通行为逐渐成为"实然之我"面向"应然之我"的"内向传播"，其意义转向对个体应具有之"德性伦理"的追求。⑦ 比如儒家将"成圣"作为个人修行的最高境界而不懈追求。"所谓圣者，德合天地，变通无方，究万事之终始，协庶品之自然……此圣者也。"⑧ 既然"圣"乃是对个人化之内在"德性"的追求，"成圣"的自我修行也因之发生于一种"自我对话"的过程中："实然的我（主我）与应然的我（客我）在修身成圣的精神感召下，不断地反省，推动自我朝适应社会、完善自我的理想境界前进。"⑨ 正如孟子所说，"万物皆备于我矣"，通过一种以自我完

---

① 李亚农：《李亚农史论集》，上海：上海人民出版社，1978 年，第 561 页。
② 余英时：《论天人之际——中国古代思想起源试探》，陈弱水主编：《中国史新论：思想史分册》，台北：联经出版事业股份有限公司，2012 年，第 61 页。
③ 张燕婴注：《论语》，北京：中华书局，2006 年，第 171 页。
④ 王弼：《老子道德经校注释》，北京：中华书局，2008 年，第 93 页。
⑤ 万丽华，蓝旭注：《孟子》，北京：中华书局，2006 年，第 288 页。
⑥ 余英时：《论天人之际——中国古代思想起源试探》，陈弱水主编：《中国史新论：思想史分册》，台北：联经出版事业股份有限公司，2012 年，第 68—90 页。
⑦ 潘祥辉：《传播之王：中国圣人的一项传播考古学研究》，《国际新闻系》2016 年第 9 期。
⑧ 王国轩、王秀梅：《孔子家语》，北京：中华书局，2009 年，第 53 页。
⑨ 谢清果：《儒家"修身为本"的内向传播意蕴考析》，《吉林师范大学学报（人文社会科学版）》2018 年第 3 期。

善为目标的"自我对话",而能"反身而诚,乐莫大焉"。① 卡尔·雅斯贝斯（Karl
Jaspers）以个体自我精神的觉醒来总结这种思想"突破"所具有的内在理路,即
"人作为个人敢于依靠自己","人证明能够在自己内心中与整个宇宙相映照。他从
自己的生命中发现了可以提升自我与世界的内在根源"。②

这种包含了"德""仁""义"等内在德性的"德性伦理"不但是人们在"天
人交通"中追求完善人格的终极目标,也成为中国传统政治与权力合法性新的建
构理路。③《论语·为政》中,孔子讲:"为政以德,譬如北辰,居其所而众星拱
之。"④ 所谓"北辰",乃是指巫文化传统中天道运转的中枢,也即具有人格神特征
的"帝",而"四方之风"等神祇则为之辅佐。⑤ 孔子以由个体内在德性抽象而出
的"德"譬之天道运转的中枢,表明世俗政治权力合法性不再系于天地神鬼等神
秘力量的意志,或者被神圣化的天象运转确定不移之规律,而与统治者以及执政
之卿大夫个人的文化和道德品质密切关联。

在政治领域内,对"德"的强调和追求更多指向公共性的、与百姓福祉相关
的道德品质。因而对统治者而言,"修德"不只是一场为了追求个人德性之完善而
进行某种"自我对话",同时也是一次统治者在公共德性层面的"向天鉴证"。《尚
书·泰誓》曰:"天视自我民视,天听自我民听。"⑥ 很明显,"天"在此已经不是那
种宗教神秘主义色彩浓厚的、人格化的神祇,而是现实世界中政治德性的抽象。
"上帝时时向下方观察着,凡是勤民恤功者,必得上帝之宠眷,凡荒逸废事者,必
遭上帝之捐弃"。⑦ 天意并非某种神秘不可测的力量,而是现实中的民心向背,民
意成为"神发言的唯一方式"。⑧ 因而《召诰》中对周代殷命的解释完全归于"王"
（即商纣王）在政治上的失"德"行为:"天既遐终大邦殷之命,兹殷多先哲王在
天,越厥后王后民,兹服厥命。厥终,智藏瘝在。夫知保抱携持厥妇子,以哀吁
天,徂厥亡,出执。呜呼！天亦哀于四方民,其眷命用懋。"后来的统治者凡不欲
重蹈殷商之覆辙者,则需"知所戒惧,敬德勤民,然后可以祈祷皇天,求其永命

---

① 万丽华,蓝旭注:《孟子》,北京:中华书局,2006 年,第 289 页。
② Jaspers, K., *The Origin and Goal of History*, New Haven: Yale University Press, 1953, pp.3-4.
③ 任剑涛:《道德与中国传统政治的合法性》,《华中师范大学学报（人文社会科学版）》2005 年第 1 期。
④ 张燕婴注:《论语》,北京:中华书局,2006 年,第 12 页。
⑤ 参见本文第二部分关于"天—地""中央—四方"神祇观念构成的论述。
⑥ 万丽华,蓝旭注:《孟子》,北京:中华书局,2006 年,第 12 页。
⑦ 傅斯年:《性命古训辩证》,桂林:广西师范大学出版社,2006 年,第 298 页。
⑧ [德] 马克思·韦伯:《经济与社会:下卷》,第 449 页。

不改也。必自身无暇，民心归附，然后可以永命需终也。"①

统治者内在的"德"发乎内而又动于外。《礼记·祭义》中有言曰：

> 致乐以治心，则易、直、子、谅之心油然生矣。易、直、子、谅之心生则乐，乐则安，安则久，久则天，天则神。天则不言而信，神则不怒而威。致乐以治心者也，致礼以治躬则庄敬。庄敬则严威，心中斯须不和不乐，而鄙诈之心入之矣。外貌斯须不庄不敬，而慢易之心入之矣。故乐也者，动于内者也。礼也者，动于外者也。乐极和，礼极顺。内和而外顺，则民瞻其颜色而不与争也，望其容貌而众不生慢易焉。故德辉动乎内而民莫不承德，理发乎外而众莫不承顺。故曰："致礼乐之道而天下塞焉，举而错之无难矣。"②

所谓"礼也者，动于外者也"，表明礼仪制度的初衷乃是为了端正人外在的神情、行止等，使其在与神交通中展现出庄重恭敬之态度。这种神情、行止上的庄重恭敬，乃是"易、直、子、谅"等个人"内在德性"的外化。由于赋予政治权力以合法性的"天命"，在春秋战国之后被与统治者个人的"内在德性"相关联。因而统治者在沟通天地神鬼的祭祀仪式中所表现出的庄重恭敬之神情、行止，不单展现出其在道德、意志和文化品质上卓绝于常人，同时也是对其拥有"天命"的一种昭示。

《礼记·曲礼下》曰："天子穆穆，诸侯皇皇，大夫济济，士跄跄，庶人僬僬。"③随着"天人交通"在春秋之后日益转化为一种面向"应然之我"的内向传播活动，由个体内在的"德性"与外在神情、行止间的相关性出发，沟通仪式中的"身体"就不仅仅是"生物身体"，而成为社会性的身体。"生物身体"所具有的立、坐、做、饮等生物性功能不但构成了沟通仪式本身，同时也成为沟通仪式实现其"别上下"之社会性目标的依据。

四、"万物皆备于我"：本土语境下的"传播"理解如何可能

"天人交通"内向化为"实然之我"面向"应然之我"的自我对话与反省，表明中国人的"天命"观发生了从集体本位向个人本位的根本性变化。上古时期的巫文化认为"天命"来自超验世界的认可和赐予，"王"通过"巫"的中介（或者"王"本身即是"巫"）与具有超验力量的"天"或"帝"交通，"天"或"帝"接

① 傅斯年：《性命古训辩证》，桂林：广西师范大学出版社，2006年，第289页。
② 杨天宇：《礼记译注》，第620页。
③ 杨天宇：《礼记译注》，第46页。

受了"王"的祭祀（表现为"王"在"天人交通"中的祈请得到上天的回应），即表明其承认了"王"的统治具有合法性。在此，"天命"是一个集体本位的概念：代表凡俗世界与"天"、"帝"交通的"王"在同超验世界的沟通过程中具有双重人格，即作为生物学意义上的个体而存在，同时也代表了其所统治的王朝与治下之"民"。① 其中，生物学意义上的个体来自"王"的自然本性（nature），而其代表了统治下的王朝与治下之"民"的超绝之体，则由作为超验力量的"天"或"帝"在"天人交通"中对"王"统治合法性的承认所赐予。通过与超验力量的沟通活动，"王"的超绝身体"以某种神秘的方式，与其自然及私人的身体连接在了一起。"② 这种"连接"意味着一种"补救"："王"需要通过与超验力量的沟通摆脱其自然之体的有限性，由此凡俗之体被超验力量的神圣性"补救"为不朽和神化的"神—人（God-man）"。这一由生物态的凡俗之体向政治态的神圣之体转化的过程，构成了处于非理性的、以巫术和迷信为特征的原始宗教文化时期人们对"天命"的信仰系统。

当"天"从某种超验的宗教性力量转变为与现实世界之伦理道德相关、且确定不移的价值秩序，"天"与人之间展开沟通的意义从与超验力量的对话，转变为对个人道德与伦理的内省。这意味着"天命"的性质开始从集体本位的政治隐喻赋值转向个人本位的道德、伦理追求。③ 对"天命"的追求不再只是统治者的义务，而成为每个人在日常生活中道德责任。"天命"同人们的社会身份之间并无必然联系（此即儒家关于"德"与"位"的讨论）。换言之，"天命"绝非为"王"一人垄断，其普遍性可以超越"位"（即个人的社会、政治身份）的特殊性，④ "每一个人都收到'天命'的约束，'天命'要人有道德，人也有责任达到'天命'的要求。"⑤ 这种基于个人本位的"天命"观对中国古代政治思想的影响是，凡俗世界之统治者取得"天命"的方式不再是与超验世界建立神秘主义的宗教关联，转而强调对个人政治德性的极致追求。

象征道德、伦理之完满状态的"天"同普通人之间通过"天人交通"这一内向的自我传播行为建立起联系，意味着每一个人都有可能通过天人之际的沟通活

① 余英时：《论天人之际——中国古代思想起源试探》，陈弱水主编：《中国史新论：思想史分册》，台北：联经出版事业股份有限公司，2012 年，第 42 页。

② ［德］恩内斯特·康托洛维茨：《国王的两个身体：中世纪政治神学研究》，徐震宇译，上海：华东师范大学出版社，2018 年，第 125 页。

③ 余英时：《论天人之际——中国古代思想起源试探》，陈弱水主编：《中国史新论：思想史分册》，台北：联经出版事业股份有限公司，2012 年，第 42 页。

④ 余英时：《中国知识分子论》，郑州：河南人民出版社，1997 年，第 17 页。

⑤ Confcious，the Analects，Trans. by Lau，D. C.，New York：Penguin，1999，p28.

动达成个人在道德、伦理上的完满状态。此即庄子"与天为徒"，"知天子之与己，皆天之所子"① 所追求和向往的境界。由此，在"天—人"关系中，每一个人就不再是无法摆脱有限性的凡俗之体。与天"交通"使每一个人都具有了在道德、伦理上神圣和不朽的可能性，因而孟子有云："万物皆备于我矣。"②

"天命"观念在春秋之后出现上述个人本位主义的阐释，反映一种摆脱了宗教神学藩篱、强调"天人合一"的全新宇宙观开始支配人们对天地万物及其彼此间关系构成的理解。在此，我们不得不提及美国人类学学者马歇尔·萨林斯（Marshall Sahlins）那个颇有争议性的观点，即宇宙观绝不仅仅是理解天地万物的一整套概念和关系系统，同时也会成为决定社会科学之话语生产的"隐喻"性力量。西方主流的社会科学话语深受西方犹太教——基督教传统宇宙观的影响，主张只有上帝是永恒、完美和具有神圣性的，而其造物则"是从虚无中创造出来的，它本身并不任何神圣性"。③ 人相对于"上帝"的有限性，导致其若需要在生物属性的有机体之外建立起"社会存在"，必须求诸某种全知全能的超验力量。④ 这种以超验力量之神圣、完整和永恒性"补救"人类本身无法摆脱之"有限性"的观点成为后来西方社会科学在进行学术话语生产时无法摆脱的"隐喻"，由此发展出关于存在一种全能且不可见之社会智慧，"将人类行动的卑劣主体转化成抽象的集体利益"之学术知识型。西方社会在启蒙时代以后发展起来的诸如"科学""现代""进步"等诸种观念，在萨林斯看来无一不是在犹太教——基督教传统宇宙观"延续作用"的结果。

作为社会科学分支的传播学，其发展毫无疑问地受到了这种充满宗教隐喻之学术话语生产的影响。因而西方的传播研究（或者说关于"传播"现象的考察）基本上从集体本位出发来展开其讨论，无论是古希腊时期以城邦作为基点理解交流，还是后来依"传递"和"仪式"之意象而展开的"传播"概念与意义阐释，"传播"一词所关涉者，始终是个体向一社会有机整体转变如何可能的问题。这

---

① 孙海通注：《庄子》，北京：中华书局，2007年，第69页。

② 万丽华，蓝旭注：《孟子》，北京：中华书局，2006年，第289页。

③ [美] 马歇尔·萨林斯：《甜蜜的悲哀：西方宇宙观的本土人类学探讨》，王铭铭、胡宗泽译，北京：读书·生活·新知三联书店，2000年，第7页。

④ 人是双重存在的观点，来自埃米尔·杜尔凯姆。杜尔凯姆认为人本身即是"双重的存在：个人的存在，它的基础是有机体……以及社会的存在"，"没有哪个人不同时趋于这种双重存在……我们被带向社会的一面，我们也会遵循我们的自然倾向。"相较于依赖生物本性的个体存在，人们的社会存在需要被某种外力（有时候甚至是强制性的）组织起来："概念和符号显然是社会性的，它们是集体表象，凭借我们并非其创造者的那些有意义的价值，它们将我们私人的感觉经验组织起来，甚至对那些经验施加暴力。"参见 [美] 马歇尔·萨林斯：《甜蜜的悲哀：西方宇宙观的本土人类学探讨》，王铭铭、胡宗泽译，北京：读书·生活·新知三联书店，2000年，第25页。

显然与犹太教——基督教传统宇宙观中存在一代表神圣、完整与永恒之超验整体，而与有限、卑劣且具无法摆脱之原罪的个体相对立的思想之间存在密切关系。由此出发，我们便能发现"传播"在整个社会运作体系中所处的位置——一种将有限和彼此隔绝之个体"联合"为有机社会整体的完善手段。将"传播"理解为"把信号或信息从一端传送至另一端"，意在"达到对距离和人的控制"的传播"传递观"自不必说，即使是詹姆斯·凯瑞（James W. Carey）所提出的，意在"共享信仰的表征"的传播"仪式观"，其关于"社会—个体"之间关系的理解依然驻留在由犹太教——基督教传统宇宙观所廓出之"完整、永恒和神圣之超验整体同'有限个体'相对立"的藩篱之内。詹姆斯·凯瑞在《作为文化的传播》中对传播"仪式"观所做的阐释里，这种"对立"的天然存在，以及通过"传播"摆脱该种"对立"的意图一目了然："在'仪式观'中传播一词的原型则是一种以团体或共同的身份把人们吸引到一起的神圣典礼……它并不看重布道、说教和教诲的作用，为的是强调祷告者、圣歌及典礼的重要性。由此可见，传播的起源及最高境界，并不是指智力信息的传递，而是建构并维系一个有秩序、有意义、能够用来支配和容纳人类行为的文化世界。"①

如果在"传播"这一概念之上还存在一个"有秩序、有意义、能够用来支配和容纳人类行为的文化世界"，那么"传播"无论是作信号传递解，抑或被看作对信仰的共享，始终都只能是围绕着这个代表了秩序、意义，具有支配和容纳性之"文化世界"而展开，并为其服务。"传播"也因而似乎始终不可能逸出威尔伯·施拉姆（Wilbur Schramm）在《传播学概论》里对"传播"那番按照"需要—满足"之有机体公式"运算"出的理解："传播就像血液流经人的心血管系统一样流过社会系统，为整个有机体服务，根据需要有时集中在这一部分，有时集中在另一部分，保持接触和平衡以及健康。"②而传播之"传递"观与"仪式"观的区别或许仅在于其为社会有机体服务的方式，是使人们"心连心"（即通过信息的无损耗传递而使人们心意相通），还是让人们"手拉手"（即通过共享信仰，在文化和身份认同的层面凝聚起社会成员的共同体意识）。

与西方"神圣—凡俗"相对立的二元"天人"观不同，中国"天人合一"的宇宙观强调个体具有在同超验力量之沟通过程中实现与超验的神圣秩序相互交融和转化的潜力。因而杜维明在《试谈中国哲学中的三个基调》中将中国哲学的基

---

① 胡翼青、吴欣慰：《再论传播的"仪式观"：一种社会控制的视角》《河南社会科学》2015 年第 5 期。

② ［美］威尔伯·施拉姆、［美］威廉·波特：《传播学概论》，陈亮、周立方、李启译，北京：新华出版社，1984 年，第 20—21 页。

调定义为"存有的连续性"（Continuity of being），即"把无生物、植物、动物、人类和灵魂统统视为在宇宙巨流中息息相关乃至相互交融的实体。这种可以用奔流不息的长江大河来譬喻的'存有连续'的本体观，和以'上帝创造万物'的信仰，把'存有界'割裂为神凡二分的形而上学绝然不同"。① "人"之能在"天人交通"中与（代表了超验神圣秩序的）"天"为一，那么类似国家、社会这样的集体性概念，在中国的文化语境下便不是一个个无法摆脱"有限性"的个人被以某种方式组织和"连接"起来的结果，而被视作那个业已与超验神圣秩序实现彼此交融之个体在空间和时间层面的"延伸"。这种打破"个体—社会"二元对立的思想史发展理路，使古代中国考察"传播"的基点更多从个人本位，而非集体本位出发。《礼记》将个体内在的"德性"与外在神情、行止相互关联的叙述（即《礼记·曲礼下》中提到的"天子穆穆，诸侯皇皇，大夫济济，士跄跄，庶人僬僬"），即是这种从个人本位出发考察"传播"问题的证明。在中国本土语境下，传播的意义似乎并不能理解为通过传递信息或者共享意义服务于某种超验的神圣整体的实现，而是"确证"个体是否具有神圣和超验性的关键：个人之与超验力量（或抽象化的道德秩序）的相互融合乃是在同超验世界的沟通中得到显证与公开展示，个人乃是在"传播"中确立自身毋庸置疑的超然地位和神圣性，而非以"传播"为工具、手段，实现某种超验的整体秩序或意义。"传播"由此在本体论的层面构成中国人考察和度量自身的"尺度"，回答了"人之为人"以及"社会可以可能"的问题。

这种在本体论层面展开的"传播"理解，或许能使我们用一种新的方式来思考诸发生于多前现代中国的传播现象，比如作为帝国政治机体的"耳目"与"喉舌"官同帝王之间的关系。在古代中国，作为统治者的帝王一直被称作"圣上"。从甲骨文字形看，"圣"字上部是人的一只大耳朵，左下部则是一个"口"，右下方是一个面朝右而侧立的人。因而"圣"代表了对具有超凡传播能力之人的崇拜，圣人就是指那些"耳聪口辩精明能干的人"。② 正是由于帝王能"眼观六路耳听八方声彻九州大地"，才使其具有了超然于其他人的社会地位。

若上述理解不错，则前现代中国一直以来以"耳目喉舌"比附帝国政治机体上"一出一纳"之环节，就显然不是身体机能政治化的结果。所谓"身体机能政治化"，便是以生物有机体的意象比拟国家和社会秩序之生成，按理查德·桑内特（Richard Sennett）的解释，社会秩序从脑子开始，也就是统治机关，"身体政治都

---

① 杜维明：《试谈中国哲学中的三个基调》，《中国哲学史研究》1981 年第 2 期。
② 黄旦：《耳目喉舌：旧知识与新交往——基于戊戌变法前后报刊的考察》，《学术月刊》2012 年第 11 期。

按照统治阶级的身体意象建立了社会规则"。① 按照上述"身体机能政治化"的理解方式,则所谓"耳目"与"喉舌",不过是各司其职而服务于帝国机体运作的一颗颗螺丝钉,代表了秩序和意义的国家,乃是在这架包含了"耳目""喉舌"等众多零件之政治机器的终日运作中成为人们想象中的"有机整体"。这种充满结构功能主义色彩的,以生物性的身体比附国家构成的思路,恐怕并不适合于拿来界说本土语境下"耳目喉舌"所具有之内涵。

与其说"耳目喉舌"是以身体意象比附一超验和作为有机整体的"国家",毋宁说作为统治者的帝王,本身就被认为是具有超凡传播能力的、"眼观六路耳听八方声彻九州大地"之神圣化个体。其作为统治者超然卓绝的神圣性,正是在帝国在制度层面所设立的众多"耳目"与"喉舌"官之机能运作中达成和显证的。因而所谓"耳目""喉舌"官,乍看之下似乎是帝国在制度层面为实现国家不同地区之间,上下之间之信息畅通而建立的官僚系统支撑,而实际上,在思想和意识形态层面,"耳目""喉舌"官被当作了帝国统治者的空间与时间"延伸"。两者本为一体,"耳目""喉舌"并非根据行政之需要而催生出来,而是本身就长在了帝王身上,作为其超凡之体一部分而存在的。如此,"耳目"与"喉舌"官成为专制君主的化身和象征就理所当然。御史们的奏折、邸报上的上谕,实际上是皇帝个人之"耳目""喉舌"在全国各地的"延伸",这一方面能令君主"明目达聪"而成"圣",另一方面也使君主的意象几乎无处不在,这将极大增强君主对帝国政治机体的控制力。正如康熙皇帝在谈及由其首创的"密折"制度时所讲:"朕令大臣皆奏密折,最有关系,此即明目达聪之意也。其所奏之或公或私,朕无不洞悉。凡一切奏折,皆朕亲批,诸王文武大臣等知有密折,莫测其所言何事,自然各加警惧修省矣。"②

---

① 理查德·桑内特:《肉体与石头:西方文明中的身体与城市》,黄煜文译,上海:上海译文出版社,2006 年。
② 朱金甫:《清代奏折制度考源及其他》,《故宫博物院院刊》1986 年第 2 期。

媒介与诗歌：宋代邸报诗的新闻传播活动价值

刘大明*

（西南政法大学新闻传播学院　重庆　400031）

摘要： 在中国古代新闻史上，邸报作为官方信息发布的主要媒介载体，满足了士大夫阶层了解朝廷动态的信息需求，成为宋代独具特色的新闻信息传播活动。对于士大夫来讲，他们不仅对官方信息有了精神依托，而且有了评价对象，并由此产生了"读邸报诗"。这些随感而发的邸报诗，其内容涉及政治活动、军情战报、社会文化等方面，对于研究宋代新闻传播活动均有重要的价值。

从中国古代新闻史看，宋代无疑是以邸报[①]为代表的新闻传播活动相当活跃的时期。宋代的邸报不但成为官方信息发布的主要媒介载体，保证了政令畅通，而且满足了士大夫群体了解朝廷动态的欲求，进而形成了对邸报的精神依托。士大夫群体以邸报为题作诗，由此产生了一种邸报与诗歌相结合的诗文题材，即"读邸报诗"。宋代的邸报诗作为士大夫们随感而发的产物，其内容涉及政治活动、军情战报、社会文化、个人遭遇等诸方面。因此，本文拟对邸报诗进行开掘，以窥探宋代邸报诗的产生环境、读报群体的社会生活及邸报的传播情况等问题，并深入探寻邸报诗与宋代新闻传播活动的密切关系。

关键词： 宋代；邸报诗；新闻传播

一、邸报与"邸报诗"的缘起

关于邸报诗的产生，需要先来探讨下邸报的起缘及发展。尽管有学者推测邸报起源于汉代，但从传世的史料看，邸报应出现于唐代。据唐代孟棨《本事诗》：

---

* 作者简介：刘大明，西南政法大学新闻传播学院讲师，研究方向：新闻传播。

① 本文邸报不是某一种报纸的专名，而是对中国古代所发行的官报总称，如"朝报""进奏院状""除目""邸状""报状"等。

"留邸状报制诰阙人。"① 又据《旧唐书·李师古传》记："师古近得邸吏状。"② 据戈公振、方汉奇等新闻史学者所论唐代邸报的产生，实与安史之乱后藩镇割据局面的出现密切相关。当时地方藩镇势力膨胀，在京城设置进奏院，派遣进奏官刺探朝廷内外信息，以手抄节录的方式向地方传递信息，其读者主要是藩镇等少数官员。可以说，唐代的邸报在某种程度上类似于"谍报"性质的情报。在这种情况下，当然更谈不上唐代出现"邸报诗"。

与唐代相比，宋代的邸报事业进入一个黄金时期。首先，为了吸取晚唐五代混乱的教训，宋初帝王在加强中央集权的同时，也将藩镇驻京的进奏院收归中央，邸报被改成处朝廷管理下统一发布。宋太宗太平兴国八年（公元 983 年），朝廷重新设置都进奏院，任命张文蔡、王礼等官员，对其职能、人员编制及编报程序作出规定，"凡朝廷已行之命令、已定之差除，皆以达于四方，谓之邸报"。③ 随着邸报发行机制的逐步完善，邸报的传播范围和社会影响也在不断扩大。其次，在"与士大夫共治天下"的治国理念影响下，士大夫群体踊跃参政议政，经常将邸报作为排忧解难的论政载体。最后，随着宋代商品经济繁荣、印刷技术推行及邮驿交通畅通，为邸报的广泛传播提供了便利条件。由此，北宋末年开封"凌晨有卖朝报者，并所在各有大榜揭于通衢云，云金人许推择赵氏贤者"。④《西湖老人繁胜录》载，南宋中期临安诸市"四百四十行"，其中有"卖朝报"一行。无独有偶，南宋周密《武林旧事》列举了临安市面上"一百八十种"行当，其中有"供朝报"。⑤虽然这些"朝报"是指小报，但是说明以邸报为代表的新闻事业在宋代已经有了长足发展。反过来说，当时社会形成一个相对固定的读报群体。⑥ 换言之，宋代繁荣的新闻事业为形成以邸报信息为评价对象的诗歌提供了成长条件。据载，流传下来的有关宋代邸报诗如下：

①　孟棨：《文渊阁四库全书》第 1478 册《本事诗》，上海：上海古籍出版社，1987 年影印版，第 235 页。

②　欧阳修：《旧唐书》卷一二四《李师古传》，北京：中华书局，1975 年，第 3538 页。

③　徐松：《宋会要辑稿》卷二之一二五《刑法》，北京：中华书局，195 年 7 影印版，第 6503 页。

④　汪藻：《靖康要录》卷 15，台北：台湾文海出版社，1965 年，第 956 页。

⑤　周密：《武林旧事》卷六，杭州：西湖书社，1981 年，第 103 页。

⑥　尹韵公：《南宋都城临安的"卖朝报"与"消息子"及其他》，《新闻与传播研究》1998 年第 3 期。

宋代邸报诗数量统计表 [①]

时代	诗人	邸报诗
北宋	10	10
南宋	25	29
合计	35	39

来源：四库全书、宋诗钞等（尚未考证除目、除书及边报诗等未载入，存在偏差）

从表中看出，南宋诗人、邸报诗数量均高于北宋，反映了南宋时期从事信息传播的人们和行当十分活跃。

客观上讲，宋代繁荣的新闻事业推动了一种以邸报信息为评价对象的诗歌出现。关于"读邸报诗"，"即诗人在阅读了邸报上刊载的各类信息之后，以此作为评价对象，有感而发，进行的诗歌创作。"[②] 据史料考证，邸报诗最早出现于宋太宗至道二年（公元996年），文学家王禹偁读邸报后，获知恩师、朝廷重臣贾黄中去世，写了一首带有悼念性的诗作《有伤》："壁上时牌催昼夜，案头朝报见存亡。悬车又丧司空相，延阁新薨贾侍郎。陶铸官资经化笔，品题名姓在文场。緦帏一恸无由得，徒洒春风泪数行。"[③] 由此可见，邸报诗内容多出自邸报，并且经过形象化的描写等手法进一步加工，将邸报中涉及朝政新闻的内容表现出来。刘埙在《隐居通议》卷十一《观邸报题诗》中写道："丹瑕先生张诚子自明，尝有一绝句云：'西风飒飒雨萧萧，小小人家短短桥。独倚阑干数鹅匹，一声孤雁在云霄。'前题曰《观邸报》。见者辄不解，曰：'观邸报而其诗若此，何也？'有一士独太息曰：'此诗兴致高远，真得作诗之法，何也？彼以《观邸报》为题，而其旨如此，甚不难见。'风雨萧飒'夕，兴国事风尘也；'小小人家'兴建都钱塘仅得一隅也；'短短桥'，兴朝廷无长策济时也；'独数鹅匹'，兴所属意者卑污之人也；'雁在云霄'，兴贤者高举远引也，当时必有君子去国，故为是语。试以此意吟咏，则得矣。不然，则诗与题奚关哉？'此盖善于评诗者，大抵诗以兴意为主，是诚可为作诗法。"[④] 这段记载表明邸报诗是诗歌一种，是诗人对邸报新闻关注的精神依托与评价对象，这是要讲清的一点。

值得一提的是，自宋代以降，邸报诗在后世作家的继承与发展中不断成熟，

---

① 关于宋代邸报诗的数量统计来源：影印文渊阁四库全书、四部丛刊、全宋诗等（尚未考证除目、除书及边报诗等没载入，偏差）。

② 沈文凡：《唐宋诗分题材研究与构想——以考古诗、邸报诗及类分意识为中心》，《吉林大学社会科学学报》2003年第6期。

③ 王禹偁：《小畜集》卷十，上海：商务印书馆，1922年影印版，第803页。

④ 刘埙：《文渊阁四库全书》第866册《隐居通议》，上海：上海古籍出版社，1987年影印版，第113页。

如明代陈献章《邸报刘亚卿先生以今冬十月得请还东山喜而有作》、清代查慎行《阅邸报知撰恺功改官翰林侍讲喜寄二首》、钟惺《邸报》等。虽然邸报一直到清代才消亡，但是这种诗论新闻的创作传统并没有消失。近代以来，邸报诗的指称对象伴随报纸变化而变化。著名诗人陈三立在《酬涛园》中有"断烂贪看朝报在，阳狂屡杂市人过"一句，所指对象为近代报纸无疑。① 当代《七律·读报闻吕日周升任山西省政协副主席》中有"垂眸休管黎元事，朝报传看颂国恩"，所指为现代报纸②。可见，邸报诗的指称对象处于不断变迁之中，但是始终与复杂的传播媒介有关，这折射出中国新闻事业发展的历史轨迹。

二、"读邸报诗"与邸报的传播情况

在宋代文献中关于邸报诗的记载，可谓比比皆是。这些记载涉及邸报的传播者、传播范围、传播影响等方面，以下进行较为全面的剖析。

（一）士大夫群体成为监视政治环境的传播者

宋人称"近事邸报中当得之"，"近事邸报中可得大略"。③"故岁，过里中一士夫家，见旧邸报一沓，借归读之，其间一二口言事之得害，民之休戚，皆切于实用可举而行异乎"。④ 可以说，士大夫群体从邸报获取最新的时事消息，并以此为重要依据，评判朝政得失。《周易艾变易组》卷八载："宋张咏初为枢密尚书出知陈州，一日方食，邸报至。公且食且读，既而抵案坳哭，久之哭止，复弹指久之，弹止，复骂詈久之，乃丁谓逐寇準于雷州也。"⑤ 元丰八年（公元 1085 年），年幼的哲宗在高太后辅佐下即位，造成朝廷的政治风向标变化。被贬的苏轼前往汝州途中阅读邸报后，获悉保守派人物司马光进入朝廷，感到施展抱负的时机到来，兴奋之余赋诗，"坐观邸报谈迁叟，闲说滁山忆醉翁"。⑥ 可见，像张咏、苏轼等诗人兼具官僚和士大夫身份，"开口揽时事，论议争煌煌"，是这批人的共同特征。

当时大多数朝野士人怀着强烈的政治责任感，具有不计于个人得失，不汲于当前时局的广阔胸怀，表现出一种"关心时事，忧乐天下的情怀"。张自明从邸报上读到有关"国事"的文章，心中慷慨不平，赋一首《观邸报》曰："西风飒飒雨

　① 　陈三立：《散原精舍诗文集》，上海：上海古籍出版社，2003 年，第 319 页。

　② 　廖基添：《"朝报"一词的源流与演变》，《国际新闻界》2009 年第 7 期。

　③ 　吕祖谦：《文渊阁四库全书》第 1150 册《东莱集》，上海：上海古籍出版社，1987 年影印版。

　④ 　刘宰：《文渊阁四库全书》第 1170 册《漫塘集》，上海：上海古籍出版社，1987 年影印版。

　⑤ 　陈应润：《文渊阁四库全书》第 27 册《周易爻变易缊》，上海：上海古籍出版社，1987 年影印版，第 183 页。

　⑥ 　苏轼：《苏轼诗集》第五册，北京：中华书局，1982 年，第 1368 页。

潇潇，小小人家短短桥。独倚阑干数鹅匹，一声孤雁在云霄。"[1] 南宋王迈为官清廉公正，敢于直言强谏，却始终得不到朝廷重用。所以，他在寄给朋友《春月阅报成诗寄呈方漕信儒孚若》诗，表达对宋蒙之战中朝廷决策、战争惨烈程度及其百姓苦难的关心，"边耗遽如许，庙谟先定无。书生良不武，夜半说长吁。关与表余几，山阳援正孤。黄尘号鬼魅，落日走猩鼯。甲士疲鏖战，丁夫困转输。临淮一带水，诸将万金驱。宛地谁收马，延秋忌有乌"。[2] 上述这些邸报诗看出，文人们通过阅读邸报来表达其所面临的现实处境及生存发展的一种心理诉求。

（二）反映了邸报传播的沟通性与急时性

宋代邸报的传播也为士大夫交流增添了一条沟通渠道，他们需要眼观六路、耳听八方，关注最新的舆论话题和思想动态，并且与好友交流自己对邸报新闻的看法。庐陵名士杨万里与同乡周必大往来频繁，被时人誉之庐陵"二大老"。杨万里在致周必大的信中提到："近读邸报，得感事诗：去国还家一岁新，凤山锦水更登临，别来蛮触几百战，险尽山川多少心。何自闲人无藉在，不妨冷眼看升沉。"[3] 随着邸报的作用增强而日益加深他们的邸报情结。有人邸报读时，远在天涯海角不觉寂寞，"时时得新语，谁谓山县僻"。[4] 而诗人这样的感受，"近复关原旧，频看邸报新"，[5] "边事廷伸奏，朝除邸报驰"，[6] 也可从侧面验证当时邸报的发行比较规范、及时、迅捷。许多文人通过邸报诗表达其关心朋友的科场仕途情怀，"几度观朝报，差除不到君。山林自台阁，文字即功勋"。[7] 由此，我们有理由相信，在宋代的邸报新闻与读者关系中，只能是读者去适应邸报新闻，而非要求邸报新闻去满足读者的需要。

（三）反映当时邸报的信息传播效果

《建炎以来系年要录》卷八十载："国家法度森严，讲议画一。凡成命之出，必先录黄；其过两省，则给、舍得以封驳；其下所属，则台谏得以论列；已而传之

---

① 刘埙：《文渊阁四库全书》第 866 册《隐居通议》，上海：上海古籍出版社，1987 年影印版，第 113 页。

② 王迈：《文渊阁四库全书》卷一四《臞轩集》，上海：上海古籍出版社，1987 年影印版，第 1178 页。

③ 张世南：《游宦纪闻》卷三，北京：中华书局，1981 年，第 27 页。

④ 唐庚：《四部丛刊三编》卷一二《眉山唐先生文集》，上海：商务印书馆，1936 年影印版。

⑤ 许及之：《全宋诗》第 46 册《再次韵》，北京：北京大学出版社，1998 年，第 28217 页。

⑥ 舒岳祥：《全宋诗》第 65 册《夏日山居好十首》，北京：北京大学出版社，1998 年，第 40987 页。

⑦ 戴复古：《戴复古诗集》卷二，杭州：浙江古籍出版社，1992 年，第 38 页。

邸报，虽遐方僻邑，莫不如家至户晓。"① 不难看出，邸报的信息传播范围广，但与今天报刊相比，古代邸报是一个相对封闭的媒体，文人士大夫只能借助邸报诗反馈邸报中感兴趣的话题内容。尤其一些退隐文人雅士大多怀才不遇，壮志难酬，残酷的现实使他们遭到了冷遇，报国无门，更加酷爱邸报诗，并追求一种心理和精神上解脱。黄彦平在《读邸报有感》中说："江城留滞鬓毛斑，六县三年几往还。迁客东流惊建德，怀人秋浦更齐山。平生深愧田园志，陈迹真成俯仰间。同学少年都上道，欲将长鲜向谁弹"。文人游山玩水的心情也借邸报诗这个载体来阐释发挥。陈宓《阅邸报》诗："虚名空自喜，丛谤亦难逃。望重瑕来众，官高罄折劳。应酬书脱腕，思虑雪侵毛。何似山林士，琴床梦日高。"有人借邸报诗阐释佛道经义，"试拈朝报一转语，以道观之无损心"。连隐居文人雅士都不忘阅读邸报。刘克庄《春旱四首》诗，"林下散人看邸报，也疏把酒废游山"。② 可见，退隐文人的生活丰富多彩，常常品味自然、寄情于景、饮酒赋诗，甚至把读邸报的生活情结带入新闻活动之中。

从上述来看，宋代邸报的新闻内容涵盖丰富，造成了不少文人士大夫群体赋诗描绘相关朝野政治的新闻活动轨迹。

三、有关邸报诗的新闻内容分析

宋代的邸报诗数量众多，题材广阔，其中蕴含了相当浓厚的政治色彩的新闻内容。这主要体现在以下五个方面：

（一）皇帝的起居及治国理政活动

在帝制时代，国家的各种权力系于统治者一人身上，故其起居及治国理政活动成为邸报内容的重要组成部分。因此，宋代皇帝除借邸报宣扬自身至高无上的权威，还要向臣民宣示勤政爱民的形象。"臣某言，准都进奏院状报，五月朔，皇帝御太庆殿，行受贺之礼者。"③ 郑獬在《读朝报》诗中描述了皇帝上朝的天子威仪及其理政程序，如"天子晓坐朝明光，丞相叩头三拜章。乞还相印避贤路，愿为天子专城隍。上恩深厚未闻可，丞相退让闻四方。浓书大纸批圣语，鸣驺却入中书堂"。可见，士大夫们可以通过邸报了解皇帝治国理政的信息，如"夜访宰臣忧卧榻，昼延学士论危竿。"有关皇帝参与的重要皇家活动内容也要被记录下来之后，

① 李心传：《文渊阁四库全书·》第 326 册《建炎以来系年要录》，上海：上海古籍出版社，1987 年影印版，第 118 页。
② 刘克庄：《四部丛刊初编·后村先生大全集》第 1289 册，上海：商务印书馆，1922 年影印版。
③ 陆佃：《丛书集成新编》卷八《陶山集》，台北：新文丰出版公司，1985 年，第 85 页。

除了备作修史之用外，往往也择要在邸报上发表。元祐六年，宰相吕大防、刘挚率百官随从哲宗前往太学、武成王庙视察。在颖州的陆佃阅读邸报后，高度赞扬君臣视察学校的活动，并赋诗《依韵和门下吕相公从驾视学》："繡帛升龙日月章，平明鸾辂幸胶庠。侍臣独恨身千里，邸报空看字数行。故事一遵皇考庙，余波仍及武成王。谁知玉尺横经处，犹是当时旧讲堂。"[①] 此类邸报诗表达官员对皇帝勤政治国的丰功伟绩进行歌颂。

（二）关注朝政近事

有关朝政近事信息在邸报中占据十分重要位置，这部分内容主要包括朝廷的政治动态、各种政事措施及官员从邸报获悉后，发表对具体事宜的看法。由此，也就产生了他们迫切希望借助邸报与朝廷沟通的诗歌。一类是关于朝廷政治动态及政事措施的看法。郭祥正《邸报》："立法新三省，论材只数公。簿书期口正，风俗见闻同。民物疮痍后，气口中。不才思献赋，天路恐难通。"[②] 本诗作者从邸报上看到朝廷实施新政后，带来的一系列新气象，为之振奋，同时也表达了一种愿为国家效力，而担心报国无门的复杂情绪。唐庚《读邸报》："当今求多闻取士到蓬荜。时时得新语，谁谓山县僻？昨日拜御史，今日除谏官，立朝无负汉恩厚，论事不妨晁氏安。台省诸公登衮衮，闭门熟睡黄䌷稳。"[③] 可见，作者从邸报新闻中看到，朝廷多次下诏求贤任能，使得那些来自社会底层的人才担任台谏官的重要职责。但是，有些人以持禄保位为处事之道，却将国事置之度外。

另一类关于官员品行及政绩评价。邸报诗经常不厌其详地对官员品行的前因后果、来龙去脉报道与评价。魏了翁在权臣韩侂胄死后所作的《次韵□丞兄闻丁卯十一月三日朝报》："龙章晨下九重关，帝敕元凶出羽出。揭日行空破昏暗，乘风纵燎绝神奸。须看文正昭陵日，孰与忠宣元祐间。更原和平培治体，儒臣千岁侍天颜。"[④] 刘克庄《读邸报二首》对当朝执政者的好坏行为带有个人色彩评价，"并驱华毂适通逵，中路安知判雨歧。邪等惟余尤甚者，好官非汝孰为之。累臣放逐无还理，陛下英明有悟时。闻向萧山呼渡急，想追前事亦颦眉。"[⑤] 除中央官员外，邸报对地方官员政绩好坏的报道也会借助邸报诗所呈现出来。洪适《八月下旬观

① 陆佃：《丛书集成新编》卷八《陶山集》，台北：新文丰出版公司，1985年，第89页。
② 陈思（编）：《文渊阁四库全书》第1362册《两宋名贤小集》，上海：上海古籍出版社，1987年影印版。
③ 唐庚：《四部丛刊三编》卷一二《眉山唐先生文集》，上海：商务印书馆，1936年影印版。
④ 魏了翁：《四部丛刊初编》第1241册《鹤山先生大全文集》。上海：商务印书馆，1922年影印版。
⑤ 刘克庄：《四部丛刊初编·后村先生大全集》第1289册，上海：商务印书馆，1922年影印版。

邸报二绝句其二》："琴堂少值烹鲜手，壮县空遭沸鼎名。止火艳薪俱下口，风移全在长官清。"[1] 本诗是作者读邸报的情绪反应，高度赞扬了宗人宗贤为官清廉、治理有方，得到百姓拥戴的事迹。从侧面看，朝廷及时、准确地发布朝政信息，满足了人们对重大事件的新闻信息需求。

（三）官员的迁授降黜信息

宋代邸报常刊登官员的调动、选拔、降黜等信息，也是朝野人士关注的焦点之一，"别后人事，益多端倪，但见邸报"，[2]"时于邸报上，屡见得祠官"。宋初"三先生"石介在嘉州为官时，从邸报上读到好友张叔文升迁的消息，心情舒畅，"惊闻除目到遐荒，病眼偏明喜倍常"。[3] 该诗中"除目"即邸报。这类的邸报诗也有不少，如王十朋《嘉叟宗丞浔郡喜成一绝》："邸报兔闻见姓名，甘棠家世旧专城。伯鱼诗礼趋庭处，五马旌旗夹道迎。"可见，健康清新的"话题新闻"使人获取知识和经验，受到启发和激励，得到愉悦和享受。对于官员迁授的新闻，宋人的邸报诗不仅表达自己的心情，而且对朝政官员升迁现象作一番评价。宋伯仁在《看邸报》诗中指出，"朝家日日有迁除，休说人才愧国初。岩穴几多茅盖屋，安知不是孔明庐"。洪咨夔《天象》言："昨朝忽见邸状报，诏答丞相辞公师。"正如朱传誉先生所说："官吏最关心的是除目，也就是官员的任免消息。尤其是地方官员，他们完全靠邸报了解朝政、朝臣的任免。"[4]

（四）关心国家发布的军情战报

宋代特殊的政治军事形势，需要加强对邸报、图书出版等方面泄漏有价值的情报防控。当时不少敌方间谍深入宋境内窃取情报，"中国动静，毫发皆知"。对此宋廷召集"边臣与之谋议，外人往往知之，亦有邸吏传报四方"，就可能使军情被敌谍窃取。[5] 当然，邸报对有些军情战况并不是一点都不报道，而是有选择地报道胜利消息，借此鼓舞士气。薛季宣《读邸报二首》诗，"捷奏腾千里"。[6] 开禧二年 (1206) 权臣韩侂胄起兵伐金，诗人陆游作《观邸报感怀》诗中感叹道："六圣涵

① 洪适：《四部丛刊初编·盘洲文集》第 1169 册，上海：商务印书馆，1922 年影印版，第 140 页。

② 欧阳修：《欧阳修全集》卷 146，北京：中华书局，2001 年，第 2393 页。

③ 石介：《徂徕石先生文集》卷四，北京：中华书局，1984 年，第 46 页。

④ 朱传誉：《宋代新闻史》，台北：商务印书馆，1967 年，第 3 页。

⑤ 司马光：《宋朝诸臣奏议》卷 136《上神宗论纳横山非便》，上海：上海古籍出版社，1999 年，第 1528 页。

⑥ 薛季宣：《文渊阁四库全书》第 1159 册《浪语集》，上海：上海古籍出版社，1987 年影印版，第 185 页。

濡寿域民，耄年肝胆尚轮囷。难求壮士白羽箭，且岸先生乌角巾。幽谷主盟猿鹤社，扁舟自适水云身。却看长剑空三叹，上蔡临淮奏捷频。"[①] 可见，有关重大的军事事件在突然之间爆发，新闻信息在一瞬间传递，单位时间内爆发出来的信息量十分巨大，故容易引起士大夫们的关注。

（五）官场上人际交往的信息

古代社会交通不发达，造成人们"相见时难"，尤其对流动的官员，更成为士人关注邸报的重要因素。可以说，邸报不仅通过新闻媒介将人们连接起来，织了一张有形之网，而且借助信息将人们沟通起来，成为他们关心亲朋好友或同道中人的重要渠道，如"家书远寄凭游子，邸报频看念故人"。[②] 王迈也在《春月阅报成诗寄呈方漕信儒孚若》说："边耗遽如许，庙谟先定无。书生良不武。夜半说长吁。"此外，邸报刊登一些重要的官员去世消息，以便引起同僚故友的注意。"张忠定阅邸报，忽再言可惜。门人李败请问之，曰：'参政陈恕亡也。'"[③] "而一日邸报至，王贻永卒。"[④] 因此，同僚故友通过写文悼念，赋诗表达惋惜之情。叶梦得《赠胡季昭》诗曰："我时阅报痛生哀，洒泪南詹吊象台。"[⑤] 姜特立在《邸报京丞相薨背》的悼念京镗诗云："丞相今朝薨相位，衣冠赠典一番新。"[⑥] 同样，官员陈阜卿一生光明磊落，不畏权贵，秉公执法，广受士林拥戴。王十朋从邸报上了解到陈阜卿去世，便赋诗《哭陈阜卿》，"邸报知凶讣，伤心不忍言"。[⑦] 邸报诗也为读者与被关注者之间建构了一张官场人际关系网。

总之，宋人不仅需要了解发生在他们身边的事情，而且需要了解与国家利益、个人利益紧密相连的全局性新闻信息，包括政治、军事、社会趋势，以便于他们对国内外形势和重大事件作出自己的分析和判断。

四、邸报诗对研究新闻传播活动的价值

宋代邸报作为官方的主要传播工具的同时，邸报诗对于研究宋代新闻传播活

① 陆游：《剑南诗稿校注》卷六七，上海：上海古籍出版社，1985 年，第 3763 页。
② 髙翥：《文渊阁四库全书》第 1170 册《菊磵集》，上海：上海古籍出版社，1987 年影印版。
③ 张詠：《文渊阁四库全书》第 1085 册《乘崖集》，上海：上海古籍出版社，1987 年影印版，第 144 页。
④ 陶宗仪：《文渊阁四库全书》第 878 册《说郛》，上海：上海古籍出版社，1987 年影印版，第 372 页。
⑤ 叶梦得：《全宋诗》第 24 册《赠胡季昭》，北京：北京大学出版社，1998 年，第 16185 页。
⑥ 姜特立：《文渊阁四库全书》第 1170 册《梅山续稿》。上海：上海古籍出版社，1987 年影印版。
⑦ 王十朋：《王十朋全集》卷二三，上海：上海古籍出版社，1998 年，第 298 页。

动均有重要的价值。具体来讲，主要有以下几个方面。

（一）作为政治空间互动的新闻传播载体

著名新闻史学家戈公振指出："邸报之产生，为政治上之一种需要。"同时，关心时事，关心政治，这是宋代士大夫的时髦和风尚，因此邸报成为他们政治生活中的必读之物，丰富了他们之间交流的形式。特别在社会变动期间，邸报不仅满足了人们的信息需求，也产生了对社会舆论的影响。庆历初年，宋仁宗任命范仲淹、韩琦等执政，欧阳修、蔡襄等为谏官。王安石在出使辽国途中读到邸报后，对新政抱有很大期望，撰写《读镇南邸报癸未四月作》诗："赐诏宽言路，登贤壮陛廉。相期正在治，素定不烦占。众喜夔龙盛，予虞绛灌险。太平讵可致，天意慎猜嫌。"[1] 宋人陈杰阅读邸报后，对内忧外患的危机深表痛惜，赋诗："战骨如山血未乾，补疮遮眼肉都剜。向来手诏真哀痛，间者人言已治安。"不少文人对于当时的政治信息往往借邸报诗发表个人的评价。洪适《八月下旬观邸报二绝句》："黄卷漫穷年，天梯欲上难。闾阎听小子，竞欲裂儒冠。叹息东坡老，聪明误一生。不须多识字，捷径自横行。"[2] 当然，邸报诗作为一个传播中介，联结了政治与读者之间的关系，使政治不再囿于读者内部或与政府的行政关系中。晁说之的邸报诗："伊昔中山胜事赊，初当三五便开花。君能选色沉醉倒，我自伤心深感嗟。聚散十年逢节序，穷通百态各天涯。使君绮席谁同乐，莫遣灯花照鬓华。"[3] 我们可以从这些邸报诗中发现，许多文人士大夫并不是邸报新闻被动的反应者，往往是有选择性、有目的性的行动者。这也提示我们，邸报诗无形中充当了宋代政治空间的传播载体。

（二）邸报诗具有传播学研究价值

从传播学角度看，宋代的邸报诗作为受众对媒介反馈的产物，构成了一个新闻传播活动过程。在传统社会中，朝廷是传播者，邸报是承载信息的媒体，兼具官僚与士大夫身份的诗人是受众，被动地接受邸报传递的信息。正是如此，士大夫只能围绕朝廷的这些"关注点"和"兴奋点"，对朝廷的方针、政策、重要部署和重大举措进行及时的解读，来尽量满足他们"知情知政"的需要。而邸报诗的出现正是对这种信息传播的反馈与总结。一方面，传播者借助邸报平台传播信息，

---

① 王安石：《临川先生文集》卷一六，北京：中华书局，1959年，第129页。
② 洪适：《四部丛刊初编·盘洲文集》第1169册，上海：商务印书馆，1922年影印版，第140页。
③ 晁说之：《四库丛刊续编·嵩山文集》第382册，上海：商务印书馆，1934年影印版。

需要更多读者关注及参与。裴万顷在《读邸报》诗中认为邸报是了解天下事的载体，"纷纷天下事，翻覆良难期。不知窈冥中，主张者云谁。工拙判两涂，人谋岂容施。得非欲平治，机械遂潜移。目前三四公，并用无一遗。毋嫌滞一州，民实邦之基。乡来番江头，亲见国子师。德行渊与骞，千载如同时。斯人使临民，儿不赖母慈。人言致泰和，须索登皋夔。位崇泽斯均，否则失所宜。天乎倪人从，何时可臻兹"。①

另一方面，读者需要通过邸报诗发表自己对社会的种种认识，往往带有很强情绪色彩的事情。在通常情况下，读者与邸报报道事件的利益关系越密切，则读者对新闻信息的感受度就越敏感，应激反应也就表现得越强烈。王迈《二月阅邸报》："闻道边头数万兵，倒戈归我我遗民。处降失策国非国，清野无粮人食人。关外数州城不猎，山阳孤戍草无春。书生忧愤空头白，自有经纶社稷臣。"② 这些诗通过作者与读者之间的诗歌交流，逐渐形成一个志同道合的群体，推动了邸报诗的广泛传播。

（三）弥补了宋代新闻史研究长期资料不足的缺陷，具有丰富的新闻史料研究价值

从事古代新闻史研究，一个不可忽略的材料来源就是文人留存下来的著作。古代文人著作的特点，不仅在于其囊括的内容十分广泛，散发出那个时代所具有的历史特色，更在于他们能够亲历、亲闻的感受，在其对于古代新闻传播的记述十分具有代表性。此类文献亦可看作是对当时新闻的记忆。这些记忆与官书、史书、志书相比，有时远远超乎我们的想象。因此，我们可以把古代文人的著作纳入新闻传播谱系当中，使它们大体反映人类随着时光的流逝而对于某代历史的记录和记忆的过程。

关于新闻史研究，我们要坚持"论从史出"的方法，必须搜集和掌握丰富的资料，进行整理、考订，去粗取精，去伪存真，清除掉蒙在史料上的厚厚尘埃，使史实显露其本来面目。所以，史料的搜集是新闻史学研究中极其重要的部分。长期以来，宋代新闻史研究资料相对匮乏，主要依据正史、小说笔记、文集和其他历史文献。正因如此，宋代新闻史研究在资料方面无法取得进一步创新。恰好，长期被忽视的宋代诗歌既可弥补古代新闻史研究存在史料不足的困境，又可以以诗歌内容的史实功能拓展学术研究空间，如宋诗对传统新闻史研究具有较高的学

① 裴万顷：《全宋诗》第 52 册《读邸报》，北京：北京大学出版社，1998 年，第 32277 页。

② 王迈：《文渊阁四库全书》第 1178 册《臞轩集》，上海：上海古籍出版社，1987 年影印版。

术价值。尤其，宋代文人所关注的邸报，留下了许多新闻史料，也反映了社会各个阶层人士的生活状况以及纷繁的社会矛盾。[1] 王安石将《春秋》戏作"断烂朝报"，宋人诗云，"穷阎无邸报，病耳信涂传"等。[2] 相比，有些士大夫即使无法为朝廷献计献策，也心怀天下。如郭祥正《邸报》诗："边塞疮痍后，朝廷气概中。不才思献赋，天路恐难通。"[3] 时人有诗云："淮蜀军书急，襄樊邸报迟。空传廷试策，韦布说边陲。"[4] 因此，通过这些资料来研究邸报与读者关系、印刷、发行和传递等问题，有助于拓宽中国古代新闻史研究的学术视野。

① 雷家宏：《宋诗的史料价值》，《文史博览》2005 年第 4 期。
② 周孚：《文渊阁四库全书》第 1154 册《蠹斋铅刀编》，上海：上海古籍出版社，1987 年影印版。
③ 郭祥正：《文渊阁四库全书》第 1116 册《青山集》，上海：上海古籍出版社，1987 年影印版。
④ 乐雷发：《文渊阁四库全书》第 1182 册《雪矶丛稿》，上海：上海古籍出版社，1987 年影印版。

文明传播视野中的"中国模式"与"中国故事"

白文刚 *

（中国传媒大学　北京　100024）

摘要：近十多年来，"中国模式"成为国际社会，特别是西方讨论中国发展，建构中国国家形象的一个热门概念，但中国在对内、对外传播中却尽量避用这一概念，把这一概念的解释权拱手让给了西方。总体来看，西方国家对"中国模式"的评价大体分三种类型：第一种是承认其存在并对其持积极肯定的态度；第二种是承认其存在，但对其持否定的态度，特别是将其视为对所谓"西方模式"的挑战和威胁而予以激烈批判；第三种是根本否定"中国模式"的存在，傲慢地认为中国根本不配产生一种发展模式。准确理解和正确回应西方对"中国模式"的评价，需要从文明传播的视野切入。从文明传播的视野来看，西方国家对"中国模式"的评价从根本上来说基于其特定的意识形态和文明立场，是大国竞争世界史观和文明冲突观念的产物，既显示了其极其自负的文明优越感，又展现出其强烈的文明衰落焦虑。基于这样的传播语境，中国在对外传播中应该积极准确地使用"中国模式"这个概念。这既是回应国际话语，争夺"中国模式"话语解释权的需要，更是讲清楚中国故事，展示文明自信的需要——"中国模式"这个概念，不仅能够涵盖中国的道路、理论、制度自信，而且还可以涵盖基于更深层的文化因素的中国发展的内在逻辑和方向的必然性，鲜明地展示了中国发展的必由之路和中华民族由文明自卑走向文明自信的精神状态。在运用"中国模式"讲述中国故事时须从基于长时段、更符合人类文明传播史实质的文明对话的新世界史观出发，以便突破基于短时段和西方近代文明特点的大国竞争旧世界史观带来的话语困境，准确地辨明"现代中国"这一概念中包含的"中国的现代"和"现代的中国"这一关涉现代中国根本发展思路关键问题的相互关系，更好地讲清楚"现代中国"的历史方位和价值追求，体现中国的文明自

---

* 作者简介：白文刚，中国传媒大学政治传播研究所副所长，副研究员；研究方向：政治传播学。

慎，防止落入大国竞争和文明冲突的陷阱，在全世界塑造良好的大国形象。

关键词： 文明传播；中国模式；中国故事；话语权；文明对话世界史观

自 2004 年美国学者雷默发表《北京共识》一文以来，"中国模式"迅速成为国外讨论中国问题的一个热门概念。毫不夸张地说，十多年来，这个概念已经成为当代世界，尤其是西方国家观察和表述中国迅速崛起的核心新话语之一，在众多学者的研究和各类媒体的报道中频频出现，直接影响着中国在海外的国家形象建构。与国外对这一概念的广泛使用不同，虽然中国已经有学者对"中国模式"进行了比较系统的研究，认为这个概念可以成立。[①] 但不少学者却明确提出在对外传播中使用"中国模式"这个概念会有负面作用，要慎用或不用。[②] 在我国的对外传播实践中，对这一概念的使用也非常罕见。

笔者认为，在中国改革开放已经成功走过 40 年历程，中华人民共和国迎来成立 70 周年纪念，而世界正面临百年未有之大变局的重要历史时刻，特别是在中国正面临美国通过贸易战、技术战等手段全面打压的国际背景下，我们可以，而且也有必要在对外传播中运用"中国模式"这个概念讲好中国故事，提升中国的国际传播能力，改善中国的国家形象。问题的关键是要在全面了解国际社会关于"中国模式"主要观点的基础上，牢牢把握"中国模式"的话语权也即解释权，以高度的文明自信阐明中国模式的历史必然性，并以文明对话的新世界史观回应国际社会，尤其是西方大国的焦虑。

深刻理解运用这一概念的必要性，并运用好这一概念开展对外传播，需要从文明传播的视野来考察和思考相关问题。所谓文明传播，这里指的是基于人类区分最大的社会单位——文明——来考察相关传播和交流活动，也即把文明作为传

---

① 政治学者郑永年前几年曾批评说："（在中国）除了媒体对中国模式概念的传播，还没有严肃的学术研究。"（郑永年：《中国模式：经验与挑战》，中信出版集团 2016 年版，"前言"第 XXVI 页）。但事实上这几年已经出现了一些学术研究成果，除了郑著，代表性的学术专著还有成龙的《国外中国模式研究评析》（人民出版社 2018 年版）、潘世伟等的《中国模式研究》（上海社会科学出版社 2016 年版）等，论文也日渐增多。著名政治学者如俞可平等人也对相关问题做过探讨。

② 李君如、赵启正等：《慎提"中国模式"》，《学习时报》2009 年 12 月 7 日。

播的主客体来考察相关现象。① 从这样的层级考察传播活动，不仅是因为正如亨廷顿所言，"人类的历史是文明的历史，不可能用其他任何思路来思考人类的发展"，② 更是因为今天中国的对外传播，尤其是对西方的传播，必须置于文明传播的视野才可能真正享有平等的话语权，从而讲好真实的中国故事，让世界更准确地理解中国。

需要说明的是，作为人类最大社会单位之间的传播，文明传播由于其主客体的超宏大性、内容的超丰富性和过程的超复杂性，使我们很难在一项具体研究中全面完整地剖析其方方面面的要素和特点，因而必须选择合适的分析视角。考虑到不论何种传播，都是始于传播主体的编码，终于传播客体的解码，而编码和解码会受到多种因素，包括心理因素的影响。③ 特别是考虑到不同文明文化结构差异的复杂性，从心理因素——主要是心态——出发考察文明传播应该是一条相对比较简捷和可操作的路径。有鉴于此，本文着重从中西文明在近代传播过程中的心态变化来讨论其对中西文明传播实践的影响。具体而言，本文对相关问题的研究主要基于文明自负、文明自卑、文明自信、文明自慎四种文明传播的心态来展开分析。从人类文明传播史来看，前三种心态在文明传播实践中是普遍存在的，而且极大地影响了不同文明的传播活动，而第四种心态，则是作者认为防止一种文明在文明传播中从文明自信滑向文明自负的关键心态。下文对"中国模式"的讨论，正是基于这样的理论认识展开的。

一、西方国家关于中国模式的主要观点及文明传播视角的原因分析

"中国模式"这个概念首先是由西方学者提出，并迅速流行起来的。因此讨论是否要使用这一概念开展对外传播，讲述中国故事，首先要准确把握国际社会，特别是西方国家关于中国模式的评价及其深层原因。

---

① 参见拙文：《文明传播中的受众动机与传播效果》（《南京社会科学》2016 年第 12 期）。把文明作为主客体来讨论相关传播现象，是笔者在此文中最先提出的。简单来说，所谓文明传播，指的是文明之间的信息交互流动。这是一个国内外传播学者尚少关注却非常重要的传播现象。事实上，文明传播既对从传播视角理解人类历史发展具有重要的价值，也对拓展传播研究的领域，提升传播研究处理重大历史问题的能力具有重要意义，非常值得学界关注。需要说明的是，早在 2005 年，学者毛峰等曾出版了《文明传播的秩序——中国人的智慧》（中国传媒大学出版社 2005 年版）一书，这是笔者所见国内学者最早使用"文明传播"这一术语的著作。但书中的"文明"指的是人类发展的进步程度或者也可以视为是文化的代名词，与笔者把文明视为最大的社会单位与传播主客体不同，换言之，彼"文明传播"非此"文明传播"。

② ［美］塞缪尔·亨廷顿：《文明的冲突与世界秩序的重建》，周琪译，北京：新华出版社，2010 年。

③ 相关经典研究可参看卡尔·霍夫兰等著：《传播与劝服：关于态度转变的心理学研究》，北京：中国人民大学出版社，2015 年。

（一）西方国家关于中国模式的基本观点

从现有研究来看，西方国家对中国模式的评价整体而言有以下三种观点。

第一种是对中国模式持积极肯定的态度：不仅承认其存在，而且对其前景和意义持积极肯定的态度。前文已经指出，就成为描述中国的热门话语而言，"中国模式"这个概念最早就来源于美国学者雷默的"北京共识"，从现有研究和相关资料来看，自 2004 年以来，确实有相当一部分美国和西方发达资本主义国家的中国问题专家，或者研究涉及中国的经济学家和政治学家认为已经出现了中国模式，并对其持积极评价态度。除雷默外，代表性学者还有：前世界银行驻中国经济学家 A. 盖保得（Albert Keidel）、美国库恩基金会主席 R.L. 库恩（Robert Lawrence Kuhn）、英国伦敦经济学院亚洲研究中心客座研究员马丁·雅克（Martin Jacques）、美国约翰·霍普金斯大学教授 D. 兰普顿（David Lampton）、美国未来学家约翰·奈斯比特（John Naisbitt），① 以及中国人非常熟悉的著名日裔美国政治学家福山等。此外瑞典、意大利、法国、日本等国，也不乏对中国模式持肯定态度的学者。

值得指出的是，相比于西方发达国家，俄罗斯以及不少亚洲、非洲乃至拉丁美洲的国家更是对中国模式持积极的态度，这种肯定不再局限于部分学者的研究之中，而是扩展到政府和媒体层面。比如俄罗斯从政府、学者到媒体都对中国模式有相当积极的评价。而前巴基斯坦总理曾公开赞扬："中国模式是发展中国家的希望"。② 英国学者里奥·霍恩（Leo Horn）则发现，发展中国家领导人正将目光转向中国，寻找他们自身发展困境的解决之道。从委内瑞拉到越南，均被中国模式所吸引，伊朗、叙利亚和其他中东国家也邀请中国官员和学者来授课。③

第二种是承认中国模式的存在，但对其持否定态度。这种态度又可以细分为三类。一是认为中国模式难以为继，必将走向崩溃。这种观点认为，中国经济发展内有不稳定的结构性因素，外有美国的制约，只要中国国内不稳定性加剧，或者美国加强对中国的打压，甚至回到贸易保护主义，中国的经济就会崩溃，因而也就不再能维持所谓的中国模式。二是认为中国模式对世界的影响力很有限。这种观点认为中国独特的国情，决定了中国模式难以复制与输出；中国经济发展的不足和缺陷，则限制了中国模式输出的可能性，其他国家最多可以学习中国的经

---

① 潘世伟等：《中国模式研究》，上海：上海社会科学出版社，2016 年。

② 《"中国模式是发展中国家的希望"——访巴基斯坦总理基拉尼》，《光明日报》2009 年 5 月 11 日。

③ 成龙：《国外中国模式研究评析》，北京：人民出版社，2018 年。

验，但还到不了模式复制的程度。① 三是认为中国模式威胁到了西方模式，并持激烈批判态度。这大概是西方，尤其是美国对中国模式的主要观点。他们炮制了"中国模式威胁论"，宣称中国模式的兴起将损害西方国家的经济利益，会挑战西方在全球意识形态领域的主导地位，甚至引起东西文化之争。②

第三种是根本否定中国模式的存在。持这种观点的人当然包括部分态度谨慎的学者，但更主要的原因是出于西方的傲慢和对中国特色社会主义道路取得的成就及其影响力的刻意打压，正如郑永年所言，这些人"是在意识形态上敌视中国，他们希望中国解体和崩溃。在这些人看来，中国根本不配产生一个模式"。③ 持这种观点的人或者主要集中于对中国存在问题的发现，或者认为中国的道路不过是东亚模式的变种，并不具有独特性，声称用中国模式来概括中国发展的道路与制度，不过是一种时髦术语。④

（二）不同观点背后的深刻原因——文明传播视野的分析

对一个概念存在争议本来是正常的，但是，如果仔细研读学者们关于"中国模式"的观点，不难发现这些不同的观点并不仅仅是单纯的学术判断，而是意识形态和文明立场的折射。因此要深刻理解或者说把握产生这些争议的深刻原因，必须从文明传播的视角着眼。

按照学界一般的说法，"中国模式"概念的兴起源于雷默提出的"北京共识"，而"北京共识"是针对"华盛顿共识"提出来的。从狭义来看，不论是"北京共识"还是"华盛顿共识"，关注的都是经济发展的道路问题，似乎只是经济发展模式问题。但是，由于这种讨论不可避免地与政治和文化纠合在一起，因此很自然地就上升到对道路与制度的讨论，并最终上升到文明竞争的高度。因此"北京共识"与"华盛顿共识"的对弈，也很自然地被视为"中国模式"与"西方模式"的比拼。

如上所述，对是否存在"中国模式"以及"中国模式"影响好坏的不同观点，固然有不少是出自单纯的学术判断。但且不论任何人文社会科学的所谓客观的学术判断其实都不可避免地建立在某种文明和价值观的知识体系之上，而且很多观点本身就鲜明地展现着意识形态和文明的立场。具体而言，对中国模式持肯定态度的学者和政治家的相关言论，背后其实也不乏文明因素的影响，而持否定态度

---

① 潘世伟等：《中国模式研究》，上海：上海社会科学出版社，2016 年。
② 潘世伟等：《中国模式研究》，上海：上海社会科学出版社，2016 年。
③ 郑永年：《中国模式：经验与挑战》，北京：中信出版集团，2016 年。
④ 成龙：《国外中国模式研究评析》，北京：人民出版社，2018 年。

的观点，则更直率、鲜明地展现了特定的意识形态和文明立场。更进一步说，对21 世纪的欧美学者、媒体和政治家来说，这种观点不仅是出于意识形态和国家竞争的自然反映，更是基于其独特的文明立场和文明观念的必然产物，同时体现了西方国家的文明优越感和文明衰落焦虑。

所谓西方的文明优越感，是指欧美国家对所属西方文明的高度认同和荣耀感，在与其他文明的比较中有高人一等，乃至把自身文明视为文明本身的心理状态。在这种心理状态支配下，他们把自己的制度模式视为普世的真理和"历史的终结"，并因而根本否认有可以与西方模式并立的其他模式。在他们看来，如果西方之外还有模式，那也只能是日韩等国的所谓"东亚模式"，也即实质上还是走向西方的模式。毫无疑问，这样的心态已经超越文明自信，走到文明自负的地步了。

文明衰落的焦虑，是指西方某些人对中国崛起造成的中国与西方，尤其是中国与美国国家实力对比的结构性变化产生的忧虑。从历史来看，衰落焦虑是西方文明特有的一种忧患意识，这种情绪至少从 18 世纪以来就深深根植于西方文明之中，而当代以西方文明捍卫者自居的美国也从 20 世纪 80 年代以来就产生了严重的衰落焦虑，[①]21 世纪最近 10 年以来，中国尤其成为其衰落焦虑的首要乃至唯一对象。[②] 当美国国务院政策规划办公室主任斯金纳代表美国国务院说出"这是我们第一次面临一个非白人的强大竞争对手"[③] 时，我们不宜把这句话仅仅看作是她个人的胡言乱语，而应该将其视为西方文明衰落焦虑的一种官方表达。正是基于这种衰落焦虑，不少美国学者和政治家才对中国模式持非常敌意的态度，把中国模式视为西方模式的威胁。[④]

那么，西方国家因何会产生文明优越感和文明衰落焦虑呢？回答这一问题，需要从文明传播的角度思考。优越感是比较而来的，没有比较，就没有优越感。从文明传播的历史来看，西方文明的优越感是自 1500 年以来，伴随着西方文明日渐强大和全球扩张的过程形成的，而这一时期，中国文明、伊斯兰文明恰恰处于衰落之际。首先表现为在器物层面落后于西方文明，然后延伸到被认为在制度、精神等层面都全面落后于西方。简言之，是西方文明把人类带进了"现代"，而在近 500 年的世界历史发展中，伴随着西方文明对人类世界前所未有的改变，西方文明对自身的自信达到了极点，把西方文明看作了现代文明本身，而其他文明则

① ［美］保罗·肯尼迪：《大国的兴衰》，王保存等译，北京：中信出版社，2013 年。

② 白文刚：《美国的"衰落焦虑"与中国对美传播话语创新的新世界史观基础》，《现代传播》2019 年第 7 期。

③ Li Zheng.Clash of Civilizations' narrative Dangerous，2019-05/27.[2019-06-18]http://www.ChinaDaily.com.cn/cndy/2019-05/27/content_37474044.htm.

④ 郑永年：《中国模式：经验与挑战》，北京：中信出版集团，2016 年。

被认为是传统、愚昧、落后和前现代的，它们的唯一前途或者宿命就是向西方转型。这是西方文明优越感的深刻历史原因。

文明衰落焦虑与文明优越感其实是西方文明高度自信的一体两面。西方文明的衰落焦虑传统历史悠久，今天与之前有所不同的是，如果说 20 世纪初斯宾格勒写《西方的衰落》时，焦虑的还是西方文明由于内在原因的衰落，20 世纪 90 年代亨廷顿推出"文明冲突论"之后，西方文明的衰落焦虑开始正式从文明力量对比的外在原因开始着眼，而 21 世纪以来，中国成为西方文明衰落的首要乃至唯一假想敌。

极度的自信，就难免产生自负的心态。人是这样，文明也是这样。美国等西方国家某些人对中国模式与中国道路的批判和否定，从文明传播的深层原因来看正是文明自负作祟，可惜他们自己缺乏反思，而国内学界也缺乏自觉地从文明传播角度考虑相关问题的研究成果问世。

二、从文明传播的视角理解运用"中国模式"讲述"中国故事"的必要性

既然如上文剖析的那样，西方对中国模式的立场和态度需要从文明传播的视角才能发现其深层次的原因，那么，运用"中国模式"讲好"中国故事"的必要性论证，同样需要从文明传播的视角展开。具体而言，从文明传播的视角来看，在对外传播中运用"中国模式"这个概念，既是回应国际话语，争夺话语解释主动权的需要；更是讲清楚中国发展方向，展示中国文明自信的需要。

（一）回应国际话语，争夺话语解释主动权需要"中国模式"

依据传播学的象征互动理论，传受双方必须拥有共同的意义空间，传播才能成立，而扩大双方共同的意义空间则有益于双方的深入理解。[①] 概念作为一种语言符号，是构成意义空间的重要中介，因此如果双方共享的概念越多，显然越有利于传播效果的提升。

具体到本文的讨论，之所以主张我国在对外传播中，有必要运用"中国模式"这个概念来讲述中国故事，最直接的原因是近十几年来，这个概念已经成为国际社会，特别是西方国家讨论中国问题的核心话语之一。或者说相比于我们在对外传播中经常使用的"中国道路"，"中国模式"这个语言符号在西方更流行，也更符合西方语言习惯。正如学者指出："'模式'这个词国际上更通用，一讲人家就明白，'道路'这个词国际上不怎么用，国际沟通中的难度也更大。"[②]

---

① 郭庆光：《传播学教程》，北京：中国人民大学出版社，2011 年。
② 张维为：《中国超越：一个"文明型国家"的光荣与梦想》，上海：上海人民出版社，2016 年。

更重要的是，当中国避免使用这个概念的时候，事实上也就放弃了对国际社会正在广泛使用的这个概念的解释权，因而也就自觉地放弃了相关的话语主导权。这对讲好中国故事，建构良好的中国形象是非常不利的。上文已经梳理了国际社会，特别是西方国家对中国模式的三种态度。在本文看来，缺失了中国自主的阐释，不论是哪种态度与立场，对中国向世界讲清楚中国故事，建构良好的国家形象都是不利的。

譬如，有不少国际人士，包括部分西方学者不但认为现在已经出现了中国模式，而且认为这个模式可以超越或取代西方模式。这类观点一般都很受国人的欢迎，被认为是对中国友好的态度，是对中国发展成就的积极肯定，相关的著作和言论也往往会在中国得到迅速的翻译。比如马丁·雅克的著作《当中国统治世界》就曾经在中国国内受到热捧，很多著名学者为其做了热情的推荐。但是，中国的今天及未来真的合适用马丁·雅克的一些观念和话语描绘吗？比如把新的世纪称为"中国的世纪"一定对中国有利吗？我们真的有野心让北京做"未来的世界之都"吗？中国真的追求回复朝贡体制，乃至建立"全球朝贡体系"①吗？这些看似赞誉中国的话语，对中国的国家形象建构到底是有利呢？还是有害？这些并不符合中国价值和中国事实的话语在中国受到热捧，会如何影响中国的国家形象呢？

如果以肯定的语调来谈论"中国模式"对中国的国家形象建构也有害的话，那么以敌视的口吻来批判"中国模式"或者否定"中国模式"的存在，对中国国家形象的建构就更为不利了。前文已经指出，批判是西方对"中国模式"的主要态度，这些批判或者渲染"中国模式"对西方文明的威胁，或者批评"中国模式"缺乏自由，或者干脆宣称"中国模式"不能持久或者说中国根本就不配拥有模式，所谓"中国模式"，不过是"东亚模式"的变种。不论这些批判是如何相互抵牾和矛盾，它们围绕"中国模式"这个概念做出的论断都给中国建构良好国际形象的努力造成了极其负面的不利影响。

综上，由于"中国模式"这个概念已经成为近 10 多年来国际社会，特别是欧美国家讨论中国问题的一个核心话语，但是由于中国在对外传播中刻意避免使用这个概念，因而事实上把对"中国模式"的定义权、解释权拱手让给了西方。在传播活动中，概念的定义权和解释权是话语权的基础，因此现在这种在对外传播中对"中国模式"这个概念避而不用的做法无疑严重影响了中国在对外传播中的话语主导权，影响了中国真实故事的对外讲述和中国国家形象的建构，给"中国

---

① ［美］马丁·雅克：《当中国统治世界：中国的崛起和西方世界的衰落》，张莉、刘曲译，北京：中信出版社，2010 年。

威胁论""中国崩溃论"等论调提供了市场,甚至被某些人用来讨论其所谓"文明冲突"的观点。因此在未来的对外传播中非常有必要主动运用"中国模式"这个已经广泛流行且符合国际表达习惯的概念,以便能回应国际话语,掌握"中国模式"的解释权,驳斥西方特别是美国某些人运用这一概念对中国的污蔑和抹黑。

(二)讲清楚中国故事,展示中国的文明自信更需要"中国模式"

相比于回应国际话语,争夺"中国模式"概念的解释权,讲好中国故事,展示中国的文明自信是中国在对外传播中应该使用这一术语的深层原因。理解这一原因,也需要从文明传播的视角切入。

传播的本质是一种信息交流。文明传播虽然由于其主客体的宏大和过程的巨大复杂性而呈现出诸多不同于一般传播的特点,但无非也是一种信息交流,具有传播的共性。作为信息交流,最理想的状态无非是主体能够准确地编码信息,而客体能够准确地解码信息。但我们都知道,由于各种原因,事实上传播效果的理想实现非常困难。其中困难之一就是双方的话语体系或者说概念体系不一致。正因为如此,对传播主体来说,选择什么样的概念和话语来准确表达自己,并能获得传播对象较为准确的解码就成为传播活动中至关重要基础。从这个意义出发,所谓"讲好中国故事",首要和根本的是"讲清楚中国故事"。而要"讲清楚中国故事",首先需要把握"中国故事"的实质,其次需要选择好讲述"中国故事"的话语。

那么什么是"中国故事"的实质呢?从长时段或者文明传播的大视野来看,所谓"中国故事",从根本上来说就是传统中国在近代遭受西方文明侵略和冲击之后,由传统走向现代,由衰落走向复兴的故事。"讲好"或者说"讲清楚"中国故事,就是准确阐释"现代中国"在这一转折和复兴历程中的发展逻辑和未来方向。

从对外传播的角度来看,"中国模式"这个概念,不仅更容易被国际社会理解,而且能够更全面、清楚地涵盖中国发展的道路和方向,展示中国文明发展和复兴的内在逻辑,因此是讲清楚中国故事应该运用的合适概念。

为了阐释清楚这一观点,我们有必要比较一下"中国模式"和我国在对外传播中常常使用的"中国道路"的内涵。就二者的内涵广狭关系而言,学界目前主要有三种观点。第一种观点认为"中国道路"与"中国模式"是并列的,中国道路指中国特色社会主义的整个发展过程,中国模式指中国特色社会主义的制度模式和发展模式。① 第二种观点认为，"中国模式"和"中国道路"几乎是同义语，"在广义上，'中国模式'和'中国道路'是相通的，两者表述了大致同样的东西，只是侧重点不同。"② 第三种观点认为，"中国道路"是"中国模式"中改革模式层面的内容。例如著名政治学者，新加坡国立大学的郑永年教授在《中国模式：经验与挑战》一书中，就把中国的改革模式视为中国模式第二个层次的内容，指出人们所说的中国道路可以归为这个层次。③ 当然，还有其他关于"中国道路"与"中国模式"关系的讨论。不过整体而言，我们可以看出学界主流的观点是认为"中国模式"或者包含"中国道路"，或者等同于"中国道路"，即使认为"中国道路"比"中国模式"范围更广泛，也认为后者是前者制度化的或者说模式化的表达。

值得指出的是，除了内涵更广泛，可以囊括"中国道路"之外，"中国模式"还有更明确的一层意涵，即基于文明的特性，中国的现代化模式——包括其发展道路和最终形态——注定有不同于西方的特征。相比较而言，"中国道路"其实有一种中外可能都未意识到的隐喻，而这种隐喻的实质体现了西方对现代化主导性的话语权。但"中国模式"则内涵有中国文明对中国现代化发展道路与方向的规定性影响，从文明传播的特点来看，中国的现代化当然会有诸多源自西方的现代因素，但一定不是西方的翻版，而是传统中国文明在经受了西方强烈冲击之后自主的现代化。正是在这个意义上，"中国模式"比"中国道路"更能讲清楚"中国故事"。

当然，相比于讲清楚"中国故事"，运用"中国模式"还有一个更重要的功能是展示中国的"文明自信"。

习近平主席在"亚洲文明对话大会"开幕式的主旨演讲中呼吁亚洲要"增强文明自信，在先辈铸就的光辉成就的基础上，坚持同世界其他文明交流互鉴，努力续写亚洲文明新辉煌"。④ 这句话其实包括了两个重要的判断：其一是亚洲文明包括中国文明的"文明自信"尚显薄弱；其二是缺乏自信的文明很难真正在文明传播中做到平等地交流和互鉴。

先来说第一点。单就中国而言，如果说传统中国文明不免有天朝上国的自大和自负，那么近代以来在屡次遭受西方文明的冲击之后，无疑逐渐产生了文明自

---

① 张福军、程恩富：《在落实"四个全面"中完善中国道路与中国模式》，《思想理论教育导刊》2015 年第 4 期。

② 张维为：《中国震撼：一个"文明型国家"的光荣与梦想》，上海：上海人民出版社，2016 年。

③ 郑永年：《中国模式：经验与挑战》，北京：中信出版集团，2016 年。

④ 习近平：《深化文明交流互鉴 共建亚洲命运共同体》，中国新闻，2019-05-14，[2019-06-20] http://www.ChinaNews.com/shipin/spfts/20190514/2124.shtml。

卑的心态，并在 19 世纪末 20 世纪初达到极点。20 世纪初"全盘西化论"、废除汉字等奇谈怪论的出现，就是这种"文明自卑"心态的极端呈现。中国也在这种心态的主导下成为西方各种理论和意识形态的试验场。西方则成为真理和标准的唯一制订者。新中国成立以来，尤其是改革开放 40 年来，随着中国经济物质力量的迅速增长，中国文明的自信心逐渐增强，但文明的自卑心理并未完全祛除。最重要的表现，不少人依然不能以平和的心态看待东西方文明的差异，把差异都理解为中国对于西方的差距，对西方理论和概念依然有迷信的一面。具体到"中国模式"这个概念，有学者认为："羞于提'中国模式'实际上反映了一种政治不自信……一些只认同西方模式的人甚至认为中国不朝西方模式演变，只能是死路一条。"① 必须指出，这样的观点有偏颇之嫌，但不能不承认也在相当程度上反映了某种客观现实。

就第二点而言。从近代中西文明传播实践来看，当一个文明在文明传播中抱有文明自卑心态时，虽然学习或者接受其他强势文明的积极性可能会很高，但也不可避免地会形成对强势文明的误读，并最终影响到自身文明发展的价值追求。近代中国在富强中心观主导下对西方文明的"选择性认同"和"特色式解码"充分证明了这一点，② 而这显然不是一种理想的文明传播效果。与之相反，只有在文明自信的基础上，文明之间才能真正做到平等的交流和有益的互鉴与融合。中国古代本土的儒家文明与来自印度的佛教文明之间的交流和互鉴算是一个比较成功的典型案例。

中国共产党在领导中华民族实现伟大复兴的历史进程中，致力于在推进物质文明迅速发展的同时，不断提升中国的文明自信心。继十八大提出"道路自信""理论自信""制度自信"三大自信之后，十九大又特别强调了"文化自信"。如果说前"三个自信"表达了我党的"政治自信"③ 的话，那么十九大在此基础上又增加了"文化自信"这个提法，事实上就是向世界明确表达了中国的"文明自信"。因为文明作为以文化划分的社会单位，文化不仅是其最鲜明的标识，也是其最深厚的基础所在。所以当在"三个自信"的基础上增加了"文化自信"时，其实也就表达了经过 40 年改革开放，今天的中国已经具备了文明自信的心态。

自信的心态需要合适的话语来表达。"中国模式"这个概念，不仅能够涵盖中国的道路、理论、制度自信，而且还可以涵盖基于更深层的文化因素的中国发展内在逻辑和方向的必然性，内在地包含了中国文明在经历了近代的衰败、冲击和

① 张维为：《中国震撼：一个"文明型国家"的光荣与梦想》，上海：上海人民出版社，2016 年。
② 白文刚：《文明传播中的受众动机与传播效果》，《南京社会科学》2016 年第 12 期。
③ 荆学民：《当前我们需要的是政治自信》，《人民论坛》2012 年第 21 期。

艰难探索之后，今天已经发现并有信心坚持自己找到的发展之路的内涵，一扫近代的文明自卑心态，展示了高度的文明自信。因此，以"中国模式"来讲述"中国故事"不仅恰如其分，而且恰逢其时。

三、运用"中国模式"讲述"中国故事"须建立在文明对话的新世界史观基础上

如果主张使用"中国模式"是为了用国际通用概念更好地讲清楚中国故事，展示中国文明自信的话，那么在与西方共享"中国模式"这一语词的能指的同时，必须自主定义这一语词的所指，或者说必须调整围绕这一概念展开的历史叙事框架。其中最根本的就是要突破近代以来西方主导的大国竞争和文明冲突的世界史观，从文明对话的新世界史观出发确立"中国模式"的所指和历史叙事框架。为了论证这一观点，我们需要了解历史观对历史认知的影响及两种历史观各自的特点及其对"中国模式"话语的影响。

（一）历史观的重要性

学界普遍认识到了历史认知对人们价值判断和立场选择的重要性，相信就国内而言，特定的历史认知深刻影响人们的政治认同；就国际而言，特定的历史认知则会影响人们对国家的敌友判断及世界未来前景的预估。正如"修昔底德陷阱"概念的提出者艾利森引用美国历史学家霍华德所言："我们对现在的所有信念都取决于我们对过去的看法。"[①] 但必须指出，从根本上来说，是特定的历史观而不是历史事实影响着人们对历史的认知。

从理论看，历史是过去的事实，求真是历史学最宝贵的精神。但不得不承认，我们能看到或者讲述的一切历史都不过是特定视角，也即特定历史观主导下的历史镜像，用经典的历史学理论表述，即"一切真历史都是当代史"。[②] 这还不包括政治权力对历史叙述和记忆直接粗暴的干涉。就算是以求真为己任、坚守所谓"价值中立"原则的历史学家，事实上也无法脱离其时代精神或者国家、文明立场来叙述历史。他们必须在一定的历史观指导下，或者说在一定的范式或者说框架下才能思考和叙述历史。只是囿于时代的主题和某种话语的强大，把某种角度的历史叙述当成了历史本身。这个事实一方面提醒我们历史观是如此重要，另一方面也告诉我们历史观不过也是一种研究范式或者说叙事框架。换言之，特定的历史

---

① ［美］格雷厄姆·艾利森：《注定一战：中美能避免修昔底德陷阱吗？》，上海：上海人民出版社，2019 年。

② ［美］贝奈戴托·克罗齐：《历史学的理论与实际》，傅任敢译，北京：商务印书馆，1997 年。

观及其主导下的历史叙事只不过从一个特定角度揭示了部分的历史真相，没有哪种历史观能揭示历史的全部真相。因此随着时代的发展和历史事实的发掘，当一种历史观越来越难以解释新的历史研究发现的问题，或者越来越难以适应时代的新需要时，必然会有新的历史观出现，而历史叙事也会因此有了新的范式、新的话语、新的发现。

（二）大国竞争世界史观叙事框架下"中国模式"的话语困境

本文反对在大国竞争的世界史观下运用"中国模式"这一概念讲述中国故事，首先是因为这个基于西方文明特点和 500 年短时段历史形成的历史观并不能完整准确地表述世界历史，揭示文明传播的本质，而且由于其特定的倾向和叙事框架，会给"中国模式"的叙事带来负面的影响。

西方文明在 1500 年以来依靠前所未有的强大实力，前所未有地改变了世界，也主导了世界历史叙述的话语权。迄今为止，人类对世界历史的理解和叙事，主要还是在西方主导的历史观之下。但基于近代西方文明好战的特点，[1] 这套历史观是以敌我、竞争、霸权等概念来建构历史的叙事框架的。正如学者赵汀阳所言："如果找不到异己或者敌人，西方政治就好像失去了风向标，甚至失去了激情和动力。"[2] 从西方具体的历史研究来看，几乎都是依据这种历史观、围绕这套话语体系展开的。我们熟知的在现代世界影响重大的著作如肯尼迪的《大国的兴衰》、[3] 亨廷顿的《文明的冲突与世界秩序的重建》、[4] 弗格森（Niall Ferguson）的《世界战争与西方文明的衰落》、[5] 安东尼·帕戈登（Anthony Pagden）的《两个世界的战争：2500 年来东方与西方的竞逐》[6] 等，都是这种历史观主导下的产物。很显然，这个名单可以无限延展下去。这是由西方独特的文明追求和历史观决定的。必须承认，这样的历史观把人类文明不断冲突，或者说在冲突和战争中苦涩进步的一面揭示得非常充分。但是，依然不过是揭示了人类文明传播史的一个面向而已，并没有能全面叙述人类文明的发展史。

更重要的是，历史认知具有自我预期功能。如果认为世界历史的主线是竞争和冲突，人类就不可避免地要走向竞争和冲突，这样的事例在历史上比比皆是。

① ［英］艾伦·麦克法兰：《现代世界的诞生》，管可秾译，上海：上海人民出版社，2013 年。
② 赵汀阳：《天下的当代性：世界秩序的实践与想象》，北京：中信出版集团，2016 年。
③ ［美］保罗·肯尼迪：《大国的兴衰》，王保存等译，北京：中信出版社，2013 年。
④ ［美］塞缪尔·亨廷顿：《文明的冲突与世界秩序的重建》，北京：新华出版社，2010 年。
⑤ 尼尔·弗格森：《世界战争与西方的衰落》，广州：广东人民出版社，2015 年。
⑥ ［英］安东尼·帕戈登：《两个世界的战争：2500 年来东方与西方的竞逐》，方宇译，北京：民主与建设出版社，2018 年。

修昔底德所撰写的《伯罗奔尼撒战争史》深刻地揭示了这一规律，而西方国家之所以从威胁论的角度讨论"中国模式"，并由此得出中美未来很可能发生冲突的历史判断，也是基于这样的历史观。不论是亨廷顿的"文明冲突论"、艾利森的"修昔底德陷阱"理论，还是前述美国官员关于西方首次面临非高加索人种和文明的挑战的胡言乱语，其历史观都是一样的。显然，当西方国家在这样的历史叙事框架中理解和讲述"中国模式"时，中国的国家形象很难不是负面的。

值得注意的是，国内不少学者虽然强烈反对西方国家对"中国模式"的恶意中伤，力图为"中国模式"辩护，但由于其本质上共享与西方国家的世界史观，因而其关于"中国模式"的话语充满了超越、第一、取代等词汇。这样的叙述不但不能消减国际社会对"中国模式"的忧虑，而且还为西方的忧虑和批评提供了口实。比如前段时间有研究报告很自豪地宣布"中国已经全面超越了美国"，引起了全国的热议。又比如有的著作以《中国超越》为标题，充满了"中国第一"的自豪，宣称中国的崛起"不仅在物质财富上，而且在制度安排上、文化理念上一定是超越西方和西方模式的，并一定会深刻地影响世界未来的格局和秩序"。[1]坊间和网络的相关话语更是处处可见，展现出一派重回汉唐盛世，天下万国来朝的自负。这些研究和论著的问题不在于其结论是否准确，中国是否超越了美国，而在于其在显示文明自信的同时流露出令人担忧的文明自负心态，对一个尚在复兴过程中的文明，这恐怕不是一件好事。

（三）从文明对话世界史观讲述中国模式的必要性及话语要义

本文提出要从文明对话的世界史观讲述中国模式，首先是因为文明对话的世界史观能更深刻地揭示文明传播与世界进步的内在关系所在。从长时段的文明传播史来看，冲突和战争确实促进了文明之间形式上的交流，但人类文明的真正进步依靠的是文明之间的相互学习、相互借鉴和融合创新，而不仅仅是形式上的传播。并且每一种文明都对人类历史的进步和其他文明的发展有过积极的作用，某种文明始终优越于其他文明的神话不过是因为缺乏历史眼光而产生的文明自负。

从文明传播的长时段历史视野来看，西方文明对近代世界的影响是不言而喻的，世界是在西方文明的引领和推动下步入现代的。但在人类发展的历史中，文明的传播从来不是单向的。中国文明不论在技术层面，还是文化层面都曾对西方文明产生过深刻影响，而位于西方文明和中国文明之间的伊斯兰文明不仅对人类文明发展有自己特有的贡献，在漫长的时期，还是中西文明交流的桥梁。西方文

---

[1] 张维为：《中国超越：一个"文明型国家"的光荣与梦想》，上海：上海人民出版社，2016 年。

明、伊斯兰文明、包括中国文明之所以不断发展，其中重要的因素之一就是在各种形式的文明交往和传播中吸收、借鉴和内化了其他文明的许多有益因素，使之成为推动本文明发展和进步的重要元素。正因为如此，单单从竞争和冲突的视野描述世界历史的主线是片面的，遮盖了文明发展进步最根本的原因所在。如果我们承认文明的互鉴和融合才能真正促进人类历史的进步，那么，文明对话的世界史观就有了其事实基础，而不再是一种空洞的口号。除此之外，核武器等现代毁灭性武器技术的发展，也使文明对话的世界史观有了现实的必要性。

文明对话的世界史观内在地要求自信平等，这是文明传播最理想的心态。因为自信的文明才能更自主地开放，也才能更平等地学习、交流。但从人类历史来看，由于缺乏自觉的文明对话世界史观指导历史认知，文明传播很难始终真正在文明对话的平等状态下展开，强大的文明往往容易自负，而弱小的文明常常显示自卑。对于正越来越走近世界舞台中央的中国，首先要彻底摆脱近代以来的文明自卑心态，树立真正的文明自信，其次要做到文明自慎，防止滑入文明自负的老路。

具体而言，从文明对话的世界史观讨论"中国模式"，讲述中国故事，关键是要把握"现代中国"的文明内涵，讲清楚"现代中国"的历史方位和价值追求。为此，需要明确讲清楚如下两个关键问题。

第一，"现代中国"首先是"中国的现代"。这表明她建基于中国五千年文明的基础上，有其内在的发展理路，因此必然不会照搬西方模式，成为西方亦步亦趋的忠实学徒，一定会有自己明显区别于西方的道路、制度、理论、文化特征。这是文明自信的表现，也是"现代中国"的传统基因。

从长时段的文明传播史来看，这几乎是一个不言自明的道理——很难想象在西方文明冲击之前已经屹立于世界东方五千年，有自己独特、且从未中断的文明特征和传统的庞大中国，会因为西方文明的冲击而尽弃中国文明的传统，通过全盘接受完全异己的理论、概念和价值观而走向现代。但是，近代以来由于严重的文明自卑情结，这样的思路几乎成为中国现代化的主流思路，中国传统被无限矮化、污名化，曾经创造出辉煌灿烂的文明成果的中国古代文明被用"封建""专制""野蛮"等来自西方的一套话语描绘成一团漆黑。在对中国现代化发展方案和历程的描述中，也尽量避免与传统中国文明发生关联，而是在西方主导的现代话语体系中艰难寻求中国的表达，即使偶尔提及并赞誉中国传统，也只是在非常枝节的层次上展开。对五千年文明自豪感的宣扬事实上仅限于将其视为博物馆的辉煌陈迹——甚至于在内心或者公开抱怨她为什么会在开始即走上一条不同于西方的道路。

究其原因，这些言论都是震怖于近代西方的强大，在西方话语体系的统摄下，以一种文明自卑的心态来对待西方文明，在实际效果上，不但未能客观、准确地评价中国传统文明，其实也未能真正理解和认识西方文明，从而在实践上给中国的现代化带来了不良的影响。

人的认识不可避免地会受到时空影响，如果说近代中国的艰险处境使当时的思想者充满文明的自卑和焦虑，未能以平和的心态理性看待文明传播的特征，并从而深刻发掘传统中国对于现代中国的规定性影响，认识到"现代中国"从根本上来说是"中国的现代"。那么在经过 70 年艰苦奋斗，特别是改革开放 40 年迅速发展的今天，中国的经济、科技实力已经获得了长足的发展，中国在世界的地位和影响力也有了迅速地提高，正在越来越走近世界舞台的中央之时，我们可以也必须在"中国模式"的叙事中把这个特征明确讲清楚——那就是"现代中国"首先是"中国的现代"，是中国文明的现代复兴，中国传统的相关制度、理念、价值观会通过创造性转换和创新性发展深度介入"现代中国"的相关领域。

第二"现代中国"也必然是"现代的中国"。这是表明她的历史方位不同于传统中国，是在经受了起源于西方的现代文明的全面洗礼之后形成的新中国。就国家发展而言，这样的新中国必然具有现代文明的普遍特征，不论是其基本的价值观，还是生活方式，都要具备现代的基本基因。相对于传统历史的悠久，中国的现代历史还比较短暂，因此不论取得如何伟大的成就，一定会以开放的胸怀、谦虚的心态自主地学习人类现代文明的一切优秀成果。"中国模式"其实是"现代中国"的发展模式，内在地包含汲取现代一切有益因素，体现现代基本特征的含义，显然这样的模式一定还远未完善，还在学习和调整之中。

强调这样一个基本观念，是谨防中国随着实力的增强，重蹈西方文明由自信走向自负的覆辙。从人类历史来看，文明产生了自负的心态，同样难以以真正平等、开放的心态与其他文明交流、对话，汲取其有益的成分。古代中国和现代西方都是明显的例证。在以"中国模式"表达的"现代中国"的发展模式中，把中国视为现代世界的新兵和后来者，认真理解现代世界的本质，遵循现代的规则和观念，充分汲取现代各文明的优秀因素以建设自己为"新中国"，然后再参与现代世界的治理、贡献中国的智慧和力量应该是题中极要之义。

就国际秩序而言，这样的新中国虽然脱胎于传统中国，但绝不可能再简单沿用传统中国的"天下观念"或中央王国的眼光来看待与他国的关系，一定会在现代文明的基础上，从文明平等对话的立场推动国际新秩序的构建和维系。这种秩序不同于大国争霸的旧秩序，当然也更不可能是恢复所谓的朝贡体制，"将中国视

为宇宙的中心"。^①

中国国家主席习近平在"亚洲文明对话大会"上系统提出了中国关于文明对话的四个主张，即"坚持互相尊重，平等相待""坚持美人之美，美美与共""坚持开放包容，互学互鉴""坚持与时俱进，创新发展"。^② 从文明传播的视角来看，这无疑体现了中国坚持文明对话的诚意，也充分展示了中国的文明自信与文明自慎。这样的心态，其实就是我们今天运用"中国模式"讲好"中国故事"最应有的文明心态。

结语

2500 多年前，孔子的学生子路问他，如果卫国君主用他来治理国家，他会先做哪件事呢？孔子回答说："必也正名乎！"^③ 在此之后，"正名"成为中国古代思想家讨论政治问题的一个核心概念。从传播的角度来看，"正名"与话语理论的"能指"与"所指"颇有相似之处。"名"是能指，为传播所需的共同的意义空间带来了可能，而"正"就是要纠正"名"的不准确的所指，准确表达"名"本来的所指。将这个概念运用到"中国模式"也是一样，不能因为西方国家在运用"中国模式"概念时没有准确表达中国模式本来应该的内涵就放弃使用，而是要给"中国模式"正名，讲清楚其准确的内涵。所不同的是，中国古代思想家"正名"依据的是当时的礼法制度，目的是讲清楚应然的统治秩序，追求儒家理想的政治善治；而今天给"中国模式"正名依据的则是基于我们对文明传播规律及现代中国历史方位与价值追求的定位，目的是祛除近代以来的文明自卑，以自信的心态面对西方世界，讲清楚基于"中国传统文明"和世界现代历史双重基因的"现代中国"的故事，谨防落入大国竞争和文明冲突的陷阱，并最终在全世界塑造良好的中国形象。

---

① ［美］格雷厄姆·艾利森：《注定一战：中美能避免修昔底德陷阱吗？》，上海：上海人民出版社，2019 年，第 164 页。

② 习近平：《深化文明交流互鉴　共建亚洲命运共同体》，http://www.chinanews.com/shipin/spfts/20190514/2124.shtml。

③ 钱穆：《论语新解》，北京：九州出版社，2011 年，第 306 页。

第三部分　2019 年度华夏传播研究会议概要

第三届中华文化海外传播大连论坛

序号	时间	地点	主办方	会议名称	相关议题
1	3.16	大连	大连外国语大学／中国新闻史学会全球传播与公共外交专业委员会／中国高校影视学会影视国际传播专业委员会	第三届中华文化海外传播大连论坛	中华文化与全球影响力研究／"一带一路"与中华文化海外传播研究／影视国际传播与中华文化走出去研究／影视全球传播与讲好中国故事研究／"一带一路"影视传播及跨文化话语研究／孔子学院与海外汉学研究

2019 年 3 月 16 日，"2019 第三届中华文化海外传播大连论坛"在大连举办。论坛由大连外国语大学、中国新闻史学会全球传播与公共外交专业委员会、中国高校影视学会影视国际传播专业委员会联合主办，大连外国语大学文化传播学院、大连外国语大学中华文化海外传播研究中心、"一带一路"人文交流机制协同创新中心承办。来自复旦大学、中国传媒大学、中国人民大学、上海交通大学、大连外国语大学、北京语言大学、杭州师范大学、德国明斯特大学、辽宁师范大学、上海外国语大学、北京电影学院等高校的百余位专家学者与会，围绕"聚焦国际影视传播推动中华文化走出去"主题展开讨论。

大连外国语大学副校长常俊跃在开幕式上致辞。他表示，大连外国语大学在中华文化海外传播领域具有巨大优势。为此，大连外国语大学专门成立中华文化海外传播研究中心，联合海内外专家学者开展研究，陆续推出了一批有影响力的成果。

大连外国语大学还编辑出版《中华文化海外传播研究》辑刊，培养中华文化国际传播学科硕士研究生。影视既是国家文化软实力的重要组成部分，也是重要的公共外交领域。随着"一带一路"倡议和中华文化"走出去"战略的有效推进，我国影视国际传播迎来了崭新的历史机遇与广阔前景。

本届论坛目的是推动我国影视积极主动服务新时代，从国家软实力建设的高度、从世界了解中国的实际需求出发，成为未来中国文化认同的平台，成为构建大国形象、树立国族认同、实现国际传播的公共外交品牌。

中国新闻史学会全球传播与公共外交专业委员会常务副会长雷蔚真教授认为，中华文化海外传播大连论坛的每年举办，营造出良好的学术氛围，成为交流中华文化海外传播成果的重要平台。他指出，在当前的中国时代背景下，对于文化成果的需求越来越多，例如对中美贸易战的认知，需要从跨文化的角度进行深度理解，这对专业的文化学者提出了更高的要求。在影视传播方面，《流浪地球》海外票房的成功，说明中国文化软实力已经达到相当的高度，对于高校的研究者和教学者也有重要启示。据此，在知识结构方面，要求我们实现跨学科的融合，在研究的深度和精度上要进一步提升。在影视国际传播的路径中，不能仅从官方渠道入手，要更多地关注民间的、个人的传播方式，这种非官方的传播手段在实践中更为有效。

中国高校影视学会副会长、影视国际传播专业委员会会长李亦中教授发表讲话。他认为，中国高校影视学会经历了从无到有、从小到大的发展过程，在1983年建立之初只有十余名成员，现在已经拥有成员千余人，研究者遍及全国各大高校和研究机构。

中国高校影视学会下设十三个专业委员会，包括影视国际传播、体育传播、纪录片传播、动画传播等，影视国际传播专业委员会于2017年成立后迅速发展壮大。他提出，文化传播要遵循"相遇、相知、相通、相连"的原则，影视传播作为文化战略的一个部分，肩负着传达中华文化的重要使命。

在2018年的上海电影节上，我们建立了"一带一路"电影联盟，对于沟通丝路沿线国家将起到积极的作用。此外，李亦中教授认为要"用国际语言讲中国故事"，打破中国传统话语语境，以影视作品为手段激发起各国、各民族人民的情感需求。在影视跨文化传播课题中，要有针对性地制定政策，注意"外外有别"，关注海外受众的反馈意见，真正实现"一带一路"的多边交流。

复旦大学教授、国家文化创新研究中心主任孟建以《分层传播：一种提升中华文化影响力的方法与路径》为题进行主旨演讲。他强调，传播中国文化影响力，需要把握大势、区分对象、精准施策。目前，中国文化全球影响力存在着"维度单一，层次不分，停留浅层，效果不佳"等突出问题，可以运用"分层传播"的理论进行破题，打破现有研究领域的瓶颈。在当前的文化环境中，除利用网络和新媒体的手段之外，在理论框架的设置上要实现跨学科的融合。"分层传播"使用传播学、社会学、国际关系学的理论维度，构建起跨学科的理论框架，从文化分层理论旁击到政治分层和经济分层。在具体的路径和方法上，要从"泛众传播"转向"精准传播"；从"广义社会"转向"阶层社会"；从"多国一策"转为"一国一策"，才能真正有效地实现中华文化的海外传播。

在主旨演讲环节，北京语言大学教授吴应辉，中国传媒大学研究员、中国高校影视学会秘书长张国涛，杭州师范大学教授、长江学者特聘教授施旭，德国明斯特大学教授、中国研究中心主任周俊，中国传媒大学教授、影视国际传播专业委员会副会长麻争旗，中国人民大学教授、新闻与社会发展研究中心研究员赵永华，北京电影学院国际交流学院院长、影视国际传播专业委员会副会长李苒，辽宁师范大学教授、辽宁省语言学会会长李宝贵，大连外国语大学中华文化海外传播研究中心副研究员蔡馥谣等相继发言。

本届论坛共开展了6个分论坛。6个分论坛的主题分别为：中华文化与全球影响力研究、"一带一路"与中华文化海外传播研究、影视国际传播与中华文化走出去研究、影视全球传播与讲好中国故事研究、"一带一路"影视传播及跨文化话语研究、孔子学院与海外汉学研究。

"礼文化与华夏传播研究"工作坊

序号	时间	地点	主办方	会议名称	相关议题
2	4.12	郑州	郑州大学新闻与传播学院 / 华夏传播研究会	"礼文化与华夏传播研究"工作坊	中国礼文化传播与认同建构 / 中国礼文化的传播模式及媒介 / 孔子等古代先哲的传播智慧 / 中国传统传播思想的"创造性转化" / 中国本土经验与传播理论建构 / 中西文明传播之比较研究

2019年4月12日至13日，由郑州大学新闻与传播学院、华夏传播研究会联合举办的首届"礼文化与华夏文明传播研究"工作坊在郑州大学新闻与传播学院穆青研究中心举行。

中国艺术研究院原副院长、北京电影学院中国电影学派研究部部长贾磊磊教授；浙江大学传播研究所长、博士生导师，浙江大学国际影视产业研究团队负责人邵培仁教授；厦门大学新闻传播院博士生导师，厦门大学传播研究所长，华夏传播研究会会长谢清果教授；南京大学新闻传播学院教授、华夏传播研究会副会长潘祥辉；西北师范大学传媒学院副教授、华夏传播研究会副会长李红；浙江大学新闻传播学博士，华夏传播研究会副会长姚锦云；三浙江省衢州市柯城区非遗保护中心主任余仁洪；青岛大学新闻与传播院教授、华夏传播研究会副秘书长陈谦；中国传媒大学政治传播研究所副所长、华夏传播研究会副秘书长白文刚；扬州大学文学院教授、博士生导师贾学鸿；三明学院文化传播学院副教授金雷磊；《人之道》和《中国力行动纲领》作者胡一帆；跨学科社会科学学者赵洪宽；衢州市柯城区文艺家协会副主席舒立平；《新闻爱好者》副主编施宇；郑州大学新闻与传播学院党委书记焦世君，党委副书记孙保营，工会主席周宇豪教授，广电系张兵娟教授以及来自中国人民大学、北京大学、厦门大学、郑州大学、海南师范大学等国内外知名高校的教师、博士共40余人，齐聚一堂，共襄盛会。

郑州大学新闻与传播学院通过与新华通讯社实施共建穆青研究中心，与河南省委宣传部实施部校共建新闻学院以来，着力培养了一大批具有人民情怀的卓越新闻人才，推动学院走上了高质量发展的快车道，为学校一流大学建设做出了积极贡献。通过举办学术工作坊，征集观点、交流互鉴、凝聚共识，为弘扬中华优秀传统文化做出积极贡献，推动华夏文明传播研究的深入开展。

大会主题发言共分三个模块：第一个模块的主讲嘉宾分别是贾磊磊、邵培仁，他们演讲的主题分别是《全球化时代中国文化传播策略的当代转型》《中国文化跨国传播的策略与路径》，该模块由谢清果担任主持人。第二个模板的主讲嘉宾分别是谢清果、潘祥辉、余仁洪、周靖，他们演讲的主题分别是《媒介哲学视角下的老子研究》《先秦谥法：一种中国特色的人物品评机制》《"南孔圣地 衢州有礼"城市品牌建设的实践与传播》《明德后植于心尚礼践习于行》，该板块由郑州大学新闻与传播学院张兵娟教授担任主持人。第三个模块的主讲嘉宾分别是白文刚、贾学鸿、姚锦云、施宇、陈谦，他们演讲的主题分别是《新世界史观与中国对外传播的话语创新——以对美传播为中心》《礼的产生及其在先秦时期的传播》《走出牵强附会：从米尔斯和格尔茨的想象力到华夏传播研究的新视角》《古代风闻言事制度及当代思考》，主持人和点评人分别是陈谦和潘祥辉。

贾磊磊在题为《全球化时代中国文化传播策略的当代转型》中谈到，在全球化时代，我们在文化传播领域要解决三个方面的问题：一是将中国文化的本土化表达转化为国际化表达，并且对传统的传播媒介进行升级换代；二是要用多向共享的文化传播理念取代单一呆板的文化宣传模式，为对方提供一种艺术享受与审美体验，达成心灵间的相互沟通；三是实现文化产品在文化价值理念上的通约整合，使我们的文化作品都能够体现出中国文化共同的价值取向。另外，要改变过去那种厚古薄今的文化传播策略，确立一种符合当代中国发展现实的文化形象，"植入"到我们的文化产品之中，进而从总体上提升中国文化的软实力。

在论文宣讲和博士论坛环节，来自中国中国人民大学、北京大学、厦门大学、郑州大学等高校的8位学者，针对自己提交会议的学术论文，与大家进行了分享和交流。贾学鸿、白文刚分别担任主持人；白文刚、余仁洪、施宇等8位学者担任点评人。

传播学的本土化思潮发展至今已有四十年，而"华夏传播研究"正是传播学本土化研究的一大具体实践。不同学者已从研究范式、传播思想、交往规范和本土经验等诸多维度，描绘了传播学研究的中国风貌，产出一大批优秀的华夏传播研究成果。而礼文化贯穿于中华民族的历史，是中华优秀传统文化的重要组成部分和文明表征。礼文化形成的社会网络和文化传统，对规范秩序、稳定社会和指导行为都发挥着重要作用，乃至成为传统中国公共生活秩序与日常生活的根基，塑造了中华民族性格和精神的文化原型。

华夏传播研究会工作座谈会

序号	时间	地点	主办方	会议名称	相关议题
3	7.5	厦门	华夏传播研究会	华夏传播研究会工作座谈会	华夏传播研究会的发展

2019 年 7 月 5 日晚，在"贤文化与华夏传播研究工作坊"召开的前一天，华夏传播研究会会长谢清果教授召集开展了一场主要由华夏传播研究会参加的工作座谈会，这是华夏传播研究会的办会传统。晚上 7 时许，大家齐聚厦门大学南光二 201 教室，开展茶叙。参会的主要有谢清果会长、潘祥辉副会长、李红副会长、姚锦云副会长、吉峰副教授、李海文老师等研究会同仁和王婷、林凯、张丹、田素美、杜恺健、李唯希等博硕士。在工作茶叙会上，先由会长谢清果教授介绍了近期学会的境况，然后参会同仁也各自聊了最近学术研究的情况，并探讨了华夏传播研究目前存在的问题。

在茶叙会中，气氛轻松愉快，同仁们都聊起了最近研究的新动向，比如李红教授还是专注于"势"的研究，认为"势"的研究和现象学的很多内涵是可以勾连的。潘祥辉教授也聊了聊近期的研究心得，他还是赞同华夏传播研究可以继续在经典中不断挖掘，总会发现中华优秀文化中的传播因子。姚锦云老师在聊到近期的学术研究时，对《周易》文本以及其传播价值始终保持热情，认为作为群经之首的《易经》可以成为中华文化在时间维度传播中一个非常好的研究案例。这次茶叙会上还邀请到了一些有志于华夏传播研究的新来者，如上海外国语大学贤达学院的徐同林教授、新疆财经大学文化与传媒学院的张晓燕老师还有广东外语外贸大学南国商学院的李禄玉老师，他们都表示对华夏传播研究极具兴趣，希望能够加入这个研究团队，进入这个良好的学术研究平台，发挥自己对学术研究的热情。在座谈会上，谢会长发动会员们群策群力，共同讨论学会下一步的发展问题，希望能够集思广益，建言献策。潘祥辉教授认为读书、多读书、精读书对于华夏传播研究是具有基石作用，与会者们都表示了赞同。与此同时，姚锦云老师在表示赞同时认为可以利用新媒体，将不同高校的理事和会员们连接起来，进行线上的读书会，这将会是一个非常有创建有意义的活动，他们的建议都得到大家的赞同。在经过了近三个小时的热烈讨论，会员们加深了彼此感情，交流了各自在本专业方面的新想法、新认识，使得这场工作座谈会成为一次既轻松愉悦又极具学术思想碰撞的有趣会谈，非常具有华夏传播学的想象力与创造力，同时，这样的座谈会议也将会是华夏传播研究会持续发扬的交流传统。

"贤文化与华夏传播研究"工作坊

序号	时间	地点	主办方	会议名称	相关议题
4	7.6	厦门	华夏文明传播研究中心	"贤文化与华夏传播研究"工作坊	华夏传播研究视角下的贤文化 / 贤内涵的古今追思 / 贤文化与传媒研究 / 贤文化与社会治理 / 圣贤观念与光明德性养成

2019 年 7 月 6 日，在全国人民喜迎新中国 70 华诞之际，首届"贤文化与华夏传播研究"工作坊在厦门大学新闻传播学院成功举办。本届工作坊的主题是"贤文化与华夏传播研究"，旨在探索和彰显中华文化中崇贤、尚贤、聚贤、访贤、求贤等博大精深的"贤"文化智慧，深研建构华夏文明传播理论体系的进路问题，深化学科对话与融合。

本届工作坊由厦门大学传播研究所与中盐金坛盐化有限责任公司共建的华夏文明传播研究中心发起，华夏传播研究会、厦门大学人文学院哲学系、江苏宏德文化出版基金会共同承办。经会议学术委员会评审，本次工作坊共收录 31 篇学术论文，来自南京大学、厦门大学、澳门科技大学、暨南大学、华中科技大学、南开大学、西北师范大学、中山大学、扬州大学、福建农林大学、上海外国语大学、韩国国立首尔大学、闽南师范大学、新疆财经大学、湖南大学岳麓书院、广东外语外贸大学、江西王阳明研究会、《教育传媒研究》杂志社等 30 多所高等院校和学术机构的近 40 位专家学者出席会议，涵盖文学、历史、哲学、传播学、广告学、艺术学等多个学科门类，可谓是一场群贤毕至、跨文化学科畅快对话的学术盛宴。

工作坊分上下午共举行两场主旨演讲，来自复旦大学新闻学院的谢静教授、中盐金坛盐化有限责任公司副总经理钟海连博士、中盐金坛公司博士后工作站的英达研究员、澳门科技大学的柳旭东副教授、南京大学新闻传播学院潘祥辉教授、以及韩国首尔大学的王超博士等六位学者先后做了主题报告，此外，还平行召开了分别涉及华夏传播研究视角下的贤文化、"贤"内涵的古今追思、贤文化与传媒研究、贤文化意涵的古今省思、贤文化与社会治理、圣贤观念与光明德性养成等主题的六场分论坛，各议题立足于现实关怀，极具华夏传播研究的想象力和创造力。

大会开幕式结束后，会议分设两个分论坛，同时段进行。早上的两个分论坛分别以"华夏传播研究视角下的贤文化"和"'贤'内涵的古今追思"为主题进行汇报，每个会场各有五位演讲者进行发言。

在分论坛"华夏传播研究视角下的贤文化"上，西北师范大学传媒学院李红副教授的"追求身心的技艺：华夏传播的超语言逻辑"，李红老师主要从中国文化的少言寡语和不善表达的现象出发，通过现有的研究结论进一步探究这种文化现象的深层次文化逻辑，在中国语言文字表达中，主体常常可以通过隐藏的方式实现与世界融合为一体，并且为了克服语言的局限，中国文化发展了一整套身心的技艺，以促使主体与世界的充分融入，并通过主体性的消解以克服主客的疏离，最终实现与万物一体。

厦门大学新闻传播学院杜恺健博士的发言主题是"中庸与圣贤——传播考古学视角下的考察"，杜博士认为"中庸"即是吾国圣贤之道，是中华文化的一种显圣物，实际上就是确立了为圣为贤的边界。因此"中庸"二字本身就具有媒介的意涵，这种作为媒介的特性使得《中庸》及其所蕴含的观念能够使不同的主体与其他主体或者与环境在沟通与交流的过程之中产生关系。

华中科技大学新闻与信息传播学院王昀博士的发言主题为"何以选'贤'：作为社会动员的贤文化及其媒介政治考察"，他认为"选贤任能"是中国社会源远流长的人才选拔制度。围绕"贤"作为一种社会价值体系的生成过程，我们可以据此讨论知识分子如何被动员纳入传统社会的治理结构，并持续推进国家力量的增长。透过探讨国家基于贤文化叙事向平民阶层展现赋权过程，有助于重新思考市民社会在面对政治体制运作时，如何被动员其中，进而展现其相互合作的弹性。

莆田学院文化与传播学院吉峰副教授的发言主题是"崇德尚才：儒家'人观'与王充的传播主体论"。在吉副教授看来，王充传播主体形成的理论基础也自然是建立在儒家相关问题的基础认知上的，但王充与同时代文人的不同在于，王充将此观点进一步深化，甚至提出了他自己眼中"贤人"标准。他在《论衡·定贤篇》中列举了二十条世人眼中的"贤人"标准，然后又逐一反驳，这种贤人观则是认为传播主体要做到"博达疏通"，在此基础上做到"能用"，就是先秦儒家们一直推崇的。

中盐金坛盐化有限责任公司钟海连、蒋银共同发表了主题为"贤文化组织传播与'尚贤'治理结构：基于理念与实证的研究"文章。他们认为以"学为圣贤"为第一等事的华夏文明在组织传播过程中，形成了尚贤希圣等理念和追求，在治身、治世、治国等领域呈现出华夏文明独特的"圣贤气象"。他们在研究中发现，先秦时期，儒、墨、道、法等构成华夏文明的主要学派都基于治理视角探讨过圣贤文化，虽然道家、法家没有特别鼓励尚贤，但儒家、墨家却大力提倡尚贤，后世董仲舒、周敦颐、朱熹等人，对尚贤文化多有继承发展。当今学界和管理界开始关注华夏圣贤文化的传承，无论是理论探讨还是实践探索，都取得丰富成果，研究视角涉及哲学、史学、语言学等学科，实践传承关联文化传播、企业管理、社会治理等领域。案例企业中盐金坛盐化有限责任公司通过贤文化组织传播，在团队建设、人才培育、企业文化建设等方面实践传统的尚贤希贤理念，并建构起内贤外王的企业"尚贤"治理，贯穿了传统文化"反求诸己""三才相通"的思维方式，为创造性传承发展华夏圣贤文化作出了有益探索。

以及来自福建农林大学金山学院的李海文讲师带来了"诗性传播：中国人姓名的大众传播之道"的发言。他认为姓名文化是中国文化重要组成部分，是研究华夏传播的重要切入点，并发现中国姓名在大众传播过程中，富有诗性特征，是编码与诗歌互化、借助诗歌再次传播的过程，亦是华夏大众传播的一方面体现。

第二个分论坛的主题为"'贤'内涵的古今追思"。

厦门大学新闻传播学院王婷博士发表了关于"法家的'贤人'思想概观"的演讲，她认为法家也有"贤"这一文化符号，只是相比儒家而言各自的内涵意义不同，特别是法家集大成者韩非所设计的一套"法-术-势"理论，本为君王所用，但在政治传播中被一班能臣干吏所采纳，在历史发展中形成了司马迁所描述的一班"酷吏"之徒，成为法家思想作用下的以尊"刑名法术"、擅刀笔吏治罪于人的官吏其实就是法家认可的"贤人"。但是由于"酷吏"也如法家在历史情境中落得了"苛责寡恩"的狼藉名声，以至备受世人诟病，形成了人们常常认为的法家之不"尚贤"的简单判断。

第三个分论坛的主题为"贤文化与传媒研究"。

在下午的四个分论坛依次举行，闽南师范大学新闻传播学院罗志超讲师的"闽南文化与海外华商的广告传播——以《申报》陈嘉庚公司广告为个案"。罗老师认为陈嘉庚是杰出的爱国侨领侨商和著名的闽籍先贤乡贤，其企业活动与闽南文化关系密切，然而在这方面少有研究。通过考察陈嘉庚公司在 1920 年至 1934 年《申报》刊登的广告，可以发现广告数量变化是其公司兴衰的晴雨表，再结合广告内容的深入解读，可以发现闽南文化是其公司精神内核的风向标，具体表现为"心系祖国、回馈社会"的底色、"勇拼奋进、强毅果敢"的本色和"诚信为本、务实逐利"的亮色。这些鲜明的文化特性对当下的企业经营和侨务工作都有积极作用。

与此同时，来自赣南师范大学新闻与传播学院王福忠发表了题为"中国乡贤的媒介形象研究——以媒体微信公众号《人民日报》和《潮州日报》为例"的演讲，以及来自暨南大学新闻与传播学院的姚锦云讲师，同大家分享了题为"制造功夫巨星 50 年：华莱坞电影'刚'与'柔'的建构与呈现"的发言。姚博士作为华夏传播研究会的副会长，在本次的演讲中通过对当前功夫明星这个流行话题为切入，讨论功夫明星有外显的"刚"的符号展现，让人留下对中国功夫武术为之震撼的一面，但也有内在的"柔"的意涵，这就是中国文化的"狭义"精神，也是使得作为一名功夫明星可以既"刚"亦"柔"取得广泛大众喜爱的原因之一。演讲主题颇有新意，引起现场观众一篇遐思，是一场别开生面的主题发言。

第四个分论坛的主题为"贤文化意涵的古今省思"。

河南师范大学文学院刘育霞副教授发表了"从夷齐典故看唐前'贤文化'内涵的易变"的发言，在演讲中她谈到伯夷与叔齐，让国逃隐、耻食周粟、采薇西山、饿死首阳。二人作为"贤"之典范，因孔子称誉，备受后世推崇。殷周以降，夷齐故事本身未发生大的变化，然受时代政治背景、文化思潮风尚、文人集体遭遇等多方因素影响，春秋战国与魏晋六朝时，该典故的具体运用与时代精神呈现得极为丰富。这些变化情状，从一个侧面反映出"贤文化"内涵的发展与易变。

中山大学哲学系张丰乾副教授发表了题为"'身''乡''家''国''天下'之互动与回环——由《管子》、《老子》反观《大学》"，他认为《大学》所言"修身齐家治国平天下"被视为儒家思想的纲领，先后次序非常明确，而行文用了演绎的方式。然而，对于"身""家""国""天下"及其相互关系的讨论，在中国古代却有不同向度的深入展开，并明确了身、心、意、知、物与家、国、天下之间层层推延、一体递进、回环互动的关系。同样是对家、国、天下的关注，《管子》中的理论则是继承和发展了老子"以身观身，以家观家，以乡观乡，以国观国，以天下观天下"的思想强调"用道各异"、用平行观察、区别对待的方法强调"身""家""乡""国""天下"互不可为、小大有别，认为统治者应该"与民为一体"。

第五个分论坛的主题为"贤文化与社会治理"。

来自扬州大学新闻与传媒学院的孙一江发表了题为"当代电影对《史记》人物汉高祖的艺术再造——评陆川电影《王的盛宴》中的刘邦形象"演讲，他认为汉高祖刘邦是时势造就的英雄，其形象一直为后人津津乐道。在《史记》中，西汉文史学家司马迁"笔补造化"，以深厚的文学造诣描绘出天生帝王刘邦仁德豁达而又自私狡黠的传奇形象。在影视艺术中，《史记》一直是现当代影视剧改编的重要民族历史资源。当下电影界，新生代导演陆川又对这一历史典型人物进行了个性化的诠释。在他集编剧、导演、制片于一身的作品《王的盛宴》中，以心理化的视听叙事手法，把晚年刘邦的心理状态进行艺术放大，将惊恐猜疑的帝王权欲形象搬上银幕。同时，该片独特的技法和导演对历史的独特思考，也受到了学界的关注。

第六个分论坛的主题为"圣贤观念与光明德性养成"。

在会议讨论中，首先厦门大学人文学院祝涛博士以"范仲淹'圣贤'品格的哲学启示与传播意义"为题进行发言，他认为：范仲淹深得历代好评，主要原因在于他继承了古圣先贤的道德品质使人格理想因修身实践得以发扬光大。从内在来看，修身立德以成圣贤的哲学传统，激发出范仲淹志于良医、良相等"圣贤"追求；而正心修身通贤达圣的实践方略，砥砺出范仲淹先忧后乐等"圣贤"品格。从外在来看，由于社会历史认同与大众传播的交互机制，不断巩固了范仲淹"一世之师"的"圣贤"地位，因而王安石、朱元璋、印光大师、毛泽东等人都对其非常推崇。基于此，他认为探究范仲淹"圣贤"品格的哲学启示与传播意义，具有明显的理论价值与现实意义。

中盐金坛盐化有限责任公司博士后科研工作站、厦门大学哲学系博士后流动站奚刘琴副教授的研究题目为"孔子圣贤的治道思想发微"，在她看来孔子对"圣贤"进行了明确的界定，体现出"德性至上、匡时济世、言法天下"三大特征。孔子对圣贤的认定，深刻影响了其治道思想，这种影响，具体体现在"为政以德"的治道原则、"重建周制"的治道方法、"教化万方"的治道旨归三方面。孔子建立在其圣贤观基础之上的治道思想，在历史上产生了深远的影响，并具有积极的现代意义。还有其他学者做了精彩发言。

以及来自厦门大学海外教育华文系的李唯希以"在自然与实践中建构的王阳明圣贤观"为题的发言，来自江西省王阳明研究会皇甫金石秘书长以"王阳明良知心学视域下的君子人格"为题的发言，和西南民族大学马克思主义学院哲学研究所的李亚玲以"论析《论语》中之'贤人'——颜回的德行与智慧"为题的发言，都十分精彩地从各自研究的领域阐释了古代贤人以及贤文化、贤思想的内涵和意义所在。

在会议主持中，谢清果会长通报了在7月5日本次工作坊报道之日晚上，华夏传播研究会还举办了工作座谈会，在会中大家共商共议了学会目前发展的状况以及未来的发展方向，各与会人员为如何继续发展华夏传播研究提出了许多真知灼见。

"人类命运共同体语境下的全球传播"高峰论坛暨2019年浙江省传播学会年会

序号	时间	地点	主办方	会议名称	相关议题
5	9.27	杭州	浙江省传播学会／浙江工业大学	"人类命运共同体语境下的全球传播"高峰论坛暨2019年浙江省传播学会年会	人类命运共同体：全球传播的中国话语／新世界主义：全球传播的理论脉络／传播秩序重建：全球传播的新技术与新趋势

2019年9月27—28日，"人类命运共同体语境下的全球传播"高峰论坛暨2019年浙江省传播学会年会在杭州举行。从1949到2019，70年风雨兼程，70载薪火相传。七十年来，中国的国际地位逐步提升，传播学科从无到有、日渐成长。近年来，在"人类命运共同体"的大时代背景下，"讲好中国故事、传播好中国声音"成为社会各界人士共同关切的话题，也是传播学科当下重点研究探索的方向。为此，在共和国70年华诞之际，本次论坛特邀90余名国内知名学者和媒体行业精英，在理论与实践的双重构建下，重点探讨建国70周年中国国际传播的新思维、新话语、新渠道、新模式。

9月28日上午，"人类命运共同体语境下的全球传播"高峰论坛开幕，开幕式由浙江工业大学人文学院副教授邵鹏主持。浙江工业大学社会科学研究院院长周必彧教授、浙江省传播学会会长邵培仁教授和浙江工业大学人文学院党委书记王哲平教授先后致辞。周必彧教授对与会嘉宾表示热忱欢迎。邵培仁教授就如何推动全球传播走向繁荣之路发表重点观点，希望在与会专家、学者的共同关心和支持下，将中国国际传播与研究推向更高水平。王哲平教授对与会嘉宾的到来表示由衷的感谢。中国社科院尹韵公教授、清华大学崔保国教授和浙江大学吴飞教授先后发表以"新中国70年国家形象构建的经验、问题与启示""全球传播的百年变迁"和"传播学要着力于人类命运共同体的建设"为主题的演讲。

开幕式结束之后，浙江大学传媒与国际文化学院博士生导师、浙江大学传播研究所所长洪宇教授主持主论坛。中国传媒大学隋岩教授、南京大学杜骏飞教授、厦门大学赵振祥教授、复旦大学朱春阳教授和浙江传媒学院黄敏教授先后发表以

"全球传播中的符号价值""互联网治理与全球治理：协调与冲突""时尚传播的文化指向——从时尚浪潮到文化浪潮""我国电影产业国际竞争力政策问题反思"和"独派势力记忆重塑与认同构建之再考察"为主题的演讲。三个分论坛同步举行，皆分为上、下两场。

分论坛一以"人类命运共同体：全球传播的中国话语"为主题，上、下两场分别由首都经济贸易大学出版社社长、总编、编审/教授杨玲和浙江传媒学院《未来传播》责任编辑华晓红主持，浙江大学传媒与国际文化学院苏振华教授和南京大学新闻传播学院潘祥辉教授担任评议专家。分论坛二以"新世界主义：全球传播的理论脉络"为主题，上、下两场分别由《东南传播》主编刘君荣和《新闻爱好者》副主编、河南日报报业集团高级编辑施宇主持，南京大学新闻传播学研究员金苗和宁波大学教授、宁波大学现代传播研究院执行院长宁海林担任评议专家。分论坛三以"传播秩序重建：全球传播的新技术与新趋势"为主题，上、下两场分别由《中国记者》值班主编陈国权和《声屏世界》主任编辑邵满春主持，中国社科院新闻与传播研究所研究员朱鸿军和河南理工大学教授、传媒与社会发展研究中心主任郜书锴担任评议专家。

第二届大夏传播国际论坛暨批判传播学年会

序号	时间	地点	主办方	会议名称	相关议题
6	10.25	上海	华东师范大学传播学院	第二届大夏传播国际论坛暨批判传播学年会	什么是数字时代的劳动——数字媒体时代的劳动问题与传媒变革

2019 年 10 月 25—27 日，第二届大夏传播国际论坛暨批判传播学年会在华东师大举行。本次国际研讨会以"什么是数字时代的劳动——数字媒体时代的劳动问题与传媒变革"为主题，针对"数字劳动到底是什么？""数字劳动是否意味着工作与休闲？""生产与消费之间的分割线是否模糊、崩塌或者重叠？""数字劳动对新闻业正在产生或已经产生了什么样的影响？"等诸多问题进行观点发表与意见讨论，来自海内外 12 个不同国家和地区，共 70 多名学者参加了此次会议。与会的国内外学者从新闻传播学、经济学、社会学、政治学、历史学、人类学、哲学等多方位视角，共同探讨数字劳动问题，关注时下与数字劳动有关的诸多议题，如数字劳动的定义、社交媒体、新闻产业、数字与平台经济、粉丝经济等。

10 月 26 日，会议于传播学院 212 报告厅继续进行四场报告，主题分别为"文化、知识与实践中的劳动（英文报告组）""数字劳动与公众生活""等待中的不稳定劳动者""数字劳动的全球地方性（英文报告组）"，来自世界各地的学者们围绕工业时代的数字识读、认知劳动与文化艺术、数字时代情感价值等话题畅所欲言。英国拉夫堡大学的格雷厄姆·默多克教授，复旦大学新闻学院教授、《新闻大学》常务副主编朱春阳，澳门科技大学助理教授章戈浩，土耳其萨班哲大学的卡麦尔伊南教授，华东师大传播学院副教授林哲元作为评议人进行了精彩的总结。

10 月 27 日，传播学院 212 报告厅继续进行三场报告会，主题分别为"平台资本主义与劳动（英文报告组）""女性与边缘人群""劳动的政治与制度"。发言人从平台资本主义、粉丝免费劳动、女性劳动等视角出发，为观众带来了内容充实的报告。美国伊利诺伊大学香槟分校约翰·尼荣教授、中国传媒大学教务处处长王晓红教授、华东师大传播学院院长吕新雨教授、中国传媒大学刘俊副教授、北京大学王洪喆助理教授分别作出评议。

　　至此，为期三天共十场报告会全部结束，本次国际学术研讨会落下帷幕。华东师大传播学院将以大夏传播国际论坛为平台，交流思想，启迪真知，培育学术共同体，为中国新闻传播学科的发展贡献智慧和力量。

第十一届世界华文传媒与华夏文明国际学术研讨会

序号	时间	地点	主办方	会议名称	相关议题
7	10.26	重庆	中国新闻史学会 / 华中科技大学新闻与信息传播学院 / 新加坡南洋理工大学黄金辉传播与信息学院 / 重庆大学新闻学院	第十一届世界华文传媒与华夏文明国际学术研讨会	人类命运共同体与华文传播

华夏传播研究会协办"第十一届世界华文传媒与华夏文明国际学术研讨会"，世界华文传媒与华夏文明国际学术研讨会是海内外中华传播学界的国际学术盛会。第十一届世界华文传媒与华夏文明国际学术研讨会于 2019 年 10 月 26—27 日在中国重庆市沙坪坝区重庆大学举行。本次研讨会由中国新闻史学会、华中科技大学新闻与信息传播学院、新加坡南洋理工大学黄金辉传播与信息学院、重庆大学新闻学院联合主办，国际中华传播学会、台湾中华传播学会、厦门大学传播研究所、华夏传播研究会协办，重庆大学新闻学院承办。

福建省传播学会年会（2019）暨学术研讨会

序号	时间	地点	主办方	会议名称	相关议题
8	11.15	福州	闽江学院新闻传播学院	福建省传播学会年会（2019）暨学术研讨会	新文科与传播人才培养／数字智能时代传播学教育创新研究／5G与新闻传播业发展／人工智能与新闻传播新模式新理念／数字时代的新闻传播教育／新媒体时代的华夏文明传播等

2019年11月15—16号，"福建省传播学会2019年会暨学术研讨会"在福建福州闽江学院隆重召开。本次会议由闽江学院新闻传播学院承办，本次会议开幕式由闽江学院新闻传播学院院长刘建萍教授主持，闽江学院副校长吴建铭、中共福建省委宣传部严桂忠副巡视员、中国编辑学会副会长兼秘书长乔还田、福建省传播学会会长黄星民教授为大会致辞。随后进行了六场大会专家报告。北京大学新媒体研究院副院长杨伯溆教授带来了题为《宏大叙事与碎片化：全球化中的互联网传播及其意义》的报告；福建省传播学会会长黄星民教授为与会嘉宾学者做了关于《从"缪斯学书"到"仓颉学歌"——电子口语漫谈》的主题报告；浙江大学数字出版研究中心执行主任陈浩教授带来了《5G时代的数字出版变革与创新》的报告；闽江学院新闻传播学院陶圣屏教授报告的主题为《数字时代下知识付费用户体验价值初探》；共振无界董事长朱嘉华先生报告主题为《社会化媒体趋势下品牌传播新方法》；中国传媒大学传媒艺术与文化研究中心潘可武研究院带来了题为《新媒体时代艺术院线观众养成模式》的报告。16日下午，福建省传播学会年会(2019)学术研讨会分为五场分论坛分别举行。

"文化教育与传播"分论坛以"文化、教育、传播"为主题，由闽南学院新闻传播学院何敏副教授主持，福建省传播学会副会长、闽南师范大学李晓宁教授与黎明职业大学蔡靖教授担任本分论坛点评人。本分论坛以华夏传播为主，厦门大学新闻传播学院林凯博士生以《身体与情感：孔子人际交往观念新探》为题，探讨了孔子人际交往观念如何体现在以具身的互动来演绎"仁道"情感的生成、调控与外显的全过程。董熠博士生以中华文化理想人格之"圣贤"为研究对象，从传播符号学与传播仪式观的视角对"圣贤"的媒介作用进行了分析和探讨。张丹博士生以《探寻华夏文化之根："周公"历史记忆的媒介生成路径考察》为题，以"记忆之媒介"为中心考察了文化之根的周公历史记忆在不同时期、不同媒介下的衍变，以次把握历史记忆制作、贮存与媒介之间的关系。田素美博士生从家庭传播的视角，对中国家庭传播的独特气质及其时代价值进行了探析，阐述了中国家庭传播注重情感传播、重和合、重报恩、重家庭荣誉等华夏文明特色。

与会作者就每场报告进行了热烈讨论组交流，李晓宁教授与蔡靖教授针对每场发言进行了精彩点评，充分肯定了本分论坛参会者选题与论证的理论与实践意义，高度评价其探索精神与挖掘整理中国传统文化、讲好中国故事的努力，同时精辟指出了尚存在的不足与可供优化的方面。

"身心天下"学术研讨会议纪要

序号	时间	地点	主办方	会议名称	相关议题
9	11.22	珠海	中山大学哲学系	"身心天下"学术研讨会议纪要	身心、"天下"与天道／当代话语范式转型中的"天下"／"天下"观之政治思想与政治秩序

2019 年 11 月 22 日至 24 日，由中山大学哲学系（珠海）主办的"身心天下"学术研讨会在中山大学珠海校区举行，系直属党支部书记屈琼斐出席开幕式并致欢迎辞。来自清华大学、北京大学、中国人民大学、中国社科院、中山大学、国防大学、山东省社科院、《学术研究》杂志社等高校及机构的二十余名专家学者参加了会议。近年来，国内外学界对中国传统的天下秩序思想展开了广泛的讨论。而在儒家的人文世界构想中，"家国天下"需从"格致诚正"的个人身心修养工夫入手，于知行合一中身心并建，最终达致"天下"。为重新审视传统"天下"观中的政治思想内涵和价值，着眼于身心工夫与"天下"之关联。

会议的第一个主题为：身心、"天下"与天道。自"吾日三省吾身"始，至"格物，致知，诚意，正心，修身，齐家，治国，平天下"，儒家传统中对于"天下"的政治想象与历史构建始终涵盖着个体、宗族、民族以及世界等多重关系，而追溯其根源可归于个人的"身心"修养工夫。对于身心关系的关注，可上溯至战国时期诸子争论的传统。曹峰解读了这一思想背景下清华简《心是谓中》篇的身心关系问题。他认为心论与命论是《心是谓中》的两大主题，但以心论为主，命论是心论统摄下的命论。该篇强调身心关系和君民关系对应，强调"心"对"四相"、"君"对"民"予以主宰的重要性，突出了心的意志性和主导性，但并没有表现出浓厚的学派倾向，故可断该篇为前诸子著作。与此相对，《庄子》中充满了对身心关系、对心的支配性地位的怀疑，通过修身而除患是其中反复出现的主题。一般来说，《庄子》中的除患之术不在对外在世界的改变，而在主体自身的修行，在认知与境界的提升，它往往以隐逸高人的姿态调侃那些救助天下者的热忱，表现出只重个体身心而遗弃天下的倾向。刘黛则通过对《人间世》篇"颜回见仲尼请行"章的释读，揭示了庄子对修身以除患之术的超越。该章通过颜回提出了治世化人的问题，以孔颜间错位的对话，以独有的怪诞修辞给予读者重要提示。而在"内圣外王"的传统之下，后世儒家对于身心问题的关注则往往离不开家国天下的构想。深川真树考察了董仲舒"身心—天下"思想的基本框架——君王修身养心，重用优秀人才，推行道德教化，完成万民德行，甚至感化外族。不同于黄老道家将"节欲""养心"等生命保养术看作天下治理的重要条件，董仲舒尽管使用了道家文献中常见的虚静、精气、无为等语词，但他的天下治理思想之关键仍是承自先儒，他的"身心—天下"基本框架应为"道德修养—天下治理"之系统。

基于对人工智能研究视域下的天道叙述，刘悦笛探讨了机器与人工智能是否能够拥有情感的问题。通过分析情感的定义、情感与身体的关系，他指出当下人工智能更多拥有的是"智"（理性化智能）而非情（人化情感），而中国传统的"情理合一"智慧或可成为未来"情智悖论"的可能解决路径。林琛介绍了机器人情感计算在现当下国内外的研究趋势，介绍了情感计算发展的实际应用，并提出了以人工智能科技介入当代中国哲学研究的可能尝试。

周振权从胡塞尔前后期伦理学的转向，指出他从通过比较价值而达到的伦理学绝对命令的早期版本，转向了追求爱的绝对命令。伦理学家（如舍勒，包括早期胡塞尔）容易把奠基在偏好的体验上的客体价值当作伦理学的基础和应当的依据，但胡塞尔却发现，这个领域与伦理学无关。相反，爱作为主体价值的原点，为伦理行为的可能性提供了基础。这种"爱"是否又与儒家传统仁爱思想有对话的空间，值得我们进一步探索。

会议的第二个主题为：当代话语范式转型中的"天下"。探讨当代话语范式转型中的"天下"，我们需首先面对文化预设与对话交流的问题。"天下"乃东亚独有的观念，是基于我们自身深层文化预设建立起来的思考。我们不得不面临这样一个问题：中西文化各有其深层的文化结构，而学者们却常常站在自身的文化预设中，以至于不能正确理解和认识对方的思想甚至自身的思想全貌。对此，方朝晖指出，为更好地认识和发掘天下秩序的思想资源，我们需充分认识中国文化的三个深层基本预设——此世取向、关系本位和团体主义，亦即非超越性、相关性思维与注重社群。这是在漫长的历史积淀中、在生活经验中无意识形成的理性、思辨、逻辑的前提，今日依旧对中国人的思维起重要的影响与支配作用。

基于对语言的思考，秦际明亦从西方哲学注重的语言结构中的系词与存在的问题入手，考察对比了西方自亚里士多德以来追问恒久不变之实体的形而上学传统，及其与中国以道之流行为世界本真的形而上思想的差异。王堃从"语言本体论"的角度重新梳理了"天""一"以及"世界"等范畴，从中探求以"构成性规则"重建"天下"话语体系的可能。姚育松则从对耿宁与安靖如诠释宋明理学工夫论的研究入手，通过厘清现象学、美德伦理学与宋明理学各自不同的理论规范，探讨了借鉴其他理论体系进行比较及诠释的可能性、合法性。

对上述问题进行正本清源之后，即可真正进入对现代语境中"天下"秩序的探讨。任剑涛强调了在现代政治视域中"修身"这一中国传统思想的重要性。在传统的家国同构秩序中，修身在多个层次受到层层遮蔽。我们需要重构"身—家—国 - 天下"秩序，以彰显修身的内在价值，让儒家之传统"天下"体系焕发出现世意义。而随着中国在现有世界秩序中的逐步崛起，中国学者也开始更为自信地反思现代世界秩序，挖掘传统思想资源，从不同角度思考复兴中国天下体系的可能性。这些不同的角度和态度，一定程度上折射出了天下秩序思想的当代复兴，陈建洪基于与世界秩序的联系、与民族国家体系的对照两方面的考虑对此作出了梳理，提出并探讨了当代复兴"天下"秩序的可能性与着眼点。

郭萍从严复的"群己权界"思想入手，探讨了现代自由与群己关系，借儒家思想为现代社会提供群治之方。李畅然借助对《春秋》这一官方正统经典的书写范式进行重新评估，指出"天下"理念得以实现的基础乃是"信"。

会议的第三个主题为："天下"观之政治思想与政治秩序。我们讲"天下"秩序的现代意义，不仅需要置身现代语境之中，更需要复归传统，从源头开始回溯，深入了解传统"天下"观中的政治思想及政治秩序。

王小超从"降""侵""渎"等关键词入手，考察了原始社会"绝地天通"的真实面貌与施行主体，指出"绝地天通"乃是将神与民的分界清晰地划定在了诸侯与大夫之间，而这一封神定民行为之主体应是帝（天子）和群神（诸侯），"重黎"为记录者，其身份更接近"史官"。袁青将清华简《越公其事》一篇之思想与先秦诸子的政治思想作了比较，指出这应是一篇政论文献，主要关注的是越王勾践如何能够成功灭吴的谋略与政策，其中的"因司袭常"和"五政"的政治措施体现了法家与黄老学的政治思想，且与黄老学更为贴近，因而更进一步地证实了勾践灭吴与黄老学之间的关系。

王堃从始自毛传、郑笺，集成于孔疏，并最终在朱熹《诗集传》中得以全新呈现的《诗序》阐释史入手，揭示了儒家伦理教化的诗教传统，并进一步指出儒家情感教化中诗性特质对伦理政治话语建立的作用。毛朝晖从荀子性恶论中"善"的起源问题入手，得出荀子人性论的两层、三分义理结构：先天人性与后天人性两层，兽性、德性、才性三分，力图为荀子的人性论建立出如孟子一样的"善"的先验必要性与可能性。张丰乾从董仲舒之"天下"观出发，重新评估了他的"天人合一"之学，指出了天"《春秋》十指""五行"与"三之道"在董仲舒"天下"理论中的重要性，以为董子之学正名。

傅锡洪从与阳明同时期的张岳对阳明之批评入手,讨论了阳明明德亲民合一论中的缺漏和可能解决思路,他指出阳明以体用关系理解明德亲民之关系,而这些在阳明均构成一个互相关系、内在一致的理论体系。因而,明德亲民合一的证成同样也可诉诸其他关系的合一的证明,反之亦然。

王超从"认气为道"和"以气齐物"等方面入手,指出南塘韩元震由形上到形下、由抽象到具体将自己之理学立场贯彻到对庄子"气学"的批判,带来了东亚儒学道统以及东亚庄学史研究的极富特色之案例。

"一带一路"倡议与华夏文明传播学术研讨会

序号	时间	地点	主办方	会议名称	相关议题
10	11.23	南宁	华夏传播研究会 / 厦门大学传播研究所 / 南宁师范大学新闻与传播学院	"一带一路"倡议与华夏文明传播学术研讨会	"一带一路"背景下的华夏文明传播 / 华夏文明与地方性知识生产 / 华夏文明传播与媒介学研究 / 新媒体环境下的华夏文明传播 / 华夏文明传播的基本理论探讨 / 跨文化交流背景下的华夏文明传播的分论坛报告研讨会

2019 年 11 月 23 日上午，由华夏传播研究会、厦门大学传播研究所和南宁师范大学新闻与传播学院在南宁师范大学举行"一带一路"倡议与华夏文明传播学术研讨会。

研讨会旨在探讨"一带一路"建设中，中华优秀传统文化如何更好地"走出去"，如何在国际文化交往中塑造美丽中国形象，传递中国优秀文化，助推"一带一路"倡议顺利实施等问题。来自厦门大学、上海交通大学、中国传媒大学、华南理工大学在内的全国三十多所高校、研究机构的六十余位专家学者参与了本次研讨会。

本次研讨会是基于"一带一路"倡议的深入实施下，中国与世界经济文化交流的不断加强中，为了中华优秀传统文化更好地"走出去"，讲好中国故事，力图塑造中国对外的美好形象等初衷而举办。

本次会议邀请到深圳大学新闻传播学院吴予敏教授、西南交通大学人文学院院长石磊教授、四川外国语大学传媒学院、中国认知传播学会常务副会长林克勤教授等为会议嘉宾，并由南宁师范大学新闻与传播学院陈洪波书记主持开幕仪式，以及由华夏传播研究会会长谢清果教授主持主题报告会。

大会开幕式上，由谢清果教授主持，并邀请嘉宾发表主题演讲。本次会议共设有："一带一路"背景下的华夏文明传播、华夏文明与地方性知识生产、华夏文明传播与媒介学研究、新媒体环境下的华夏文明传播、华夏文明传播的基本理论探讨、跨文化交流背景下的华夏文明传播的分论坛报告研讨会。

随后进行的分论坛讨论中，专家学者就"一带一路"背景下的华夏文明传播，华夏文明与地方性知识生产，华夏文明传播与媒介学研究，新媒体环境下的华夏文明传播等问题展开了深入的交流。

跨学科视域下传统族群文化的现代传承
与文化认同学术研讨会

暨第四届海峡两岸客家文学论坛

序号	时间	地点	主办方	会议名称	相关议题
11	12.14	广州	华南理工大学新闻与传播学院	跨学科视域下传统族群文化的现代传承与文化认同学术研讨会	仪式传播与族群文化认同／海外华人族群与人类命运共同体建构／影像民族志的理论建构与当代实践／影像记录与族群文化传承／族群互动与跨文化交流等

2019年12月14日，"跨学科视域下传统族群文化的现代传承与文化认同"学术研讨会暨第四届海峡两岸客家文学论坛在华南理工大学大学城校区召开。来自厦门大学、中山大学、浙江大学、中国人民大学、南京大学、华中科技大学、《学术研究》《文化遗产》等高校和学术期刊的90多位专家学者参加了会议。

近年来族群文化、地域文化成为学界研究的热点，也取得了较丰硕的成果；在今年2月国务院发布的《粤港澳大湾区发展规划纲要》中，已将"共建人文湾区"、增强大湾区文化软实力等列入重要举措。此次会议是研讨地域文化与族群文化传承的学术盛会，对坚定中华民族自信、推动粤港澳大湾区文化圈建设、促进岭南文化创新发展等具有重要的现实意义。华南理工大学"社会科学总论"首次进入ESI全球排名前1%，这充分说明华南理工大学在社会科学相关学科的建设取得了显著的成效，在学术国际化方面也已具备了相当的实力。期待通过此次会议促进传统族群文化研究，使之焕发新的生机，从而推动中华优秀文化的传承与发展。

会上，专家学者围绕"客家学研究中的二元价值""方言的保护传承""客家文化元素与旅游纪念品的设计开发""仪式传播与文化认同""客家文化产业的现状与发展""海外华人族群中华文化认同"等主题进行了演讲，厦门大学国学研究院院长陈支平以《浅谈客家学研究中的二元价值》为题，厦门大学人类学研究中心主任董建辉以《高山族、南岛民族与壮侗语族：多学科的视野》为题，浙江大学人文学院教授庄初升以《论闽、粤、客方言的保护传承问题》为题，广东外语外贸大学客家研究所所长严修鸿以《方言，族群认同的标志》为题，赣南师范大学客家研究院教授钟俊昆以《客家文化元素与旅游纪念品的设计开发》为题，深圳大学传媒与文化发展研究中心主任吴予敏以《仪式传播与文化认同》为题，深圳大学文化产业研究院执行院长周建新以《客家文化产业的现状与发展》为题，厦门大学新闻传播学院传播研究所所长谢清果以《华夏传播学研究的初心、求索及其方向》为题，华南理工大学客家文化研究所副所长李小华以《促进海外华人族群中华文化认同的理论逻辑与现实进路》为题，分别进行了主题演讲。

此次学术会议由华南理工大学新闻与传播学院主办，厦门大学传播研究所、华夏传播研究会协办，华南理工大学客家文化研究所、华南理工大学人文通识教育中心共同承办。通过此次会议，来自全国各地的专家学者们从民族学、人类学、传播学、社会学等多学科视角，交流了传统族群文化的最新学术成果，促进族群文化的现代传承与发展。

第四部分　华夏传播研究博硕士论文摘要

中华元典与故事传播研究

宋代《中庸》元典化的媒介研究

杜恺健　厦门大学博士学位论文

摘要： 作为儒家的四书之一，《中庸》在中国儒家乃至中国思想史上的地位不言自明。本文试图从媒介学的视角切入，探讨宋代《中庸》元典化的进程。本文认为《中庸》的元典化在本质上乃是《中庸》的媒介化，因此本文首先探讨了《中庸》以及"中庸"二字作为一种媒介的可能，通过对"中"字、"庸"字源头的辨析，我们发现"中庸"二字的含义本身就是一个事物向自身之外的别的事物开放，并通过与他者的对话返回自身的过程，因此"中庸"二字本身就具有媒介的意涵。这和作为媒介的特性使得《中庸》及其所蕴含的观念能够使不同的主体与其他主体或者与环境在沟通与交流的过程之中产生关系。

确立了《中庸》作为媒介的观点之后，本文紧接着将《中庸》带入确定的时空环境之下，去探讨《中庸》在宋代的元典化的进程。通过对于《中庸》诠释的思想回流以及升格运动的考察，我们认为中国古代传统的文体形式"论""解""义""传""经"不仅仅只是文体的划分，它们更是思想家们的思想嵌入时空泛模态的一部分，宋代思想家们对于《中庸》的诠释实际上都是他们被个性化了的阅读经验，它存在于权力主体、依附者与媒介的相互支撑的关系之中，是一个多种存在方式的相互作用场。北宋的这些思想家都是通过《中庸》的风格来展示自己的风格，并且通过对《中庸》的阅读来直接接触感知自己的形式，他们正是以《中庸》为媒介来理解他们的存在方式，这种方式本身就是媒介逻辑所产生的影响与效力。通过对雕版印刷的考察，我们发现雕版印刷所带来的媒介变革实际上早已经改变了这些思想家们阅读书籍、感知社会的思考方式，我们认为这种转变实际上并不仅只存在思想领域，而且通过对"问目"的考察，我们发现雕版印刷所带来的新的媒介逻辑也正在重塑宋代士人们的交往方式，并促成了宋代理学团体的诞生。

关键词：《中庸》媒介化；元典化；雕版印刷；社会交往

"薛家将"故事在清代的传播研究

莫春娟　四川师范大学硕士学位论文

摘要："薛家将"故事雅俗共赏，拥有广泛的群众基础，至今仍具有鲜活的生命力。从金开始就有讲述"薛仁贵"故事的院本。随着元明清三代的不断发展，迨至清朝中期，已经形成了一整套蔚为大观的"薛家将"故事系统，涉及小说、戏曲、说唱等各个方面。任何完整的文学作品都包括创作、传播、接受三个环节，忽略其中任何一个环节都难以对文学作品的活动规律做出正确的认识。纵观目前学界"薛家将"故事的相关研究成果，笔者发现研究者们较少从传播学角度研究"薛家将"故事，且多将关注点放在元代或者元明清三代。因此，笔者认为从传播学角度研究"薛家将"故事在清代的传播情况十分有必要。

本论文在汲取前人研究成果的基础上，系统梳理"薛家将"故事的资料，从传播学角度研究"薛家将"故事的传播问题，突出断代研究，力求理清"薛家将"故事在清代的传播情况。

本文分为四个部分。第一部分，主要采用对比的方法，对"薛家将"故事一词进行概念解析，明确本文的研究范围。且简单概述清代以前各个时期的"薛家将"故事作品，为读者勾勒"薛家将"故事的整体情况。第二部分，聚焦于小说传播。首先，从传播者角度，论述"薛家将"小说编者、书坊及书坊主，在小说传播过程中起到的传播主体的作用；其次，从传播手段出发，探讨书商在高压政治环境下为了求得生存以及获取更大的经济效益，采取插图、序跋等手段促进"薛家将"小说的传播；最后，从政治条件、经济条件两方面，论说"薛家将"小说在清代的具体传播条件。第三部分，以"薛家将"宫廷戏为例，深入探究"薛家将"故事的戏曲传播情况。首先，从统治阶级和表演阶层两个方面入手，分析他们在"薛家将"宫廷戏的传播过程所起的作用。其次，以《征西异传》对《说唐三传》的改编为例，探究宫廷戏曲对小说的改编传播。第四部分，对"薛家将"说唱艺术进行研究。首先，简单介绍"薛家将"木鱼歌、鼓词、子弟书的基本情况；其次，以扬州评话和潮州歌册为例，探讨"薛家将"说唱艺术的传播者问题；最后，以潮州歌册为例，从转化叙述方式、删除繁复词句、重塑敬德形象、运用大量俗字四个方面，详细论述潮州歌册对小说的改编情况。

笔者旨在从传播学角度，研究"薛家将"故事在清代的传播情况，挖掘"薛家将"故事的潜在艺术魅力，具有一定的理论意义和实际价值。

关键词："薛家将"故事；小说传播；戏曲传播；说唱传播

从成语典故看华夏人际交往特征

严继承　安徽大学硕士学位论文

摘要：成语典故是华夏民族悠久历史的见证者，也是一个民族文化记忆和传播的活化石。作为传统文化的重要组成部分和记录者，成语典故已成为一部涵盖多种学科、多种知识杂糅的知识宝藏。作为研究文本的重要载体，成语典故历经岁月的长河，这种传播的价值理念已经深深地融入民族文化血液之中，并逐渐形成一种民族认同和文化记忆，成为研究华夏文明交往的重要脉络。

交往是人类社会特有的现象。作为个体存在的我们，总是需要与周围的人和事物进行交往、建立联系。也正是交往的产生，社会的正常运转才成为一种可能。从这个角度来看，无论是个体的发展还是社会的长足进步都需要交往作为重要渠道。作为传统文化的重要载体，成语典故中就有着大量记录人与人之间交往和人际关系的论述。因而，从成语典故中研究华夏人际交往中某些特征就显得独具韵味。

本文从收集到的与人际交往有关的成语典故为研究文本，重心在典故，通过对古代成语典故词典等相关著作为研究溯源，找出和人际交往相关的成语典故。文章主要采用文本分析和文献研究两种研究方法，对成语典故中反映出的人际交往和涉及的不同的人际关系进行分析、概括和归纳，主要从不同的人际关系之间是如何体现交往的、进而抽离出交往中的亲疏程度、价值观趋向、交往方法和交往伦理等方面展开梳理，并做一定的问题句杷考。成语典故中的人与人之间的交往，本身就带有一定的故事背景出处，跨越不同的人际交往群体，以及交往的整个过程，通过对这个的研究，能够归纳出华夏古人交往的特征，而这种特征对于当下的人际交往和人际关系的维系都具有重要的意义。

文章共分为两个部分，即绪论和论文主体部分。绪论部分主要分为选题来源、研究目的、研究意义、研究方法、国内外相关研究的文献综述、研究的创新点和不足。主体部分，第一章，理论与概述，理论部分主要探讨人与关系的问题和传播与关系，谈理论主要是为下文中人是生活在关系之中，以及按照不同人际关系这一角度进行研究的依据、概述部分说明成语典故中关于人际交往的样本，以及从成语典故看华夏人际交往的可能性；第二章，从收集到的交往成语典故中，按照人际关系分类，着重阐述人际关系之间是怎么体现出人际交往的，分为家庭关系、君臣、朋友和其他人际关系这几大类着重说明不同的交往特性；第三章，在不同人际关系的交往中，抽出共性，按照交往的亲疏程度分为四类，即亲密、深刻、泛泛而交和疏远四种类型，并研究这种亲疏程度之间交往的价值观趋向；第四章，这种交往的价值观趋向的基础上，看这些不同交往群体之间交往的方法，分为自然的、谦让、世俗三种；第五章，华夏古人交往的伦理又是什么，分为仁者爱人、重义轻利、礼让和诚信重道四个小节展开论述；第六章，是对前面章节所做的思考，一是说明华夏古人交往的意义、二是华夏古人交往对当下人际交往和人际关系的意义、三是对华夏社会关系和社会结构的意义这三个维度论述。

关键词：成语；典故；华夏传播；人际交往

华夏地方文化传播研究

传播学视野中的"南音故事"推介——
南音文化历史流播过程中的文献实物和口头传统研究

郭鸿梅　泉州师范学院硕士学位论文

　　摘要：南音的历史文化是南音产生、发展的过程中历史地积淀的各种与之相关的人、事、时、地、物，及其蕴涵的价值内涵，是南音文化中重要的组成部分。

　　本文运用传播学的理论和人类学、文化学的研究方法，在田野调查的基础上，对南音历史中的遗迹、文物、口头传统和文献进行梳理，并将其与笔者的思考和推测串成南音传播历史中的"故事"，并以讲"故事"的形式，对南音的历史文化进行"生动讲述"和"形象推介"。试图通过自己对于南音文化的推介及其研究，在当下传承保护中华优秀传统文化和人类共享的非物质文化遗产的大背景下，为更好地推介南音文化提供实践案例和经验借鉴。

　　关键词：南音文化；传播学；大众传播；南音的历史传播；南音文化推介研究

河南新乡马皮舞的文化传播研究

师婧菲　郑州大学硕士学位论文

　　摘要：马皮舞是河南省重要的非物质文化遗产，它始创于明崇祯十四年，至今已经流传长达近四百年的历史。随着经济的迅速发展，城市化的推进，传统的地域民俗受到城市文明的挤压，非物质文化遗产受到冲击并逐渐消失，马皮舞也正在面临这样的困境，传统口语相传的传承方法很难适应当今社会急速变化的传播环境，需要寻找新的传播渠道和方式。

　　本研究以马皮舞为研究对象，运用民俗传播学的研究方法，通过访谈和参与式观察，在新媒体视域下从民俗传播学的角度剖析马皮舞的文化背景及传播效果。研究马皮舞的文化背景意在挖掘马皮舞传播内容，分析其继续传播的可能性，而研究新时期马皮舞的传播效果，意在探索马皮舞的传播现状，寻找传播效果沟并试图克服，在新媒体时代选择适合马皮舞的独特传播途径，以谋求马皮舞的持续传播和发展。本文秉承"传播"和"记忆"的理念，一方面是将马皮舞文化寻根问底，记录其承载的地域历史和人文符号，将马皮舞传播的文化意蕴呈现出来；另一方面，分析马皮舞近四百年的传播方式，与当今社会传播大环境相结合，试图寻找新媒体时期马皮舞的传播出路。个性体现并丰富着共性，希望通过马皮舞个性的传播研究，对我国民俗文化共性的传承提供一定的借鉴意义。

全文一共分为五个部分，四个章节。第一部分对论文的研究缘起、研究价值、研究目的、研究目标和研究方法进行一一论述，并分析了民俗文化传播和马皮舞的研究现状，突出自己的研究创新点；第一章剖析了马皮舞传播的文化意蕴，分别从马皮舞的文化传播内涵、传播嬗变和传播特性三方面论述，详细地讲述了马皮舞的历史源流，"马披"的文献记载，表演过程中的传播符号，传播过程的嬗变，马皮舞的传播特性，即武舞兼备的地缘性、家族内部的纵向传播、体态元传播和俗信化趋势；第二章从马皮舞的传播价值、创新的传播主体、新媒体时代的发展契机三个方面分析马皮舞继续发扬传承的可能性，其中详细说明马皮舞包含丰富的文化传播价值，即厚重的文化传播内容、民族的历史记忆与精神、传播者的地域文化符号和通过信仰神化时空；第三章展现了马皮舞的传播现状，罗列了马皮舞的传播环境和效果，并分析了马皮舞现今的传播困境；第四章将论文的落脚点归于新媒体时代马皮舞传播渠道和方式的探索，认为马皮舞自身要进行发展创新，紧跟时代背景，吸引受众。政府应发挥其主导作用，与民间力量相结合，引导俗民活态传承，共同扶持马皮舞的传承发展。马皮舞要想在信息时代的冲击中存活下来，其传播渠道必须纳入新媒体与新传播技术，运用新媒体的传播平台，加入 VR 和 AR 的虚拟增强现实的传播技术，建造数字民俗博物馆，增加其数字经济链。最后，将马皮舞的延续重点放在了校园之中，使马皮舞文化进入中小学课堂和书本，并将马皮舞文化研究纳入高校科研中。

关键词：马皮舞；民俗传播；文化意蕴；新媒体

民俗传播学视角下的巢湖渔民文化变迁研究
——以巢湖市下朱村为例

张杲阳　安徽大学硕士学位论文

摘要：巢湖作为安徽省城合肥的独特水域资源和靓丽名片，在城市发展和地方文化传播中发挥着重要作用。过去对于巢湖文化的众多研究中，多集中于区域文化的历史传承与文化旅游资源开发等方向，对巢湖文化的地理位置、区域概念、发展过程、文化特征和历史考究等做了较多的总结。而渔民文化作为巢湖文化中人文领域的内容之一，目前尚缺少系统性研究。此外，在国内许多涉及"渔民文化"的研究成果中，也缺少以巢湖渔民为研究对象的个案。本文从民俗传播学视角出发，通过文献阅读、问卷调查、深度访谈、参与式观察的方式，分别从物质、语言、精神、行为角度对巢湖渔民文化进行梳理，在此基础上思考文化的传承与保护。

民俗传播学是基于民俗文化学和传播学交叉而形成的交叉学科，以世代传承和变化着的民俗事象的传播作为研究对象。以民俗传播学为视角研究巢湖地区渔民文化变迁，正由于巢湖渔民文化中的民俗事象本身就是一个不断变化的过程，研究渔民文化更要深挖其是如何传承和变迁。

在研究对象的选择上，由于巢湖渔民群体数量庞大，居住分散且具有一定的流动性，短时间内难以做到对于整个群体的研究。因此，笔者采用个案研究方法，以小见大，以巢湖市下朱村为例，以当地的渔船、渔具、时节、风俗、语言和精神为研究对象，一方面尝试从横向传播的角度进行研究，另一方面从纵向传承过程角度进行研究。

在实地调研中，笔者发现巢湖本地渔民主要由三种类型构成，一种是世居渔民，第二种是外来渔民，第三种是农转渔民，而本文所研究的下朱村渔民中多数属于第三种。在对下朱村渔船变迁研究中，当地经历了从木帆船、机帆船再到水泥船的变迁历程，伴随着渔船的变迁，渔民的出湖范围更广了，一次捕鱼的时间更长了，但同时捕鱼的难度也更大了，过去那些船帆的操作技巧几乎已经消失；在对渔具渔法的变迁研究中，发现其经历了横向传播和纵向传承的演变，即一方面会从外部传入先进的捕鱼工具或技术，另一方面也会对过去的捕鱼方式加以继承；在对捕鱼时节的研究中，发现外部有形权力主体会在很大程度上影响到渔民的渔业活动，在造就捕鱼时节的同时也在塑造着一种渔民的行为文化；在对渔家风俗的研究中，发现随着时代的进步一些过去巢湖有的渔业风俗也在渐渐地消失，在这背后的是仪式感的衰落和传承意识的减弱。

研究巢湖渔民文化变迁，一方面是从民俗传播角度看待渔民文化的变迁历史，另一方面也希望思考如何在当代能够做好对于巢湖渔民文化的保护和传承工作。渔民文化的传承面临着渔民群体的不稳定、渔业风俗被淡忘和渔船渔具变迁带来文化丢失的困境，可以尝试采用政府扶持、产业推动和文化抢救等方式进行合理化保护。

关键词：民俗传播；渔民文化；巢湖；变迁

秦腔经典剧目的国际传播研究

洪亚琪　西安工程大学硕士学位论文

摘要：戏曲文化是中华民族文化的一部分，在整体文化本质的影响下，戏曲展现出其所具备的戏剧性，尤其是艺术性的特征。中外文化存在着各自的生存环境、经济形态、政治制度、民族心理、民俗特征等综合条件，而在不同文化背景下孕育出的戏剧有一个共同的前提，即艺术地反映世界，这正是不同戏剧、不同文化能够共通共享的前提。秦腔是诞生于中国三秦大地的艺术瑰宝，与世界其他民族的戏剧一样，反映着人类的精神文明和物质文明。中外戏剧所具备的相似性，使秦腔能够以艺术的形式和文化交流的手段向国际进行传播。

如今全球化的现状印证了麦克卢汉最初关于"地球村"的大胆设想和无与伦比的预见性。"地球村"的日益推进使得各国文化和各国艺术争相怒放，媒介技术的发展也为文化与艺术的国际传播提供了诸多技术支撑。秦腔界不断有专业团体或个人携带着经典剧目走出国门，把秦腔艺术传播到世界不同国家。本文将针对秦腔经典剧目在国外的传播途径、传播内容以及受众情况进行系统化分析，在传播学研究的基础上，与以西方为代表的域外文化进行比较分析，在对比分析中探索秦腔经典剧目国际传播的现状困难，最后依据传播学系统分析论中的马莱茨克传播模式，对秦腔经典剧目的国际传播提出相关意见和建议，以促进秦腔经典剧目在国际上能够更好地传播和交流。希望通过本文的研究，可以使得外国受众更加了解和热爱中国传统的秦腔戏曲文化，希望能够进一步促进中西戏剧文化互通交流、世界文化共享共存、人类文明持续发展。

关键词：秦腔；国际传播；文化差异

西安佛教文化传播生态研究

杜超凡　西安工业大学硕士学位论文

摘要：西安佛教文化"本正源清、八宗汇流"代表汉传佛教文化的正宗。西安佛教文化传播

的时代价值体现在"社会调和"与"开拓全新跨文化传播范式"两个方面。西安佛教文化可视为中华优秀传统文化资源，由此将西安佛教文化传播生态作为研究对象，综合运用文献研究法、问卷调查法、比较分析法对其进行探究和评估，并从宏观思考、中观理念、微观操作三个维度整合西安佛教文化的传播策略，以冀能够为中华优秀传统文化的跨文化传播提供借鉴。

全文总体分为六个章节，第一章将梳理本文的研究缘起、研究背景以及研究意义，并通过研究综述呈现国内外相关研究的状况，并对国内外相关研究进行了对比分析，由此发掘研究落点，此外对所涉及的核心概念进行界定，并设计研究思路和研究方法。第二章将呈现佛教文化的传播类型和传播特征，总结、梳理佛教文化传播观，并着重阐明当前佛教文化传播的时代价值。第三章是核心部分，结合此前的调研对传播内生态、传播外生态所涉及的十一个因素进行全面的分析。第四章则以古今对比展现传播生态的发展状况，并将其作用归纳为"构筑文化空间"和"驱动传播方式嬗变"两个部分。第五章则展现西安佛教文化传播生态的现状与困境，并基于对这两个方面的分析从"宏观思考""中观理念""微观操作"三个层面探究传播策略，兼顾战术和战略两个维度。第六章的结论则对研究方法、研究路径、核心观点、研究结果进行归纳。

在传播生态的作用下已确定西安佛教文化的宗教文化和"附佛文化"具有"一体两面"的关系。因此，在明确西安佛教文化传播生态现状的前提下，为突破其困境，应当再造传播话语构建全新的顶层传播空间；其次对西安佛教文化进行现代性转化，转化为"简约、节制、精进、有序"的生活观；确立合理有效的策略化理念，通过"产业化介入、生活化整合""影视先行、场景化体验、连锁餐饮跟进""符号整合及品牌化""国潮引爆"的路径实现西安佛教文化的现代性表达。经由此，才能促使西安佛教文化能够积极地参与到"中华优秀传统文化共同体的"构建中，才能呈现全新的跨文化传播奇观。

关键词：西安；佛教文化；传播生态；传播策略

仪式传播视角下"抬黄杠"民俗表演传播研究

郭天琦　陕西师范大学硕士学位论文

摘要：詹姆斯·凯瑞在《传播的文化研究取向》中提出了"传播的仪式观"，凯瑞认为传播是仪式的一种隐喻，传播可以理解为"一种以团体或者共同身份将人们吸引到一起的神圣仪式"①。

本文在仪式传播视角下，将流传于河北省的民俗表演项目——"抬黄杠"表演作为研究对象，来分析和解读其传播过程。对"抬黄杠"表演的传播仪式进行解构，从传播主体、传播环境、传播载体三方面来分析"抬黄杠"表演的仪式传播内容。由此说明"抬黄杠"表演的仪式传播对于当地村民关系、村落关系、社会稳定的意义，"抬黄杠"表演这一民俗传播并不仅仅是信息的共享和传递，而是人与人之间、村落之间进行文化共享的一个仪式。

本文的绪论部分阐述了本选题的研究意义，对民俗、仪式、仪式的传播、传播的仪式观等基本概念的内涵和外延进行了界定，随后提出了本文的研究方法和创新点。第二章笔者直接介绍"抬黄杠"表演这一民俗现象的概况。"抬黄杠"这一民俗表演所处的自然环境、"抬黄杠"表演的概念以及历史传说，并且探讨了"抬黄杠"表演与意识传播的关系。第三章笔者将"抬黄杠"表演看作一个传播仪式来进行研究，研究了传播中的主体，传播中的环境和传播中的载体。第四章笔者研究了"抬黄杠"表演的功能，将其放在仪式传播观的视角下进行研究，研究了"抬黄杠"表演的文化共享、时空共享、共同体、身份认同和同一世界建构的功能。第五章笔者分析了"抬黄杠"表演的困境。由于经济的快速扩张，新媒体的介入和受教育程度的提高等一系列的因素，"抬黄杠"表演在传播过程中出现了一系列的困境。第六章笔者给出了"抬黄杠"仪式传播所面临困境的解决建议。

在仪式的传播观的视角下，本研究对于整个"抬黄杠"传播中的文化内涵进行了考察，深入探究了"抬黄杠"传播背后的仪式化功能，这也给笔者提供了本土民俗传播研究的一个良好的机遇。

关键词：仪式传播；"抬黄杠"；文化共享；民俗演出；非物质文化遗产

仪式观视阈下西和县乞巧节传播研究

刘欣然　兰州大学硕士学位论文

摘要：乞巧文化距今已有 2000 多年的历史，是我国极富代表性的一种传统文化。其在全国范围的流传各有特点，在不同地域拥有着不同的文化表象。其中甘肃省西和县"乞巧节"因仪式内容丰富、群众基础深厚、流传时间持久的特点，被誉为中国乞巧风俗的"活化石"。

本篇论文从传播学领域的仪式观理论出发，以节日仪式作为切入点，通过参考相关文献，并辅以田野调查的方法，将西和县"乞巧节"的传播情况作为研究对象，从"乞巧节"的歌舞、象征符号以及场域等方面进行分析，考察仪式活动中所产生的各类传播元素，进一步领悟审视一项仪式对于当地民众、社会的影响。

笔者在初步了解此项节日的历史背景之后，首先描述了当地节日仪式中歌舞表演概况，研究了以歌舞形式为传播手段的表现功能；第二，节日活动中所带来的情感传播，呈现了个体情感与集体情感的混溶状态，挑战了宗教研究中的圣/俗感情二分法，人们通过这场轻松愉快的活动打通了日常生活中的种种壁垒；第三，西和县作为乞巧仪式的生成与传播的核心，在节日期间建构了一种反结构化的社会空间，形成信仰的共同圈，将个体与群体交互，让女性群体跨出"门槛"；第四，论文从符号的象征性与传播符号的呈现出发，将仪式看作一个系统，分析"乞巧节"的象征符号及其文化表达与传播隐喻，研究认为：西和乞巧文化的传播仪式在自由活泼的传受互动模式中，创造出了一种区域文化共同体。最后，在进一步分析了这一古老民俗的传播构成因素与传播现状之后，基于仪式观的视角，对节日进行了回顾与思考，提出当前节日传播过程中所遇到的问题与粗浅的反思。

本文在詹姆斯·凯瑞的仪式观视角下，对西和县乞巧节仪式的传播进行了歌舞、情感、场域、符号等方面的呈现，进而探讨民俗文化传播的意义所在。希望借助乞巧活动中的经验，为考察其他传统文化提供一些启示。

关键词：传播仪式观；乞巧文化；符号隐喻

儒释道传播交往观念研究

作为媒介的身体——儒道身体交往观的系统考察

赵晟　厦门大学博士学位论文

　　摘要：近年来随着复兴中华文化热潮的兴起，以促传播学本土化为目标的华夏传播学蓬勃发展。在此背景下，本研究将交往的身体视为研究对象，以中国传统文化中的儒道思想作为研究内容，以建立传统文化影响下中国人的系统的身体交往观为研究目标。在具体的研究过程中，试图将中国文化与西方经典传播学的研究范式进行对话。

　　本文首先关注了以老庄为代表的道家思想，考察他们以"涤除玄览"的内向传播方式为基础，所建构的"有无相生"的身体交往观。然后考察了以孔孟为代表的儒家思想，讨论他们"修身明德"的内向传播方式，以及儒家以形塑"德性身体"为目标的身体交往观。总结了儒道两家在具体实现途径上有所区别，却在终极的目标与理想上不约而同地对身体交往的思考和观念。接着，文章重新发现了在内向修身的身体交往过程中起着"把关人"作用的"明德之道"，以及自我认知式的"明德自得"在身体交往中所发挥的作用。因此，将身体交往分成了内向修身与外向表达两个部分进行分别考察。从身体的各个感官包括视觉、听觉和综合了嗅味觉的"气"的概念入手，探讨了儒道的身体交往场域中的内向修身部分。并从身体形象表达的各个面向包括"面子"、服饰与动作上切入，详细地分析并讨论了儒道的身体交往场域中的外向表达部分。最后总结出深受儒道传统思想影响下的中国人所普遍具备的，由内而外又贯通合一的，内向修身与外向表达相结合的，循环往复的身体交往观。进而在探讨了这种身体交往观可能存在的失范与越轨后，借以观照当今的人们的生活实践，以期古为今用。

　　关键词：身体传播；儒道思想；媒介

从君子之交看先秦儒家人际传播思想

杜欣　安徽大学硕士学位论文

摘要： 文以化人，文化的重要功能在于对人的陶冶和熏陶。君子文化作为中华优秀传统文化的重要组成部分，以其独特的精神气质和品格在历史长河中熠熠生辉，浸润着一代又一代华夏儿女。"君子之交淡如水，小人之交甘若醴。"由君子文化深发而来的"君子之交"是华夏传播当中一个非常特殊的人际传播范畴，是一种理想类型。这种交往模式既是东方的，又是中国的，古往今来不仅受到了历代思想家及文人士大夫的广泛认同和高度赞赏，还得到了社会各阶级人士包括平民百姓的一致肯定和大力推崇。

《论语》是儒家诠释君子文化的经典著作，记录了先秦时期儒家对君子的修养风范、价值尺度、行为规范、胸怀境界、操守准则及目标追求等方面的详细论述。本研究重点运用文本分析法和文献研究法，将《论语》文本作为研究中心，辅之以《孔子家语》《孟子》《荀子》《礼记》等儒家相关典籍及史学著作，将人际交往的过程大致划分为相遇、相交和相持三个阶段，分别从这三个阶段来剖析"君子之交"的交往模式，具体论述它是一种怎样的交往模式？在这交往模式下应该如何进行交往以及这种交往模式对于当代中国培育和谐人际关系以及构建和谐社会的现实意义。

论文一共分为五章内容。第一章是相关概念论述，主要介绍了君子文化和君子之交，通过对君子一词历史演变的梳理，明确了君子文化的基本内涵；并对本文研究的"君子之交"做了范围界定和特征概括。第二章到第四章是论文的主题部分，这三章集中论述了"君子之交"模式下交往如何进行。第二章分析了在相遇阶段君子交往的前提，包括交往的总体原则和君子的个人修为；接着阐述了君子间交往所形成的以"趣缘"为中心的传播关系以及在这种关系下君子交往的对象，即与什么人交往，不与什么人交往。第三章论述了在相交阶段君子如何运用语言这一媒介来进行交往，包括君子说话的态度，说话的分寸，说话的时机以及语言的修饰四个方面的内容；接着从修身齐家、为官从政两个维度来论述君子交往的主要内容。第四章分析在相持阶段君子交往的传播规范及传播效果，君子在交往之时，不仅要树立礼的观念，学习礼的知识，懂得礼的准则；还要以礼的标准来要求自己，在实际行动中去践行礼。君子是对古代哲学"和"的彰显，以君子形象体现"和"，通过"君子之交"来构建天下"和达"的理想境界，是以"君子之交"的传播效果。最后一章谈"君子之交"对当下以利益为核心的世俗交往的影响，由此思考这种交往模式对于规范交往行为、端正交往理念，培育和谐人际关系的启发。

关键词： 君子文化；君子之交；儒家；人际传播

慧能思想的传播路径研究

潘心颖　华南理工大学硕士学位论文

摘要： 禅宗六祖慧能吸取中国本土思想文化对禅宗进行了改革并创立了具有岭南特色的南禅宗在传播过程中有空间、时间、文化维度上的选择。岭南文化中凡事求诸于内的文化特性与特殊的地理环境，为禅宗文化在岭南的形成与传播提供了各种有利条件，对于禅宗的兴盛也至关重要；出生于岭南的六祖慧能，受岭南文化和佛教文化的影响使其有利于吸纳和兼容禅宗文化，创立具有鲜明特色的南宗禅。六祖慧能吸收《金刚经》与《涅槃经》后开悟，其思想体系于岭南隐匿到寺庙传法的过程中逐渐成熟，得出"世人主本自净，万法在自性"理论，助其完善顿悟思想的理论体系，其思想形成的先天性和必然性值得我们深入挖掘。南禅宗兴旺发展下禅寺与信众激增，慧能思想在空间传播中由不同地区、对象开展的弘法过程把其影响扩展到全国，同时取得统治者推崇，让南宗逐步取代北宗的官方地位，成为中国禅宗的主流。"不立文字，顿悟成佛"的弘法原则和修行规则的简易化，对传统佛教的革新，也深深地影响着当地传统民俗生活的各个方面，慧能思想以信仰为载体满足信徒精神需要的同时得到广泛传播。至近代，慧能座下五家法脉由虚云和尚承继，并对近代的禅宗文化传播做出了巨大贡献。禅宗对岭南各领域的文化渗透不断加强，并且传播到邻国扩大其影响范围。禅宗在岭南的传播取得了理想的传播效果，禅宗传播的实践当代仍在继续，慧能的禅宗思想在中国的成功传播与传播路径和方式的正确选择有着不可忽视的关系，根植于自身文化特性的思想体系和修行方式使慧能思想传播的范围得到阔张。慧能思想的传播特点决定了本文所采用的论述方式和研究方向。本文的创新及特色在结合思想传播与空间文化、历史因素、文化维度三方面考察六祖慧能的禅宗思想形成及其传播特点。

本文从传播学角度梳理六祖禅宗思想在岭南的形成原因和历程，梳理慧能思想时间、空间意义上的传播路径与思想演变的相互影响；探究慧能思想的传播路径中慧能禅学思想的特性与岭南文化之间的共通性；分析针对不同地区与对象的弘法方式；归纳慧能思想的成熟过程；从海内外民间信仰阐述慧能思想的传播效果，为慧能思想研究提供传播学视角的研究途径。对了解和发展文化传播存在现实意义。

关键词： 慧能；传播路径；岭南文化；禅宗文化；南禅宗

媒介与中华文化传播研究

孔子的媒介记忆传播及其当代价值研究

王闯　郑州大学硕士学位论文

摘要： 孔子是中国文化的代表，是中华文明承上启下的关键人物，还是世界上公认的教育家和思想家。孔子倡导仁义礼智信的道德伦理思想，提倡为政以德的政治思想和有教无类的教育思想，这些思想渗透在中国人的生活中，成为个人培育和社会教化的文化基因。孔子记忆延续千年，印刻在世世代代的中国人的记忆中，更成为中国文化面向世界的一张名片。近年来，孔子热潮再次兴起，于丹的《论语》解读，胡玫执导的电影《孔子》，中英合拍的纪录片《孔子》，祭孔仪式的重新延续，孔子学院的全球设立，以及国家领导对孔子的赞扬，都表明孔子记忆正被唤醒和复苏。

作为一种文化记忆，孔子记忆并非仅存于人脑中的想象，而显现于具体的媒介之中。孔子记忆储存在记载孔子言行的《论语》之中，纪念孔子功绩的孔庙之中，以及周期性祭奠孔子的仪式之中，甚至还储存在儒生的身体惯习之中，视听媒介和网络媒介也为孔子记忆带来了全新的传播方式。借助这些身体的、文本的、建筑的、仪式的、技术的媒介，孔子记忆得以传承和发展，成为中国文化记忆的重要部分。

该研究采用文本分析法和实地调查法，以孔子的媒介记忆传播为起点，关注文本媒介、建筑媒介和仪式媒介，对《论语》、孔庙和祭孔仪式进行创新性阐释。认为《论语》是一种文本化的记忆媒介，孔庙是一种空间化的记忆媒介，以及祭孔是一种仪式化的记忆媒介，它们共同完成了孔子的媒介记忆的生成、维系、更新和传播。在文明冲突的全球化背景下，孔子的媒介记忆具有当代价值，可以为社会成员带来共同体情感的凝结，带来中国文化的认同，还有助于提升中国的文化自觉和文化自信。孔子记忆与和睦、和谐以及和平具有亲密的联系，这是孔子记忆对中国人民、中国文化乃至世界文明的重要价值。

关键词： 孔子；论语；孔庙；祭孔；媒介记忆；文化传播

中国孝文化的影像传播与价值建构
——以"寻找最美孝心少年"颁奖典礼为例

苏安宁　郑州大学硕士学位论文

摘要： 百善孝为先，孝文化是中国最重要的传统伦理美德，是中国传统社会与传统伦理关系的精神基础。孝文化对血缘伦理、社会伦理以及政治伦理等产生了重要的影响，对中国人优秀道德品质的形成也起着重要作用。但伴随社会的转型，人们的价值观发生巨大的变化，出现了道德滑坡，信仰迷失，孝道意识淡漠以及拜金主义、享乐主义、个人主义盛行等现象。因此弘扬孝文化，建构正确的核心价值观就很有其必要性和紧迫性。

"寻找最美孝心少年"颁奖典礼是中央电视台举办的"寻找最美"系列大型公益活动的一部分，自 2013 年以来，每年在全国范围内寻找最美孝心少年，然后评选十组最美孝心少年进行表彰。典礼播出 6 年以来，受到了人们的广泛关注与好评。"寻找最美孝心少年"颁奖典礼，通过凝练优美的影像语言表达、情感化纪实化的叙事风格、独特鲜明的人物形象塑造等，为我们展示了最美孝心少年的孝心爱心事迹，传播了社会正能量，也带给人真善美的心灵震撼。"寻找最美孝心少年"颁奖典礼本身就是一个大型仪式，具有强大的传播效果和影响力。它采用的"三段式"的仪式结构，以充满童趣的舞台设计、营造温馨氛围的灯光、凸显希望明亮的色彩，将富有象征意义的符号与仪式空间中蕴含的价值传递给观众，既呼应了仪式主题，也强化了人们的情感认同。

孝是中华民族传统美德，对"最美孝心少年"的传播，在德育价值、情感价值、激励价值等方面有着重要的建构作用，可以成为有效化解道德焦虑的心理力量，也对改善社会风气，弘扬社会主义核心价值观起到重要的推动作用。笔者运用叙事学、仪式传播、符号学、结构主义等理论方法，对"寻找最美孝心少年"颁奖典礼进行深入分析，探讨孝文化的影像化传播、研究孝文化的价值认同与伦理建构，期望能为中国优秀传统文化的当代发展贡献一分力量。

关键词： 孝文化；影像传播；仪式空间；价值建构

文学与华夏传播研究

汉代谶纬传播研究

杨芸　四川师范大学硕士学位论文

摘要：谶纬作为流行于汉代的重要社会思潮，对两汉的方方面面都产生着重要的影响，有着独特的社会意义。因而，研究这一文化历史现象反映的社会历史面貌和人们的思想以及表达方式将是一个有趣的课题。本文题目是《汉代谶纬传播研究》，核心关键是"传播"，所以笔者将围绕"传播"的五大要素，具体研究汉代谶纬的传播情况。

绪论部分，概括汉代谶纬传播研究的现状、提出本题目的研究方法，整理有关学界关于"谶""纬"概念及二者关系的各种观点。笔者认为，最初的"谶"指应验的预言，到后来发展成为一种神秘预言和占卜吉凶的文字或图像，而"纬"是对经的解释和延伸。至于二者的关系，"谶""纬"产生之初，各自独立，两者发展到西汉末年时，受政治环境的浸染，逐渐合流。

首先，探讨两汉谶纬的传播者，依据各自身份、社会地位的不同，分为帝王、大臣、百姓三类。列举各个阶层在谶纬传播活动的具体行为，分析各自的传播目的。

其次，梳理汉代谶纬的传播内容，笔者从某一或一系列的社会历史事件中，探索谶纬内容的本质给汉代社会带来的独特作用。分为新五德终始说；王朝命运；抨击外戚，讽刺后妃；怨恨时政，抒发不满四类。

接着，总结汉代谶纬的传播方式，依据传播学关于传播方式的认定，笔者拟定伪造符命、师徒传授、谶谣传唱、刻石记碑、著书立说五种传播方式。然后，分析汉代谶纬的接受者，介于两汉谶纬传播的复杂性，笔者将从"五德终始论的接受"以及对"图谶宣布于天下的接受"，两个具体的谶纬事件出发，探讨当时民众的接受群体、心理认同以及反馈行为。紧跟，研究汉代谶纬传播的发生机制，谶纬的出现总是伴随着一种自然或社会现象的出现，联系到一种祸福由来，与王朝命运、政治大人物的兴起密切相关，最终形态表现为语谶或符谶的出现。关于谶纬在两汉传播甚广的原因，笔者认为是社会衰败、敬畏心理和谶纬信仰、功利性驱使三方面共同推动的结果。

最后，探索汉代谶纬传播的特点与效果。传播特点表现为传播形式的多样化、传播范围的区域化、传播过程的神秘化、传播者和接受者的双向性、传播中蕴含丰富的文学性。传播效果依据传播学理论的研究，分为三个层面，一是谶纬共识的凝聚，二是谶纬舆论的引导，三是谶纬行为的示范。其中，谶纬中蕴含着丰富的文学性，传播者便利用汉字的构造，丰富的想象，描写的奇特、华丽的辞藻、工整的句式，以及用典、夸张、比喻、隐喻等修辞手法，来描绘或象征所喻的人物或事件，寄希增强传播内容的神秘性和说服力，以此达到更大的传播效果。

谶纬是靠"传播"实现的，继而本文着重在于探讨谶纬在汉代的传播过程，研究它的传播者、传播内容、传播方式、接受者、传播效果尤为重要。最终我们还要将谶纬的传播放置在当时的社会环境中，探寻当时的汉代社会、政治给予谶纬发展所需的何种养分，揭示谶纬在汉代传播的发生机制，从而突显出谶纬这一特殊历史文化现象对汉代民众思想方式、行为方式、生活方式的影响。

关键词：汉代；谶纬；传播

中唐乐府诗传播研究

闫向博　沈阳师范大学硕士学位论文

摘要：随着乐府学的成立，乐府诗受到越来越多的学者关注，在各个方面都出了许多成果，本文着重从乐府诗传播的角度进行研究。乐府诗创作的兴盛情形与其能够广泛传播的原因有着密不可分的关系，故从传播的视角去考察乐府诗的创作就具有了独特的价值。本论文选取中唐时期的乐府诗进行研究，从中唐乐府诗的创作与传播背景、传播者、传播方式和传播效果四个方面，对该时期乐府诗传播对创作产生的影响进行论证和考察，论述内容共分列四章：

第一章中唐乐府诗传播背景。由于当时政局变革的影响，文坛上出现了复古与革新的思潮，内忧外患的形势对政府机构造成冲击，原来盛极一时的乐府机构逐渐变得衰弱，对各部门人员的约束力下降，有相当数量的乐工和歌妓走出宫禁进入民间，同时得益于乐府诗人对自身作品的传播越来越重视，这些因素组合起来形成了中唐乐府诗创作与传播的大背景。

第二章中唐乐府诗传播主体。通过对该时期主要传播人员进行梳理，传播主体可分为创作者、歌妓和民众三类。创作者和传播主体之间既有合作又有分工，二者共同谱写了中唐乐府诗的繁荣乐章。

第三章中唐乐府诗传播方式对乐府诗创作的影响。以歌舞宴饮、书写唱和、口口相传为主的传播方式对乐府诗的写作内容、命题方式和艺术手法均产生了重要的影响，主要表现为诗酒之作盛行、歌舞描写增加、乐府新诗创作丰富、衍生出同题作品、新翻乐府出现、民俗内容入诗、内容写实化和艺术通俗化八大方面，通过诗文内容与当时社会现状相互印证，得出乐府诗的创作正是得益于类型多样的传播方式。

第四章中唐乐府诗传播效果。主要论述传播效果对乐府诗创作的影响及意义。乐府诗凭借多样的传播方式在当时社会形成了巨大的影响力，受到了统治者的关注和下层民众的青睐，创作者也借用乐府诗体的创作为统治者传达了自身的政治主张，并以期得到君主赏识达到仕进目的。同时满足了民众的娱乐需求，进一步激发了乐府诗人的创作热情，最终促成了乐府诗创作的新变，这种新变对于乐府诗本身和整个诗歌的发展都具有重要意义。

关键词：中唐乐府诗；创作；传播者；传播方式；传播效果

第五部分　华夏传播研究期刊论文摘要

华夏政治传播研究

"史论监督": 一种中国特色的政治监督机制溯源

李东晓、潘祥辉《新闻与传播研究》2019 年第 10 期

摘要: 博大精深的中国史学对世界文明的贡献不止于发明了一种自成体系的、连续性的记录方式, 更在于它发展出了一种通过历史书写与传播来实现对现实政治的监督功能, 即"史论监督"功能。"史论监督"是一种融历史的客观记录与史家的主观评价于一体的历史叙述方式, 这种"史论合一"的叙述即可收政治监督之效。"孔子作《春秋》而乱臣贼子惧"就是这种"史论监督"功能的突出体现。"史论监督"是一种植根于中国特定历史传统与文化心理基础上的传播监督方式, 极具特色。"史权天授""尊史崇古"及"敬畏文字"等文化传统, 使得"史论监督"极具合法性和效力。"史论监督"无须诉诸"舆论"或大众传播, 从监督方式、时效、范围及内在肌理而言都不同于"舆论监督"。在前大众传媒时代, 中国特色的"史论监督"模式发挥了约束古代君权及官僚权力的作用。尽管秦汉以后"史权"旁落, 但"史论监督"模式仍具效力。传统"史论监督"模式对近代以来中国新闻业及新闻理念的影响也不容忽视。

关键词: 史论监督; 舆论监督; 政治监督; 政治传播; 本土传播学

"书同文"：中国古代政治制度变化与媒介变革影响研究

赵云泽、杨启鹏《现代传播》2019 年第 5 期

摘要：文字作为一种媒介，其形态变革对于社会有着深远影响。文字不仅有着信息传递的功能与作用，更是一种权力的象征。在秦时期，文字第一次在中国范围内实现了最大程度的统一。"书同文"既是秦统治者对于文字的规范与简化的过程，也是秦依托这一变革实现文化统治和制度重塑的过程。文字统一使得秦朝"以吏为师"的思想得以推行，延续两千多年的皇权专制思想自此得到确立；同时，作为媒介革命的"书同文"也为高效率的文官统治提供了条件，"理性政治"的雏形开始出现，对于民族想象共同体的形成也起到了至关重要的作用，为中国古代社会超稳定结构的形成奠定了基础。

关键词：书同文；媒介革命；君主专制；法制

北宋政府时政舆论管理研究

魏海岩、刘非凡、杨丽丽《中原文化研究》2019 年第 3 期

摘要：宋代是古代中国时政舆论发展的高峰时期，政府针对时政评论建立起了一套非常严密的管理机制：统一的时政新闻发布机制、法规管理机制、监察机制。统一的时政新闻发布机制是由都进奏院统一发行邸报、进奏院月报，以及其他不定期新闻出版物的方式实现的。舆论法规管理是通过制定法典和临时出台敕、御笔、指挥等规章来完成。监察机制包括以御史台、谏院和皇城司为代表公察、私察两套机制。宋代的时政舆论管理是约束规范和主动利用并行的，较之前代有相当大的进步。但当时的舆论管理也存在舆论监督滞后、利用虚假舆论打击政敌等负面效应，其根本原因在于舆论本质与皇权专制特点两者间的格格不入。

关键词：宋代；时政；舆论；管理

论"除目"及"除目流布"背后的政治传播

刘晓伟《新闻与传播研究》2019 年第 5 期

摘要：有关除目的性质，尚未有定论。从文献记载看，除目并非中国古代官报，而是官吏的人事任免信息，经常成为邸报的内容。除目事涉人事机密、注重保密性，可以经由商议决定，并且有可能被"封还"。这些都不符合古代官报应有的特征。从政治信息流动的角度看，除目的拟制有着严格的拟制主体和拟制程序规定，并且具有一定的纠错程序。除目的公布主要由官文书、邸报和"小报"三种媒介途径构成。适度的人事政治信息流动有助于士大夫阶层内部的信息沟通和互动，同时起到了内部舆论监督的作用，有利于塑造士大夫阶层的共同体意识，巩固封建王朝的统治。

关键词：古代官报；除目；政治传播

宋代灾害信息的传播与管控

方燕《西南民族大学学报（人文社会科学版）》2019 年第 2 期

摘要：宋代自然灾害频发，不同程度地冲击着当时的社会秩序。在危机状态下，政府将灾害信息纳入管控的范围，努力建立有效的信息传输渠道，健全制度，规范管理，以保证信息的上通下达，为救灾决策和行动提供积极支持和有力保障。

关键词：宋代；自然灾害；灾害信息；传播；信息管控

以《左传》为中心论战争过程中的信息传播

王竹波、陈雷《安顺学院学报》2019 年第 3 期

摘要：春秋时期战争过程中的信息传播活动，据《左传》的记载可分为三个阶段，战争之前建构信息传播网络、战争期间应用信息传播网络和战争之后扩大传播影响。战争过程中的信息传播即时性强，要求快速做出反应；战争过程中的信息传播波及范围比较广；战争是重要的信息传播方式和手段；在信息传播技巧方面，人们注意到一些宣传性、象征性、仪式性的活动在信息传播过程中的作用，并在军事活动中加以利用。人类很早就已经成功的建立起一整套，运用于军事活动的信息流通与扩散的渠道，春秋时期是频繁、娴熟运用的阶段。

关键词：信息传播；战争；春秋时期;《左传》

中国古代王权合法性建构——一种舆论学视角的考察

张丹《新闻界》2019 年第 3 期

摘要：王权合法性的建构一直是古代统治者和士大夫阶层政治实践的重要内容，历史学与政治学等学科对此的研究颇为深入。本文采用舆论学视角，考察中国古代王权合法性的建构，尝试为古代中国的研究提供另一种面向，同时也为拓展传播学自身研究范畴和锻造本土化传播观念做积极尝试。舆论不仅是感知社会的"皮肤"，也是制约权力的"力"，对中国古代王权合法性建构而言，它大致通过四个舆论指向：神、圣、王、民，逐渐完善合法性的书写。每种舆论指向背后的建构逻辑虽有不同，但它们之间并非相互隔绝的单向度演进，而是在历史变迁中滥觞、摩荡、交融，并最终汇成一种广泛而通达的王权舆论思想。

关键词：政治传播；王权；合法性；舆论

儒道传播思想研究

"反者，道之动"：老子的受众观念系统考察

谢清果、潘鹤《周口师范学院学报》2019 年第 4 期

摘要：老子思想蕴含着深邃的中国人的传播智慧，已经成为中国传播思想史研究的有机组成部分。引入受众理论来诠释老子思想中的受众观念，以"反"字的含义作为线索，从"对抗""循环""复归""否定"四个层次，系统地解读《道德经》中的受众观念。

关键词：老子；反；受众；传播观念；华夏传播

传播困境：庄子传播思想的一种诠释

张兢《西安财经学院学报》2019 年第 1 期

摘要：庄子以如椽之笔，对完美传播的图景进行了勾勒，对人类认识的有限性以及由此产生的"成心之见"进行了批评与反思，对于语言文字的先天局限性进行了分析与阐述，在此基础上对传播活动提出了诸多建议与忠告。庄子认为，人类陷入传播困境的原因有两个：一是因认识有限而生发"成心"，因"成心"而有"成心之言"，如此相摩相荡，使传播活动陷于成见之境难以摆脱。二是语言是静止的、有限的，以此静止有限的语言来表达无限变动的客观世界时，便会陷入传播困境。基于此，他提出，对于以撒播真理为使命的传播者而言，应该怀有"精诚之心"，理性看待认识的有限性，确立高远的传播主体境界观，这样才有可能从传播困境的泥淖中摆脱出来。这些深邃的洞见至今依然具有振聋发聩的力量。

关键词：庄子；"成心之见"；语言局限性；传播境界

道家内向传播的观念、路径及其目标

谢清果《未来传播》2019 年第 2 期

摘要：道家传播思想研究领域中言语传播思想研究居于主流地位。不过，道家内向传播思想的特色则更鲜明。为此，笔者相对系统地提出了道家独特的内向传播意识、道家的主我客我观、道家内向传播的途径与目的，从而将道家传播思想研究推向深入。

关键词：道家；内向传播；吾丧我；游

哈贝马斯交往行为理论视角下的稷下学宫

谢清果、赵士洁《广西职业技术学院学报》2019 年第 4 期

摘要：中国传统社会缺乏公共传播的生存土壤，自然也少有不受政治压制的公共空间。然而百家争鸣时期的稷下学宫却展现出一定的"公共性"。本文创新性运用哈贝马斯的交往行为理论，来检验交往理性、交往行为的"四个有效性"、理想言谈情境在学宫的实现，并对多元主义的批判进行了辩证的思考，揭示了稷下学宫百家争鸣现象对于文化的多元、繁荣、进步的重要历史意义。

关键词：稷下学宫；公共性；交往行为理论；哈贝马斯；华夏公共传播

华夏说服传播：孔子说服传播模式探寻

余梦琦《东南传播》2019 年第 2 期

摘要：春秋战国诸侯争霸之时，是华夏说服传播在华夏大地上最为"欣欣向荣"之时。在百家学说中，儒家学派最重"道德"在修辞中所扮演的"春风化雨"的角色，这也影响着几千年来中国人在说服传播行为中的表现。同时，儒家思想中所强调的道德修养与今天中国当代社会也具有高度契合的一面。在本研究中，笔者将以儒家说服注重"道德感化"的特色为出发点，试图为孔子说服传播建立一个以外在修辞与内在道德统一的说服传播模式，并探讨这种说服传播模式所具备的现实意义。

关键词：儒家；道德修养；说服传播；修辞

孔子的道德理想与礼乐文化传播

兰甲云、艾冬丽《伦理学研究》2019 年第 1 期

摘要：行礼道，致中德。行乐道，致和德。人道主体为基于仁爱之心的礼乐之道，行基于仁爱之心的礼乐之道，能致中和之德，能成谦谦君子。基于仁爱之心的礼乐之道，为阳道、君子之道。礼乐相对而言，礼为阴，乐为阳。礼分阴阳，乐也分阴阳。礼乐皆蕴含阴阳之道。乾阳能够各正性命，利贞性情。大同社会与天下为公是孔子的道德理想，孔子的道德理想基于仁爱之心。选贤于能、讲信修睦是实现道德之治的主要手段。礼治与礼乐文化是孔子实现德治的中介环节，是实现小康社会的主要手段和通向德治的主要途径。儒家基于仁爱之心的礼乐文化是中国传统文化的核心与主体，礼乐文化贯穿于道统、学统、宗统、政统之中。以礼治为主体、以德治为理想、以法治为底线的综合治国理政思想是我国古代礼乐文化政治化的最大特色。

关键词：礼乐文化；中和之德；礼治；德治

老子的自我修养传播思想探析——基于人内传播理论视角

王平、马潇湘《传播力研究》2019年第22期

摘要：道家思想强调敬畏天地自然、重视自我内在修养，主张自由、宽容与公平。作为道家文化的起源人老子更是强调道法自然，多次论述自我的修养。这与传播学理论中的人内传播思想相契合。生活离不开传播，传播锁于生活之中。人内传播是其他所有传播活动的基础，认识自己、表现自己获得更好的他人评价，不断地进行自我修养，道家思想中老子的哲学思想在很早就给出了如何进行人内传播，表现出良好的"主我"形象，获得社会良好评价的"客我"。

关键词：老子；自我修养；思想传播；人内传播；内省式思考

先秦道家情感传播研究——以"庄子之情"为例

庄晓东、丁建雄《学术探索》2019年第6期

摘要：庄子看似无情，实则情浓。因道家思想侧重于内向传播，重视直觉的自我体验，往往话中有话，意在言象之外。从人际情感传播方面看，人情有"真情"和"伪情"之分。真情源于内在，由"天机"发动，纯而不杂，自然流露。真情融入了独特的内向传播智慧，不寻求外界的认同，是一种"依然故我"的良好状态；"伪情"则盲目外求，靠"智巧"搏利，在人际传播活动中会丧失自我，还会伤害他人。在情感交流活动中，庄子强调要"去伪存真"。进一步，庄子提出了"真人之情"，这是基于真情的一种升华和转换，是察乎盈虚、明乎坦途、悟透死生后的一种达观通透之情。此情臻于道境，是天人合一之情，是"不情之情"，是"道是无情更有情"。今天对"庄子之情"进行现代阐释，无疑具有重大的学理价值和现实意义。

关键词：庄子；情感传播；内向传播；真人之情；现代阐释

同归殊途：彼得斯与庄子对"交流失败"原因的比较研究

谢清果、王婕《东南传播》2019 年第 12 期

摘要：笔者立足于中西传播观念比较的视角，首先梳理了彼得斯《对空言说》中的传播观念史研究思路，探讨"交流失败"观念的历史根源，剖析其"交流失败"观念的具体障碍。进而分析庄子对交流的态度，发现庄子和彼得斯在交流失败的成因、障碍的认知上存在超越时空的"貌离神合"。彼得斯着眼于"人为"，而庄子依托于"自然"，这正是彼得斯与庄子在交流认知差异上的根本区别之处，也正因如此，他们对交流问题的解决方式产生了方向性的差异。

关键词：彼得斯；庄子；传播观念史；交流

再论庄子传播思想与"接受主体性"——回应尹连根教授

姚锦云《国际新闻界》2019 年第 2 期

摘要：对庄子/《庄子》而言，传播意味着不同主体间的关系，主要在"意义理解和分享"以及"人类日常交往"层面。战国时代的庄子将"人与神"的关系改造为"人与道"的关系，后者又决定着人与人的关系。庄子有着现实世界和理想世界的张力，其理想体现为突破巫师中介的"绝地天通"，实现"心道合一"的新"天人沟通"。但庄子并未从现实世界完全退出，而是以"游世"的态度，保留了对人间沟通／交往的关切。庄子的核心传播思想可以用"接受主体性"概念表示，这是一种中国特色的传播观，通俗地说即以虚己之心接收大道，以得道之心自由交往。尹连根教授提出的"审慎"主张和主要建议较为可取，但"庄子没有传播思想"的论断和诸多其他观点则失之于偏颇。

关键词：庄子；传播；思想；概念；本土化；接受主体性；绝地天通；天人合一

庄子的"吾丧我":主体趋近世界的路径

李红《西北师大学报》(社会科学版)2019 年第 2 期

摘要:西方传播学研究是在主体预设的前提下展开的,而庄子的"吾丧我"却体现了不一样的主体性消解的逻辑,这是华夏传播研究可以为世界传播研究提供的贡献。庄子认识到,主体在世界中总有一种"无可奈何"的疏离感,与世界存在某种"间距";由于"物"被赋予价值而被客体化,从而使得主体常常陷落其中,无法获得自由、开放与敞开。正是通过语言的反思,附着在客体上的价值被清除,主体便摆脱了客体的纠缠而实现了自由。最根本的,还是通过"心斋""坐忘""凝志"等方式实现"吾丧我",即通过主体性的消解以实现主体的敞开,最终实现"物化"式的主客交融,以克服传播的沟壑。

关键词:华夏传播学;庄子;吾丧我;物化;符号

华夏地方文化传播研究

传播符号学视域下的藏戏传承探究

彭翠、格勒《西南民族大学学报（人文社会科学版）》2019 年第 2 期

摘要：藏戏作为藏族文化的重要传播载体和一种古老的戏剧艺术，学界对其传承已有一定的研究基础，但鲜有学者从传播符号学的角度予以探究。文章以文化他者的身份，借助文本、符号、媒介等传播符号学的研究方法，对传统藏戏的记录性媒介、呈现性媒介和心灵化媒介等主要表征做了符号的梳理和意义的阐释。并在此基础上，进一步对藏戏典型的传播符号、传播形式、传播效果以及藏戏的数字保护及其传承之道做出学理性的探究。

关键词：传播符号学；藏戏；民族文化；传播载体；文化传承

节日仪式传播的文化共享与信仰重塑
——以湘西苗族"四月八"跳花节为例

傅叶芝《传媒论坛》2019 年第 17 期

摘要：承载着民族记忆与信仰的湘西苗族"四月八"跳花节，是一个具有祭祖、联欢、缅怀英烈等多种意义的少数民族节日，从传播的角度来说，湘西苗族"四月八"跳花节作为民间节日仪式，在其传播过程中，通过某种符号纽带将成员聚集，从而维护社会共同体的稳定。但在此过程中，仪式与信仰又产生了割裂。本文以湘西苗族"四月八"跳花节为例，深入探究节日仪式在传播过程中的文化共享以及如何实现信仰重塑。

关键词：四月八；仪式传播；传播仪式观；文化共享

华夏出版史研究

赐与求：宋代御集在皇帝与大臣之间的传播

金雷磊《天中学刊》2019 年第 6 期

摘要：宋朝皇帝重视御集的编纂与出版。皇帝御集包括颂、碑、铭、赞、诗歌、辞章、乐府、论、述、序、箴、条记、文书等各种文体，内容丰富，包罗万象。御集编成，则在皇帝与朝臣之间传播，其传播渠道有下行和上行两种。下行传播主要是皇帝赐御集给大臣，这从大臣系列谢赐表中可以看出；上行传播主要是大臣请求皇帝赐集，这从系列乞降表可以看出。书籍作为传播媒介，在皇帝与大臣之间流动，彼此之间沟通有无，实现了知识和信息的传递。

关键词：赐集；求集；御集；传播

从"书"到"印"：论"版"的文化传播属性演变

喻发胜、张唐彪《出版发行研究》2019 年第 1 期

摘要："版"实为切分之后的木"片"，"判木为片，称之为版"，最初用于版筑。因材质的诸多优势，终用于文字的承载与传播。纸张发明、普及前，"版"作为文字最重要的直接书写载体，以简牍、版籍、版笏、版谒等多种形式存世；印刷术问世、盛行后，"版"转变为复制文字的中介物，表现为雕版印刷的"雕版"和活字印刷的"排版"。"版"既满足了古代传者的表达诉求，也满足了古代受者的求知需要，本质上属于"公之于众"式的大众传播行为，从而证明"出版"作为一种公开性的大众传播行为在我国古代早已有之。

关键词：木版；传播；雕版；排版；出版

赋权的转移：媒介化视角下的四书升格运动——以《中庸》为例

杜恺健、谢清果《现代出版》2019 年第 4 期

摘要： 本文从媒介化的视角出发，重新理解《四书》在宋代由子入经的过程。媒介有自身的思考环境和社会空间，能够重构社会的环境和知识的塑造。宋代的雕版印刷所带来的媒介变革是一种积极的社会进程，它打破了寺院对于知识的垄断，使得知识以多种方式被理解。在此之后，雕版印刷在科举以及日常生活中的使用，赋予了印本书籍以权威地位和文化主体地位，印本书最终于作为皇权政治话语的一个特殊象征而成为神圣的经典。但儒家的印版书被作为经典确定下来之后并没有一成不变，而是同时发生着变化，它自己本身也在逐渐打破这种权威。《四书》在这一过程中逐渐取代了以往的经典而成为新的经典，朱熹的《四书章句集注》则是这一经典化过程的完成。

关键词： 媒介化；中庸；雕版印刷；四书升格运动

华夏传播理论探索

光耀门楣：华夏传播对沟通路径的社会学理解

吴伟《东南传播》2019 年第 9 期

摘要：门是我们日常生活中随处可见之物，作为实体的门，既分隔了两个原本相连的空间，又沟通了内部空间与外部环境之间的联系，成为社会交往沟通的一种媒介。作为制度化的门，又建构着儒家礼教中等级秩序的观念，是寒门子弟光耀门楣的精神依托，同时也组建了具有相同属性的群体身份集合，在中国传统文化中同样担任着文化传播的功能。作为精神交往的门，一方面蕴含了分离与统一于一体的矛盾观，另一方面又体现了公共空间与私人领域的界限。总之，门作为传播的媒介，不仅诠释了其沟通内外、进行交流的本质，更是阐释了华夏传播中对于社会路径的共同理解。

关键词：门；传播媒介；社会表征

说服的艺术：华夏"察言观色"论的意蕴、技巧与伦理

谢清果、米湘月《现代传播》2019 年第 10 期

摘要："察言观色"是中国传统"家天下"文化背景养成的说服传播技巧。在梳理"察言观色"词源学与哲学意蕴及其历史流变的同时，引入戈夫曼的社会情境理论与米德的符号互动论来加以阐释，从而论述了"察言观色"在中国说服传播视阈中的深刻内涵，剖析其产生的社会制度背景和传播结构，总结出其艺术表现，并在与古希腊说服的比较中阐发出其背后蕴含着的中国传统传播艺术伦理。

关键词：华夏传播；察言观色；情境社会学；符号互动论；说服伦理

再论视觉之势：传统、内涵及其合法性
——基于中西比较的视野

李红《南京社会科学》2019 年第 2 期

摘要：文章通过与西方视觉修辞表意传统的对话，发现中国文化中"势"可以作为一种视觉修辞的新范畴。视觉之势在效能上体现为接触与促动；在内涵上体现为某种不平衡的引发力。通过对于视觉之势合法性的探讨，文章发现视觉之势的范畴可以被置于修辞批评的传统中，并且体现出中国文化主体性克减的批判逻辑。

关键词：势；视觉修辞；语言；表意；华夏传播

中国礼的教化传播思想及当代价值

张兵娟、刘佳静《郑州大学学报》（哲学社会科学版）

摘要：礼教是关于"礼"的意义传递、思想交流、情感互动的行为规范。礼的教化不仅包含教育观念、政治观念、文化观念，也体现出"传播的仪式观"。礼教传播是一种价值体系和行为规则的建构和实践。教化传播始终强调以"仁""礼"为本，通过人生之礼、祭祀之礼、生活之礼等传播仪式和形式，意图从个体的自身修养做起，最终达至个体德性与社会道德共同发展的目标。对于礼教思想，我们要去其糟粕，取其精华，解读、阐释礼文化中优秀的德育内涵，结合时代要求，进行创造性转化和创新性发展，为构建现代道德教育理论体系提供丰富的思想源泉。

关键词：礼；礼文化；教化；媒介；传播

共生交往观的阐扬——作为传播观念的"中国"

谢清果《西北师大学报（社会科学版）》2019 年第 2 期

摘要：近年来，"中国"日益成为学界热议的关键词，如何理解"中国"的内涵，成为中国崛起迫切需要理解和传播的问题。传播学界应当如何回应这一问题呢？一个可行的方案便是将"中国"阐释为一种传播观念，即具有中国特色的"共生交往观"。因为"中国"是中国人的精神信仰，内含着沟通、合适、中和等传播观念，从而确保中华文明绵延了五千年。当今世界，"中国"是一种元传播符号，它集中代表着一种新的交往气象：以"文明中国"的姿态坚守"中道"传统；在世界交往中阐扬"共生"精神。总之，"中国"是一种负责任，敢担当的宏大传播叙事主题与象征符号。

关键词：华夏传播学；中国；传播观念；共生交往观；元传播符号

先秦谥法与一种中国特色的人物品评机制

潘祥辉《华夏文化论坛》2019 年第二十一辑

摘要：先秦谥法是中国古代一种独具特色的人物品评机制，它包含着对一个人品德、功业与行状的描述和"终极评价"，为君臣上下所重视。早在孔子的"春秋笔法"之前，先秦谥法就发挥着"一字褒贬"的评议功能。先秦谥法既是一种公开的传播机制，也是一种"无声的舆论"，包含并内化了一套社会评价机制。与后世谥法相比，先秦谥法的"名实"较为相符，"子议父，臣议君"现象较为普遍，表现出比较鲜明的"民主评议"色彩及追求"客观公正"的精神。先秦谥法也开创了中国"以德取人"的品评传统。先秦谥法这种根据人物德行给予谥号，进而对人物进行褒贬和道德评定的做法，以及对"名实相符"的追求，实开中国特色的"传播公共性"之先河，值得纳入新闻传播史的研究视域。

关键词：先秦谥法；谥号；评论史；传播史；传播考古学；华夏传播学

瞽瞍传诵：先秦"盲媒"的传播考古学研究

潘祥辉《西北师大学报（社会科学版）》2019 年第 2 期

摘要："瞽瞍传诵"是源自远古口传时代的一种文化传播传统，对华夏文明影响至深。在中国上古，"瞽瞍"虽系盲人，却享有崇高的社会地位。这种地位与瞽瞍作为"盲媒介人"的传播教化职能息息相关，"瞍瞍修声"指明了"盲媒"在上古传播体系中的职责与功能。作为中国历史上最早的一批职业传播者，"瞽瞍"在上古"乐教"与"声教"体系中占据着核心地位，瞽矇传诵的传统直接影响了先秦文献的形成和传播。"瞽矇"之所以成为"媒介人"并被委以重任，在于其杰出的沟通天地的能力和超常的听力及记忆力。随着礼崩乐坏的东周社会的来临尤其是文字书写的普及，"瞽矇传诵"的传统逐渐衰落。尽管西方社会也曾出现过"瞽矇传诵"的传统，但两种传统存在差异。极富中国特色的"瞽矇传诵"传统构成了华夏文明宝贵的文化遗产，也彰显了华夏文明的源远流长。

关键词：瞽矇；盲媒；媒介人；媒介史；传播考古学；华夏传播学

"交通"天人：商周时期巫文化演进的传播学考古研究

钱佳湧、刘辰辰《国际新闻界》，2019 年第 11 期

　　摘要：传播不止于现实世界中的信息传递和意义共享，同时也包含人们在现实世界与超越世界之间寻求沟通的努力。这种努力在中国古代体现在"巫"这一特殊职业群体"交通天人"的沟通活动中。初民社会中，这种天人之际的沟通活动更多是基于生存的现实需求而产生的对超自然神秘力量的崇拜和模仿。"绝地天通"之后，兼行巫职的"王"垄断了"交通天人"的权力，并通过将权力秩序视作宇宙运行秩序之现世映射的方式合理化了权力集中化的现实。随着"天人合一"思想的出现，个人文化道德品质抽象出来的价值系统开始取代超自然的、具有实体性的神秘力量，成为统治者在"交通天人"中意欲沟通的对象。由此，现世权力秩序的合法性途径也从寻求外在于人的神祇之赐福与授权转变为统治者本人在文化道德品质的超然地位。

　　关键词：传播考古；巫文化；神圣性

媒介与华夏传播研究

礼之起源——中国古乐的媒介功能观新探

谢清果、张丹《郑州大学学报（哲学社会科学版）》2019 年第 3 期

摘要： 礼乐是中国传统文化的主干，华夏文明也被冠以"礼乐文明"之称。"相须以为用"的礼与乐，经历原始氏族社会到夏商周三代的不断结合、发展、演进，逐渐形成中华礼乐文化的基本形态。在"礼"文化滥觞期，融诗、歌、舞于一体的中国古乐作为一种礼制秩序（关系）形塑的"媒介"和礼文化生成的实在力量，承载着人神（祖）之间信息传递、引渡神性、解密"天启"信息等媒介性功能，"礼乐协同"，进而成为中国传统社会治理中系统而完善的政治符号媒介。

关键词： 礼；乐；复合媒介；符号媒介；政治传播

器以藏礼：中国玉器的传播功能及其当代价值

张兵娟、刘佳静《现代传播》2019 年第 2 期

摘要： 玉器作为具有中国特色的器物，既是一种载体，也是一种符号。它承载了中国灿烂辉煌的礼乐文明，象征着"以玉事神""以玉彰礼""以玉为美""以玉比德"的核心理念。它既表征中国人的价值追求、审美理想、伦理观念、生命智慧，也成为融合了用器、祭器、礼器及书写媒介等多重特性的载体。从传播学的视角，全面阐述玉器的媒介特征、传播功能与文明表征，揭示了中国特有的"器以藏礼"和"器以载道"的符号价值和精神内核，深入挖掘了玉器传播与中国文明起源、崇玉情结与传承中华文明核心价值理念，以及作为"玉魄国魂"的玉器在表征、建构民族精神中所发挥的重要作用。

关键词： 媒介；礼文化；传播功能；文明表征

中国古代书院的文化传播功能研究

梁青青、张雪蓉《新闻知识》2019 年第 3 期

摘要：中国古代书院是中国传统社会的一个文化教育组织，同属于文化的范畴。千百年来，

书院与官学分庭抗礼，得到官府和民间的重视。本文从文化传播学的视角，对书院的文化传播功能特征、文化传播表现载体进行了梳理，并总结了书院文化传播对古代社会的影响。

关键词：书院；文化传播；功能

中国古代文化载体的历史滥觞与知识传播的发展衍化

刘振东、耿兆辉《河北大学学报（哲学社会科学版）》2019 年第 1 期

摘要：中国古代思想的文本载体经历了一个从刻木结绳到甲骨简帛再到纸版印刷的发展过程。随着文本载体的历史演化，文本创作主体与思想传播的动机与目的也存在一个发展流变的历史进程。文本作者的思想表达与阅读者对其思想原意的认知领会程度，二者之间存在内在关联与疏离张力，这无疑成为知识传播与文化理念传承的关键性影响因素。在中国古代传统社会，这一关键因素主要体现为专制政权对文化领域思想创造与文化传播的强行干预。

关键词：知识；阅读；思想；道

中国上古时期的媒介革命："巫史理性化"与文字功能的转变及其影响

赵云泽、董翊宸《新闻与传播研究》2019 年第 7 期

摘要：通过对甲骨文、鼎彝金文起源、孕育文化及记述内容的详细考察后发现，甲骨文向金文转变，并不是简单的文字介质转变，而是伴随着"巫史理性化"过程

的一次媒介革命。它标志着宗教信仰、权力结构、社会文化、文字传播内容的全面颠覆性的变革。以卜辞为内容的甲骨文转向沟通社会事务为内容的鼎彝金文，意味着文字从"人与神"的媒介转变为"人与人"的媒介，完成了社会理性交往战胜原始宗教的第一步。周作为中国历史上第一个超越血缘的文明共同体也由此诞生，以世俗文化为主的中华文明的基石也由此奠定。

关键词：巫史文化；理性化；文字功能；甲骨文；鼎彝金文

媒介与诗歌：宋代邸报诗的新闻传播活动价值

刘大明《国际新闻界》2019 年第 6 期

摘要：在中国古代新闻史上，邸报作为官方信息发布的主要媒介载体，满足了士大夫阶层了解朝廷动态的信息需求，成为宋代独具特色的新闻信息传播活动。对于士大夫来讲，他们不仅对官方信息有了精神依托，而且有了评价对象，并由此产生了"读邸报诗"。这些随感而发的邸报诗，其内容涉及政治活动、军情战报、社会文化等方面，对于研究宋代新闻传播活动均有重要的价值。

关键词：宋代；邸报诗；新闻传播活动；价值；士大夫

中华文明的历史记忆传播与文化认同建构
——以大型电视文博节目《国家宝藏》为例

张兵娟、刘停停《新闻爱好者》2019 年第 1 期

摘要：中华民族的历史文物是文明发展的轨迹，延续着一个国家和民族的文化记忆，需要我们一代又一代的传承与守护，更需要与时俱进、推陈出新。《国家宝藏》作为一档文博探索节目，在传承中国文明、文化认同以及传承创新方面作出了积极、有益的探索。笔者主要借助中国文物，从激活文物、凸显文明特色，讲述中国记忆、传承历史文脉，凝聚情感共识、促进认同建构等几方面阐析《国家宝藏》，以表现其传承文化记忆和构建文化认同的双重传播意义。

关键词：国家宝藏；历史；文化记忆；认同

《国家宝藏》文化自信的传播学解读

潘高、张静、张凯《广西师范学院学报（哲学社会科学版）》2019 年第 4 期

　　摘要：文化自信的构建是新的时代命题下传播者的责任与担当。作为文化综艺节目之典范的《国家宝藏》，创新节目传播方式，在力求摆脱精英文化语境的同时，在传统文化的发扬传承与社会价值的引领方面保有其内在的精英气质，以文化自觉挖掘华夏文明资源，以搭载情怀弘扬文化精髓，提升文化自信，充分体现了"大国之重器"。《国家宝藏》折射出来的正是在新的时代命题下，文化传播者主动讲好中国故事、阐释好中国特色的文化自觉，同时也体现了从传播学角度建构文化自信的创新。

　　关键词：文化自信；《国家宝藏》；传播学；创新建构

文学与华夏传播研究

历史与文化的积淀：比干文化传播的原理探析

孔伟、张静莎《河南科技学院学报》2019 年第 7 期

　　摘要：比干文化是以比干为基点衍生出来的文化，并通过多种方式进行传播。以文化传播学的理论对比干文化进行观照，可以挖掘出比干文化传播的原理：从"文曲信仰"看比干文化的增殖原理，从"财神崇拜"看比干文化的变迁原理，从"杀身成忠"看比干文化的积淀原理，从"谱牒祖训"看比干文化的适应原理，从"郡望堂号"看比干文化的圈层原理，从"迁播繁衍"看比干文化的融合原理，从"谏诤精神"看比干文化的维模原理。因为，比干文化在传播过程中不断维模、适应、融合、增殖、变迁、积淀，并以林姓祠堂、文曲神庙和文财神庙等祭祀场地为依托逐渐形成比干文化圈，故能影响深远，传播广泛。

　　关键词：比干；历史；文化；文化传播；维模；增殖

传播学视域下的李白与魏万交往论

程宏亮《苏州科技大学学报（社会科学版）》2019 年第 3 期

摘要： 李白诗文集自行于世而传至今，凝聚着古代文献编纂者和刊刻者的心血、智慧和社会责任，唐进士魏万无疑是李白诗文及其事迹传播链上的重要一环。魏万倾力传播李白，与他对李白的崇拜及由此形成的动人的交往密切关联。李白与魏万的交游堪为古代文人交际之典范。自传播学视角观之，李白与魏万的交往行为可分为四次信息传播过程，其传播结构鲜明地呈现出互动性、传受主体的角色交替性、传播过程之相互连接与交织的系统化特点。促进李白与魏万之间传播机制高效运作的积极因素较多，其中共通的意义空间，互动平衡的主、客我意识，以及积极的情境因素尤为重要。解构李白与魏万交往的过程与细节，揭示交往关系形成的动力之源、运行机制与互动效果，对于复现李白经典所反映的文人生活、研究李白重要文本的生成机理、提取李白因子并使之成为当代文化产业发展的建构要素，均具有一定的价值和意义。

关键词： 李白；魏万；传播学；唐诗

诗性传播：中国姓名的大众传播之道

李海文、谢清果《教育传媒研究》2019 年第 6 期

摘要： 姓名文化是中国文化的重要组成部分，是研究华夏传播的重要切入点。经研究发现，中国姓名在大众传播过程中，富有诗性特征。首先是编码往往与诗歌互化，其次是传播渠道往往借助诗歌，再次是传播者与受传者往往爱用诗歌，最后是反馈往往离不开诗歌。诗性传播可谓是华夏大众传播之道。

关键词： 姓名；华夏传播；大众传播；诗歌

试析《红楼梦》的传播力

欧翩翩《传播力研究》2019 年第 29 期

摘要:《红楼梦》是个巨大的话题,"传播力"也是个巨大的话题。谈论《红楼梦》的传播力,首先应界定理论视域"传播力"的内涵和外延,其次是将《红楼梦》置身于一种动态的传播过程中,分析这部巨著从诞生、发展至遍布全球的传播现象,彰显《红楼梦》深远而持久的影响力,具体表现在《红楼梦》的传播特征和传播效果上。

关键词:《红楼梦》;传播力;传播效果;现代性价值取向

论《山海经》在两汉传播的历程和方式

顾晔峰《江苏社会科学》2019 年第 1 期

摘要:《山海经》在两汉的传播局面可谓热闹非凡,然而对于其传播历程及其传播方式,却鲜有研究。依据传播学理论并结合相关文献的分析、梳理,纵向勾勒《山海经》在两汉传播的轨迹,并分析其传播载体,可由此描绘这一传播历程所折射出的汉代社会思想。

关键词:《山海经》;《史记》;两汉;传播历程

华夏文明传播研究

天下一家：新时代人类文明交往观的中国气派

谢清果《广州大学学报（社会科学版）》2019 年第 3 期

摘要： 随着我国国际影响力的日益提升，有必要对如何优化人类文明交往规则提出自己的思考，形成自己的方案，为建构人类命运共同体提供思想支撑。文章认为，中国儒家的"四勿"说与"内圣外王"思想，包含了和谐交往、理性交往的品质，具有疗救文明偏差的功能。道家的"三宝"说高扬慈心济世的高尚品格，夯实了人类交往的心灵基础。习近平总书记在十九大报告中关于"一个尊重，三个超越"的人类文明交往观的表述，继承了中国传统文化"天下一家"的理念，体现了中华文明的独特气派。

关键词： 天下一家；新时代；文明交往；中国气派

文明传播视野中的"中国模式"与"中国故事"

白文刚《新闻与传播评论》2019 年第 6 期

摘要： 近十多年来，"中国模式"成为国际社会，特别是西方讨论中国发展，建构中国国家形象的一个热门概念，但中国在对内、对外传播中却尽量避用这一概念，把这一概念的解释权拱手让给了西方。总体来看，西方国家对"中国模式"的评价大体分三种类型：第一种是承认其存在并对其持积极肯定的态度；第二种是承认其存在，但对其持否定的态度，特别是将其视为对所谓"西方模式"的挑战和威胁而予以激烈批判；第三种是根本否定"中国模式"的存在，傲慢地认为中国根本不配产生一种发展模式。准确理解和正确回应西方对"中国模式"的评价，需要从文明传播的视野切入。从文明传播的视野来看，西方国家对"中国模式"的评价从根本上来说基于其特定的意识形态和文明立场，是大国竞争世界史观和文明冲突观念的产物，既显示了其极其自负的文明优越感，又展现出其强烈的文明衰落焦虑。基于这样的传播语境，中国在对外传播中应该积极准确地使用"中国模式"这个概念。这既是回应国际话语，争夺"中国模式"话语解释权的需要，更是讲清楚中国故事，展示文明自信的需要——"中国模式"这个概念，不仅能够涵盖中国的道路、理论、制度自信，而且还可以涵盖基于更深层的文化因素的中国发展的内在逻辑和方向的必然性，鲜明地展示了中国发展的必由之路和中华民族由文明自卑走向文明自信的精神状态。在运用"中国模式"讲述中国故事时须从基于长时段、更符合人类文明传播史实质的文明对话的新世界史观出发，以便突破基于短时段和西方近代文明特点的大国竞争旧世界史观带来的话语困境，准确地辨明"现代中国"这一概念中包含的"中国的现代"和"现代的中国"这一关涉现代中国根本发展思路关键问题的相互关系，更好地讲清楚"现代中国"的历史方位和价值追求，体现中国的文明自慎，防止落入大国竞争和文明冲突的陷阱，在全世界塑造良好的大国形象。

关键词：文明传播；中国模式；中国故事；话语权；文明对话世界史观

文明共生论：世界文明交往范式的"中国方案"
——习近平关于人类文明交流互鉴重要论述的思想体系

谢清果《新疆师范大学学报（哲学社会科学版）》2019年第6期

摘要：新时代的中国正积极有为地参与全球治理体系的建构与完善，为此中国有必要适时提出世界文明交流互鉴的应然模式，为构建"人类命运共同体"的大国外交和"一带一路"倡议的行稳致远提供思想资源与精神动力。在此背景下，习近平总书记高瞻远瞩地提出了"一尊重、三超越"的人类文明交往观念，深刻把握人类文明传播与发展的规律，倡导文明对话，从而创造性地用"文明共生论"回应西方的"文明冲突论"，进而站在引领国际民心所向的制高点，树立起中国作为人类文明交流互鉴推动者的大国形象，力争以"中华新文明主义"的豪迈姿态，从容地走近世界舞台中央。

关键词：新时代；文明交往观；文明传播；人类命运共同体；中国方案

文质彬彬：中国礼乐文明的传播思想

张欢《美与时代》2019 年第 11 期

摘要：中国古代是礼乐文明的国度，小到立身行事，大到治国理政，都以礼乐教化为根本。礼乐思想也渗透在《诗》《书》《礼》《乐》的教化中，希望可以培养文质彬彬的君子。"文质彬彬"最早出现在《论语·雍也》，"质盛文则野，文胜质则史，文质彬彬，然后君子"。孔子的这句话道出了儒家理想人格的典型表征。如果质朴超过文采就会显得粗野，而文采胜过质朴便会显得浮夸，只有当文采与朴实兼备时，方称得为君子。在历史发展的长河中，文质彬彬一直作为中国人强有力的身份标志，传播着中国人内外兼修的文明教养，更是文明大国的有力象征。

关键词：礼乐文明；文质彬彬；传播思想；当代意义

中华新文明主义的共生交往特质

谢清果《今传媒》2019 年第 1 期

摘要：中华文明作为一种独特的文明样态。相较西方霸道的文明主义扩张，中华文化追求仁道的新文明主义传播，换言之，中华文明以和谐传播为本质，从理论上和实践上都彰显出区别于西方"文明冲突"的"文明和谐"的崇高旨趣，洋溢着富有活力与人类共同价值的全球文明沟通理念，即对话、中和、共生的交往理念，我们称之为"中华新文明主义"。当代中国在积极参与世界治理的情景下，这一历久弥新的交往理念对于指引中国再造中华文明，使中华文明更具可沟通的品格，更能熔铸世界其他文明形态，进而推动自我综合创新，促进人类文明交流互鉴。

关键词：中华新文明主义；文明传播；文明和谐；文明冲突；共生交往

走出华夏文明传播的现代困境

钟海连《教育传媒研究》2019 年第 6 期

摘要： 近年来，学界围绕"华夏文明传播"的诸多问题展开热烈讨论。一方面，这源于华夏文明自身所具有的历久弥新的巨大魅力；另一方面，信息时代里，传播学对于各个学科、各个领域的涉足，正引起人们越来越多的关注、重视与思考。在广泛阅读整理先贤时彦真知灼见基础之上，本文结合华夏文明的特质，集中思考了其面临的"理"与"相"的困境；进而指出，科学传承、平等对话是走出其困境的可行途径。

关键词： 华夏文明；传播；传播学；困境；思考

构建人类沟通共同体的理论依据、可能路径及其价值取向

谢清果、徐莹《传媒观察》2019 年第 6 期

摘要： 近年来，中国政府倡导的"人类命运共同体"的理念引发全球关注。"人类命运共同体"理念的提出首先是根植于博大精深的中华优秀传统文化，而"人类命运共同体"的实现则离不开"人类沟通共同体"的形成和发展。为此，本文选取"天下""中""一"这三个中华文化沟通智慧中的核心范畴，来探讨中国文化精神中对人类沟通共同体的形成可能、必由之径和众望所归的系统论述。具体说来，其一，"天下"理论为人类沟通共同体的沟通主客体、沟通内容和沟通方式提供了理论基础，并指明了建构的可能——融通天下；其二，"中道"智慧为人类沟通共同体建构提供了路径与方法，进而阐发儒道佛三家对于人类沟通共同体建构在内向传播、人际传播和大众传播方面的启示——中和至上；其三，"天人合一"理论为人类沟通共同体提供了价值原则与终极目的，从而阐释了人类沟通共同体需要达到的最高境界。

关键词： 人类命运共同体；天下；中；一；人类沟通共同体

中国文化全球传播的媒介逻辑与社交融入创新

晏青《南京社会科学》2019 年第 7 期

摘要：中国文化与大众传播并不存在天然联系和内在规定性，两者的偏正性表述是在"全球化——现代性——传播"的历史演变和话语脉络中勾连。中国文化螺旋式发展与作为国族沟通和符号承载的"传播"具有话语同构。当下新的传播体系更新文化传播假设与理念，促成中国文化在时间（现代继承）和空间（全球传播）领域的协调发展。尤其传播助推的全球化和本土化、传统与现代的博弈中，作为地方性知识和传统意蕴的中国文化的边界得以拓展，而将中国文化汇入世界主流社交媒体的交往实践是实现进入全球"日常生活"的一条途径。

关键词：传统文化；全球传播；文化交往；传播创新

中华典籍传播研究

《齐民要术》的历时传播及其影响因素
——基于传播学视角的初步分析

党晓虹《中国农史》2019 年第 1 期

摘要：《齐民要术》的传播是其得以在世界农业发展史上产生巨大影响的关键机制。然而，对其传播史的整体性研究却付之阙如。本文基于传播学的视角，运用文本分析方法，以厘清《齐民要术》的传播轨迹、动因、内容、效果及其影响因素。研究表明：承载的重农思想、丰厚而实用的农业知识与技术、"自上而下"的强力推动、形式多样的传播媒介不仅使《齐民要术》被后世农书大量引录，还对海内外的农业生产产生深刻影响。同时，传播主体的精英化、传播方式的口语化也制约了《齐民要术》的精准传播乃至推广应用。

关键词：《齐民要术》；历时传播；"五 W"模式；文本内容分析法

中国古代典籍对传统社会舆论的型塑探究

谢清果、徐莹《南京晓庄学院学报》2019 年第 3 期

摘要：中国古代典籍对传统社会舆论的生成影响巨大，集中表现在对传统舆论的舆论主体、舆论环境、舆论工具及舆论传播效果层面。通过探讨古代典籍在引导、引发、控制舆论的主要路径，可以剖析统治者是如何利用典籍引导和控制舆论的。在此基础上，希望能够有助于理解和把握当代社会如何通过典籍的解读和传播更好地引导社会舆论，进而铺设贴合中国文化形态和价值观念的理论基础。

关键词：古代典籍；华夏舆论；舆论作用机制

华夏传播研究心路历程

华夏传播研究的初心、求索及其方向

谢清果《广西职业技术学院学报》2019 年第 6 期

摘要： 华夏传播研究之所以能够发展成为传播学中国化进程中的一道亮丽风景线，是因为她始终坚持将"中华文化立场，全球传播视野"作为自己的初心，一方面求索中华文化何以延续五千年的传播学原理，一方面展望人类和平共处的传播学机制，永恒将"心怀天下"作为华夏传播理论的特质，在与西方文明对话中不断发展中国传播理论。

关键词： 华夏传播研究；中国传统文化；传播理论

我与华夏传播学体系的建构（上）

谢清果《广西职业技术学院学报》2019 年第 5 期

摘要： 2006 年，作者进入厦门大学新闻传播学院工作，从此开启了继承学院华夏传播研究传统以及个人不断创新的学术之路。在过去的 13 年中，作者一方面发挥学科背景优势，开拓了老子传播学这一研究领域，另一方面，也配合学院的发展构想，闯进了海峡传播研究领域，并在这一过程中，努力将二者汇入华夏传播研究，从而走出了一条属于自己的学术研究之路。

关键词： 华夏传播研究；华夏传播学；老子传播学；海峡传播研究

我与华夏传播学体系的建构（中）
——以"华夏内向传播"理论提出的过程为例

谢清果《广西职业技术学院学报》2019 年第 6 期

摘要： 华夏内向传播是华夏传播学体系建构的基石，更是华夏传播学的特质所在。作者以自己建构华夏内向传播理论的历程为例，传递了学术研究和理论构建的若干经验，如从自己熟悉的学科进入，同时要善于寻找背景学科和传播学的契合点；要遵循学术研究的一般规律；要以点为基础，逐步构建属于自己的网络化、体系化理论体系；要善于反思，大胆突破现有的传播学理论；华夏传播学的构建是一个顶住压力、破除质疑、力证自我的过程。作者认为，华夏传播学这一新生事物，必将在中国学术之林中占有一席之地，就如同学界承认"中国哲学""中国科学"在哲学界和科学界中的合法地位一样。

关键词： 内向传播；华夏传播学；儒家；道家；佛家

华夏传播研究书评

华夏传播研究的历史回眸与书写范式的求索
——从评介《华夏传播学引论》讲起

王婷《东南传播》2019 年第 3 期

摘要： 华夏传播研究几乎是伴随着中国改革开放一路走来的，四十年来华夏传播研究从无到有，在几代学人的不懈努力和艰苦探索之下取得了一个又一个的阶段性成果，在传播学本土化——中国化的求索之路上做出了许多有价值的宝贵尝试。《华夏传播引论》一书系统回眸了华夏传播研究的发展历程、代表人物和理论收获；以现代学术意义上的传播学为理论进路，探索了华夏传播研究的书写范式，将五千年华夏文明中的传播思想、传播人物、传播活动、传播媒介纳入内向传播、人际传播、组织传播、大众传播、跨文化传播的视野下予以考察；并且具体剖析了华夏传播中的说服传播、舆论传播、公共传播、媒介批评、文艺传播、宗教传播等传播现象；内容涵盖华夏传播的大传统和小传统，论从史出，引人入胜，堪称一道引领广大读者进入华夏传播领域的津梁。

关键词： 华夏传播；历史回眸；书写范式；大传统；小传统

华夏传播研究学术会议综述

开启礼文化传播研究的新篇章
——郑州大学首届"礼文化与华夏传播研究"会议综述

刘停停《新闻爱好者》2019 年第 6 期

摘要：2019 年 4 月 13 日，由郑州大学新闻与传播学院和华夏传播研究会发起的首届"礼文化与华夏传播研究"工作坊在郑州大学新闻与传播学院成功举办。本届工作坊以"新时代 新路径 新发展"为理念，共分为"会议主题发言""华夏传播研究分享""青年学者礼文化研讨"和"博士生礼文化论坛"四个部分。专家学者们从传播学本土化出发，探讨中国文化、华夏传播、先哲智慧、礼乐文明及其与中国、世界发展的时代关联，在学术争鸣过程中探索内在脉络，在扎根文化历史中推陈出新。

关键词：礼文化传播；华夏传播

第六部分　华夏传播研究著作摘要

《庄子的传播思想》，谢清果等著，九州出版社，2019 年 12 月

内容简介：本书是专门探讨《庄子》一书传播思想的著作，本书分为三篇，从自我传播、人际传播、政治传播、口语传播、情感传播、礼乐传播、家庭传播等角度探讨庄子对社会传播现象的尝试与思考，丰富了中国传播思想史的研究。为相关研究的丰富提供了一定的借鉴价值。

《华夏文明研究的传播学视角》，谢清果等著，厦门大学出版社，2019 年 12 月

内容简介：全书分三篇：上篇主要从学理层面探讨华夏文明传播的理论特质，为探讨中华民族的传播实践提供理论支撑；中篇主要从社会实践层面探讨中国人如何在生活传播中体出自己的操作性规范；下篇主要介绍中国传统社会中日常生活的占卜、风水，文人雅士的吟诗作词，以及国家间的和亲之举，系统地建构了传播学视角下的华夏文明演展概况。

《共生交往观：文明传播的"中国方案"》，谢清果等著，九州出版社，2019 年 09 月

内容简介：《共生交往观：文明传播的"中国方案"》突出的贡献便是首次提出"共生交往观"，并以此来标志中华文明能够奉献给世界的传播方案。此外，还提出了"中华新文明主义"概念，努力以此来提出中华文明以"共生"为旨趣而区别于西方的文明优势思潮，进而以"文明共生论"来代替西方的"文明冲突论"。《共生交往观：文明传播的"中国方案"》不仅首次概括人类文明交流互鉴的模式，并以此作为人类文明交流的共同价值，将为进一步研究人类文明交流互鉴重要论述奠定基础。

《中华文化与传播研究（第四辑）》，谢清果、钟海连编，九州出版社，2019 年 03 月

内容简介：本书研究以中国传统文化的传播为核心展开组织架构。把传统文化细分为具体文化板块，每一个板块设置一个主持人，各个板块既相对独立，又密切相连，把传播学与中国传统文化进行了有机的融合，可以为传播学及传统文化研究者提供新的研究路向与方法。

《中华文化与传播研究（第五辑）》，谢清果、钟海连编，九州出版社，2019年 05 月

内容简介：《中华文化与传播研究》为厦门大学新闻传播学院研究成果之一。《中华文化与传播研究》研究以中国传统文化的传播为核心展开组织架构。把传统文化细分为具体文化板块，每一个板块设置一个主持人，各个板块既相对独立，又密切相连，把传播学与中国传统文化进行了有机的融合，可以为传播学及传统文化研究者提供新的研究路向与方法。

《中华文化与传播研究（第六辑）》，谢清果、钟海连编，九州出版社，2019年 09 月

内容简介：《中华文化与传播研究（第六辑）》将以体认传播学建构为主题，探讨中华很好传统文化在体认传播方向的理论建构，从而彰显华夏传播理论的研究价值。此外，还将有妈祖文化传播研究板块，乡村文化传播研究板块、盐文化传播、贤文化与组织传播研究、华夏研究研究等板块。

《华夏传播研究（第二辑）》，谢清果编，中国传媒大学出版社，2019 年 12 月

内容简介：《华夏传播研究（第二辑）》策划了"纪念厦门大学传播研究所成立25 周年"专栏，邀请以不同方式参与过厦门大学传播研究所辉煌 25 周年历程的海内外朋友撰文，共同回忆华夏传播研究的过往，同时也展望华夏传播研究的未来，以勉励自己继续前行，也感召同行并肩同行，共同为传播学"中华学派"的早日形成贡献我们的智慧与力量。其他学术论文中既有前辈学者的不懈探索，又有青年才俊的接力求索；既有海内学者的共襄盛举，也有海外学者的遥相呼应。大家深切地感到，这是一个华夏传播研究必将兴起，也能够兴旺的时代，因为中华民族的文化自信正在形成，时代呼唤学者"文章合为时而作"，学者自然也积极地融入这个富有创新改革精神的时代，坚守"中华文化立场，全球传播视野"的自主意识，以开放包容的心态，发扬传统，立足当下，展望未来，沟通世界。

《中华传统文化传播研究举隅》，吉峰著，九州出版社，2019 年 07 月

内容简介：本书拟将儒释道为代表的中华很好传统文化进行钩元提要，以时代精神催发其恒在的精神价值，企望实现明体达用的学术目标。通过对中华传统文化的现代化包装，探索其很好的当代呈现方式，拓宽其文化传播路径。从费孝通所提倡的"文化自觉"逻辑延伸开去。本着贯通古今、融合中西的学术气度，提升国人的文化自觉、自信与自强，树立文化主体意识。特别是媒介高度融合的发展情状，对中华传统文化的传播多有助缘，应向深层次意蕴开掘。中华很好传统文化在优选化区域传播力的提升性研究，也有其未尽之蕴。这都是本课题研究之重点，力求从传播学等学科角度，提出行之有效的新传播范式。

《宋代信息传播与管控：以流言为中心的考察》，方燕著，中华书局，2019 年11 月

内容简介：在宋史研究中，有关体制性渠道信息供给的管控问题日益引起学界的关注，相比之下，关于国家权力对非正式渠道信息传播的支配和管理的研究则较为忽略。宋代形形色色的流言纠缠着复杂的社会心态和破坏因素，成为侵蚀政府权威和社会秩序的一股灰色力量，由流言而牵涉的相关问题折射着宋代社会的诸多面向，当是宋代历史研究中值得重视和深入发掘的议题。该成果主要以流言为中心考察宋代信息传播与管控，在概述宋代信息传播与政府规制、解读流言生发语境的基础上，分别从政治流言、经济流言、军事流言和灾异流言等方面进行较为系统深入的探讨。具体来说，将流言重置于"社会场"中加以审视，通过个案解析揭示流言的生成机理、流布规律以及应对机制，把握流言突生、运行和衰亡的动态过程；对流言传者和受者进行分析，比如"谁"散布流言，"怎样"和""为什么散布流言？哪些人从流言的传播中获利？传受双方的互动关系怎样？通过对流言文本的分析把握流言的建构过程、传播层级和介质、各层级间的信息流动和影响因素、信息陈述内容及意向所发生的丰富变化；以心理分析为研究取向，透视被压抑在流言深处的社会不安心态和利益诉求，分析不同阶级、阶层和社会集团在特定历史时期的心理状况，探讨流言传播的心理效应。该研究提供了一个观照宋代社会的独特视角，勾画立体的社会生活镜像，同时也为当今社会流言的认识、预防、消解和控制提供宝贵的历史借鉴。

《传播学视域下的茶文化典籍英译研究》，龙明慧著，浙江大学出版社，2019年12 月

内容简介：本书从传播学视角，围绕拉斯韦尔的 5W 模式，以茶圣陆羽所撰《茶经》英译本为例，结合茶文化典籍翻译传播外部环境，综合考察茶文化典籍翻译传播过程中翻译主体、翻译内容、翻译受众、翻译媒介等各环节对茶文化典籍翻译传播效果的影响，归纳当前茶文化典籍翻译存在的问题，提出在数字新媒体时代，切合新的信息传播方式和读者阅读习惯的茶文化典籍创新翻译模式，为更有效地进行茶文化典籍以及其他类似文化典籍的翻译和传播提供借鉴。本书为浙江大学中华译学馆"中华翻译研究文库"之一。

第七部分　华夏传播研究课题立项目录

2019 年度教育部人文社会科学研究规划基金、青年基金、自筹经费项目

序号	学科	项目名称	项目类别	申请人	学校名称
1	哲学	海上丝绸之路：儒家经典首次西传中的拉丁文译本研究	青年基金项目	高源	中山大学
2	宗教学	晚清传教士安保罗诠释儒学经典的借鉴与启示研究	规划基金项目	胡瑞琴	鲁东大学
3	宗教学	海上丝绸之路女神信仰研究：以东南亚为例	青年基金项目	霍然	北京外国语大学
4	语言学	汤显祖戏曲英译的叙事研究	规划基金项目	曹迎春	江西师范大学
5	语言学	多维视角下闽台语言与文化交流研究	规划基金项目	李仲民	闽江学院
6	语言学	中国先秦教育思想英译与传播研究	青年基金项目	李宗政	山东理工大学
7	语言学	先秦叙事语篇结构类型及模式研究	青年基金项目	刘巍	沈阳大学
8	语言学	流布与扩散：清代以来胶东方言演变研究	青年基金项目	刘一梦	中国海洋大学
9	中国文学	元代交通与诗歌研究	青年基金项目	黄二宁	北京体育大学
10	外国文学	中华文化域外影视传播研究	规划基金项目	邓凡艳	湖南大学
11	政治学	儒家文化创造性转化问题研究	规划基金项目	吴淑芳	华中师范大学
12	民族学与文化学	礼俗传统与中国民俗学理论话语建构研究	青年基金项目	胥志强	华中师范大学
13	新闻学与传播学	科学哲学视野下的元传播学研究	规划基金项目	廖金英	四川外国语大学
14	新闻学与传播学	仪式传播思想史研究	规划基金项目	刘建明	武汉大学
15	新闻学与传播学	媒介视域下宋代的政治传播与基层社会治理研究	规划基金项目	徐燕斌	武汉理工大学
16	新闻学与传播学	古代丝绸之路谣谚传播研究	青年基金项目	傅绍磊	宁波大红鹰学院
17	新闻学与传播学	民国传播观念史研究	青年基金项目	冯洁	上海工程技术大学
18	交叉学科/综合研究	中国石窟寺塑像传统塑造材料工艺特征及传承性研究	规划基金项目	王金华	复旦大学
19	交叉学科/综合研究	二十四节气传承创新研究	规划基金项目	应克荣	淮南师范学院
20	交叉学科/综合研究	庄子美学与古代书论研究	青年基金项目	姚艾	宝鸡文理学院
21	交叉学科/综合研究	基于碑志文献的唐代佛教空间扩散研究	青年基金项目	严春华	衡阳师范学院
22	交叉学科/综合研究	从想象到接触：文化身份危机视域下中国故事的跨文化对话研究	青年基金项目	李华君	华中科技大学
23	交叉学科/综合研究	木兰传说的时空流动和当代转化研究	青年基金项目	张静	华中师范大学
24	交叉学科/综合研究	中国古典诗歌十九世纪法译本对法国巴那斯文学的影响研究	青年基金项目	范喆	江南大学
25	交叉学科/综合研究	《文心雕龙》在英语世界的译介与接受研究	青年基金项目	戴文静	江苏大学
26	交叉学科/综合研究	明末清初"儒""耶""穆"伦理会通模式及其现代价值研究	青年基金项目	臧政	中南财经政法大学

2019 年国家社科基金年度项目

序号	课题名称	姓名	工作单位	所在省市	项目类别	预期成果	计划完成时间	所在学科	批准号
1	华夏文明传播的观念基础、理论体系与当代实践研究	谢清果	厦门大学	福建	一般项目	研究报告	2023/10/1	新闻学与传播学	19BXW056
2	元代以来南迁蒙古人与长江中下游地区蒙汉民族交往交流交融研究	双喜	长江师范学院	重庆	一般项目	专著	2022/6/30	民族学	19BMZ022
3	近代中国民族主义话语与美洲华侨认同研究	潮龙起	暨南大学	广东	重点项目	专著	2022/6/30	中国历史	19AZS012
4	北方海上丝绸之路史研究	朱亚非	山东师范大学	山东	重点项目	专著	2023/12/30	中国历史	19AZS014
5	中国五千年文明起源与连续性发展机制研究	田广林	辽宁师范大学	辽宁	重点项目	专著	2024/12/1	中国历史	19AZS016
6	宋代的汉唐观与国家认同研究	何玉红	西北师范大学	甘肃	一般项目	专著论文集	2023/12/30	中国历史	19BZS024
7	唐宋商业信息传播与经济发展研究	唐国锋	云南大学	云南	一般项目	专著	2022/7/31	中国历史	19BZS040
8	中华文化价值观视域下的唐代中韩关系研究	姜清波	暨南大学	广东	一般项目	专著	2022/6/30	中国历史	19BZS042
9	晚清的双语词典（汉英、英汉）与中国文化的对外传播研究	元青	南开大学	天津	一般项目	专著	2024/7/30	中国历史	19BZS061
10	中国古代乡村"耕读传家"传统习俗形成研究	胡克森	邵阳学院	湖南	一般项目	专著	2023/6/30	中国历史	19BZS124
11	《道德经》海外传播史及影响力演进研究	章媛	合肥师范学院	安徽	一般项目	专著	2023/12/31	中国历史	19BZS143
12	17—19世纪中国本草图像在日本的传播研究	杨卫华	常州大学	江苏	一般项目	专著其他	2022/6/30	中国历史	19BZS144

序号	课题名称	姓名	工作单位	所在省市	项目类别	预期成果	计划完成时间	所在学科	批准号
13	唐两京书写文化在敦煌、奈良的流布与传承研究	田卫卫	首都师范大学	北京	一般项目	专著	2022/6/30	中国历史	19BZS157
14	波斯史诗文献里的中西交通研究	刘英军	北京大学	高校	一般项目	专著	2024/6/30	中国历史	19BZS158
15	古代中日佛教外交研究	江静	浙江工商大学	浙江	重点项目	专著工具书	2024/6/30	世界历史	19ASS007
16	多维视域下夏文化形成研究	魏继印	河南大学	河南	一般项目	专著	2022/6/30	考古学	19BKG001
17	汉传佛教造像背光在东亚的传播与影响研究	金建荣	淮阴师范学院	江苏	一般项目	专著论文集	2022/12/31	宗教学	19BZJ022
18	清代多民族文学的版图分布与互动研究	马志英	北方民族大学	宁夏	重点项目	专著	2024/6/30	中国文学	19AZW022
19	《太平广记》在朝鲜半岛的传播与影响研究	孙惠欣	大连大学	辽宁	一般项目	专著	2022/12/30	中国文学	19BZW041
20	宋元时期文学叙事口头形态与书面形态关系研究	徐大军	杭州师范大学	浙江	一般项目	专著	2022/12/30	中国文学	19BZW046
21	中华多民族文学交融视域下的元诗研究	赵延花	内蒙古大学	内蒙古	一般项目	专著	2022/6/30	中国文学	19BZW083
22	英语世界明清戏曲的译介与研究	李安光	河南大学	河南	一般项目	专著	2022/12/31	中国文学	19BZW087
23	16 世纪欧洲视域下的《中华大帝国史》与中国形象研究	高博	北京大学	高校	一般项目	专著	2024/12/31	外国文学	19BWW012
24	明清小说续书在日本近世的传播与影响研究	勾艳军	天津大学	天津	一般项目	专著	2022/12/31	外国文学	19BWW016
25	王阳明思想在英语世界的译介与阐释研究	文炳	浙江理工大学	浙江	一般项目	专著	2022/8/30	语言学	19BYY099

续表

序号	课题名称	姓名	工作单位	所在省市	项目类别	预期成果	计划完成时间	所在学科	批准号
26	《论语》英译误读及其对中华传统文化海外话语体系建构的启示研究	李钢	湖南文理学院	湖南	一般项目	专著	2022/12/30	语言学	19BYY129
27	《墨子》在英语世界的翻译、传播与影响研究	王秀文	南京航空航天大学	江苏	一般项目	专著	2022/6/30	语言学	19BYY130
28	《尚书》古典文化负载词的日韩译介对比研究	金京爱	扬州大学	江苏	一般项目	专著	2022/12/31	语言学	19BYY200
29	儒家经典俄译符际文化信息守恒与失恒研究	佟颖	沈阳师范大学	辽宁	一般项目	专著论文集	2022/12/30	语言学	19BYY211
30	我国古代媒介制度研究	孔正毅	安徽大学	安徽	一般项目	研究报告专著	2022/12/31	新闻学与传播学	19BXW007
31	清代新闻传播史史料学研究	程丽红	辽宁大学	辽宁	一般项目	专著论文集	2022/12/31	新闻学与传播学	19BXW008
32	中国新闻传播交叉学科百年演进史研究	张振亭	南昌大学	江西	一般项目	专著	2023/12/31	新闻学与传播学	19BXW011
34	人类命运共同体视角下的孔子学院跨文化传播研究	刘志刚	中共江苏省委党校	江苏	一般项目	专著论文集	2022/6/30	新闻学与传播学	19BXW081
35	域外汉籍所见宋代僧人文化认同研究	纪雪娟	中国社会科学院	社科院	青年项目	专著	2023/12/31	中国历史	19CZS026
36	"一带一路"沿线佛教文明交流史研究	杨剑霄	清华大学	高校	青年项目	专著	2023/12/31	宗教学	19CZJ009
37	先秦名学典籍在英语世界的翻译、传播与影响研究	聂韬	电子科技大学	四川	青年项目	专著	2022/12/31	中国文学	19CZW013

2019 年地方社科年度项目

2019 年度浙江省哲学社会科学新兴（交叉）学科重大扶持课题立项名单

课题编号	课题名称	负责人	所在单位	成果形式	课题等级
19XXJC05ZD	智媒时代传统文化典籍视觉艺术创新研究	俞晓群	浙江科技学院	专著、论文	重大
19XXJC05ZD-1	智媒时代的传统文化典籍文本话语转换与数字化研究	王建华	浙江科技学院	论文	一般
19XXJC05ZD-2	智媒时代的传统文化典籍视觉艺术转换与呈现研究	宋眉	浙江科技学院	论文	一般
19XXJC05ZD-3	智媒时代的传统文化典籍视觉艺术创新成果应用的路径、机制与对策研究	吴刚	浙江科技学院	论文	一般

2019 年度山东省人文社会科学课题拟立项课题

序号	学科	课题题目	负责人	工作单位	推荐单位
1	文学	赛珍珠作品中的儒家思想及其跨文化传播研究	李晓丽	山东大学（威海）	省外国文学学会
2	文学	齐鲁文化沿"一带一路"传播的出土文献实证	刘昕	鲁东大学	鲁东大学社科联
3	文学	儒家"仁"文化助力"一带一路"国际合作研究	彭飞	山东外事翻译职业学院	山东外事翻译职业学院

2019 年度福建省社会科学规划项目立项公示名单

序号	所属一级学科	项目名称	项目类别	负责人	所在单位
22	马列·科社	中华优秀传统文化融入高校思想政治教育研究	B. 一般项目	刘有升	福州大学
66	新闻学与传播学	新媒体环境下传统古村落的智慧传播研究	B. 一般项目	黄秀莲	福建师范大学协和学院

续表

序号	所属一级学科	项目名称	项目类别	负责人	所在单位
120	艺术学	闽浙木拱廊桥空间环境记忆与文化传承发展	B.一般项目	张可永	福州大学
124	艺术学	明清时期闽台书画艺术传承发展与交流研究	B.一般项目	周明聪	龙岩学院
152	语言学	"一带一路"视域下华文教育传播福建优秀文化的策略与途径研究	B.一般项目	胡建刚	华侨大学
12	世界历史	古代福建与朝鲜半岛交流史研究	C.青年项目	徐丹	泉州师范学院

2019年陕西省社会科学基金年度项目拟立项项目

序号	学科分类	课题名称	负责人	职称	所在单位
1	哲学·宗教学	秦汉谶纬学史研究	何大海	讲师	陕西师范大学
2	历史·考古学	"一带一路"与陕西商帮文化传播研究	刘立云	助理研究员	陕西省社会科学院
3	历史·考古学	魏晋南北朝时期丝绸之路沿线人口迁徙与社会构建研究——以长安为中心	周海燕	讲师	西安外事学院
4	新闻学与传播学	"一带一路"背景下秦地文化对外传播研究	马俊	副教授	渭南师范学院

2019年度安徽省社会科学普及规划课题立项名单

序号	立项编号	课题名称	课题负责人	申报单位	备注
1	LZ201926	清代安徽桐城名儒家书家训的新时代价值和译介传播研究	张瑞娥	安徽科技学院	资助

2019年度吉林省社科基金一般自选项目立项名单

序号	项目名称	负责人	申报单位	项目类别
1	新媒体时代满族说部的传承现状及传播策略研究	邵丽坤	吉林省社会科学院	一般项目
2	宋末厓山行朝的文献整理及文学抒写的文化传承研究	闫雪莹	吉林财经大学	一般项目
3	中华古诗词英译外播的调查分析和分类整理	张天飞	吉林农业大学	一般项目

2019 年度河北省社科基金项目公示名单

序号	项目类别	课题名称	学科分类	项目负责人	所在单位	预期成果形式
1	一般项目	河北平山传统音乐文化整理与传播研究	艺术学	王晶	音乐学院	著作
2	一般项目	平山西王庄丝弦的保护、传承与发展研究	艺术学	张红娟	汇华学院	系列论文

2019 年度云南省哲学社会科学艺术科学规划项目立项名单

序号	项目名称	责任人	所在单位	立项类别	学科分类
1	云南佛教园林保护与传承的可持续发展研究	季熊	西南林业大学	青年项目	设计艺术研究

2019 年度四川省社科规划项目立项名单

序号	项目编号	项目名称	负责人	工作单位	项目类别	预期成果
1	SC19B080	文化融合视阈下的中古佛教类书研究	王侃	四川警察学院	一般项目	论文
2	SC19B131	中国古代文学传播中的名人效应研究	杜刚	西华师范大学	一般项目	论文
3	SC19KP026	中医药文化海外传播读本	唐小云	成都中医药大学	普及项目	论文

2019 年度江苏省社科基金项目立项

序号	项目编号	项目名称	学科	负责人	申请单位	项目类别
1	19ZWB008	跨文化传播视角下的日本楚辞研究	中国文学	施仲贞	南通大学	一般项目

2019 至 2020 年度山西省社科联重点课题研究项目

序号	课题编号	课题名称	主持人	工作单位
1	SSKLZDKT2019099	晋商的家庭教育及家风传承——以"武氏家书"为考察中心	殷俊玲	太原师范学院
2	SSKLZDKT2019113	山西影视剧中乡贤文化的建构与传播研究	王琳	太原师范学院

2019 年河南省社科规划年度项目立项名单

序号	学科分类	项目名称	负责人	申报单位
1	文学	唐诗经典俄译与传播研究	顾俊玲	郑州大学
2	语言学	中国哲学典籍在英语世界的翻译史研究	杨静	商丘师范学院
3	语言学	少林功夫译介溯源与翻译传播问题研究	焦丹	河南工业大学

2019 年度贵州省社科规划课题建议立项名单

序号	课题类别	课题名称	所属学科	申请人姓名	责任单位	成果形式
1	一般课题	贵州民间童谣口述史研究	中国文学	赵雅妮	贵州师范大学	研究报告
2	一般课题	贵州苗族文化与汉文化的互动传播研究	新闻学与传播学	翁泽仁	贵州大学	研究报告
3	青年课题	贵州少数民族传统生态文化的保护与传播研究	民族学	孙玮	贵州省社会科学院	研究报告

2019 年甘肃省哲学社会科学规划项目拟立项目名单

序号	编号	申报课题名称	学科分类	类别	项目负责人	性别	民族	出生年月	专业职务	行政职务	研究专长	最后学位	最后学历	所在单位	课题组成员	最终成果形式
1	SH022	农耕文明和谐视野下甘肃优秀传统文化传承发展研究	社会学	资助	郭晓雯	女	汉	1968、11	副教授		汉语言文学和中国文化研究	硕士	硕士	甘肃农业职业技术学院	张红玉、张晓东、王梅鸿、余文娟、柳娟娟	论文、结项报告
2	WX037	清代丝绸行记中的甘肃形象研究	文学	资助	邱林山	男	汉	1981年7月	讲师	无	明清文学、地域文献	博士	研究生	西北师范大学	王小恒、杨泽琴	研究报告、系列论文
3	WX041	先秦两汉尹伊故事生成与演变研究	文学	资助	王浩	男	汉	1982年11月	副教授	无	中国古代文学	博士	研究生	西北师范大学	曹建奇、洪橙	研究报告、系列论文
4	YY042	天水方言研究的外向传播研究	语言学	资助	马耀新	女	汉	1977年2月	讲师		英汉翻译、英语教学	硕士	硕士	天水师范学院	芦兰花	专著
5	LS025	汉唐丝路重镇凉州与中亚古国粟特的交流研究	历史学	资助	张国才	男	汉	1971年6月			凉州历史文化		本科	武威市凉州文化研究院	柴多芝	研究报告
6	ZJ001	甘肃民间信仰中的汉藏文化交流因素研究	宗教学	资助	答小群	女	汉	1972年6月	副教授	无	宗教理论与宗教文化	博士	研究生	西北民族大学	夏春峰、张晓源、象毛措	研究报告
7	WX013	元前杂剧的接受交流传播与发展演进研究	文学	自筹	刘梅兰	女	汉	1972、10	副教授	无	中国古代文学及文论	硕士	研究生	河西学院	张全山、朱建宏、李冰、祖晶晶、王锐	论文、研究报告
8	LS022	从犍陀罗到敦煌——丝绸之路视域下的佛教美术交流与比较研究	历史学	自筹	岳峰	男	汉	1969年4月	副教授	无	丝绸之路与敦煌美术	硕士	研究生	西北师范大学	孙晓芸、王胜泽、李甜、李楠、武倜、Paiza、Farhad超	研究报告、系列论文

后　记

1978 年，余也鲁主持的香港中文大学传播研究中心举办了"从中国传统文化中探索的理论与实际研究会"，他的老师施拉姆认为中国长青的文化一定经历了人类各种传播的经验，为此，他写了篇《论探险》的短文，深情地认为他们师生所做的"为传播研究开拓边界"的活动，如同张骞通西域的探险事业，从此，"华夏传播研究"事业正式启航。

1988 年，深圳大学的吴予敏老师出版了《无形的网络——从传播学的角度看中国的传统文化》一书可以视为大陆首部华夏传播研究著作。

1993 年，厦门大学新闻传播系庆祝建系十周年的时候，在余也鲁的大力推动下，在时任常务副校长郑学檬的鼎力支持下，学校专门成立了"厦门大学传播研究所"，作为推动"中国传"（后定名为"华夏传播研究"）的专门机构。研究所的第一件事情便是召开了"首届海峡两岸中国传统文化中传的探索座谈会"，这是中国大陆首次召开对中国传统文化中传播理论与实践进行跨学科研讨的学术会议。后来，在香港海天基金会的资助下，成立了华夏传播学术委员会，由研究所的黄星民担任协调人，通过了"中国传播研究资助项目"，五史六论共十一个项目，2001 年出版了《华夏传播研究丛书》三卷本，并推动出版了《华夏传播论》（孙旭培主编）。

1997 年，厦门大学召开"第二届中国传播研讨会"，讨论了中华民族如何迎接"信息社会"和传播学的"中国化"问题。

2002 年，黄星民在《新闻与传播研究》上发表了《华夏传播研究刍议》一文，首次将中华文化的传播学研究领域定名为"华夏传播研究"，并对之做了内涵与外延的阐释。

……

2013 年，在厦门大学传播研究所成立 20 周年之际，我们主编了《中华文化与传播研究》刊物，孙旭培题写了刊名。2017 年与中盐金坛盐化有限公司合作，转型为集刊，半年刊，刊名为詹石窗教授题写。

2016 年，在中国新闻史学会新闻传播思想史研究委员会成立时，在其下设立"华夏传播研究小组"，谢清果编著的《华夏文明与传播学本土化研究》由九州出版社出版。

2017 年，发起成立华夏传播研究会筹委会，并于年底在全球修辞学会下成立了华夏传播研究会，谢清果的《华夏传播学引论》教材由厦门大学出版社出版。

2018 年，在华夏文化促进会下成立"华夏研究专业委员会"，简称"华夏传播研究会"，同时我们主编了《华夏传播研究》集刊，郑学檬题写了刊名。同年，潘祥辉的《华夏传播新探：一种跨文化比较视角》由复旦大学出版社出版。

2019 年，谢清果申报的国家社科基金一般项目"华夏文明传播的观念基础、理论体系与当代实践研究"正式立项，省级教改项目也立项，"华夏传播概论"课程成为厦门大学一流课程和"课程思政"项目立项。

2020 年，邵培仁、姚锦云的《华夏传播理论》一书由浙江大学出版社出版，该成为本领域理论探讨的里程碑式的著作。

此外，我们积极主编《华夏文明传播研究文库》《华夏传播学文丛》等多套丛书，并借助研究会的力量组织《华夏传播范畴论》的编写，主编《华夏传播研究通讯》，主办了多场学术研讨会和专题工作坊，不断提升了华夏传播研究的影响力与显示度。

这次，厦门大学传播研究所与华夏传播研究会联手主编《华夏传播学年鉴》正是为了进一步巩固华夏传播研究领域，提升学术共同体的凝聚力，增强华夏传播研究在学术界的能见度。

我们相信随着学术研究的深入，本着"中华文化立场 全球传播视野"的研究会宗旨，我们一定能够为传播学"中华学派"的创立贡献智慧与力量。

华夏传播研究会　谢清果

2020 年 8 月 8 日